講義

国際経済法

柳赫秀 編著

東信堂

はしがき

　本書執筆中に米国のトランプ政権の暴走が止まらず、ドーハ・ラウンドの失敗後頓挫しているWTOの危機を煽っている。TPPを脱退してから、二国間主義、「公正貿易」の強調、安全保障を理由とする輸入規制など、次から次へと国際経済体制を揺るがす行歩が続いている。他方で、第4次産業革命が声高く叫ばれているように、IT産業における有利な立地確保のための主要国(社会)間の「知識外交」の熾烈な展開や官民協調体制の強化が過熱する様子である。米中間の「通商戦争」の衣を着た覇権争いが激しさを増す中、G7もG20も機能しないまま、いまや世界はかじ取り役が不在の混沌の時代に入っていくようである。本書は、このような時代に国際経済法(学)はどうあるべきかという問題意識をもって、混沌とした国際経済秩序にしっかり向き合う、9人の国際経済法専門家の共同作業の賜物である。

　本書では、現在日本における国際経済法の各分野の専門研究者の方々が、総力を傾注して、先行研究を踏まえ、時代ごとの国際経済関係・法について歴史的・構造的な視点に立って、通商、通貨・金融、投資の伝統的な3本柱を充分にカバーしている。これまで刊行されてきた内外の教科書のほとんどが通商中心か、通商・投資を考察対象にしているのに対して、本書は、国際経済法の上記の3つの側面について、最先端の動向を踏まえて、理論的記述と実体的分析をくまなく行っている点で類のない編成と内容になっていると思っている。どうか江湖の諸賢の忌憚のないご批判・ご叱責を頂戴できたら幸いである。

　本書は、国際経済法の入門書であるとともに、中級レベルの教科書を目指している。章末に、参考文献だけでなく、注をつけている理由である。国際法・国際関係・国際経済について一定の基礎的な知識のある、学部3年生以上、大学院生、そして、実務家や研究者たちに理論的・実務的に役立つことができることを願っている。

　本書の使い方であるが、興味のあるテーマによって部分的に見ていただい

ても、最初から通読いただいてもいいと思う。総論の第 1 章「国際経済法序説」
と第 3 章以下の展開の前提としての第 2 章「国際取引の法的枠組み」を除いて、
通商は第 3 章から 7 章までが、投資は第 10 章と 11 章が、通貨・金融は第 12
章から第 15 章までが一つのまとまりをなしている。第 8 章「サービス貿易」、
第 9 章「知的財産権」、第 17 章「市場の地域統合」は、今の時代的、学問的な
状況の中では、通商と合わせて読んでも、独立したものとして読んでもかま
わないと思われる。第 16 章「安全保障と外資規制、金融制裁」、第 18 章「国際
経済法と特殊事情の経済」は、どの章と合わせて読んでもいいと思う。

　話が前後したが、本書の企画は、編著者が 3 年前の 2015 年の初夏に何人か
の執筆者に声をかけ、同年 7 月までに 2 回の企画会議を経て、2016 年 3 月末
締め切り、2016 年 9 月刊行を目指す野心的なものであったが、結果的に 2 年
も遅い刊行になった。その間にほとんどの執筆者が 2 度以上、中には 3 度書
き直しをした方もいる。刊行が遅くなった理由はひとえに編著者の目測間違
いと怠慢であり、執筆者の皆さんに本当に申し訳ない気持ちでいっぱいであ
る。執筆の過程で、当初の執筆者の入れ替わりがあったが、結果的に該当分
野にふさわしい専門研究者たちに恵まれた。何より横浜国立大学大学院博士
課程の石本暁広君に面倒な編集作業を手伝ってもらい、お陰様で今回の刊行
に間に合うことができたことに深くお礼申し上げる。最後に東信堂の下田社
長には執筆が 2 年も遅れる中で辛抱強く待っていただき、何とか秋学期に間
に合わせたい我々の希望をかなえて下った。我々 9 名の執筆者全員を代表し
て深くお礼を申し上げたい。

2018 年 10 月

編著者　柳赫秀

大目次

詳細目次

第4章　WTO の紛争解決手続 ……………………… 柳赫秀　98

第5章　貿易の自由化と例外 ……………………… 柳赫秀　140

第6章　貿易救済法 ……………………………… 梅島　修　186

第17章　市場の地域統合 ……………………………… 濱田太郎　508

コラム一覧

略語一覧

AD	Anti-Dumping	アンチ・ダンピング
ASEAN	Association of Southeast Asian Nations	東南アジア諸国連合
CISG	United Nations Convention on Contracts for the International Sale of Goods	ウィーン売買条約
DSU	Dispute Settlement Understanding	紛争解決了解
EC/EU	European Communities/European Union	欧州連合
EPA	Economic Partnership Agreement	経済連携協定
GSP	Generalized System of Preference	一般特恵制度
IBRD	International Bank for Reconstruction and Development	国際復興開発銀行 (世界銀行)
ICSID	International Center for Settlement of Investment Dispute	投資紛争解決国際センター
IMF	International Monetary Fund	国際通貨基金
ITO	International Trade Organization	国際貿易機関
LDCs	Least-Developed Countries	後発開発途上国
MFN	Most-Favoured-Nation	最恵国
MNCs	Multinational Corporations	多国籍企業
NAFTA	North American Free Trade Agreement	北米自由貿易協定
NGO	Non-Governmental Organization	非政府組織
NIEO	New International Economic Order	新国際経済秩序
OECD	Organization for Economic Cooperation and Development	経済協力開発機構
SDT	Special and Differential Treatment	特別かつ異なる待遇
SG	Safeguard	セーフガード
SPS	Sanitary and Phytosanitary	衛生植物検疫措置
TBT	Technical Barrier to Trade	貿易の技術的障害
TPP	Trans-Pacific Partnership	環太平洋パートナーシップ協定
TRIMs	Trade-Related Investment Measures	貿易に関連する投資措置に関する協定
TRIPS	Trade-Related Aspects of Intellectual Property Rights	知的所有権の貿易関連の側面に関する協定
WTO	World Trade Organization	世界貿易機関

図表一覧

講義 国際経済法

第1章　国際経済法序説

柳赫秀

本章の概要

　　国際経済法は、相互依存を管理する国際的な調整枠組みの要請に応じるべく、国境を越える経済活動が円滑に行われるように、それを阻害する諸々の障壁や障害を除去し、将来の取引を合理的に予測し、成立した取引の安定性や継続性を保障する法的枠組みである。国際経済法の定義については、規範の国際的な出所に着目し「経済の国際法」と捉えるアプローチと、規範の国際的な対象に着目して、「国際経済の法」と捉える見解があるが、本書は後者の立場に立っている。規律対象としては、通商、投資および通貨・金融の3つの領域のすべてを取り上げる。

　　現象としての国際経済法は古くまで遡ることができるが、国際経済法が一つのまとまりとして学問的考察の対象となったのは戦間期以降のことである。第2次世界大戦後はブレトン・ウッズ体制の成立とともに、国際経済の法秩序化へ動き出した。ブレトン・ウッズ体制は1970年代以後通貨と通商の両面において変容したが、1990年代に入って新自由主義の勝利に伴い不ぞろいな展開を見せつつ今日に至っている。

　　国際経済法の主なる機能は国境を超える経済活動の自由化の実現であるが、配分的正義や公正な競争秩序の実現も補完的な規整原理である。国際経済法の構造的特徴として、権力性と政治性の刻印、国際平面と国内平面の連動、参加者の多様性、条約中心の法源体系およびソフト・ローの比重の高さ、および例外条項の存在を上げることができる。最後に、国際経済法（学）の課題についていくばくか指摘した。

4

Ⅰ. 国際経済法の概念

1. 国際経済関係と国際経済法

　世界には富 (wealth) と権力 (power) を同時に追及する 200 を超える国民国家が経済体制の選択の自由を軸とする経済主権を保持し並存している。

　今日の国民国家は、福祉国家と呼ばれるように、完全雇用の実現と社会保障制度の充実により、国民の福利増進を最優先に行動する。国民国家は、国内産業保護のために、あるいは、国民の衛生・安全のような社会政策の見地から、数々の規制措置をとっているので、国境を越える経済活動には様々な障壁や障害が立ちはだかる。

　他方で、今日の国際経済関係は、2 度目のグローバリゼーションの波の下でかつてないほど相互依存が深化し、今日の国家は、世界の他の国々や地域と、通商や金融等様々な形で密接に結ばれている。国家は、国民経済を維持・発展させるために、自国の法秩序のみでは支えきれず、互いに協力し合い、深化した相互依存状態を管理する国際的な調整枠組みを必要とする。

　国際的な相互依存に伴う諸課題を解決するために、早々と 19 世紀半ば以降

国際河川、郵便、電信、電話、衛生、農業といった個別的課題に応じて、国際行政連合が設立された。第2次世界大戦後国際的な経済社会協力の発展が政治的対立と戦争の廃止に対する究極的な解決の道であると考える機能主義的なアプローチに基づいて、機能別・目的別に様々な国際 (経済) 組織や制度が作られ、各国の「制度間調整 (interface)」メカニズムや調和 (harmonization) をはかる規制的機能主義 (regulatory functionalism) が展開された[1]。

その反面、経済的相互依存の進展は、政治的安定だけでなく、国家や社会間の敏感性 (sensitivity) や脆弱性 (vulnerability) を増幅させる政治的混乱をもたらし得る。実際主要国間の力関係における地殻変動、急激な産業基盤の変動や技術進歩等の要因により、国際関係は幾度も大きな変容を余儀なくされた。その意味で、国際関係の機能的な組織化は、権力関係から自由であるわけでなく、特に国際経済関係の組織化には権力性が色濃く刻印されていることに留意すべきである。

国際経済法は、相互依存を管理する国際的な調整枠組みの必要という要請に応じるべく、国境を越える経済活動が円滑に行われるために、それを阻害する諸々の障壁や障害を除去し、将来の取引を合理的に予測し、成立した取引の安定性や継続性を保障する法的枠組みである。

国際経済法の規律対象である国境を超える経済活動は、時代とともに伸縮し、絶えず変化するので、国際経済法も時代とともに変化してきた。近代の国際 (経済) 関係および (自然) 科学技術の発展とともに、「国際」「経済」「法」の3重構造はますます複雑に絡み合い、その規律対象が絶えず拡大し複雑性を増すにつれ、国際経済法の「規制のダイナミクス」も連動してきた。国際経済法という法分野には可変性、柔軟性および動態性が付き物である。ジャクソン教授の「国際経済法を定義することは、——どんなに早く描いてもそれより早い——走る電車の車窓から外の景色を描くごときである」という指摘は的を射ている[2]。

2. 国際経済法の定義

「国際経済法は研究者が研究・教育の便宜のため、または行政官等実務家が実務の便宜のために、種々雑多な国際経済関係の法的問題をある視点から一括して一つの有意の法のグループを作り、これに国際経済法という名称をつ

けたものにすぎない」といわれるが[3]、今日では次の二つのアプローチが有力に主張されている[4]。

一つは、国際経済法を「国際社会における経済活動に対して何らかの規制を加えている国際法」であると、規範の国際的な出所に着目し「経済の国際法」(the international law of economy) と捉えるアプローチである。現在イギリスと日本で広い支持を得ている。

このアプローチは、国際経済法が、法システムとしての一体性を保ち発展していくためには、国際法に限定されるべきであるという。国内法は、国内経済の政策目的の下で制定され、その解釈も国内法秩序の枠内で行われるので、国際経済法に国際法と国内法の両方を含めると、法源の確定、法の適用・解釈および紛争解決において無用の混乱を招き、法分野としての「最低限の機能的統一」さえ確保できなくなる。そして、国際経済法に国内法が含まれると、国際経済関係へ影響の至大な一部の国の役割が不当に強調され、それらの国々の国内法の「隠れた域外適用」を容認することになりかねない。

そもそも「経済の国際法」アプローチが、第2次大戦後経済分野における国際法や国際制度の目まぐるしく発展とそれに伴う国際経済関係の法秩序化に着目したことからすると、国際経済法の射程を国際経済活動に関わる国際法に限定し、それらに共通する規制原理を抽出していくアプローチが、国際経済法の研究方法として、有力な道筋の一つであるといえよう。他方で、「経済の国際法」の比重や内容が国際法の発展や拡大にかかっているので、国際経済分野で実体国際法規が存在しないか未発達のところは、国際経済法の研究の視界から捨象されるか、なおざりにされざるを得ない[5]。要するに、このアプローチは、法分野としての一体性を優先するあまり、国際経済現象の全体的な把握の側面を犠牲にし、結果的に実践的な問題解決から遠ざかってしまう欠点を有する。

もう一つのアプローチは、国際経済法を、規範の国際的な出所にではなく、規範の国際的な対象に着目して、「国際経済の法」(the law of international economy) と捉える。ヨーロッパやアメリカの研究者の間で多いが、特にドイツ学界で圧倒的である[6]。

このアプローチは、国際経済という規律対象には諸規範が複合的に関わるので、それらを切り離して考察することは無意味であり許されないと強調す

る。経済の領域では、まず国内法が先行し、それが国際的連帯性を害するに至って、国際合意により秩序化され、さらに国内法が国際法的規範に同化させられるというように、「二つの規範領域は一つの統一的な社会現象として現れる。」国際法規範は、国内措置の結果であり、その後の国内立法の原因となるのであり、国内立法は、国際法規制の構成事実および法的効果を形成する。

　現在の国際経済関係の複合的で重層的な構造から考えると、国際経済という規律対象にかかわる諸規範－国際法、国内法および商慣習法 (law of merchant) －の複合性および規範間の「機能的一体化」を強調する「国際経済の法」アプローチが優れて実践的な見方である。その反面、国際経済法という法分野の統一性を保つための法源の多重性は、法の適用や解釈に際して一貫性を損ね、共通の規制原理・基準を詮索する際に困難をもたらしかねない。従って、このアプローチは、国際経済関係に統一的な意味連関を想定し、それらに関係する規範の「機能的一体化」を単に宣言するのにとどまらず、既存の法分科から独立した規範の複合体としての一体性を根拠づけることに成功しているかが問われよう。

　本講座では、後者の「国際経済の法」アプローチをとる[7]。国際経済法に国際法、国内法および商慣習法のすべてを含め、公法に属するか私法に属するか問わない。ハード・ロー (hard law) だけでなく、ソフト・ロー (soft law) も含まれる。

3. 国際取引法と国際経済法

　国際経済法という場合は、「個々の」国境を超える取引に適用される法律でなく、国境を超える取引全体を円滑化するための法的な枠組みを構成する法の全体を指す場合に用いられる。それに対して、国際取引法は、個別の国境を超える取引―物品、金銭・資本、技術の移動や役務の提供等―が行われ、維持され、それをめぐる紛争が生じた際には適用される法律を総じて言う。それには個々の取引に関わる商慣習法、各国の契約法、不法行為法、会社法を中心とする私法、国際私法、貿易管理法、税法等の公法といった国内法が中心であるが、国際民事訴訟法関連条約、国際連合統一売買条約のような国際条約も含まれる。国際取引法という場合には、主に個人や企業が国境を超

える取引を行う際に、どのような法的問題や障害が立ちはだかるのかを記述するのである。言いかえれば、国境を超える取引を行う個人や企業の立場に立って、「いかにそれを行うか」(how to do) を示唆するところに主眼がある[8]。

図表 1-1　国際取引法と国際経済法の対比

	国際取引法	国際経済法
主　眼	個々の取引を行う個人や企業	マクロな視点からの国際経済活動全体
法源の比重	↑低い　↓高い 国経法／対外経済法／各種私法・商慣習法	国経法／対外経済法／各種私法・商慣習法 ↑高い　↓低い

4. 国際経済法の規律対象 (範囲)

　国際経済法の規律対象は、執筆者たちの価値観や能力により一定の主観性を免れ得ない。今日では、従来の国際経済の三本柱である、通貨・金融、通商および投資分野に加えて、知的財産や競争政策等国際的調和を目的とする法も対象になることがあるが、後者の具体的な範囲は論者によってまちまちである。本講義は、通貨・金融、通商および投資という従来の3つの領域を取り上げる。

　かつてジャクソンは、国際経済法研究において望ましくない二分法として、一つは、コインの両サイドのような通貨と貿易を分けることであり、もう一つは、国際法と国内法を分けることであるとした[9]。本書は、ジャクソンの教えに充実な体裁をとり、これらの3つの領域を統一的に、体系的に説明することを通じて、現実の問題解決に資することを目指す。

　シュルツェンベルガーは、国際経済法とは、①天然資源の所有と開発、②財の生産および分配、③経済的または金融的性質のインビジブルな国際取引、④貨幣および金融、⑤関連サービスおよび⑥これらの活動に従事する人々の資格や諸組織に関する分野を列挙しているが、労働、社会、交通および知的財産分野は除外している。カロー他は、「国際経済法とは、一方で、外国からの生産要素 (人、商品、資本) が内国の領域に参入し在留するための条件であり、

他方で、財、サービスおよび資本の国際取引を規律する分野である」とする。それに対して、クレシは、経済に関する国際法のあらゆる分野が対象であるとしながら、それをコア部分と周辺部分と分け、コア部分に財とサービスの国際貿易、国際通貨関係および開発と投資分野を含めている。

　本章に続いて、国際経済法の各論部分に入る前の前提的考察としての「国際取引の法的枠組み」(第2章)に続いて、通商の分野として、「ガット・WTO体制」(第3章)、「WTOの紛争解決手続」(第4章)、「貿易の自由化と例外」(第5章)、「貿易救済法」(セーフガード、AD、CVD)(第6章)、「衛生植物検疫措置と貿易の技術的障害」(第7章)、「サービス貿易(GATS)」(第8章)、「知的財産権」(第9章)が取り上げられる。投資部門は、総論的考察としての「国際投資と法」(第10章)に続いて、「投資仲裁」(第11章)を、3番目の柱の通貨金融分野では、総論的考察としての「国際金融体制と法」(第12章)に続いて、「国際通貨基金(IMF)」(第13章)、「バーゼル合意と国際金融規制の展開」(第14章)、「国家債務危機と国家債務再編」(第15章)および「安全保障と外資規制、金融制裁」(第16章)を取り上げる。その後、「市場の地域統合」(第17章)に続いて、「国際経済法と特殊事情の経済」(第18章)で途上国と移行経済国が国際経済関係にいかなる規範的な問題を提起しているかについて記述する。

II. 国際経済法の歴史

　現象としての国際経済法は古くまで遡ることができるが、国際経済法が一つのまとまりとして学問的考察の対象となったのは戦間期以降のことである。そして、第2次世界大戦後ブレトン・ウッズ体制の成立とともに、国際経済の法秩序化へ向けての歩みが始まった。

1. 第1次世界大戦以前：古典的な経済自由主義の時代

　現象としての国際経済法は、すでに12、3世紀のハンザ同盟のようなヨーロッパの商人団体相互間の自主法規としての外人法が、国家の介入を排除して、海外企業活動を規律する実体法的規範をなしていた時期にまで遡ることができる。16世紀から重商主義(mercantilism)時代の到来とともにこれらの自主

規制は国家法に吸収され消滅し、対外貿易に対する国家の規制・介入が確立した。重商主義時代には、対外貿易とそれに伴う海外企業活動は国家の専属機能とされ、私人に対する許可・特許等の設権行為は、もっぱらその国内法に準拠し、必要な場合には関係国間で（通商航海条約に基づく）相互主義により規制・介入の自由化が図られた。

やがて18世紀以降19世紀にかけて市民階級が支配的な地位を占める国民国家が形成されるにつれ、立憲制に基づき国家と市民社会の概念上の分離、そして、国家活動と企業活動の分離の下で後者に対する国家の不介入を内容とする古典的経済自由主義の時代が到来する。この時代には、対内的にはヨーロッパ諸国の同質的な市民法体系の下で当事者自治に基づく企業活動の自由が確立され、対外的には金本位制と技術手段の自動調節作用により、市民的経済活動の自由な展開が保障されることで、市民階級の担う企業利益を国家利益に吸収し、同一化することができた。

資本主義の発展に見合う市民の自由な国際経済活動に法的根拠を与えたのは、一つは、最恵国条項の普遍化・標準化を含む通商航海条約網であり、もう一つは、貿易自由化促進の要因となる技術手段の国際的な調和をはかった数々の国際行政連合（international administrative union）の出現であった。通商航海条約は、18世紀後半には全ヨーロッパに広まったが、1860年イギリスとフランス間で締結されたコブデン条約は、関税の引下げと無条件最恵国条項を定めた内容で、19世紀後半の「自由主義時代」を牽引した。同時期に設立された多数の国際行政連合が何よりも国際通信・交通分野で市民的国際経済活動の土台を提供した。万国郵便連合(1863)、万国電信連合(1865)、万国度量衡条約(1875)、そして、万国工業所有権保護同盟(1880)等である。

第1次世界大戦以前における国際経済の法的規律は、主として、先進資本主義社会における市民の自由な国際経済活動を促進するためのもので、通商航海条約網を国際的な法的根拠としつつ、金本位制による多角的で自動的な国際通商が行われていた[10]。

2. 戦間期：国際経済法の発生基盤

「概念」としての国際経済法は、第1次世界大戦後世界恐慌のような高度資

本主義の矛盾の発生により、同質的な市民法体系の下で市場の自動調節作用のみではもはや国民経済の維持発展ができなくなり、国家権力の積極的な介入が要求された戦間期に発生した[11]。

　1880年代から半世紀の間、普通選挙権を与えられた労働者階級の影響の拡大とともに、経済に対する国家の介入が増大し、金本位制による対外均衡の要請に由来する国内の犠牲がもはや政治的に受け入れられなくなった（「国家の社会化」）。国家は、行政権の拡大した福祉（＝行政）国家へ転換し、経済ナショナリズムに基づき国際経済活動に対する管理・統制を強めて行った。19世紀後半の「自由主義時代」を貫いていた政治領域と経済領域の区分による「経済領域の非政治化」の終焉であり、国際経済関係の「公法化」(publicisation) の始まりである。

　その後、世界恐慌の発生といった高度資本主義の矛盾が露わになり、国家が市場経済へ積極的に介入し個別の経済過程を規制するために国内経済法が登場したが、一国の経済法だけでは期待された役割を果たせず、国際的な場からの解決―国際的な法規制－が要求された。国際的な法規制は、当初各国が行う貿易統制や為替管理を相互に調整するための国際協定のように、国家統制の補強ないし補足が中心であったが、やがて生産国のみならず消費国をも含めた政府間商品協定のように、国際経済の総体的立場からの規制とみるべきものも登場した。

　自動調節的市場も金本位制も存在しない中での国民経済の自立的発展を図りながら、進行しつつある「経済の国際化」（相互依存の深化）を調和し得る意図的な国際的制度が求められていた。言い替えれば、19世紀の自由放任的な国際経済秩序へ復帰するのでなく、「国家の社会化」を必然と至らしめた根本的な変化を前提にし、各国の経済主権の適用の限界を定め、経済活動が政治的な国境を克服して展開できる意図的かつ組織的な国際協力が必要であったのである。

　しかし、国際連盟時代開かれた数々の国際会議は、国内の社会的基盤における変化を無視した、回帰的でさえあるものであった。1932年オタワ協定によって英連邦特恵関税制度が成立した時、イギリスを中心とする多角的な貿易決済システムはついに倒壊した。その後列強による排他的ブロック経済圏の拡大強化が通商戦争 (trade war) の様相を帯び、第2次世界大戦の破局へ走っ

たことは周知の通りである。戦争の勃発で、福祉国家の国民経済の自立的な発展と、世界経済の安定と拡大均衡という2つの要請を調整する国際枠組みの創設という課題は第2次世界大戦後へ持ち越された[12]。

3. 第2次世界大戦後：ブレトン・ウッズ体制の誕生

第2次世界大戦の最中戦後の国際経済体制の再編成を主導した米国の外交政策担当者の脳裏を強く支配したのは、戦間期の経験と世界恐慌からの3つの教訓であった。1つ目は、戦間期の競争的な平価切下げと差別的な通商政策といった、諸国の近隣窮乏化政策 (beggar-thy-neighbour policy) の記憶であり、2つ目は、前者の帰結であるが、経済的繁栄と政治的安定の関連性の認識であり、最後は、「国家の社会化」に伴う政府の責任の自覚であった。当時の主要国は、戦間期のような近隣窮乏化合戦の防止が国際平和維持の重要な前提であること、「国家の社会化」と「経済の国際化」によって、一国だけの対応では、世界の福祉厚生増進はおろか、自国のそれでさえ、達成できないことを認識していた。問題は具体的な国際「協力」の中身であった。ブレトン・ウッズ体制は、この課題に対する、主として戦勝国米英間の妥協的な解決であった。

当時の状況は、戦後国際経済体制の再編成の出発点である「大西洋憲章（英米共同宣言）」の経済条項の4項と5項によく現れている。米国の信念が投影された4項は「世界の通商および原料の均等な開放」の原則を掲げたが、イギリスの主張で挿入された5項は、「諸国民に労働条件の改善、経済的進歩および社会保障を確保するために経済分野における完全な協力」を謳っていた。その後、米国は「貿易と決済の障害を穏当な水準に軽減し、それをすべての国々に無差別に適用する多角的システム」という方針を示したのに対して、イギリスは、多角主義は、確かに世界全体の実質所得を拡大させるが、何らかの利益配分メカニズムがあってはじめて、すべての国々にとって有益となると主張し、経済分野における広範な国際協力の必要性を主張した。

米国の自由貿易主義と英国の経済拡大主義の対立という「協力」のあり方をめぐる対立は、米国の考えに沿って、貿易と資本の移動への障壁を削減し、安定した通貨システムを構築する限定的な「協力」枠組みに帰結する。1945年12月米国行政府は、1934年互恵通商協定法の更新に伴い、関税削減交渉へ諸

国を招くとともに、翌年には国連で国際貿易機構 (International Trade Organization, ITO) の設立を主導し、自ら憲章草案を発表した。1947 年ジュネーブで開かれた ITO 設立準備委員会では憲章草案作りが継続する半面、第 1 回目の関税削減交渉が開かれ、交渉の成果が ITO 憲章草案の第 4 章「通商政策」と合わせて「貿易と関税に関する一般協定」(General Agreement on Trade and Tariff, GATT= ガット) となった。その後米国議会の反対で ITO が陽の目を見ることができなくなった時に、「歴史的偶然」によりガットが戦後国際通商の中核的レジームとなった。ガットは無差別原則と相互主義を基本原則とする限定的な枠組みとなり、至る所に散りばめられた「例外条項」が締約国による完全雇用と対外均衡達成のための拠り所を提供した。

　通貨システムについても、米英両国は、一時的な国際収支の不均衡に陥った締約国に短期融資を行うことで、戦間期の競争的な平価切下げが貿易の縮小と経済混乱を招いた事態を防ぐ必要については一致していた。しかし、国際流動性の供給を最大限に確保するために決済・借入機能を持つ通貨同盟の創設を提案したケインズ案に対して、国際流動性の過剰な供給が米国内でインフレを誘発することを警戒して、為替安定のために比較的小規模の基金設立を主張した米国のホワイト案が対立し、最終的には後者に沿う形で国際通貨基金 (IMF) が設立された。

　ラギーは、戦後の国際経済体制の性格をいみじくも「埋め込まれた自由主義という妥協」(compromise of embedded liberalism) と表現した。「埋め込まれた自由主義」というアイデアは、「自由主義」市場は本来不安定なもので、そのままでは不況になり、大量かつ長引く失業が不可避となるので、調整的・緩衝的・規制的な諸制度の中に埋め込み、自由主義経済と社会的安定の双方を維持しようとするものである。そのために、自由放任と自由貿易の連関が切れ、国際的には「通商および決済の自由化」を志向するブレトン・ウッズ体制の下で自由貿易体制が打ち立てられたが、国内ではケインジアン的な介入主義に基づく福祉国家政策が進められたのである[16]。

4. ブレトン・ウッズ体制の展開と変容

　戦争の疲弊で外貨準備が枯渇し通貨の交換性を停止していたヨーロッパ諸

国が 1950 年代後半ようやく交換性を回復してから、IMF が本来想定していた、経常取引の為替制限をなくし、調整可能な固定相場制 (fixed but adjustable exchange rate system, FBAR) がようやく本格的に稼働したが、IMF 体制は、1960 年代後半から、早くも危機を迎える。

FBAR の下で、加盟国は自らの通貨を金またはドルとの固定価格 (公定為替レート) で交換性を保証する。ドル以外の通貨も金平価を持ち得たが、金と交換性を維持していたのはドルだけで (金 1 オンス＝ 35 ドル)、各国はドルに対して平価を設定した。ブレトン・ウッズ体制はドルを国際基軸通貨とする「国際金為替本位制」であった。米国金融当局による金とドルの無条件・無制限の交換性の保証こと FBAR の維持存続の前提であった。

ところが米国がベトナム戦争をはじめとする世界戦略の展開のためにドルを供給し続けたことで国際収支の赤字が慢性化し金準備状況が悪化したために、1971 年ニクソン大統領が「新経済政策」に基づくドルと金の交換の中止を宣言したことで、FBAR は崩壊を余儀なくされる。米国をはじめとする主要国は変動相場制へ移行し、FBAR の放棄を中心とする IMF 協定第 2 次改正が総務会で承認され、1978 年 4 月発効した。

ガットは、米国をはじめとする主要国の憲法上の事情で暫定的に (provisionally) 適用されたために、締約国の現行の国内法と矛盾しない条件 (祖父権 (grandfather's right) の承認) で、そして、組織的部分をほとんど持たない「定期的な外交会議」としてスタートした。しかし、初代事務局長 E.W. ホワイトをはじめとするリーダーたちの努力と、主要国のプラグマティズムに基づく「その後の慣行」により順調に存在感を発揮し、ケネディ・ラウンド (1963-67 年) の終了後、主要先進諸国の鉱工業製品の平均関税率は 5％まで下がる。しかし、引き潮によって岩礁が浮かんで来るように、関税障壁における成功は各国の非関税障壁を際立たせるようになり、東京ラウンド (1973-79 年) では様々な非関税障壁についての個別協定 (stand-alone agreement) が締結され、史上初めて非関税障壁に国際規律が及んだ。

1970 年代に主要先進諸国に到来した脱工業社会は、サービス経済と科学技術の知識を構造的特性とする社会であった。東京ラウンド終了後早々と、米国はサービス貿易が次回ラウンドのアジェンダに入るよう働きかける傍ら、

知的財産に対する国際規律を求める「知識外交」(knowledge diplomacy) を展開し、やがて WTO 体制で両方とも実現した。

　他方、この時代を特徴づけるもう一つの出来事は、脱植民地化後途上国が一つの政治勢力をなし、先進国主導の自由主義的な国際経済体制に挑戦したことである。(→第 18 章 II) 1950 年代から 1970 年代を通じて、途上国は経済発展のために天然資源使用の自由と先進国の多国籍企業 (Multinational Corporations, MNCs) に対する規制強化を目指して先進国と鋭く対立した結果、国有化を中心とする外国人財産の取扱に関する一般 (慣習) 国際法の法的内容をめぐる決着は棚上げを余儀なくされた。その中で、国有化や投資保護の問題はもっぱら 1960 年代から締結された 2 国間投資 (保護) 条約 (Bilateral Investment Treaty, BIT) に委ねられた。

　国連で先進国を数で圧倒した途上国は、1964 年国連貿易開発会議 (UNCTAD) を立ち上げ、無差別原則と相互主義に基づくガットの規範構造が途上国に不利に働くと主張し、先進国とは異なる取扱と相互主義を求めないよう要求した。途上国の要求は、1965 年にガット第 4 部「貿易と開発」に収容され、1971 年に主要先進 14 か国は、途上国の市場アクセスの改善のために、最恵国待遇からの逸脱を許容するウェーバーを受け、途上国産品に特恵関税を付与する「一般特恵制度 (Generalized System of Preference, GSP)」を実施した。東京ラウンドの「授権条項」(enabling clause) は GSP を恒久的なものしたが、その代り先進国は一定の基準を充たした途上国に特別待遇を「卒業」(graduation) することを求めた。

　途上国の挑戦は 1974 年の新国際経済秩序 (new international economic order : NIEO) の要求に結実するが、1982 年メキシコの債務危機で始まる「失われた 10 年」を経て、「自由主義の勝利」による対抗理念の消滅と、冷戦終結による東西関係とのリンク喪失によって、グループとしての途上国の対抗力が弱まる中で、ウルグアイ・ラウンドを通じて、先進諸国のヘゲモニーを自発的に受け入れて「体制内化」して行った (→第 18 章)。

5. 新自由主義の勝利と国際経済法の不ぞろいな展開

　1970 年代と 1980 年代を通じて、主要先進国において産業界とそれと連立した政治家たちは、「埋め込まれた自由主義」の理念へ対抗する、新しい理念を

動員しながら、再び社会関係から労働と資本を切り離し（disembed）市場システムに委ねる新自由主義的な経済秩序が打ち立てられて行った。新自由主義は、1990 年代に入って「ワシントン・コンセンサス」へ結晶し、途上国に対して経済社会体制の転換を迫っていった。

　この時代を通じて、国際経済法は、分野別に不ぞろいな展開ではあるが、質量ともに、大きく変貌を遂げた[17]。

　通貨の分野では、国際協力の必要性と通貨主権の妥協という基本線は維持されたが、規律の形式と性格がますます「事実（de facto）規範」とソフト・ロー中心になっていった。

　通商の分野ではガットを事実上継承した WTO において、まず、国際経済法の規律対象が、外国産品の取扱に関する通商政策から、原産地如何にかかわらず産品の取扱に関する国内政策（domestic policy）へ拡大されるとともに、知的財産・食品衛生分野のように、一部ではあるが、国内法制度の調和の兆しが現れた。次に、規律原理において、国内産業保護のための差別禁止から、正当化できない国内措置の禁止へと進んだ。

　国際投資分野では、2 国間投資保護協定による展開とはいえ、一定の実体基準の整備、国家と投資家との投資紛争仲裁の発展により、各国の司法主権が素通りされかねない事態に至っている。国際投資法の分野は、「埋め込まれた自由主義」の時代から新自由主義時代への転換がもっともストレートに影響した分野である。1990 年代以後国際投資法分野においては、①南北間の対立で一般法のレベルで棚上げされていた投資保護の問題が、2 国間または複数国間条約で「公正かつ衡平な待遇」等投資保護の基準が規定されることを通じて、迂回的に解決されるようになり、② 1980 年代後半から投資紛争解決センター（ICSID）を中心とした投資協定仲裁の蘇生による膨大なケース・ローの集積、③投資受入を交渉の対象にする投資の自由化が開始され、FTA/EPS と連動する展開になった（→第 10・11 章参照）。

　他方で、この時代を通じて国際経済関係・法にいくつかの重大な矛盾・葛藤が露わになった。まず、米国が 1984 年通商法で多角主義と並んで FTA の同時活用を宣言し、翌年の 1985 年イスラエルと FTA を、1993 年に NAFTA の締結を行い、本格的な地域主義の時代が始まった。WTO という多角的レジーム

の存在の故に、戦間期とは違って、地域主義がすぐには双務・差別主義に陥ることにならなかったが、特恵を与え合う2国間協定の潜在的な危険性までなくなったわけではない。その懸念は、トランプ政権の登場による2国間主義の全面展開で現実味を帯びつつある。(→第17章参照)

　次に、2001年9.11米国同時多発テロ事件と2007年米国発リーマンショックに象徴されるように、次なる国際経済関係の規整原理がいかなるものであるべきかが問われている[18]。今後国際経済法の解決すべき課題のいくつかを上げておくと、① 9.11テロ事件が目覚めさせた安全(保障)という価値がグローバリゼーションのもたらす「統合」という価値をどこまで抑え込むか。国境管理と移民規制の強化、金融プライバシー規制(マネーロンダリング取締り)の終わりはどこか[19]。②分野横断的に国内規制に対するレビュー機能を与えられ、一定の一般性を持つに至ったWTO体制の正統性(legitimacy)の問題、③投資法分野において、通商同様、新自由主義的価値への挑戦を踏まえて、MNCsの社会的責任をいかに規範化して行くか、④国際通商分野に代表されるように、貿易自由化と非貿易的価値を構造的に調和しながら政治的に持続可能な貿易政策をいかに模索するか、および⑤ 1970年代までの南北問題により提起された国際共同体における富の再配分の問題への関心を、民間部門を含めて、いかに掘り起こしていくかである。

III.　国際経済法の機能 (規整原理)

　国際経済法を構成する重層的な規範の複合体は、諸国の経済および法体制の多様性を前提に、時には互いに協力・補完しあい、時には反発しあいながら、国際社会において生じる相違なる諸利益間の抵触を解決し調整するための枠組として、複数の目標・機能を背負い込んでいる。

1. 国境を超える経済活動の自由化

　国際経済法は、何よりも私的な経済活動に対する政府介入を最小化し、経済活動の自由化－特に、貿易・資本・金融の自由化－を図ること[20]を第一の任務とする。すなわち、国際取引への障害及び諸々の国内市場へのアクセス

に対する諸制限を軽減することによって、国境を超える経済活動を自由化することである。国際社会における市民的な経済活動の自由な展開を阻む諸要因の中で最も重要なことが、国家によるさまざまな人為的な障壁である。それらの経済政策手段には、確かに国民経済の効率的な遂行や非経済目的のための正当なものが含まれるが、その多くは国際経済活動の円滑な展開のための必要不可欠な価格メカニズムを害する。

今日のような経済活動の自由化は、18世紀後半「重商主義体系」を批判し、諸国民間の自由な貿易を唱えたアダム・スミスと彼を継承したリカルドに遡ることができる。リカルドによって完成された「比較優位理論」(theory of comparative advantage)は、ある国がより比較優位を有するものに特化し、それを他国と交換することによって、両国ともに「貿易利益」(gains from trade)を得ると説く、経済学史上最も美しいアイデアの1つと称される。比較優位理論の示すところの「貿易利益」の考えが広まるにつれ、各国が重商主義を部分的に克服し、貿易をポジティブ・サム・ゲームとして捉えるようになり、貿易自由化の扉がこじ開けられた。

現実の経済活動の自由化は、「貿易の利益」に目覚めた国家同士で、非経済的目標との折り合いの要請、国内の政治的現実等に規定されながら、主に条約の締結という合意に基づいて、漸進的に達成されなければならない[21]。第2次世界大戦直後のITO・ガットの交渉担当者たちは、多角的で無差別な通商システムを望みつつも、自由貿易(free trade)に対して教祖的ではなかった所以である[22]。

確かに、比較優位理論は直感に訴える強い力があるが、完全競争を前提とする、本来静態的で単純な経済モデルである。そのために、産業政策、ハイテク製品開発のように、政府と企業の意図的な戦略的対応による「競争優位」の創出という事態の前では無力である。次に、M. コルデンが「社会的厚生保護関数」(conservative social welfare function)というタームを使って強調したように、たとえ社会全体が貿易で潤っても、社会の相当部分の実質所得が絶対的に減少する事態は避けなければならない。すなわち、貿易による効用増大は所得の衡平な配分という他の社会目標と折り合わないといけないのである[23]。第3に、貿易自由化は「同じ土俵」(level playing field)の上で行われなければならない。「同

じ土俵論」は、定義が困難であるが、国内の既存の市場秩序がむやみに乱されてはならないことで、不正な手段によらないで競争力が強い場合でも「不公正」のレッテルを張られることがあり得る。最後に、経済的な目標の追及には安全保障のような非経済的な国家目標との折り合いが求められる。富と権力を同時に追求しながら、常に相対的な地位向上を図る国民国家の別の顔といえる。

　当初貿易自由化は関税に集中していたが、主要先進国の関税の水準が低くなったことから、東京ラウンド以降交渉の中心が非関税障壁の問題へ移動した。ガットの目的は、締約国同士の市場アクセスを促進するために、交渉によって貿易障壁を削減することであり、締約国市場における競争条件を調和する (harmonize) ことではない。しかし、東京ラウンド以後産品に関する規格、ラベリング、健康・衛生、消費者保護および環境基準といった国境内 (behind the border) の非貿易措置の重要性が増大し、従来締約国の完全ある裁量と思われた政府の正当な国内政策手段の貿易効果が問われるようになった。

　たとえば、東京ラウンドの「貿易の技術的障害に関する協定 (いわゆるスタンダード協定) は、各締約国へ基準や規格が「国際貿易に対する不必要な障害とならないように」確保されることを要請し、措置を適用する締約国はその必要性を立証することを求められる[24]。

　確かに、ウルグアイ・ラウンドでは、「非貿易的関心事項」(matters of non-trade concerns, "trade and" issues) が、「貿易に関連する (trade-related) 投資措置に関する協定」、「知的所有権の貿易関連 (trade-related) の側面に関する協定」のように、「貿易関連」という冠がつけられて WTO に収められた。しかし、WTO 出帆後「非貿易的関心事項」はますますホットなイッシューとなっていき、1996 年シンガポール閣僚会議の時に「貿易と競争」「貿易と投資」が従来からの「貿易と環境」に加わることになり、それ以外にも労働、人権、文化など目白押しである[25]。本来市場アクセスと差別待遇の廃止を本務とするガット・WTO 体制の規律の外延が問われている。

　もはや市場アクセスの改善を中心とする貿易自由化時代が終焉を迎え、制度間調整を中核とするルールメイキングの時代へ入ったと囁かれているが[26]、問題ごとに原因を探求し、制度の内容や考え方の相互理解に基づく「市場アクセスと正当な政策目標の間のバランス」が求められている。それに伴い、紛争

解決機関には、貿易自由化を極端に優先する解釈を回避し、貿易自由化の価値と加盟国の正当な規制権との間の均衡点に焦点を当てる解釈の展開が求められている。

2. 配分的正義　（→第18章Ⅰ）

　戦後の国際経済体制の政策的前提が経済の自由化であることの帰結でもあるが、国際社会の構成員の経済格差への配慮と富の再配分が果たして国際経済法の目標・機能の一角を占めているのだろうか。福祉政策の一環として積極的に所得の再配分政策を実施している国内社会と違って、国際社会では国際経済の総体的立場から経済指導を行う制度的装置がきわめて不十分である。

　周知のように、19世紀末から欧米諸国では形式的平等に基づく市民法制の下で広がった個人間の格差を是正するために社会・労働法が制定された。しかし、国際社会においては、第2次世界大戦以後、「天然資源に対する恒久主権」決議のように、新興諸国の政治的独立と立地を保護することはなされたが[27]、実質的平等を目指す国際社会法の芽はなかなか育たないままである。確かに、先進国および国際経済組織による、二国間、または多数国間援助のように、国際社会に経済的に貧しい国に対する連帯の思想がまったくないわけではないが、国境を超える義務(duty)に基づいている訳ではない。

　1970年代途上諸国による「新国際経済秩序」(New International Economic Order, NIEO)の要求は、既存の国際経済秩序が一部の先進諸国の利益にのみ奉仕するとの抗議であった。すなわち、現行の自由主義的な国際経済秩序の正当性を問いかけ、格差是正のための先進諸国の義務的な協力を要求したのである。

　1960年代にUNCTADや国連を舞台とした途上国の挑戦は、フランスを中心に「開発の国際法」理論を生み出し、ガット体制において途上国を先進国と区分して取り扱う「二重規範」に結実する等、一定の成果を収めた。WTO諸協定には、ガットの二重規範を引き継ぐ形で、途上国に義務の緩やかな実施や適用除外を認める「特別かつ異なる待遇」(Special and Differential Treatment, SDT)条項が多数含まれているが、あくまでも権利義務の相互性を実現するために、他の加盟国と同じ権利義務を負担できるまでの暫定的な猶予措置としての性格が強い[28]。

　しかも、1982年メキシコの債務返済危機に端を発する「失われた10年」を経て、世界経済体制は大きな転換を迎える。1990年代に入って「自由主義の勝利」に伴う先進国主導の国際経済体制の下で、国際社会の総体的立場からの途上国の経済発展、そして、配分的正義の問題は、理念面においても、主体の面においても、大きく後退を余儀なくされた[29]。その意味で配分的正義の問題が現行国際経済秩序の経済活動の自由化という指導原理を修正したか、あるいは、それに並ぶ地位に至っているとはいえない。

3. 公正な競争秩序

　国際経済法には、国際的な自由市場の形成とともに、公正な競争秩序の維持のための規制原理が含まれるといわれる[30]。確かに、国際経済法に公正競争の理念がまったく反映されていないわけではないが、現行の国際経済秩序には競争秩序維持の観点から経済諸勢力の濫用を抑制する側面ははなはだ弱い。主要国は、自国の競争秩序を保護するために、自らの経済法を「効果理論」を振りかざして域外適用し、国際的な摩擦を厭わない反面、国際経済関係における競争維持には受け身になりがちである。

　戦間期の経験を踏まえ、ITO憲章第5章「制限的事業慣行に対する一般的政策」(46～54条)が設けられ反競争的な行為の規制が試みられた。46条1項は「加盟国は、私的および公的商業企業による生産または貿易の拡大に悪影響をもたらすか、憲章1条に定めたれている目的達成を妨げるような、競争を抑制し、市場アクセスを制限し、または独占的統制を強化する事業関係を防ぐために適切な措置をとり、機構と協力することとする」と規定した。しかし、「歴史的偶然」に基づいて中核的な国際通商レジームとなったガットには制限的貿易慣行の部分が引き継がれなかった。後にガットでその必要性について議論されたが実ることはらなかった。

　1970年代に入ると先進国の多国籍企業の活動が貿易や開発に悪影響を及ぼすことに焦点が移り、UNCTADやOECDによるコードや報告がまとめられた。1980年代に入ると競争法の域外適用による衝突を回避しようと手続的な協力へ関心が移った。1990年代以降は経済のグローバル化に伴う競争法の国際化の進展に伴い、競争法全体のハーモナイゼーションと貿易投資自由化の側面

の議論が交錯する中で、1996年シンガポール閣僚宣言に基づき、いわゆるシンガポール・イッシューの一つとして「貿易と競争政策」が検討された。その検討は、関税引下げにより得られた貿易自由化の効果が国際的な反競争的行為により歪曲され得るという問題意識から議論が始まったが、カンクン会議以降議論が凍結されたままである[31]。

　現在の国際経済法における公正概念の曖昧性を端的に示すのは、ガット・WTO体制におけるダンピング防止税の性格である。ダンピング防止税については、一方で、関税譲許の価値を無効化しかねない非関税障壁であり、ガット6条はその発動を制約する機能を果たすという理解と、他方で、輸入国国内産業に実質的な損害をもたらす「非難すべきもの」で、ガット6条は有害なダンピングへの対抗手段としての性格を有するという理解が対立してきたが、未だ解決を見ていない。アンチ・ダンピング協定と補助金相殺関税協定に前文が存在しない所以である。

　以上のことから、国際経済法においては、公正競争維持がその規制原理の一つであるとまでは言い難く、それがないと経済の自由化が困難になるという意味での付加条件である。

IV. 国際経済法の構造的特徴

1. 権力性と政治性の刻印

　国際法は、国家相互の対抗関係で生ずる権限の競合と抵触を防止し調整する伝統的国際法（共存の国際法）から、複数国の共通利益を実現するための積極的な国際協力の基準を提供する現代国際法（協力の国際法）へと緩やかな転換をたどってきた。

　19世紀後半以来相互依存が深まるにつれて、一国限りで対処できない問題群に対して、国境を超えた諸活動を確保し相互依存に伴う諸課題を解決するために、専門技術上の利害関係の一致を基準に様々な組織化が試みられてきた[32]。権力性と領域性を特徴とする主権国家による機能的・非領域的な解決の試みであり、いわゆる国際行政活動の出現である。国際河川、郵便、電信、電話といった国際交通・通信分野はいち早く機能的な組織化が進み、河川の

国際レジームや国際行政連合が設立された。国際交通法を先頭に、いろんな分野における国際公益の実現のために、機能的・非領域的な解決が試みられたのである[33]。

　第2次世界大戦後戦争と平和の不可分性を自覚した諸国家は、戦争の違法化に基づいて、集団安全保障制度を発足させる等、機能的組織化は、国際の平和・安全の維持といった政治問題を含む広範な分野におよび、国際組織や多数国間国際制度が設立され、構成国に共同行動の実施、国際紛争の事前防止等、国家行動を一定の方向に整序し規律する役割を強めて来た。

　国家は、一方では、他国と協力して国際市場機構の円滑な運用から果実を極大化しようとするが、他方では、国民経済の主体として、相対的な地位向上のために、自らの固有の価値を追求する、ヤヌス的存在である。前者のためには、国際経済秩序における「法の支配」の進捗と、国内憲法秩序の民主的統制による健全な公共選択の拡大の同時推進が必要であるが、短期的に、特に非常時に、国家の有する二面性同士が反発し合い、または相克する。

　国際経済関係には、他の国際行政の機能的組織化の分野にも増して[34]、他国との対抗関係において固有の国家利益を保護し充足するために行う側面が残る。そこに発現する「共通利益」は、確かに個別に対処・解決できない利益ではあるが、国家（国民）利益を増進するために、他国に「相応する」(equivalent)行動を求めるもので、国際経済法分野は契約的要素・相互主義の刻印が顕著である。特に、通商分野では、相互主義に基づく貿易の自由化(freer trade)がゲームのルールにおける公正さ(fair trade)によって担保されなければならないほど徹底している[35]。まさに「協力の国際法」の外見をしても、「共存の国際法」と「協力の国際法」の混合であり、何かにつけて前者が顕在化するのである。

　1981年12月30日レーガン大統領が、改正されたばかりの輸出管理法(Export Administration Act)に基づいて、西欧諸国の政府と企業によるシベリアパイプライン計画に反対し、米国オリジン(US-origin)の石油、ガス装備および技術(technology)の輸出を制限し、旧ソ連向け輸出に関するあらゆるライセンスを停止する命令を発した、いわゆる「パイプライン事件」が世界を震撼させた[36]。技術に国籍があるとの前提で、米国の技術の使用を制御することは、科学・技術を中心とする知識構造(knowledge structure)の優位をめぐる国家（社会）間の

競争が激しさを増してきたことを意味する。知識競争を制するものが覇権競争を制する。それは技術へのアクセスや獲得における国家(社会)間の非対称(不平等)状態も増すことを意味する。今後デジタル「技術」(=知識)が「産業」構造を変え、「安全保障」との境界があいまいになっていく中で、国際経済関係における権力性の顕在化の可能性も合わせて増していくことが予想される[37]。

2. 国際平面と国内平面の連動

　かつてジャクソンは国際経済法における不幸な二分法の一つとして、国際ルールと国内ルールを区分することを上げた。国内ルール(特に、憲法ルール)は、国際制度・ルールに計り知れない影響を及ぼし、また逆もしかりであると強調する。

　国際経済秩序が円滑に機能するには、各国が立憲主義的な法秩序を確立し、多元主義の原理に基づいて民主的に運営されることが前提になる。すなわち、私人の所有権と契約自由の保障および実効的な裁判による権利保護が機能的な市場経済秩序の規範的な基礎条件であり、国民経済の確立、国際競争への開放性、民主的代議制およびその立憲的な運営は国際経済秩序と国内憲法秩序の円滑な連動の必要条件である。それによって、対外的には、諸国の政府が自国にとって有害であり、世界市場の円滑な機能を妨げる方向へ走らないようチェックされ、対内的には、国益概念が特定利益集団のレント・シーキングの口実として用いられることを防ぐ。正常な国内憲法秩序が国際経済秩序の前提なのである。

　その反面、故タムリルは、「国際経済秩序は国内憲法の第2列目」で、国際的に合意された規範が国内法に受容され、政府の誤った対外経済政策に指針を与え、個人の自由や競争を保護する機能を果たすことに注意を喚起した[38]。それ以来、経済に関する国際法が、国家間の利益衝突の調和、すなわち他国の経済利益を侵害する行動や政策を規制する「対外的な」機能だけでなく、国内経済政策や法へ指針を与える「国内的な」機能を果たすことが指摘されてきた[39]。

　国際法の国内的機能論は、通常各国の憲法が行政府の対外経済政策に対して広範な裁量を許している状況の中、対外経済政策の決定が、貿易自由化を支持する勢力よりも、政治力と情報力において圧倒的に勝るところの保護を

求める生産者に有利に行われるという認識に基づいている。「保護の政治市場」
(political market of protection) における生産者バイアスの存在である[40]。もし、政府
が、経済効率の観点からセーフガードに基づく輸入制限より劣る措置である
市場秩序維持協定を締結するか貿易相手国に輸出自主規制を実施させるなら、
自らの国の憲法上の営業の自由が大いに損なわれかねない。国内市場の開放
か保護の付与かという公共選択 (public choice) に際し、国際規範が市場開放のた
めの「拘束的な」指針を与えることによって、個人の経済活動の自由や競争的
な市場秩序を守護する各国の憲法秩序を補強する機能を果たすのである。国
際法の第一次的機能が国際レベルで生じる共通問題や利益を調和する対外的
機能であることを前提にしつつ、国内的機能論は、国際法と国内憲法秩序と
の相互交錯の緊密さという、国際経済法を考える際に軽視されがちな重要な
側面に光を当てている。

　国際法の国内的機能論からすれば、経済に関する国際法は国内法秩序にお
いて国内法による補完・具体化がなくても、内容上そのままの形で国内法と
して直接に実施され、私人の権利関係について国内の裁判所と行政機関の判
断指針として適用できることが望ましい。すなわち国際法が国内法秩序にお
いて「直接適用可能」になれば、「国内的機能」がより現実のものとなるであろ
う。しかし、国際法は、国家を全体として拘束するだけで、国家がその国内
法秩序において国際法をいかに実現するかをその国の憲法体制に委ねている。
条約の直接適用については、民主主義の政治的過程および国際経済関係にお
ける国家主権という観点からの反対論が根強く、実際米国、EU 等主要貿易
国は「相互性の要請」を振りかざして WTO 諸協定の直接適用を認めていない。
エルラーのいう国際平面と国内平面における規範の「機能的一体化」の実現に
はまだ時間がかかりそうである (→3章Ⅳ「WTO 協定と国内的実施」)。

3. 参加者の多様性

　1986 年ジャクソンがマックスプランク『国際法辞典』の「国際経済法」項目を
執筆した際に、国際経済法の主体 (subject) でなく、参加者 (participants) というター
ムを用いた[41]。第 2 版の同項目を担当したヘアデゲンはアクター (actors) を用
いているが[42]、自分の『国際経済法』教科書新版で、「国際経済関係におけるア

クターの範囲は厳密な意味における国際法主体のそれを超える」とした[43]。「参加者」「アクター」というタームには、国家も参加者の一員に過ぎないことと、非国家参加者の関わり方（役割）が、通常の国際平面におけるより大きくて重要であることを強調したいことであろう。

　国際経済関係において、国家は経済主権に基づく経済体制選択の自由を享有し、国際経済法の形成・適用・執行に参加する。国家は原則的に自国の管轄権の下で行われる経済活動を様々な形で規制する。他方で、20世紀に入って国家自らが（対外）商取引の当事者になる等、国家の活動領域が経済分野に拡大してきた。それによって国家企業（state enterprises）の問題が浮上し、ガット17条の国家貿易条項はその帰結である。国家の行為を主権的行為（imperium）と業務管理的行為（dominium）に分け、後者の場合は主権免除付与が制限される等、国家の経済行為を主権的行為から分離して扱う傾向が強まってきた。

　国家の位相には別の側面がある。市場経済体制が理念的前提である現行の国際経済秩序において、経済発展の水準が異なる途上国、そして、非市場経済（移行経済）をどのように取り扱うべきか。構成員の同質性と国際レジームの安定、そして、条約適用の普遍性と条約内容の一体性の葛藤の問題が国際経済関係には特有の姿をなして現れる。（→第18章）

　様々な国際制度の重要性は強調するまでもない。国連やOECDのような一般的な国際組織、ブレトン・ウッズ体制を構成する専門的な国際組織であるIMF、世界銀行、そして、WTOに、地域レベルのEU、NAFTA、地域開発銀行等、様々な形態の国際制度が国際経済体制の一翼を担っている。ヘアデゲンは「制度化されていない協力のフォーラム」の項目で、G7、G20から、国際金融分野のFSF、FSB、そして国際決済銀行（BIS）等を上げている[44]。

　国際関係におけるNGOの役割の拡大は、対人地雷禁止条約の事例のように、経済分野に局限されるわけではないが、国際経済関係においては、私的権力（private authority）が国家のライバルとして台頭したことで、国家の後退（retreat）が公然と囁かれて久しい[45]。国際基準機関（International Organization for Standardization, ISO）による「自発的合意に基づく基準」作りとその影響[46]、そして、国際商工会議所のような業界団体の影響力にとどまらず、サービス貿易や衛生検疫分野に国際ルールをもたらした国際的な専門家集団である認識共同体（epistemic community) が台頭している[47]。様々な私的団体が、自主規制の形態か、諸国や政府組織に規則制定を働きかける形かはさておいて、いわば「規制の非国家化」(privatization of regulation) が進んでいる。

　国際経済関係における私人とは、多くの場合 MNC という呼ばれる法人である。多くの MNC は経済的な規模面で並みの国家を凌駕する。国際経済関係の歴史は、資金と技術を具えている外国企業を受入れたいが、それに対する規制権限を保持したいと考える投資受入国と外国企業の間の角逐の歴史であった。国際平面における私人の権利行使や保護は、本国を介して (外国的保護)、そして、在留国の国内手段を尽くして (国内救済原則) 行われるのが原則である。しかし、米国の通商法 301 条のように、自国企業に在留国の制度・政策・慣行の変更を政府へ申出る道を与えるか、1990 年代以降国際投資法分野で投資協定仲裁を通じて「投資家」として在留国に対する国際請求権を獲得する等、MNC が享有する権利、役割や力がますます大きくなってきた。

　今日国際 (経済) 関係における NGO や MNC といった非国家主体の位相を考える際には、一方では、「公共領域」(public domain) がグローバル化し、国家間関係を越えつつ[48]、他方では、NGOs の役割や企業活動がもはや社会的、環境的、持続的発展の文脈を離れては存立しえないことに留意する必要がある[49]。この背後には、自由主義的経済秩序が、他の非経済的価値と調和しながら、存立を図らなければならなかったことを意味する。

4. 条約中心の法源体系とソフト・ローの比重の高さ

　条約が国際経済法の法源として第一義的であることに異論はない。国際経済法の発展が主として 2 国間通商航海条約の締結と発展に基づいていたことは周知の通りである、

　条約の重要性は、何よりも国際経済現象の可変性にある。条約が規律対象の要求する柔軟性および可鍛性を充足するのに適しているのに対して、慣習国際法は、その生成に通常長い期間を要し、内容上の精緻性に劣る。次に、国家は政治経済的に敏感な分野では、いくばくかの慣行が積もっても、権限放棄と推定されることを嫌う。最後で、経済に関する国際法が何よりも「条約上の外 (国) 人法」として発展してきたことがあげられるべきである。法の

国家主義と自国民保護主義の下で、外国人の権利の問題は各国の憲法・国家政策上の問題となったが、国際経済活動が活発になるにつれ、国際法上の外(国)人法の形成が必要だったのである[50]。

慣習国際法は、第二義的であるが、それでも合意法としての国際経済法の解釈の基盤と背景をなす意味で重要である[51]。数少ない慣習国際法としては、外国人財産の収用に関する規範、海洋の自由、国家責任と経済制裁等が挙げられる。法の一般原則は、内容的な曖昧性のゆえに、法源としては重要な位置づけを与えられてこなかったが、仲裁判断において、その曖昧性のゆえに、法の欠缺を埋める役割が評価される。

次に、国際経済法においてはソフト・ローの比重の大きい。国家は自らの行動の自由を保持しながら、国際協力の恩恵に与りたいと相反する要求を、拘束力のない国際文書の形で充足する[52]。

その代表的な例が為替政策の分野である(→第12章)。IMF の最初の為替レートシステムである固定相場制は、為替に対する泥沼の報復合戦を制御しながら、各国の通貨主権を保持させる規範的枠組であった。IMF 加盟国による為替相場の変更は、協定違反を構成しないが、その加盟国は基金の融資を受ける権利を自動的に喪失する。さらに、為替に関する財務省や中央銀行間の取極や租税問題に関する取極においても同じ傾向が見られる。

国際経済関係においてソフト・ローの比重が大きくなったもう一つの背景は、脱植民地化に伴い、国連総会で多数を占めた南の国々が伝統的な国際(経済)秩序に挑戦したことである。国際経済関係を規律する法的枠組を変える力のない多数の途上国の要求とその要求を実施に移せる経済力を有している先進国の反対は、国連で法的拘束力のない総会決議という形となって現れた。天然資源に対する永久主権の決議や新国際経済秩序の要求に関する一連の決議がそれである。そして、発展途上国の要求から生まれたガット第4部「貿易と開発」の採択は、暫定的に適用されてはいるが条約であるガットの中に、開発理念と努力目標を掲げたソフト・ローの導入であった。

最後に、1970 年代の国連や OECD の「多国籍企業ガイドライン」のように、国際規制における政策的選択肢としてのソフト・ローがある。ハード・ローか、ソフト・ローかは政策手段としての実効性の観点から決められ、最初非拘束

的な文書が提示され、その後様々な履行確保の手段が用いられ、やがてハード・ロー化していくが、経済分野だけでなく、人権や環境分野にも頻繁にみられる[53]。さらに、非政府団体の私的規制の形成者としての台頭もソフト・ローの増加に一助している。

　主権の保持と協力の利益との緊張関係、既存の国際経済秩序への対抗的意味合い、および国際規制手法における政策的選択肢としての手段性等、ソフト・ローの比重を高める要因が国際経済関係には顕著に働くのである。

5. 例外条項の存在：柔軟性と可鍛性の担保

　多数国間条約には、一方では、できるだけ多くの締約国を確保する必要と、他方では、個々の締約国の個別的事情をどこまで組み上げるかの緊張関係が付きまとう。いわゆる「条約適用の普遍性」と「条約内容の一体性」の相衝であるが、経済問題を取り扱う国際レジームには、分野の有する特性と歴史構造的な要因が反映した柔軟性が注入されている。

　1930年代の一連の国際連盟主催の世界経済会議では、国際経済関係における規範と紛争解決について、経済事実のダイナミズムのために経済法規には柔軟性が要求されることと、司法的解決についての懐疑的な見方が支配的であった。そのために「考案」されたのが「無効化または侵害（nullification or impairment）」の概念である。その概念のポイントは、単なる義務違反は紛争解決手続の援用の十分条件ではないこと、つまり、一定の無効化または侵害の存在が必要であることと、義務違反による無効化または侵害（義務ケース）と非違反によるそれ（非違反ケース）を区分しないことで、言い換えれば、「協定上の期待利益の侵害」は、「その原因が何であれ」義務の調整を申し出る正当な理由となる。経済分野の特性が法的義務のあり方に柔軟性を求めた訳である[54]。

　前述したように、第2次世界大戦後の国際経済体制は、戦間期に蔓延した近隣窮乏化政策への回帰を断ち切る傍ら、締約国による完全雇用の達成と国内安定の追求を容認する「埋め込まれた自由主義の妥協」に基づく国際経済関係の多角的な管理の試みであった。様々な例外条項は、「国家の社会化」を前提に、条約義務の受入を容易にするとともに、レジームのある部分に生じた混乱が他の締約国に波及して、条約目的の実現の全過程に支障をきたすこと

を防ぐ安全弁 (safety valve) である。言い替えれば、経済の自由化が国内的要因
によって制約されることの制度的承認である。

　かつてベーバーは、国際経済組織にみられる適用除外を、「公序条項」(公共
政策または安全保障を理由とする適用除外)、「免責条項」(一時的な経済的困難を理由
とする協定義務からの逸脱)、「義務の免除」(協定に規定されていない例外的事態の
際に免除付与)、「国家主権の留保」(「公序条項」以外を事由に締約国裁量の留保) お
よび「補償的措置」(他国の競争条件を歪める不正で差別的な行為に対する対抗措置)
の 5 つに分類した[55]。ガット・WTO の「免責条項」と「補償的措置」は、保護
主義的要請を事前に組み入れることで通商問題を非政治化し、貿易自由化約
束の受入を容易にする貿易救済法である (セーフガード (19 条)、AD 税・CVD (6、
16 条))。「公序条項」と「国家主権の免除」は、貿易自由化と国家の他の政策目的・
非貿易的価値の調整の役割を担うもので、一般的例外 (20 条)、安全保障のた
めの例外 (21 条) および幼稚産業保護 (18 条 A,C 項) がある。しかも、今日貿易
的価値と、環境、人権、労働、競争政策、文化等の非貿易的価値との抵触と
調整の問題は、時には一般的例外との関係で、時にはその枠外で、ますます
WTO 体制の根幹にかかわる重要性を帯びている。

Ｖ. 国際経済法 (学) の展望

　時代状況に適合的な国際経済法 (学) とはどのようなものであるべきか。い
くつか指摘しておきたい。

　第一に、国際経済法の外延はどこまでなのか (にすべきか)。本『講義』では、
国際経済法を国際法・国内法・商慣習法を網羅する広義にとらえて、規律対
象として国境を超えて行われる経済活動の円満な活動を可能ならしめる通貨・
金融、通商および投資の伝統的な三本柱にしぼった。通貨・金融は IMF だけ
でなく、銀行規制、国家債務を、通商には物品貿易、サービスおよび (貿易関連)
知的財産権を、そして、地域統合と経済制裁を含めている。国際競争法、国
際租税法、国際経済刑法は含めなくて、最近独立の章となることの多い政府
調達についての記述は手薄である。代わりに国際取引の基礎的理解を助ける
ための章を最初に設けている。

　国際経済法の規律対象を、誰の目線で、どのような基準で、何のために、選ぶのかは、答えないといけないが、答えにくい問題である。著者(たち)の主観と能力にかかる問題なのか。やはり何らかの物差しが必要なのか。たとえば、多国籍企業規制の一環で整備されてきた腐敗防止や9.11テロの帰結といえるマネーロンダリング取締りといった、どちらかというと国際経済活動に「間接的に」関わる分野も含めるべきか。かつての「開発の国際法」は国際経済法の下位概念なのか、もしくは、別次元の問題なのか、あるいは、本書のように、どちらでもなくて、国際経済秩序の構成員の多様性及び衡平性の次元で取り扱うことでいいのか。規律対象の外延の次元がその内包の次元にも及ぶからには重要で難しい問題である。

　第二に、時代ごとの国際経済関係の規範的仕組みを的確に抉り出せる学問的方法論(＝理論)はどのように構築することができるのか。

　かつてシュルツェンベルガーは、時代ごとの国際秩序に合わせて現れる法の三類型(権力法、相互主義法および協働法)、諸(基本・機能)原則と歴史を通じて形成されてきた7つの標準(standard)を析出し、国際経済法を描いて見せた。エルラーは、国際経済関係・法が「機能的一体化」に向いていると見て、経済自由化の軌跡とヘゲモニーの存在、地域的統合の発展、国際社会の組織化に伴う「契約から地位」への変化、および法形式における「禁止から許容」への変化の全体を歴史構造的に叙述している。ジャクソンは、政策科学(policy science)の手法を導入し、国際経済関係と法の政策的前提及び非経済的目標を含む政策目標間の相衝について整理し、国際経済関係の処方箋として、制度間調整、相互承認及び調和の3つを提示した。最近松下・米谷は、グローバルガバナンスの原理の探求という視点から、(存在論的な二分法ではないが)「国際競争論＝共存モデル」と「比較優位論＝協力モデル」を導入し、精緻な実務的アプローチを試みている。

　今日グローバリゼーションの深化による国際経済関係の多様化・複合化を包括的かつ統一的に捉える学問的方法論の構築は、不可能とまではいわなくとも、かなり困難な作業である。分野ごとの問題解決的な実務的アプローチで十分であるとの指摘もあろう。学問的方法とは、雑多な事象を、一定の目的の下で整列し、そこから抽象を施し、類型化などを通じて、合目的的に捉

32

えることである。今日その作業が有意義なものになるには、デジタル技術に代表される産業構造における変化、政治的に持続可能なバランスの取れた貿易政策のあり方、前2者が反映された規制的機能主義の模索といった国際経済関係についての歴史・構造的な考察が欠かせないことだけを指摘しておく。

　第三に、国際経済関係の分野別・機能別の組織化の最適値について常に考える必要がある。対象分野の射程、規制原理および規制手法が機能別組織化にとって合目的なのか、その組織・制度に付与された権限は最適なものなのか。ガットからWTOへ移行する過程で、WTO体制に分野横断的に国内規制に対するレビュー機能を与えられ、一定の一般性を持つに至ったことは果してWTOのあるべき姿なのか[56]。WTO出帆後「立憲化」の議論が盛んになり、ジャクソンはある時期から国際経済関係における「憲法」（"Constitutional Law"）の発展を強調した。それに対して、1907年創刊以来100年間「米国国際法雑誌」において国際経済法の主題がどのように扱われたかを見事にまとめたバーツ教授は、WTO出帆後米国をはじめとする先進工業諸国における行き過ぎた産業の空洞化現象を指摘しながら、雑誌刊行100年の間世界経済は幾度もドラマティックな後戻りを経験したと警鐘を鳴らした[57]。

　要するに、本章でたびたび指摘したように、経済的相互依存の進展が果して政治的安定をもたらすのか、そして、経済社会人道的な次元と政治安全保障的な次元を切り離す機能主義の前提の是非を常に問いかけることが必要である。

　それとの関連で、今日機能別組織化の舞台が地域主義へ移動している。規制的機能主義の足取りが、主にNAFTAから始まり現在のCPTPP（TPP11）に至る、FTA/EPAを通じて維持発展しているのはなぜか。国際経済関係の立憲化が「多数国間主義」（multilateralism）と連動するという前提は間違いなのか。合わせて問われるべき問題である。

　第四に、このような歴史構造的な側面は、主に国際経済法の形成や機能にかかわることであるが、これらの洗礼を受けて出来上がった現行の諸ルールを具体的な場面に適用することとは区分されなければならない。その限りにおいては「問題解決（problem-solving）」志向が徹底される必要がある。国際経済法が「法」であるからには「解釈学的アプローチ」（実定法の精緻な解釈・適用

を通じて裁判実務へ寄与する方法）がオーソドックスな方法であることは言うまでもない。具体的な紛争に際して、【請求原因の確定（法律関係、権利義務関係の確定）→ 違反の確定 → 違法性阻却事由（excuse）の存在如何の確認 → 損害の確認】する流れに従って、実定法の確認、解釈・適用が模索されるべきである。日本はどちらかといえば実証主義の伝統が強く、事例研究が盛んな方である。本書の多くの章は、該当分野の具体的な場面における「問題解決」に十分役に立つ内容になっていると確信している。

　最後に、日本（政府）が国際経済関係や法についてどのようなスタンスをとっており、それは適切かつ合理的であるか、そして、国内における国際経済法の適用・実施が適切に行われているのかについて、常に評価や監視が行われなければならない。かつて日本の戦後復興の成功が戦時経済の要請に応えるために出来上がった「1940年体制」に基づいていると指摘され、1980年代を通じて「日米構造協議」（structural impediment initiative, SII）で日本異質論が言われた。確かに、日本は1990年代以降、ペッカネンのいう「攻勢的リーガリズム（aggressive legalism）」へシフトし[58]、対外的に「ルールに基づく通商外交」（『不公正貿易報告書』のスタンス）を唱え、最近は米国の抜けたTPP11を見事に取りまとめる快挙を成し遂げた。その反面、ここ数年で変化が見られるものの、他国と比べて相変わらず貿易救済法があまり活用されていない。その原因は依然として官主導（bureau-cracy）の「官民協調」の体質に根本的な変化が生じていないことにあるのではないか。日本の企業や国民は、あるべき国際経済ルールや基準形成のために、日ごろ政府に積極的に働きかけ、必要ならば直接行動する、真の国際経済関係の「参加者」となっているのだろうか。「自由な通商国家の存在感」[59]を示すためには、灯台下暗しにならないことである。

注

1　機能主義については、Inis L.Claude,Jr., *Swords into Plow Shares: The Problems and Process of International Organization*（Random House, 4th ed, 1984）ch.17 を参照。

2　John. H. Jackson. *Legal Problems of International Economic Relations*（West Publishing Co., 1977）xv.

3　松下満雄『国際経済法：国際通商・投資の規制　第3版』（有斐閣、2001年）4頁。

4　柳赫秀「国際経済法の概念について」『国際経済法講座Ⅰ 通商・投資・競争』（法

律文化社、2012 年) 3 頁。

5 最近の国際経済法の研究が永続的な多角的体制として生まれ変わった WTO 体制を中心とした国際通商法へ偏重した展開を示している事態がこのことを物語っている。

6 「国際経済の法」アプローチをいち早く唱えた Erler 以来の伝統である。Georg Erler, *Grundprobleme des internationalen Wirtschaftrechts* (Verlag Otto Schwartz & Co.,Göttingen, 1956) 1.

7 必ずしも執筆者の間に意見の統一がある訳ではないが、そのような立場で編著した。

8 ジャクソンは国際経済法を取引に関する (transactional) 国際経済法と規制的な (regulatory) 国際経済法に分ける。John H. Jackson, *The Jurisprudence of GATT & The WTO* (Cambridge University Press, 2000) 1；カロー / ジュイヤールも、国際経済法はマクロな経済関係、すなわち国際的組織経済を規律するのに対して、国際取引法は経済主体の個別の行動に関わるという。Dominique Carreau and Patrick Juillard, *Droit international économique* (Dalloz, 4th ed, 2010) 7-8; 最近の日本の学説も同じ考えを示している。本書第 2 章担当の久保田教授は、①現場 (法人・私人) のミクロ目線からマクロの国際取引秩序を考える国際取引法の「木を見てから森を見る」アプローチと②監督者 (国家) のマクロ目線からミクロの現場の行為を規制する国際経済法の「森を見てから木をみる」アプローチは、相互に連携・補完し重ね合わせることで初めて国際取引を熟知することが可能になるという。山田僚一、佐野寛『国際取引法 (新版)』(有斐閣、1998 年) 10 頁は、「国際経済法は主として条約などの国際法を中心として国際経済秩序のあり方との関連で、国際取引に関する法規制を問題とするのに対して、国際取引法は、主として個人や企業などの個別経済主体の観点から国際取引に関する法規制を考慮する。」高桑昭教授もその著書 (『国際商取引法』、(有斐閣、2003 年) 5 頁) で同じ考えを述べている。このように考えると、両者の相違は、視点と主眼の違いで、法源の違いといった本質的な違いはないといえよう。

9 John H. Jackson, *The World Trading System: Law and Policy of International Economic Relations* (The MIT Press, 1998) 26.

10 山本草二「企業の国際化と国際法の機能」『政治経済論叢』(成蹊大学) 17 巻 3・4 合併号 (1968 年) 163 頁；「米国国際法雑誌」が 1907 年創刊から 100 年を迎えた 2006 年に論文「国際経済法と米国国際法雑誌」を寄稿したバーツ教授は、1914 年までは私的な経済活動は政府の干渉をほとんど受けていなかったので、国際経済法は僅かしか取り上げられなかったという。Detlev F.Vagts, 'International Economic Law and the American Journal of International Law (2006) 100 *the American Journal of International Law* 769.

11 柳赫秀「前掲論文」(注 4) 6 頁。

12　柳赫秀『ガット 19 条と国際通商法の機能』(東京大学出版会、1994 年) 22 頁。

13　Wilhelm Röpke, 'Economic Order and International Law', *Recueil des Cours* 1954-II,227.

14　Dominique Carreau and Patrick Juillard, *Droit international économique* 2ⁿᵈ ed., (Dalloz, 1980) 5.

15　John Ruggie, 'International Regimes, Transactions, and Change: Embedded Liberalism in the Postwar Economic Order', (1982) 36 (2) *International Organization* 379-415. ウィルコックスが当時の状況を正確に伝えている。"There is no hope that a multilateral trading system can be maintained in the face of widespread and protracted unemployment. Where the objectives of domestic stability and international freedom come into conflict, the former will be given priority⋯. It would be futile to insist that stability must always give way to freedom. The best that can be hopes for is a workable compromise." Clair Wilcox, *A Charter for World Trade* (Macmillan Company, 1949) 131.

16　柳赫秀「国際経済法における『市場 vs. 政府』についての考察：歴史・構造的視点から」『日本国際経済法学会年報』第 21 巻 (2012 年) 99 頁。

17　本章の 5. 国際経済法 (学) の課題を参照。

18　Gary C. Hufbauer, 'International Economic Law in Times that are stressful', (2002) 5 (1) *Journal of International Economic Law* 3.

19　Ibid.

20　ジャクソンは、これをリベラル・トレード (liberal trade) という用語で表現している。Jackson, supra note 9, 11.

21　"No one was committed to 'free trade', no one expected anything like it; the term does not appear in the GATT, which simply calls for a process of liberalization with no stated objective". Diebold Jr, "From the ITO to GATT – And Back?" in Orin Kirshner, *The Bretton Woods – GATT System: Retrospect and Prospect After Fifty Years* (Routledge, 1995) 158.

　"There are few free traders in the present-day world, no one pays any attention to their views, and no person in authority anywhere advocated free trade." Jacob Viner "Conflicts of Principle in Drafting a Trade Charter". *Foreign Affairs*, 25:4, June 1947 613.

「大量の、長引く失業の前に多角的貿易体制が維持される保証などどこにもない。国内安定という目標と国際的自由が衝突しそうなら常に前者が優先しよう。一番望しいのは実行できる妥協である。」C. Wilcox, supra, note 13, 131.

22　Röpke は、「教科書では、国際貿易が比較優位原則に基づくと書いてあるが、究極には *pacta sunt servanda* の至上命題に拠る」という。William Röpke, 'Economic Order and International Law' *Recueil des Cours* (1954-II) 212.

23　W. Max Corden, *Trade Policy and Economic Welfare* (Clarendon Press, 1975) 107.

24　このような変化を受け、2014 年度『不公正貿易報告書』(経済産業省通商政策局編) から「正当化自由」の章が追加された。

25　「非貿易的関心事項」については、小寺彰編著『転換期の WTO：某貿易的関心事項の分析』(東洋経済新報社、2003 年) を参照。

36

26 林正徳『多国間交渉における合意形成のプロセス』(農林統計出版、2013年) 425 頁 ;Thomas Cottier, 'International Economic Law in Transition from Trade Liberalization to Trade Regulation' 17 *Journal of International Economic Law* (2014) 671.

27 レーリングはそれを「保護の法」(the law of protection) といった。Bernard V.A. Röling, *International Law in an Expanded World* (Amsterdam: Djambatan, 1960) 63.

28 柳赫秀「WTO と途上国―途上国の『体制内化』の経緯と意義」、『貿易と関税』 2000 年 7 月号 49 頁。

29 Hyuck-Soo Yoo, 'Development issues in the discourse of Global Constitutionalism' in Takao Suami, Anne Peters, Mattias Kumm and Dimitry Vanoverbeke eds *Global Constitutionalism from European and East Asian Perspectives* (Cambridge University Press, 2018) 351-376.

30 中川淳司ほか『国際経済法 第 2 版』(有斐閣、2012 年) 9 頁。

31 現在「貿易と競争政策」のイッシューは、主に地域協定のレベルで議論され、導入されている。例えば、日本の締結する EPA/FTA の競争関連規定は、a) 反競争的行為を規制することにより貿易・投資自由化の効果を最大にすること、b) 反競争的行為の取り締まりの必要性について EPA 締結相手国における共通認識と協力的枠組みを確立することを目的としているとされる。『2017 年度不公正貿易報告書』(経済産業省通商政策局編) 749 頁。

32 山本草二『国際法 新版』(有斐閣、1994 年) 24 頁。

33 城山の指摘のように、「機能」は必ずしも客観的・中立的に設定される訳はなく、「誰」にとっての機能を対象とするのかによって、関係する主体の範囲が異なってくるとともに、主体間の権力的関係が埋め込まれることに留意すべきである。城山英明『国際行政論』(有斐閣、2013 年) 15、24、32 頁。

34 機能主義に「権力」的要素がないわけではないことを前提にしたうえ、国際交通法などと比べる議論をしている。

35 新たに始める「日米経済会議」の実現目標は「自由、公正、そして、相互的な」 (free, fair and reciprocal, FFR) 貿易である。日本経済新聞 2018 年 4 月 24 日朝刊。

36 パイプライン事件については、ドイツ国際法学会年報が 1984 年号で特集を組んでいる。

37 ストレンジは世界経済を支配する権力を第一次的権力の構造的権力 (structural power) と第 2 次的権力である関係的権力 (relational power) に分け、前者には「安全保障」「金融」「生産」及び「知識」の 4 つがあるという。S.Strange, *States and Markets* (Pinter Publishers, 2nd ed, 1994) ch.2.

38 Jan Tumlir, 'International Economic Order: Rules, Cooperation and Sovereignty' in Peter M. Oppenheimer, *Issues in International Economics* (Oriel Press, 1980) 71-80.

39 Frider Roessler, 'The Constitutional Function of International Economic Law' (September, 1986) *Aussenwirtschft* 467-474.

40 Bruno S. Frey, *International Political Economics* (Blackwell, 1984) 21-39.

41 John H. Jackson, 'Economic Law, International' in Rudolf Bernhardt ed., *The Max Planck Encyclopedia of Public International Law* (Oxford University Press,1986) vol. 8 156.

42 Matthias Herdegen, 'International Economic Law' in Wolfrum Rüdiger ed., *The Max Planck Encyclopedia of Public International Law* (Oxford University Press, 2nd ed, 2012) vol. 5 782.

43 Matthias Herdegen, *Principles of International Economic Law* (Oxford University Press, 2013) 25.

44 Ibid., 33.

45 A. Claire Culter, Virginia Haufler and Tony Porter eds. *Private Authority and International Affairs* (State University of New York, 1999); Susan Strange, *Rival States, Rival Firms: Competition for World Market Shares* (Cambridge University Press, 1992).

46 Craig N. Murphy and Joanne Yates, *The International Organization for Standardization* (*ISO*) – *Global Governance through Voluntary Consensus* (Routledge, 2009).

47 城山は、「分野において専門性と能力が認められ、その分野ないし問題領域内で、政策上有効な知識について権威を持って発言できる(トランスナショナルな)専門家のネットワーク」と定義する。『前掲書』(注30) 174頁。

48 John G. Ruggie, 'Reconstituting the Global Public Domain - Issues, Actors, and Practices', 10 (4) *European Journal of International Relations* (2004).

49 1999年シアトルWTO閣僚会議が、貿易価値と、人権、環境、労働などの非貿易価値とのバランスの上にあるべきだと強調する市民団体の反対に会い、進展なしに終了したことは記憶に新しい。

50 澤木敬郎「国際人権規約と外人法」『国際法外国雑誌』第79巻第5号 (1980年) 4頁。

51 WTO紛争解決了解3条2項。

52 Frider Roessler, 'De Facto Agreement and Declarations of Principle in International Economic Relations' 21 *German Yearbook of International Law* (1978) 40.

53 斎藤民徒、「ソフトローの系譜：国際法学の立場から」CEOSOFTLAW-2005-7

54 Robert. E. Hudec, *The GATT Legal System and World Trade Diplomacy* (Butterworth Legal Publisher, 2nd ed, 1990) 3. ガットでは「その後の慣行」を通じて、法的義務中心の「無効化または侵害概念」が運用されたが、WTODSUにおいても「非違反ケース」の完全なる止揚はできなかった。「無効化または侵害」概念については第4章を参照。

55 A. Weber, 'Safeguards in International Economic Organization in time of Crisis', 27 *German Yearbook of International Law* (1984) 212-219.

56 城山『前掲書』(注29) 13、103頁。城山の「実質的に機能的アプローチを修正しつつあるのは、ガットやWTOによる貿易規制の動きかもしれない」という指摘は示唆的である。Cottierも現在のWTO頓挫の原因を貿易自由化から国内規制権限に移ったことに求めている。supra note 22.

57 D.F.Vagts, supra note 10, 781.

58 Saddia Pekkanen, 'Aggressive Legalism: The Rules of the WTO and Japan's Emerging Trade Strategy' 24 (5) *The World Economy* (2001) 707-737.

59 日本経済新聞2018年8月19日朝刊社説。

参考文献

金沢良雄著『国際経済法序説』(有斐閣、1979 年)、特に、第 1 章「国際経済法の概念に関する一考察」を参照。

中川淳司、清水章雄、平覚、間宮勇著『国際経済法　第 2 版』(有斐閣、2012 年)。

日本国際経済法学会編『国際経済法講座 I　通商・投資・競争』(法律文化社、2012 年)。

松下満雄、米谷三以著『国際経済法』(東京大学出版会、2015 年)。

城山英明『国際行政論』(東京大学出版会、2013 年)。

柳赫秀著『ガット 19 条と国際通商法の機能』、(東京大学出版会、1994 年)。

───「国際経済法の概念について」『国際経済法講座 I　通商・投資・競争』(法律文化社、2012 年)。

───「国際経済法における『市場 vs. 政府』についての考察：歴史・構造的視点から」、『日本国際経済法学会年報第 21 巻』(2012 年)。

───「基礎法・特別法講義X─国際経済法①〜④」『法学教室』275 号、276 号 (2003 年)、279 号、280 号 (2004 年)。

───「WTO と途上国─途上国の『体制内化』の経緯と意義」『貿易と関税』7 月号、10 月号 (1998 年) 7 月号、9 月号 (2000 年)。

Matthias Herdegen, *Principles of International Economic Law* (Oxford University Press, 2016).

John H. Jackson, *The World Trading System: Law and Policy of International Economic Relations* (The MIT Press, 2nd ed, 1997).

Asif H. Qureshi and Andreas R. Ziegler, *International Economic Law* (Sweet & Maxwell, 2nd ed, 2011).

Bernard M. Hoekman and Michel M. Kostecki, *The Political Economy of the World Trading System: The WTO and Beyond* (Oxford University Press, 3rd ed, 2010).

Simon Lester, Bryan Mercurio and Arwel Davies. *World Trade Law: Text, Materials and Commentary* (2nd ed, Hart Publishing, 2012).

Michael J. Trebilcock, Robert Howse, and Antonia Eliason. *The Regulation of International Trade* (Routledge, 3rd ed, 2012).

Peter Van den Bossche, *The Law and Policy of the World Trade Organization: Text, Cases and Materials* (Cambridge University Press, 2nd ed, 2009).

Wilhelm Röpke, 'Economic Order and International Law', *Recueil des Cours* 1954-II.

Gerog Schwarzenberger, 'The Principles and Standards of International Economic Law', *Recueil des Cours*, 1966-I.

Christian Tiejie. Internationales Wirtschaftsrecht (De Gruyter Lehrbuch, 2009).

Dominique Carreau and Patrick Juillard, *Droit international économique* (Dalloz, 4th ed, 2010).

Susan Strange, *States and Markets* (Pinter Publishers, 2nd ed, 1994).

第2章　国際取引の法的枠組み

久保田隆

本章の概要

　　国際取引を法的に十分理解するためには、公法的理解だけでなく私法的理解（国際取引法）の双方が不可欠である。通常、日本の国際経済法の教科書では国際取引法を扱わず、この部分は国際取引法の教科書に任せてきた。しかし、欧米の定評ある教科書では国際取引法も扱っており、本書でも国際取引法のエッセンスを伝授することにした。一方、国際取引に関係する法律はすべて国際取引法に入り、日本や外国の民商法や国際私法・国際民事訴訟法、貿易・金融・サービス規制等、さらにはCISG等の私法条約や国際経済法が扱うWTOやFTA、TPP等に至るまで全てが対象に含まれる。従って、1つの章ですべてを語り尽くすことは不可能であるが、国際経済法の学徒に必要なエッセンスを伝えることはできる。すなわち、事案に応じた関連諸法の連携ダイナミズムこそが国際取引法のエッセンスであり、それを伝えたい。そこで本章は、①国際取引を立体的に理解すべく、国際経済活動の公法・私法両面の理解を深めること、②国際物品売買における事案処理の典型的な法的プロセスに理解を深めることの2点を目的とし、第1節で私法を中心に基本事項をまとめ、第2節では、それらが事案の処理に際して如何に関わり合うかを具体的に解説する。

はじめに

　国際取引を法的に十分理解するためには、国際経済活動を規制する側の国家の観点からみた公法的理解（いわば国際経済法）だけでなく、規制される側の法人や個人、すなわち国際経済活動に携わるプレーヤーからみた私法的理解（いわば国際取引法）の双方が不可欠である。そこで本章は、国際取引法のエッセンスを国際経済法の学習者に的確に伝えることを目的とする。では、国際取引法のエッセンスとは何か。

　国際取引法に関するよくある誤解の1つに「国際取引法とはウィーン売買条約（United Nations Convention on Contracts for the International Sale of Goods, CISG）、あるいは、これに国際海上物品運送法等を加えた貿易関連の私法を指す」というものがある。確かに CISG は重要な法源ではあるが、国際取引法研究の中で CISG の逐条研究の占める割合はごく一部に過ぎない。国際取引に関係する法律は全て国際取引法に入る（国際取引法の範囲を巡っては諸説あるが、現在の世界的な通説的理解はこの見解である）。日本や外国の民商法や国際私法・国際民事訴訟法、貿易・金融・サービス規制等、さらには CISG 等の私法条約や国際経済法が扱う WTO や FTA、TPP 等に至るまで、全てが対象に含まれてしまうのだから、CISG を中心とする日本の教科書の内容の単なる要点整理ではなく、事案に応じた関連諸法の連携ダイナミズムこそがエッセンスであり、それを如何に伝えるかが課題となる。

　さて、国際取引の主体は経済活動を行う法人や個人が主であるが、国家も取引主体になり得るほか、課税や補助金交付、取引規制等、法人や個人の取引コストの増減に様々な局面で関わってくる。そこで本章では、国際取引法

の全体像を掴むため、国際取引法の基本をなす国際物品売買を中心に、エッセンスを意識した概説を試みたい。

I. 総 説

　国際取引法のエッセンスたるダイナミズムを伝達するため、第2節で簡単な事案を元に概説するが、その前提として知るべき知識を本節でまとめておこう。具体的には、①国際取引の種類、②国内取引と国際取引、③国際取引法と国際経済法、④国際私法、⑤統一私法・ソフト・ロー、⑥国際的統一規則・標準契約約款・ユニドロワ国際商事契約原則の順に説明する。

1. 国際取引の種類

　同一国内で行う取引に対し、国境をまたぐ取引を国際取引という。その種類は多岐に及び、①従来から長らく存在した物品売買とそれに関連する基本的な運送・支払を内容とする貿易取引に始まり、②第2次大戦後に発達した保険・金融・情報・宣伝等のサービス取引やプラントと呼ばれる大規模工場施設を海外に建設するプラント輸出、先端技術を国際的に移転する国際技術移転、インターネットを介して国際取引を行う電子商取引、③さらには、国際的な貸付、外国株式の取得、外国での支店・子会社の設立など、国際的な資本の移転を行う国際投資（国際投資のうち、経営支配・経営参加する目的で行う外国企業への投資を直接投資と呼び、経営支配を伴わず配当利益等を得る目的で行う投資を間接投資と呼ぶ）など、様々である。

2. 国内取引と国際取引

　日本の国内で行う物品売買は日本の民法・商法等によって規律されるが、これが国際取引になると、当然外国の法律が関係してくるため、検討すべき課題は格段に増加する。

　すなわち、各国の取引法の内容は同一ではないため、①関係する法域のうち、どこの国の法律を適用するかについて、法廷地となる国の国際私法（抵触法）の定めに従って、適用されるべき法律（準拠法）を決め（国際私法の問題）、そ

の準拠法を適用して解決を導くか、②一部の分野では各国法の相違を克服するために条約を制定して統一私法を形成している（例：CISG）ので、その定めに従う（統一私法の問題）。また、③国際取引では、国内取引にはない独自の商慣習・商慣行が成立していたり、国際的統一規則や標準契約約款等が広く普及している場合が多いため、その内容も当然に考慮にいれる必要がある（国際的統一規則等の問題）。さらに、④契約当事者間の合意により準拠法の選択に関する自由（当事者自治の原則）や契約内容に関する私的自治の原則（契約自由の原則）が一般に幅広く認められてはいるものの無制限ではなく、公序はもとより各国の貿易管理法、独占禁止法、外国為替管理法等の公法的規制による制限も残るため、その内容も把握しておく必要がある（公法的規制の問題）。さらに、⑤国際取引では言語や習慣等の相違から国内取引よりも紛争が生じ易く、異文化間交渉に熟達したり、契約書を予め詳細に書き込む等の対応が求められる（異文化間コミュニケーションの問題）。いざ国際取引から生じる紛争を解決しようとすると、⑤裁判で行うならば、どこの国の裁判所で裁判を行うか（国際裁判管轄の問題）、ある国の裁判所で給付判決を受けたので他の国で強制執行を行いたいが如何なる要件が必要か（外国判決の承認・執行の問題）といった国際民事訴訟法の課題が加わり、解決が困難なケースも多い。このため、裁判以外の紛争処理手続きである国際商事仲裁（国際商事仲裁の問題）や、法的紛争処理を離れた交渉または危機管理（交渉学の問題）といった分野が注目されている。

3. 国際取引法と国際経済法

　国際取引法の範囲は、国際取引に関する法の全体（統一私法・規則や各国の取引法を中心に、各国の公法・国際私法・国際民事訴訟法、さらには国際法を含む）とかなり広く捉えた上で、講義科目としては荷為替信用状取引を用いた最も基本的な貿易取引を中心に扱うのが現時点での世界の主流である。

　これに対し、国際経済法も国際取引の規制を対象とするため、国際取引法と国際経済法との関係が問題となる。国際経済法の定義は論者によって異なるが、従来は主として条約等の国際法を中心に国際経済秩序との関連で規制の在り方を検討してきた。したがって、現状は明確な棲み分けはなく、両者は一部当然に重なり合っている。学問の細分化・専門化の観点から両科目の

これまでの分離発展は致し方なかったものの、私見では、本来は双方を合わせて複眼的視座を備えることにより、国際取引を総合的に捉える学問体系に発展しなければならないと考える。すなわち、①現場（法人・私人）のミクロ目線からマクロの国際取引秩序を考える国際取引法の「木を見てから森を見る」アプローチと②監督者（国家）のマクロ目線からミクロの現場の行為を規制する国際経済法の「森を見てから木をみる」アプローチは、相互に連携・補完し重ね合わせることで初めて国際取引を熟知することが可能になるのである。

4. 国際私法

　国際取引を行う場合の関係国の私法が各々異なる内容を持つ状態は、あたかも数個の法が互いに衝突（抵触）している外観を示すため、これを法の抵触（Conflict of Laws）と呼び、抵触を解決するための法である国際私法は別名、抵触法と呼ばれる。抵触法に対し、個々の法律関係を具体的かつ直接規律する各国の私法（民・商法など）を実質法と呼ぶ。実質法には渉外的な法律関係を直接規律する渉外実質法があり、外国人の権利能力（民法3条2項）や外国法人の認許（民法36条）、外国会社（会社法817条以下）等の外国人の私法上の地位を規律する外国人法が典型例とされる。渉外実質法は根拠規定の要件を満たせば、通常は国際私法を介さずに直接に適用される（直接適用）。なお、この直接適用は、幾つかの条約でも直接適用される場合（例：国際航空運送についてのある規則の統一に関する条約、「モントリオール条約」）がある。直接適用に対し、国際私法を介して適用される場合を間接適用という。

　国際私法は国際公法との対比で一見、条約と勘違いしやすいが、各国の国内法である。日本の国際私法の主な法源は「法の適用に関する通則法」（通則法）であり、その他、手形法88～94条、小切手法76～81条にも若干の規定がある。しかし、仮に各国の国際私法の内容が不統一であれば、国際訴訟がどの国の裁判所で行われるかによって国際私法が異なる結果、適用される準拠法もさまざまに異なってしまい、判決の国際的不調和が生まれて法廷地漁り（forum shopping）を助長しかねないため、ハーグ国際私法会議等を中心に国際私法の統一運動が進められてきた。その結果、地域的な国際私法の統一はEU（2000年ブリュッセルI規則、2008年ローマI規則、2007年ローマII規則等）やラテンアメリカ諸

国で精力的に進められてきたが、アジア諸国ではそれほど顕著ではない。したがって、全世界でみると、契約準拠法や紛争解決機関の専属管轄に関する当事者間合意はある程度広く尊重されている（日本法の場合は通則法7条、民事訴訟法3条の7参照）が、合意がない場合のルールは国によって相違があるため、当事者の権利義務内容を契約書に詳細に書き込んでおくことが実務上重要になる。

5. 統一私法・ソフト・ロー

　国際取引が安全・円滑に行われるためには、各国の取引法の内容は同一であること（私法統一）が望ましいと考えられる。このため、ローマにある私法統一国際協会（UNIDROIT）やウィーンにある国連の国際商取引委員会（UNCITRAL）等の国際機関により、各国毎に異なる私法を統一するための条約形成の働き掛けがなされてきた。

　私法統一の方法には2種類あり、①国内取引と国際取引の双方に同一の私法を適用する「世界統一私法」（例：日本で手形法・小切手法として国内法化された1930年「為替手形及約束手形ニ関シ統一法ヲ制定スル条約」・1931年「小切手ニ関シ統一法ヲ制定スル条約」）、②各国の私法はそのまま存続させた上で国際取引だけに適用される別個の法を形成する「万民法型統一私法」（例：日本が加盟したCISG、日本で国際海上物品運送法として国内法化された「船荷証券に関するある規則の統一のための国際条約」（1924年 Hague Rules、その後改訂された1979年 Hague-Visby Rules も批准）と日本が批准した「国際航空運送についてのある規則の統一に関する条約」（1929年 Warsaw Convention、その後改訂された1999年 Montreal Convention も批准）がある。国際取引のみに適用される万民法型統一私法の名前の由来となった万民法とは、ローマ法においてローマ市民とローマ市民以外の法律関係に適用された法を指す。双方を比較すると、①国内取引と国際取引が連続する場合には世界統一私法の方が私法統一の効果が高いが、②対象が国際取引に限定される点で万民法型統一私法の方が実現容易と考えられている。

　しかし、国家間の利害対立や法制度の相違から私法統一はなかなか進まず、近い将来に世界的な私法統一を実現することは困難であり、統一私法が存在しない分野においては、依然として法廷地の国際私法を介して、必ずしも国際関係を念頭に置いた内容とは限らず国毎に異なる各国私法を適用する事態

が継続している。一方、統一私法が実現した CISG の場合でも、前述のように契約書で準拠法から CISG を個別排除する実務が一般的であり、契約書を詳細に書き込むことで実務上ある程度対応できる点に鑑みれば、統一私法の必要性や機能を再検討し、代替策や統一私法の実務的な理解浸透への努力等も必要になる。

　さて、近年、私法統一と類似の動きとして、規定内容が同一で変更を許さず法的拘束力を伴うハード・ロー（典型例は条約）に代わり、規定内容は類似のものであれば変更を許容したり（例：モデル法）、法的拘束力を持たないもの（例：行為規範）が登場し、ソフト・ローと呼ばれて活用が図られている。モデル法は、UNCITRAL 等の国際機関が、ある分野において理想的な法規範を定めた模範法を制定し、その模範法を参考に、各国が必要に応じて修正を加えて自国法を制定するものである。成功例に 1985 年に採択された UNCITRAL 国際商事仲裁モデル法（2015 年 7 月現在で日本を含む 69 か国が採択）があり、日本もこれに倣って仲裁法を制定した。その他、1997 年 UNCITRAL 国際倒産モデル法（2015 年 7 月現在で日本を含む 22 か国が採択。日本は「外国倒産手続の承認援助に関する法律」を制定）などがある。行為規範は、法的拘束力はないものの多国籍企業が任意で遵守するもので、成功例は、経済協力開発機構（OECD）が 1976 年に採択後、数次改訂している OECD 多国籍企業ガイドラインである。これは多国籍企業における人権、情報開示、雇用・労使関係、環境、汚職防止、消費者保護、科学技術、競争、課税といった倫理的な問題に対する社会的責任を定めた国際規範で、国際的に認知され機能してきた。なお、国際金融分野におけるソフト・ローの代表例に日本を含む 30 弱の主要国中央銀行・金融当局の会合（バーゼル銀行監督委員会）で採択されるバーゼル合意（BIS 規制）がある。これは国際的な銀行に対して一定以上の自己資本比率確保を求める規制で銀行経営に多大な影響力を持つが、条約とは異なりそれ自体に法的拘束力はない。しかし、各国金融当局は自国法にこの規制を取込む（日本の場合、国会審議を経た立法ではなく通達レベルで迅速に処理される）ため、ハード・ロー化する。しかも、バーゼル銀行監督委員会に参加しない国々も、自主的にこの規制を自国法に取込む動きが後を絶たない。なぜならば、この規制を持たない国や規制を達成できない銀行に対しては国際金融市場の信認を得られ

ず、資金調達コストが著しく増加して経営難に陥るからである。このように、国際的な評判形成や市場原理が働く環境下では行為規範やソフト・ローが機能し得る。ソフト・ローに関する研究は近年増加しているが、今後はソフト・ローを機能させる環境作りに向けた検討が重要になろう。

コラム①　国際私法の基本事項

　国際私法と国際民事訴訟法（国際訴訟の手続に関する国内法）の基本事項を日本法に則して簡単にまとめよう。まず、契約準拠法（例：契約に基づく売買の成立や効力に適用される実体法が日本法か〇国法か）について当事者間で合意がある場合、公の秩序や善良の風俗に反する場合（通則法 42 条）等を除き、通則法 7 条に基づいて当該合意（明示的な合意だけでなく黙示的な合意でも認められる）は原則として尊重される（当事者自治の原則）。また、そうした合意がない場合には、通則法 8 条により、当該法律行為に最も密接な関係がある地の法（最密接関係地法）が適用される（客観的連結）。このように、準拠法の合意があれば当事者自治の原則、合意がなければ客観的連結による仕組みは世界の多くの国々で採用されている。なお、手続法については、「手続は法廷地法による（lex fori）」という不文の原則が世界中で受容されており、管轄裁判所の所在国法が適用される。次に、裁判管轄については、①日本の裁判所が当該事案に管轄権を持つ場合（直接裁判管轄）を民訴 3 条の 2 〜 10 条が規定し、②外国の確定判決の承認・執行のできる場合（間接裁判管轄）を民訴 118 条・民執 24 条が規定している。諸外国においても各々の国の法律で裁判管轄権の所在が規定されていることが多い。

コラム②　ウィーン売買条約（CISG）の基本事項

　ここで、CISG の基本事項を簡単にまとめよう。CISG は約 100 の条文で 4 部構成（第 1 部：適用範囲および総則、第 2 部：契約の成立、第 3 部：物品の売買、第 4 部：最終規定）をとるが、重要条文はごく少数である。まず、適用範囲について、営業所が異なる国に所在する当事者間の物品売買契約について一定条件下に CISG が適用され（1 条：詳細は後述。95 条で国による適用除外も可能）、契約の有効性や物権は適用外で（4 条）、CISG 自体は任意規定（6 条）で契約の定めが優先し（たとえば、CISG を契約準拠法とする契約でインコタームズ

（後述）の CIF を援用する場合、危険の移転時は CISG 67 条（最初の運送人への交付時）ではなく CIF（本船上に置いたとき）の定めが優先する）、消費者取引など一部は適用除外になる（2、3、5 条）。次に、総則として、CISG の解釈原則（7 条、8 条）や慣習の扱い（9 条）、方式自由の原則（11 条）が規定されている。また、第 2 部により契約が申込みと承諾により成立し、申込みに変更を加えた承諾であっても実質的変更を伴わなければ成立する（19 条）。一方、物品売買における売主・買主の権利義務や救済手段等が第 3 部に規定され、契約の法定解除は「付加期間」解除（契約上の債務を履行しない相手方に合理的な付加期間を設定して履行を催告し、それでも履行しなければ解除可能）と「重大な契約違反」解除（契約締結時に当事者が予見可能な範囲内で、相手方の期待を実質的に奪うような不利益をもたらす契約違反＜重大な契約違反＞を行った場合に解除可能）に限られる（49、64 条）。その他、契約適合性（35 条）、追完権（48 条）なども重要であるが、条文数も少ないので、条文を通しで読んでみることをお奨めする。

6. 国際的統一規則・標準契約約款・ユニドロワ国際商事契約原則

　国家が制定する国家法や国家間で締結する条約のほか、国際取引では国際民間団体が作成した統一規則が重要な意味を持つ。代表例に、①国際商業会議所（ICC）が作成した貿易条件の定義に関する規則であるインコタームズ（Incoterms）や②荷為替信用状取引に関する銀行間の統一規則や慣例を定めた信用状統一規則（Uniform Customs and Practice for Documentary Credits, UCP）があり、一定の取引分野における商慣習や商慣行を整理・統一して明確化したものである。また、特定の業界団体等が契約書のモデルとして標準契約約款を作成し、幅広く用いられているものもある。これら統一規則や標準契約約款は、当事者が契約の中で援用することによって契約内容の一部として適用される（援用可能統一規則）ため、実質的な意味で統一私法としての機能を果たしている。

　さて、これら統一規則や標準契約約款に着目し、中世欧州で成立していた国際商慣習法（Lex Mercatoria）の現代版とみて、国際私法を介さずに国際的な法律関係に直接適用すべきとする見解もある。確かに各国の国内法よりも国際取引の実情を良く反映しているが、直接適用には消極的な見解が多数である。この理由は、様々な商慣習や統一規則のうちどれが国際商慣習法に該当するかが不明確である上、紛争解決に当たっては強制執行等の局面で国家裁判所

の助けを借りざるを得ず、各国法や条約の下でも商慣習に一定の法的地位が与えられていることから、未だ国家法秩序を代替するだけの法秩序を形成し得ていないからである。また、国際私法を介して間接適用する場合に準拠法として統一規則等を指定できるかについては、外国の条約にはこれを認めるもの (1994 年国際契約の準拠法に関する米州条約) もあるが、日本の通説では非国家法を準拠法として指定することを認めていない。

一方、私法統一国際協会 (UNIDROIT) は、1994 年に国際契約の当事者のあるべき合理的なルールを具体的に明文化した「国際商事契約に関するユニドロワ原則 (UNIDROIT Principle of International Commercial Contracts：以下ユニドロワ国際商事契約原則) を公表し、2000 年に改訂、2010 年に再改訂し、現在の最新版は UNIDROIT Principles 2010 である。この原則は国際商事仲裁の判断基準の１つとして機能しているが、外国の国内裁判所においても適用例がある。この原則は①当事者がその適用を合意した場合や「法の一般原則」や「Lex Mercatoria」による旨を合意した場合、当事者がいずれの準拠法をも選択しなかった場合に適用し、②統一私法や国内法の解釈や補充のために用いることができ、③各国の立法者が国内立法を行う際のモデルとして参照されることも予定している (前文参照)。その内容は契約に関する詳細なもので、契約の成立、代理、有効性、解釈、第三者の権利、履行・不履行、相殺、債権譲渡、時効、損害賠償などであり、一部に強行規定 (例：1.7 条 (2) の信義則、3.1.4 条の詐欺・脅迫等) を有しており、同原則の適用を合意した当事者がこれら強行規定を個別に適用排除することはできない。

コラム③　インターコムズの基本事項

なお、19 世紀末以降、定型的な貿易取引条件を FOB や CIF 等の略語で表示する慣行が成立したが、その定義や解釈が国ごとに異なっていたため、その国際統一を目的に 1936 年に国際商業会議所が定めた統一規則がインコタームズ (Incoterms 1936) であり、定期的に改訂され、現在の最新版は 2011 年に発効した Incoterms 2010 である。Incoterms 2010 は 11 種類あるが、さしあたり基本理解に必要なのは FOB (Free On Board：本船渡し) と CIF (Cost, Insurance, and Freight：運賃保険料込み) の２つである。いずれも海上・内陸水路輸送に

適した貿易取引条件で、売主から買主に危険が移転する時期を「売主が船積港で買主が指定する本船上に物品を置いたとき」とする点で同じだが、費用負担で相違があり、引渡し後の運賃や費用が買主負担なのが FOB で、売主が仕向港までの海上運賃と保険料を負担するのが CIF である。なお、海上運送ではコンテナ輸送が増加しているが、コンテナ輸送の場合には危険の移転時期が「本船上」ではなく「本船の船側（埠頭など）」に物品を置いたときとなる FCA (Free Alongside Ship：船側渡し) や CIP (Carriage and Insurance Paid To：輸送料保険料込み) が望ましい（ただし、現実には輸出入申告書の実務慣行等の影響で依然として FOB や CIF を多用）。

コラム④　信用状統一規則の基本事項

　荷為替信用状とは、買主の銀行が信用供与して売主の振出す荷為替手形に対する買主の引受や支払を約束するもので、いわば買主の支払保証としての機能を果たす。荷為替信用状は第 1 次大戦後に急速に普及したため、1933 年に国際商業会議所は「荷為替信用状に関する統一規則および慣例（信用状統一規則）」(UCP100) を制定して銀行間の統一規則を定め、以後、数次の改訂を経て最新版は 2007 年に改訂された UCP600 である。信用状統一規則では、①信用状取引の円滑化のため、信用状の発行銀行が受益者（売主）に対して負担する信用状債務は、信用状発行の原因となった売買契約その他の契約関係からは独立した別個の債務とされ（「独立・抽象性の原則」：信用状統一規則 4 条）、および、②信用状取引を迅速・安全に行うため、信用状取引は書類（船荷証券、保険証券、商業送り状など）の記載のみに依拠した書類取引とされ（「書類取引の原則」：信用状統一規則 5 条）、銀行は呈示された書類が信用状条件と文面上一致するか否かを形式的に点検する義務を負うが、その内容を実質的に点検する義務は負わない（信用状統一規則 14 条・34 条）、という二大原則を定めている。

Ⅱ. 国際物品売買における事案処理

　以下、国際取引法のダイナミズムを理解するため、ウィーン売買条約の逐条概説は避け、典型的な事案を示した上で重要条文の機能を示しつつ、法的処理のプロセスを解説したい。

事案１：国際私法、国際民事訴訟法、CISG の総合問題①

> 日本 (CISG 加盟国) の日本酒メーカー X が英国 (CISG 非加盟国) の小売店 Y に日本酒を販売する売買取引を行い、X が日本酒を送ったにも拘らず Y が代金支払いを滞らせたので、X は Y による支払いを求めて日本の裁判所に提訴した。売買契約書には、①契約準拠法は日本法 (CISG を除く)、②紛争解決に当たっての専属的な管轄裁判所は東京地方裁判所との定めがある。この場合、どのような法的処理が予想されるか？

事案 1 では、X の提訴を日本の裁判所が受理するためには、日本の民事訴訟法が定める管轄原因を満たす必要があり (国際裁判管轄の問題)、外国の専属管轄に属さない限り日本の裁判所に裁判管轄が認められる (民訴 3 条の 7)。管轄裁判所の合意 (管轄合意) については登記・登録を要する場合等を除けば世界で幅広く認められており、本件でも認められよう。従って、X が東京地方裁判所に提訴すれば特別の事情 (民訴 3 条の 9) がない限り受理されよう。

次に、日本法と英国法または第三国法の何れが適用されるか (国際私法の問題)、更には日本法だとすると日本法の中には民商法や CISG が含まれるがどちらなのかが問題となる。結論的には、法廷地の国際私法が採用する「当事者自治の原則」に基づき、「日本法 (CISG を除く)」という契約準拠法の合意が尊重され、日本の民商法が準拠法となる。すなわち、強行規定や公序等による制限を除けば、契約当事者間で合意すれば契約準拠法を自由に決められる「当事者自治の原則」が世界で幅広く認められており、日本の裁判所が受理すれば法廷地の国際私法 (すなわち日本の法適用通則法) が強行法規として適用され、契約で定めた準拠法が適用される (通則法 7 条)。なお、準拠法である日本の民商法は実体問題 (権利義務の具体的内容) に適用され、手続問題 (権利義務を実現するための具体的な手続) については、世界中で受け入れられている不文の原則である「手続は法廷地法による」原則 (Lex Fori) に従い、法廷地法である日本法が適用される。

さて、X が日本の裁判所で確定給付判決を受けたとしよう。Y が日本国内に財産を有していれば日本の裁判手続きで解決するが、Y が日本国内に財産

を持たない場合には日本の判決を英国で強制執行する必要がある。これは自動的に執行されるのではなく、英国法に基づいて英国裁判所が審理する(外国判決の承認・執行の問題)。英国は EU や英連邦諸国とは本件に関する条約を有するが、日本とはそうした条約を結んでいないため、英国法(Foreign Judgments (Reciprocal Enforcement) Act 1933)に基づいて判断することになる。なお、何を実体問題とし、何を手続問題とするかは法域によって異なるので注意する必要がある。たとえば、相殺や損害賠償額の算定は日本法では実体法だが、英国法では手続法とされてきた。消滅時効も日本法では実体法、英国法では手続法であったが、1984 年 Foreign Limitation Periods Act で実体法として扱われるように変更された。また、倒産法上の否認権のように、民事訴訟法の一部という面では手続だが、倒産実体法とも呼ばれて具体的な権利義務を規定するため、実体と解される可能性もある。

　さて、初学者には上記の法的処理を理解するだけで十分であるが、学問的にはもう少し緻密な考慮が可能である。まず、日本はその主要貿易相手である米独仏伊中韓等と並んで、統一私法である CISG (ウィーン売買条約、1980 年成立・1988 年発効)の加盟国である。一方、英国は日本の主要貿易相手であるものの CISG に加盟していない。条約は通常は加盟国間に適用されるので、本事例では CISG が無関係のようにも見えるが、実はそうではない。

　CISG は加盟国間に適用される(1 条 1 項(a))だけでなく、一定の場合に非加盟国との取引でも適用される(1 条 1 項(b))点に大きな特徴がある。そして、統一私法である条約が取引に適用される場合に、国際私法を介さずに条約がそのまま適用される場合(直接適用)と国際私法を介して条約を適用する場合(間接適用)があるが、国際的な通説によれば CISG は直接適用されると解されている(ただし、日本の有力説は 1 条 1 項(a)の直接適用には異論がないものの、1 条 1 項(b)は直接適用ではなく間接適用と解している)。国際的通説に従った場合、本事例では日本の裁判所は法適用通則法を介さずに、CISG を直接適用して判断することになる。すなわち、1 条 1 項(b)は「国際私法の準則により CISG 加盟国法が導かれる場合」を CISG 適用の要件とするため、「当事者自治の原則」に従い(法適用通則法は適用するのではなく参照するのみ)、CISG 加盟国法である日本法の準拠法合意が尊重され、一応 CISG が適用となるようにも見える。し

かし、当事者は「(CISG を除く)」という CISG 適用排除の合意も同時に行っているのでこれをどう考えるか。この点、CISG は任意規定(CISG 6条)なので、当事者が「CISG を除く」とした排除の合意も当然尊重される。従って、結局は日本の民商法が準拠法となるのである。なお、世界の大企業における実務では、CISG の内容に関する認識が十分ではないため、事案1のように契約の準拠法条項で CISG の適用を個別排除し、以前から契約準拠法としてきた自国法や国際取引の契約準拠法として多用される英国法や米国法(国際金融であればニューヨーク州法)を指定する場合が殆どである(たとえば「契約準拠法は日本法(ただし、CISG を除く)とする」と明記)。

なお、英国は代表的な CISG 非加盟国であるが、CISG 加盟国であっても CISG 1条1項(b)の適用を留保する宣言(95条宣言)が可能(CISG 95条)であり、米国、中国、シンガポール等が宣言している。

事案2:国際私法、国際民事訴訟法、CISG の総合問題②

> ドイツ(CISG 加盟国)のワインメーカー X が日本(CISG 加盟国)の小売店 Y にワインを販売する売買取引を行い、X がワインを送ったにも拘らず Y が代金支払いを滞らせたので、X は Y による支払いを求めてドイツの裁判所に提訴した。売買契約書には専属的な管轄裁判所はミュンヘン地方裁判所との定めがあるが、契約準拠法の定めはなく、暗黙の合意もない。この場合、どのような法的処理が予想されるか?

事案2で X の提訴をドイツの裁判所が受理するためには、ドイツ民事訴訟法(ZPO)が定める管轄原因を満たす必要があるが(国際裁判管轄の問題)、管轄合意は世界で幅広く尊重されており、登記・登録等が関わらない本件は日本の専属管轄に属さない(民訴3条の5)ので、ドイツ法に基づいてドイツの裁判所におそらく裁判管轄が認められよう。次に、手続問題は「手続は法廷地法による」原則により、ドイツ法が適用される一方で、実体問題に何法を適用すべきだろうか。この場合、国際私法ではなく統一私法の問題になる点に注意を要する。すなわち、日本とドイツは統一私法である CISG の加盟国である(英国は加盟国ではない)。このため、国際私法を介することなく CISG 1条1項(a)

により CISG が直接適用される。

　さて、CISG は契約の成立（CISG 第 II 部）と売主買主の権利義務（CISG 第 III 部）についてのみ規律し、契約・慣習の有効性や所有権の問題は適用外（CISG4 条）なので、適用外の部分は国際私法の定める準拠法に従う。仮に契約が有効に成立しているとして、本件ワインが契約に適合しているか否かは契約適合性に関する条文（CISG 35 条）で判断する。仮に適合していれば X は Y に対し、代金支払い、契約解除、損害賠償等を請求でき（CISG 61 条）、仮に不適合ならば逆に Y は X に対し、履行請求や契約解除、損害賠償等を請求できる（CISG 45 条）。なお、CISG は任意規定（CISG 6 条）なので、契約書で CISG と異なる内容で合意した場合は契約内容が優先する。

　仮に X がドイツで確定給付判決を得て日本で強制執行を行う場合、自動的に執行されるのではなく、日本の裁判所が日本法における外国判決の承認要件（民訴 118 条）と執行要件（民執 24 条）に照らして可否を判断する（外国判決の承認・執行の問題）。

事案 3：国際私法、国際民事訴訟法、CISG の総合問題③

> 　日本の日本酒メーカー X が英国の小売店 Y にオークションで日本酒を販売する売買取引を行い、X が日本酒を送ったにも拘らず Y が代金支払いを滞らせたので、X は Y による支払いを求めて日本の裁判所に提訴した。売買契約書には東京地方裁判所を専属管轄裁判所とする紛争解決条項はあるが、契約準拠法の定めがない場合、どうなるか？

　CISG はオークション（競り売買）については適用しない（CISG 2 条 (b)）ため、事案 3 は通常の国際私法の問題となり、法廷地の国際私法（すなわち日本の法適用通則法）が強行法規として適用される。日本の裁判所が、①X・Y 間に暗黙の準拠法合意があると判断した場合、明示の準拠法指定はないが黙示の準拠法指定があるとしてその合意指定された法を適用し（通則法 7 条）、②そうした合意はないと判断すれば、当事者の主観ではなく取引の場所に基づいて準拠法を定めること（客観的連結）となり、契約締結の当時に最も密接な関係がある地の法（最密接関係地法）を適用する（通則法 8 条 1 項）。売買契約の場合は、金銭

54

債務の対価として行われる物品引渡し等の給付 (特徴的給付) を行う当事者の一定期間住んでいる住所 (常居所地法) が最密接関係地法となる (通則法8条2項)ので、売主Xの常居所地法である日本法が準拠法となる。

なお、CISGは競り売買のほか、消費者売買、有価証券売買、航空機売買等 (CISG 2条) や一部の労働と売買の混合契約等 (CISG 3条)、契約の有効性や所有権 (CISG 4条)、人身損害 (CISG 5条) には適用されない。また、仮にYが消費者である場合、消費者契約の特例 (通則法11条2項) が適用され、通則法8条の規定に拘わらず、消費者の常居所地法による。また、労働契約についても特例が設けられている (通則法12条)。一方、国際取引実務では、契約書の中に契約準拠法と専属裁判管轄 (仲裁による場合は専属仲裁管轄) に関する条項を通常は必ず書き込むため、客観的連結が問題となる局面は契約当事者以外の第三者 (差押え権者、倒産管財人等) との関係や当事者自治が公序等で制限される場合に限定される。

事案4：国際法、仲裁法の総合問題

> 日本の日本酒メーカーXがミャンマーの政府機関Yに日本酒を販売する売買取引を行い、Xが日本酒を送ったにも拘らずYが代金支払いを滞らせたので、XはYによる支払いを求めて日本商事仲裁協会に提訴した。売買契約書には、①契約準拠法は日本法 (CISGを除く)、②一切の紛争は日本商事仲裁協会 (JCAA) で解決するとの定めがある。この場合、どうなるか？

国際法上、国家と国有財産は一般に外国の裁判権に服さないとされ、国家は原告として外国の裁判所に提訴することはできるが、自発的に応訴しない限りは被告として外国の裁判権に服することはない (主権免除または裁判権免除)。なお、主権免除は従来広範に適用されてきた (絶対免除主義) が、国家の商業的活動の拡大と共に近年は適用範囲が狭められ (制限免除主義)、2004年に国連裁判権免除条約が採択されて日本も署名した (未発効) ほか、日本の国内法として2009年に「外国等に対する我が国の民事裁判権に関する法律」が制定され、最高裁判例 (最判平成18年7月21日民集60巻6号2542頁) も明示的に制限免除主義を採用した。しかし、外国には依然として絶対免除主義を採

用する国々も多い上、国立機関の行為や国家の主権行為に類する行為に関する細部の取扱いは不明確な部分もある。このため、国家や国家機関との取引では、将来発生する紛争解決を裁判に代えて仲裁に委ねることが多い。また、国家以外の民間当事者同士の取引においても裁判外紛争解決 (Alternative Dispute Resolution, ADR) の1つである仲裁の利用が増えている。そこで、仲裁について説明しよう。

　今日、各国では国家が行う裁判 (訴訟) に代えて当事者が自主的に行う裁判外紛争解決である仲裁に法的効力を認めている。仲裁とは、法律家や専門家等の第三者を仲裁人として紛争の解決を委ね、その判断 (仲裁判断) に当事者が服する仕組みである (上訴はなく一審限り)。すなわち、複数の仲裁人を選定して仲裁廷を構成し (通常は、両当事者の推薦した2名とその2名が選定した1名を加えた3名)、仲裁廷が法律 (例外的に「善と衡平」に基づく場合もある) に基づいて仲裁判断を下す。仲裁の利点は、①専門知識を有する者を仲裁人とすることで専門的観点からの解決が可能、②訴訟よりも柔軟に手続を定められる結果、より迅速・安価に解決可能、③仲裁手続は非公開なので秘密保持が可能と言われてきたが、①業界団体による仲裁等を除けば仲裁人は通常の法律家が多く、②近年は訴訟も処理が迅速化している反面、仲裁でも長期にわたりコストがかさむケースがあり、③裁判でも非公開にすることが可能なので、必ずしも説得力はない。裁判と仲裁を比べると、紛争解決の開始時点で当事者間合意が不要な裁判と必要な仲裁とで大きく異なる反面、終了時点で判決または仲裁判断が共に強制される点で裁判と仲裁は同じである。仲裁には個別紛争ごとに仲裁契約を結ぶアドホック仲裁と常設の仲裁機関に仲裁を依頼する機関仲裁の2種類があり、常設仲裁機関としては、国際商業会議所 (International Chamber of Commerce, ICC)、国際仲裁裁判所 (Permanent Court of Arbitration, PCA)、ロンドン国際仲裁裁判所 (London Court of International Arbitration, LCIA)、アメリカ仲裁協会 (American Arbitration Association, AAA)、中国国際経済貿易仲裁委員会 (China International Economic and Trade Arbitration Commission, CIETAC) などが多く活用されている。日本にも本事案の日本商事仲裁協会 (Japan Commercial Arbitration Association, JCAA：国際商事仲裁協会を名称変更) や海運集会所があるが、予算・人員面での制約や日本の裁判制度に対する信頼の高さからか、海外に比べると利用件数

はまだ少ない（このため、日本政府は2017年に国際商事仲裁を専門に扱う施設の設置を決定したほか、2018年5月に日本国際紛争解決センター（大阪）が、同9月に東京国際知的財産仲裁センターが開業するなど巻返し策が進行中）。

大多数の国々では現在、①仲裁による合意（仲裁合意）の対象となる民事紛争について裁判所に提訴された場合にはこれを受理しないように求める抗弁（妨訴抗弁）を法的に認め（日本は仲裁法14条1項）、②仲裁廷が自己の仲裁権限の有無について自ら判断することを認め（コンペテンツ＝コンペテンツの法理、仲裁法23条）、③仲裁判断には判決と同一の効力を与えている（仲裁法45条1項）。また、外国仲裁判断の承認・執行に関しては、日本はもとより数多くの途上国を含む世界150か国以上（2017年12月現在）が「外国仲裁判断の承認及び執行に関する条約」（ニューヨーク条約、1958年成立・1959年発効）に加盟しており、仲裁合意や公序等に反する等の拒否事由（条約5条）に該当する場合を除いて加盟国は外国仲裁判断に拘束力を与える義務を負う（条約3条）。このため、仲裁合意さえ得られれば訴訟における国際裁判管轄の問題は容易に解決し、外国判決の承認・執行の問題も条約の未発達な訴訟に比べるとニューヨーク条約の存在により確実性が高まる（ただし近年、中国等の新興国が条約5条に基づき外国仲裁判断の承認・執行を拒否する事例が散見される）。

事案4では、仲裁廷が裁判所における法廷と同様に法解釈を行うため、実体問題は契約準拠法である日本の民・商法に従って審理され、手続問題はJCAAが定める商事仲裁規則に従うこととなる（なお、JCAAのような機関仲裁ではなくアドホック仲裁を選択した場合、仲裁手続の準拠法は、当事者自治の原則に従う説（多数説）と仲裁地法とする説がある）。この結果、Yに代金支払いを求める仲裁判断が出たとしよう。日本とミャンマーは共にニューヨーク条約の加盟国であるため、この仲裁判断をミャンマー裁判所は承認・執行すると考えられる。

一方、商事仲裁とは別に、国家と私人の間の投資紛争の解決を目的とする投資仲裁（詳細は投資仲裁の関連章を参照）の制度として、世界銀行の働き掛けで成立した多国間条約で日本を含む144か国が加盟する1966年発効の「国家と他の国家の国民との間の投資紛争の解決に関する条約」（ICSID条約）がある。これは、投資受入国と投資家との間の投資紛争を当事者の合意を前提に

仲裁や調停で解決できるようにする目的で、世界銀行内に投資紛争解決国際センター（International Centre for Settlement of Investment Disputes, ICSID）を設置し、仲裁人や調停人の名簿を常備して紛争解決に必要な施設を提供する内容を持つ。ICSID 仲裁に付託された場合は投資家の本国は外交上の保護を与えてはならず（ICSID 条約 27 条）、仲裁裁判所は奇数の仲裁人で構成され（37 条）、その管轄範囲は自ら判断し（41 条）、当事者の合意する法規（それがなければ紛争当事国法と国際法）に従って仲裁判断を下し（42 条）、その仲裁判断は当事者を拘束して上訴は原則として許されず（53 条）、締約国は仲裁判断を拘束力があるものとして承認し、自国裁判所の確定判決とみなして執行しなければならない（54 条）。ICSID は設立当初は利用件数が少なかったが、近年は利用が増加している。

参考文献

久保田隆『国際取引法講義』（中央経済社、2017 年）

佐野寛『国際取引法　第 4 版』（有斐閣、2014 年）

松岡博『国際関係法入門　第 3 版』（有斐閣、2012 年）

野村美明、高杉直、久保田隆『ケーススタディー国際関係私法』（有斐閣、2015 年）

杉浦保友、久保田隆編『ウィーン売買条約の実務解説　第 2 版』（中央経済社、2011 年）

柏木昇、久保田隆訳、ラルフ・H・フォルソン他『アメリカ国際商取引法　第 6 版』（木鐸社、2003 年）

ジェロルド・A・フリードランド（久保田隆・田澤元章監訳）『アメリカ国際商取引法・金融取引法』（レクシスネクシス・ジャパン、2007 年）

日本貿易振興機構『ジェトロ貿易ハンドブック』（ジェトロ、毎年発行）

第3章　ガット・WTO 体制

柳赫秀

本章の概要

　本章では、ガット・WTO 体制の生い立ちと、WTO 体制の主要な機能のうち、組織的な側面と交渉のフォーラムとしての側面について解説し、WTO 協定の国内的実施について主要国のケースを紹介する。

　ガット・WTO 体制は、米国の 1934 年互恵通商協定法に起源を求めることができるが、1934 年法の下で締結された通商協定における通商の自由化の仕組みは、関税障壁の削減と無差別待遇の供与の 2 つの柱からなっていた。第二次世界大戦後米国は、ITO の設立を主導する傍ら、1947 年ジュネーブで諸国を招いて関税削減のための交渉を行ったが、その交渉の成果がガットである。ガットは、基本的に 2 国間通商協定における通商の自由化の仕組みを引き継いだが、米国議会の反対で ITO が陽の目を見なくなった時に、戦後国際通商分野の中核的制度となった。

　8 年間のウルグアイ・ラウンドにおいてガットを実質的に継承した WTO は、規律対象および規律内容の両面において大きく進展しただけでなく、法人格を有する正式の国際組織として出帆した。WTO には、一部の加盟国代表で構成する機関 (non-plenary organ) が置かれなくて、複数の総会型機関 (plenary organ) が重層的に存在する、「重箱型」の組織構造をしているが、強力な準司法的な紛争解決手続を備えている点に特徴がある。WTO は、暫定的に適用されたガットとは異なり、確定的に適用されたが、主要国間の相互主義的な発想により、国内法上直接適用が否定されている。

I．ガットから WTO へ

1. ガットの生い立ちと発展

　米国の主導した戦後の国際通商体制は、1934 年互恵通商協定法（Reciprocal Trade Agreement Act, RTAA）に起源を求めることができる。RTAA は、米国憲法上（関）税の徴収権限および外国通商規制の権限を有する議会が、一定の条件の下で[1]、大統領に外国と通商協定を交渉し、その交渉の結果を大統領命令で実施する権限を事前に授権した法律である。米国は、RTAA の下で、1934 年から 1945 年までの間主としてラテン・アメリカ諸国と 32 の 2 国間通商協定を締結した。

　RTAA の下で締結された通商協定における通商の自由化の仕組みは、関税障壁の削減と無差別待遇の供与の 2 つの柱からなっていた。すなわち、締約国は、①相互主義に基づいて関税を引下げ（＝譲許）合い、②引下げられた関税率は、無条件最恵国条項によって、すべての国々に「直ちにかつ無条件に」均霑される。しかし、他方の締約国が関税の引下げに合意した後、関税以外の通商措置によってその産品を保護するなら、せっかくの関税の引下げが無意味になりかねない。そのために、まず、関税以外の通商措置の使用を禁止ないし規律する諸条項、すなわち「通商政策条項」が置かれた。次に、「無効化又は侵害」（nullification or impairment）概念に基づいて、協議による利益の再調整

を行い、通商政策条項の限界に対処した。すなわち、他方の締約国による通商協定の違反措置だけでなく、協定と抵触しない何らかの措置によって協定の目的が無効化又は侵害される場合には、一方の締約国は利益の再調整を求めることができる。最後に、協議で相互に円満な解決に至らなかった場合には、一方の締約国は一定の通告期間（通常 6 か月）の後協定を終了することができる（図表 3-1 参照）。

図表 3-1　2 国間通商協定とガットにおける交渉

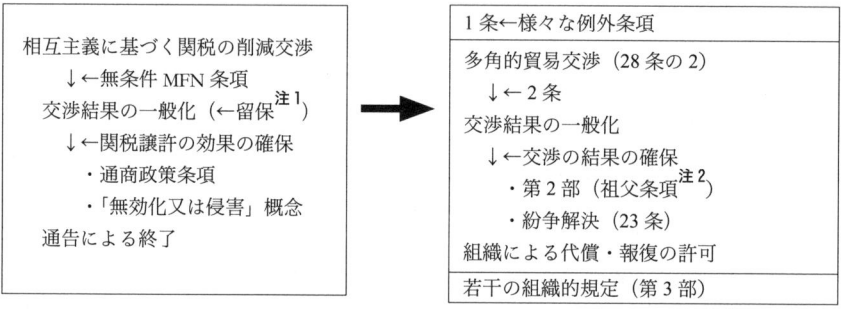

注 1：1934 年 RTAA においては、米国が米国通商について差別を止めないか、RTAA 法の目的と両立しない行動や政策をとる国に対しては、関税譲許の利益を与えないことになっていた。
注 2：ガットは、米国をはじめとする各国の批准事情により、「暫定的適用に関する議定書」によって適用されたために、第 2 部の条項と現行国内法が抵触する場合には後者が優先する。

　1945 年 12 月米国行政府は、RTAA の更新後、関税削減のための多数国間交渉へ諸国を招くとともに、翌年には国連において国際貿易機構 (International Trade Organization, ITO) の設立を主導し、自ら ITO 憲章草案を発表した。1947 年ジュネーブで、ITO 設立準備委員会が開催され、憲章草案作りが継続される傍ら、23 か国が参加して関税削減のための多数国間交渉が行われた。その交渉の成果に ITO 憲章草案の第 4 章「通商政策」を加え 1 つの条約にまとめられたのが「関税及び貿易に関する一般協定」(General Agreement on Tariff and Trade, GATT= ガット) である。

　ガットは、基本的に 2 国間通商協定における通商の自由化の仕組みを実質的に引き継いだ。すなわち、①相互主義に基づく関税の引下げ (28 条の 2) と無条件最恵国条項 (2 条) による引下げの一般化、②通商政策条項による関税譲許の効果の保護 (第 2 部)、そして、③「無効化又は侵害」概念に基づく協議と

紛争解決（22条、23条）である。そして、米国議会の反対で ITO が陽の目を見ることができなくなった時に、「歴史的偶然」により、ガットが戦後国際通商分野の中核的制度となった。

　ガットは、本体そのものが発効したのでなく、別の議定書で「暫定的に」（provisionally）適用された。その理由は、史上初の膨大な品目について譲許がなされた成果をできるだけ早く実施に移す必要とともに、米国を含む主要参加国の批准に伴う困難であった。米国行政府は、1945 年に更新された RTAA の3 年期間内にガットを発効させたいと思っていたが、ガットの義務内容の一部がその授権の限度を超えるおそれがあった。他の国々の場合も、議会の承認または批准を得るには期間が短いか、あるいは、米国類似の問題があった。交渉に参加した 23 か国はガットを 1948 年 1 月 1 日から暫定適用することに合意した。暫定適用の結果、第 1 部（1、2 条）、第 3 部（24 条から 35 条）は確定的に適用されたのに対して、通商政策条項である第 2 部（3 条から 23 条）は「適用時の日付に有効な法令に反しない最大限度において」適用されたることになった（「祖父権」（grandfather right）といわれる）。暫定適用の状態が消滅するのは 1995 年に WTO へ移行した時である。

　ガットが米国の RTAA の授権の下で発効したもう一つの帰結は、正式の国際組織でなく、一般協定（General Agreement）を実施運営するための外交会議として出帆したことである[2]。RTAA の授権限度を気にする米国のために、ガット第 3 部の組織関連条項は 25 条の「締約国の共同行動」だけとなった。締約国は「この協定の運用を容易にし、及びその目的を助長するため」随時会合しなければならない。締約国が共同して行動する時には「締約国団 CONTRACTING PARTIES」といわれる。（同条 1 項）締約国は一票の投票権を有し、意思決定は単純多数決で行われる（同条 3 項）ことになっていたが、実際はコンセンサス方式が取られた[3]。

　ガットは、暫定的に適用され、締約国の国内法と矛盾しない条件で、そして、組織的条項なしにスタートしたが、初代事務局長 E.W. ホワイト（1948-1967年）をはじめとするリーダーたちの努力とプラグマティズムに基づく締約国の「その後の慣行」（subsequent practices）によって国際組織としての実質を備えて行き、のちには事実上の国連の専門機関として扱われた。後述するように、8 回

の多角的通商交渉（ラウンド）を経ながら、量（締約国の数）的にも、質（義務内容）的にも、著しい成功を収めた。6回目のケネディ・ラウンド（1963-1967）の終了後主要先進諸国の鉱工業製品の平均関税率は5％まで下がった。しかし、引き潮によって岩礁が浮かんで来るように、関税障壁における成功は各国の非関税障壁を目立たせ、7回目の東京ラウンド（1973-1979）では様々な非関税障壁についての個別協定が締結され、史上初めて非関税障壁に国際規律が及んだ。

2. ガットから WTO へ

　8回目の多角的通商交渉である、ウルグアイ・ラウンド（1986-1993）がスタートした際に、ガット体制は、様々な問題を抱え、重大な局面に直面していた。まず、ガットは物品の貿易のみを規律対象としてきたが、1980年代に入って米国をはじめとする先進国がその規律対象をサービス貿易、知的財産権および貿易関連投資措置に拡大することを主張し、途上国と対立していた。次に、多くのガット締約国は、セーフガード（19条）や地域主義に関する条項（24条）等が有効に機能していないと思っていた。そして、東京ラウンドで採択された非関税障壁に関する個別協定は、受諾するかどうかが締約国に委ねられていたので、一部の国のみが受諾する、いわば「バルカン化」（balkanization）に危機感を覚えていた[4]。最後に、ガット体制へ挑戦してきた途上国をいかに体制内へ統合するかの問題に悩まされていた。

　8年間の難産の末、規律対象および規律内容の両面において大きな進展が行われた。すなわち、①規律対象が従来の物品貿易から、サービス貿易、知的財産権および貿易関連投資措置へ拡大し[5]、②すでに東京ラウンドにおいて制定されていた、関税評価、輸入許可手続、アンチ・ダンピング税、補助金・相殺措置、貿易の技術的障壁および政府調達の6つの個別協定がそれぞれ修正・改訂されるとともに、新たに原産地規則、セーフガード、船積み前検査および衛生植物検疫措置について協定が制定された。③実施メカニズムが著しく強化され、一段と司法化が進んだ紛争解決手続と、ウルグアイ・ラウンドの途中採択された「貿易政策検討制度」（Trade Policy Review Mechanism, TPRM）が導入された。

　ウルグアイ・ラウンド途中から交渉の結果をどのようにまとめるかという

図表 3-2　WTO 協定

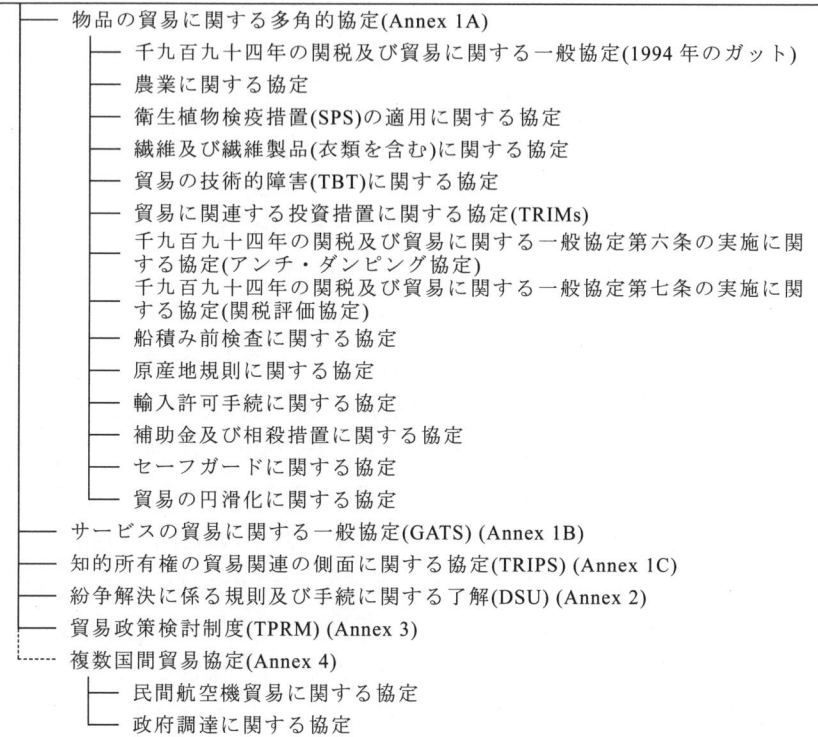

```
世界貿易機関を設立するマラケシュ協定(WTO 協定)
├─ 物品の貿易に関する多角的協定(Annex 1A)
│   ├─ 千九百九十四年の関税及び貿易に関する一般協定(1994 年のガット)
│   ├─ 農業に関する協定
│   ├─ 衛生植物検疫措置(SPS)の適用に関する協定
│   ├─ 繊維及び繊維製品(衣類を含む)に関する協定
│   ├─ 貿易の技術的障害(TBT)に関する協定
│   ├─ 貿易に関連する投資措置に関する協定(TRIMs)
│   ├─ 千九百九十四年の関税及び貿易に関する一般協定第六条の実施に関する協定(アンチ・ダンピング協定)
│   ├─ 千九百九十四年の関税及び貿易に関する一般協定第七条の実施に関する協定(関税評価協定)
│   ├─ 船積み前検査に関する協定
│   ├─ 原産地規則に関する協定
│   ├─ 輸入許可手続に関する協定
│   ├─ 補助金及び相殺措置に関する協定
│   ├─ セーフガードに関する協定
│   └─ 貿易の円滑化に関する協定
├─ サービスの貿易に関する一般協定(GATS) (Annex 1B)
├─ 知的所有権の貿易関連の側面に関する協定(TRIPS) (Annex 1C)
├─ 紛争解決に係る規則及び手続に関する了解(DSU) (Annex 2)
├─ 貿易政策検討制度(TPRM) (Annex 3)
└┈ 複数国間貿易協定(Annex 4)
    ├─ 民間航空機貿易に関する協定
    └─ 政府調達に関する協定
```

「制度問題」が自覚された。1990 年の初め、故ジャクソンのアイデアに触発されたカナダが新しい組織である「世界貿易機構」を提案し、新組織の名称こそ異なっていたが、EU もカナダの提案を支持した。米国は当初乗り気でなかったが、1993 年に新しい組織の立ち上げに賛成した。その結果が WTO である。

　16 か条からなる WTO 設立協定には、ラウンドを通じてまとまった諸協定が附属書の形で収まった。これらの協定は、東京ラウンドの個別協定と異なり、WTO 設立協定という「ミニ憲章」(mini-charter) に付属し、その不可分の一部をなす。WTO 加盟国は、東京ラウンドの反省に立ち、附属書に含まれている協定および関係文書(「多角的貿易協定」という)を一括して受け入れなければならないという「一括受諾方式」(single undertaking)が採用された。(WTO 協定 2 条 2 項)

　それによって、東京ラウンド以来、ガット体制の一体性を虫食んでいた「バルカン化」が治癒され、WTO 体制の「一体化」が実現された。一括受諾方式の採用は、ガット時代に、「開発原則」に基づく特別待遇の下で、かなりの程度ガット体制に対して関わりの度合いおよび選択の自由を享有していた途上国の「体制内化」をもたらし、開発の最も後れた国々（Least-Developed Countries, LDCs）を除く、一般の途上国は、原則として他の加盟国と同じ権利義務を負うことになった[6]。その結果、WTO 体制は、ルールの内容においても、ルールの適用においても、著しく相互性を回復・強化し、加盟国の負う権利義務の均質化が達成された。2018 年現在 164 か国の加盟国を抱え、23 か国がオブザーバーの地位にある。

　もう一つ重要な点としては、WTO は、ガットの改正ではなく、「ウルグアイ・ラウンドの結果を実施する最終議定書」によって、新たな協定として作られたことである。ウルグアイ・ラウンドの交渉結果の実施に際して、先進諸国、特に米国が恐れていたことは、途上国が交渉結果の一部だけを受諾するか、あるいはまったく受諾しないで、ガットの無条件最恵国条項を盾に、交渉結果 (からの利益) の均霑を主張することであった。米国は早くからガットからの脱退の意思をちらつかせながら、一部の締約国の「ただ乗り」の思惑をけん制した。問題は、ウルグアイ・ラウンドがガットの決定でスタートし、その延長線上で行われたという事実であった。このディレンマを克服するために考案されたのが、1947 年ガットと 1994 年ガットという 2 つのガットを作り上げた上、その 2 つを法的に別個のものである (legally distinct) とする「法的擬制」(legal fiction) である (WTO 協定 2 条 4 項)。しかし、WTO は事実上紛れもなく 50 年間にわたるガットの継承者であるために、「別段の定めがある場合を除くほか、1947 年ガットの決定、手続及び慣行を指針とする」ことが雑則に収まった (同 16 条 1 項)。

　最後に、WTO 協定およびその附属書は「確定的に」(definitively) 適用された。ガット時代の暫定適用による「祖父権」は、米国の特殊事情を認めた一つの特則 (1994 年ガット 3 項 (a)) を除いて、消滅した。

Ⅱ．ＷＴＯ体制

1.「協力のための国際組織」としての WTO

(1)「協力のための国際組織」の意味

　WTO は、通常の「協力のための国際組織」であり、加盟国間の「合意」に基づいて推進していく組織 (contractarian institution) である[7]。その意味するところは、一方では、加盟国間の権利義務の創設および修正は加盟国間の交渉 (＝合意) によってのみ行われること (←「合意原則」の支配) であり、他方では、その結果における加盟国間の対称的な権利義務関係の実現である。そして、基本文書の解釈権限は、パネルのような準司法機関でなく、政治機関である閣僚会議および一般理事会にあるという意味での、「決定の政治性」が保証されている (WTO 協定 9 条 2 項、DSU 3 条 9 項)。

　もちろん、国際組織は、「生き物」で、1947 年ガット時代においても、締約国団は「立法的な」性格 (例えば、東京ラウンドにおける締約国団の決定のよる「枠組合意」の採択) を帯び、パネルによる事実上の「司法立法」の動きがないわけではないが (国際組織の動態性)、上記の建前に変わりはない。

(2) 法　源

　今日の国際組織の多くは、国内法秩序ほどではないにせよ、自前の法秩序を有している。国際組織の法秩序は、設立条約 (基本文書) やその改正、または附属および関連文書である一次法 (primary sources) を核に、その枠内で行われる諸機関の決定や「その後の慣行」等の 2 次法 (secondary sources) が前者を囲み、さらにその外側をその他の国際法 (慣習国際法や法の一般原則等) が埋める重層構造をなしている。

　WTO の場合、一次法としては、WTO 設立協定および諸付属書 (それには 1994 年ガットが含まれる)[8]、1947 年ガットの準備作業・ハバナ憲章および 1947 年ガットの諸文書、WTO 枠内で締結された協定等が含まれる。ガットの諸文書は引き続き解釈の指針の一つとして用いられるであろうが、以前のような重みを有することはないと思われる。二次法は WTO 諸機関の実行、すなわち閣僚会議および一般理事会の決定、パネルおよび上級委員会の報告書など

である。

　WTO 体制において国際法はどの範囲まで適用される（べきな）のか。ガットの時代には、ガット体制の柔軟で実用的な性格も手伝い、一般国際法から切り離された「特殊な存在」としてみなされていた[9]。WTO になって DSU3 条 2 項に「解釈に関する国際法上の慣習的規則」という文言が含まれたことから、「それ以外の」国際法も適用可能かが議論になった[10]。

　WTO 法が国際法の一分野であり、対象協定に基づく紛争解決を管轄することとその適用法 (applicable law) を区分して、国際法の適用を広く認めるポーウェルンと、適用法を WTO 法に限定する加盟国の政治的な合意を根拠に原則不適用を主張するトラフトマンの論争は有名である。「米国のガソリン基準事件」で上級委員会は「一般協定は国際公法から極度に切り離して読むべきでない」といったが[11]、いまだに国際法がどの範囲まで用いられるべきかについて明確な合意があるわけではない。

(3) 規範間のヒエラルキー

　国際組織の法秩序の重層構造は法規間の一定のヒエラルキーを前提にしているわけであるが、WTO 協定 16 条 3 項は多角的貿易協定に対する WTO 協定の優位性を明示している。そして、附属書 1A の中の多角的貿易協定がガット 1994 年に優位するので、一次法の間には、「WTO 協定 > 附属書 1A 多角的貿易協定 > ガット 1994 年」の効力関係が成立している。さらに、個別の多角的貿易協定の中には他の多角的貿易協定との抵触調整に関する規定をおくものが存在する（個別特則）。例えば、TBT 協定 1.2 条（政府調達協定との調整）、1.5 条（SPS 協定との調整）、SCM 協定 3 条 1 項および 7 条 1 項（農業協定との調整）、農業協定 21 条等である。

(4) 加盟国の国内実施確保の義務（WTO 協定 16 条 4 項）

　WTO 協定には、加盟国に「自国の法令及び行政上の手続を附属書の協定の定める義務に適合したものとする」ことを要求する条項が置かれている。ラウンドの途中米国通商法 301 条のような法律の変更を要求する条項にすべきであるとの議論もあったが、「効力発生と同時に加盟国を拘束し、加盟国にそれ

を誠実に履行する」ことを要求する伝統的な国際法規則以上のものではない。

　従って、この条項にもかかわらず、WTO 非適合の国内法の廃止や変更を求められるかどうかは、ガット時代と同様、実際発動されたかどうかの「事件性」や当該法律が「強制的なものか裁量的なものか (mandatory or discretionary)」等による個別具体的な判断にかかるであろう[12]。

(5) 留保の禁止

　WTO 協定 16 条 5 項は、WTO 設立協定の場合は全面的に、多角的貿易協定の場合には「定めのある場合」を除いては (例えば、関税評価コード) 留保を禁じている。多数国間条約の場合、留保や解釈宣言等を許容することによって、「条約の普遍性」を確保するために、「条約の一体性」をある程度犠牲にする場合がしばしばである。しかし、ガットや WTO の場合は、後述する「特定加盟国間の不適用」制度(WTO 協定 13 条)が存在するために留保は原則的に許容されない。

(6) WTO の公用語

　英語、フランス語およびスペイン語である。

2.WTO の目標、射程、機能

(1) 目　標

　WTO の目標は、一方では、生活水準を高め、完全雇用並びに高水準の実質所得及び有効需要並びにこれらの着実な増加を確保し並びに物品およびサービスの生産および貿易を拡大し、他方では、経済開発の水準の異なるそれぞれの締約国のニーズおよび関心に沿って環境を保護保全し、持続可能な開発の目的に従って世界資源を適正に利用することである (WTO 協定前文)。

　ガットの前文と比較すると、WTO の目標はより壮大なものになったが、依然としてガット同様「関税その他の貿易障害を実質的に軽減しおよび国際貿易関係における差別待遇を廃止するための相互的かつ互恵的な取極を締結することにより」達成すされることに留意すべきである。ただし、貿易自由化の成果を確かなものとするために「一層永続性のある多角的貿易体制」を発展させることを決意している。

(2) 射程（範囲）（WTO 協定 2 条）

WTO は、附属書に含まれている協定（**図表 3-2** 参照）および関係文書に関する事項について、加盟国間の貿易関係を規律する共通の制度上の枠組みを提供する。加盟国は、対象協定に基づく義務違反その他利益の無効化もしくは侵害または対象協定の目的の達成に対する障害について是正を求める場合には、WTO 紛争解決手続きを利用しなければならない（DSU 23 条 1 項）。

(3) 機能（WTO 協定 3 条）

WTO は多面的な機能を果たしているが、大別して次の 5 つの機能に分けられる。

① WTO 協定および多角的貿易協定の実施および運用のための制度的枠組（国際組織）としての側面（institutional aspect）

② WTO 諸協定の取り扱う事項に関する加盟国間の貿易関係を規律する法的枠組としての側面（code of conduct: substantive rules）

③ WTO 諸協定の取り扱う事項に関する多角的貿易関係に関する加盟国間の交渉のフォーラムとしての側面（rule-making）

④ 紛争解決および貿易政策検討制度の運用（aspect of enforcement）

⑤ IMF、IBRD および同銀行の関連機関との連携（cooperation with other International Organizations）

3. 組織構造（内部機関）

WTO には、国連の安全保障理事会のように、一部の加盟国代表で構成される機関（non-plenary organ）が置かれなくて、「すべての加盟国の代表で構成される」、あるいは「すべての加盟国の代表に開放」される複数の総会型機関（plenary organ）が重層的に存在する、「重箱型」の組織構造をしている。死産した ITO が総会、執行理事会（地理的配分に基づいて選任され、18 の加盟国で構成）および事務局の構造をしていたことを考えれば、WTO は、組織構造においても、ITO ではなく、ガットの継承者である。

ただし、WTO における意思決定は、「すべての加盟国に開放」されている総会型機関で行われる建前の下、利害関係国の間の合意で重要な決定（特に、法

の形成) が行われる (「主要利害関係国規範」(major interest norm) の支配)¹³。

　WTO のもう一つの特徴は、パネルと上級委員会という強力な「司法的機関」(judicial organ) が存在し、貿易政策検討制度 (TPRM) をどう位置づけるかの問題はあるが、基本的に紛争解決手続が実施メカニズムの中核にあることである (第 4 章紛争解決の部分を参照)。

(1) 閣僚会議 (Ministerial Meeting)

　全加盟国の閣僚級代表によって構成される。2 年に 1 回開催され、「WTO の任務を遂行し、そのための必要な措置をとる。」加盟国の要請に基づき、「多角的貿易協定に関するすべての事項についての決定」を行うことができる。一般理事会とともに、WTO 協定および多角的貿易協定の解釈についての排他的権限を有する (WTO 協定 9 条 2 項)。

　1947 年ガットにおいては、定期的なものではなく、ラウンドの開始や特に重要な問題が生じた場合に大局的な観点から討議を行い、国際通商問題についての基本的な方針を打ち出してきたが、1988 年モントリオール会合において定式化された。

　閣僚会議は、WTO の最高の意思決定・執行機関であることにとどまらず、ハイ・レベルの交渉の場でもある。特に、実務のレベルでは遅遅として進まなかった懸案に関して、閣僚会議の場において決着がつけられ、もしくは将来への方向性が出されることが多い¹⁴。

(2) 一般理事会 (General Council)

　全加盟国の代表によって構成され、適宜 (だいたい月 1 回) 開催される。閣僚会議の開催の間にその機能を代行し、WTO 協定によって与えられる任務を遂行する。WTO 協定および多角的貿易協定の解釈についての排他的権限を有する (WTO 協定 9 条 2 項)。

　一般理事会は、紛争処理機構および貿易政策審査機構として機能するが、その際には議長が変わる。それぞれの任務遂行に必要な手続規則を制定することができる。

　最後に、WTO 任務と関連する他の政府間機関と効果的な協力のために、そ

して、非政府機関と協議および協力のために、取極を締結することができる（WTO 協定 5 条）。

(3) 3 つの分野別理事会 (Councils)

　物品の貿易に関する理事会、サービス貿易に関する理事会および知的財産権の貿易関連の側面に関する理事会である。すべての加盟国代表の参加のために開放される。物品の貿易に関する理事会は附属書 1A の多角的貿易協定の実施に関することを、サービス貿易に関する理事会はサービス貿易に関する一般協定の実施に関することを、知的財産権の貿易関連の側面に関する理事会は知的財産権の貿易関連の側面に関する協定の実施に関することを、それぞれつかさどる。各協定および一般理事会によって与えられた任務を遂行する。必要に応じて補助機関を設置することができる。補助機関はそれぞれの理事会の承認を条件に手続規則を定めることができる。複数国間貿易協定には、その運用のためにそれぞれ自前の委員会が設置されている。

(4) その他の委員会 (Committees)

　貿易および開発に関する委員会、国際収支上の目的のための制限に関する委員会および予算、財政および運営に関する委員会の 3 つが明示されている。本協定および多角的貿易協定によって与えられる任務並びに一般理事会によって与えられた追加的な任務を遂行する。貿易および開発に関する委員会は、その任務の一部として、定期的に、多角的貿易協定の LDCs のための特別の規定を検討し、適当な措置について一般理事会に報告する。すべての加盟国代表の参加のために開放される。それ以外にもさまざまな委員会が存在する。

(5) 事務局長 (Director-General) および事務局 (Secretariat)

　事務局長は、閣僚会議が任命し、その権限、任務および勤務条件を定める（WTO 協定 6 条 2 項）。ガット 2 代目の事務局長 O. ロングは、かつて事務局長の役割として、ガットの番人、教導者、調停者および管理者の 4 つを上げていたが、WTO の場合も同様である[15]。事務局長の下には、それぞれの担当分

野を有する4人の事務次長がある。

　事務局長および事務局員の責任はもっぱら国際的なもので、加盟国はそれを尊重しなければならない。事務局の役割は、①通常の国際組織の事務局機能、②貿易交渉グループの長および手だて、および③途上国支援を行う、ことである。現在WTOの職員の数は、2018年現在約630人で、他の国際経済組織と比べてかなり少ない方である。

図表3-3　WTOの組織構造

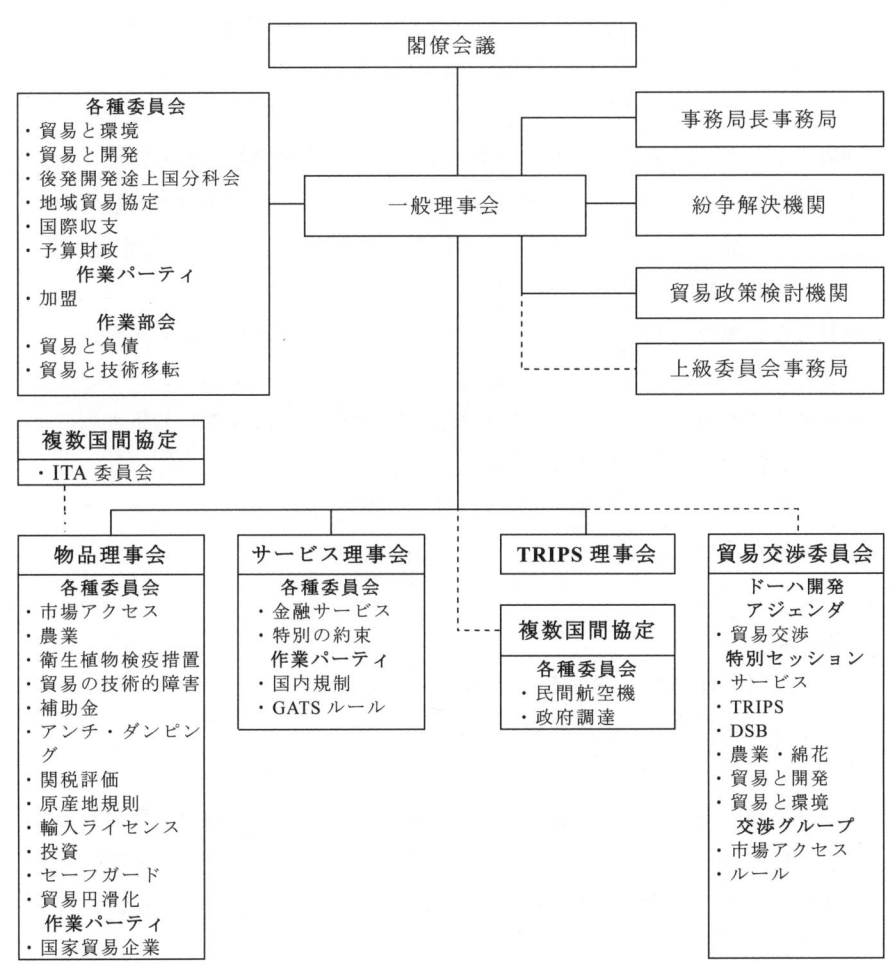

4. 意思決定方式

　閣僚会議および一般理事会において各加盟国は 1 票を有し、欧州共同体 は（WTO の加盟国である）加盟国の数だけの票を有する。通常の議決は単純多数決で行うことになっている。しかし、1947 年ガットの慣行であるコンセンサス方式（consensus）を継承し、コンセンサスによる決定ができない場合に投票を行う。特定条項の改正、WTO 協定および多角的貿易協定の解釈、義務免除（ウェーバー）の付与の場合は 3/4 で、一般理事会による WTO 財政規則および予算の採択の場合には、加盟国の半分の含む 2/3 で（WTO 協定 7 条 3 項）、閣僚会議による加盟の承認は 2/3（WTO 協定 12 条 2 項）で行い、複数国間貿易協定上の（解釈や義務免除を含む）決定はその協定の規定による。

　コンセンサス方式は、もともと国連において分担金問題をめぐる不都合を回避するために考案されたものであるが、1960 年代以後第 3 世界諸国や社会主義諸国が国際社会において絶対多数を占めるに至って、多数派の暴走や少数派の拒否権からくる弊害を避ける手段として発展し今日のように定着した。コンセンサスは、「会合に出席しているいずれの加盟国もその決定案に正式に反対しない場合」（WTO 協定 9 条 1 項の注 1）を指すが[16]、正式の反対が存在しないことと（それだから）表決に付されないことがポイントである。コンセンサスに到達するためには、各国の重要利益が相互代償的に確保され調整されるように、徹底的に事前交渉が尽くされる必要がある。

　一般理事会が紛争解決機構として行動する場合、決定はコンセンサスによってのみ行われることになっている（DSU 2 条 4 項）。

5. 解　釈

(1) 国際（経済）組織における解釈権限のあり方

　分権的な組織構造の国際社会においては、何よりもまずそれぞれの国家が国際法を解釈し、自らの意思に反してある解釈を強制されることがないので、国際関係が緊密になればなるほど、ある国際ルールの統一的な解釈の必要性と各国による「自己解釈権」の主張との緊張関係が高まる。条約や国際組織が解釈問題について沈黙するか曖昧である場合には、上記の緊張関係はたちまち現実のものとなる。

　ガット締約国が「共同して行動する締約国団」へ解釈権限を与えることに同意したのかどうかが条文上は不明であったが、ガット締約国は「その後の慣行」を通じて締約国団の解釈権限を受け入れて来た[17]。WTO 協定 9 条 2 項は、閣僚会議や一般理事会に有権的な解釈権限を明示的に与えることによって、上記の緊張関係を明確に解決した。

　国際経済組織の多くは、最終的な解釈権限を自ら所有し、外部機関、特に司法機関へ付託することを避ける傾向がある。それは国際経済問題に素人である「法律家」が法的な物差しで「生き物」としての経済問題を判断することに対する不信感によるものであるが、ガット同様、WTO も ICJ 等の司法機関への付託の道は設けていない（当事国間の合意で WTO 関連の紛争を ICJ へ付託することは妨げられないが、現実にそのような事例が生じるとは思われない。）。ITO の場合は ICJ への付託の道を設けていたが、ICJ の判断は勧告としての効力しかなかった[18]。

(2) ガット・WTO における解釈方法の変遷

　ガットの「歴史的偶然」による誕生と発展のために、条約法条約 31 条によれば補助的手段に過ぎない、1947 年ガットの準備作業・ハバナ憲章等のいわゆる「基礎者意思」や「その後の慣行」に重きが置かれる傾向があった[19]。ガット時代には何よりも締約国間の利益や権利義務の相互性を確保するために目的解釈の傾向があったが、WTO には、特に上級委員会において、条約法条約のいう「文理解釈」に充実な流れが強くなってきた。

　もともとウルグアイ・ラウンドにおいて交渉グループ間で何らかの統一的なデザインに基づいて交渉が進められたわけでないので、ガットと多角的貿易協定間、あるいは各多角的貿易協定間には多くの重複、省略および抵触が見られる。交渉の最後まで新しい体制におけるガットの位置付けがはっきりしなかったことも一助した。その結果、個別の特則が存在している場合を除いて、ガット 1994 年と附属書 1A の多角的貿易協定とのあらゆる抵触を解決することは困難で、しかるべき機関による解釈に委ねられるのである。

　WTO 出帆後、早々とパネルや上級委員会は多角的貿易協定とガット 1994 年の関係について数多くの解釈の場面に遭遇したが、WTO 体制の単一性概念

と実効的解釈の原則に基づいて、抵触を狭く解釈し、多角的貿易協定には文言が存在しない場合にもガットからの逸脱を許すものではないこと、言いかえれば、抵触のない限り、加盟国はいつも多角的貿易協定とガット 1994 年上のすべての義務を遵守しなければならないといって、WTO 体制全体としての整合性を保とうとする立場を鮮明にしている[20]。

6. 改　正

(1) ガットから WTO へ

　ガットの場合は、その暫定的性格および主要条項の場合全会一致が要求される改正手続の硬直性のために、ルール変更は所定の改正ルートでない、様々な他の方法が動員された。例えば、条件を付さないウェーバーが全会一致方式を迂回する道として活用されたし[21]、東京ラウンドにおける「授権条項」のような締約国団決定も同様な働きをした。ロングのいう許容(tolerance)の果たした役割が国際レジームとしてのガットの苦難の歴史を物語っているとも言えよう[22]。

(2) WTO の改正

　WTO 協定は、条項ごとに改正の要件を分類して細かく定め、「加盟国の権利義務の変更をもたらさない」場合と紛争解決等手続問題については「合意原則」を一部、あるいは全面的に外した。

　(i) WTO 協定および附属書 1（多角的貿易協定）の場合は、加盟国または分野別理事会により閣僚会議へ発議され、90 日以内にコンセンサスに達したか、コンセンサスのならなかった場合は 2/3 の多数決により、各加盟国に受諾のために送付される。

　その際、①本協定 9 条（意思決定方式）、1994 年ガット 1 条と 2 条およびサービスおよび知的財産権協定の最恵国待遇条項の場合には、全加盟国の受諾が必要である。②加盟国の権利義務の変更をもたらすような改正の場合には、2/3 以上の加盟国に受諾により、受諾国にのみ発効する。③加盟国の権利義務の変更をもたらさない改正の場合には、2/3 以上の加盟国の受諾により全加盟国に発効する。②、③のどちらかの範疇の改正であるかの決定は閣僚会議の

3/4 によって行われる。

　(ii) 付属書2(紛争解決)、3(貿易政策審査メカニズム)の場合加盟国または理事会による閣僚会議へ発議され、コンセンサスにより決定、閣僚会議の承認により全加盟国に発効する。

　(iii) 複数国間貿易協定の場合は、追加・削除の場合には、閣僚会議がコンセンサスにより決定し、改正の場合には当該PTAの規定による。

7. メンバーシップ、加盟、脱退、不適用

(1) 主権国家に限らない

　ガットと同様、WTO の場合も、構成員となる資格は「すべての国」だけでなく、「対外通商関係その他この協定および多角的貿易協定に規定する事項の処理について完全な自治権を有する独立の関税地域」である(WTO 協定 12 条)。

　1947 年ガット 33 条は、「独立の関税地域」の場合は「そのために行動する政府」(例えば、香港の加入のための行動したイギリス政府)を前提としていたが、WTO 協定 12 条はそれを削除した[23]。

　既存の国際組織である EC の正式な構成員としての加盟は、WTO 協定上、新しい類型の構成員の誕生とも、「独立の関税地域」の外延の拡大ともとれよう。

(2) 加盟と脱退

(a) 原締約国の定義(WTO 協定 11 条)

　WTO 協定発効の時点で、1947 年ガットの締約国および EC で、WTO 協定および多角的貿易協定を受諾し、かつ、物品およびサービスに関する譲許表を提出するものである。ただし、LDCs は、開発上、資金上および貿易上のニーズ又は行政上および制度上の可能性と両立する範囲において、約束および譲許を求められる。ガット時代途上国が実質的には現在の LDCs の立場にあったことを想起すれば、WTO においては一般の途上国と LDCs の差別化が進んだ。

(b) 加盟(WTO 協定 12 条)[24]

　国家または対外通商関係その他 WTO 協定および多角的貿易協定で定める事項について完全な自治権を有する関税地域で、WTO との間で合意した加入

条件により加入できる。

　通常の加盟の場合「申請→オブザーバー資格の獲得→作業部会の設置→加盟
条件の討議および交渉の開始→加盟国の 2/3 の賛成による加盟の決定（ただし、
13 条の存在）」の順序で許可されるが、中国の 14 年をはじめとして、加入にか
かる時間やプロセスはまちまちである[25]。加入交渉は、通常作業部会が設け
られ、一般的な関税交渉のルールに基づいて行われるが、しばしばラウンド
の機会に行われることもある。

　WTO 加入条項における主要な変更点は途上国の加入に関する部分である。
1947 年ガットにおいては、途上国の場合加入方法および加入条件の両面にお
いてある種の特典が与えられていたが、WTO では廃止された。ガット 26 条 5
項 (c) の存在のお陰で、植民地から独立する国は旧宗主国の「スポンサーシッ
プ」による簡易加入の道が与えられていた。これは、独立または対外通商関
係に関して完全な自治権を獲得した地域（植民地）に対して、「責任を有する締
約国」（本国）の宣言による加入形態で、それによって加入が認められる地域
は、当該地域について「責任を有する締約国」が負っていた条件（関税譲許、祖
父条項および 35 条の援用等）を引き継ぐ。そして、その地域が通商関係について
の将来の方向を決定するための猶予を申し出た場合には、その期間（実際には、
無期限）一般協定が「事実上 (de facto)」適用された。

(c) 脱退（WTO 協定 15 条）

　脱退は、WTO 協定および多角的貿易協定の双方に係り、事務局長が脱退通
告の書面を受領してから 6 か月後効力を生ずる。

　複数国間貿易協定の場合は当該協定の定めるところによる。

(3) 特定の加盟国間の多角的貿易協定の不適用（non-application）

　原加盟国の間では、WTO 協定の発効時点で 1947 年ガット 35 条の援用が有
効である場合である。それ以外の場合は、WTO 協定および多角的貿易協定の
適用に同意しない一方の締約国が、閣僚会議によって加盟条件に関する合意
が承認される前に通告した場合である。ガット 35 条 1 項と比べて、「両締約
国が相互間の関税交渉を開始しておらず」の条件がなくなったことによって、

加盟交渉の終了後にも援用できることから考えると、新規加盟国に不利に作用する可能性がある。

不適用は、もともと 1947 年ガットにおいて、締約国の加入決定が、全会一致でなく、2/3 の多数決によって行われることになった代償として設けられたが、条約内容の一体性と条約適用の普遍性の緊張関係の極端な形態といえる。ただし、分野別不適用の援用はできない。いつでも撤回可能であるが、撤回後新たな援用はできない。

これまで実際の適用の例は多くないが、日本の加入時 (1955 年) ヨーロッパの 14 か国が日本に対して援用し、1983 年までに続いた。

8. 国際経済組織への市民社会の影響？

死産した ITO 憲章にはすでに NGOs 条項が存在していたが[26]、ガットでは、NGOs は国際連合並みの公式のステイタスや役割を認められず、実際ガットは最も市民社会に開かれていない不透明なレジームとの評判に甘んじていた。そのような反省に立って、WTO 協定の 5 条 2 項は「WTO の取り扱う事項に関係のある非政府機関との協議および協力のために、適当な取極めを行うことができる」と規定している。NGOs の「参加」の程度はまだ極めて限定的であるが、目下 WTO 事務局主導でいろんな形での NGOs の関わり方が模索されている[27]。

今日国際関係における非国家主体の比重の高まりに伴い、国際経済組織の説明責任 (accountability) の問題が浮上していることに留意する必要がある[28]。

9. その他

(1) 法人格

WTO 協定 8 条の「法人格」が国際法上のものであるか、国内法上のものであるかは定かでないが、国際法上の法人格は WTO 協定の関連規定や従来のガットの取扱いから推定されよう。国内法上の法人格の存在は疑いない。

特権免除の具体的な内容については、国連の特権免除条約が援用されている。

78

(2) 予　算

　財政規則が 1947 年ガットの規則および慣行に基づくと規定されていること
から、世界貿易において占めるシェアに基づく分担金の配分の慣行が継承さ
れた。

III. 交渉のフォーラムとしてのWTO

1. 交渉のフォーラムの意味

　ガット・WTO は、法的枠組みであると同時に、交渉のフォーラムである[29]。
1947 年ガットの前文の「目標の達成にために、互恵の取り決めを結ぶ…」の趣
旨を具体化するための交渉の基本原則を定めたのが 28 条の 2 である。当初
のガットは、第一回目の関税交渉の成果をまとめたものに過ぎなかったので、
関税交渉についての自前の原則や手続条項を有せず、ITO が関税交渉の際の
スポンサーになることになっていた。ITO の死産後もしばらく ITO 憲章の 17
条を適用して関税交渉会議が行われた。一般協定に 28 条の 2 が追加されたの
は、1954-55 年の再検討会議 (1957 年発効) においてである。

　交渉のフォーラムに関して、WTO には、ガットに比べて、2 つの大きな変
化があった。一つは、新しい分野の交渉の場を設ける道を事前に用意したこ
とであり、もう一つは、恒常的なフォーラムとしての性格を強化したことで
ある。

　まず、WTO 協定 3 条 2 項を読むと、前段は「WTO は、本協定に付属する
諸協定で取り扱われる事項に関わる多角的貿易関係に関する加盟国間の交渉
のための場 (the forum) を提供する」とあるが、後段は「同機構は、また、閣僚
会議の決定するところに従い、多角的貿易関係に関する加盟国間の追加的な
交渉の場 (a forum) …を提供する」となっている。前者には "the" がついていて、
後者は "a" である理由は、ウルグアイ・ラウンドの開始の際に、サービス貿易
の取扱をめぐる騒動に起因する。すなわち、多くの途上国が既存のガットは
物品貿易だけを所掌事項にしていると反対したので、サービス貿易に関する
交渉は特別セッションを設けて行うことにし、ラウンド開始宣言も通常の宣
言の後に、別立てで行った。3 条 2 項後段は、新たな分野がアジェンダに含ま

れる道を事前に設けたのである。

　次に、ガット時代に、交渉のフォーラムと言えば、通常定期的に行われるラウンド（多角的貿易交渉）を連想するが、加盟のための交渉やさまざまな代償（補償）をめぐる交渉等、個別の貿易問題が議論され合意される恒常的な交渉の場でもあった。WTO では、後者の部分がより強化され、サービスと農業部門はラウンドの終了に関わりなく交渉が継続されることになった（「ビルト・イン・アジェンダ」）。例えば、GATS 19 条は、WTO 協定発効後 5 年以内に交渉を開始し、その後も定期的に交渉することを規定している。それに基づいて、基本電気通信分野においては 1997 年 2 月に 69 か国が参加して合意に達し、第 4 議定書が翌年 2 月に発効し、金融サービスについても 1997 年 12 月に 70 か国が集まり交渉に達し、1999 年 3 月に発効した（第 8 章Ⅲ.3）。最高の決定機関である閣僚会議が定例化したことで、非常に重要な交渉の場として機能し、懸案の決着や将来への方向性が出される場となったのも重要である。

2. ラウンドとは何か？

　ラウンドは、一定の交渉目標と交渉期限を設けて行われる多角的通商交渉のことである。もう少し具体的に表現すれば、現行の法的枠組みに基づくルールの形成、その他の現状適合（adaptation）の行われる場である。

　交渉の基本的なモチーブは、いうまでもなく相互主義の達成とただ乗りの可能性をできるだけなくすことである。相互主義の達成のために、関税と非関税障壁のそれぞれについて様々な交渉・計算の方式が工夫された。関税の場合は、関税分類の詳細化、「主要供給国ルール」等によりただ乗りの排除が行われる。非関税障壁の場合は、農業のように、さまざまな政府介入の形態を「助成合計量」（Aggregate Measurement of Support, AMS）として算定することに合意するか、必ずしも貿易そのものとは関係しないが数量化可能な変数に交渉が集中（cf. 政府調達協定における契約の規模）するか、あるいは、市場アクセスが増進すると思われる特定措置やルールについて議論するなどである。ウルグアイ・ラウンドではイッシュー間のトレード・オフを指す「分野間のリンケージ（cross-issue linkage）」も重要な役割を果たした。

　ラウンド進行の仕組みであるが[30]、ラウンドに先立ち「開始宣言」が行われ、

アジェンダが決定される[31]。アジェンダ選定は、必ずしも客観的・中立的に行われるのでなく、「誰」かが主導して決定される意味で、主体間の権力関係が埋め込まれている。言い替えれば、アジェンダの設定問題は交渉そのものであり、交渉の枠組みを決める重要な初期段階である。ウルグアイ・ラウンドにおけるサービス貿易や知的財産権がアジェンダに含まれた経緯を考えるといい。逆に頓挫したドーハ開発アジェンダの場合は、開始宣言以後アジェンダの部分設定に2年もかかり、最後までアジェンダ設定についての包括的な合意には達することができなかった。

アジェンダが決まれば、アジェンダごとに設けられる交渉グループで交渉が行われ、合意に達すると交渉結果が採択される。公式の交渉グループ以外に利害を共にする国々の間で様々な連合結成 (coalition formation) が行われ、実質的に重要な役割を果たす。交渉の基本原理は「すべてが終わるまで終わり無し」("nothing is final until everything is final") である。すなわち、すべてのグループの交渉終結を持ってラウンドが終結するが、交渉期限という時間的な制約が交渉結果にしばしば影響する。交渉結果が確定すると、議定書にまとめられ採択される。

3. ドーハ開発アジェンダの頓挫と WTO

ウルグアイ・ラウンド以前には、交渉は交渉グループ内で妥協が行われたが、ウルグアイ・ラウンドにおいては「一括受諾」(single undertaking) の大原則の下で、先進国のサービス貿易・TRIPS と途上国のセーフガード、繊維および農業のように、交渉グループ間の、イッシュー間の妥協 ("issue linkage" (cross-issue trade-off) による "package deal") が大いに用いられ、ラウンドの成功に重要な役割を果たした。

ウルグアイ・ラウンド終結後、「ラウンドの時代」は終わったとの声が聞かれた。つまり、10年以上の間隔で開始・終結するラウンド方式では、国際経済関係がめまぐるしく変化する中で山積している諸問題を解決することができないので、「環境ラウンド」、「サービスラウンド」のように、"mini-rounds" で対処すべきであると言われる。前述したように、基本電気通信分野や金融サービス分野のように、分野別合意やプルリ (複数国間) 協定がまとまったこと

で、プルリ協定をより活用すべきであるとの主張も現れた[32]。そして、ドーハ・ラウンドが行き詰まる中でも「貿易円滑化協定」がまとまっている。

　ドーハ・ラウンドの行き詰まりによって、ガット・WTOにおけるルール形成の中核をなしてきたラウンド、ひいてはWTOの象徴する「多数国間主義」は今後どうなるのか。今日のWTO内外の状況から判断して、一時的な失敗とみなすわけにはいかない由々しきことで、事態打開のための多面的な検討が求められよう。

IV. WTO協定の国内的実施

1. 国際法の国内的実施

　国際法は自給自足的な (self-sufficient) 体制ではない。分権的な国際社会の構造のために、限られた場合を除いては、固有の執行機関を持たないので、国際法の実現は国内法体制に頼る部分が多い。20世紀初めに「国際法と国内法」について名著を残したトリペルは、「国際法は将軍に命令を発する陸軍元帥のような存在である」と言った。将軍が国際法を受入れる国家で、その国家の実施を通じて「兵卒」に当たる各国の国民に届くのである[33]。

　伝統的国際法の時代に国際法が「兵卒」にまで届く場合はあまりなかったが、19世紀以来の国家間の相互依存の拡大により、国際法と国内法の規律対象の交錯 (抵触) 現象が現れ、やがて増えてきた。国際法に反する国内法が存在する積極的抵触の場合も、国際法を履行するのに必要な国内法が存在しない消極的抵触の場合もある。その中で、条約中心の国際法の規律対象の拡大により、個人の権利義務関係について国際法による規律が増大してきた。19世紀後半から知的財産権関係の条約、20世紀に入っての労働分野についての国際機構の出現等がそれを示す。

　他方で、憲法の国際化現象、すなわち、主要国の憲法で国際法を積極的に受け止める慣例・条項が置かれるようになってきた。イギリスでは、「国際法が国の法の一部である」という原則を1696年ブラックストーンが述べて以来イギリス裁判所で何度も確認されてきた。成文憲法では、1789年に発効した米国憲法の「合衆国の締結した条約は国の最高法規である」(6条2節) を嚆矢に、

第一次世界大戦後ヨーロッパの国々、現在は世界の多くの国々の憲法が明文の規定を置いている。現在の日本国憲法 98 条 2 項もしかりである。憲法の国際化は、国民国家による国際法の積極的な受け止めを意味する反面、主要国の憲法上の権力分立から生じる国家機関間の緊張関係が国際平面へ波及することを意味する。国際通商分野にみられる米国の行政府と立法府間の葛藤がその良い例である。今日の特徴の一つは、憲法と条約という高次元の抵触よりも、条約と法律、命令および行政措置との抵触が日常的であり、それをどのように調整するかが重要な課題になっている。

このように、国際法の国家による（国内的）実施が重要であるならば、本来は国家による国際法（義務）の実施のあり方に一定の均一性（uniformity）が確保される必要があろう。しかし、国際法は、「国際義務の不履行を正当化する根拠として自国の国内法を援用することはできない」（条約法条約 27 条）という、「国際関係における国際法の優位」を明確にしているだけで、全体としての国家それ自体を拘束し、国家が自己に課せられた国際法上の義務をどのように履行するか（国際法の国内的妥当如何、国際法の国内的効力等）は原則的に各国の裁量（憲法体制）に委ねている。国際法上伝統的な義務は、国際法が実施措置を特定しないで、各国に国内法令の範囲内で可能な方法・手段の選定の自由を認める、いわゆる「結果の義務」である[34]。

2.WTO 協定の国内的実施

(1) 二つの憲法体制

WTO は条約体制であるために、以下では条約の国内的実施の方式について記述する。それには大別して変形方式と一般的受容方式がある。変形（transformation）方式の場合、条約が発効して当該国家を拘束するようになっても、そのままでは国内法としての効力を有さず、制定法その他の形で国内法に変形されなければならない。英国、英連邦諸国やスカンジナビア諸国がこの型に属する。それに対して、一般的受容（adoption）方式では、公布された条約の国内的効力が認められるとともに、一定の条件を満たす条約はそれ以上の補完・具体化がなくてもそのまま国内的に適用される。米国や日本が代表的である。

(2) 直接適用可能性

　一般的受容方式を取る国においてもすべての条約がそのままの形で（何らの国内的な措置なしで）国内において適用可能である訳ではない。条約が国内法による補完・具体化がなくても、内容上そのままの形で国内において適用されるためには、当該条約がそのような内容と形式を備えていなければならない。このような場合直接適用可能である (direct applicable) といい、そのような条約を「自動的執行力のある (self-executing) 条約」、そうでない条約を「自動的執行力のない (non-self-executing) 条約」という。一般的受容方式をとる国においては、後者の条約も、国内実施法が制定されていない場合でも国内的効力を有し、関連国内法令の解釈の基準として参照される場合があるが、これを間接適用という。

　条約が自動的執行力を有するためには、条約の締約国が直接適用可能であることを意図したかという主観的要件、文言と内容が国内裁判所で適用されるだけの明確性を有するかという客観的要件の、二つの要件が必要である。誰が判断するのかであるが、日常的には条約の実施機関である行政府や立法府であるが、最終的にはその条約を解釈し適用する裁判所である。

　条約の直接適用可能性または自動執行性の問題は、「援用可能性 (invocability)」と呼ばれる問題と区分しなければならない。後者は、特定の当事者が (particular party) が自分または他人のために裁判所において国際条約の規定を援用する資格（≒当事者適格）があると認められるかの問題である。ジャクソンは、援用可能であるかどうかは、ある条約が個人に訴える権利や資格を与えているかどうかという国際法の問題であると同時に、国内的にそのようなものとして認められるかどうかという意味で国内法の問題でもあるという[35]。

(3) 直接適用のメリット・デメリット[36]

　直接適用のメリットとしては大きく二つを上げることができる。まず、通常締約国は条約を速やかに履行する義務を負っているが、自動的執行力のある条約はこれを容易にし、促進することで国際法の実効性 (effectiveness) が高まることである。次に、条約が個人の法律関係に関わる場合には、直接適用は個人の権利をより確実に保障する。今日私的な権利義務に係る条約が増えて

いることを考えると、個人が、政府の介在なしに、直接条約に基づいて主張を展開できるからである。これらのメリットは、条約が国内法より優位する地位を与えられる憲法体制の下でより確実なものとなる。

　直接適用のデメリットとしては、まず、理論的には国際法と国内法の二元論の趣旨に反し、国家主権の侵食と国内問題に対する介入の懸念を呼び起こすことである。次に、条約締結の手続の非民主主義的な側面である。国内法の制定に比べて、条約締結は民主主義的な参加の度合いが希薄であるために、議会による変形、あるいは国内法による補完や具体化が必要であるという主張へ自然につながる。究極的には議会が条約を「破る選択肢」(option to breach)を保有すべきであるとの主張になる。最後に、個人が条約を直接援用して主張できることは、外国人が国内裁判所において権利行使を行うことになるので、もしその貿易相手国が直接適用を否定する場合には、その国家（の国民）に不釣り合いな権益が与えられるという「相互性の要請」である。

　後述するように、米国、EU および日本は、明示的にまたは事実的に WTO 協定の直接適用を認めていない。ガット時代から直接適用を認めてきた韓国の場合も、最近大法院（日本の最高裁判所に該当）が WTO アンチ・ダンピング協定の直接適用を拒否する判断を示し、学説上も「相互性の要請」に基づく議論が現れている。

3. 主要国における WTO の国内的実施[37]

　それでは主要国における WTO 協定の国内的実現のあり方についてみてみよう。

(1) 米　国
(a) 総　論

　米国は、1789 年に発効した米国憲法の 6 条 2 節で「合衆国の権限に基づいて締結され、又は締結されるすべての条約は、国の最高法規である」と謳い、一般的受容方式を取っている代表的な国であり、「自動的執行力のある条約」の議論をリードしてきた。大統領は、上院の助言と同意を得て、条約を締結するが、出席する上院議員の 2/3 の同意が必要である（2 条 2 節）。米国憲法には

条約しか触れられていないが、国際慣習法が国内で法的効力を持つことは建国時から認められていた。

　米国における国際法と国内法の関係を考える際に重要な部分は、米国憲法の厳格な三権分立による議会と大統領の権限調整の側面である。例えば、大統領は合衆国軍の最高司令官であるが、戦争を宣言し陸海軍の統制および規律のための規則制定の権限は議会にある。そして、大統領は条約締結権および外交権を有しているが、(関)税徴収権と外国通商の規制権限は議会にある。ところが福祉国家時代の到来とともに、議会の権限に属する事項を、議会の事前事後の承認に基づいて大統領(=行政府)に委任して処理することが多くなったために、米国の場合は、行政協定が、事前授権行政協定(Congressional Previously Authorized Executive Agreement)、事後承認行政協定(Congressional Subsequently Approved Executive Agreement)、単独行政協定(Presidential Executive Agreement)および執行的行政協定(Treaty Executive Agreement)の4種類に上る。

(b) 通商政策・法を巡る権限調整[38]

　議会と大統領の権限調整の側面が最も重要な分野が貿易自由化である。議会は建国以来関税および外国通商の規制権限を自ら行使してほぼ10年ごとに関税法を改正していたが、1934年互恵通商協定法の制定により、具体的な関税の設定権を行政府に委任した。大統領は、交渉によって現行税率を50%まで引上げまたは引下げる権限を与えられた[39]。期限は3年である。大統領は、授権立法の権限内で、外国と「事前授権行政協定」の形で通商協定を締結し、新規の関税率を「公布」(proclaim)することで、国内で協定内容を実施する。1934年法までは大統領が通商協定を交渉し議会が承認する「先交渉→後承認(立法)」であったが、1934年法後は「先承認→後交渉」へと権限行使の順序が逆転したことで、大統領主導の貿易自由化への扉が開かれた。

　貿易自由化の対象が主に関税障壁であった1974年までは、1934年法に基づく権限委任が順調に続いたが、東京ラウンドから通商交渉の対象に非関税障壁が加わることで状況は一変した。というのは、非関税障壁は、国際通商に直接影響する措置以外に、国内政策や制度に関わる措置が含まれるために、多くの場合国内法の変更を伴うことになり、関税障壁に権限委任が限定され

た 1934 年法のやり方では現状に合わなくなった。もし再び大統領による交渉
後議会の承認が必要になり、しかもその見込みが不確実であるならば、米国
の貿易相手国は交渉そのものを躊躇いかねない。そして、非関税障壁につい
ては、国内における様々な利害集団 (間) の利害関係がより複雑で錯綜するた
めに、ラウンドに臨む際の利害調整が困難を極めることになる。

　このディレンマへの答えが「ファーストトラック手続 (fast-track procedure)」で
あった。ファーストトラック手続の骨子は、交渉結果に対する議会の態度決
定を通常の議会承認手続より迅速に行うことである。大統領は交渉がまとま
り協定を締結する 90 日前に議会に締結の意思を通知する。そして、締結後速
やかに協定写本、実施法案草案および受け入れることが米国の利益になる理
由等を議会に送付する。議会はその後 60 日以内に協定および法案草案につい
て採決するが、委員会でも本会議でも修正は認められない。ファーストトラッ
ク手続が「無修正一括承認手続」と言われる所以である[40]。

　これから通商交渉の前後に 2 度議会は承認(立法)するようになった。議会は、
ラウンドに先立って、大統領に事前に国内で合意された交渉のアジェンダに
ついての交渉権限を承認する。そして、ラウンドが終了し交渉結果がまとま
ると、それに対して一括・無修正の承認を与える (拒否もあり得る)。東京ラウ
ンドでは、1974 年通商法は関税・非関税障壁についての交渉権限の承認であ
り、1979 年通商法は協定および (行政府が作った) 実施法案の (ファーストトラッ
クによる) 承認である。WTO 協定を成立させたウルグアイ・ラウンドの交渉権
限は 1988 年包括通商法によって与えられた。そして、1993 年 12 月 15 日に大
統領は WTO 協定の締結の意思を表明し、議会は 1994 年 12 月 8 日にウルグア
イ・ラウンド実施法を制定した。

(c) ガット・WTO の直接適用可能性

　ガットの文言は国内裁判所が直接適用できるほど詳細であるが、問題はガッ
トが暫定適用に関する議定書によって効力を持ったことである。その議定書
はガット実施のためにさらなる政府行動が必要である旨言及しているために、
国内裁判所はガットを自動執行力のある協定として扱わなかった。故ジャク
ソンは、ガットの自動執行力如何を取り扱った国内裁判所が、ガットが 1934

年法上の正当な権限に基づいて締結され、公布されたことで、疑いなく米国国内法の一部である点を認めていながら、単純に自動執行力のないものと判断したことについて注意を向けている[41]。

東京ラウンド諸協定については、議会も大統領も、「自動執行力のある」ものでない前提で、1979 年通商法を承認している。

ウルグアイ・ラウンド実施法[42]102 条 (a) は「ウルグアイ・ラウンド諸協定のいかなる規定も、またこれらの規定のいずれかの人や事態への適用も、米国法に反する場合にはいかなる効果を有しない」といい、ウルグアイ・ラウンド協定に対する米国法の優位を闡明している。そして、同実施法 102 条 (b) は、同法が、①人、動物もしくは植物の生命または健康の保護、②環境の保護、③労働者の安全についての米国法を修正又は変更すること、そして、別段の規定が存在する場合を除いて、1974 年通商法 301 条を含めて、米国法に基づいて与えられたあらゆる権限を制限すること、として解釈されてはならないと規定し、同実施法が一定の既存の国内法や権限を修正ないし変更するものではないことを明確にしている。最後に、同法 102 条 (c) は、私人によるWTO 協定の直接援用および米国政治機関の作為や不作為が WTO 協定と整合しないことを理由に異議申し立てを行うことを禁止している。

要するに、ウルグアイ・ラウンド協定は米国国内においては直接適用されないところか、米国連邦法より下位に位置付けられ、同実施法の効力を一定の場合に制限し、私人の直接援用も禁じているのである。特に、1974 年通商法 301 条に基づいて与えられた大統領の権限の温存を謳っているくだりは、WTO 協定の紛争解決手続が 301 条の無力化とセットになっていることから考えると由々しき部分で、今日のトランプ政権による 301 条蘇生の動きの基盤となっている。次節で見るように、EU や日本による WTO 協定の国内直接適用の否定が主要貿易相手国、特に米国との相互性の要請に由来しているが、米国の直接適用の許否の背後にどれくらい「相互性の要請」があるのかは興味深い部分である。

(2) EU

(a) 総 論

EU 法は、一次法（欧州連合運営条約）、二次法（規則、命令、決定）、EU を拘束する条約等からなる。EU は、世界でほぼ唯一の「統合のための組織」である関係上、EU 加盟国は EU 法を国内で実施する義務があり、EU 法と加盟国の国内法の関係にも固有の部分が見られる。すなわち、前述したように、国家は国内で国際法を実施する際に広範な裁量を有しているが、EU 加盟国は国内において EU 法に法としての効力を与える義務を負う。

欧州司法裁判所は、1963 年のファン・ヘント・エン・ロース事件で、ヨーロッパ経済共同体設立条約 12 条が直接的効果（direct effect）を有すると判示したが、直接的効果の概念は、国際法と国内法の関係における直接適用可能性に対応するものであると言われる。EU 法が直接的効果をもつための要件は、明確であることと、条件を伴っていないことであるが、直接的効果のあるかどうかは、EU 法の解釈問題として欧州司法裁判所によって決定されるので国によって結論が異なることはない。EU 法は、加盟国の国内法（憲法を含む）に優先し、加盟国はそれを承認する義務がある[43]。

(b) ガット・WTO の法的地位

EU におけるガット・WTO の法的地位、特に、直接適用可能性についての判断は、1972 年の Third International Fruit Company 事件に遡る。域外からの食用リンゴの輸入を制限する EC 理事会規則がガット 11 条に違反して無効であるかが問われたが、欧州司法裁判所は、EC がガットに拘束されることを認めながらも、ガットの「精神、構造および文言」（spirit, general scheme, and terms）を検討し、直接適用可能性を否定した。すなわち、ガットは諸規定の大きな柔軟性によって特徴づけられるが、その柔軟性は、特に義務逸脱を許容する規定、例外的困難に直面した場合にとられる措置および締約国間の紛争解決に関する規定から由来する。それ故、ガットの実体条項に対する侵害が生じた際に、司法手続きでなく、協議を経て利害関係国の報復が行われる規範構造では、国内裁判所に直接の適用に値するとは到底言えないとした[44]。

1994 年 12 月 22 日、EC 理事会は、WTO 協定の締結を承認する理事会決定

を正式に採択し、同時に一連の域内実施立法を採択したが、理事会決定は
WTO協定の直接適用可能性を明示的に否定している[45]。その理由は米国やそ
の他の貿易相手国のWTO協定の直接適用可能性の否定という事態を前にし
て、EUと他の貿易相手国との間におけるWTO協定の義務履行における不均
衡の発生可能性という「相互性の要請」であった。

　上記のような理事会決定に対して、1999年ポルトガル対理事会事件判決で、
欧州司法裁判所がどのような態度を示すかが注目されたが、結果は同じであっ
た[46]。理由は、WTOの加盟国間の「合意」に基づいて推進していく組織として
の性格と直接適用可能性における主要貿易相手国との「相互性の要請」であっ
た。EU理事会の決定にも、欧州司法裁判所の判断にも、その背後には、EU
においては条約が国内法よりも優位する地位を与えられる事情が横たわって
いるといえよう。

(3) 日　本
(a) 総　論

　日本の憲法的慣行は、明治憲法以来、条約の一般的受容方式をとっている
とされる[47]。現在の日本国憲法98条2項は、「日本国が締結した条約及び確立
された国際法規は、これを誠実に遵守することが必要である」と規定している。
同条項に基づいて、条約は天皇の公布によって国内法としての効力をもつこ
とになり、しかも、法律制定という国内法化のための特段の手続を経る必要
がないものと解されている。

　国内適用可能性については、学説は1960年代から論じていたが、裁判所で
この概念を用いたのは1980年代終わりごろからであると言われる。条約であ
れ、慣習国際法であれ、法律より上位である。条約と憲法の関係では、憲法
優位説が学説上も、判例上も通説である。

(b) ガット・WTOの法的地位

　日本は、1955年9月「関税及び貿易に関する一般協定への日本国の加入条件
に関する議定書」によって1947年ガットに加入した。また1980年4月東京ラ
ウンドの諸非関税障壁協定を受諾した。いずれも正式の国会承認条約であり、

国内的効力を有するものである[48]。

ガットが「自動執行力のある」ものであるかについては、1984年「西陣ネクタイ訴訟」において否定されている[49]。本件は、日本政府が、養蚕農家の保護のために、生糸の輸入一元制度を導入した結果、安価な外国産生糸の輸入が禁止され、国際糸価の約2倍というきわめて高い国内価格で生糸を購入せざるをえなくなり、しかも、政府が廉価の外国産絹ネクタイの輸入について効果的な輸入規制措置をとらなかったので利潤が低下し莫大な損害を被ったとして、本件条項が憲法22条1項、同25条1項、同29条1項およびガット2条4項・17条1項に違反するので、本件立法行為は違憲違法であるとして、国を相手にして総額3億7千万円の国家賠償を請求した事件である。

京都地裁は、「本件条項がガット第17条及び2条4項に違反するのではないかという疑問が生じてくる」としながらも、「原告ら指摘のガット条項違反は、違反した締約国が関係締約国から協議の申入れや対抗措置を受ける等の不利益を課せられることによって当該違反の是正をしようとするものであって、それ以上の法的効力を有するものとは解されない。したがって、本件条項がガット条項に違反し無効であって、本件立法行為を違法ならしめるものとまでは解することができない。」といい、ガットの紛争解決手続の存在と性格を理由にガットの「自動的執行性」を否定するのである。すなわち、ガット違反はもっぱら国際的平面で問題になるに過ぎず、国民の権利義務関係には何ら影響を及ぼさないというのである。前述した Third International Fruit Company ケースにおける EC 裁判所の判断に酷似した内容である。

では、京都地裁や1972年 EC 裁判所がガット条項の直接適用性を否定した根拠となっていた「ガットレジームの規範的性格」は、ガットから WTO へ移行することによりどれくらい変わったのであろうか。周知のように、ガットとは異なり、WTO は、まず、「暫定的」でなく、「確定的に」適用され、WTOにおいては祖父条項が原則的に廃止されるようになった。最後に、何よりもWTO の紛争解決手続が大幅に「司法化」された。

米国や EC と異なり、日本では国会における WTO 協定の審議の際にその直接適用可能性の問題は持ちあがらなかったし、それを明示的に否定する条項はどこにも見当たらない。WTO の直接適用可能性の問題は最終的には日本の

裁判所の決定に委ねられている。具体的な訴訟が提起された暁に、ガットと WTO との異同を視野に入れつつ、日本の裁判所はどのような判断を示すか注目される。

　一方で、WTO の規律対象が貿易事項から非貿易関心事項へ拡大し、WTO 体制に分野横断的に国内規制に対するレビュー機能を与えられていく反面、他方は、第 4 次産業革命が声高く叫ばれる中、IT 産業における有利な立地確保のための主要国間の知識外交 (knowledge diplomacy) の熾烈な展開・官民協調体制の強化が過熱していく中で、果たして日本をはじめとする主要国が国際通商ルールの直接適用を可能にする政策的決断をする日が来るだろうか。それは可能で賢明なことであるのかという、故ジャクソンの問いかけは今後日本の裁判所に重く圧し掛かろう。これは主要貿易相手国である米国や EC が WTO の直接適用可能性を明示的に否定している現状においてはなおさらのことである。

(4) 韓　国
(a) 総　論

　大韓民国憲法 6 条 1 項は、「憲法によって締結・公布された条約と一般的に承認された国際法規は国内法と同じ効力を有する」と規定している。すなわち、韓国は一般的受容方式を取る憲法体制であり、国際法が国内的効力を持つことに疑問はない。

　問題は「国内法と同じ効力」とはどのような意味であるのかは明確ではないことである。多数説は、条約の場合、国内的に直接適用可能で、国会承認条約は法律と同等の効力を有するが、非承認条約は施行令 (＝政令) 以下の効力しか有しないとする。判例は国会承認条約が法律と同等の効力を有することを認めているが、非承認条約の効力についての立場は明らかでない[50]。「一般的に承認された国際法規」、すなわち国際慣習法については、別途の立法措置なしに直接適用可能であること、そして、法律と同等の効力を有すると判例は認めている[51]。直接適用可能性についても一般的に認められている。

(b) ガット・WTO の法的地位

　ガットおよび WTO 協定は特別な立法措置なしに国内法としての効力を有するとされ、ガット時代に関税法と異なる内容のガット条項がそのまま国内法上直接適用が認められた事例が何件か散見される[52]。韓国国会は、WTO 協定の批准の際に、WTO 協定の履行で予想される農業分野の被害を最小化するために、「世界貿易機構協定の履行に関する特別法」を制定したが、WTO 協定の履行に関連していくつかの追加的な措置を規定するための立法である点で、WTO と国内的効力を否定する米国のウルグアイ・ラウンド実施法や EU 理事会の決定とは異なる[53]。特記すべきは、「経済主権の保障」の小タイトルのついている同法 2 条で「WTO 協定のどの条項も世界の自由貿易体制の一員としての我が国の正当な経済的権益を侵害することを容認するものと解釈されてはならない」とあるが、これが WTO 協定の直接適用を否定するものとまで解釈するにはやや無理がある。他方で、同法 3 条の「政府は協定の基本原則に従って権利義務を履行する」という規定は WTO 協定の 16 条 4 項の一般的な遵守規定以上のものではないように思われる。

　裁判実務では立場が定まっていないようである。2004 年に大法院は、学校給食において全羅北道で生産される優秀農産物を優先的に使用するように要求し、食材料購入費の一部を支援する全羅北道の学校給食条例は国会の承認と大統領の批准を経て公布・施行された WTO の附属協定である 1994 年ガットと政府調達協定の内国民待遇に違反し効力を有しないと判断した[54]。それに対して、わずか数年後政府のアンチ・ダンピング措置の取り消しが争われた事件 (2009 年) で、大法院は、「WTO アンチ・ダンピング協定は国と国の間の権利義務を定める国際協定であって、これに関する紛争は WTO の紛争解決で扱われるのが原則で、私人に対しは同協定の効力が直接及ぶものではないとみるべきで」あり、したがって、私人が国内裁判所に加盟国政府を相手に処分の取り消しを求める訴えを提起することはできないと判示した。この判決の具体的な意味の詮索はさておき、主要国の WTO 直接適用の否定の流れが影を落としていることは間違いない[55]。

注

1　議会による白紙委任は違憲の疑いがあるので、3年期限で延長していくこと
と、現行の保護水準を50％まで引上げまたは引下げることができる制限が施さ
れた。

2　正式の国際組織の場合は、普通総会、理事会および事務局の3部構成をとり、
国際的にも国内的にも法人格を有する。

3　コンセンサス方式とは、会合に出席している加盟国から正式の反対が存在し
ないために表決に付さないで決める意思決定の方式である。（WTO設立協定第
9条1の注1）本章IIの4を参照。

4　分裂と統合の連鎖するバルカン半島に因んだ例えである。John Jackson, *The
World Trading System: Law and Policy of International Economic Relations* (The MIT Press, 1997)
76.

5　新分野についての規範形成の背後には国際的な専門家集団である「認識共同
体」の存在がある。第1章IV.3を参照。

6　18章IIを参照。

7　「協力のための国際組織」と「統合のための国際組織」の区分については、
Henry G. Schermers and Niels M. Blokker, *International Institutional Law* (Kluwer Law
International, 3rd ed, 1995) 39-42を参照。

8　1994年ガットには次のようなものが含まれる。a. 一般協定本体（暫定的適用に
関する議定書を除く）、b. 関税譲許に関する諸議定書、加入議定書、1947年ガッ
ト25条に基づいて与えられ、WTO協定発行時に有効なものおよび締約国団の
決定、c. 一般協定の7つの条文の解釈に関する「了解」、d. 用語変更に関する2
つの解釈ノート、である。

9　Pieter JanKuyper, 'The Law of GATT as a Special Field of International Law:
Ignorance, Further Refinement or Self-Contained System of International Law?' (1994)
25 *Netherlands Yearbook of International Law* 229-232.

10　WTO法と国際法の関係についてのポーウェリンとトラフトマンの論争
は、Simon Lester, Bryan Mercurio and Arwel Davies, *World Trade Law: Text, Materials and
Commentary* 2nd ed.(Hart Publishing, 2012) 91-109を参照。

11　Ibid., 109.

12　Cf. US – *Restrictions on Imports of Tuna*, BISD 39S/196-197, paras. 5.20-5.21.

13　「主要利害関係国規範」については次を参照。Jock A. Finlayson and Mark
W. Zacher, 'The GATT and the Regulation of Trade Barriers: Regime Dynamics and
Functions', in Stephen D. Krasner ed., *International Regimes* (Cornell University Press,
1983) 312. 以前はグリーン・ルームというところで米国とEU等主要利害関係国
が集まって重要事項についての話し合いが行われたが、現在グリーン・ルーム
は閉鎖され、BRICsの国々のかかわりの度合いが高まっていると言われる。

14　1996年12月9〜13日までのシンガポール会議における「情報技術協定」

(Information Technology Agreement (ITA)) の決着 (2000 年までに主要な 30 か国が
関税廃止について合意)、1997 年 2 月までに Basic Telecom の自由化についての話
し合いの決着について合意、その他さまざまな懸案について一定の日程または
方向性が出された。

15 Oliver Long, *Law and its Limitations in the GATT Multilateral Trade System* (Martinus Nijhoff Publishers, 1985) 52.

16 "Consensus shall be understood to mean the absence of any objection expressed by a Representative and submitted by him as constituting an obstacle to the taking of decision in question" (欧州安全保障協力会議 規則 69) さらに、国連海洋法条約 161 (8) (e) も参照。

17 John H. Jackson, *World Trade and the Law of GATT* (Bobbs-Merrill Company, 1969) 132-137.

18 ITO 憲章 96 条。

19 Michael J.Trebilcock and Robert Howse, *The Regulation of International Trade* (Routlege, 2nd ed,1999) 15-17.

20 たとえば、Appellate Body Reprt, *Japan – Alcoholic Beverages II*, p. 14 (DS8, DS10, DS11) ; Appellate Body Report, India – Patents (US) , para. 35 (DS50) .

21 WTO では、ウェーバーに対して 3/4 賛成という条件が付された。(9 条 3、4 項)。

22 Oliver Long, *supra* note 15, 15-19.

23 もともと香港は英国の属領としてガットに参加した。そのために、例えば、
締約国団への提訴等も、英国が香港に代わって (on behalf of) 行った。1986 年 4
月英国の 26 条 (5) (c) に基づく宣言によって、香港は正式のガット締約国とし
ての地位を認められた。しかし、香港が 1998 年には中国に返還されることがす
でに決まっていたので、香港が中国に返還された後にも 26 条のいうところの
自治を有する関税地域としてあり続けることの保証を、中国が行った。

24 加盟については次を参照。Peter J. Williams, *A Handbook on Accession to the WTO* (A WTO Secretariat Publication, 2008) .

25 中国の加入については、第 18 章 II を参照。

26 「機構は憲章の権限に属する事項に関係のある非政府機関との協議及び協力
のために、適当な取極を行うことができる」87 条 2 項。

27 Gabrielle Marceau and Peter N. Pedersen, 'Is the WTO Open and Transparent? A Discussion of the Relationship of the WTO and NGOs and Civil Society' s Claims for more Transparency and Public Participation' (1999) 33 *Journal of World Trade* 8-20.

28 Joseph S. Nye, Jr., 'Globalization' s Democratic Deficit: How to Make International Institutions More Accountable' (2001 July/August) *Foreign affairs* 2-6.

29 交渉のフォーラムについては Oliver Long, supra note 15, ch.2 が詳しい。

30 これについては、Gilbert R. Winhem, *International Trade and the Tokyo Round Negotization*

(Princeton University Press, 1986) が詳しい。

31　ウルグアイ・ラウンドの開始を宣言したプンタデルエステ宣言を参照。

32　中富道隆、「プルリの貿易ルールについての検討 (ITA と ACTA の実例を踏まえて)」『RIETI Policy Discussion Paper Series 12-P-002』(2012 年 2 月)。

33　Antonio Cassese, *Intenational Law in a Divided World* (Clarendon Press,Oxford, 1986) 15.

34　国家の義務の分類については、山本草二『国際法　新版』(有斐閣、1994 年) 113 頁以下を参照。

35　John H. Jackson, 'United States' in Francis G. Jacob and Shelley Roberts eds., *The Effect of Treaties in Domestic Law* (Sweet & Maxwell, 1987) 141. ジャクソンは、確かに学説や裁判実務で、直接適用と援用可能の 2 つが判然と区別される訳ではないが、それでも区別すべきであるという。

36　John H. Jackson, 'Status of Treaties in Domestic Legal Systems: A Policy Analysis', (1992) 86 *American Journal of International Law* 321-327.

37　中川淳司、清水章雄、平覚、間宮勇『国際経済法　第 2 版』(有斐閣、2012 年) の第 4 章が詳しい。

38　柳赫秀『ガット 19 条と国際通商法の機能』(東京大学出版会、1994 年) 第 2 章の 2 を参照。

39　白紙委任による違憲の余地をなくすためである。

40　今日では Trade Promotion Authority (TPA) Law と呼ばれる。詳細は次を参照。https://ustr.gov/trade-agreements/other-initiatives/Trade-Promotion-Authority (as of 11 August. 2018)

41　John H. Jackson, supra note 4, 96.

42　PUBLIC LAW 103-465・DEC. 8, 1994 108 STAT. 4809 Public Law 103-465.

43　EU 法と加盟国の国内法の関係については Josephine Shaw, *European Community Law* (The MACMILLAN, 1993) PART III を参照せよ。

44　Joined Cases 21-24/72, 1972E.C.R. 1219.

45　Council Decision 94/800/EC of 22 December 1994 concerning the conclusion on behalf of the European Community, as regard matters within its competence, of the agreement reached in the Uruguay Round multilateral negotiations, [1994] OJL 336/1.
<http://eurlex.europa.eu/smartapi/cgi/sga_doc?smartapi!celexplus!prod!DocNumber&lg=en&type_doc=Decision&an_doc=1994&nu_doc=800>

46　C-149/96, Portugal Republic v. Council of the European Union, [1998] E.C.R. I-7379, Mitsuo Matsushita et al., The World Trade Organization-Law, Practice, And Policy, (New York : Oxford University Press,2003) , p.106.

47　小寺彰ほか編集『講義国際法』(有斐閣、2013 年) 第 3 章。

48　平覚「我が国におけるガットの法的地位—ガットの直接適用可能性を中心として」『商大論集』39 巻 4 号 (1988 年)。

49 柳赫秀「ガット 17 条（国家貿易企業）の国内的効果—西陣ネクタイ事件」『国際法判例百選』（有斐閣、2001 年）150 頁。

50 鄭寅燮「条約の国内法的効力に関する韓国判例と学説の検討（조약의 국내법적 효력에 관한 한국 판례와 학설의 검토）」『ソウル国際法研究（서울국제법연구）』22 巻 (1)、2015.6、27-63。鄭教授によれば、ソウル高等法院は犯罪人引渡に関する 2 件の決定（2006 年、2012 年）で非承認条約が施行令と同じ効力を有すると判断したが、憲法裁判所は条約である「アジア・太平洋地域における高等教育の修学卒業証書及び学位認定に関する地域協約」が「法律的効力」を有するとしたことがある。しかし、韓国司法の立場は今だ「明らかでない」と評価すべきであるという。37 頁。

51 鄭寅燮「憲法第 6 条 1 項上『一般的に承認された国際法規』の国内的適用の実際（헌법 제 6 조 1 항상 "일반적으로 승인된 국제법규" 의 국내 적용 실행）」『ソウル国際法研究（서울국제법연구）』23 巻 (1)、2016.6、49-77。

52 大法院は「関税等賦課処分取消事件」で関税法と異なる内容を規定するガット条項がそのまま国内的効力を有する可能性を認めた。大法院 1987.9.22 宣告ぬ 413（대법원 1987.9.22. 선고 85 누 413）

53 李京和「我が国における条約の国内法的効力—世界貿易機構協定の国内法的効力を中心に—（우리나라에서의 조약의 국내법적 효력 - 세계무역기구（World Trade Organization）협정의 국내법적 효력을 중심으로 -）」『法学研究』Vol.16 No.3, 2006, 125。

54 大法院 2005.9.7 宣告 2004 ちゃ 10 判決（대법원 2005.9.7. 선고 2004 추 10 판결）.

55 大法院 2009.1.30 宣告 2008 トゥ 17936 判決（대법원 , 2009. 1. 30. 선고 2008 두 17936 판결）. 本判決を評釈したジュジニョルは、判決は、主要国の直接適用否定の状況からして、すこぶる妥当なものであると評価する。ジュジニョル「韓国大法院の WTO 協定の直接効力否認：大法院 2009.1.30 宣告 2008 トゥ 17936 判決を中心に」（주진열、 "한국 대법원의 WTO 협정 직접효력 부인 : 대법원 2009.1.30. 선고 2008 두 17936 판결을 중심으로"）,『ソウル国際法研究』（ 서울국제법연구）, Vol.16 No.1, 2009, 223。

参考文献

柳赫秀『ガット 19 条と国際通商法の機能』（東京大学出版会、1994 年）

—— 「基礎法・特別法講義Ⅹ—国際経済法①～④」『法学教室』275 号、276 号（2003 年）、279 号、280 号（2004 年）

中川淳司、清水章雄、平覚、間宮勇『国際経済法　第 2 版』（有斐閣、2012 年）

日本国際経済法学会編『国際経済法講座Ⅰ　通商・投資・競争』（法律文化社、2012 年）

経済産業省通商政策局編、『不公正貿易報告書 2016 年版』(経済産業省、2016 年)

Henry G. Schermers and Niels M. Blokker, *International Institutional Law* (Kluwer Law International, 3rd ed, 1995)

John H. Jackson, *World Trade and the Law of GATT* (Bobbs-Merrill Company, 1969)

John H. Jackson, *The World Trading System: Law and Policy of International Economic Relations* (The MIT Press, 2nd ed, 1997)

John H. Jackson, 'United States' in Francis G. Jacob and Shelley Roberts eds., *The Effect of Treaties in Domestic Law* (Sweet & Maxwell, 1987)

John H. Jackson, 'Status of Treaties in Domestic Legal Systems: A Policy Analysis' (1992) 86 *American Journal of International Law* 321-327

Oliver Long, Law and its Limitations in the *GATT Multilateral Trade System* (Martinus Nijhoff Publishers, 1985)

Bernard M. Hoekman and Michel M. Kostecki, *The Political Economy of the World Trading System: The WTO and Beyond* (Oxford University Press, 3rd ed, 2010)

Michael J. Trebilcock, Robert Howse, and Antonia Eliason. *The Regulation of International Trade* (Routledge, 3rd ed, 2012)

Peter Van den Bossche, *The Law and Policy of the World Trade Organization: Text, Cases and Materials* (Cambridge University Press, 2nd ed, 2009)

第4章　WTOの紛争解決手続

柳赫秀

本章の概要

　戦後の国際通商紛争を司る組織体としてのガットは、具体的な手続はその条文には規定されておらず、締約国団の慣行を通じて、その運用やガット条文の解釈を行ってきた。ウルグアイ・ラウンド交渉の結果設立されたWTOでは、それまでの慣行を集約し、WTO協定の不可分を成す協定として「紛争解決に係る規則及び手続に関する了解」(DSU) を規定した。

　本章ではまず、ガット時代における紛争解決の意義を、二つの異なる側面、すなわち、外交的な紛争解決手段としてのガットをみるのか、それとも、司法的な紛争解決手段としてガットをみるのかについて俯瞰する。その後、ITO の設立交渉およびガットの紛争解決手続の誕生までの史的発展を説明し、「暫定的」に発足したガットの紛争解決手続きの内容と発展を詳述する。

　その後、WTO 発足後の紛争解決手続に関し、ガット時代からの改革内容について説明したのち、その原則、適用範囲、解釈、運用機関について詳説する。続いて、WTO の紛争解決手続の流れをその手順に沿って説明し、DSU 改正の動きについても軽く触れる。

　最後に、WTO 発足後の DSU の運用について、過去 23 年のその実績および評価について考察する。

はじめに

　国際組織や国際レジームにとって、設立条約をはじめとする様々な実体・手続規則を加盟国に遵守させるとともに、当該組織と加盟国、あるいは、加盟国間の紛争を有効に解決することは、自らの維持・存続のために必要不可欠なことである。

　国際経済レジームとしてのガットは、国際レジームとしての多角的・組織的な要素がないわけではないが、基本的に契約的要素の強い、当事国主導の組織 (contractarian and members-driven organization) であった[1]。WTO になってから「一層永続性のある多角的貿易体制を発展させること」(前文) が掲げられたが、本質的な性格は維持されている。そのためにガット・WTO においては加盟国の遵守を確保する手段の筆頭には常に紛争解決手続が存在していたが、WTO になってから、「貿易政策検討制度」(TPRM) が明文化され、途上加盟国、特に後発開発途上加盟国 (LDCs) に対する「能力構築」(capacity building) と「貿易のための援助」(Aid for Trade) が加わった[2]。

　ガット・WTO の紛争解決手続は、経済事実のダイナミズムと法的安定性の維持という相反する要請が強く投影する国際経済レジームにおける紛争解決のディレンマを背負いながらも、今や国際社会で類比のない強力な準司法的な紛争解決手続に進化してきた。

　1930 年代の一連の国際連盟主催の世界経済会議では、国際経済関係における規範と紛争解決について、経済事実のダイナミズムのために経済法規には柔軟性が要求されることと[3]、司法的解決についての懐疑的な見方が支配的で

100

あったとされる。特に、生けた経済規範と経済関係の安定性を調和するために「考案」されたのが「無効化または侵害 (nullification or impairment)」の概念である。ガット紛争解決の中核要素となった「利益の無効化または侵害」の概念のポイントは、単なる義務違反は紛争解決手続の援用のための十分条件とはならないこと、つまり、一定の無効化または侵害の存在 (=損害 (injury) の発生) が必要であることと、義務違反による無効化または侵害 (義務ケース) と非違反によるそれ (非違反ケース) を区分しないこと、言い換えれば、「協定上の期待利益の侵害」は、「その原因が何であれ」義務の調整を申し出る正当な理由となることである。(後述 I.2 参照)

　その後、ガット紛争解決手続は、「非違反ケース」を消し去ることはできなかったものの、「違反ケース」を中心に発展し、WTO に至っては世界一ユニークで有効な履行・遵守確保の手段となったのである[4]。ガット・WTO の紛争解決手続は、時期により多少の違いはあるものの、1995 年の WTO 発足から 2017 年 12 月末まで、535 件 (協議要請数) の紛争案件が提起された (**図表 4-1** 参照)。この数字を、1947 年から 2017 年までの 70 年間 170 件 (管轄権＋本案) の採決を行った、世界裁判所 (World Court) と呼ばれる国際司法裁判所 (ICJ) のそれと比べたら一目瞭然である。

図表 4-1　WTO 発足後の紛争解決手続に付託された案件数の推移

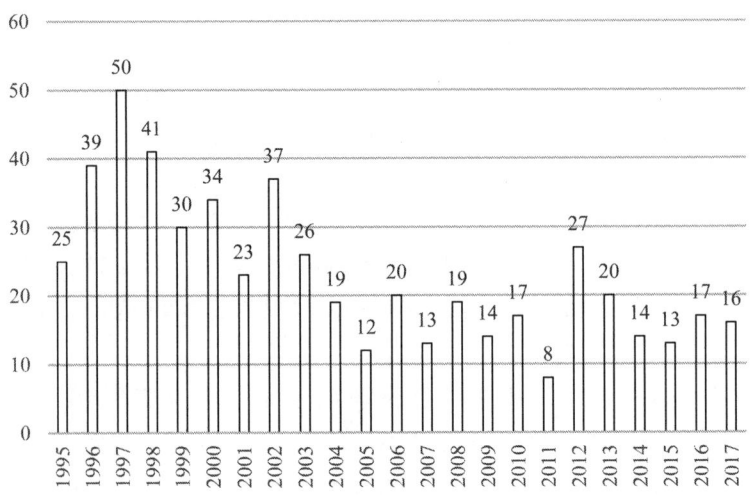

Ⅰ. ガット 1947 の紛争解決の意義

1. 紛争解決を見る二つの視点

　ガットは ITO の組織構造に組み込まれることが予定され、ITO を設立するハバナ憲章には、比較的詳細に規定された紛争解決制度がその第 8 章に制定されていたが[5]、ガットが ITO から切り離されて運用が開始された際、ITO 憲章の第 8 章も切り離されることとなった。そのため、ガットには紛争解決に関する規定としては第 22 条および第 23 条があるだけの、ハバナ憲章第 8 章と比べ、大幅に簡素な内容となっている (詳細については後述)。

　ガットの運用が開始されてから 1950 年代半ばまで、ガットの紛争解決は一般的に「外交的」な手続によって運用されていた。問題となっている措置等が締約国団に付託された場合、締約国団の半年次会合や会期間会合の場に当該問題が持ち込まれ、当事国も含めた「作業部会」が調整を行って紛争解決制度が運用されてきた。

　1950 年代後半よりこの運用慣行に変化がみられることとなる。当事国も含めた作業部会による交渉や協議によって調整を図るのではなく、第三者から構成されるパネル (紛争処理小委員会) に問題を付託し、「準司法的」に当該問題を解決することが、ガット事務局長によって決定された。この変化は、当事者を含む「交渉」に基づく外交的解決を優先する「実用主義」から、第三者による事実認定や適切な法解釈に形づけられる「準司法手続」を選好する「法律主義」へ、ガットの紛争解決制度がようやく第一歩を踏み出したことを象徴している。

　交渉によって紛争の解決を模索する「実用主義」(pragmatism) または外交的紛争解決手段は、規定されているルールの枠組の中で貿易問題が交渉され、妥協にいたる過程としてガットの紛争解決システムを捉える。従って、実用主義による紛争解決の目的は、締約国の措置の正または不正を判定し、当該締約国の責任を追及するのではなく、違反の迅速な中止を実現することである。この視点からは、紛争解決は手続きに柔軟性があり、当事国が紛争の解決に主体性を持ち、勝者敗者を生み出さず、各当事国の政治的プロセスに大いに影響を受けるシステムであると言える。

　他方、「法律主義」(legalism) 的視点は、競争原理に基づく私的な経済活動を可能するため、安定的で予見可能性を確保する法的枠組を提供するものとしてガットを捉える。よって、紛争解決の目的は、第三者の法準則に基づく審理に基づく拘束的裁定 (adjudication) でなければならない。この視点からは、裁定の結果は法的拘束力を有し、ルールを明確化することによって、締約国の義務や利害を長期的に保障する制度として紛争解決システムがあると言える。

　その後のガットの紛争解決制度の発展には、常に「実用主義」と「法律主義」の間の緊張関係が横たわっていたが、締約国団による「その後の慣行」を通じて徐々に準司法的な性格を強めていったが、ウルグアイ・ラウンドを通じて「法律主義」の勝利が確実になる中[6]、今や国際社会で類比を見ない、強力で司法的な紛争解決制度に発展した[7]。

2.ITO およびガット交渉過程[8]

　戦後の国際経済秩序構想に関する具体的な議論は、1943 年 9 月から 10 月にかけてワシントンで開催された非公式会合 (セミナー) で行われた。同セミナーでは、戦後の金融・財政問題と商業政策について個別の議論が行われ、商業政策に係るセッションでは、関税と特恵、数量制限、投資、雇用、カルテル、国家貿易等について議論がなされた。また、多角主義の原則を具体化した協定を運営し、国家間の通商問題を解決するための国際機構を設ける必要があることについても合意がなされた。

　戦後の国際経済秩序を再構築するために、国際通貨基金 (IMF) と国際復興開発銀行 (世界銀行) と並んで計画されていたのが、国際貿易機構 (ITO) であった。国際貿易機構については、戦間期は国際連盟の下で、戦時期は特に英米間において議論がなされてきたが、戦後の構想は米国主導で進められた。米国は 1945 年 12 月に国際貿易機構を設立するための交渉の土台となる「提案書」を提出し、同提案書は、翌年 2 月に国際連合経済社会理事会によって受理され、「貿易及び雇用に関する国際会議」が招集され、一連の会議[9]を経た後、1947 年 11 月にハバナで開催される「国際貿易及び雇用会議」へつながっていくこととなる。

　ITO 設立に向けての交渉は、戦前の慣行であった関税削減の互恵性を保つ

のと同時に、国内のあらゆる措置および政策は、関税削減の互恵性によって
創出された商業機会に悪影響を与えるとの懸念から、1930年代の一連の国際
連盟主催の世界経済会議における議論と1934年米国の互恵通商協定法の下で
締結された2国間通商協定に起源がある「無効化または侵害」条項が置かれた。
「無効化または侵害」の概念は、約束された関税削減の遵守や、非関税通商措
置や政府措置によって互恵的な「譲許の均衡」が弱体化されることを防ぐとと
もに、国内措置に対する各国の裁量および政治的制約を考慮しつつ、紛争当
事国間で円満な解決を図るため、国際貿易機関の法的義務は柔軟性を持たせ
るべきであるとする妥協の産物から誕生したのである。

　ITO設立に向けての「提案書」では、5つの章[10]に適用される紛争解決に係
る一般協定の他に、「無効化または侵害」条項が独立した条文として商業政策
章に規定され、同章にのみ適用されるとされた。同条は、ITOに対し、各国
の措置を調査し、調査の結果に裁定を下し勧告を発する他、当事国間で円満
な解決に至らなかった際は、申立国の適正な譲許を停止することに対し承認
する権限が与えられるよう規定された。

　1947年のジュネーブ会議において、「無効化または侵害」条項の影響につい
て議論が進められることとなったが、第一に問題となった点は、「無効化また
は侵害」に関する実質的なガイドラインを有していないこと、第二に、ITO憲
章は法的義務の違反に対する救済として「制裁」を規定しているが、必ずしも
法的義務違反とは言えない「無効化または侵害」に対しても「制裁」を救済手段
としたことである。また、機構に新しい義務を宣言する権限を与えることも
問題視された。

　機構に権限を与えることについては、第三者(=ITO)による裁定を導入する
ことが背景にある。起草者は、ITOに権限を付与することにより、各国がそ
の裁量で報復措置を取ることを自制させることを試み、ITOが制裁措置を管
理し、統制し、過度な範囲に保つ等、国際管理の制限下に置くことによって、
経済戦争の武器を国際秩序の道具とすべく努めたと言える。

　ITO交渉における法的義務の制定は、旧い概念(関税譲許の均衡、利益の互恵
性、無効化または侵害等)を残しつつ、新しい概念(組織による裁定に基づく補償的
調整、義務の停止の許可)を取り入れることとなった。しかし、このことは、ガッ

トそれ自体の組織性を低下させることになり、また、補償的調整の法的権利によって、条文の義務違反のケースと必ずしも義務違反とは言えない（非違反）ケースの区分が弱められることとなった。

このことから、ガットは当初より旧い部分を抱えてスタートし、その異常な起源のために「外交会議」としての性格がより強かったと言えよう。そのため、紛争解決の究極的目的は、紛争当事国間の円満な解決を援助することである。このことは、その後のパネルが、その活動中にも関わらず2国間の円満な解決を促し、手伝い、それが最終的に不可能であることが明らかになった時にはじめて調査報告書を締約国団に提出することからもうかがえる。その意味で、ガットの紛争解決制度は、基本的に主要利害関係国規範（major-interest norm）が支配する制度と言える。

3. ガット 1947 の紛争解決手続の内容と発展

利益の「無効化または侵害」概念や、「要請」や「勧告」といった文言の使用により、ガットの紛争解決手続は、司法的ではなく、外交的手段に依拠して、当事国間の紛争を円満に解決することを目的としている。ガット時代は、ガットの第22条および第23条に規定されている条文しか存在せず、協議を通して紛争を解決することが規定されているにすぎなかった。すなわち、まずは協議を通し当時国で解決を図ることを最優先とし、解決が得られなかった場合において、問題を多国間＝ガットの場で検討することを基本的スタンスとしていた。

(1) ガット 1947 の紛争解決手続の性格

ガットの紛争解決手続は、交渉（negotiation）、協議（consultation）、あっせん（good offices）、仲介（mediation）、審査（enquiry）、調停（conciliation）の様々な要素を複合的に有しているユニークなものであるが、上述のとおり、締約国および締約国団の「後からの慣行」に基づき、徐々に司法的（judicial）な解決としての色彩を強めてきた。紛争解決の手続は、政治的要素が濃いパネル設置段階と付託事項の合意から始まり、準司法的段階であるパネル手続を経て、政治的判断に拠る報告書の採択へとつながる。ただし、パネルの設置および付託事項の決定は、

事実上のパネル設置要求権によって、ある程度の司法化が進んでいた。パネル報告書の採択は大いに政治的であるが、その議論はパネルの報告書の内容によって左右された。

　ガット 1947 には、ガットのその他の活動と明確に区分されるような単一の紛争解決手続条項が存在しているわけではない。たとえば、特定の場合に当時国間の協議を義務付ける条項[11]や、一定の場合に補償的な譲許撤回を許容している条項[12]が多く存在している。しかし、紛争解決に関する中心的な条項はガット 22 条（協議）と 23 条（無効化または侵害）である。

(2) ガットの紛争解決手続の内容
(a) ガット 22 条と 23 条の関係

　ガット 22 条は 2 つの条文から構成されており、第 1 項では、締約国団に、ガットの運用に関し他の締約国が行う申立に対し好意的な考慮を払い、その申立に関する協議のため適当な機会を与えることを義務付けている。第 2 項では、前項に基づいて行われた協議により満足しうる解決が得られなかった事項において、締約国は締約国団に協議を要請することができると規定されている。

　ガット 23 条は 2 項からなる条文で構成されており、その第 1 項は、第 2 項の前提となっている。第 1 項では、(a) 締約国が協定義務の履行を行った結果、(b) 締約国によるなんらかの措置の結果、(c) その他のなんらかの状態が存在する結果、として、①この協定に基づき直接若しくは間接に自国に与えられた利益が無効にされ、若しくは利益が侵害され、②またはこの協定の目的の達成が妨げられている、と認められる場合に、締約国は当該問題を他の関係する締約国にその調整を提案することができると規定している、一種の協議条項である。第 1 項の協議の結果、満足しうる解決が得られなかった場合に、当該問題は締約国団に付託することができるとする、一種の「協議前置主義」を取っている。締約国団に問題を付託することは、「ガット提訴」とも呼ばれている。

　ガット 22 条は協議を通して問題を解決することを締約国に要請しているにすぎず、23 条とは別個のものである。つまり、22 条は、23 条の前提ではない。しかし、締約国団は「残存輸入制限措置の協議手続に関する 1960 年決定」[13]（以下、

「1960 年決定」）を採択し、22 条 1 項によって問題が解決されない場合は、22 条 2 項に基づいて締約国団に協議を要請することができると決定した一方、代替手段として、当該協議によってその利害が影響を受けた締約国は、締約国団が 22 条 1 項の条件を満たしたと判断した場合において、23 条 2 項に訴えることができるとした。上述のとおり、23 条 2 項を援用するためには、同条第 1 項の条件を満たす必要があったが、1960 年決定は、22 条 1 項に基づく協議行うことが、23 条 2 項手続を援用する一つの前提条件とした。

(b) 23 条手続の 3 つの要素

ガット 23 条には、請求原因、締約国団の義務（調査、勧告、裁定）、権限（譲許その他の義務の停止許可）の 3 つの要素が規定されている。

(c) 請求原因

ガット 23 条 1 項には 6 つの種類の請求原因が規定されている（**図表 4-2** 参照）。締約国は、他の締約国の行動や措置によって、自国がガット締約国として受益している利益が無効化または侵害 (nullification or impairment) された場合において、23 条を援用することができる。

「利益の無効化または侵害」概念は、ガットの紛争手続の核心的要素であり、締約国による協定義務違反は直ちに 23 条の援用条件とはならない。つまり、一定の利益の無効化または侵害の存在が、23 条手続を援用する必要要件となる。利益の無効化または存在は、他の締約国の義務違反の結果である必要はなく、他の締約国による措置によって利益が無効化または侵害された場合は、23 条手続を援用する要件を満たすこととなる。すなわち、利益の無効化または侵害の概念は、違反による無効化または侵害と無違反によるそれとを区別せず、その原因が何であれ、自国のガット上の利益が無効化または侵害された場合は、義務の調整を申し出る正当な理由となる。

「違反申立」は、国家責任を発生させる一つの要件である国際違法行為 (internationally wrongful act) であることから、一般国際法の下では通常の概念であると考えられる。国家や国際機構による違法行為や不作為帰属に関する法的責任は、国家実行や国際仲裁廷による仲裁判断、国際裁判所の決定によって

図表 4-2　ガット 23 条 1 項下における 6 つの請求原因

「違反申立」	(a) 他の締約国がこの協定に基づく義務の履行を怠った；
「非違反申立」	(b) 他の締約国が、この協定に抵触するかどうかを問わず、なんらかの措置を適用した；
「状況申立」	(c) その他のなんらかの状態が存在する；

結果

二つの訴因	この協定に基づき直接若しくは間接に自国に与えられた利益が無効にされ、若しくは侵害されている。	この目的の達成が妨げられている。

広く認識されているが、ガットでは、必ずしも国際違法行為ではない「非違反申立」と「状況申立」の概念、すなわち、「国際法に禁止されない活動から生ずる有害な結果に対する国際責任」の概念を導入しており、他の国際紛争解決手続とは一線を画した仕組みとなっている。

　一般国際法において、物理的損害は、国際違法行為の構成要素ではなく、国家責任の発生要件もなく、ガットの紛争解決も、損害の有無または規模は、無効化または侵害の条件とはならないことを認めている。すなわち、ガットの多くのルールは、競争条件を創出し、貿易機会を保護するために規定されていることから、ガットに非整合な措置の影響は、無効化または侵害の決定に無関係である[14]。

　非違反申立は、1920 年代から 1930 年代の 2 国間通商協定で用いられていた文言の名残である。互恵的な関税削減によって得られた均衡と当事国の利益が、関税以外の措置によって無効化または侵害される場合があることを想定し、こうした場合における救済措置を定めた手続規定を協定に含むことが多かった。状況申立は、戦時期および戦後の時代背景によって定められたものであると考えられる。ITO を設立することを目的に作成されたハバナ憲章は、その第 2 章に「雇用及び経済活動」が含まれているが、雇用、生産、需給の重要性や、国内で完全雇用を達成することを目的とした措置を取ること、一国の国際収支の状況が他国の国際収支の悪化の主原因となっている場合は、その状況を是正する義務等を規定している。低賃金国（状況）で生産された物品を高賃金国に輸出した場合、後者のガット上の利益が無効化または侵害され

る場合等が想定できる。しかし、ガット違反もなく、締約国は何の措置もとっ
ていないにも関わらず、利益が無効化または侵害されたとの理由のみで協議
を要請し、要請を受けた締約国は好意的な考慮を払う必要があると規定した
ガットの紛争解決手続は、他の国際協定および国際裁判にはほとんど例を見
ない、独特なシステムであると考えられる。

　無効化または侵害概念は、その後の慣行を通じて、「「一応の (*prima facie*)」無効
化または侵害」概念に発達した。*Prima facie* とは、「一見したところで」の意味で
あり、ガット違反が明白な場合は、その措置は「一応」無効化または侵害を生
じさせていると推定 (presumption) されるものとされる。そのため、ガットの違
反申立に関する紛争解決においては、申立国が *prima facie* を立証し、「反証によっ
て覆されるまでは、一応正しい、合理的である、または真実である等と推定
される」。

　現在義務違反申立は、*prima facie* の無効化または侵害とされ、他の締約国に
悪影響を及ぼすと推定されることから、申立てを受けた締約国は、自らの義
務違反によっていかなる無効化または侵害も生じていないことを反証しなけ
ればならない。他方、申立てを行う国は、違反があったことおよび協定に基
づき自国に与えられた利益が無効化または侵害されたことを示せば、23条1
項の要件を満たすこととなる。その一方で、非違反申立および状況申立の場
合は、申立国は詳細な理由を提出することが求められる。

(i)締約国団の義務

　ガット22条および23条1項に基づく協議の結果、当事国が円満な解決に
至らなかった場合、当該問題を締約国団 (CONTRACTING PARTIES) に付託する
ことができる。締約国団に付託された場合、締約国団は、当該問題を調査し、
関係当事国に勧告を発出し、裁定を下す義務を負うこととなる。

　条文上は締約国団が調査、勧告、裁定に関する義務を負うこととなってい
るが、慣行の蓄積によって、独立したパネリストから構成されるパネルを設
置し、締約国が適切な対応を取ることができるよう調査し、報告書を作成す
ることが標準的な手続となった。1979年了解事項の附属書では、締約国団は
「第23条第2項で提起された問題の調査を支援するために、パネルまたは作

業部会を設置する」と規定されているが、どちらを設置するかは申立国が要請
し、その決定は締約国団の裁量に委ねられている[15]。このように規定してい
るのと同時に、1979年了解事項は、1952年以降はパネルの設置が一般的手続
となったことも認識している。パネルまたは作業部会の設置は、問題が締約
国団に付託された際、締約国団が最初に負う義務である。

　設置されたパネルまたは作業部会は、付託された問題を調査し、書面の形
でその結果を具申することとなる。当該結果は、具申するいかなる認定およ
び勧告の背後にある論拠を詳説する必要がある。パネルの任務は、あくまで
締約国団の勧告および裁定を支援するものであり、締約国団に付託された問
題を円満に解決することは、締約国団の義務である。

　「違反申立」においてパネルが締約国の義務違反を認定した場合は、締約国
団は当該締約国にガットの義務に違反している措置をガットに整合となるよ
う是正することを勧告する。また、パネルの報告書は措置の是正のために取
るべき行動も提案されることがあり、締約国団はそのパネルの提案に基づい
て勧告を出すこととなる。

　「非違反申立」における勧告については、ITO憲章交渉時のジュネーブ準備
委員会会合において議論がなされ、ガットの義務に整合な締約国に影響を及
ぼす勧告については、当該勧告を受諾する必要はないとされた[16]。

(ii)権　限

　締約国団は付託された問題を「事態が重大である」と認めた場合は、締約
国に対し、「この協定に基づく譲許その他の義務」の適用の停止（対抗措置）を
許可する権限を有している。協定にも続く譲許その他の義務の適用の停止は、
ガット23条2項が定めている3つの救済手段の一つであり、その他の2つは
上述した勧告と裁定である。勧告と裁定は締約国団の義務であるが、対抗措
置の許可は締約国団の権限であって、義務ではない。

　締約国の裁量ではなく、集合体としての締約国団にこのような権限を付与
したことは、一方的復旧措置の行使によって、1930年代の国際通商関係は「弱
肉強食」の世界となってしまい、報復措置に対する報復措置による応酬によっ
て破壊的な結果を招いてしまったことへの反省からである。そのためガット

では、ウィーン条約法条約60条で定めている当事国による義務違反国に対する条約の全部もしくは一部の運用を停止または条約を終了させる権利を否定し、締約国団のみがそのような権利を行使する権限を有するよう23条は定めることとなった。

ガットにおける報復措置は、「この協定に基づく譲許その他義務」の適用の停止による「代償」によって行使される。ガットの慣行上、「代償」そのものは任意のものであり、ガット23条は、代償に関して法的拘束力を有する勧告を発出する権限を締約国団に付与していない[17]。代償の義務化に関して提案が出され議論されたこともあるが、1966年に却下された他、ウルグアイ・ラウンド交渉の際も同様な提案は却下された。

23条2項で規定している代償は、違反措置を是正しない締約国に対する制裁や罰則でなく、関係する義務を関係締約国間で調整する機会を与えるものであることが基本的な目的である[18]。また、同条の目的は、締約国の各種権利義務を均衡することであり、利益の侵害を生じさせた締約国が負っていた義務について補償的な調整を行うことにより、義務の均衡を回復させるものである。

(d) 慣行の集約

ガット1947の条文には、パネルの設置や審査結果報告の採択およびその実施等、詳細な記述が存在していないため、ガット締約国は「後からの慣行」に基づき、徐々に紛争解決手続の性格を形づけてきた。特にその運用に関し、ガット発足当初はガットに持ち込まれた紛争案件は理事会（GATT Council）のチェアマンの裁定によって判断が下されてきたが、その後は紛争に関心を有する締約国団の代表からなる作業部会が、後には紛争当事国に関連していない独立した専門家3名から5名によって構成されるパネルによって紛争の解決が図られるようになった。パネルは紛争の解決を図るための勧告および裁定を記述した報告書を作成し、それをガット理事会に提出し、理事会がその報告書の採択の可否に判断を下す慣行が発展していった。ガット理事会が採択した報告書は、法的拘束力を有する報告書となった。よって、ガット設立当初は、協議を通じた、外交的手段に依拠した紛争の解決が想定されていたが、その

後の慣行によって、ルールに基づいた司法的な紛争解決が図られることとなっていった。

ガット締約国は、紛争解決手続に関して慣行を通じてその中身を発展させてきたが、次のような決定を採択し、紛争解決手続の運用の円滑化を図ってきた。

　①「通報、協議、紛争解決及び監視に関する了解事項」(1979 年 11 月 28 日採択)

　②「ガット閣僚宣言に含まれる紛争解決に関する決定」(1982 年 11 月 29 日採択)

　③「紛争解決に関する決定」(1984 年 11 月 30 日)

　④「ガットの紛争処理に関する規定及び手続についての改善」(1989 年 4 月 12 日)

1973 年から 1979 年にかけて開催された東京ラウンド交渉の結果、「通報、協議、紛争解決及び監視に関する了解事項」[19](以下、「1979 年了解事項」)が採択され、紛争解決に関する若干の手続が追加されることとなった。1979 年了解事項は「紛争解決分野におけるガット慣行の合意された説明」が附属書として含まれており、作業手続に関するパネルの裁量、パネル手続の進行、意見書の提出および口頭審理等、のちの DSU の原型とも言える内容が記述されている。その 3 年後 (1982 年) の閣僚会合において採択された閣僚宣言[20]において、1979 年了解事項は紛争解決手続における必須な枠組みであることが確認された他、ガット事務局長のあっせんや裁量権による判断、パネル手続を支援するガット事務局の任務、パネル手続に要する日数、勧告の実施に関する妥当な期間等、更なる詳細が合意された。また、「紛争解決に関する決定」[21]では、パネル候補者リストを事務局長に提出すること等、パネル手続の迅速化を目的とした決定が下された。

東京ラウンド交渉以降に一連の決定が採択され、紛争解決手続の慣行が結集されていったが、ウルグアイ・ラウンドを開始することを宣言したプンタ・デル・エステ宣言において、全加盟国の利益のため紛争解決を迅速かつ効果的に保証するために、現行のガットルールおよび規律をより効果的かつ執行可能なものにするように貢献することを認識し、紛争解決手続のルールおよび手続の向上および強化を目的に、交渉の範囲に含まれることとなった。

ウルグアイ・ラウンドの結果、DSU が締結され、「世界貿易機関を設立するマラケシュ協定」(WTO 協定) の 2 条 2 項において、DSU は WTO 協定の不可分

の一部を成し、すべての加盟国を拘束する協定となった。

II. WTOの紛争解決手続

ここではまず、ウルグアイ・ラウンドによって達成された紛争解決手続の主な改革内容について説明し、その後、WTO の紛争解決制度の原則と目的、適用範囲、解釈、運用機関について簡潔に説明し、最後に WTO における紛争解決の流れを概観する。

1. 主な改革内容

DSU はこれまでのガットの慣行を一つの協定にまとめたものであるが、ガット時代の紛争解決の問題点を大幅に改善している他、紛争解決全般を取り仕切る新しい機関の創設や、パネル報告書の法的問題や法的解釈に関する申立てを審査する上級委員会（上訴機関）の創設等、多くの新しい要素を含んだ内容となっている。

(1) 手続の自動性

WTO の紛争解決手続においては、パネル設置時、パネルまたは上級委員会報告書の採択時、譲許およびその他義務の停止（対抗措置）の決定時の 3 つの場面でネガティブコンセンサス形式による意思決定がなされる。ネガティブコンセンサスは、会合に参加しているすべての加盟国が決定に反対しない限り、その決定は確定することとなるため、DSB の決定はほぼ自動的になされるものとなっている。

ガット時代は通常のコンセンサス形式でパネル報告書の採択を決定していたため、措置のガット違反が認定された国はその判断に反対することによって、報告書の採択を阻止することが可能であった。ガット時代の 1947 年から 1994 年までの間に 127 の案件が紛争解決に付され、120 の案件に関し報告書が発出されたが、そのうち 31 件の報告書は採択されなかった[22]。しかし、WTO 発足後の報告書は、ネガティブコンセンサス形式となっているため、すべてが採択されている。

(2) 手続の時間的枠組みおよび迅速化

　WTO の紛争手続制度は、明確な時間的枠組みの中で行われることとなっている。協議に要する日数 (30 日)、パネルによる審理 (6 か月以内)、パネル報告書の採択 (パネル設置から 9 か月以内)、上級委員会による審理 (90 日以内)、上級委員会報告書の採択 (パネル設置から 12 か月以内)、RPT の決定および実施 (パネル設置から 15 か月以内、最長 18 か月以内) 等、すべての段階において、DSU は明確な時間的枠組みを規定している。時間的枠組みが設定されていることにより、プロセスの迅速化が図られ、紛争当事国のみならず、パネルおよび上級委員会もより迅速に検討および審理し、報告書を発出することとなっている。また、腐敗しやすい物品に関する紛争の場合や、補助金協定に基づく紛争解決においては、より短い時間的枠組みが規定されている。

　このように厳格な時間的枠組みを規定している国際裁判所または法廷はなく、WTO の紛争解決制度の特徴の一つであると言える。

(3) 常設上訴機関の創設

　WTO の紛争解決制度は、常設の機関として上級委員会を創設し、二審制に近い制度を採用している。

　上級委員会の任務は、パネル報告書において対象とされた法的な問題およびパネルが行った法的解釈を再審理することであり、パネルが下した法的な認定および結論を支持し、修正または取り消すことができる。WTO の紛争解決制度において、上級委員会はパネルに報告書を差し戻す (remand) することはできない。

　このような形の二審制を採用したことにより、WTO の紛争解決制度は対象協定に基づく加盟国の権利および義務を維持し、対象協定の現行の解釈を明らかにすることによって、多角的貿易体制に安定性および予見可能性を与える中心的な要素となっている。

(4) 一方的措置への歯止め

　WTO の紛争解決制度は、対象協定に基づく義務の違反その他の利益の無効化もしくは侵害または対象協定の目的の達成する障害について是正を求める

場合には、DSU に定める規則および手続の沿って行われるものとし、加盟国にそれを遵守することを約束させている。すなわち、加盟国は自己の判断で他の加盟国の義務違反等を判断することを自制することを約束しており、一方的な措置を取ることを禁止している。適用対象協定違反の措置等による利益の侵害を回復するためには、DSU を利用しなければならず、①他国の協定違反についての認定、②DSB の勧告履行のための合理的期間の決定、③対抗措置の程度の決定およびその発動の承認申請は、いずれも DSU の基づいて行われるものとされる。

(5) 対抗措置の承認の自動化とクロス・リタリエーションの許可

ガット時代においては、対抗措置の許可は締約国団の権限事項であったが、WTO 発足後は DSB にその権限があり、DSB は対抗措置の申請があった場合は、承認しなければ (shall) いけない (対抗措置の申請までの流れは、III.3.「紛争解決の流れ」を参照。)。また、対抗措置は違反その他の無効化または侵害があると認定された分野と同一の分野に対して取られるべきであるという一般原則はあるが、その他の分野に対して (クロス・リタリエーション) 対抗措置を取ることが許可されるようになったことは、対抗措置の位置づけに変化があったと考えられる。

(6) 仲裁制度

WTO の紛争解決制度においては仲裁手続に関する規定が定められている。DSU には 3 つの仲裁が用意されており、RPT の決定、対抗措置の程度 (規模) の決定、紛争そのものを仲裁によって解決する 3 つのパターンがある。

これらに共通していることは、仲裁制度を利用する加盟国は、DSB に仲裁の利用を通知する義務はあるが、通知のみで承認を求める必要はなく、当事国間の合意のみによって手続を進めることができることである。

RPT の決定や対抗措置の程度を決定する際に仲裁は頻繁に使用されるが、DSU25 条に規定されている仲裁による紛争解決は、これまでに一度しか利用されていない[23]。しかしながら、パネル手続の代替手段[24]としての仲裁は、当事国間の合意がなくては付託することはできないが、仲裁判断は拘束力を有

する[25]。強制管轄権を有するパネル手続を通して解決を図る手段の他、当事国間で満足のいく解決を図ることを最優先としているDSUにおいて、加盟国の裁量権に依拠する仲裁を定めていることは、WTOの紛争解決の特徴の一つであると言える。

(7) 開発途上加盟国および後発途上加盟国に関する特別規則

DSUおよび各協定における紛争解決に関する条文は、開発途上加盟国および後発途上加盟国に関する特別規則を規定している。DSU3条12項では、開発途上加盟国が先進加盟国に対して申立てる際には、開発途上加盟国は、DSU4条から6条および12条の規定に代わるものとして、「1966年4月5日の決定」[26]の対応する規定を適用する権利を有することと規定している。

DSUでは後発開発途上加盟国に係る特別規則を定めている。後発開発途上加盟国が関係する紛争解決手続においては、後発途上国加盟国の特殊な状況に特別の考慮が払われるものとされ、加盟国は、後発開発途上加盟国に係る問題を提起したり、後発開発途上加盟国の措置によって無効化または侵害が生じた場合、申立国はDSUに従って代償を要求しまたは譲許その他の義務の履行を停止するための承認を申請することについて、妥当な自制を行うことが要求されている。また、事務局長またはDSBの議長は、後発開発途上加盟国が協議の結果満足のいく解決が得られなかった場合、後発開発途上加盟国の要請があった際は、パネルの設置を要請する前に、当事国が紛争を解決することを援助するために、あっせん、調停または仲介を行うこととなっている。

2.WTOの紛争解決の原則と目的、適用範囲、解釈および運用
(1) 原則と目的

WTOの紛争解決の第一の目標および目的は、WTO協定下における加盟国の権利および義務に関する紛争を迅速に解決することである。紛争の迅速な解決は、WTOが効果的に機能し、加盟国の権利および義務の間において適正な均衡を維持するために不可欠であり（DSU3条3項）、WTO紛争解決手続は多角的貿易体制に安定性および予見性を与える中心要素であると規定されている[27]（DSU3条2項）。

DSU は加盟国の対象協定下における権利および義務を維持するものであり
（DSU 3 条 2 項）、紛争は DSU に規定されている多角的手続を通して解決を図る
ことが原則である（DSU 23 条 1 項）。

(2) 適用範囲

WTO の紛争解決の適用対象および運用は、附属書一に掲げる協定（対象協定：
covered agreements）の協議および紛争解決に関する規定に従って提起される紛争
についてとされている（DSU 1 条 1 項）。WTO への加盟議定書も、WTO 協定上
の権利義務を定めているものであり、DSU の適用範囲である[28]。

また、WTO 設立協定および DSU 上の権利義務に関する紛争も、WTO の紛争
解決の適用範囲である。このことから、WTO の紛争解決制度は、多角的貿易協
定すべてにその管轄権を有し、DSU は共通かつ統一された規則および手続をす
べての多角的貿易協定に適用される。さらに、DSU 23 条 1 項は WTO 紛争解決
手続の強制管轄権を認めている。すなわち、申立国は上記の対象協定で発生し
た問題を WTO の紛争解決手続に付託しなければならず、非申立国は、WTO
の紛争解決手続によって当該問題を解決することが強制的に要請されている。

WTO では上記の多角的貿易協定の他、複数国間協定（plurilateral agreements）が
締結されているが、DSU が適用されるか否かは、各協定への DSU 適用条件に
ついての協定当事国の決定によってなされる。

WTO 設立協定 16 条 1 項において、ガット 1947 の継承性が定められている
が、DSU もそれに該当する。すなわち、DSU 3 条 1 項において、加盟国は、ガッ
ト 1947 の 22 条および 23 条の規定の下で適用される紛争の処理の原則ならび
に DSU によって詳細に定められ、かつ、修正された規則および手続を遵守す
ることを確認している。

DSU に定める規則および手続と DSU 附属書二に掲げる特別または追加の規
則および手続とが抵触する場合には、後者が優先されることとされている（DSU
1 条 2 項）。

(3) 解 釈

DSU は、WTO 協定下の各加盟国の権利および義務を維持するために、対象

協定の規定を解釈に関する国際法上の慣習的規則に従って明らかにするものである（DSU 3 条 2 項）。パネルおよび上級委員会は条約法に関するウィーン条約 31 条[29] および 32 条[30] に拠って、現行協定の文言の辞書的な一般的意味を検討し、その解釈を文脈および協定の目的と照らし合わせ、適切な解釈に導くことが慣行となっている。

　DSB による勧告および裁定は、対象協定に定める加盟国の権利および義務に新たなものを追加し、または対象協定の権利および義務を減ずることはできないとし（DSU 3 条 2 項）、パネルと上級委員会による判断と勧告も、対象協定に定める加盟国の権利および義務に変更を加えてはいけないこととなっている（DSU 19 条 2 項）。

(4) 運用機関

　ガット時代の紛争解決は、締約国団が紛争処理を担っていたが、WTO は紛争解決機関（DSB）を設置し（DSU 2 条 1 項）、DSB がパネルおよび上級委員会の報告を採択し、裁定および勧告の実施を継続的に監視し並びに対象協定に基づく譲許その他の義務の停止を承認する権限を有しており、WTO 紛争解決の運用主体となっている。

　運用機関の主体は DSB であるが、それとは別途、WTO は事務局内に法務部（Legal Affairs Division）を有しており、同事務局は DSB による検討対象措置の法律上、歴史上および手続上の側面について小委員会を援助し、事務的および技術的支援を提供する任務を有している（DSU 27 条 1 項）。事務局は開発途上加盟国に対し追加的な法律上の助言、諮問および支援を行うこととなっている（DSU 27 条 2 項）。

　これとは別に、上級委員会を法的および手続面から支援するために、上級委員会事務局（Appellate Body Secretariat）が設置されている。

3. 紛争解決の流れ

　WTO の紛争解決制度は、協議と交渉、パネルおよび上級委員会による裁定、仲裁、あっせん、調停および仲介といった紛争の解決手段を提供している。あっせん、調停、仲介および仲裁といった司法的解決手段以外の手法を用いて紛

争を解決するは、協議を通して紛争を解決することを最優先とする DSU の趣旨に沿っているが、これらの手続きが取られたことはほぼ皆無であり、加盟国は、DSU 4 条および 6 条から第 20 条に規定されている協議およびパネルと上級委員会による裁定に依拠して解決する手段が多く利用されている。

　ここでは、この通常の紛争解決手続に加え、履行の確認と監視および代償または譲許その他義務の停止（対抗措置）までの手続をその手順に沿って説明する。

(1) 協　議

　WTO は紛争の円満な解決を加盟国に求めているため、すべての紛争解決は、まずは協議から開始される。DSU は協議の重要性を 4 条 1 項で掲げており、パネル手続に付託する前に、紛争を当事国間の協議によって解決させることを優先させている。

　申立国は、他の加盟国の措置によって WTO 協定上の自国の利益が無効化もしくは侵害され、または対象協定の目的達成が妨げられていると認めるときは、当該加盟国に協議を要請することによって紛争解決手続は開始される。協議要請を受けた加盟国（被申立国）は、当該申立てに対し好意的な考慮を払い、協議を実施するための機会を十分に与えることを約束している（DSU 4 条 2 項）。非申立国は要請を受けた日から 10 日以内に回答し、協議要請を受けた 30 日以内に、相互に満足すべき解決手段を得ることを主たる目的に、誠実に協議を開始することとなっている（DSU 4 条 3 項）。

　協議を行うことによって、問題となっている措置に関する情報の交換や、加盟国間の当該措置に対する認識の食い違いが調整でき、また、パネル手続に進む前に争点を絞り込むといった意見交換を行うことができるため、WTO の紛争解決における協議の重要性は高い[31]。

　協議要請を受けた日から 60 日以内に紛争を解決することができなかった場合には、申立国はパネルの設置を要請することができる（DSU 4 条 7 項）。

　腐敗しやすい物品等、緊急を要する場合には、当事国は協議要請を受けた 10 日以内に協議を開始し、協議要請を受けた 20 日以内に解決することができなかった場合はパネルの設置を要請することができる（DSU 4 条 8 項）。

図表 4-2　WTO 紛争解決の流れ

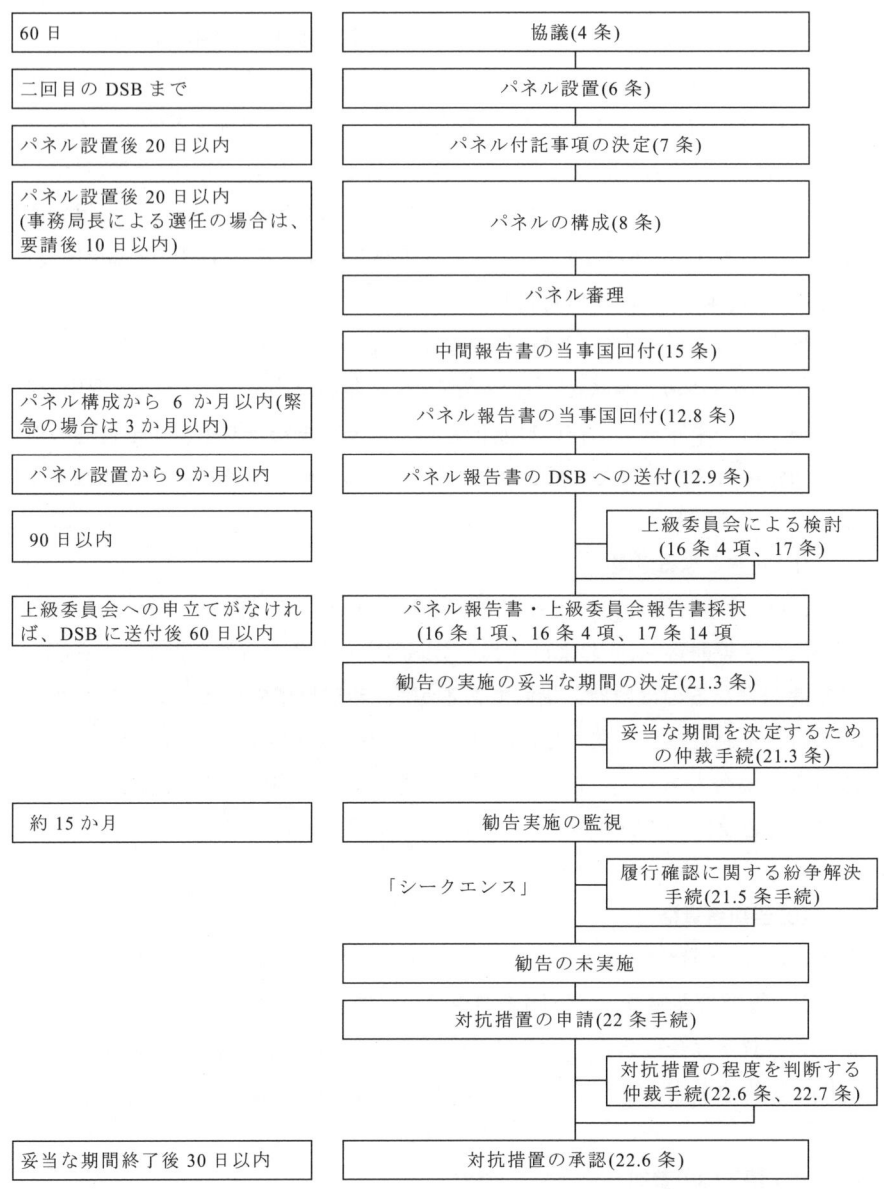

60 日	協議(4 条)
二回目の DSB まで	パネル設置(6 条)
パネル設置後 20 日以内	パネル付託事項の決定(7 条)
パネル設置後 20 日以内 (事務局長による選任の場合は、 要請後 10 日以内)	パネルの構成(8 条)
	パネル審理
	中間報告書の当事国回付(15 条)
パネル構成から 6 か月以内(緊 急の場合は 3 か月以内)	パネル報告書の当事国回付(12.8 条)
パネル設置から 9 か月以内	パネル報告書の DSB への送付(12.9 条)
90 日以内	上級委員会による検討 (16 条 4 項、17 条)
上級委員会への申立てがなけれ ば、DSB に送付後 60 日以内	パネル報告書・上級委員会報告書採択 (16 条 1 項、16 条 4 項、17 条 14 項
	勧告の実施の妥当な期間の決定(21.3 条)
	妥当な期間を決定するため の仲裁手続(21.3 条)
約 15 か月	勧告実施の監視
「シークエンス」	履行確認に関する紛争解決 手続(21.5 条手続)
	勧告の未実施
	対抗措置の申請(22 条手続)
	対抗措置の程度を判断する 仲裁手続(22.6 条、22.7 条)
妥当な期間終了後 30 日以内	対抗措置の承認(22.6 条)

(a) 請求原因

WTO の紛争解決制度における請求原因は、ガット時代のそれと同様に、他国の協定義務違反により、自国の利益が直接または間接を問わず無効化または侵害された場合に、ガット 23 条に基づいて紛争解決手続に訴えることができる[32]。DSU の対象協定においては、各協定下における紛争解決手続としてガット 22 条および 23 条が組み込まれており[33]、各協定下に基づく利益が無効化または侵害された場合は、各協定に別段の定めがない限り[34]、DSU の規定を準用することとなっている。また、ガット 23 条を準用することから、「非違反申立」および「状況申立」も請求の対象となる。

違反申立の場合、申立国は違反の存在を証明するために、無効化または侵害の推定 (*prima facie*) が働くが (DSU 3 条 8 項)、「非違反申立」および「状況申立」においては、申立国は利益の無効化もしくは侵害または対象協定の目的の達成が妨げられていることを証明しないといけない (DSU 26 条 1 項および 2 項)。

(b) 対象となる措置

WTO の紛争解決において裁定を求める対象となる措置は、一般的には各国の法令や規則 (as such) およびそれらを運用するための行為を指す (as applied)。通常問題となるのは政府の措置であるが[35]、非違反申立てについては、私企業の行為それ自体は対象とはならないが、政府の関与によって政府の措置となりうる場合もある[36]。また、すでに失効している法令等も、対象協定の運用に影響を及ぼしている限り、紛争解決の対象となりうる[37]。

(c) 当事者資格

WTO の紛争解決制度に当事者として参加できる主体は加盟国に限定されている[38]。後述のとおり、第三国参加や、一部においては *amicus curiae brief* の提出が認められる場合もあるが、WTO の紛争解決制度は加盟国の権利および義務に関する紛争を取り扱うことから、政府対政府の紛争解決制度である。

(i) 第三国の参加

WTO の紛争解決手続において、紛争当時国以外の加盟国は、第三国として

紛争に関与することが広範に認められている。第三国として参加するために
は実質的利害関係を有し (DSU 10 条 2 項)、第三国として紛争に参加することを
DSB に通報することにより、第三国として参加することができる。第三国と
して参加しない場合においても、問題となっている対象協定に係る WTO 加
盟国の利害関係は、パネル手続において紛争当事国の利害関係と同等[39]かつ
十分に考慮されるものなっている (DSU 10 条 1 項)[40]。

　第三国として参加する加盟国は、パネルにおいて意見を述べ、パネルに対
し意見書を提出する機会を有している他、意見書は紛争当事国にも送付され、
パネルの報告書にも反映される (DSU 10 条 2 項)。しかしながら、第三国は意見
書を提出し、パネル会合時に出席する権利を有しているにすぎず、申立国に
代わって請求 (claim) することはできず、紛争当事国はこれら第三国によって
請求された意見に依拠することはできない[41]。また、第三国はパネルの付託
事項を請求することはできず[42]、第三国によって提供された情報によって申
立国の挙証責任を緩和しえられないともされている[43]。

　このように、WTO の紛争解決では第三国もその意見書等を述べる機会が与
えられているが、DSU はあくまで当事国間の円満な解決を図ることが主たる目
的であるため、第三国の権利は制限されがちであり、DSU 10 条 2 項、同条 3 項
および附属書 3 第 6 項に記載されている参加権利を有しているにすぎない[44]。
他方、第三国の参加の程度を決定する権限はパネルにあり、一部の紛争にお
いては、第三国は DSU に記載されている以上に紛争に参加している (拡張され
た第三国の権利)[45]。

(ii) *Amicus Curiae*

　WTO の紛争解決制度は政府対政府の紛争解決であるため、加盟国以外の主
体、例えば非政府組織や民間団体等は、WTO の紛争解決制度に直接関与する
権利を有しておらず、WTO 協定下の権利および義務の違反に関する申立てを
行うことはできない。しかし、これまでの慣行上、パネルおよび上級委員会
は一定程度において加盟国以外の主体に対し *amicus curiae* の提出を許容し、現
にそれらを受諾してきた。

　Amicus curiae はパネルおよび上級委員会によって慎重に扱われてきた。1998

年の米国エビ事件[46]が *amicus curiae* が提出された最初の案件であり、環境団体が意見書を提出したが、パネルはこれらの意見書は提出することを要請していないことを理由に、受領することを拒否した。同パネルによると、DSU 13条においてパネルは情報の提供を要請する権利を有しているが、この権利を行使するのはパネルであり、紛争当事国または第三国のみが情報を提供できると判断した[47]。同事件の上級委員会は、パネルのこのアプローチは13条の解釈には狭すぎると判断し、パネルの要請の有無に関わらず、パネルは情報の提供を受理または拒否し、提供を要請する裁量を有していると判断した[48]。

上級委員会はその後、*amicus curiae* が当該紛争に関連し、有益だと考えられる場合において、当該 *amicus curiae* を受理し、判断材料にすることができると判断している[49]。紛争に関与していないWTO加盟国も *amicus curiae* を提出することができるとされている[50]。

WTO加盟国以外による *amicus curiae* の提出は、案件ごとにパネルおよび上級委員会の裁量によって決定され、追加手続を作成し、適正手続(due process)が要求され確保された上で、受理されることとなるが、依然として多くの加盟国は *amicus curiae* の提出には懐疑的である[51]。

(2) パネル手続

(a) パネル設置

協議によって満足な解決が得られなかった場合は、パネルに当該問題を付託し、紛争を解決することとなる。パネルの設置要請はDSBに対してなされ、DSBの会合においてその設置がネガティブコンセンサス形式で決定されることとなっている。パネル設置に関し、加盟国は一度のみ拒否権を行使し、パネルの設置を否認することができることとなっている(DSU 6条1項)。

上述の協議要請とパネル設置の要請は、書面を通して行わるが、前者においては「問題となっている措置」をその書面に記載するだけで済むのに対し、後者においては、「問題となっている特定の措置」を記載する必要がある[52]。

(b) パネル構成

パネルが設置された後、パネルを務める委員を構成する手続に入る。パネ

ルの委員は、委員の独立性、多様な経歴および広範な経験が確保されるように選定されるよう規定されており（DSU 8条2項）、十分な適格性を有し個人の資格で職務を遂行する者から構成される。紛争当事国からは、別段の合意がない限りパネルの委員は選任されないこととなっている（DSU 8条3項）。

　通常のパネルは3名の委員から構成される（DSU 8条5項）が、紛争当事国が合意した場合においては、5名の委員から構成することもできる。ガット時代は5名の委員から構成されるパネルも散見されたが[53]、1981年以降はなく、また、WTO発足後は、3名の委員から構成されるパネル手続が主流となっている。

　パネルの選任にあたり、事務局はその候補者リストを保持しており（DSU 8条4項）、紛争当事国に対し委員の指名のための提案を行うこととなっている（DSU 8条6項）。当事国は原則として指名に反対してはいけないこととなっているが、パネルの設置後20日以内に当事国間で委員について合意がなされない場合、事務局長の裁定によって委員が決定されることとなっている（DSU 8条7項）。

(c) パネルの任務

　パネルの最たる任務は、DSU および対象協定に定める DSB の任務の遂行を補佐することである（DSU 11条）。そのため、パネルは、パネルに「付託された問題の客観的な評価（特に、問題の事実関係、関連する対象協定の適用の可能性および当該協定との適合性に関するもの）を行い、および DSB が対象協定に規定する勧告または裁定を行うために役立つその他の認定を行うべき」であるとされている。これらの規定から明らかなように、WTO の紛争解決の運用主体は DSB にあり、パネルはその運用を補佐するにすぎない。

　加盟国の WTO 協定上の非整合性を決定する権限は加盟国から構成される DSB によってなされるが、これも WTO が member-driven な組織と考えられる理由の一つであると言えよう。上述のとおり、WTO 協定上の紛争は当事国間の協議を通じての解決が最も優先されるべきであるが、パネルという任意の部外者を紛争の円満な解決に招くことは最後の手段（last resort）に訴えることであると言える。

(i)パネルの付託事項および審査基準

パネルの付託事項（Terms of Reference）は、当事国間で合意がない限り申立国がそのパネル設置要請書で特定している措置および法的根拠に限定されている。パネル設置要請書にはパネルの付託事項を決めるために、問題となっている特定の措置を明示し、申立ての法的根拠（関連する協定）について簡潔な要約を付すこととなっている（DSU 6 条 2 項）。パネルの付託事項は、適正手続を満たし、申立ての正確な論点を決定するために重要であるとされている[54]。

パネルはその付託された権限内で、パネル設置要請書に列挙されている措置および法的主張に関し、客観的な評価を行う。パネルは、紛争当事国が提出した文書および証拠書類を元に事実認定を行い、初審的判断（de novo review）を行うことは、その審査基準（Standard of Review）から逸脱することとなるため、求められていない[55]。また、パネルは提出された主張をそのまま受け入れる（total deference）必要もなく、あくまで、当事国が提出した文書や証拠書類に対し客観的な評価を下すこととなっている。

アンチ・ダンピング協定では特別な紛争解決手続がその第 17 条に規定されているが、同条ではパネルの特別な審査基準が設定されている。同条は問題に関する事実の評価に当たり、パネルは、「当局による事実の認定が適切であったかなかったかおよび当局による事実の評価が公平かつ客観的であったかなかったかについて決定」し、当局による事実認定が適切かつ客観的であった場合には、パネルの到達した結論にも関わらず、当局の評価が優先すると規定しており、パネルが新しい事実調査や初審的判断に取り組むことを要求していない。

また、パネルは当事国間で特段の合意がない限り DSU 11 条に規定されている標準的な審査基準に則って審査をするが、付託された事項を超越して判断を下すことは客観的評価を行ったと言えず、パネルの行為それ自体が DSU 非整合となる（*ultra petita*）[56]。

(ii)訴訟経済

パネルは付託された問題を効果的に解決するために資する主張のみを取り上げ、訴訟経済（judicial economy）を行使する裁量を有している[57]。パネルは、全

加盟国の利益のため紛争を効果的に解決することを保証するため、加盟国が
DSB の勧告および裁定を速やかに実施するよう、DSB が正確な勧告および裁
定を下すことを可能とするために必要な判断に対する主張を取り上げること
によって訴訟経済を行使することが許されている[58]。

(iii)挙証責任および証拠の取扱い

DSU には挙証責任 (burden of proof) に関する規定が置かれていないが、ガッ
ト時代からの慣行上、加盟国のガット違反を証明する証拠を提出する義務は
申立国にあるとされている[59]。この慣行はその後の事件についても引き継がれ、
WTO 発足後の紛争解決においても踏襲されている[60]。他方、ガット 20 条の一
般例外を援用する際は、それを援用する国がその措置の正当性を立証しなけ
ればいけない[61]。また、数量制限の一般的廃止の例外であるガット 11 条 2 項
を援用する際も、それを援用する国が措置の必要性を証明する責任を有して
いる[62]。上級委員会によるその後の判断で、申立国または被申立国を問わず、
affirmative な申立てまたは抗弁を行う側に挙証責任があるとされた[63]。

(d) パネル報告書

パネル手続が継続している間も、紛争当事国は相互に満足すべき解決を
図るべきであるが、解決に至らなかった場合、パネルはその認定を報告書の
形式で DSB に提出することとなっている (DSU 12 条 7 項)。パネル報告書には、
事実認定、関連規定の適用の可能性並びにパネルが行う認定および勧告の基
本的な理由を記載するものとされている (DSU 12 条 7 項)。報告書は、パネルの
構成および付託事項に合意があった日から 6 か月以内に、腐敗しやすい物品
等における緊急の場合は 3 か月以内に、その報告書を紛争当事国に送付する
ことを目標としている (DSU 12 条 8 項)。

なお、パネルの手続は、申立国の要請があれば、12 か月を超えない期間に
おいてその検討を停止することができる (DSU 12 条 12 項)。パネルの手続が停
止されることは一般的ではないが、いくつかの案件においては停止され、パ
ネルの設置根拠が消失している[64]。

(3) パネル報告書の採択または上級委員会への申立て

　加盟国にパネル報告書の内容を検討する時間を与えるため、パネル報告書は加盟国へ送付後、20 日を経過した後に DSB による採択へ付託されることとなっている (DSU 16 条 1 項)。紛争当事国が上級委員会への申立ての意思を DSB に正式に通報し、または DSB が当該パネル報告書を採択しないことをコンセンサス形式によって決定しない限り、パネル報告書は加盟国への送付後 60 日以内に採択されることとなっている (DSU 16 条 4 項)。パネル報告書はパネルの設置時と同様にネガティブコンセンサス形式で採択される。

(4) 上級委員会手続

　DSB は常設の機関として上級委員会を設置している (DSU 17 条 1 項)。上級委員会は法律、国際貿易および対象協定が対象とする問題一般についての専門知識により権威を有する 7 名の者から構成され、そのうち 3 名が順番で職務を遂行することとなっている (DSU 17 条 1 項および 3 項)。上級委員の任期は 4 年と定められており、一度だけ再任されることができる (DSU 17 条 2 項)。上級委員会は常設の機関ではあるが、各委員は WTO の本部が所在するジュネーブに滞在する必要はない。しかし、上級委員会の委員は、いつでも、かつ、速やかに勤務することが可能である状況にいることが求められている (DSU 17 条 3 項)。

　上級委員会による検討は、パネルによる審理とは異なり、標準となる「検討手続書」(Working Procedures for Appellate Review) に基づいて行われる。たとえば、DSU 17 条 4 項には紛争当事国のみがパネルの報告について上級委員会へ申立てをすることができるとの記載しかなく、具体的な手段および作法は、検討手続書にまとめられている。

　検討手続書第 20 項は、上級委員会への申立ては DSU 16 条 4 項に基づいて開始されることを確認している。上級委員会への申立ては、いずれかの当事国がその上訴通知書 (Notice of Appeal) を書面の形式で DSB および上級委員会事務局双方に提出された日に開始される。上訴国 (appellant) は、DSB に上訴通知書を送付するのと同日に、上訴事項、関連する対象協定、上級委員会に裁定を求める決定の性質を記載した意見書を事務局に提出し、そのコピーを紛争

当事国および第三国に送付することとなっている（検討手続書第21項）。また、もう片方の当事国も上訴国（other appellant）として上級委員会に申立てを行うことができ（cross-appeal）、最初の上訴国と同様に検討手続書第21項に基づいて意見書を事務局に提出し、そのコピーを紛争当事国および第三国に送付することとなっている（検討手続書第23項）。

上訴国が提出した意見書に対して反訴意見書を提出できることが検討手続書第22項に規定されている。被上訴国（appellee）は、上訴通知書が提出された18日以内に、検討手続書第21項に基づいて提出された上訴国意見書に対する反対事由および法的主張、上訴国の意見書の承諾または反対する見解、関連協定およびその他の法源、上級委員会に裁定を求める決定の性質、これら4点を記載した意見書を事務局に提出し、そのコピーを紛争当事国および第三国に送付することとなっている。

上級委員会への申立ては、パネル報告において対象とされた法的な問題およびパネルが行った法的解釈に限られる（DSU 17条6項）が、パネルがその付託された審査基準（DSU 11条またはAD協定17.6条（i））に違反していないかについては争うことができる。申立国（complainant）および被申立国（respondent）と区別することができるパネル手続とは異なり、上級委員会での手続では、紛争当時国の双方が上訴国にも被上訴国にもなりうる。上級委員会は、紛争当事国から提出された意見書を検討し、パネルの法的な認定（uphold）および結論を支持（support）し、修正（modify）しまたは取り消す（reverse）ことができる。

上級委員会の手続は、開始されてから報告書を送付するまでの期間は原則として60日を超えてはならないとされ、いかなる場合も90日を超えてはならないとしている（DSU 16条5項）。

DSBは上級委員会の報告書を加盟国への送付後30日以内に採択し、紛争当事国は、DSBが当該報告書を採択しないことをコンセンサス形式によって決定しない限り、報告書を無条件で受諾する必要がある（DSU 17条14項）。パネル設置時とパネル報告書の採択時と同様に、上級委員会の採択もネガティブコンセンサス形式で決定されることとなっている。

128

(5) 勧告の実施および執行

DSU では 3 つの救済を規定しており、違反と認定された措置の撤回（DSU 3 条 7 項）、代償、譲許またはその他義務の停止（DSU 22 条 6 項）である。措置の撤回は最終的な救済であり、代償および譲許またはその他義務の停止は一時的な救済である。DSB の勧告を速やかに実施、すなわち、違反と認定された措置を撤回するか、WTO 協定に整合となるよう改正することが必須とされ、加盟国の第一義的義務とされているが、DSB の勧告や裁定を速やかに実施できない場合は、「履行のための妥当な期間」を設定することができる（DSU 21 条 3 項）。

パネルまたは上級委員会は、ある措置がいずれかの対象協定に適合しないと認める場合は、関係加盟国（紛争当事国）に対し当該措置を当該対象協定に適合させるよう勧告する（recommend）こととなっている（DSU 19 条 1 項）。ここで留意が必要なことは、パネルまたは上級委員会は紛争当事国に当該措置を当該対象協に適合させるよう直接勧告するのではなく、DSB に対して、紛争当事国に当該措置を対象協定に整合となるよう要請する形式をとっていることである。

当該措置を当該対象協定に適合させるよう勧告を受けた関係加盟国は、DSB の勧告および裁定の実施に関する意思をパネルまたは上級委員会の報告書が採択された後 30 日以内に DSB に通報する必要がある（DSU 21 条 3 項）。勧告および裁定を速やかに実施できない場合は、実施のために「妥当な期間」（Reasonable Period of Time, RPT）が与えられる。

RPT は次のいずれかから決定される期間とされる：

①関係国が提案する期間。ただし、DSB による承認を必要とする。

②勧告および裁定の採択の日の後 45 日以内に紛争当事国が合意した期間

③勧告および裁定の採択の日の後 90 日以内に拘束力のある仲裁によって決定される期間

RPT は無条件に関係加盟国に与えられるものではなく[65]、関係加盟国は速やかに勧告または裁定を実施することが原則である[66]。勧告または裁定を速やかに実施できない場合においてのみ、RPT が与えられる。

上記③の手順によって与えられる RPT は、15 か月の期間を超えないもの

とする指針が DSU 21 条 3 項に定められている。また、③に記載されている仲裁人の任務は、RPT の期間を決定することに限定されており[67]、勧告または裁定の実施の手段を提案したり[68]、是正措置の中身を検討[69]したりすることはできないとされている。したがって、勧告または裁定の実施の手段や中身を決定する権限は関係加盟国にあり、仲裁人は実施に必要な期間のみを判断する。

(a) 履行確認

RPT が付与された後、関係加盟国は勧告または裁定を実施することとなるが、RPT が終了した後、当該勧告または裁定を実施するためにとられた措置の有無または当該措置と対象協定の適合性について関係加盟国間で意見の相違がある場合には、DSU に定める紛争解決手続によって解決されることとなっている (DSU 21 条 5 項)。この場合における紛争解決手続は「履行確認手続」(Compliance Proceedings) とも言われ、通常のパネルおよび上級委員会手続と同様のプロセスを経ることとなる。

採択された勧告または裁定の実施は DSB によって監視され、加盟国は実施の問題を DSB に提起することができる (DSU 21 条 6 項)。

(b) 代償および譲許の停止 (対抗措置)

勧告および裁定が妥当な期間内に実施されない場合、申立国は関係加盟国に対する対象協定に基づく譲許その他の義務の適用を停止するために DSB に承認を申請することができる (DSU 22 条 2 項)。関係加盟国が当該勧告および裁定の対象となった措置を対象協定に適合させるために勧告を完全に実施することが最優先とされ、代償および譲許その他の義務の停止は一時的な手段であることが DSU では確認されているが (22 条 1 項)、DSB は、申立国から代償および譲許その他の義務の停止の承認の要請を受けたら、RPT の満了後 30 日内にその申請を却下することをコンセンサス方式によって決定されない限り、承認することとしている (DSU 22 条 6 項)。

譲許その他義務の停止の程度は、無効化または侵害の程度と同様なものとされている (DSU 22 条 6 項)。譲許その他義務の停止を申請した国はまず、パネ

ルまたは上級委員会が無効化または侵害があると認定された分野に関する譲許その他の義務の停止を試みることが一般原則であり（DSU 22条3項(a)）、優先されるべき選択肢である[70]。しかし、同一の分野に関する譲許その他の義務を停止することができずまたは効果的でないと認めるときは、同一の協定のその他の分野に関する譲許その他の義務の停止を試みることができる（DSU 22条3項(b)）。ここでいう同一の分野に関する譲許その他の義務を停止することができずまたは効果的でないとは、前者に関しては、譲許その他義務の停止を実際に適用でき、個別のケースにおいて利用するにあたりそれが適したものであるか否か、後者に関しては、関係加盟国がDSBの勧告を実施することを促すくらい強力なもの、または、結果を伴うほどの強力な影響を及ぼすものであるか否かが基準となる[71]。同一の協定のその他の分野に関する譲許その他の義務を停止することができずまたは効果的でなく、かつ、十分重大な事態が存在すると認められる場合には、その他の対象協定に関する譲許その他の義務の停止を試みることができる（DSU 22条3項(c)）。これが「クロス・リタリエーション」である。

　上述のとおり、譲許その他義務の停止の申請はほぼ自動的に承認されることとなっているが、申立国は譲許その他義務の停止を検討するにあたり、パネルまたは上級委員会により違反その他の無効化または侵害があると認定された分野または協定に関する貿易および申立国に対するその貿易の重要性と、無効化または侵害に係る一層広範な経済的要因および譲許その他の義務の停止による一層広範な経済的影響を考慮する必要がある（DSU 22条4項）。

　譲許その他義務の停止の程度に異議を唱える場合、または、譲許その他義務の停止の対象となる分野または対象協定を申請する際に申立国が遵守すべき原則および手続に従っていないと関係加盟国が主張する場合には、当該問題は仲裁に付されることとなっている（DSU 22条6項）。仲裁手続に付された場合、申立国は譲許その他義務を停止してはならない。なお、仲裁手続は、DSBによる決定は必要なく、関係加盟国が譲許の程度に反対した場合に、特段な手続規則はなく開始される[72]。

　仲裁人は当初のパネルを務めた人物または事務局長が任命する仲裁人によって行われ、RPTが満了する日の後60日以内に完了することとされている

（DSU 22条6項）。仲裁人は、譲許その他の義務の停止が、無効化または侵害の程度と同等なものであるか否かを決定する任務を有しており、停止される譲許その他の義務の性質を検討してはならないこととなっている（DSU 22条7項）。また、提案された譲許その他の義務の停止が対象協の下で認められているものか否かも決定することができ、譲許その他の義務の停止に係る原則および手続が遵守されていなかったという主張が仲裁に付された場合には、当該主張についても検討することとなっている[73]。当事国は仲裁の結果を最終的なものとして受け入れなければならず、他の仲裁を求めてはいけないこととなっており。仲裁の結果はDSBに通報され、申立国が仲裁の決定に適合した申請を行った場合に、DSBはネガティブコンセンサス形式で当該申請を承認することとなっている。

(c) DSU 21条5項と22条の関係について

　DSU 21条5項は、DSBの勧告または裁定を実施するためにとられた措置に関し関係加盟国間で意見の相違がある場合には、DSUの手続に沿って（履行確認手続）解決することを規定しているが、他方、22条は、履行の実施期間が満了する前に、代償に関する協議を開始しなければならないと規定している。また、履行期間の満了後20日以内に代償に関する合意が得られなかった場合には、申立国は、関係加盟国に対する対象協定に基づく譲許その他の義務の適用を停止するためにDSBに承認を申請することができ（DSU 22条2項）、DSBは当該申請を履行期間の満了後30日以内に承認しなければならないことが規定されている（DSU 22条6項）。DSUに規定されている時間的枠組は矛盾を生じさせており、21条5項による手続から開始するのか、第22条と同時並行で実施できるのか、または、21条5項の手続を踏まずにいきなり第22条の手続に訴えることができるのか、現行のDSUの規定は不明瞭であり、一連の問題を「シークエンス」(sequence)問題という。

　当該問題は、1999年のECバナナ事件で早くも露見し、申立国の米国は22条の規定に則って対抗措置の承認を得る権利を主張したが、ECは、まずはECの履行具合について審査する履行確認パネルを設置すべきであると主張した。バナナ事件の結果、以降の紛争解決においては、第21条5項の履行確認

手続と 2 条の対抗措置に関するアドホックの合意が結ばれることが慣行とし
て成立した。

たとえば、豪州によるサケの輸入禁止措置事件[74]では、カナダの要請によっ
て 21 条 5 項に基づく履行確認パネルが設置されると同時に、豪州の要請によっ
て 22 条 2 項の代償を求めて 22 条 6 項に基づく仲裁に付された。その後、両
国は 21 条 5 項に基づく履行確認パネル報告書が発出されるまで、22 条 6 項の
仲裁を一時中断させることに合意した。さらに、両国は、履行確認パネル報
告書が豪州の改正された措置が WTO 協定に非整合と判断した場合、同報告
書を上級委員会への申立てに関わらず、22 条 6 項に基づく仲裁を即時再開さ
せることにも合意した。同様な合意は、その後の豪州による自動車用皮革生
産者・輸入者への補助金事件[75]においても踏襲された。

4.DSU 改正の議論

WTO の紛争解決制度は、ガット時代のそれと比べ、多くの側面からその運
用が改善されたと言える。しかし、そのルールおよび手続は、WTO 発足後の
4 年以内に、全面的に再検討することが、ウルグアイ・ラウンド交渉時の貿易
交渉委員会によって決定されており[76]、WTO 発足時から、DSU の改善が求め
られていた[77]。

当初の予定では、1999 年のシアトル閣僚会合に間に合わせるよう、再検討
を終了するものとし交渉が進められてきたが、妥協には至らず、ドーハ開発
アジェンダ (Doha Development Agenda, DDA) を立ち上げることとなる、2001 年の
ドーハ閣僚会合[78]において、交渉期限を 2003 年 5 月までとし、DSU の改正議
論を継続することが決定された[79]。

DSU 改正に関する交渉は、DSB の特別セッションにおいて議論が進められ、
第 1 回会合は 2002 年 4 月 12 日に開催された。交渉期限であった 2003 年 5 月
には、改正ドラフト草案[80]が発出されたが、加盟国間の差異を埋めることは
できず、交渉が継続されることとなった。2005 年 12 月に開催された香港閣
僚会合において、DSU の改正交渉を継続することが閣僚宣言によって決定さ
れた[81]。また、香港閣僚会合では、開発途上国によって提出された S&D に関
する提案[82]は、2006 年 12 月までに採決のため一般理事会に報告することも

決定された[83]。

　しかしながら、度重なる交渉期限の延長にもかかわらず、DSU の改正交渉は妥結に至っていない。現在、DSU の改正に関する交渉は、12 の「テーマ」[84]に関する課題について議論が進められている。

5. 全体的な評価

　WTO の紛争解決手続が運用されてすでに 23 年を数える。前述したように、1995 年の WTO 発足から 2017 年 12 月末まで、535 件（協議要請数）の紛争案件が提起された（図表4-1 参照）。国際司法裁判所との比較をさておき、ガット時代の 1947 年から 1994 年までの間に 127 の案件が紛争解決に付されたことと比較しても、いかに頻繁に利用され機能してきたかが見て取れる。

　もともとガット紛争解決手続に対する不満および批判としては、大きく思想的（philosophical）と運用的（operational）の次元に分かれた。思想的次元の中心には、貿易自由化への政治的支持調達のためにいざ仕方のない違反と、いまだ締約国の間でコンセンサスが生み出されていない規範状況に対して白黒の尺度からメスを入れること（すなわち、司法的解決への傾斜）の理不尽さの指摘があった。運用面での批判は、120 のパネル報告書のうち 31 件の報告書は採択されなかったブロック（の弊害）による手続の遅延と紛争当事国による意図的な履行の怠慢に集中していた[85]。

　後者の批判のうち、手続の遅延に対しては、ネガティブコンセンサスの導入によるパネルおよび上級委員会報告書の採択の自動化や、審査手続の時間的枠組みと迅速化が実現し、意図的な履行の怠慢に対しては報復許可の自動化等による履行・遵守の促進措置の活性化が実現した。それによって、紛争解決の有効性が格段と改善されたことについては繰り返し触れてきた。

　それに対して、交渉か司法的解決のどちらに力点が置かれるべきかについて、DSU は後者に傾斜した選択をした。確かに、紛争解決手続の慎重な利用の要請（DSU 3 条 7 項）、手続開始後においても当事国間解決優先主義等は維持され（DSU 11 条）、「司法化」と政治的現実とのバランシングが試みられたが、すでに 23 年という長い間 WTO の紛争解決手続は有効な履行・遵守確保の積極的手段としての役割を見事に果たしてきたといえよう。今後もそ

うあり続けられるかどうかは、WTO レジームそのものの維持発展と WTO
の紛争解決手続の立役者である米国の一方的措置の復活如何にかかっている
といえよう。

注

1　Major-interests norm については、次の論文を参照。Jock A. Finlayson and Mark
W. Zacher, 'The GATT and the Regulation of Trade Barriers: Regime Dynamics and
Functions', (1981) 35 (4) *International Organization* 561-602.

2　第 18 章参照

3　cf. safeguard

4　チェイズ夫妻は、紛争解決を遵守のための積極的管理の手段として位置付け
ている。Abram Chayes & Antonio Handler Chayes, 宮野洋一監訳、『国際法遵守の
管理モデル：新しい主権の在りかた』(中央大学出版部、2018 年)

5　ITO 憲章には、調停の効果的利用 (第 93 条) や、国際司法裁判所への付託 (第
96 条) 等が規定されていた。

6　デイヴィの論文は、ガットにおける「法律主義」への傾斜を決定的にした
論 文 で あ る。William J. Davey, 'Dispute Settlement in GATT', (1987) 11 *Fordham
International Law Journal* 51.

7　司法化した WTO の紛争解決手続きの性格が、いかに従来の落とし所を見定
めながら当事者間の円満な解決を探ろうとする外交官のエトスから、法的推論
に基づいて是々非々を画そうとする法律家の司るものに替わってしまったかに
ついては、Joseph H.H. Weiler, 'Rule of Lawyers and the Ethos of Diplomats', (2001)
35 (2) *Journal of World Trade* 191-207 を参照。

8　Robert E. Hudec, *The GATT Legal System and World Trade Diplomacy* (Butterworth Legal
Publishers, 2nd ed, 1990) の第 1 部を参照

9　ロンドン会議 (1946 年 10 〜 11 月)、ニューヨーク会議 (1947 年 1 〜 2 月)、ジュ
ネーブ会議 (1947 年 4 〜 8 月)

10　商業政策の他は、雇用政策、経済開発、制限的商慣行、商品協定。

11　たとえば、関税上の評価に関してはガット 7 条 1 項、国際収支のための制限
措置に関してはガット 12 条第 4 項、セーフガードに関しては 19 条 2 項に、そ
れぞれ協議義務について規定されている。

12　たとえば、セーフガード措置に対する譲許撤回はガット 19 条 1 項、譲許表
の修正に伴う譲許撤回はガット 28 条 4 項に、それぞれ規定されている。

13　L1394、1960 年 11 月 16 日に締約国団によって承認。

14　GATT Panel Report, *US Taxes on Petroleum*, BISD 34S/135, 156, 158.

15　1982 年の地中海諸国からの柑橘製品の輸入に関する EEC の関税措置事件に

関して、スペインは作業部会の設置を要請したが、申立国の米国は、「パネルまたは作業部会の要請を選択するのは申立国の慣行」であると主張し、その後パネルが設置された。(C/M/161, pp-7-8; C/M/162, pp.12-15.) また、1973年の米国の租税措置 (DISC) 事件では、申立の要請を受けた米国は、作業部会形式ではすべての関係国が意見を表明する機会が与えられ、海外販売に関する所得税慣行について締約国でルールを作ることが可能となるため、国際的ルールの作成に資する勧告を発出する作業部会で当該問題を取り扱うことを提案したが、申立国のEECは、中立的な専門家から構成されるパネルが当該問題を調査することを要請し、パネルが設置されることとなった。

16　EPCT/A/PV/5, p. 16.

17　1989年のチリ産リンゴの輸入に対するEECの措置に関し、チリは締約国団にEECに対して代償の勧告を出すよう要請したが、パネルは、「ガットの条文上、代償を与えないといけないとする締約国団の義務はどこにも規定されていない」とし、チリの要請を取り下げた。

18　1947年の準備会合において、約束を遵守しない締約国を罰すべきではないことが述べられている。(EPCT/TAC/PV/18, p. 42.)

19　L/4907

20　L/5424

21　L/5752

22　https://www.wto.org/english/tratop_e/dispu_e/gt47ds_e.htm (as of June 30, 2018)

23　*US – Section 110 (5) Copyright Act (Article 25)* (WT/DS160).

24　Award of the Arbitrators, *US – Section 110 (5) Copyright Act (Article 25)*, para. 2.3. (DS160).

25　Appellate Body Report, *US / Canada – Continued Suspension*, para. 340 (DS320, 321).

26　Decision of 5 April 1966 (BISD 14S/18)

27　Panel Report, *US – Section 301 Trade Act*, para. 7.75 (DS152).

28　Panel Report, *China – Raw Materials*, paras. 7.112-7.115 (DS394, 395, 398).

29　Appellate Body Report, *US – Gasoline*, para. 16, DS2, 4.

30　Appellate Body Report, *Japan – Alcoholic Beverages II*, para. 104 (DS8, 10, 11).

31　Appellate Body Report, *Mexico – Corn Syrup (Article 21.5 – US)*, para. 54 (DS132)

32　Appellate Body Report, *India – Quantitative Restrictions*, para. 84 (DS90).

33　ガット22条および23条を引用している協定として、たとえば、農業協定19条、SPS協定11条、TBT協定14条、補助金協定30条、セーフガード協定14条。

34　別段の規定を設けている協定として、AD協定17条、補助金協定4条および7条。

35　Appellate Body Report, *Japan – Alcoholic Beverages II*, para. 16 (DS8, 10, 11).

36 Panel Report, *Japan – Film*, paras. 10.52-10.56 (DS44).

37 Appellate Body Report, *US – Upland Cotton*, para. 262 (DS267).

38 Appellate Body Report, *US – Shrimp*, para. 101 (DS58).

39 Panel Report, *US – Upland Cotton*, para. 7.1411 (DS267).

40 Appellate Body Report, *US – FSC (Article 21.5 – EC)*, para. 249 (DS108).

41 Appellate Body Report, *Chile – Price Band System*, para. 163 (DS207).

42 Panel Report, *Argentina – Poultry Anti-Dumping Duties*, footnote 53 (DS241).

43 Panel Report, *US – Upland Cotton*, para. 6.54 (DS268).

44 Appellate Body Report, *US – 1916 Act*, para. 145 (DS136R)

45 例えば、*EC – Bananas III* (WT/DS27); *EC – Hormones (US)* (DS26, 48); *EC – Tariff Preferences* (WT/DS246); *EC – Export Subsidies on Sugar* (WT/DS265, 266, 283); *US – COOL* (WT/DS384); *Canada – Renewable Energy/Canada – Feed-in-Tariff Program* (DS412, 426); *EU – Poultry Meat (China)* (DS492).

46 *US - Shrimps* (DS58).

47 Panel Report, *US – Shrimps*, para. 7.8. (DS58).

48 Appellate Body Report, *US – Shrimps*, para. 108, (DS58).

49 Appellate Body Report, *US – Lead and Bismuth II*, para. 40 (DS138).

50 Appellate Body Report, *EC – Sardines*, para. 163 (DS231).

51 Petros C. Mavroidis, 'Amicus Curiae Briefs before the WTO: Much Ado About Nothing', in Armin von Bogdandy, Petros C. Mavroidis and Yves Meny eds, *Essays in Honour of Claus-Dieter Ehlermann*, (Kluwer, 2004) 317-330.

52 Panel Report, *EC and Certain Member States – Large Civil Aircraft*, para. 7.126 (DS316).

53 たとえば、*EEC Measures on Animal Feed Proteins*, adopted on 14 March 1978 (L/4599 - 25S/49); *Income Tax Practices Maintained by France*, adopted on 7 July 1981 (L4423 - 23S/114).

54 Appellate Body Report, *Brazil – Desiccated Coconut*, para. 186 (DS22).

55 Appellate Body Report, *EC – Hormones*, para. 117 (DS22, 48); Appellate Body Report, *US – Cotton Yarn*, para. 78 (DS192).

56 Appellate Body Report, Chile – Price Band System, para. 173 (DS207). 本件では、申立国（アルゼンチン）はガット 2 条 1 項 (b) 第 2 文に関する主張をしていないにも関わらず、パネルは同条分に関する判断を下したことにより、上級委員会よりパネルの行為は DSU 11 条に非整合と判断した。

57 Appellate Body Report, *US – Wool Shirts and Blouses*, para. 340 (DS33); Appellate Body Report, *India – Patents (US)*, para. 87 (DS50).

58 Appellate Body Report, *Australia – Salmon*, para. 232 (DS18); Appellate Body Report, *Brazil – Retreated Tyres*, para. 257 (DS332).

59 1954 年のドイツによるサバの輸入に関する措置においてパネルは、申立国（ノ

ルウェー) によって提出された証拠は、ドイツの義務違反を証明することに十分ではないと判断し、申立国の主張を取り下げた (BISD 1S/53, para. 15)。

60 たとえば、Panel Report, *Japan – Alcohol Beverages II*, paras. 6.14 and 6.28 (DS8, 10, 11).

61 Panel Report, *Canada – Administration of Foreign Investment Review Acts*, adopted on 7 February 1984, BISD 30S/140, para. 5.20.

62 Panel Report, *Japan – Restrictions on Imports of Certain Agricultural Products*, adopted on 22 March 1988, BISD 35S/163, para. 5.1.3.7; Appellate Body Report, *US – Wool Shirts and Blouses*, para. 16 (DS33).

63 Appellate Body Report, *US – Wool Shirts and Blouses*, para. 34 (DS33).

64 たとえば、*EC – Butter* (DS72); *US – Anti-Dumping Measures on Oil Country Tubular Goods – Recourse to Article 21.5* (DS282); *Japan – DRAMs (Korea) – Recourse to Article 21.5* (DS336); *EC and certain member states – Large Civil Aircraft (2nd complaint)* (DS347); *India – Wines and Spirits* (DS352); *Brazil – Anti-Dumping Measures on Resins* (DS355); *Chile – Milk Safeguards* (DS351, DS356); *Australia – Tobacco Plain Packaging (Ukraine)* (DS434)

65 Award of the Arbitrator, *Canada – Pharmaceutical Patents (Article 21.3 (c))*, para. 45 (DS114).

66 Ibid; Award of the Arbitrator, *US – Offset Act (Byrd Amendment) (Article 21.3 (c))*, para. 40 (DS217, DS234).

67 Award of the Arbitrator, *EC – Hormones (Article 21.3 (c))*, para. 38 (DS26, DS48); Award of the Arbitrator, *EC – Chicken Cuts (Article 21.3 (c))*, para. 49 (DS269, DS286).

68 Award of the Arbitrator, *EC – Hormones (Article 21.3 (c))*, para. 38 (DS26, DS48).

69 Award of the Arbitrator, *US – Hot-Rolled Steel (Article 21.3 (c))*, para. 30 (DS184); Award of the Arbitrator, *Chile – Price Band System (Article 21.3 (c))*, para. 37 (DS207).

70 Decision by the Arbitrators, *EC – Bananas III (Ecuador) (Article 22.6 – EC)*, para. 33 (DS27).

71 *Ibid*, paras. 70-73.

72 Decisions by the Arbitrator, *US – COOL (Article 22.6 – United States)*, paras. 2.12-2.13, (DS384/DS386).

73 Decision by the Arbitrators, *EC – Bananas III (Ecuador) (Article 22.6 – EC)*, para. 11, (DS27).

74 *Australia – Measures Affecting Importation of Salmon – Recourse to Article 21.5 of the DSU by Canada* (DS18).

75 *Australia – Subsidies Provided to Producers and Exporters of Automotive Leather – Recourse to Article 21.5 of the DSU by the United States* (DS126).

76 Decisions adopted by the Trade Negotiations Committee on 15 December 1993 and 14 April 1994, "Dispute settlement: application and review of the Dispute Settlement

Understanding".

77 DSU には農業協定 (20 条) や GATS (19 条 1 項) とは異なり、再交渉を加盟国に義務付ける条文は DSU 上には存在しない。

78 ドーハ閣僚宣言、第 30 パラグラフ

79 DDA は「一括受諾方式」で交渉することが決定されているが、DSU の改正交渉は一括受諾方式から除外されることも決定された。

80 Job (03) /91/Rev.1

81 香港閣僚宣言、第 34 パラグラフ

82 "Category II" Proposals

83 DSU 改正交渉における Category II に該当する提案は、たとえば、キューバ、ホンジュラス、インド、インドネシア、マレーシア、パキスタン、スリランカ、タンザニア、ジンバブエによる共同提案書 (TN/DS/W/19)

84 2 国間合意、第三国の権利、重大な秘密情報、21 条 5 項と 22 条のシークエンス、対抗措置発動後の経過、透明性と amicus curiae、時間的枠組、上級委員会による差戻し、パネルの構成、柔軟性と加盟国による管理、効果的な履行、特別かつ異なる待遇を含む開発途上国に関する課題。

85 W. Davey, *supra* note 6.

参考文献

岩沢雄司『WTO の紛争処理』、三省堂、1995 年。

日本国際経済法学会 (編)『日本国際経済法学会年報第 25 号』(法律文化社、2016 年)。

松下満雄・米谷三以『国際経済法』(第 2 章) (東京大学出版会、2015 年)。

松下満雄・清水章雄・中川淳司 (編)『ケースブック WTO 法』(有斐閣、2009 年)。

William J. Davey, *Enforcing World Trade Rules: Essays on WTO Dispute Settlement and GATT Obligations* (Cameron May, 2006)

Robert E. Hudec, *The GATT Legal System and World Trade Diplomacy* (Butterworth Legal Publishers, 2nd ed, 1990)

John H. Jackson, *World Trading System: Law and Policy of International Economic Relations* (The MIT Press, 2nd ed, 1997)

John H. Jackson, *The Jurisprudence of GATT & The WTO: Insights on Treaty Law and Economic Relations* (Cambridge University Press, 2000)

Andrew D. Mitchel, *Legal Principles in WTO Disputes* (Cambridge University Press, 2008)

David Palmeter and Petros C. Mavroidis, *Dispute Settlement in the World Trade Organization: Practice and Procedure* (Cambridge University Press, 2nd ed, 2004)

Ernst-Ulrich Petersmann ed, *The GATT/WTO Dispute Settlement System: International Law, International Organizations and Dispute Settlement* (Kluwer Law International, 1997)

Ernst-Ulrich Petersmann, *International Trade Law and the GATT/WTO Dispute Settlement System*

（Kluwer Law International, 1997）

Peter Van den Bossche, *The Law and Policy of the World Trade Organization: Text, Cases and Materials* (Cambridge University Press, 4th ed, 2017)

第5章　貿易の自由化と例外

本章の概要

　本章では、ガット・WTO における貿易自由化の 2 つの要素である、市場アクセスの改善（＝貿易障壁の削減）と差別の除去（＝無差別原則）を物品貿易に限定して取り扱う。まず、貿易障壁の削減の場合は、関税障壁と数量制限およびその他の非関税障壁について、差別除去については、無差別原則の両輪である最恵国待遇と内国民待遇を取りあげる。伝統的な貿易障壁の中核的存在である関税については、関税譲許、関税引下げ交渉の仕組み、そして、関税分類と関税評価について詳細に取り扱う。次に、非関税障壁については、国境を超える交易を直接的に妨げる数量制限と、間接的に政府の関与が働く非関税障壁として補助金、政府調達および国家貿易（第 18 章）について記述する。無差別原則の両輪である最恵国待遇と内国民待遇については、それぞれの規範内容について、事例をちりばめながら記述するが、特に、近年「国内政策」に入りこみを見せている内国民待遇について詳細に取り扱う。最後に、貿易自由化には、貿易障壁の削減という表の側面に対して、一定の場合に貿易自由化（の義務）からの逸脱を許容する裏の側面としての諸例外条項がペアをなしているが、本章では、1994 年ガット 20 条の一般的例外条項と 21 条の安全保障のための例外条項について記述し、貿易救済手続（セーフガード、AD・CVD）については第 6 章で詳しく取り上げられる。

はじめに

　ガット・WTO における貿易自由化の 2 つの要素は、市場アクセスの改善（＝貿易障壁の削減）と差別の除去（＝無差別原則）である。貿易障壁は、関税障壁と非関税障壁に大別されるが、後者には、数量制限のように、国境を超える交易の流れを直接に立ち切るものと、補助金や国家貿易等のように、国家による間接的な介入を許すものがある。差別の除去を意味する無差別原則には最恵国待遇と内国民待遇の両輪がある。前者は外国産品間の差別を、後者は外国産品と内国産品間の差別を、それぞれ禁止する。

　貿易障壁を削減していく貿易自由化の表の側面には、一定の場合に貿易自由化（の義務）からの逸脱を許容する例外条項がいわば裏の側面としてペアをなしているが、本章では 1994 年ガット 20 条の一般的例外条項と 21 条の安全保障のための例外条項について記述する。特定の産業に対して一時的な保護の提供を許容する、セーフガード、AD と CVD の貿易救済手続については第 6 章で、ガット 24 条の地域統合については第 17 章で、それぞれ詳しく取りあげる。

　本章の対象である物品 (goods) 貿易は、WTO 設立協定附属書 1A に収まっている諸多角的貿易協定の規律対象である。附属書 1A には、1994 年ガットと、主にガットの「通商政策条項」を精緻化ないし強化した 13 の多角的貿易協定が含まれている。現在国際通商法の規律対象は、サービス貿易、貿易関連投資措置および貿易関連知的財産権まで広がっているが、物品貿易は依然として国際通商法の中心的な地位を占めている。サービス貿易は第 8 章で、知的財

142

産権は第9章で取り扱われる。

　本章は、国際組織としてのWTO、交渉のフォーラムとしてのWTO（ともに第3章）、紛争解決機構としてのWTO（第4章）に続いて、加盟国間の貿易関係を規律する「法的枠組としてのWTO」に該当する。（WTO設立協定2条1項）法的枠組みを構成する諸原則（principles）や規則（rules）は、主として加盟国の通商政策を規律し、それらに指針を与える「行為基準（code of conduct）」をなしている。法的枠組みには行為基準に対する例外も含まれる。

Ⅰ. 市場アクセス改善：貿易障壁の削減

1. 関税障壁

　1994年ガットの基本理念を一言で表すならば、保護手段としての関税の優先的地位とその他の保護手段の原則的撤廃である。すなわち、関税とその他の輸入制限手段を区分して、関税以外の輸入制限措置を原則的に禁止し、関税のみを正当な保護手段として認め、交渉を通じて削減していくことである。その意味で、ガットは、輸入制限手段の形態（form）を規制するだけであって、その水準（level）は問題としない。

　関税と輸入数量制限を区分して扱うことには一定の合理性があるといわれる。まず、関税の場合に、外国の生産者は生産費節減や品質改善等によって関税障壁を一定程度克服することができるのに対して、輸入数量制限の場合には、許容される輸入量以上の外国からの競争は完全に排除される。次に、関税も輸入数量制限も輸入制限によって独占利潤（monopoly rent）を発生させるが、関税の場合は利益の一部が政府収入に帰属するのに対して、輸入数量制限はそうではない。クォータの運用が相手国の生産者に委ねられる場合には、輸出価格が釣り上げられ、利益が外国の生産者に落ちる。最後に、関税の効果は予め予測しやすいのに対して、輸入数量制限の場合には、行政機関の恣意的な運用に委ねられるので不透明である。このように国内価格とシェアの安定、独占利潤の発生、その不透明性等の故に、国内生産者、そして、外国の供給者のうち、既存の供給者も数量制限をより好むことになる。

(1) 関税交渉・譲許
(a) 総論的考察
（i）定義・目的

関税とは、「輸出入品に課される税金」であるが、今日では輸出品に関税を
かけることは世界的にほとんどなくなっているので、「輸入品に課される税金」
をさすのが一般的である。1994年ガット1条では「輸入もしくは輸出について
もしくはそれらに関連して課されるもの」としているが、関税定率法3条は「関
税とは、輸入貨物の価格又は数量を課税標準として課するものとし、…」と輸
入に課されるものだけを指している。関税は「税金」であることと、「輸入品」
に課されることの二つの側面を持っている。

関税の目的（機能）であるが、従来は租税の一種として国家の「財源確保」が
第一次的な目的であったが、先進諸国においては関税の税収に占める割合の
減少に伴い重要性は軒並み減っている。途上国においては依然として主要税
源の一部であるところも多い。米国が1934年法に基づいて戦後の貿易自由
化体制を主導できたことは、1913年から連邦政府が内国税を徴収できるよう
になったために、関税の主要財源としての比重が下がったことが背景にある。
それによって、関税の目的が主として輸入競争から国内産業を保護する「国内
産業保護」の手段に、そして、関税の引下げを約束するか、あるいは、経済・
非経済目的のための制裁の発動という「通商政策」の手段として用いられるよ
うになったのである。

（ii）関税率の決め方

関税率を法令上の根拠にしたがって分けると、各国がその国内法によって
定める関税率を固定（自主、一般）税率といい、固定税率によって課せられる関
税を固定（自主、一般）関税という。それに対して、外国との条約に基づき、特
定品目について一定率以下の関税しかかけないことを約束する場合、その
関税率を協定税率といい、それによってかけられる関税を協定関税という。
MFNベースで適用されるいわゆるMFN税率、FTA/EPA等による税率等があ
る。途上国からの輸入品に対してのみ適用される特恵関税（Generalized System of
Preferences, GSP）があるが、特恵関税の提供はWTO上の義務でないので、固定

関税として分類される。

(iii)関税の種類[1]

　輸入品には無税品と有税品がある。無税品とは、その物品が国内でほとんど生産されないとかあるいはその物品が国民生活にとって特に必要であって、できるだけ低廉な価格で輸入したい等の理由から関税による障壁を設けないものである。有税品に対する関税は、輸入貨物の価格または数量を計算の基礎として課税される。税額算定の基礎となる価格または数量のことを「課税標準」という。

　輸入価格を課税標準としそれに一定率を乗じた額とする従価税 (ad valorem duty)、対象産品の数量(重量、容積、枚数等)を課税標準とする従量税 (specific duty) が基本である。日本で最も一般的な関税率の形態は従価税である。輸入品の価格が低くなれば関税額が小さくなる従価税に比べて、価格に関わらず課税が可能な従量税の方が国内産業の保護効果が大きい。混合税は従価税と従量税を組み合わせたものである。そのほか、課税標準以外の要素を基準にするさまざまな関税の形態が存在する。

　関税割当は、特定の物品の輸入に当たって、一定の数量までは低い税率(多くの場合無税)を適用し、その枠を超えるものについて高い税率を適用するものである。低い税率を一次税率といい、高い税率を二次税率という。関税割当は、国内の同種物品の生産者を保護する傍ら、できるだけ低関税での輸入を望む需要者の要請に答えることを目的とする。

　ガットの成功によって主要貿易国の平均関税率が軒並み低くなったことによって、改めて注目を浴びるようになったのが、緊急関税、不当廉売関税(ダンピング防止税)、相殺関税といった特殊関税である。1973年石油ショック以後先進諸国に吹き荒れた「新保護主義」(new protectionism) の動きによって、主要国の国内産業の保護手段が不当廉売関税、相殺関税およびセーフガードへ移る「過程保護主義」(process protectionism) の時代が到来した。それによって特殊関税の重要性が増大した。

(b) 交渉による関税の削減

(i)関税譲許 (tariff concession)

　保護手段としての関税の使用が制限されるためには、締約国間における「特別の合意」が必要である。この特別の合意は、ガットのジャーゴンでは、「関税譲許」(the "binding" of a duty rate = tariff concession) と呼ばれる。譲許には、現行税率の据置、一定の上限税率 (ceiling rate) の設定および現行税率の引下げの 3 つの形態がある。

(ii)譲許の法的効果

　交渉の結果、ある締約国が関税の引下げまたは据え置きを約束すれば、それらは「関税及び貿易に関する一般協定」に付属し、その不可分の一体をなす（国別に作成される）「譲許表」(Schedules of Concessions) (ガット 2 条 7 項) に記載され、それを越える税率を課することは許されない (ガット 2 条 1 項 (b) 前段)。それより低い税率を適用することはできる (ガット 2 条 1 項 (a) の「不利でない待遇」)。「譲許表」の修正には全締約国の受諾が必要である (ガット 30 条)。当り前のことであるが、締約国は譲許を与えていない品目については、どのような税率でも課することができる。さらに、締約国はガットの枠組みの外で関税やその他の事項について交渉を行うことは自由であるが、その交渉の結果は全てのガット締約国にも及ぶ (ガット 1 条の MFN 原則)。ただし、この場合には「譲許表」に含まれないので、その変更には一般協定の諸規定の適用がない。一定の場合には、譲許税率の修正または撤回が認められる (再交渉の部分参照)。

　締約国は譲許の価値を減殺しないようにする義務を負う (ガット 2 条 1 項 (b) の後段、3、5、6 各項)。それに違反する場合には、協議または紛争解決の対象となる (ガット 22、23 条)。このように、締約国は譲許を与えることによって、関税を引き上げることが制限されるだけでなく、それと同等の効果のある措置の使用にも一定の制約を受けることになる。

(c) 一般関税交渉 (ガット第 28 条の 2)

(i)交渉のルール

締約国が相互主義に基づいて関税引下げ交渉をするルールを定めたものが、

ガット 28 条の 2 である。同条は、あくまでも交渉の基本原則を定めるだけで、具体的な交渉手続は、ラウンドの都度決められる。具体的な進行はラウンド参加国から構成される「貿易交渉委員会」(議長は事務局長) が行う。

締約国は、それぞれのお家の事情に基づいて関税交渉に参加するために、譲許の実状はバラバラである。たとえば、先諸国と途上国では関税引下げ率が異なるし、工業国か農業国かによっても異なる。度重なるラウンドの結果、WTO 加盟国の関税水準は著しく低くなり、特にウルグアイ・ラウンドの結果途上国全体(最貧国を除く)の譲許水準が著しく高くなり、先進国との格差はかなり縮むことになった。

関税は厳格な相互主義に基づいて引下げられ、引下げられた関税率は、無条件最恵国待遇によって、すべての国々に「直ちにかつ無条件に」適用される。そして、交渉における実質的な譲許の相互性を確保し、無条件最恵国待遇の一般化効果による「ただ乗り」(free riding) の余地を最小化するために、譲許産品を最も多く輸出する国同士で交渉する「主要供給国ルール」と主要国が同時に交渉を行い交渉の結果をすり合わせるという 2 つの交渉方式が開発された。

図表 5-1　ウルグアイ・ラウンド前後の各国鉱工業品の関税率、譲許率の変化

		日本	米国	EU	韓国	豪州	インドネシア	タイ	カナダ	マレーシア	フィリピン	インド
平均関税率 (%)	前	3.8	5.4	5.7	18.0	20.0	20.4	37.3	9.0	10.2	23.9	72.2
	後	1.5	3.5	3.6	8.3	12.2	36.9	28.0	4.8	9.1	24.6	32.4
譲許率 (%)	前	98	99	100	24	36	30	12	100	2	9	12
	後	100	100	100	89	96	92	70	100	79	66	68

(注) 1. 日本の数字については旧通商産業省推計(石油(Petroleum)、林・水産物を除く。林・水産物を含む場合の数字は 1.7%)。
　2. その他の国についてはガット事務局の計算による(石油(Petroleum)は除く)。
　3. 平均関税率は貿易加重平均により算出したもの。
　　平均関税率=譲許品目の関税額総和÷譲許品目の輸入額の総和×100
　　(譲許品目の関税額=譲許品目輸入額×譲許税率)
　4. 譲許率(バインド率)は貿易加重平均により算出したもの。
　5. 「前」、「後」はウルグアイ・ラウンド合意実施前、実施後の税率を示す。
(出所)『2016 年版不公正貿易報告書』(経済産業省通商政策局編) 314 頁。

(ii)相互主義の計算の方法

　相互主義の計算方法には二つがある。一つは、譲許品目の貿易額(trade coverage)による方法である。A国のX産品の輸入額が1億ドルで、14%の関税を7%へ引下げた場合、譲許の価値は〈1億ドル×0.07＝7百万ドル〉となる。もし、B国からの輸入がXの全輸入の半分を占めるとすれば、AのBへの譲許の価値は350万ドルとなり、Aは等価値の譲許を要求することになる。もう一つの方法は、譲許品目の将来価値による場合で、需要の価格弾力性によって計られる。もし、関税の引下げ(7%)によって、Xの輸入が25%増えたら、A国の譲許価値は〈1億ドル×0.25＝2,500万ドル〉になる。それから、低関税または無税の据置は、原則として高関税の引下げと等価値の譲許と見なされる。(ガット28条の2の2項(a))

　以上のような計算方法による相互主義の確保の努力にもかかわらず、相互主義の最終的な計算は究極的には政治判断になる。ラウンド終了後各国の交渉代表は自国へ戻り誇らしげに「交渉に勝った(won)!」と宣言する姿は、ガットの本質的な側面をよく示している。相互主義は、貿易自由化のための「政治的支持」を調達するための源泉である。しかし、「交渉における利益交換の同等性」という意味での相互主義(first-difference reciprocity)と、「全体として加盟国間の権利義務関係の同等性」という意味での相互主義(full-reciprocity)の間には緊張関係が絶えないことに留意すべきである。

(iii)関税引下げ方式

　関税の引下げ方式は、最初の2国間の国別品目別引下げ方式(item-by-item approach)から、参加国の増加とより合理的な相互主義獲得の要請により一律引下げ方式(across-the-board approach)へシフトしてきた。

　まず、国別品目別引下げ方式は、ケネディ・ラウンド以前に用いられ、ウルグアイ・ラウンドでも併用された。関税の引下げを引出したい製品の主要供給国同士で、「リクエスト＝オファー方式」で行われる。要求国が相手国とガット事務局にリクエスト・リストの写本を送付し、要求された国はオファー・リストをやはり要求国と事務局に送付する。事務局はオファー・リストをすべての国へ送付し、それに基づいて2国間交渉が行われ、その後第三国との

調整を経て関税の引下げが行われる。主要供給国の間で交渉がスタートするが、最終的には第三国にまで調整の機会が与えられる点で、一定の多辺性が伴う。最終的に交渉の結果は一般化する。しかし、この方式には、低関税国が不利である点、その消極性、関税引下げの国別・品目別のばらつきへ帰結する等の欠点がある。

次に、一律引下げ方式は、交渉参加国があらかじめ合意された関税引下げの方程式に自国の関税率を当てはめる方式で、ケネディ・ラウンドや東京ラウンドで採用された。その有効性は、どのような方程式が採用されるのか、およびどれくらいの例外が認められるかにかかっている。

これまでの一律引下げ方式としては二つの方式が用いられた。一つは、すべての品目に同一削減率を適用するリニア・カット方式で、ケネディ・ラウンドにおいては、単純に現行税率の50%カットという方法が採用された。もう一つは、東京ラウンドにおいて採用されたハーモナイゼーション・フォーミュラ一方式で、方程式を用いて、現行税率が高ければ高いほど、引下げ幅を大きくすることにより、引下げ後の関税率の構造を平準化する方式を採用することおよび全体としての引下げ幅を40%にすることが合意された。それ以外にも、特定の部門の関税率を撤廃するやり方があり、東京ラウンドにおける民間航空機協定やウルグアイ・ラウンドでの zero-for-zero 交渉で用いられた。

$$*用いられた方程式 : Z = \frac{AX}{A+X}$$

Zは引下げ後の税率、Xは現行税率、A は定数で、この定数は、日本、米国、スイス等は 14、EC、北欧諸国等は 16 である。

(iv)関税の引下げの段階的実施

アメリカの場合には、1974 年通商法以後、交渉によって、現行税率の10%以上を約束した場合には、最大 10 年間にかけて、年 3%、または、約束した引下げ率の 10 分の 1 ずつ下げて行く。国内産業への影響を最小限にするための工夫である。

(v)有効保護とタリフ・エスカレーション

単にある産品の関税率の高低でなく、原料や中間財を考慮に入れ、「実際の保護効果」を測定するために考案されたのが「有効保護率(effective rate of protection)」概念である。例えば、原料や中間財には関税をかけないで、付加価値が追加された最終財に関税をかけるなら、名目関税率以上の保護を最終財に与えることになる。

タリフ・エスカレーションとは、有効保護率概念と密接に関連するものであるが、原料や中間財の関税率がそれをとりこんで製造された産品の関税率より低い場合をさしているが、従来から途上国が先進国市場へアクセスする際の一つの障害であると、途上国の不満の一つになってきた。

(vi) 1994 年ガット 2 条 1 項 (b) の「その他の租税又は課徴金」に関する了解

ウルグアイ・ラウンドにおいては輸入に際して科される手数料や特定の税といった、いわゆる "para-tariff" について一定の制限が課されることとなった。つまり、譲許品目について課される「その他のすべての租税や課徴金」が譲許表に記載されることによって現状凍結(いわばバウンドされる)されることになった。

(d) 再交渉 (renegotiation) (28 条)

ガットは一定の場合には、譲許税率の修正または撤回を認めている。レジームとしての柔軟性の表れで、一定の場合、部分的な再調整によるレジーム全体への波及を食い止める。譲許の修正は、譲許した関税率を変更(引上げ)することで、変更された形で譲許は存続する。譲許の撤回は、譲許をやめて白紙の状態に戻すことである。

①3 年ごとの再交渉(ガット 28 条 1 項)、②特別の事情のあるとき(ガット 28 条 4 項)、③ガット 27 条に基づく撤回、④緊急輸入制限の場合(ガット 19 条 1 項)、⑤低開発国が国内産業の確立のために必要な場合(ガット 18 条 7 項 (a))、⑥関税同盟の結成の場合(ガット 24 条 6 項)、⑦産品の分類上の困難に基づく場合(ガット 2 条 5 項)等である。

これらの場合には、原則として、相手国に対して「それと実質的に等価値の」

代償を提供しなければならず(「補償的調整」)、合意が成立しなかった場合には報復(相手国による等価値の譲許の撤回)を受けることになる。

(e)加入交渉(WTO 協定 12 条)　→　第 3 章参照

(2) 関税分類[2]

　国境を跨いでさまざまな物品が貿易取引されている中、国、国際機関、民間企業にとって、物品により有税 / 無税、貿易統計の把握、原産地の決定等、目的の異なる扱いが必要である。そのために世界中で一義的に分類される世界共通の品目表の開発が求められ、関税協力理事会(Customs Cooperation Council, CCC)が真に国際的な品目表の作成を目指して、1973 年〜 1983 年作成作業を行い、通称「HS 条約」と呼ばれる「商品の名称及び分類についての統一システムに関する国際条約」(Harmonized Commodity Description and Coding System)が 1988 年 1 月から発効しており、2018 年 5 月現在で日本をはじめ 157 か国・地域が加盟している[3]。

　HS 条約の附属書は通称「HS 品目表」と呼ばれており、あらゆる商品を組織的・体系的に分類するための品目表である。HS 品目表は世界共通の 6 桁番号からなるが、日本の関税率表 HS 品目表を必要に応じて、更に細分して作られている(世界共通の 6 桁番号 + 日本独自の 3 桁番号)。輸入商品の分類は、この関税率表に基づいて行われ、類、項、号および関税率表上の細分というように大分類から小分類へと体系的に行われる。輸入商品を関税率表の該当する箇所に当てはめる作業を関税分類、または HS 分類と呼び、分類した箇所の HS 番号および関税率表上の細分番号を税表番号と呼ぶ。また、単に税番と呼ぶこともある。

　HS 品目標は、技術革新による新規製品の登場、国際貿易の態様の変化に対応するために、これまで 6 回にわたり改正された。

(3) 関税評価[4]

　関税は輸入貨物の課税標準(課税価格または課税数量)にその貨物に適用される関税率を乗じて算出されるが、この場合の課税価格を法律の規定に従って

決定することを関税評価という。関税評価については国際的な関税評価の方法等を定めているガット7条および「1994年の関税及び貿易に関する一般協定7条の実施に関する協定」(関税評価協定)により国際ルールが定められている。日本の関税評価制度は、上記の国際ルールに基づいて、関税定率法(以下「定率法」という。)4条から4条の9まで規定されている。

　関税が公正に賦課されるためには、何よりも取引価格を公正客観的に評価する必要があるが、そのために課税価格の主たる算定方法とそれに依拠できない場合のための副次的な算定方法が定められている。

　課税価格の原則的な算定方法は、<課税価格=取引価格=現実支払価格+加算要素(関税評価協定8条に基づく調整額)>である。(関税評価協定1条)

　輸入貨物の課税標準となる価格(課税価格)は、①輸入貨物に係る輸入取引がされた時に、②買手により売手に対しまたは売手のために当該輸入貨物について現実に支払われたまたは支払われるべき価格(現実支払価格)に、③その含まれていない限度において当該輸入貨物の輸入港までの運賃等の額(加算要素)を加えた価格(取引価格)である。(定率法4条1項)現実支払価格は支払いが直接的なものか、間接的なものかは問わない。加算要素は、現実支払価格に含まれていない限度において、その額を加算する額である。関税評価協定8条1項(a)-(d)が限定列挙しているが、手数料および仲介料(買付手数料を除く)(同条同項(a)(i))、輸入貨物に関連のあるロイヤリティおよびライセンス料であって輸入取引の条件として買い手が直接または間接に支払わなければならないもの(同条同項(c))、輸入貨物の再販売による収益であって直接または間接に売り手に帰属するもの(同条同項(d))等が挙げられている。

　上記の原則的な方法によることができない貨物としては次のようなことがある。①輸入取引によらない輸入貨物(無償貨物、委託販売貨物、賃貸借貨物(買取権付きを含む)、本支店間取引等)、②特別な事情がある場合(処分または使用の制限、課税価格の決定を困難とする条件、売手に帰属する収益がありその額が明らかでない場合)、③課税価格への疑義が解明されない貨物、④売手と買手とが特殊関係(例えば、一方が他方に出資している等の関係)にあり、当該特殊関係が取引価格に影響を与えている場合である。このような貨物については、次の方法により課税価格を決定する。①輸入貨物と同種または類似の貨物の取引

価格による方法 (定率法 4 条の 2)、②輸入貨物 (または加工後の貨物) または輸入貨物と同種若しくは類似の貨物の国内販売価格から逆算する方法 (定率法 4 条の 3 第 1 項)、③輸入貨物の製造原価に基づき積算する方法 (定率法 4 条の 3 第 2 項) および④ ①～③の方法による課税価格に品質、性能等の差異による価格差を調整した価格によるほか、税関長が定める方法により計算される価格による方法 (定率法 4 条の 4) である。なお、原則として上記①から④の順に適用されることとなるが、輸入者が希望する場合は、②と③の順序を入れ替えることもできる。

　以上が関税評価の方法であるが、現代の国際取引はグローバル・バリュー・チェーンを構成するグループ企業間の原材料・部品・資本財取引のように、当事者が多数化し取引が複層化する例や物品に関連するサービスや権利の価値が当該物品の価値に化体している例が増えている。他方で、関税収入のために、あるいは国内産業保護のために取引価格を高めに算定するインセンティブは常に存在する。関税評価に際して個々の取引状況の検討を踏まえた取引価格の公平・客観的な査定の必要性が要らなくなることはない。

2. 非関税障壁

　相手国が、ある産品について関税の引下げに合意した後、関税以外の通商措置によってその産品を保護するなら、せっかくの関税の引下げの意味がなくなりかねない。そのために関税以外の通商措置の使用を禁止ないし規律する諸条項、すなわち「通商政策条項」が置かれたことについてはすでに既述した。(→第 3 章 1 の (1)) ガット交渉と ITO 憲章草案作りに臨んだ外交官たちは、関税、輸入数量制限以外に、「通商政策条項」のうち、税関手続、補助金および国家貿易に取り組み、税関手続については 4 か条 (7 ～ 10 条) を使って無理な遅延や取り上げを制限する合理性規範を設けたが、補助金と国家貿易についての規律はとても緩やかなものであった。その後、東京ラウンドにおいて「関税評価コード」がつくられるとともに、補助金・相殺関税についての国際規律が著しく進展した。(相殺関税は第 6 章、国家貿易は第 18 章をそれぞれ参照) 本章では、非関税障壁のもう一つの形態である政府調達についても略述する。

(1) 数量制限

(a) 一般ルール

1994年ガット11条は「関税その他の課徴金以外のいかなる禁止または制限を新設し、またはそれを維持してはならない」と数量制限の一般的禁止を規定している。前述したように、輸入数量制限の方が、一定数量以上の外国製品の流入を許さないために、競争を歪曲する度合いが高く、その結果国内産業保護効果が強いからである。

しかし、数量制限禁止の原則に対しては、11条に、あるいは11条以外に、さまざまな例外規定が置かれている。

まず、ガット11条に規定されている例外としては、①食糧その他輸出国にとって不可欠な物資が危機的に不足することを防止・緩和するための一時的な輸入禁止または制限（同条第2項(a)）、②基準認証制度等の運用のために必要な輸出入の禁止または制限（同条第2項(b)）、③国内農漁業の生産制限措置の実施のために必要な農漁業産品の輸入制限（同条第2項(c)）がある。

次に、ガット11条以外に規定されている例外としては、非経済的な目的のための例外と経済的な目的のための例外に分かれる。前者には、公衆の保護、人、動物等の生命または健康の保護等を目的とした一般的な例外（20条）と安全保障のための例外（21条）が含まれる。後者には、①国際収支擁護のための数量制限（一般の加盟国については12条、初期の経済開発段階にある途上国については18条B）、②初期の経済開発段階にある途上国等における特定産業保護擁立のための数量制限（18条C、D）、③輸入急増による国内産業への重大な損害を防止、救済するための数量制限（セーフガード）（19条）、④パネル勧告の未履行に対する対抗措置としての数量制限（23条2項）、⑤ウェーバー取得による数量制限（WTO設立協定9条3項）がある。

(b) 浮上した輸出制限の問題

通常数量制限というと輸入制限が浮かぶが、各国は様々な理由から輸出制限を行っている。その理由は様々である。安全保障の理由から敵の手に渡らないよう輸出を禁止する（21条）や、国内産業に必要な部品を確保するために、あるいは天然資源を保護する（20条(g)）ために、最後に、WTOになって禁止

された、相手国の要求による輸出自主規制等である。しかし、最近天然資源
や食料保護を理由に輸出制限を発動するケースが増えて改めて注目を集める
ようになった。

　輸入制限同様、輸出制限を規律するのは数量制限を一般的に禁止している
11条1項である。しかし、食糧その他不可欠の産品の不足（同条2項(a)）、上
記の有限天然資源保護、安全保障のための例外等が存在している。

　輸出制限に係る代表的なケースとしては、アルゼンチンの皮革産業団体が
皮革等の輸出前段階の輸出通関代理の権限を与えられたことは事実上の輸出
制限に該当し、ガット10条3項(a)とガット11条1項に違反すると、2001年
にEUが訴えたが、立証不十分で敗訴した。最近もっとも注目を浴びたケー
スは、中国がレアアース、タングステンおよびモリブデンに対する輸出制限
措置（輸出数量制限、輸出税、最低輸出価格）を行ったのに対して、米国、EUお
よび日本が争ったケースである。これらの国は、①レアアース、タングス
テンおよびモリブデンに対する輸出税は中国の加盟議定書11条3項に違反
し、②同品目の輸出数量制限はガット11条に違反、③同品目の輸出許可制度
（貿易の制限）は加盟議定書5条および加盟作業部会報告書に違反すると主張し、
中国は自らの措置が1994年ガット20条(b)および(g)で正当化されると主張
した。パネルも上級委員会も米国、EUおよび日本の主張を認め、中国が敗訴
した。

　日本は、輸出制限についてはドーハ・ラウンド非農産物市場アクセス（NAMA）
交渉において輸出制限にかかる手続的な透明性の確保の重要性を主張し、農
業交渉においても食糧需給の安定を損なう輸出規制・制限および輸出税に関
する規制強化を主張する等、積極的に規範作りにかかわっている[5]。

(2) 国際収支の擁護のための輸入制限

　「埋め込まれた自由主義」の核心は、第2次世界大戦後の福祉国家は、対外
均衡達成のために、完全雇用の達成と国内安定を犠牲にしないことで、国際
収支擁護のための輸入制限はその一つの帰結である[6]。戦争の疲弊で外貨準備
が枯渇し通貨の交換性を停止していたヨーロッパ諸国は1950年代後半まで国
際収支の擁護のための輸入制限を行い、経済開発を急ぐ途上国の場合、ガッ

ト 12 条より発動要件が緩やかなガット 18 条 B を援用し、恒常的に包括的な輸入制限を行ってきた。

国際収支擁護のための輸入制限措置が恒常化・長期化する中、ウルグアイ・ラウンドで同条項の発動要件を明確にするために「国際収支にかかる規定に関する了解」が採択された。

同了解では、まず、輸入制限措置は、輸入の全般的な水準を管理するためにのみ取ることができ、国際収支の状況に対処するために必要な限度を超えてはならないこと、その撤廃の時期を公表し、危機的な状況を除き、価格を基礎とする輸入制限措置を優先させること等、発動要件・手続が整備された。次に、国際収支擁護措置の発動後 4 か月以内に、国際収支上の目的のための制限に関する委員会 (Committee on Balance-of-Payments Restrictions)（以下、BOP 委員会）と協議を開始し、適宜協議を行うこと、BOP 委員会は一般理事会に協議に関して報告すること等が決まった。WTO 出帆後しばしば国際収支擁護のための輸入制限措置について BOP 委員会で協議が行われ、援用国は制限措置を一時的なものにすることを余儀なくされたり、撤廃する等、運用の適正化が行われた。

(3) 農産品貿易

農業は様々な根拠から国際規律からの免除が主張されてきた分野である。農業人口が多く政治力の強い国では、農業は特別な地位が与えられ、異常な価格不安定という特性、食料安全保障および (非) 経済的説明がそれらの主張を裏付けた。

特に、先進諸国における農業保護の実態を見れば、米国における価格支持、生産制限および輸出補助金政策、EU の共通農業政策と可変課徴金制度、米国・EU 間の輸出補助金競争に参加しなかったものの、日本も価格支持、国家貿易による供給制限等様々な保護措置を駆使してきた。

(a) ウルグアイ・ラウンド以前の農業

米国では 1933 年農業調整法 (Agricultural Adjustment Act, AAA) により農家保護が行われた。AAA による制限のために、一定の条件付きではあるが、1947 年ガッ

トに農業についての例外規定（ガット11条2項(c)）がおかれた。他方、先進諸国は1955年（ガット条文）再検討会期において1次産品以外の産品についての輸出補助金を（1958年から）廃止することに合意したが、1次産品については「輸出補助金の許与を避けるように努めなければならない」ことにとどまり、輸出補助金を与える際には「当該産品の世界輸出貿易における当該締約国の衡平な取分を超えて拡大するような方法で与えてはならない」という曖昧な決着になったために後々大きな禍根を残すことになった[7]。

1951年に「作付け制限」の有無にかかわらず輸入制限ができるようにAAAが改正されたことで、1955年アメリカはウェーバーを獲得し、ほぼ同じ時期にEEC（1957年）は「共通農業政策（Common Agricultural Policy, CAP）」を取りはじめ、農業問題は2大通商大国の確執の中で泥沼の様相を浴びて行った。

東京ラウンドにおいては、農業貿易の拡大を探る米国と、相変わらず農業部門の交渉外を主張するECの対立が解消されず、牛肉と酪農製品について二つの商品協定が締結されるにとどまった。1980年代に入って「日本の12品目の輸入制限」事件をきっかけに11条2項(c)を厳格に解釈するパネルの判断が続く中、剰余農産品の吐け口として国際市場の重要性を認識した米国の一方的な攻勢でウルグアイ・ラウンドが始まった。農産物の自由化を主張するケアンズ・グループという仲介役が出現したことも手伝い、米・EC間の農業貿易自由化に関する基本合意（Blair House Agreement）により、フランスの反対にもかかわらず、ウルグアイ・ラウンドの最終合意が成立した。

(b) WTO 農業協定の概要

(i) 市場アクセス（農業協定4条）

非関税国境措置の関税化：すべての非関税措置について関税相当量を用い関税に置きかえるとともにこれらを譲許する。その対象としては、「輸入数量制限、可変輸入課徴金、最低輸入価格、裁量的輸入許可、国家貿易企業を通じて維持される非関税措置、輸出自主規制その他これらに類する通常の関税以外の国境措置」が含まれる[8]（4条2項、注1）転換後の関税は、原則として国内卸価格と輸入価格の差とする（農業協定4条、一定の条件付きで輸入数量制限を認めている1994年ガット11条2項(c)の事実上の修正）。

⑪通常の関税の削減

6年間で (2000年まで) 先進国は関税を平均して36%削減する (途上国は24%)。ただし、1品目の最低15%削減という「配慮」のために、各国の現実の削減幅は17%程度にとどまる。

⑫ミニマム・アクセス

関税化対象品目についての現行アクセス機会を維持する。輸入がほとんどない場合には、ミニマム・アクセスの機会を実施期間の1年目には国内消費量の3%に設定し、これを5%へ拡大する (農業協定4条2項、付属書5)。

⑬特別セーフガード (農業協定5条)

関税化を行った品目に対し、輸入量が過去3年間の平均輸入量の一定割合を超えて増加したか、輸入価格が1986年から1988年の年間平均価格より一定割合以上下落した場合には、追加的関税を賦課することができる。

⑭輸出補助金 (農業協定8条～11条)

そもそも「衡平な取分」が曖昧であるため、協定および各国の譲許表に従って、輸出補助金を削減し、輸出補助金を交付しないことになった (農業協定8条)。削減の対象となる輸出補助金は6年間で (2000年まで) の支出額を36%、補助金付き輸出数量を21%まで引下げる (途上国はそれぞれ24%と14%、農業協定9条2項 (b) (iv))。

削減の対象となる輸出補助金以外の輸出補助金は、輸出補助金に関する約束の回避をもたらしまたはもたらす恐れのある方法で用いてはならない。(農業協定10条1項) なお、輸出信用・輸出信用保証または輸出信用保険について、加盟国はそれらの供与に関する国際的に合意された規律の作成に向けて努力すること、将来合意がなった場合従うことにとどまっている。実際ウルグアイ・ラウンドにおいて共通の規則作成に失敗し、現時点は合意のないわけであるが、米国の陸地綿に対する補助金事件において上級委員会は10条1項の要件が適用されるとの判断を示した[9]。

(vi)国内助成（農業協定 6 条、7 条）

農業に関する国内補助金は、一定の助成措置を除外して、削減義務が課された（6 条 1 項）。除外される補助金（緑の補助金と呼ばれる）は、貿易歪曲および生産に対する影響がないか最小限であるもので、公的資金から付与され、かつ価格支持効果を有しないことが条件であり、研究、自然災害救済、有害動植物および病気の防除、構造調整、環境援助等のための補助金をいう（6 条 1 項、附属書 2）。

それ以外の他のすべての国内補助金（黄の補助金と呼ばれる）は 1986 〜 88 年の基準期間に農業生産者に行われた助成の水準で算定される「助成合計総量」（Total Aggregate Measurement of Support, AMS）を、先進国は実施機関の 6 年間に 20％、LDCs を除いた途上国は 1995 年から 10 年間で 13％を削減しなければならない。ただし、黄の補助金のうち、EU の CAP に基づく補助金、日本の稲作経営安定政策に基づく補助金といった「青の補助金」と呼ばれる特別のカテゴリは削減義務を免れた。

なお、WTO 協定発効後一定期間補助金協定が適用されないことになっていた（農業協定 13 条の「妥当な自制」）が終了し、現在は農業には農業協定に加えて補助金協定の規律（補助金協定上の「イエロー補助金」と見なされ、WTO 上の協議要請・相殺関税の適用）が適用される。

(vii)衛生・検疫措置（農業協定 14 条）

加盟国は「衛生植物検疫措置の適用に関する協定」を実施することを約束している（農業協定 14 条）（←第 7 章参照）。

(viii)紛争解決手続（農業協定 19 条）

従来農業貿易をめぐる紛争処理の苦難の歴史を振り返ると、強化された紛争解決手続が産業の区分なく、すべての製品に適用されるようになったことは特記すべきであろう。実際、WTO 設立後の紛争解決の事例を見ると、農業関係の事例が最も多い。

ウルグアイ・ラウンドの結果は思ったより控えめなもので、さらなる自由

化をいかに推進するかが問われる。確かなことは、国境措置から非国境措置
へ重要性が移行したことである。最後に、日本の「米外交」に表れているように、
個別国家の「特殊事情」がどれくらい正当化され続けるかの問題も残っている。

(4) 補助金[10]

　補助金・相殺関税は、国際通商関係においてもっとも複雑で難解な分野の
一つである。その理由は、補助金は、①福祉国家の政府の正当な政策手段(例
えば、産業政策、衰退産業支援)でありながら、他の国への悪影響(adverse effects)
を与え得ること、②経済学的には、一方で資源の効率的配分を歪めるが、他
方で市場の失敗を正し経済厚生を増やすこともある、③いまだ政府の「適切な」
役割について合意がないこと、④ AD 税同様、「不公正貿易」への対抗手段と
しての相殺関税の性格をめぐる意見の対立が解消されていない。AD 協定と補
助金・相殺関税協定は WTO 諸協定の中で唯一の前文のない協定である。

(a) 補助金の種類と効果

　補助金とは、政府によって私人に供与される利益である。補助金は、矛先
によって輸出補助金と国内補助金(＝生産補助金)に、用途によって一般補助金
と特定補助金に、そして、与え方によって直接補助金と間接補助金に区分さ
れる。

　補助金の効果としては次の 3 つがある。① A 国の補助金によって、B 国へ
輸出が増大する場合で、B 国は相殺関税で対抗することができる。② A 国の
補助金で C 国へ輸出が増大する場合で、C 国へ輸出している B 国としてはい
かに対抗すべきか考えることになる。最後に、③ A 国の補助金が B、C 国の
A への輸出に対する障壁として機能する場合である。

　補助金については、相殺関税の使用に関するルールと、国際貿易へ影響す
る補助金の使用に関する実体ルールの 2 つのルール体系がある。

(b) 補助金に関するルールの歴史的発展

　1897 年米国が相殺関税法を制定したことを嚆矢に主要国における国内法整
備が続いたが、国際的には 1934 年互恵通商協定法に基づく 2 国間通商協定が

初めてである。

　1947年ガットは非常に限られたルールで出発した。3条8項(b)は国内補助金の付与を内国民待遇の例外として規定した。16条は補助金使用について通報義務を定めるだけであった。1955年に輸出補助金に関する追加規定（16条2項〜5項）により、一次産品以外の産品の輸出に対して現行の補助金を終止し、今後新設または拡大をしてはならないことになった。しかし、一次産品の場合は努力義務が課せるにとどまり、「当該締約国の衡平な取分をこえて」与えてはならないことになった。この部分の解釈をめぐって以後トラブルの種となる。

　他方で、ガット6条ではADおよびCVDの使用を「実質的損害」要件に基づいて許容したが、「祖父条項」のおかげでほぼ唯一の常用国である米国は「実質的損害」要件に縛られない状態が東京ラウンドまで続いた。

　東京ラウンドにおける補助金・相殺関税協定が成立したが、その背後には米国1974通商法において不公正貿易法の「復活」と言っていいくらい再整備したことに注意する必要がある。1979年東京ラウンド協定は、トラックⅠは相殺関税の使用に関する部分で、手続的要件の強化および「実質的損害」要件の精緻化が行われたが、肝心の対象補助金の定義は含まれなかった[11]。トラックⅡは、国際貿易へ影響する補助金の使用に関する実体規範を取り扱っている。工業製品に関する輸出補助金の使用については規律を強化したが、一次産品については進展しない等の限界はあったが、たとえ緩やかではあっても国内補助金の使用についての規律が試みられたことは特記に値する。さらに、途上国に対する特別待遇が規定された[12]。

(c) WTO の補助金に関する国際規律

　東京ラウンド協定のトラックⅠを強化したい米国以外の国々の思惑とトラックⅡを強化したい米国の思惑の妥協の産物である。内容的には、「特定性要件」(specificity test) の導入に基づく補助金の定義が明確化され、農産品に対する補助金についてのルールが規定され（(3)農業協定参照）、そして、途上国に対する規律が強化された。

(i)補助金の定義 (1 条)

①加盟国の領域における政府または公的機関による資金面の貢献があるか、または②1994 年ガット第 16 条に規定する何らかの形式による所得または価格の支持があり、かつ①または②の措置により利益がもたらされている場合で、特定の企業・産業およびそれらの集団に向けられるものである (第 6 章参照)。

(ii)補助金の分類

特定性の有無および補助金の目的・性格等により、①レッド補助金 (prohibited subsidies)：交付か禁止される補助金で、輸出補助金および国産品優先補助金が該当する。補助金協定 4 条の救済措置 and/or 相殺関税の対象となる。②イエロー補助金 (actionable subsidies)：交付は禁止されないが、当該補助金が他の加盟国の産業に損害を与えたり、他の加盟国のガット上の利益を無効化または侵害したり、他の加盟国の利益に「著しい害」(serious prejudice) を与えたりする場合に救済措置 (補助金協定 7 条) and/or 相殺関税の対象となる。③グリーン補助金 (non-actionable subsidies)：交付も禁止されず、相殺関税の対象にもならない補助金で、特定性のない補助金のほか、特定性のある補助金のうち、研究開発補助金、地域開発補助金、環境保全補助金等一定のものを指す。救済措置の対象となり得る (補助金協定 9 条)。しかし、5 年の期限が経て今や廃止された。

(iii)途上国規定におけるトーン・ダウン

東京ラウンド協定 14 条 1 項は「署名国は補助金が途上国の経済開発計画の不可分の一部をなすものと認める」と明記していたが、補助金協定 27 条 1 項は「加盟国は補助金が途上国の経済開発計画において重要な役割を果たすことがあることを認める」とトーン・ダウンし、東京ラウンド協定 14 条 2 項の、「この協定は、途上署名各国が自国の産業を援助する手目の素地および政策 (輸出部門における措置および政策を含む) を採用することを妨げるものではない」という部分は削除された。1990 年代以降新自由主義の台頭によるスタンスの変化である。

(d) 展　望

　国際経済秩序における国家（政府）の役割や補助金の位置づけをめぐる対立は解消されていない。現在米中がハイテク分野での覇権をめぐり激しくしのぎを削っている中、米国は「国家資本主義」(state capitalism) とまともに戦うことはできないとつぶやく。他方で、川上補助金 (upstream subsidies) のように、サプライ・チェーンのグローバル化に伴う問題への対処が問われる。

(5) 国家貿易　→　第 18 章参照

(6) 政府調達 [13]

(a) 政府調達の定義と取組の歴史

　政府調達とは、政府等公共機関が、政府に係る目的 (governmental purpose) で行う物品、サービスまたはこれらの組合せの調達である [14]。政府調達市場の規模、各国経済に占める割合は国によって異なるが、一般的に GDP の 10％から 15％に上ると言われるので、政府調達における内外産品の差別的な措置がモノやサービスの流れに及ぼす歪曲効果には計り知れないものがある。

　政府調達については、各国とも国家安全保障や国内産業育成等の理由から国内産品優遇政策を取ってきたが、このような現実を踏まえ、ガットは政府調達を内国民待遇の例外とした。（ガット 3 条 8 項 (a)）国内産品の優遇制度としては、外国企業を入札から除外する方法、国内産品を一定程度購入する場合に優待する方法、入札に際して様々な条件を課す方法等が見られる。

　しかし、政府調達の比重がますます大きくなるにつれて、ケネディ・ラウンド以後政府調達における内国産品優遇が非関税障壁の一つに数えられ国際的な対応が始まった。そして、1979 年東京ラウンドで内国民待遇と最恵国待遇ならびにこれらを達成するために公正かつ透明な調達手続を確保することを主な内容とする「政府調達に関する協定」が成立し、1981 年 1 月に発効した。ウルグアイ・ラウンドでは協定条文の見直しと適用範囲の拡大を目的とした改正交渉が行われ、新たな協定が成立し 1996 年 1 月に発効した。その後再び改正交渉が行われ 2012 年「政府調達協定を改正する議定書」が採択され、日本

については2014年4月発効した。これらの一連の協定は複数国間協定(plurilateral agreement)で、ガットやWTO加盟国全員が受諾することを要求される「一括受諾」の対象外であるが、現在19の国や地域が政府調達協定に加入していると言われる。

(b) 政府調達協定の主要内容

現行の政府調達協定は、1979年協定の基本的規律をそのまま踏襲しているが、その内容の概要は次の通りである。①一般原則を定める第4条で、締約国が、対象調達について、他の締約国の物品およびサービスならびに供給者に対して、即時にかつ無条件で、内国の物品、サービスおよび供給者に与える待遇よりも不利でない待遇(無差別待遇)を与えることを要求する。②現行の政府調達協定は、その適用を大きく拡大し、附属書に具体的な物品・サービス、基準額および対象期間を明示している。③利用できる3つの入札手続(公開入札、選択入札、限定入札)のそれぞれについて詳細な手続規則(7条〜16条)を定めている。④協定加盟国の協定違反があると考える事業者が苦情を申し立てることを可能にする国内手続の整備が義務付けられている。日本は1996年以来「政府調達苦情処理推進本部」が内閣府に設置し、現在まで14件の苦情処理を取り扱っている。⑤開発途上国に対して特別な配慮を行うことが様だっている。⑥政府調達協定にかかわる紛争はDSUによって解決されることになっているが、調達が迅速性を求める手続の性質上パネルの審理期間をできるだけ短縮する努力規定が設けられていることと、クロス・リタリエーションが認められないことになっている。⑦最後に、2012年改正により、ガット20条、21条類似の、安全保障のための例外および一般的例外を定める条項(3条)が置かれた。

日本において政府調達に関する一般法規として、中央政府機関に関しては、「会計法」「予算決算及び会計令」「予算決算及び会計令臨時特例」等があるが、政府調達協定と整合性を確保するために、「国の物品及び特定役務の調達手続特例を定める政令」と「国の物品及び特定役務の調達手続特例を定める省令」が定められている。地方政府機関および政府関係機関については、それぞれ地方自治法に基づく特別政令および政府関係機関ごとに内規が作られ、政

府調達協定との整合性を保つことになっている。

II. 差別の除去：無差別原則 (nondiscrimination)

WTO 協定の前文に「…国際貿易関係における差別待遇を廃止する…」とあるように、無差別原則が貿易自由化の 2 つの柱の片方の要素であることは強調するまでもない。

どのような場合に差別があるというのか、それをどのように確定するのかは、差別を考える際の前提的な意味を有する[15]。それについては差別する意図 (intent、目的、動機ともいう) から判断する場合と、差別の効果 (effect) で考える場合の二通りの見方があるが、後者の方がより広範に用いられる。

差別を考える際にもう一つ重要な論点が法律上 (de jure) の差別と事実上 (de facto) の差別の区分である。輸入品に 20% の売上税を課し、内国産品に 10% を課す場合法律上の差別がある。しかし、3 万ドル以上の高級車に 30% の税金を課し、3 万ドル未満の車に 10% を課しているが、輸入品はほとんど前者である場合のように、外見上は必ずしも差別のように見えないが、結果において差別になる場合が事実上の差別である。偽装された (disguised) 差別ともいう。

図表 5-2　事実上の差別の例

車の価格	輸入品	国産品
30,000$ 以上、30% 税率	180 台（輸入の 90%）	40 台（20% シェア）
30,000$ 以下、10% 税率	20 台（輸入の 10%）	160 台（80% シェア）

(出所：Table 7.1 , Lester et al, p. 263)

1. 最恵国待遇 (Most-Favoured-Nation Treatment: MFN)

定義：「一定の事項について、条約当事国が相手の条約国国民、産品および船舶等に対して、第 3 国のそれに対して現在与えているまたは将来与えるであろう待遇より不利でない待遇を与えることを約束すること」

(1) 国際経済関係における大黒柱としての MFN とその限界

1927 年新しい関税法を制定したフランスが、1910 年と 1921 年の米仏通商条約にもかかわらず、アメリカの高関税を理由に、新法に基づいて締結されたドイツとの通商条約上の利益をアメリカに与えないことを通告したことで起きた 1927 年「米仏論争」は、国際通商関係において MFN 原則が必要不可欠であることを改めて認識させるとともに、MFN 原則は必ずしも貿易自由化と自然に調和するわけではないことを教えてくれた事件であった。

この事件は、MFN 待遇が関税削減に応じる国にのみ与えられると、差別が自由化のテコとして使われることの危険性を示すことによって、無差別原則が国際通商関係においていかに大事であるかを知らしめた。「無差別原則は、正規性、秩序性および予測可能性で表されるところの国際通商『体制』(system) の必須条件 (conditio sine qua non) である」といわれる所以である[16]。

他方、米国が、自らの高関税をもっぱら「国内問題」とした上で、フランスに対してドイツとの自由化交渉の果実（すなわち関税削減）を、MFN 条項を盾に要求したことは「ただ乗り」(free rider) と映りかねない。そして、無差別原則を盾に交渉による関税削減を拒否する米国の態度は、互いに関税削減をして行こうとする国々の足を引っ張る「協調拒否者」(foot-dragger) と言われよう。MFN 原則には、自然には相互主義に基づく貿易自由化と調和しない、消極性や限界が宿っているのである。

(2) 条約義務としての MFN

MFN 義務は条約ベースであるので、"the" most-favoured-nation clause たるものは存在せず、その義務内容や性格は、MFN 条項を含んでいる条約ごとの個別具体的な検討を通じてはじめて確定する[17]。

歴史的に見ても、MFN 義務は、それが一方的に与えられるか、双務的に与えられるかによって、あるいは、その義務内容が条件付きか、無条件か、条件付きの場合にはいかなる条件がついているのかによって、各人各様である。

(3) ガット 1994 年における MFN 義務の内容

(a) MFN 義務の範囲 (ガット 1 条)

輸出入品および輸送手段 (第 5 条) であって、通常通商航海条約に規定される入国、居住および営業には及ばない。具体的な適用範囲は、①輸出入関税、輸出入課徴金、輸出入に対する支払いの国際的移転に対する課徴金、②前記の関税および課徴金の徴収の方法、③輸出入に関する規則、手続、④輸出入に対して直接または間接に課せられる内国税および内国課徴金、および⑤輸入品の国内における売買、輸送、分配および使用に関する法令および要件である。

1 条は、譲許如何にかかわりなく、すべての関税、輸出入に関するその他の規制や方式に適用されるのに対して、2 条は譲許品目についてのみ適用される。

さらに、内国の数量規則 (3 条 7 項)、映画フィルム (4 条 (b))、貨物の通過 (5 条 5、6 項)、原産地表示 (9 条 1 項)、数量制限 (13 条)、国家貿易 (17 条 1 項) および供給不足の産品の獲得または分配に不可欠な措置 (20 条 (j)) についても、最恵国待遇または無差別適用が定められている。

(b) MFN 義務の内容

他国の原産の産品または他国に向けられる産品に対して許容する利益、特典、特権または免除を他のいずれかの同種の産品に対して即時かつ無条件に許容することである。これにはいくつかの解釈の問題があるが、以下 2 つのキー概念について触れる。

(i) 原産に基づく差別の禁止

MFN 条項に基づく「無差別」適用とは、産品の「原産地」(national origin) に基づく差別待遇を禁止することである。原産に基づく差別でない限り、締約国はそれ以外の基準 (例えば、製品の性格や価格) による差別はいわば合法的に行うことができる。これは第 3 国の受ける待遇を基準に平等を確保することによって、競争関係にある国々の間の「損害の防止」を目的とする MFN 条項の本質によるものである。

ガット・WTO においては製品そのものの特徴に基づく差別は許容されるが、

輸出国の法制や政策の相違、生産工程および生産方法(processes and production methods, PPMs)に基づく差別は許されない[18]。その理由は、ガット・WTO における無差別適用の目的は、貿易相手国の政策如何にかかわりなく、締約国間の市場アクセスの許容を確保するところにあるからである。

　今日、原産問題が生産の国際化と地域主義の隆盛に伴い、国際通商関係のクリティカル・イッシューとなりつつあることは周知の通りである。

(ii)同種の産品 (like products)

　1994年ガットには、「同種または類似の産品」(like or similar products)用語が、1条だけでなく、2、3、6、9、19条等17の条項に散見される[19]。

　「同種の産品」の解釈は、1970年に締約国団によって採択された「国境税調整に関する作業部会報告書」の見解が出発点となってきた[20]。報告書は、「同種または類似の産品」用語はケース・バイ・ケース・ベースで検討されるべきであるといいながら、一定の市場における産品の最終用途、消費者の嗜好および慣習、産品の特性・性質・品質等の要素が判断に際して用いられしかるべきであろうと示唆した。その後のガット・WTO 紛争処理では、この見解が踏襲されながら、上記の3つに関税分類の基準を加えて、条項ごとの用語内容の解明が試みられてきた。

(c) 数量制限における無差別適用 (ガット 13 条)

　関税の場合と異なって、数量制限の場合「無差別」の意味はやや複雑である。確かに、ある産品に数量制限を課す際に、それをすべての国からの輸入品に課さなければならないことは明確である(ガット 13 条 1 項)。しかし、それぞれの国からの輸入量が同じでない場合に、関税のような「平等待遇」、つまり、すべての国からの輸入に同じ数量を割り当てることはかえって不平等な結果になりかねない。そのことから、数量制限の場合には、「その制限がない場合に各締約国が獲得すると期待される取り分にできるだけ近づくように」数量が配分されるべきことになった(13 条 2 項)。つまり、数量制限の場合「平等待遇」の意味は、同一の (identical) 待遇でなく、衡平な (equitable) 待遇である。

　そして、数量制限において無差別適用を確保する仕方は、可能な場合には「総

168

量割当 (global quota)」方式 (13 条 2 項 (a)) を、それができない場合には過去の実績に基づく「国別割当 (country-allocated quota) 方式 (13 条 2 項 (d)) によることである。

(4) GATS における MFN　→　第 8 章参照

(5) 原産地規則
(a) 定義と種類
MFN 条項は、産品の原産地 (national origin of goods) に基づく差別待遇を禁止しているので、原産をどのように決めるかはとても重要な問題である。

原産地規則とは、国際的に取引される物品の「国籍」を判定するために用いられるルールであるが、数量制限、AD 税、CVD 等輸出国を特定した通商政策上の措置を実施する際の対象物品の確定等、主に一定の者の市場アクセス機会を制限するための非特恵分野に係るものと、一定の者の市場アクセス機会を拡大 (特恵待遇の供与) するための特恵分野に係るものがあるが、後者には GSP に係るものと地域貿易協定等に係るものがある。

(b) 原産地決定に関する基準
原産地決定の出発は、ある製品が一つの国で完全に得られたものか (完全生産品基準)、2 以上の国が生産に関与しているかの決定である。後者である場合には、「最後の実質的変更が行われた国」を原産地とするのが一般的である。

実質的変更基準には、関税番号変更基準 (custom classification test)、加工工程基準 (technical test)、付加価値基準 (economic test) およびその他の基準がある。しかし、もっとも簡明であるとされる関税番号変更基準でさえ限界があるために、各国は一つの製品の原産地判定に二つ以上の基準を併用したり、製品ごとに異なる基準を用いたりする (いわゆる product-specific origin regulation)。さらに、付加価値基準の場合はその計算方法が複雑な上、計算如何によっては恣意的になり得る[21]。

(c) ガット /WTO における原産地規則

(ⅰ)ガットにおける原産地規則の不在

　ガットの設立当時原産地決定についての締約国の裁量が確認され、ガット設立後も原産地の国際的な定義に懐疑的な態度が支配的であった。そのためにガットには、原産地の表示に関する第9条を除いて、原産地規則固有の規定は置かれなかった。

　ガット以外の国際規範としては、国際協力理事会(Customs Co-operation Council (通称は World Customs Organization, WCO) の「税関手続の簡素化及び調和に関する国際規約(京都規約)の不可分の1部とされる附属書(原産地規則に関する附属書)が存在するが、内容的には、統一ルールの提供よりは、いくつかの選択肢を提供するやり方であることも手伝って、批准国が少ないために国際規範としての拘束力は極めて限定的なものとなっている。

(ⅱ) WTO 「原産地規則に関する協定」の概要

　非特恵分野に適用される原産地規則を調和することを目的に、調和のための作業計画を定める(第4部)とともに、作業計画が完了するまでの一般的な規律を定める(第2部)。

　原産地規則は物品の原産国を決定するために加盟国が適用する法令および一般に適用される行政上の決定であると定義される。(WTO「原産地規則に関する協定」1条1項)特恵分野については、地域統合の「個別性」のために、一般ルールの策定には抵抗が強く、実現されていない。

(ⅲ)基本原則

①非特恵分野におけるすべての目的のために平等に適用されること

②原産国の決定は、当該物品が完全に生産された国または、当該物品の生産に二つ以上の国が関与している場合には、最終の実質的な変更が行われた国のいずれかとすること

③原産地規則が、客観的な、理解しやすく、かつ、予見可能性のあるものであるべきこと

④貿易の目的を追求する手段として直接または間接に用いるべきでないこ

と

⑤一貫性のある、一律の、公平な、かつ合理的な態様で運用し得るもので
あるべきこと等

(iv)調和作業計画の枠組（9条の2「作業計画」）

① WTO 協定の効力発生後速やかに開始し、3年以内に完了すること（現在
も進行中）

② WTO 原産地規則委員会と WCO 原産地規則技術委員会が実施する

③基本的な作業のアプローチとしては（9条の2(c)）、物品が一国で完全に
生産される場合に適用される完全生産基準、それのみでは原産地を付
すに値しない軽微な加工を決める微小加工基準、物品の生産に二つ以
上の国が関与している場合には、最終の実質的な変更が行われた国に
原産地を付与する実質的な変更基準の3つの基準に基づき検討を行っ
ている

④実質的変更の有無を具体的に判定する方法として、関税番号変更基準と
それを補完する付加価値基準および加工工程基準によることが決まって
いる

(v)特恵分野にかかる主な規律（付属書Ⅱ）

特恵分野における原産地規則は、作業計画の対象とはならないものの、原
産地付与要件の明確化、積極的基準採用、法令の公布および遡及的適用の禁
止等が規定された。

原産地協定における調和作業の終了が技術的な側面を有する原産地規則運
用における「裁量性」を完全になくすとは考えられないが、調和作業の終了に
伴う同一ルールの採用、特に関税分類基準の採用によって、米国、EC の個別
通商法の政策目的に応じた実質的変更基準の一貫しない適用や product-specific
origin regulation の防止が期待できる。しかし、関税分類基準一本槍はあり得な
いので、補足的基準の客観的な適用のための「基準」作りが必要である。さら
に、原産地規則に関する協定も一定の例外条項を有している（2条(f)）ことに
留意すべきである。最後に、下記のダンピング防止税という「穴」の問題がある。

何よりも、特恵分野におけるルール設定ができなかったことが大きい。

2. 最恵国待遇原則に対する例外

(1) 歴史的特恵

17世紀以来の通商航海条約の歴史を見ると、最恵国待遇の拡散は、特定の国や地域に対する特恵の付与とペアをなしていたことである。最恵国待遇に基づく貿易の多角化は常に2国間主義(bilateralism)によって苛まれてきた。第2次世界大戦後の英米間の初期の交渉における焦点の一つは、貿易特恵(trade preferences)の問題で、特に英米間において英連邦特恵体制の廃止をめぐり熾烈な攻防が繰り広げられた。結果は、特に列挙した地域間の、かつ関税率に関するものに関して承認し、特恵の拡大、新設は認めないことになった。(「歴史的特恵」と言われる。)

(2) 24条の例外　→　第17章参照

(3) 途上国に対する例外

M. ボルフが1984年にいみじくも指摘したように、当時のガットの無差別原則を蝕んでいたのは、ECの展開する地域主義の弊害と途上国の「特別待遇」の要求であった。途上国の要求は、まず、1965年第4部「貿易と開発」の追加、次に、1971年最恵国待遇からの逸脱を認めるウェーバーに基づく主要先進14か国に途上国に対する特恵関税(GSP)に結実したが、東京ラウンドで締約国団の決定による「授権条項」(1979年)が採択された。それとともに、途上国に対する様々な「特別かつ異なる待遇」(SDT)が規定され今日に至っている(→第18章II)。

(4) その他

それ以外にも、特定の加盟国間における多角的貿易協定の不適用(WTO協定第13条)に基づく差別の待遇の許容手続があり、例外的な場合に加盟国の3/4の議決によって付与されるウェーバー手続も最恵国待遇原則に対する例外である。

3. 内国民待遇

　最恵国条項と並んで、国際通商関係を規律する無差別原則のもう一つの柱で、最恵国待遇が外国間の差別を禁止するのに対して、内国民待遇は、輸入品と国内産品との差別の禁止、つまり内外無差別を確保する。

　最近の地域主義の繁盛に見られるように、国際経済関係における MFN の「永遠な」重要性に変わりはないが、MFN 違反の事例は多くない。それに対して、内国民待遇は国際経済体制の経済活動の自由化という目標と、様々な内国法令に体現されている国内政策の目標との調和をいかに図るべきかという、MFN に劣らない重要性を有している。実際ガットから WTO への発展には、1980 年代半ば以来の内国民待遇の適用強化に負うところが大きく、今後の WTO を中心とする国際通商法の発展は、内国民待遇のあり方（正当な国内規制措置の貿易制限効果をいかに、どのレベルで取り扱うべきか）にかかっているといっても過言でない。

　内国民待遇を考える際のポイントは、一見して中立的に見える規則・規制が保護主義的な効果を伴うことがありうる点である。言い替えれば、非関税措置と密接に関連しているために、さまざまな法令や政策手段が「事実上または目に見えない (de facto or implicit)」差別手段として機能しているかどうかが問題になる。その代表的なものが、技術的規則および標準である。

(1) 1994 年ガット 3 条における内国民待遇

　内国民待遇とは、輸入品に対して適用される内国税や国内規則について、同種の国内産品に対して与える待遇より不利でない待遇を与えなければならないことをいう。

　当初ガットにおける内国民待遇の背後にある重要な政策的な背景は、内国税や国内規制が一度行った関税譲許を減殺しないように確保することであった。しかし、第 2 部が「一般的な行為基準」として位置づけられることによって、3 条は、譲許品目に限定されないで、すべての内国税および措置が対象となった。それによって、3 条の範囲が加盟国の国内政策における裁量の時代的認識の変遷とともに伸縮性を帯びるようになった。実際にガットは当初もっぱら法律上の差別に対応して来たが、80 年代半ばから事実上の差別に対処するた

めに内国民待遇が精緻に適用され、20条の援用要件が強化された[22]。

(2) 内国民待遇の範囲と義務内容

　3条は、その規範構造と文言の複雑性のために、かなり難解な条文である。3条1項の総論的な規定に続いて、3条2項は、内国税に関するものであるが、「同種の産品」にかかわる第1文と、3条の注釈に言及される「直接的競争・代替可能産品 (directly competitive or substitutable product)」(以下「代替可能産品」と略す。)にかかわる第2文からなる。3条4項は内国規則に関わるものである。

(a) 内国民待遇の範囲

　産品のほか、人(自然人、法人)、船舶等についても内国民待遇を規定している2国間の通商航海条約と異なり、その対象は産品(goods)であるが、譲許品に限られない。

　①内国税その他の内国課徴金、②産品の国内における販売、購入、輸送、分配または使用に関する法令・要件、および③特定の数量または割合による産品の混合、加工または使用を要する国内の数量規則である。

　しかし、以下のような例外がある。①政府用として購入される産品の政府機関による調達を規制する法令、規則または要件(ガット3条8項(a))。ただし、政府調達についての無差別原則と内国民待遇を規定している東京ラウンドの「政府調達に関する協定」を受諾している締約国については、この規定は事実上死文化している。②国内生産者に対する補助金(3条8項(b))、および③露出映画フィルムに対する内国の数量的規則(3条10項)である。

(b) 内国民待遇の義務内容

　上記のものを「国内生産に保護を与えるように」(so as to afford protection to domestic production) 輸入産品と国内産品に適用してはならないことである(3条1項)。「日本酒税事件」において、上級委員会は「内国税および規制措置が保護主義的に適用してはならないことは、3条の広くて根本的な目的から由来する」といった[23]。

(3) 3 条 2 項：税措置

(a) 3 条 2 項第 1 文

内国税が本条文に適合しているか考えるためには、①輸入品が国内産品と「同種の産品」であるか、②輸入品に国内産品を「こえる」(in excess of) 税金が課されているか、の 2 段階のテストが必要である。この二つの要件が満たされたら、3 条 1 項の「国内生産に保護を与えるように」適用されたかどうかを検討する必要はない[24]。

①「同種の産品」については、「日本酒税事件Ⅱ」の上級委員会は、同条同項第 2 文の「直接的競争・代替可能産品」(以下「代替可能産品」と略す。) の存在のために、狭く解釈すべきであるという[25]。そして、「国境税調整に関する作業部会報告書」のアプローチを踏まえつつ、そこには含まれなかった関税分類は、同種性を判断する基準となり得るが、2 条に基づいて行われる関税譲許は実際の関税分類と食い違うことに留意すべきであるという。「ドミニカ共和国―たばこ輸入事件」で、パネルは輸入国市場で実際につけられた価格を同種性判断基準として加えている[26]。

「米国のアルコール飲料販売規制事件」(1992 年) に続いて「米国の自動車に対する課税制度事件」(1994 年) で採用された、規制や内国税の正当性はそれらの目的や市場効果に基づいて解釈されるべきであるという「目的効果アプローチ」は「日本酒税事件Ⅱ」では明確に否定された[27]。

②「こえる」(in excess of) の部分については、「日本酒税事件Ⅱ」で、それまでのパネルの判断を踏まえて、非常に厳しい基準が提示された。「ごく僅かでも超えていれば十分であり、貿易効果テストも、デ・ミニミズ (de minimis) 基準も要らない。」[28] このことはその後の紛争処理事例において確認されている[29]。

(b) 3 条 2 項第 2 文

もし内国税が 3 条 2 項第 1 文に整合的であるならば、第 2 文の検討に移ることになる。その際には、①輸入品と国内産品は「直接的競争・代替可能産品」であるのか、②これらの産品は「そのように課税されなかった」か、そして、③課税は「国内生産に保護を与えるように」なされたのか、の 3 つのことが検

討されなければならない[30]。

①「代替可能産品」の方が明らかに「同種の産品」より広い概念で、後者は前者の部分集合とみるべきで、すべての「同種の産品」は「代替可能産品」であるが、すべての「代替可能産品」が「同種の産品」ではない。直接競争・代替可能かどうかは、物理的特性を共有しているか、あるいは関税分類が同じであるか以外に、産品間の代替弾力性を含む、市場における競争関係が関連基準となりえる。

②3条2項第2文と同項第1文の書き分けに適切な意味を与えるためには、前者の注釈の「そのように課税されない」という文言と、第1文の「こえる(in excess of)」とは同じ意味でないと解すべきである。「そのように課税されなかった」の場合は、第1文の「こえる」の場合と異なって、デ・ミニミズ以上の課税の違いが存在する必要がある。輸入品の一部のみがそのように課税されない場合でも要件を満たすことになる。

③「そのように課税されない」という要件と「保護を与えるように」という要件は全く別の要件であり、前者の要件の具備が確認された場合も、後者の要件の検討がさらに必要である。「国内生産に保護を与える」ものかどうかの判断は、立法者や規制者の意図の問題でなく、課税がどのように適用されているかの問題である。そのためには関連するすべての要素・状況について注意深く客観的に分析することが必要である。

(c) 3条4項：規制措置

3条4項には、①国内における販売等に影響する法令(laws, regulations)や要件(requirement)とは何か、②どのような状況が「不利でない待遇」に該当するのか、最後に、③同種の産品、の3つの問題がある。

①「影響する」とはどういう事態かについては、「イタリア農業機械事件」のパネルは広い解釈を示した。「条文の基礎者たちは、直接販売や購入の条件を規律するだけでなく、国内市場における輸入品と国産品の間の競争条件を悪く変更する法令をもカバーすることを意図した[31]。要するに、法令の結果実際の貿易の増減があったかどうかでなく、国内産品に有利な競争地形ができたかどうかのことである。法令には実体法だけでなく、手続法も含まれる。

要件とは、性格や影響から、法令ではないが、それに近い何かで、私的なものであっても政府が責任を取る等、両者が密接に関係する場合には、該当するとされる。

②3条4項の「同種の産品」を考える際に、まず、条文の相違からして、3条2項と同じではない。3条2項第1文の同種性は、第2文の代替可能産品との関係上、狭くとらえることになった。4項の同種性は、2項第1文のそれよりは広いけど、代替可能産品より広くはないとされる。次に、3条は加盟国に国内産品に保護を与えるように内国税や規則を適用してはならないように義務付けるので、加盟国は輸入品の競争条件が国内産品に対して平等になるよう求められる。4項には、1項のような、「保護を与えるように」との文言は存在しないが、「ECアスベスト事件」で上級委員会は3条4項にも3条1項の適用があるとした[32]。内国規制が国内産品に保護を与えることは輸入日本と競争関係にあることが前提になるので、「4項の同種性の判断は自ずと競争関係の性質と範囲の問題となる。

③「不利でない待遇」は、形式的に同等な待遇を意味しない。加盟国は国内産品と輸入品に対して異なる取扱をすることができるので、重要なことはその取扱が輸入品に対して不利な結果になるかどうかである。では、どのような取扱いが輸入品に対する不利な取扱になるかであるが、それをはかる基準は、経済的影響 (economic impact) でなく、競争機会 (competitive opportunities) の有効な平等 (effective equality) が保証されるかどうかであることが、「ブラジル内国税ケース」(1949)[33]、いわゆるスーパーファンドケース (1987)[34]、「米国の1930年関税法337条ケース」(1990)[35]という一連のパネルの裁定によって確定されている[36]。

なお、このような解釈は、GATS 17条の内国民待遇条項に反映されるようになった[37]。

(4) GATS における内国民待遇　→　第8章参照

III. 例外条項

1. ガットにおける例外条項

　経済分野にみられる様々な例外条項のレゾン・デートルは、予測できない緊急事態の際に、締約国に一時的にまたは恒常的に条約上の義務の履行を免除することによって、条約義務の受入を容易にするとともに、レジームのある部分に生じた混乱が条約目的の実現の全過程に支障をきたすことを防ぐいわば安全弁 (safety valve) であること、そして、第2次世界大戦後の国際経済体制においては、経済の自由化が国内的要因によって制約されることの制度的承認であることについては、すでに第1章で言及した (IV.5)。

　ガット・WTO における例外条項には大別して、①保護主義的要請を事前に組み入れることで通商問題を非政治化し、貿易自由化約束の受け入れを容易にするために一時的な義務逸脱を許容する、貿易救済法 (セーフガード (19条)、AD 措置・CVD (6、16条)) (→第6章) と、②貿易自由化と国家の他の政策目的・非貿易的価値の調整のために義務からの恒久的な免除を許容する、一般的例外 (20条)、安全保障のための例外 (21条) および幼稚産業保護 (18条 A、C 項) があることについても上述した。それ以外にも国際収支の擁護のための制限 (12条、18条 B 項) (本章 I.2.(2) 参照)、ウェーバー (25条)、再交渉手続 (ガット28条) がある。

　以下ではガット・WTO 義務からの恒常的な免除を許容する一般的例外条項と安全保障のための例外条項について記述する。ガット・WTO は貿易自由化を推進するレジームであるが、加盟国による正当な国内政策の実施まで縛るものではない。問題は後者が保護主義的に濫用されることをいかに防ぎながら、貿易自由化と正当な国内政策の実施を調整するかである。これら2つの例外はガット・WTO の義務、特に内国民待遇義務からの逸脱を正当化する、いわば違法性阻却事由に該当するもので、内国民待遇の射程の拡大とともに、ますます重要性を増している[38]。

2. ガット 21 条：安全保障の例外

　国民国家は、権力 (power) と富 (wealth) の両方を同時に追及する存在で、自ら

の生存と安全をはかることはいわば「死活的利益」(vital interest) として、何事にも優先する崇高な国家価値である。従って、ガットをはじめとする貿易自由化レジームには通常安全保障のための例外条項が置かれている。他方で、安全保障の外延・内包は定義しにくいだけでなく、科学の発達とともに、その境界線がますます曖昧になってきた。軍事用と民生用の両方に使用される両用品・汎用品 (dual-use goods) の存在と増大を考えれば容易に理解できよう[39]。

それにもかかわらず、国家は、安全保障のために国際通商ルールと整合しない措置を広範に取り得る裁量を求め、ガット 21 条もそれらが適示する事項に関するあらゆるガット義務に対する一般的な例外を許容する「包括的な条項」(catch-all clause) になっている[40]。

条文の文言からわかるように、「あまりにも広く、自己判断的で (self-judging)、そして、曖昧であるために明らかに濫用の素地がある」と言われる[41]。乱用の危険があることで、かえってガット締約国は 21 条援用にとても慎重で[42]、ガット時代に援用事例が非常に少なかった。

1949 年米国のチェコに対する輸入制限のパネルは、21 条について「各国は自らの安全保障に関する問題については最後の判断権を有するが、一方でガットを減殺する影響のある措置には慎重であるべきである」と述べた[43]。1982 年イギリスとアルゼンチンの間のフォークランド紛争の際に、EEC とその加盟国は閣僚宣言の中で、一方では、締約国に非経済的な理由によるガット非整合的な貿易制限措置を控えるよう要請する傍ら、各国の 21 条援用の権利についてはふれていない。もっとも有名な米国とニカラグア紛争では、ニカラグアのガット提訴に対して、米国はニカラグアとの問題はガットの管轄外として、ガット 21 条について議論しない付託条件でパネルの設置に応じたため、パネルは 21 条について審議を行っていない[44]。

WTO になってからは、米国のキューバに対する経済制裁で貿易制限措置を含むヘルムズ・バートン法に関して、1996 年 EU が WTO 紛争解決手続上の協議要請を行い、パネル設置まで行ったが、両者間の外交合意がなされたことでパネル手続は中断した[45]。その後長い間 1 件もなかったが、最近ようやくロシアとウクライナの紛争[46]がパネルにかかっている。

3. ガット 20 条：一般的例外　→　第 7 章参照

(1) はじめに

　ガットの起草者たちは、貿易は重要であるが、政府が他の政策（国内政策）目標を追求する必要性を認めていたので、一定の場合、締約国がそのような政策を遂行するためにガット義務と抵触する行動をとることを許容する「一般的例外」条項である 20 条を設けた。その意味で、20 条は義務逸脱の正当化事由、別の言い方をすれば違法性阻却事由である。20 条は、内国民待遇と深く関連しているために、現在ガット紛争解決手続において最もホットな条項である。

　20 条は、最初の「柱書」と (a) から (j) までの列挙事項からなる[47]。これまでは (b)、(d) および (g) 項が頻繁に取り上げられてきたが、将来は公衆道徳に関する (a) 項も有力候補である。SPS 協定と GATT の関係については、SPS 協定の前文 8 に、「GATT20 条 (b) 規定の適用のための規則を定めることを希望して」とあり、また同協定 2 条 4 項によれば、SPS 協定に適合する措置は「GATT20 条 (b) の規定に基づく加盟国の義務に適合しているものと推定する」と規定されている。つまり、SPS 協定のいくつかの規定は、GATT 第 20 条 (b) を詳細化 (elaborate) したものであると理解されている[48]。

(2) 性　格

　20 条は、加盟国がガットの他の条項に違反し、それを正当化するためだけに援用することができる。「米国の 1930 年関税法 337 条事件」(1989 年) で、パネルは「20 条は限定的で、条件付きの例外である」といった[49]。すなわち、20 条に列挙されている事由以外では援用できない意味で「限定的で」あり、20 条に規定されている条件を満たす場合にのみ正当化される意味で「条件付き」なのである。

　通常例外条項は制限的に (narrowly) 解釈されなければならないとされるが、上級委員会はそのような立場を取らないで、貿易自由化と他の社会的価値との均衡を図っているとされる[50]。上級委員会は、20 条の認める社会的価値の域外適用について、管轄内の制限が暗黙的に前提とされているかについて、今のところ沈黙している。

(3) 二段階テスト[51]

　ガット非整合的な措置が正当化されるためには、まず、それが20条(a)から(j)まで掲げられている例外事由に該当するのかについて考察が行われ、次に、それが「柱書」の要件を充たす形で適用されているのか、の両方が検討されなければならない。すなわち、まずは問題になっている「措置そのもの」の検討であり、次に適用の「仕方」が問題になる。

図表5-3　ガットの非整合性を判断するテスト

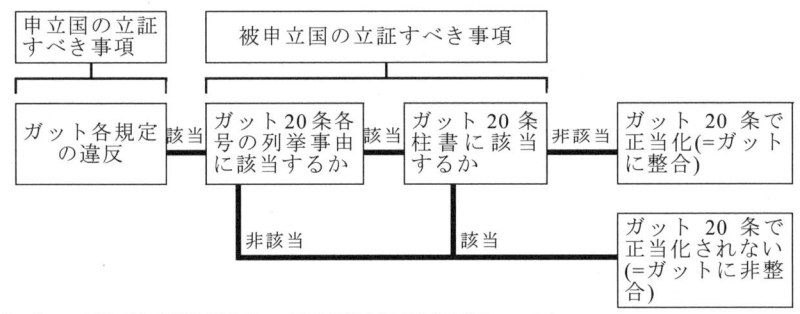

出所：『2018年版不公正貿易報告書』、経済産業省通商政策局編、169頁

(4) 各論的考察の必要

　20条は様々な社会的価値の確保や保護のための措置をとることを認めているが、すべての措置について同じ要件が課されている訳ではない。(b)項のように、人、動物または植物の生命または健康の保護のために「必要な」(necessary)措置と規定している場合もあれば、(e)項のように、刑務所労働の産品に「関する」(relating to)措置と規定している場合もある。通常の文言の意味からすれば、「必要な」から追求する社会目標が当該措置との関連がより密接であることが推定されるが、なぜ異なる文言が使われたのかははっきりしないといわれる[52]。はっきりしていることは、異なる文言は異なる意味を持つはずなので、各項の正当性の根拠については個別に考察しなければならないことである[53]。

　内国民待遇における事実上の差別への厳しい目、それに連動している20

条の頻繁な援用および限定的な運用、そして、TBT、SPS 協定による内国民
待遇や 20 条の援用要件の精緻化等の一連の発展から、最近「貿易の自由化」
時代の終焉が声高く指摘されてきた。確かに、以上のことは国際通商分野に
おける貿易自由化の原則と国内の規制権限の調整の進展という望ましい発展
の一つであるが、現在の米国のトランプ政権の「米国第一主義」に基づく関税
の引上げと、それに対する中国、EU との間の報復合戦が示しているように、
いざとする時には「伝統的な」貿易自由化の側面が再び浮上する訳で、貿易の
自由化の意味が薄れてきたとか、比重が下がったと評価することには慎重を
要する。

注

1　大蔵公雄『関税の知識』(日本経済新聞社、1975 年)。
2　【税関 HP カスタムスアンサー「1201 関税分類の概要」より】と名古屋税関業
　務部首席関税鑑査官の資料 (http://www.customs.go.jp/nagoya/ugoki/gifu-epa3.pdf)
　を参照した。
3　EU はそれ自体で加盟国となっている。
4　『不公正貿易報告書 2017 年版』の「コラム関税評価にかかる近時の問題
　点」と東京税関「輸入者の方のための関税評価セミナー」を主に参照した。
　http://www.customs.go.jp/tokyo/content/20120117_1.pdf
5　経済産業省通商政策局編『2017 年版不公正貿易報告書』286-292 頁参照。
6　ガット 12 条 3 項 (d) に規定されている。
7　EC の小麦粉の輸出に対する補助金事件 (1983 年) や EC のパスタ製品の輸出
　に対する補助金事件における結末を考えよ。
8　「チリの農産物に対する価格帯およびセーフガード制度事件」で上級委員会は、
　チリによる価格帯を設定して輸入品の国内販売価格がこれに収まるよう実施し
　た国境措置が、可変輸入課徴金、最低輸入価格と類似する本件の価格帯制度に
　類する通常の関税以外の国境措置であり、4 条 2 項違反であると判断し、同条
　同項における関税化義務の範囲をより明確に規定した。
9　WTO Doc. WT/DS267/AB/R (March 21,2005).
10　相殺関税については第 6 章を参照。
11　米国は、東京ラウンド協定上の利益 (具体的には相殺関税援用のための実質
　的損害の要件の適用) は協定受諾国にのみ付与されるべきである (いわゆる code
　conditionality) という commitments policy を打ち出し、ガット上の最恵国待遇を盾
　に同等な待遇を求める非受諾国 (多くは途上国) と衝突した。
12　第 18 章 I 参照。

13 主に 2016 年度版不公正貿易報告書第 14 章の政府調達を参照した。条文は外務省の HP に新旧「政府調達に関する協定」が載っており便利である。

14 新協定 2 条。

15 Simon Lester, Bryan Mercurio and Arwel Davies, *World Trade Law Text, Materials and Commentary* (Hart Publishing, 2nd nd ed, 2012) 261-265.

16 Jan Tumlir, "GATT Rules and Community Law", in Meinhard Hilf, Francis G. Jacob and Ernst-Ulrich Petersmann eds, *The European Community and GATT* (Kluwer, 1986) 7.

17 George Schwarzenberger, 'The Most-Favoured-Nation Standard in British State Practice', (1948) 22 *British Yearbook of International Law* 104.

18 ベルギーの家族手当基金法と類似の家族手当制度を実施している国からの輸入品に対して課徴金を免除する内容のベルギーの勅令がガット 1 条に違反するかが問われた「ベルギーの家族手当基金法事件」(1952 年)、東太平洋におけるイルカを傷つける底引漁網を使って漁獲したマグロの輸入を禁止した米国の措置が「米国ーマグロ・イルカ事件」(1991 年) をそれぞれ考えよ。

19 同種の産品 (like product)：1.1, 2.2, 3.2, 3.4, 6.1, 6.4, 9.1, 11.2 (c), 16.1；同種の商品 (Like commodity or merchandise)：6.7, 7.2 (a), (b)、直接競争または代替 (Directly competitive or substitutable)：3.2; 11.2 (c) (i), 19.1 (a), (b).

20 Report of the Working Party adapted on 2 December 1970 (H3464), para 18.

21 米国や EC の technical test の保護主義的な使用 (上記の product-specific origin regulation) の例。EC の半導体の「最重要工程」としての前 (拡散) 工程採用、その背後には、前工程を EC 域内で行い、東南アジアで後工程を行い EC へ持ちかえる EC 産業の働きかけがある。米国の商務省の立場や日本の原産地規則も前工程を採用している。

22 W.H.Maruyama, 'A New Pillar of the WTO: Sound Science' (1998) 32-3 *International Lawyer* 651.

23 Appellate Body Report, *Japan – Alcoholic Beverages II*, p. 16.

24 *Ibid*, pp. 18-19.

25 *Ibid*, p. 20; Appellate Body Report, *Canada – Periodicals*, pp. 21-22.

26 Panel Report, *Dominican Republic – Import and Sale of Cigarettes*, paras. 7.164-166.

27 Appellate Body Report, *Japan – Alcoholic Beverages II*, pp. 18-19. なお、「目的効果アプローチ」は、サービス貿易 (GATS) の文脈においても否定されている。Appellate Body Report, *EC – Bananas III*, paras. 216 and 241.

28 Appellate Body Report, *Japan – Alcoholic Beverages II*, p. 23.

29 例えば、Panel Report, *Argentina – Hides and Leather*, para. 11.243.

30 Appellate Body Report, *Japan – Alcoholic Beverages II*, p. 24. この 3 つの事項は、その後の紛争解決において是認されている。例えば、Appellate Body Report, *Canada – Periodicals*, pp. 24-25; Appellate Body Report, *Chile – Alcoholic Beverages*, para. 47; Panel

Report, *Mexico – Taxes on Soft Drinks*, para. 8.66.

31 Panel Report, *Italy – Agricultural Machinery*, para. 12.

32 Appellate Body Report, *EC-Asbestos*, paras. 98-99.

33 Panel Report, *Brazil – Internal Taxes*, para. 16.

34 Panel Report, *US – Superfund*, para. 5.1.9.

35 Panel Report, *US – Section* 337, paras. 5.11-5.14.

36 WTO 発足後の紛争解決においても、この解釈は支持されている。例えば、Panel Report, US – Gasoline, para. 6.10; Appellate Body Report, *Japan – Alcoholic Beverages II*, p. 16; Panel Report, *Japan – Film*, para. 10.379.

37 例えば、Panel Report, *China – Publications and Audiovisual Products*, paras. 7.978-7.979; Panel Report, *China – Electronic Payment Services*, paras. 7.1130-7.1131; Appellate Body Report, *Argentina – Financial Services*, paras. 6.103-6.104.

38 『不公正貿易報告書』は、2014 年度から「正当化事由」の章を設けて、加盟国の規制権限の濫用を防止するために、貿易自由化の原則と、国内の規制権限を調整する条項の代表例として、これらの条項を詳しく取り上げている。

39 John H. Jackson, *The World Trading System: Law and Policy of International Economic Relations* (The MIT, 2nd ed, Press, 1997) 229. 風木淳「貿易と安全保障―実務者から見た方の支配―」『国際法研究』第 4 号 (2016 年 3 月) 39 頁。

40 「この協定のいかなる規定も、次のいずれかのことを定めるものと解してはならない。
(a) 締約国に対し、発表すれば自国の安全保障上の重大な利益に反するとその締約国が認める情報の提供を要求すること。
(b) 締約国が自国の安全保障上の重大な利益の保護のために必要であると認める次のいずれかの措置を執ることを妨げること。
(i) 核分裂性物質又はその生産原料である物質に関する措置
(ii) 武器、弾薬及び軍需品の取引並びに軍事施設に供給するため直接又は間接に行なわれるその他の貨物及び原料の取引に関する措置
(iii) 戦時その他の国際関係の緊急時に執る措置
(c) 締約国が国際の平和及び安全の維持のために国際連合憲章に基づく義務に従う措置を執ることを妨げること。」

41 Jackson, supra 39, 230. Bossche は、21 条 (b) の「締約国が自国の安全保障上の重大な利益の保護のために必要であると認める」という文言から、果たしてパネルや上級委員会による審査が可能であるか、すなわち「司法判断適合的 (justiciable)」なのかと思われるくらいであるが、乱用を野放しにしないためにも、一定の司法審査が維持されるべきであるという。Peter Van den Bossche, *The Law and Policy of the World Trade Organization: Text, Cases and Materials* (Cambridge University Press, 2nd ed, 2009) 666.

42 風木は、「伝家の宝刀である GATT21 条の援用に拠る貿易制限措置の正当化が、相手国の更なる貿易制限措置の正当化を招き、各国の一方的措置の負の連鎖、縮小均衡を生むことへの貿易協定実務担当者の賢明な合理的抑制が働いていること」を援用の少ない背景として挙げている。41 頁。

43 *US-Restrictions on Exports to Czechoslovakia*, GATT/CP.3/SR.22,Corr.1.

44 *US-Trade Measures Affecting Nicaragua*, L/6053 dated 13 October 1986.para.5.3.

45 *US – Helms Burton*, DS38.

46 *Russia – Measures concerning Traffic in Transit*, DS512.

47 「この協定の規定は、締約国が次のいずれかの措置を採用すること又は実施することを妨げるものと解してはならない。ただし、それらの措置を、同様の条件の下にある諸国の間において任意の若しくは正当と認められない差別待遇の手段となるような方法で、又は国際貿易の偽装された制限となるような方法で、適用しないことを条件とする。

(a) 公徳の保護のために必要な措置。

(b) 人、動物又は植物の生命又は健康の保護のために必要な措置。

(c) 金又は銀の輸入又は輸出に関する措置。

(d) この協定の規定に反しない法令の遵守を確保するために必要な措置。

(e) 刑務所労働の産品に関する措置。

(f) 美術的、歴史的又は考古学的価値のある国宝の保護のために執られる措置

(g) 有限天然資源の保存に関する措置。ただし、この措置が国内の生産又は消費に対する制限と関連して実施される場合に限る。

(h) 締約国団に提出されて否認されなかつた基準に合致する政府間商品協定又は締約国団に提出されて否認されなかつた政府間商品協定のいずれかに基づく義務に従つて執られる措置。

(i) 国内原料の価格が政府の安定計画の一部として国際価格より低位に保たれている期間中、国内の加工業に対してその原料の不可欠の数量を確保するために必要な国内原料の輸出に制限を課する措置。

(j) 一般的に又は地方的に供給が不足している産品の獲得又は分配のために不可欠の措置。」

48 Panel Report, *EC – Hormones* (*Canada*) , paras. 8.41-8.42. (EC・ホルモン牛肉規制事件パネル報告 para.8.38)

49 Panel Report, *US – Section 337*, para. 5.9.

50 Bossche, supra 41, 618.

51 Appellate Body Report, *US – Gasoline*, p. 22; Appellate Body Report, *US – Shrimp*, paras. 119-120; Appellate Body Report, *Brazil – Retreaded Tyres*, para. 139.

52 Lester, supra 15, 368.

53 Bossche, supra 41, 621.

参考文献

大蔵公雄『関税の知識』（日本経済新聞社、1975 年）

中川淳司、清水章雄、平覚、間宮勇著『国際経済法　第 2 版』（有斐閣、2012 年）

日本国際経済法学会編『国際経済法講座 I　通商・投資・競争』（法律文化社、2012 年）

松下満雄、米谷三以著『国際経済法』（東京大学出版会、2015 年）

外務省経済局国際機構課編『解説 WTO 協定』（1996 年）

経済産業省通商政策局編『不公正貿易報告書　各年次版』（日本貿易振興会）

松下満雄、清水章雄、中川淳司編『ケースブックガット・WTO 法』（有斐閣、2009 年）

内記香子『WTO 法と国内規制措置』（日本評論社、2008 年）

Georg Schwarzenberger, 'The Most-Favoured-Nation Standard in British State Practice, (1948) 22 *British Yearbook of International Law*.

Michael J. Trebilcock, Robert Howse, and Antonia Eliason. *The Regulation of International Trade* (Routledge, 3rd ed, 2012)

Simon Lester, Bryan Mercurio and Arwel Davies. *World Trade Law: Text, Materials and Commentary* (2nd ed, Hart Publishing, 2012)

Robert E. Hudec, *Developing Countries in the GATT Legal System*, (Cambridge University Press, 1987)

John H. Jackson, *The World Trading System: Law and Policy of International Economic Relations* (The MIT Press, 2nd ed, 1997)

Bernard M. Hoekman and Michel M. Kostecki, *The Political Economy of the World Trading System: The WTO and Beyond* (Oxford University Press, 3rd ed, 2010)

Peter Van den Bossche, *The Law and Policy of the World Trade Organization: Text, Cases and Materials* (Cambridge University Press, 2nd ed, 2009)

第6章　貿易救済法

梅島　修

本章の概要

　ガットは、その基本とする無差別・自由貿易の例外として、輸入産品との競争により輸入国の国内産業の状況が悪化しまたはそのおそれがあり、輸入産品が一定の要件を満たしているとき、輸入国が一方的に課すことのできる輸入制限措置として、アンチダンピング措置、相殺措置およびセーフガード措置という3種類の国境措置を定めている。アンチダンピング措置は輸出国からの「輸出価格」が輸出国の「正常価額」よりも低いことが、相殺措置は輸出国が補助金を交付していることが、セーフガード措置は輸入量が最近、突然、急激に、著しく増加したことが要件とされている。さらに、かかる輸入産品と国内産業の状況の悪化との間に因果関係が証明されなければならない。

　本章では、まず、それぞれの措置の特徴を相互比較して概観する。次いで、各措置が発展してきた経緯、それら措置を課すために必要とされる要件、さらに、輸入国がそれら要件を立証するための手続について詳説する。

　かかる説明にあたって、それら3措置に共通する事項は1つの節にまとめて扱って、それらの相違点、共通点を明確にし、相互の関連性を体系的に理解できるよう配慮した。また、各事項について、ガットおよび関連協定の根拠条項をサブタイトルに、関連するWTO紛争解決機関の報告書の該当箇所を文末注に明示して、学習が容易となるよう配慮している。

I. 貿易救済制度の概要

1. 貿易救済措置とは

　ガットは、輸入により輸入国の国内産業に一定の「損害」が生じておりまたはそのおそれがある場合、アンチダンピング措置（以下「AD 措置」）、相殺措置、そしてセーフガード措置（以下「SG 措置」）という、輸入国が一方的に課すことのできる国境措置を 3 種類用意している。

　AD 措置は、ダンピング輸入により国内産業に実質的な損害が生じているとき、ダンピングの額を上限として、追加関税を課すことを認める制度である。この点から、AD 措置は国際的な価格差別を是正する効果があると指摘されている[1]。相殺措置は補助金が交付された輸入により国内産業に実質的な損害が生じているとき、補助金額を上限として、追加関税を課すことを認める制度である。この点から、資源の効果的な分配を妨げて貿易を歪曲する補助金の効果を相殺するための措置であるとの意見がある[2]。他方、SG 措置の発動要件には、輸出者や輸出国の貿易態度に係る要件はない。事情の予見されなかった進展により輸入が急増して国内産業に重大な損害が生じている場合に、その損害を除去するための措置を全世界からの輸入に対して課すことが認めら

れている。これらの特徴から、AD 措置、相殺措置は輸出国側の「不公正」な貿易行為に対する措置である一方、SG 措置は、「公正な」貿易から国内産業を一時的に保護するために例外的に適用される措置である[3]、と指摘されている。

それらの措置を発動するための具体的な要件および手続は、ガット 6 条および 19 条、「1994 年の関税および貿易に関する一般協定 6 条の実施に関する協定」（通称「アンチダンピング協定」、以下「AD 協定」）、「補助金および相殺措置に関する協定」（以下「SCM 協定」）、「セーフガード協定」（以下「SG 協定」）に定められている。WTO 加盟国は、それら協定に沿って、国内法令に実施規定を定め[4]、輸入および国内産業の状況について調査を実施して事実を認定して発動要件が充足されていると判断したとき、措置を発動することができる[5]。

2. 各貿易救済措置の利用頻度とその理由

SG 措置は、WTO 協定の一つとして SG 協定が創設されて発動要件が明確にされたことにより格段に使い勝手が良くなった。しかし、**図表 6-1** に示す通り、利用頻度は高くない。。貿易救済措置としては圧倒的に AD 措置が選好されている。その理由として次の点が挙げられよう。

・SG 措置の発動要件は、AD 措置、相殺措置に比べ厳格である。

・SG 措置は全世界からの輸入に適用しなければならない。他方、AD 措置、相殺措置は一部の輸出国のみを対象とできる。

・SG 措置は、毎年、措置の程度を漸減させなければならないが、AD 措置・相殺措置にそのような義務はなく、状況に応じて措置の程度を引き上げることもできる。

・SG 措置の発動期間は最長 8 年（途上国 10 年）であるが、AD 措置、相殺措置は発動要件が充足されている限り継続できる。

・SG 措置を発動した輸入国は、輸入の絶対量の急増に対する措置である場合の当初 3 年間を除き、輸出国に補償義務を負う。他方、AD 措置、相殺措置についてかかる補償義務はない。

・相殺措置を発動する前提となる輸出国の補助金を特定することは容易ではない。AD 措置は輸出国の国内価格と輸出価格に差のある全ての産品が対象となり得る。

以下、それらの点に注意しつつ、各措置の特徴を理解してほしい。

図表 6-1　AD 措置、相殺措置、SG 措置発動件数（中国 WTO 加盟後）[6]

	AD 措置	相殺措置	SG 措置
2002-2005	734	32	41
2006-2009	534	25	28
2010-2013	515	51	29
2014-2017	695	91	35
合計	2,478	199	133

Ⅱ．現在の貿易救済制度に至る経緯

1.AD 制度

　ガット 6 条 1 項は、ダンピングとは、ある「産品」をその「正常価額」よりも低い「輸出価格」（この差額を「ダンピング・マージン」という）で輸入国へ販売することと定義し、ダンピング輸入が輸入国の国内産業に「損害」を与えている場合、非難すべきものと認識するとしている。かかる非難すべきダンピングに対し、同条 2 項は、通常の関税に加え、ダンピング・マージンを上限とした国境措置を課すことを輸入国に認めている。

　世界最初の AD 制度は、1904 年、カナダが導入した[7]。その制度では、国内産業の損害の有無は要件とされていなかった。米国は、1916 年歳入法に、競争を制限する意図をもってダンピングを行った輸出者に刑事罰を科し、3 倍額の損害賠償を負わせる制度を導入した。この制度は輸出者の意図の証明を要件としていたため、適用は容易ではなかった。そのため、1921 年、ガット 6 条および現行の 1930 年関税法の AD 制度の基礎となった制度を別途に導入した。その後、1916 年歳入法は WTO 上級委員会により AD 協定に不整合であるとされ[8]、2004 年 12 月、廃止された[9]。

　現在の AD 協定は、ケネディ・ラウンド（1964-67）で合意された AD コードが原型である。

2. 相殺制度

ガット 6 条 3 項および 5 項は、輸入国に、輸出国により補助金が交付されて生産販売された産品が輸入され、かかる輸入が国内産業に損害を与えている場合、かかる補助金付き輸入に対し、補助金の額を上限とした国境措置を課すことを認めている。この相殺制度の規律および手続の詳細は、東京ラウンド (1973-1979) の成果である補助金コードの成立まで待たなければならなかった。それまで、たとえば米国は、1930 年関税法に基づく相殺措置にガット暫定適用議定書[10] に定める祖父条項が適用されるとして、国内産業の損害を検討することなく相殺措置を発動していた[11]。補助金コード締結により、同コードを批准した 25 締約国の産品に対してのみ、国内産業の損害を要件とした。米国が全てのガット締約国に対する相殺措置について国内産業の損害を要件としたのは、全協定が一括受託された WTO 協定発効後である。

3. セーフガード制度

ガットは、11 条 1 項に、輸出入について関税その他の課徴金以外の割当、輸出入許可を含むいかなる禁止または制限も新設し、維持してはならないと規定した。その一方で、19 条 1 項 (a) に SG 措置を定めて、輸入の増加により国内産業に重大な損害が生じまたはそのおそれがあるときは輸入制限措置を発動できるとした。

それらガットの定めにかかわらず、1955 年にガット加盟した日本に対して、1957 年、米国は、SG 措置に代えて綿製品の輸出自主規制を求めた。さらに、欧米諸国が日本およびアジア諸国に対して繊維輸入の急増による市場攪乱への対処求め、1961 年には綿製品国際貿易短期取極が、その翌年には綿製品国際貿易長期取極が締結された。こうして、綿製品は管理貿易下に置かれた[12]。その後、輸出自主規制は、繊維製品、鉄鋼製品、テレビ、自動車等、多くの産品に拡大した。1986 年には、日本の半導体市場における外国産の占拠率を20% とする半導体協定が日米間で結ばれた[13]。

このように、ガット時代には、輸入国の強い要請に応じて輸出国が自主的に輸出制限を行う、ガット枠外の措置が蔓延し、ガット 11 条 1 項は実質的に無視され、SG 措置は活用されなかった。これは、ガット 19 条が SG 措置の発

動要件について基本原則しか定めていない一方で、無差別適用と利害関係輸出国への代償義務が伴うと解釈されていたところから、輸入国から敬遠され、結果としてその機能を果たすことができなかったことが一因であった[14]。

　かかる状況を踏まえ、WTO 体制では SG 協定が創設され、SG 調査手続の透明化と発動基準の明確化が図られた。さらに、同協定 11 条に、加盟国は同協定に従った SG 措置以外の緊急措置を講じてはならず、輸出自主規制、市場の秩序を維持するための取決めその他の同様の措置を講じてはならないと規定し、ガット枠外の貿易制限措置を明示的に禁止した。その一方で、SG 措置発動の阻害要因と言われていた輸出国への補償を一定の場合は免除する規定を 8.3 条に置くとともに、5.2 条で輸出国との合意による輸入割当を容認した。

4. その他の貿易救済制度、貿易救済に類似する制度

　新規加盟国の WTO 加盟議定書は、加盟の条件として、別途の貿易救済措置を定めている場合がある。たとえば、中国の WTO 加盟議定書 16 条は、加盟国に、中国産品の輸入に対して、SG 措置とは別途に、経過的セーフガード措置（本章 V.4. に後述）の発動を認めていた。同条項は、2014 年 12 月に失効した。

　ウルグアイラウンドで関税化に応じた農産品については、農業協定 5 条に基づき、輸入量が一定量を上回ったとき発動される特別セーフガード措置（Special Safeguard, SSG）が認められている。これは関税割当に類似した制度で、本章で説明する貿易救済措置とは異なる。

　自由貿易協定でもセーフガード措置や緊急措置等が定められているが、措置の上限は自由貿易協定に基づく譲許を停止してガットに基づく譲許を適用することであり、それ以上ではない。

　一部の WTO 加盟国は、SG 協定 11 条の規定にかかわらず、その国内法に、依然として独自の貿易救済措置を有している[15]。それら措置は、運用方法によって WTO 協定に不整合とされる可能性を否定できない[16]。

III.　調査および措置の対象「産品」と国内産業

　各貿易救済制度の個別説明に入る前に、それらに共通する、措置の対象と

する輸入「産品」の定義と国内産業の問題について説明する。

1. 対象産品の定義（AD 協定 2.1 条、SCM 協定 10 条、SG 協定 2.1 条）

　1 件の貿易救済措置の対象となるのは、 1 つの「産品」(a/any product) である。貿易救済措置のための調査を行う輸入国の当局（以下「調査当局」）は、調査開始にあたり、調査・措置の対象とする輸入「産品」の範囲を定義しなければならない。この「産品」を定義する基準は、AD 協定、SCM 協定、SG 協定のいずれにも定められていない。よって、調査当局は、その裁量により、調査産品の範囲を決定することができる。たとえば、材木と化粧合板を 1 つの「産品」として調査を行って、1 件の措置を適用してよい[17]。

2. 同種の産品と国内産業の定義

(1) 定義（AD 協定 2.7、4.1 条、SCM 協定 15.1 条脚注 46、16.1 条、SG 協定 4.1 条）

　SG 協定 4.1 条 (c) は、国内産業の範囲を「同種のまたは直接に競合する産品」の生産者と定義している。それら文言の通常の意味から、ガット 3 条[18]、繊維協定 6.2 条[19]と同様に、同種の産品とは輸入国市場において最も高い程度で競合関係が認められる産品を指し、直接に競合する産品とは 2 つの製品が商業的に互換性のある、現在または将来に競合する能力を有する産品を指すと考えられる。

　AD 協定および SCM 協定では、SG 協定と異なり、国内産業は「同種の産品」を国内で生産する者から構成される。さらに、同種の産品は「すべての点で同じである産品または…極めて類似した性質を有する他の製品」と定義されており、対象産品と物理的、化学的特性が同一のものが同種の産品となる。

　このように、SG 調査において国内産業を構成する産品および生産者の範囲は AD 協定、SCM 協定における範囲よりも広い。

(2) 国内産業の範囲に係る問題

　SG 協定と AD 協定および SCM 協定では国内産業を構成する生産者の範囲に相違はあるものの、対象産品の定義は調査当局の裁量の範囲内にあり、また、国内産業の範囲は対象産品の範囲に対応して決定されるという基本構造は共

通であり、そこから生ずる問題点も共通である。

　実務では、調査当局は、保護したい国内生産者の産品を包含するよう、また、代替性のある輸入産品を措置の対象から漏らさぬよう、対象産品を定義することとなる。しかし、対象産品の範囲を広げすぎてしまうと、損害データ収集が困難となる、国内産業に健全な生産者が含まれてしまい実質的損害を認定できなくなる、といった問題が生じ得る[20]。

　対象産品の範囲を実際に輸入されている産品に限定した場合、国内の原材料供給者を国内産業に加えることができないという問題も生ずる。米国ラム肉SG措置において、米国は、対象産品を輸入ラム肉と定義した一方で、国産ラム肉の価格下落の影響が生きた羊の国内価格に及んでいたため、羊の飼育者を国内産業に含めた。WTO上級委員会は、羊はラム肉の原材料であり、国内産業に原料生産者である羊の生産者を含めることはできないとした[21]。この判断は、川下製品の輸入により主として川上製品が損害を受けている場合に、どのようにすれば川上製品の生産者をWTO協定に整合的に救済できるかという課題を示している。

(3) 国内産業から一部の国内生産者を除外した場合の問題

　AD協定4.1条、SCM協定16.1条、SG協定4.1条(c)は、国内産業は「生産者全体」または「当該産品の生産高の合計が当該産品の国内総生産高の『相当な部分』(a major proportion)を占めている生産者」とする、と定めている。

　よって、調査当局は、国内総生産の一部を生産する者をもって国内産業を構成する者とすることができる[22]。しかし、その場合、国内産業に含めた者が「相当な部分」にあたるか否かが問題とされ得る[23]。また、国内産業から除外された国内生産者は、後述する国内産業に損害を与える「その他の要因」となり、除外された国内生産者による国内産業の損害への影響を分離峻別した上で、対象産品により国内産業が受けた損害との因果関係を検討する必要が生ずる[24]。

IV. アンチダンピング措置と相殺措置

AD協定とSCM協定の国内産業の損害認定、ダンピング・補助金付き輸入と損害との因果関係の立証および調査手続に関する規定はおおよそ共通化されている。本節では、AD調査、相殺調査各々に固有の事項であるダンピングの認定および補助金の認定について論じた後、共通する事項を説明する。

1. ダンピングの認定

(1) ダンピングを認定する単位 (AD協定6.10条)

ガット6条1項が「ある国の産品のダンピング」と定めているところから、ダンピングの有無の判断は輸出国別に行うこととなる。さらに、AD協定6.10条により、ダンピング・マージンの認定は原則として輸出者または生産者別に行うこととされている。

(2) ダンピングおよびダンピング・マージンの認定 (AD協定2.1条)

ダンピングとは、輸入された産品の「輸出価格」が「通常の商取引」における「正常価額」を下回っている場合をいい、かかる差額をダンピング・マージンという。

(a) 正常価額 (AD協定2.2条)

正常価額は、輸出国の輸出者または生産者が「通常の商取引」として輸出国内で消費される同種の産品の販売価格（以下「国内販売価格」）を基礎とする。ただし、通常の商取引であった国内販売がない場合、国内販売量が輸入国への輸出量の5%未満である場合、またはその他国内市場が「特殊な状況」にある場合、代表的である第三国への輸出価格または構成価額のいずれかを基礎とすることができる。

(i)通常の商取引、特殊な市場状況

輸入国の調査当局は、AD協定2.2.1条により、輸出国の国内販売が次の全ての条件を満たしている場合、生産原価（後述）よりも低い価格で販売された取引（以下「原価割れ取引」）を、「通常の商取引」ではない取引として、正常価額

の基礎データから除外することができる。

①通常 1 年間（最低でも 6 か月）の国内販売取引の 20% 以上または平均販売価格が同期間の生産原価を下回っている状態であり、

② ①の状態において原価割れ取引とされた販売価格は調査対象期間の平均生産原価を下回っている。

「通常の商取引」ではないとして正常価額の基礎データから除外できる他の例として、関連事業者間取引[25]、見本提供、不良在庫処分等が挙げられる。この「通常の商取引」原則は、第三国への輸出価格を正常価額の基礎データとする場合にも用いられている。

また、国内市場が特殊な状況にある場合、第三国価格または構成価額を用いることができる。国内市場価格が政府の介入等により歪曲されている場合がこれにあたると主張されている[26]。

(ii)生産原価、構成価額（AD 協定 2.2.1.1、2.2.2 条）

生産原価とは製造原価（産品を製造するために要した費用）に販売一般管理費（財務費用を含む）を加えた額をいう。構成価額とは、生産原価に利益を加えた額をいう。

調査当局は、製造原価を、生産者の会計記録に実際に記録されている原価および経費、並びに生産者の原価計算方法に基づき計算する。その計算では、減価償却費、研究開発費等、通常の業務に用いている配賦方法を含む、全ての証拠を十分に考慮する。ただし、当該会計記録が①輸出国の一般的な会計原則（GAAP）に合致していない場合、または、②産品の生産および販売の原価を適切に反映していない場合、調査当局は、生産者の会計記録に代えて適切な原価または原価計算方法を適用して製造原価を計算することができる。生産者の記録が対象産品の生産販売と真正な関係を有する原価を適切かつ十分に反映または再現しているものではない場合、②の場合にあたる[27]。たとえば、関係会社から購買した原材料の費用はこれにあたる可能性がある。

販売一般管理費および利益は、輸出者・生産者が同種の産品の通常の商取引において実際に負担していた額に基づく。ただし、原価割れ取引以外の取引がない等、かかる額に基づくことができないと判断された場合、AD 協定 2.2.2

条の各号に規定する 3 方法のいずれかに基づくことができる[28]。それら 3 方法の間に優先順位はない[29]。

ⅲ 非市場経済国の正常価額

中国は WTO 加盟議定書 15 条において、ベトナムは WTO 加盟作業部会報告書 255 項において、当該国を原産とする産品のダンピング・マージン計算において、WTO 加盟国は、以下のルールに基づき、「非市場経済法」により正常価額を認定することができることに合意した。

①調査対象となる生産者が市場経済の条件が普遍的である旨を明らかに示した場合には、中国・ベトナムの価格または原価を用いる。

②調査対象となる生産者が市場経済の条件が普遍的である旨を明らかに示すことができなかった場合には、非市場経済法を用いることができる。

この条項は、中国市場、ベトナム市場が政府の介入により歪曲されている場合に、実際の取引価格または原価に代えて、市場経済国である第三国の市場で形成された価格（構成価額を含む）を正常価額として使用すること（これを「非市場経済法」という）を WTO 加盟国に認めたものである。ただし、上述②の要件は、中国について WTO 加盟後 15 年、すなわち 2016 年 12 月 10 日、ベトナムについて 2018 年 12 月 31 日をもって失効する。失効後に非市場経済法は認められなくなるか否かについて、WTO 紛争解決機関で争われている[30]。

(b) 輸出価格（AD 協定 2.1、2.3 条）

輸出価格は、輸入国に向けて輸出された産品の価格を基礎とする。ただし、輸入国の輸入者が輸出者・生産者と「連合」の関係または補償取決めの関係にある場合、当該輸入者が輸入国内の非関連者に販売した価格を基礎とする。かかる価格を構成輸出価格（Constructed Export Price, CEP）という。「連合」には、輸出生産者が取引先から独立して行為していない状況を含む[31]。多くの調査当局は、関税評価協定[32]15.4 条に定める「特殊の関係」基準を参照している。

(c) 公正な比較のための調整（AD 協定 2.4 条）

正常価額と輸出価格とを公正に比較するため、調査当局は、それぞれの基

礎としたデータを、同一の商取引段階の価格に調整し、さらに「販売条件、課税、商取引の段階、量、物理的な特性における差異その他価格の比較に影響を及ぼしていると立証されたあらゆる差異」を調整する。

　たとえば、正常価額が工場出荷価格である一方、輸出インボイス価格がCIF価格である場合、当該輸出価格から、工場から輸入港までの経費、たとえば、工場から輸出港までの輸送費および保険料、倉庫費用、コンテナ費用、輸出手続手数料、国際輸送運賃、国際保険料等を控除しなければならない。さらに、与信費用、梱包費用、在庫費用、値引き、リベート、製品保証費用、技術支援費等、価格比較に影響を及ぼす全ての差異を調整する。主要な費用のみを調整して、その他の差異を無視することは認められない[33]。CEPの場合、上述の調整に加え、輸入者が負った費用、たとえば輸入国の輸入関税、輸入通関費用、輸入港から非関連顧客に引き渡すまでの輸送費、保険料、倉庫費用、その他の販売費用および輸入者の利潤を控除する。

　さらに、調査当局は、輸出取引の製品タイプと国内取引の製品タイプの物理的な特性の差異を調整しなければならない。かかる調整のため、差異による価格差を調整する、または正常価額として輸出取引の製品タイプの構成価額を用いる、等の方法によることができる[34]。

　この調整プロセスは、利害関係者と調査当局の間の対話により行われる。調査当局は、比較対象とする製品タイプを特定して差異調整に必要なデータを輸出者・生産者に要求する必要がある一方、輸出者・生産者は、適切な調整方法を証拠に基づき主張する必要がある[35]。

(d) ダンピング・マージン計算とゼロイングの禁止
(i)ダンピング・マージンとAD関税率

　ダンピング・マージンは上述の調整を行った後の輸出価格と正常価額との差額である。これを調整後の輸出価格で除して得た比率がマージン率である。僅少基準(後述)である2%はこのマージン率により判断される。AD関税を従価税(輸入の課税価額に対する比率)で課す場合、その上限は、マージン率を輸入の課税価額の条件、わが国の場合はCIF、に換算したものである。

(ii)複数の製品タイプが存在する産品のダンピング・マージン計算 (AD協定2.4.2条)

通常、調査対象産品には2以上の製品タイプが含まれている。当初調査では、第1段階として、通常、製品タイプごとに、輸出価格の平均値を同一または最も類似した製品タイプの正常価額(構成価額を含む)の平均値と比較してダンピング・マージンを計算する (W-W法)。AD協定は、第1段階として、輸出1取引と正常価額の1取引とを比較する方法 (T-T法) も認めている。第2段階として、全ての製品タイプのダンピング・マージンを合算して輸出者・生産者ごとのダンピング・マージンを認定する。

(iii)ゼロイングの禁止 (AD協定2.1、2.4、2.4.2、9.3、11.2、11.3条)

以前は、第1段階で計算した製品タイプ別のダンピング・マージンのうちマイナスをゼロに置き換えて、第2段階のダンピング・マージン総額を計算することが行われていた。これを「ゼロイング」という。WTO上級委員会は、ダンピングは調査対象産品全体について認定されるものであるところ、ゼロイングは一部の輸出価格を恣意的に引下げることにより全体ダンピング・マージンを膨張させてダンピング認定を歪曲するもので、AD協定2.4条の公正な比較原則に反するとの判断を下している[36]。

(iv)ターゲットダンピング (AD協定2.4.2条第2文)

調査当局は、輸出価格のパターンが、購入者、地域または時期によって著しく異なっており、通常のマージン計算方法では、ターゲットに対するダンピングが非ターゲットに対する非ダンピングにより覆い隠されるため、かかるダンピングを適切に考慮することができないと認定したときは、第1段階としてターゲットと認定した輸出取引の個別ダンピング・マージンを計算し (W-T法)、第2段階として、当該マージンのみを合計して全体ダンピング・マージンとしてよい。ただし、第2段階においてゼロイングは認められない[37]。

2. 補助金の認定

SCM協定上、「補助金」とは次の全ての要件を満たしているものをいう。

・政府または公的機関が、当該輸入品の生産、販売に「資金面での貢献」を

行っている (SCM 協定 1.1 条 (a))。

・輸出者・生産者に利益がもたらされている (SCM 協定 1.1 条 (b))。

そのうち特定性がある補助金のみが相殺措置の対象となる (SCM 協定 1.2、2 条)。

(1) 補助金を認定する単位 (SCM 協定 19.1、19.3 条)

SCM 協定は、当初調査において輸出者・生産者別に補助金額を認定することを義務付けていない。調査当局は、輸出国全体について補助金額を認定して相殺措置を課すことができる[38]。しかし、19.3 条第 2 文により、輸出・生産者は措置発動後に個別相殺関税率の設定を求めることができる点もあり、多くの実務では、輸出者・生産者別に相殺措置を認定している。

(2) 補助金の認定
(a) 資金面での貢献 (SCM 協定 1.1 条 (a))

SCM 協定上の「補助金」は、政府または公的機関 (以下、総称して「政府」) が行った、次のいずれかの「資金面での貢献」に限られる。

SCM 協定に「公的機関」の定義はないが、上級委員会は、輸出国において政府の機能である事項を行使する権限を与えられている団体が当該権限を行使している場合を指すとし、政府が団体の株式を所有しているという事実のみでは公的機関とはいえないとした[39]。

(i) 政府からの直接的な資金の移転

贈与、貸付、出資等実際に政府から資金が移転された場合ばかりでなく、債務保証等、直接的な移転の可能性を伴う措置または債務引受を伴う措置は、資金面での貢献とされる。

(ii) 政府の収入となるべきものの放棄または不徴収

税金の減免、債務免除は、資金面での貢献とされる。ただし、輸出産品に対する消費税等の内国税の免除は資金面での貢献とはならない。

(iii)政府の一般的な社会資本以外の物品若しくは役務の提供または物品の購入

　政府による物品またはサービスの提供、政府による物品の購入は、資金面での貢献とされる。物品には、金銭以外の有体財産、動産が広く含まれる。立木伐採権、鉱山の採掘権も含む[40]。

　政府によるサービスの購入は含まれないが、民間企業が自己のために用いる研究開発を援助することは資金面での貢献となる[41]。

(iv)政府による民間団体に対する上記 (i) から (iii) の実施の指示、委託

　政府が民間金融機関に対して指示、委託して上記 (i) から (iii) を実施させた場合、資金面での貢献とされる[42]。この規定は、政府が民間企業を経由することにより SCM 協定を迂回することを防止するためのものである[43]。

(v)所得または価格支持

　ガット 16 条に規定する (すなわち、直接的または間接的に輸出を増進しまたは輸入を減少させる) 所得または価格支持は、資金面での貢献とされる。

(b) 利益 (SCM 協定 1.1 条 (b))・利益の効果の及ぶ期間

　資金面での貢献がその受領者に利益をもたらしている場合、SCM 協定上の補助金とされる。政府が負担した費用は問題ではない[44]。

　調査当局は、多くの事例で、SCM 協定 14 条 (本章 IV.2. (3) に後述) に従って補助金額が認定されたことを根拠として利益を認定している[45]。受領者が民間市場からは取得できないものを政府の資金面での貢献として受領した場合も、受領者に利益がもたらされたといえる[46]。

　利益は、融資の利子補給のように、交付された年に全額が費消されるものばかりではない。設備投資への助成等、固定資産に対する補助金は、固定資産の平均耐用年数にわたって利益がもたらされるとする実務が確立している[47]。後者の補助金を「反復しない補助金」(non-recurring subsidy) という。

　利益が間接的に受領者にもたらされた場合も含まれるが、その証明が必要である。たとえば、原材料供給者に資金面での貢献がなされた場合、利益が原材料の購入者にもたらされたこと (「パス・スルー」) を立証する必要がある[48]。

コラム⑤　中国の補助金：政府の投資先企業は「公的機関」か

　中国政府が投資する企業や銀行（以下「投資先企業」）から民間企業に提供される原材料や融資が、WTO 協定上の補助金にあたるか否かが注目されている。争点は、中国の投資先企業を、補助金を交付する主体である「公的機関」と認定する基準である。

　上級委員会は、公的機関の中核的特質（core feature）は、政府機能を履行する権限が賦与され、その権限を実行することにあるとし、政府が企業の過半数の株式を所有している事実のみをもって直ちに公的機関とは認定できないとした（米国による中国製品に対する AD・相殺関税最終措置（DS379）、paras. 290, 309-310, 317-318）。その後、上級委員会は、中国政府が所有する企業が中国市場の大部分を販売する原材料の価格は中国市場価格の指標として使用できないとした米国商務省の決定は、中国政府が所有する企業は公的機関であるとの全体に立って、何らの分析もなく、当該販売価格は政府の影響により歪曲されているとの誤った認定に基づいているとした（米国による中国からの特定の輸入品に対する相殺関税措置（DS437）、paras. 4.91-4.93）。

　米国は、この判断に強く反発している。米国は、2015 年 1 月 16 日に開催された DSB 会合で、上級委員会は、DS437 の判断において、その役割から逸脱して、紛争当事国が議論していない観点に基づく独自の基準により判断を下し、また、政府企業に係る商務省の決定を誤りとした判断について意味のある理由説明を行っていない、との声明を出した。2016 年 5 月 23 日に開催された DSB 会合では、これら論点は、米国が上級委員会の欠員補充を拒否する根拠の一つであると表明した。

　その一方で、米国は、上級委員会の示した公的機関の基準を踏まえ、投資先企業の公的機関性を再検討し、社会主義市場経済の保持および国家セクターの独占的地位の維持が中国政府の機能であるところ、中国政府は、投資先企業に意味ある支配を行って、中国経済において国家セクターが市場の独占的地位を維持することを含め、社会主義市場経済を保持するという政策目標達成のための道具として投資先企業を利用し、政府機能を行使させているところから、投資先企業は公的機関である、と決定した。2018 年 3 月、DS437 の履行パネルは当該決定を是認した（paras. 7.46-7.48, 7.107, 7.142）。現在、上級委員会に係属している。

　本件は、今後の WTO 紛争の進展、さらに、関係各国の対応の進展次第で、わが国の対応のみならず、WTO の将来さえ左右する重大な問題である。

(c) 特定性 (SCM 協定 1.2、2 条)

SCM 協定上の補助金であっても、次のいずれかの「特定性」の要件を充足しない限り、相殺措置の対象とすることはできない。

(i) 特性の産業または企業に交付された補助金 (SCM 協定 2.1)

補助金は、特定の産業または企業に対するものであることが法令に明示されている場合、法令上の特定性が認められる。他方、法令により、補助金の受給資格および補助金の額の基準または条件が客観的に示されており、当該条件は中立的であり、特定企業を有利に扱うものではなく、本質的に経済に係るものであり、産業横断的である場合、法令上の特定性はない。

法令上の特定性がない場合であっても、ある補助金が、限定された数の企業によって使用されている場合、特定の企業により支配的に使用されている場合、特定の企業に対して均衡を失した多額の補助金が交付されている場合、または交付当局の裁量により補助金が交付されている場合、事実上の特定性があるとされる。たとえば、製造業に従事する労働者の 16% を雇用している企業が補助金総額の 69% を受領していた場合、事実上の特定性が認められる[49]。

(ii) 交付当局の管轄地域のうち特定の地域に交付された補助金 (SCM 協定 2.2 条)

補助金の交付当局が管轄する地域のうち指定地域に所在する事業体に交付される補助金は、地理的特定性がある。「事業体」(enterprises) とは、支店、設備、工場等の事業拠点を指す[50]。

(iii) 輸出補助金、国内産品優先補助金 (SCM 協定 2.3、3.1 条)

輸出補助金および国内優先補助金は特定性があるとみなされる。輸出補助金とは、法令上または事実上、輸出を条件として交付される補助金をいう。このうち事実上の輸出補助金とは、国内市場と輸出市場の需要供給の条件を単純に反映した状況を上回る輸出インセンティブを受領者に与える補助金をいう[51]。国内産品優先補助金とは、国内産品を輸入産品に優先して使用することを条件とした補助金をいう。当該条件は法令上、事実上のいずれでも良い[52]。

(3) 補助金の額（ガット 6 条 3 項、SCM 協定 1.1 (b)、14 条）

受領者にもたらされた利益の額が補助金の額である。

(a) 利益計算のガイドライン（SCM 協定 14 条）

SCM 協定は、輸入国に、利益計算に関する次のガイドラインに適合する利益の計算方法（の概要）を国内法令に定めることを義務づけている。調査当局は、個別調査において、当該ガイドラインに適合し、国内法令の定めから認識することのできる具体的な方法を採用して利益の額を計算することができる[53]。

- ・出資：　政府の出資と輸出国における民間投資家の通常の出資との差額。
- ・貸付：　政府融資の貸付金利と受領者が市場から調達できたであろう同等の貸付の金利との差額。
- ・債務保証：　政府の債務保証における保証料と、受領者が民間から調達できる同等の保証において支払ったであろう保証料との差額。
- ・政府による物品若しくは役務の提供または物品の購入：　政府の対価と市場における妥当な対価との差額。輸出国の市場価格が政府により歪曲されている場合、第三国の価格をベンチマークとできるが、輸出国との比較優位の差を反映させる調整を行わなければならない[54]。

(b) 中国、ベトナムの補助金利益計算

輸入国は、中国 WTO 加盟議定書 15 条 (b)、ベトナム WTO 加盟作業部会報告書 255 項 (b) に基づき、SCM 協定 14 条のガイドラインの適用に特別な困難がある場合、当該国外の情報をベンチマークとして使用できる。ただし、中国加盟議定書では、実務上可能である場合、中国国外の情報の使用を検討する前に、中国市場の一般的状況の情報を調整すべきとされている。この規定には、AD 調査における非市場経済扱いと異なり、有効期間の制限はない。

3.AD 調査・相殺調査における損害、因果関係の認定

AD 協定、SCM 協定において、国内産業の損害とは、実質的な損害、実質的な損害のおそれまたは国内産業の実質的な遅延をいう[55]。

損害および因果関係に関する AD 協定と SCM 協定の規定はほぼ同様である。

よって、本節の説明は、特段の注記のない限り双方に適用される。

(1) 実証的な証拠に基づく客観的な検討 (AD 協定 3.1 条、SCM 協定 15.1 条)

損害および因果関係の証明は、「実証的な証拠」に基づいた「客観的な検討」によるものでなければならない。「実証的な証拠」とは、肯定的、客観的かつ検証可能な証拠であり、信頼できる証拠を指す。「客観的な検討」の要件は、誠実かつ根本的な公正という基本的な原則に合致する検討プロセスを求めている[56]。

(a) 損害の調査対象期間と認定の時点

損害は調査時点での状況について認定するものであるが[57]、実務上、一定の過去の期間（以下「損害調査対象期間」）のデータを検討せざるを得ないが、損害調査対象期間は調査開始日にできる限り近い時期に設定する必要がある。たとえば、調査開始 15 ヶ月前を終期とする調査対象期間（かつ最終措置発動まで 3 年を要した調査）は損害の実証的な証拠を提供するものではない[58]。

WTO・AD 委員会は損害調査対象期間を少なくとも 3 年間とすべきと勧告している[59]。この勧告に拘束力はないが、WTO パネルはこれを尊重している[60]。

(b) ダンピング輸入、補助金付き輸入

ダンピング輸入、補助金付き輸入とは、僅少基準 (IV.4.(1) に後述) を上回るダンピングまたは補助金付き輸入をいう。調査当局がダンピング・マージンまたは補助金の調査を一部の輸出者・生産者に限定し、調査した輸出者・生産者の一部がダンピングまたは補助金なしと判断されたときは、調査を行わなかった輸出者・生産者の産品の全量をダンピング輸入・補助金付き輸入とみなすことはできない[61]。

ダンピング輸入または補助金付き輸入と判断されなかった輸入は、後述する因果関係の立証において「その他の要因」とされる[62]。

(c) 国内産業のサンプリング調査

調査当局は、国内産業に含まれる生産者の一部を、サンプリングとして国内産業の損害を検討し、因果関係を立証することができる。ただし、当該者のデータは国内産業を十分に代表するものでなければならない[63]。

(2) ダンピング輸入の量および価格の影響（AD 協定 3.2 条、SCM 協定 15.2 条）

調査当局は、ダンピング輸入または補助金付き輸入と国内産業の損害との因果関係を検討する第１ステップとして、当該輸入の数量および価格効果について分析しなければならない。

(a) 数量分析

調査当局は、数量分析として、ダンピング輸入または補助金付き輸入の絶対量または相対量のいずれかについて、顕著に増加しているか否かを検討しなければならない。相対的増加を検討する場合、国内生産または消費との関係のみを考察すれば足りる[64]。

(b) 価格効果分析

調査当局は、価格効果分析として、ダンピング輸入・補助金付き輸入が国内の同種の産品の価格を著しく下回っているか、当該輸入により国内の同種の産品の価格が押し下げられているか、または当該輸入の影響がなければ生じていたであろう国内価格の上昇が抑えられているかを検討しなければならない。

かかる分析にあたっては、輸入製品と国内の同種の産品との間の価格比較性を確保しなければならない[65]。価格の押し下げまたは抑制効果の検討では、両者の価格推移の比較に加え、その他の要因が価格に影響を与える効果を検討して、ダンピング輸入・補助金付き輸入が国内の同種の産品の価格を顕著に押し下げまたは抑制していることについて説得力ある説明を行わなければならない[66]。

206

(3) 累積評価（AD 協定 3.3 条、SCM 協定 15.3 条）

複数の国の産品に対する調査を同時に開始し、各輸出国からの輸入のダンピング・マージン率または補助金率は僅少ではなくかつ当該輸入は無視できる量を上回っていた場合、調査当局は、当該国の輸入による国内産業への効果を累積して評価することができる。ただし、輸入産品の間および輸入産品と国内の同種の産品との間に競争があると判断された場合に限る。

累積評価を行うことができる場合、別途に個別の国の輸入の効果を分析する必要はない[67]。他方、ダンピング輸入であるが補助金付き輸入ではない輸入と、補助金付き輸入ではあるがダンピング輸入ではない輸入の影響とを累積評価することはできない[68]。

(4) 輸入が本邦の産業に及ぼす影響（AD 協定 3.4 条、SCM 協定 15.4 条）

調査当局は、AD 協定 3.5 条、SCM 協定 15.5 条の因果関係を立証するため、ダンピング輸入・補助金付き輸入の数量および価格の効果分析に加え、当該輸入が国内産業の損害の状況に及ぼす影響について評価しなければならない。かかる評価は、AD 協定 3.4 条に掲げる国内産業の状況に関する 15 の経済指標[69]、SCM 協定 15.4 条に掲げる 14 の経済指標（AD 協定に定める「ダンピングの価格差の大きさ」に相当する指標がない）それぞれについて、損害調査対象期間にどのように推移したか、また、ダンピング輸入・補助金付き輸入が当該指標の推移にどのような影響を与えたかを検討して行う。国内産業の状態に関係する他の経済的な要因または指標があれば、それらも評価する。

調査当局は、仮決定および最終決定またはそれらの別の報告書において、それら指標の評価を説明しなければならない[70]。各指標のデータを記載したのみでは不十分である。ある経済指標は国内産業の損害分析に重要ではないと評価した場合、その理由を説明する[71]。さらに、それら個別指標の評価を踏まえ、ダンピング輸入・補助金付き輸入の影響により国内産業全体に対する損害を総合的に評価し、その評価理由を説明する[72]。国内産業の状況をセクター別（たとえば産品市場での販売と自宅消費）に評価することは妥当であるが、さらに、国内産業全体として評価しなければならない[73]。他方、個々の国内生産者の損害の状況について検討する必要はない[74]。

(5) 因果関係 (AD 協定 3.5 条、SCM 協定 15.5 条)

　調査当局は、ダンピング輸入・補助金付き輸入の数量および価格の影響分析、並びに当該輸入が国内産業の損害の状況に与えた影響の評価を踏まえ、当該輸入と国内産業の損害との因果関係を立証しなければならない。かかる立証には、当該輸入と国内産業の経済指標との間の全般的な相関関係が単なる偶然の一致以上であることを示す詳細な分析、特に当該輸入と国内の同種の産品とは代替性があり、国内市場において相互に競争関係による制約を与えていると認定する必要がある[75]。

　さらに、調査当局は、調査当局の知ることとなった、ダンピング輸入・補助金付き輸入以外の、全てのその他の要因による国内産業への影響を、当該輸入による損害から分離峻別して[76]、当該その他の要因が当該輸入と国内産業の損害との因果関係を断絶しないことを、個別事例の状況に即して説明する必要がある[77]。その他の要因として、AD 協定 3.5 条、SCM 協定 15.5 条は、ダンピングされていない輸入、補助金の交付を受けていない輸入(AD 調査における補助金付き輸入、相殺調査におけるダンピング輸入を含む[78])、需要の減少または消費態様の変化、外国の生産者および国内生産者の制限的な商慣行、外国の生産者と国内生産者との間の競争、技術の進歩、国内産業の輸出実績および生産性、を列挙しているが、それらに限られない。国内産業の事業計画に基づく在庫増および価格政策[79]、国内産業に含まれていない国内生産者および調査対象国以外の国からの輸入[80]は、その他の要因となる。他方、輸入に内在する要因、たとえば、品質、デザイン、消費者の選好、外国為替レートの変動による輸入価格の低下効果は、その他の要因ではない[81]。

(6) 損害のおそれ (AD 協定 3.7 条、SCM 協定 15.7 条)

　損害のおそれは、AD 協定 3.1 条から 3.5 条または SCM 協定 15.1 条から 15.5 条までに定められた要件に加え[82]、AD 協定 3.7 条柱書、SCM 協定 15.7 条に定める要件、すなわち、ダンピングまたは補助金が「損害を与えるような事態を生ずるに到る状況の変化は、明らかに予見され、かつ、差し迫ったもの」であることを立証する必要がある。この立証は、将来の状況の推定に基づくものであるから本質的に不確定なものであるが、調査当局は、AD 措置、相殺措置

を発動しなければ損害を生ずるであろう状況への変化が差し迫っていることを事実に基づき決定しなければならない。

調査当局が考慮すべき要因として、AD 協定は、ダンピング輸入量の著しい増加率に基づく相当な増加の見込み、かかる増加を招く余剰生産能力、国内の同種の産品の価格の押し下げまたは抑制効果のある輸入に対する需要増の見込み、調査対象産品の在庫の 4 要因を、SCM 協定は、それら 4 要因に加え、補助金により生じ得る貿易効果の 5 要因を掲げている。これら要因の分析は調査当局の義務ではないが、調査当局が検討した要因が全体として損害のおそれを立証していなければならない[83]。

(7) 国内産業の確立の実質的な遅延 (AD 協定脚注 9、SCM 協定脚注 45)

AD 協定、SCM 協定は、国内産業の損害の 1 形態として「国内産業の確立の実質的な遅延」を規定している。この形態も損害の 1 形態であるから、AD 協定 3 条、SCM 協定 15 条の各項の要件を充足していなければならない[84]が、いずれの協定も、この形態固有の損害の立証要件について何ら定めていない。このため、国内生産者がどのような状況にあれば産業として確立されていない状況と判断できるか[85]、産業として確立していない状況においてどのように実質的損害と同様の分析を行うべきか等、多くの未解決の問題が存在する。

4.AD 措置・相殺措置の発動と発動期間

(1) 措置の対象とできない輸入：僅少、無視できる量 (AD 協定 5.8 条、SCM 協定 11.9、27.10 条)

ダンピング・マージンまたは補助金の額が僅少 (*de minimis*) である輸出者・生産者の産品、また、輸入量が無視できる (negligible) 量である輸出国からの輸入について、輸入国は、調査を開始または継続し、措置の対象としてはならない[86]。また、かかる輸入は、ダンピングなし、補助金なしとされる。

僅少とは、ダンピング・マージンの場合は 2% 未満、補助金の場合は産品 1 単位当たり先進国の産品は 1% 未満、途上国の産品は 2% 以下をさす。

無視できる量とは、ダンピングの場合、ある国からの輸入量が総輸入量の 3% 未満、ただし、複数の国からの輸入を同時に調査対象とする場合、無視で

きる量の国々の輸入量の合計7％未満までとされている。SCM協定は、27.10条(b)に、途上国からの輸入についての無視できる量の具体的数値を、全輸入量の4％未満で、かつ当該国の輸入数量合計が9％未満までと定めている一方、先進国についての無視できる量の基準は定められていない。

(2) 措置の上限とレッサー・デューティー（ガット6条2項、3項、AD協定9.1、9.3条、SCM協定19.2、19.4条）

ガット、AD協定、SCM協定は、AD措置の上限はダンピング・マージン、相殺措置の上限は産品1単位当たりの補助金額を上限と定めている。

当該措置は、最終決定時における額に基づくが、調査当局は調査対象期間のデータをその代替として額を認定できる。ただし、最終決定までに、補助金が撤廃されまたは調査の証拠から補助金の効果が消滅している場合、当該補助金について相殺措置を課すことはできない[87]。

これに加え、AD協定、SCM協定とも、措置は国内産業の損害を除去する程度にとどめることが「望ましい」と規定している。ダンピング・マージンまたは補助金額と損害を除去する程度のいずれか小さい方を課すこととする規定をレッサー・デューティー・ルール（lesser duty rule、以下「LDR」）という。EU、インド、オーストラリア、カナダ、韓国等が採用している。

コラム⑥　わが国の貿易救済措置とWTO紛争－4週間遅れた相殺関税措置

わが国は、これまでにAD最終措置を14件（1輸出国への1措置を1件とする）、相殺最終措置を1件発動したが、そのうちガット時代の事例は2件に過ぎず、その他は2000年以後の措置である。特に、2014年以降、毎年新たなAD調査を開始し、措置を賦課している。輸出拡大により世界経済に冠たる地位を築いてきたわが国の貿易救済政策は、21世紀に入り大転換したといえる。

この背景には、世界の産業構造の変遷に伴うわが国の貿易救済措置への考え方の変容が挙げられよう。1990年代後半から新興国の製造業が着々と力をつけて、日本市場においても輸入製品の存在が顕著になってきた。その一方で、貿易救済措置の積極的ユーザーとして、米国、EU、カナダ、豪州に加え、インド、

中国をはじめとする新興国が加わってきた。このような状況で、わが国の産業の一部は他国並みの貿易救済措置による国内産業の保護を求め始めた。それに並行して、わが国政府も、貿易救済措置は自由貿易を阻害する措置であるとの基本姿勢が変化し、ダンピングや補助金付き輸出という「不公正」な貿易慣行に対抗することはWTO協定に認められた正当な行為であるとの見方が広がってきた。ただし、上述の措置は全て工業製品を対象としたもので、農産品は含まれていない。農産品の貿易救済措置は、ねぎ、生しいたけおよび畳表に対して2001年4月23日から200日間課したSG暫定措置1件にとどまる。

これらのうち、WTO紛争解決機関に持ち込まれた唯一の措置が、2006年1月27日に最終決定がなされた、韓国ハイニックスDRAMに対する相殺関税（DS336）であった。

2001年10月、韓国の銀行団は、経営危機に瀕したハイニックス社を救済すべく債務の株式転換、利息免除、弁済期延長を実施した。しかし、同社の経営は改善せず、2002年12月、さらなる債務の株式転換及び弁済期延長を実施した。調査当局は、いずれの救済措置も韓国政府が銀行団に対して圧力を加えた結果であるから政府の指示・委託に基づく資金面での貢献であり、利益も認められると判断した。この調査では、政府の指示委託を直接示す証拠はなかった。調査当局は、状況証拠を慎重かつ丁寧に分析検討する必要があり、時間を要した。

パネルは指示・委託を裏付ける証拠が不十分であるとしたが、上級委員会はパネル判断を覆し、調査当局の判断を維持した。しかし、上級委員会は、反復しない補助金は同社の主な資産の償却期間である5年で償却されるとの当局の判断に基づけば、2001年の債務の株式転換による利益は2005年末に消尽しており、その後に当該補助金に相殺関税を課す決定はできないとした。最終決定が4週間遅れたために、調査当局の完勝とはならなかった。

調査当局は、かかる判断を受けて、2008年9月1日、相殺関税率を、2001年の債務の株式転換を根拠とする部分を除いた9.1%に変更した。調査当局としては、利益の及ぶ期間の判断を2001年10月から5年間とすると変更して原相殺関税率を維持することもできたが、その方法は採用しなかった。

(3) 二重賦課の禁止 (ガット6条5項、SCM協定19.4条)

ガット6条5項は「ダンピングまたは輸出補助金から生ずる同一の事態を補償するためにダンピング防止税と相殺関税とを併課されることはない」と規定している。上級委員会は、この条項およびSCM協定19.3条の「適正な額」との規定により、AD関税を課す根拠とした事態と同一の事態を根拠として相殺関

税を、または相殺関税を課した輸出補助金から生ずる事態と同一の事態を根拠として AD 関税を、二重に賦課することは禁止されているとの判断を示した[88]。

　輸出補助金付きの輸入のダンピング・マージンは輸出補助金により輸出価格が引下げられたことから生じた価格差を含むため、輸出補助金についての相殺措置と AD 措置を同時に課すことは、禁止された二重課税となる。同様に、非市場経済法を正常価額に適用する等輸出国の国内価格ではない価額を正常価額として AD 措置を課す一方で国内補助金に対する相殺措置を課した場合、禁止された二重課税が行われている可能性がある。

5.AD 措置・相殺措置の種類

　AD 措置、相殺措置は、AD 協定 18.1 条および SCM 協定 32.1 条により、それら協定に定められた措置、すなわち、暫定措置、最終措置（危機的状況の措置を含む）、価格約束（相殺措置の場合は約束）のいずれかに限られる。それら以外の措置、たとえばダンピングに対する民事賠償、刑事罰、行政罰、徴収したダンピング税・相殺関税の国内産業への配賦、を行うことはできない[89]。

(1) 暫定措置（AD 協定 7、10 条、SCM 協定 17、20 条）

　輸入国は、調査開始後 60 日を経過した後、ダンピング・補助金の存在、国内産業の損害、因果関係について仮決定をして、暫定相殺措置の場合にはさらに輸出国と協議を行った上で、暫定措置を発動することができる。その発動期間は最長 4 か月である。ただし、暫定 AD 措置については、貿易の著しい割合を占める輸出者からの要請があった場合、6 か月まで発動することができ、LDR を暫定 AD 措置に適用する場合、それぞれ 6 か月、9 か月まで発動できる。

　暫定措置の額が最終措置の額を上回った場合、輸入国は当該差額を還付しなければならない。他方、最終措置が暫定措置を上回った場合であっても追徴することはできない。また、最終決定において損害のおそれを認定した場合、調査当局が暫定措置なくしては国内産業の実質的損害が生じたと認定しない限り、暫定措置として徴収した額を還付しなければならない。

(2) 危機的状況の措置 (AD 協定 10.6-10.8 条、SCM 協定 20.6 条)

損害を与えたダンピングが過去に認定された産品である場合または輸出者が調査時点でダンピングを行っていることおよびそれにより国内産業に損害を与えるであろうことを知っていたはずである場合で、かつ、比較的短期間の大量のダンピング輸入によって当該損害が生じており、最終措置の効果の重大な毀損が見込まれる場合には、調査開始後で暫定措置前の最長 90 日間の輸入に最終措置を適用することができる。SCM 協定は、過去の経緯および輸出者・生産者の補助金の認識に関係なく、比較的短期間の大量の補助金付き輸入により国内産業に回復し難い損害が生じているとき、当該措置の発動を認めている。

この措置は、発動条件が極めて高いこと等から、ほとんど利用されていない。

(3) 価格約束・約束 (AD 協定 8 条、SCM 協定 18 条)

調査当局は、輸出者・生産者から申出のあった場合、当該者と、肯定的な仮決定の後に、ダンピングではない価格または国内産業に損害を与えない価格以上で輸出することを条件として、当該輸出者・生産者に対する暫定措置および最終措置の適用を停止することに合意することができる。これを価格約束という。

調査当局に、価格約束の申出を検討する義務はない[90]が、申出を拒否する場合には、その理由を当該輸出者・生産者に説明する。調査当局は、価格約束を受け容れた場合であっても AD 調査を完結させることができる。

相殺措置の場合、調査当局は、輸出者・生産者との価格約束に加え、輸出国と補助金を改廃するまたは輸出量の制限を含む補助金の効果に関するその他の約束を締結することができる。

(4) 最終措置 (AD 協定 9.1、11.3 条、SCM 協定 19.2、21.3 条)

最終措置は、次節に述べる手続を含む調査手続が終了し、ダンピングまたは補助金の存在、国内産業の損害および因果関係が立証されたとき、発動することができる。発動期間は最長 5 年間であるが、後述するサンセットレビューにより 5 年間延長できる。この延長回数に制限はない。

6. 調査手続

　AD 協定、SCM 協定は、当初調査、中間見直し、サンセットレビュー手続、関税額の確定または還付手続を定めている。それら手続は、両協定に定める適正手続条項に従って実施されなければならない。

(1) 当初調査

(a) 調査開始 (AD 協定 5 条、SCM 協定 11 条)

(i) 国内産業のための申請

　当初調査は、通常、国内産業による申請に基づいて開始される。例外的に、調査当局が職権で調査を開始することができる。

　申請書には、ダンピングまたは補助金、国内産業の損害および因果関係の証拠、さらに、国内生産者および生産の状況、調査対象産品、調査対象となる輸出者・生産者等、AD 協定 5.2 条、SCM 協定 11.2 条に列挙された情報を添付または記載する。ただし、その情報は、国内産業が合理的に入手できる範囲でよい。

　調査当局は、申請の正確性および妥当性を検討し、必要であれば自ら証拠を収集して[91]、調査開始を正当化するに十分な証拠があると判断された場合、調査を開始する。この証拠には、ダンピングについては公正な比較によるマージンが確認できる証拠[92]、補助金については資金面での貢献、利益、特定性を示す証拠[93]、損害、因果関係については AD 協定 3 条、SCM 協定 15 条に定める要件に関する証拠が含まれる。

(ii) 国内産業の支持要件 (AD 協定 5.4 条、SCM 協定 11.4 条)

　申請に基づき調査を開始するためには、調査当局は、申請に国内産業に含まれる国内生産者から十分な支持のあることを確認しなければならない。具体的には、国内産業の総生産量の 25% 以上を有する国内生産者が調査開始に賛成し、かつ賛成する国内生産者の生産量が反対する者の生産量を上回っていることを要件とする。

214

　(ⅲ)通知、協議、公告 (AD 協定 5.5、12.1-12.1.1 条、SCM 協定 11.5、13.1、22.1-22.2 条)

　調査当局は、申請が適切になされていることを確認したときは、申請のあった旨を、さらに、相殺調査の場合には協議の機会があることを、調査対象国に通知する[94]。他方、調査開始を公告するまでは申請を公表してはならない。

　調査を開始する決定をしたときは、AD 協定 12.1.1 条、SCM 協定 22.2 条に定める事項を公告し、利害関係者に通知する。

(b) ダンピングのサンプリング調査・その他レート (AD 協定 6.10、9.4 条)

　ダンピング・マージンの調査を行うべき輸出者・生産者が多数に及ぶ場合、調査当局は調査対象を合理的に調査できる数に制限しまたは統計上有効なサンプリングを適用することができる。

　かかる制限を行った場合、輸入国は、調査対象にできなかった輸出者または生産者の産品に対して、調査対象とした者のダンピング・マージンのうち、知ることのできた事実（ファクツ・アベイラブル (Facts available)、本章 Ⅳ.6. (5) (e) 後述）によって認定したダンピング・マージン（ただし、ゼロまたは僅少であるマージンを除く）の平均値を上限として AD 措置を課すことができる。これに基づく AD 関税率は「その他レート」と呼ばれる。

(c) 調査当局の知るところとならなかった輸出者・生産者

　AD 調査において調査当局の知るところとならなかった輸出者・生産者に対する AD 措置をどのように設定してよいかは、長い間、議論の対象であったが、パネル判断の積み重ねにより解決が図られた。調査当局は、輸出者・生産者に対する質問状を公開し、調査開始公告において全ての輸出者・生産者に対して当該質問に回答するよう求めることにより AD 協定 6.1.1 条および付属書 Ⅱ.1 の定める通知要件を充足できる。調査当局は、回答がなかった者を非協力者と認定して FA に基づく AD 措置（これに基づく AD 関税率は「残余レート」と呼ばれる）を設定してよい[95]。

(d) 仮決定 (AD 協定 7.1 条 (ii)、12.2-12.2.1 条、SCM 協定 13.2 条注 44、17.1 条 (b)、22.3-22.4 条)

　仮決定は、調査当局の義務ではないが、暫定措置を発動する条件となっている。相殺調査において肯定的な仮決定を行うときは、調査当局は、その決定までに、措置の対象国政府に協議を行う合理的な機会を与える。

　調査当局は、仮決定を行ったとき、仮決定に至るために重要であった事実および法令に係る問題を公告しまたは別の報告書において公表する。さらに、暫定措置を発動するときは、AD 協定 12.2.1 条、SCM 協定 22.4 条に掲げる事項について十分詳細な説明を公告しまたは別の報告書に記載して公表する。

(e) 最終決定 (AD 協定 5.10、12.2、12.2.2 条、SCM 協定 11.11、13.2 条注 44、19.1、22.3、22.5 条)

　調査当局は、調査を、開始から通常は 12 か月、最長でも 18 か月以内に終了する。また、相殺調査において肯定的な最終決定を行うときは、その決定までに、措置の対象国政府に協議を行う合理的な機会を与え、協議を完了する合理的な努力を行わなければならない。

　調査当局は、仮決定と同様に、最終決定に至るために重要であった事実および法令に係る問題について、公告しまたは別の報告書において公表する。最終措置を賦課する場合または価格約束を受け容れて調査を終了する場合、さらに、AD 協定 12.2.1 条、SCM 協定 22.4 条に掲げられた事項、および輸出者・生産者の主張を採用しまたは却下した理由説明を公表する。

　仮決定および最終決定における説明は、秘密情報を保護する一方で、利害を有する者が、調査当局が決定の結論に至った事実、法律、理由を理解して司法審査を遂行するに十分なものでなければならない[96]。

(2) 還付手続・行政見直し (AD 協定 9.3 条)

　AD 関税および相殺関税の徴収法は、米国が採用する遡及確定法と、EU その他のほとんどの国が採用する予測確定法とがある。

　遡及確定法では、輸入者は通関時に AD 税相当額を預託し、最終評価手続後に預託額と確定 AD 税額との差額を追徴または還付される。AD 協定 9.3.1

条は、遡及確定法による最終評価額は、最終評価を請求された後 18 か月以内に決定され、預託額の還付は決定後 90 日以内に行われるとしている[97]。

予測確定法では、AD 関税額、相殺関税額を輸入通関時に確定し、徴収する。AD 協定 9.3.2 条は輸入者から還付請求が行われた場合、通常 12 か月、最長でも 18 か月以内に還付手続を終了し、その後 90 日以内に既に徴収した額と実際のダンピング・マージンとの差額を還付することとしている。この手続きでは差額の追徴はされない。

SCM 協定では最終評価手続、還付手続についての規定はない。

(3) 新規供給者レビュー（AD 協定 9.5 条、SCM 協定 19.3 条）

当初調査対象期間に輸入がなかった生産者で、かつ、当該期間中に輸入のあった産品の生産者の関係会社ではないことを立証した生産者は、自己の産品に課される個別 AD 関税率を設定する手続を求めることができる。この手続を新規供給者レビューという。この規定は、当初調査後に輸出を開始した輸出者・生産者を救済する一方で、当該供給者が新規供給者であることを自ら証明するまでは、その供給者に既存の AD 関税率を課すことを認めているといえる[98]。

SCM 協定は、当初調査において補助金の調査対象とならなかった輸出者は個別相殺措置を設定するレビューを求めることができる、とのみ規定している。

(4) レビュー（AD 協定 11 条、SCM 協定 21 条）

AD 協定 11.1 条、SCM 協定 21.1 条は、損害を与えるダンピングまたは補助金に対処することが必要な期間のみ、かつ必要な限度において措置を継続することができる、と定めている。同条は、次に説明する中間レビューおよびサンセットレビューにおける基本的な規律を定めたものであるが、同条自体は輸入国に特定の義務を課したものではない[99]。

(a) 中間レビュー（AD 協定 11.2 条、SCM 協定 21.2 条）

利害関係者は、措置発動から合理的な期間が経過した後に、措置が必要かもしくは措置の程度が適切か、または課税の程度を変更した場合に損害が継

続しまたは再発する可能性があるか、について見直しを請求することができる。調査当局は、利害関係者がかかる見直しを必要とすることを示す実証的な証拠を添付した申請を提出したときは、中間レビューを開始して、課税の必要性について見直さなければならない。中間レビュー開始のための条件として、当該条件以外の条件を課すことはできない[100]。調査当局は、また、職権で中間レビューを開始することができる。見直しの結果、措置の維持または程度に正当理由がないと判断されたときは、直ちに措置を撤廃しまたは措置の程度を変更しなければならない。

(b) サンセットレビュー（AD 協定 11.3、11.4条、SCM 協定 21.3、21.4条）

　サンセットレビューの導入は、ウルグアイラウンドの AD 協定、SCM 協定交渉における大きな争点であった。結局、AD 措置、相殺措置は、その発動または前回のサンセットレビューから 5 年を経過したときをもって自動失効することを基本とする一方、調査当局が、失効前にサンセットレビューを開始してダンピング・補助金の継続または再発の可能性がありかつ損害の継続または再発の可能性があると決定した場合、その決定の日から措置を 5 年間延長できることとされた。この延長回数に制限はない。また、サンセットレビュー手続中は措置を継続できる。

　AD 協定、SCM 協定は、かかる大枠を定めるにとどまっており、手続、判断基準の詳細は輸入国の国内法に委ねられている。ただし、本条項の "review" および "determine" という用語から、調査当局は、サンセットレビュー手続を適正に行って実証的証拠を収集し厳格に検討して理由ある結論に到達することが求められている[101]。当初調査の証拠のみに依拠して決定すること、また、法律に定められた推定に基づいて判断することは認められない[102]。

　AD 協定、SCM 協定はダンピング・補助金の継続または再発の可能性の決定基準を何ら示していない。当該決定のために現在のダンピングの状況を認定する必要はない。ただし、レビュー時点までのダンピングの状況の証拠に基づいて当該決定を行う場合、当該証拠は、ゼロイングの禁止を含め AD 協定 2 条の規律に整合していなければならない[103]。他方、AD 協定 5.8 条、SCM 協定 11.9 条の僅少基準は適用されない[104]。

218

AD 協定 3 条、SCM 協定 15 条の規定は、損害の継続または再発の可能性の決定に関連するものであるが、同条に従って決定する義務はない[105]。ただし、ダンピングの場合と同様に、過去および現在の損害の状況を証拠として、その継続または再発を判断する場合、当該証拠は 3 条、15 条に整合したものでなければならない[106]。

サンセットレビューでは、ダンピング・補助金付き輸入の継続または再発の可能性と損害の継続または再発の可能性との因果関係を立証する必要はないが、それらの間に関連性 (nexus) があることを示すことが求められている[107]。

サンセットレビュー手続は、通常、開始から 1 年以内に終了する。

(5) 適正手続

AD 協定、SCM 協定は、当初調査、レビューにおいて利害関係者に対する適正手続を確保するため、次の事項を定めている。ただし、AD 協定 6.10 条の個別輸出者・生産者別のダンピング・マージンの認定等、決定の実質面にかかわる規律はレビューには適用されない[108]。

(a) 利害関係者[109] の防禦の機会 (AD 協定 6.1-6.4 条、SCM 協定 12.1-12.3 条)

利害関係者は、調査手続中、調査当局が必要とする情報および関連する証拠を提出する機会を十分に与えられる。さらに、AD 協定 6.2 条第 1 文は、調査当局に対し、利害関係者に自己の利害を防禦する機会を十分に与えることを義務づけている。SCM 協定に当該条項はないが、13.2 条に輸出国政府との協議義務を課している。

利害関係者は、AD 調査・相殺調査開始後直ちに申請書の写しを受領し、他の利害関係者の提出した証拠を閲覧し、調査当局が検討に使用した秘密ではない情報の開示を適時に受けることができる。AD 調査では、さらに、相反する利害を有する者との対質の開催を請求することができる。

(b) 質問状による調査および回答 (AD 協定 6.1.1 条、SCM 協定 12.1.1 条)

調査当局は、仮決定および最終決定のために必要となる利害関係者の情報を網羅した質問状を、当該利害関係者に発出し、その発出日から回答を受領

するまでの期間として、少なくとも 37 日間(30 日間の回答期間および送達推定期間 7 日)を与えなければならない[110]。その他の質問状についても、適切な回答期間を利害関係者に与えなければならない[111]。

　利害関係者から「理由が示され」、かつ調査の遂行上「実行可能なとき」は、調査当局は、提出期日を延長しなければならない。回答期限に遅れて提出された情報であっても、その情報の性質および量、情報入手の困難さ、検証の困難度、他の利害関係者への影響、調査過程に与える影響、遅滞した期間等を考慮して、妥当な期間内に提出されたものである場合、かかる情報を受領する[112]。

(c) 情報の検証と現地調査 (AD 協定 6.6、6.7 条、同付属書 I、SCM 協定 12.5、12.6 条、同付属書 VI)

　調査当局は、利害関係者が提出した情報の正確性を確認した上で、認定の基礎としなければならない。提出された情報が正確ではないとして却下する場合、その挙証責任は調査当局にある[113]。そのために調査当局が行う確認作業は検証 (verification) と呼ばれる。

　現地調査は検証のための義務ではない[114]が、多くの調査で行われている。現地調査では、利害関係者の事業所において、保管されている会計記録、販売記録、購入記録、支払記録、生産記録、原価計算、在庫記録、それらの裏付け資料原本等を確認して、提出された情報が正確であることを検証する。

　調査当局は、予定された現地調査を輸出国当局および調査対象企業に通知し、当該企業の事前の合意を得る。現地調査の終了後、調査当局は、求めた資料が提供されたか、情報が検証されたかについて、調査企業に開示する[115]。

(d) 秘密情報の保護 (AD 協定 6.5-6.5.2 条、SCM 協定 12.4-12.4.2 条)

　AD 調査、相殺調査とも、利害関係者の生産・販売情報等、他の利害関係者に開示された場合にビジネス上の不利益が生ずる情報を取り扱っている。そのため、利害関係者は、性質上秘密である情報および情報提供者が秘密であるとして提供した情報について、秘密扱いを求めることができる。

　かかる求めがあった場合、調査当局は、利害関係者に対し、他の利害関係者がその利益を防禦するために秘密情報の内容を合理的に理解することがで

きる程度に詳細な要約を提出することを求めなければならない[116]。かかる要約を提出しない場合、調査当局は、要約さえも不能と認められる情報を除き、当該秘密情報を無視することができる。

コラム⑦　航空機補助金を巡る WTO 紛争と MRJ

　WTO 紛争において、競合他社に交付された補助金を厳しく相互検証している業界は、1 機種の開発に多額の費用を要する航空機産業をおいて他にない。三菱航空機の MRJ の運用が開始されれば、他の事例のように、日本政府の支援の WTO 整合性が執拗に追求される可能性は否定できない。

　2018 年 6 月末現在で、SCM 協定との整合性を検討したパネル報告書が発出された事件は、同じ政策を複数国が提訴している事例を 1 件として 44 件あった（筆者による集計、WorldTradeLawNet を参照）。そのうち、相殺措置が 27 件で、補助金それ自体の紛争は 17 件であった。後者の内訳は、航空機が 6 件、次いで自動車 2 件、船舶 2 件と、航空機補助金の紛争が際立っている。

　1996 年 6 月、リージョナルジェットの 2 大生産者であるボンバルディア社を擁するカナダがエンブラエル社のために補助金を交付したブラジルを提訴した事件が最初である（ブラジルの航空機輸出ファイナンスプログラム (DS46)）。その 9 か月後、ブラジルはカナダを提訴し（カナダによる民間航空機輸出に係る措置 (DS70)）、2001 年 1 月には更に別途の紛争を提起した（カナダによる地方航空機産業に対する輸出信用および融資保証 (DS222)）。それらの結果、カナダ、ブラジルとも、相手国に対抗措置を発動することが認められた。2017 年 2 月にはブラジルが 3 件目の紛争を提起し（カナダによる商業用航空機の貿易に関する措置 (DS522)）、パネルに係属している。

　米国（ボーイング社）と EU（エアバス社）の紛争は、2004 年 10 月、米国の協議要請から始まる（EU による大型民間航空機の取引に関連する措置 (DS316)）。その 8 か月後、EU が 2 国間協議を要請した（米国による大型民間航空機の取引に関連する措置（二次申立て）(DS353)）。両者は、紛争解決手続を断続しつつ和解交渉を進めたものの、2010 年〜 2012 年に、全体で 3 千頁を超えるパネル、上級委員会報告書が発出され、双方とも補助金を撤廃もしくは変更するよう勧告された。EU は、2014 年 12 月、別途の紛争を提起したが、棄却された（米国による大型民間航空機に対する税制上の優遇措置 (DS487)）。2018 年 5 月、EU の履行について上級委員会報告書が発出されると、EU は指摘された補助金の是正を完了したと表明したが、米国が納得していないため、同年 8 月履行確認パネルが設置された。他方、米国の履行についての上級委員会報告書が待たれている。

> ブラジルは、2011年2月、日本政府のMRJに対する支援に重大な懸念を持っていると表明し、2013年10月には、日本政府に支援の内容を開示するよう求めている。WTOにおける日本の貿易政策検討では、2009年以降2015年まで毎回、本件について質問している。MRJに対する日本政府の支援は、既に競合国の監視下にある。

(e) ファクツ・アベイラブルの適用（AD協定6.8条、同付属書II、SCM協定12.7条）

利害関係者が、調査当局が必要とする情報の入手を許さなかったとき、情報を提供しなかったとき、または調査を著しく妨げたとき（たとえば、質問状に対する十分な回答を提出しなかったとき、提出された情報の裏付け資料が提示されなかったとき[117]等）、調査当局は、申請書の情報、他の利害関係者が提出した情報、公表情報等、二次的な情報源から得た情報を決定の基礎とすることができる。かかる情報をファクツ・アベイラブル（Facts Available、または、知ることのできた事実。以下「FA」）という。

AD協定付属書II.7項は、FAの適用により利害関係者に好意的ではない結果となることを認めている。しかし、これは、調査当局に不利な推定を行うこと、ましてや懲罰を課すことを認めたものではない[118]。調査当局は、当事者により提供され（かつ検証され）た情報を可能な限り使用し、利害関係者から入手できなかった情報を補填するためにFAを使用する[119]。

SCM協定にはFAに関する附属書がないが、FA適用ルールはAD協定附属書IIの原則と大きく異なるものではない[120]。

(f) 重要事実の開示（AD協定6.9条、SCM協定12.8条）

調査当局は、最終決定を行う前に、最終措置を決定するための基礎とする重要な事実を利害関係者に開示し、利害関係者に意見陳述を行う機会を与える。この開示は、ダンピング・補助金、損害および因果関係の認定にかかわり、利害関係者が十分な防禦活動ができる程度に詳細でなければならない[121]。

ダンピングにかかわる重要事実には、正常価額、輸出価格、生産原価、販売・管理費用、利益の各データ、取引、価格比較のための調整、さらに、それらの計算式が含まれる[122]。損害認定の重要事実には、ダンピング輸入・補助金

222

付き輸入の数量および価格比較データ、国内産業の経済指標データ、その他
の要因を含む因果関係データ[123] が含まれる。他方、最終措置の決定理由は事
実ではないところから、開示の対象ではない[124]。

V. セーフガード措置

1. セーフガード措置発動の要件 (ガット 19 条 1 項 (a)、SG 協定 2.1、3.1 条)

輸入国は、輸入国の調査当局が調査を行って、次の要件を充足しているこ
とを立証したとき、SG 措置を適用できる：①輸入産品が増加した状況で、②
かかる輸入増は予見されなかった状況の発展および関税譲許を含めガットに
基づき負う義務の結果であり、③そのような条件で、④国内産業が重大の損
害をうけ、またはそのおそれがあり、⑤かかる損害と増加した輸入との間に
因果関係があること。

(1) 輸入産品の増加 (ガット 19 条 1 項 (a)、SG 協定 2.1 条)
(a) 増加の程度

輸入は国内産業に重大な損害を与える程度に「増加した状況」でなければな
らない。よって、その増加は十分に**直近**にかつ**突然**に生じたものである必要
がある。さらに、次に説明する「事情の予見されなかった発展」の結果でなけ
ればならないところを併せれば、輸入増加は十分に**急激**であり**著しい**もので
ある必要がある。かかる分析は定量的および定性的に行われなければならな
い[125]。

輸入の増加分析は、絶対量の増加または国内生産に対する相対的な増加の
いずれでもよいが、調査対象期間全体にわたる輸入の傾向を検討することを
要する。始期と終期の比較のみでは不十分である[126]。

(b) 調査対象期間

調査対象期間について協定上の規定はない。米国ラインパイプ SG 措置事
件パネルは、5 年 6 ヶ月の調査対象期間は十分な期間である、と判断してい
る[127]。

(c) 調査対象輸入と SG 措置の対象・パラレリズム（SG 協定 2.2 条）

SG 措置は、全世界からの輸入に対して課すこととされている。ただし、2.1条脚注 1 は、関税同盟について、その域内産業の損害に基づいて関税同盟が一体として、またはある構成国の産業の損害に基づいて同国のために、非同盟国からの輸入に対してセーフガード措置を発動することを認めている。

2.1 条の損害調査および 2.2 条の SG 措置のいずれも「輸入されている産品」を対象としている。よって、損害・因果関係分析の対象とした輸入の範囲と SG 措置の対象範囲は一致しなければならない[128]。これをパラレリズムという。上級委員会は、米国が、小麦グルテン SG 措置において、全輸入に基づき損害を認定する一方でNAFTA[129]に基づきカナダ産を措置から除外したことは2.1条に不整合であると判断した[130]。しかし、自由貿易協定の締約国が他の締約国の輸入を除外して自国産業の重大な損害を認定した場合に SG 措置から他の締約国を除外できるか否かについては判断していない。

(2) 事情の予見されなかった発展およびガットに基づき負う義務の結果（ガット 19 条 1 項（a））

SG 措置は、輸入の増加が、輸入国が関税譲許を含むガットに基づいて「負う義務の効果」の結果であり、当該義務を負ったときには「予期されていなかったもの」である場合に発動することができる。よって、輸入国の調査当局は、かかる状況であることを説明しなければならない[131]。この条件は SG 協定 2.1 条には規定されていないが、上級委員会は、ガット 19 条と SG 協定の全ての条項に完全な意味と法的効果を与えるよう解釈しなければならないとして、SG 措置の発動にはそれら条項に定めるすべての要件が充足されなければならないとした[132]。

(3) そのような条件（ガット 19 条 1 項（a）、SG 協定 2.1 条）

SG 協定 2.1 条は、増加した輸入は国内産業に重大な損害を与える「そのような条件」であることと規定している。この規定は、対象輸入産品の輸入急増と国内産業の損害との因果関係を立証するための国内の同種の産品および直接競合する産品との間の競争状況の分析の必要性を示したものとされている[133]。

(4) 国内産業の重大の損害またはそのおそれ（ガット 19 条 1 項 (a)、SG 協定 2.1 条、4.1 条、4.2 条）

(a) 重大な損害の認定

SG 措置は、増加した輸入が、調査時点、すなわち調査対象期間の終期において[134]、「国内産業に重大な損害を与えまたは与えるおそれ」がある場合に適用できる。重大な損害とは、4.1 条 (a) に「国内産業の状態の著しい全般的な悪化」と定義されている。AD 協定、SCM 協定の「実質的な損害」基準よりも高い基準である[135]。

調査当局は、4.2 条 (a) に定める「増加した輸入産品の国内市場占拠率並びに販売、生産、生産性、操業度、損益および雇用についての水準の変化」の 6 経済指標の他、利害関係者により提出された意見・証拠から認められる国内産業の状態に関連する「すべての要因」について、計量されたデータを評価して[136]、国内産業の重大な損害を証明する。一部の要因が悪化傾向を示していても、全ての要因を考慮して国内産業の全体的な状況を評価することで「著しい全般的な悪化」が存在することを認定できる[137]。

(b) 損害のおそれの認定

重大な損害のおそれとは、SG 協定 4.1 条 1 項 (b) に、「明らかに差し迫った重大な損害をいう」とされている。よって、予想される重大な損害が極めて近い将来に生ずる瀬戸際にあることが明確でなければならない[138]。しかし、「おそれ」は、実現されたときに重大な損害となるものであるから、その調査時点における損害の程度は重大な損害を認定する基準よりも低い[139]。

(5) 因果関係（ガット 19 条 1 項 (a)、SG 協定 2.1、4.2 条 (b)）

(a) 因果関係の立証

SG 措置の適用には、「輸入の増加」と「重大な損害」との「因果関係」の立証を要する。この因果関係は十分明白である必要があるが、増加した輸入が唯一の原因である必要はない。他の要因が重大な損害に貢献しているのと同時に、増加した輸入が重大な損害に貢献している場合、因果関係が認められる[140]。

(b) 不帰責原則：その他の要因の影響の分離峻別

　因果関係を立証するにあたり、「輸入の増加以外の要因が同時に国内産業に損害を与えている場合には、その要因による損害の責を輸入の増加に帰してはならない」。調査当局は、その他の要因が国内産業に与える影響を分離、峻別して、なお、輸入の増加と国内産業の損害との間に純粋かつ実質的な因果関係があることを示さなければならない[141]。この分離峻別の要請は、AD 調査、相殺調査における場合と同様である[142]。

コラム⑧　米国、16 年ぶりのセーフガード措置

　他国の貿易濫用行為に対して全ての米国および国際法上の手段を講ずる、と公約したトランプ氏は、2017 年 1 月に大統領に就任した後、その公約を着々と実行している。2018 年 2 月、ついに、結晶シリコン太陽電池と大型家庭用洗濯機輸入に対して SG 措置を発動した。2002 年 3 月に鉄鋼 SG 措置を発動して以来、実に 16 年ぶりである。

　16 年もの間、SG 措置が発動されなかったのには理由がある。過去の SG 措置は、米国法の規定が原因となって WTO 紛争解決機関にことごとく WTO 協定不整合とされたため、措置を終了せざるを得なかったのである。たとえば SG 措置を定めている 1930 年関税法は、事情の予見されなかった発展の結果として対象輸入が増加したことを SG 措置発動の前提としていない。このため、調査当局である International Trade Commission (ITC) は、国内産業の損害認定においてこの要件を検討できない。また、同法は重大な損害に貢献したその他の要因の効果の分離・峻別を求めていない。さらに、NAFTA 実施法は、メキシコまたはカナダからの輸入が対象輸入の上位 5 位以内ではなく、かつ国内産業の重大な損害に重要に寄与していないときは、SG 措置の対象外とするとしているのである。

　ITC は、結晶シリコン太陽電池について、損害決定とは別途の報告書で、事情の予見されなかった発展について分析した。また、大統領は、その裁量で、カナダからの輸入は国内産業の重大な損害に重要に寄与していないとした ITC 判断を覆して、カナダ産に対しても SG 措置を適用するとした。このように、結晶シリコン太陽電池 SG 措置については WTO 協定不整合とされる原因を排除しようと努めたとみられる。しかし、大型家庭用洗濯機 SG 措置では事情の予見されなかった発展についての分析はなされていない。

　今後、米国は WTO 協定に不整合な SG 措置を発動し続けるのか、注目される。

226

2. セーフガード調査手続（SG 協定 3.1 条）

SG 措置は、輸入国が予め公表した手続に従って、その調査当局が調査を行い、発動要件が充足されていることを立証したとき適用することができる。調査当局は、利害関係者に対する適正手続を遵守しつつ、質問状を発する等積極的に情報を収集し、関連する全ての要因を分析し[143]、報告書を作成して公表しなければならない。

(1) 調査開始の端緒

SG 協定は、SG 調査開始要件について何ら定めていない。したがって、調査当局が職権で SG 調査を開始することに何らの制約もない。

(2) 公告と WTO 通報（SG 協定 3.1、12 条）

輸入国は、WTO・SG 委員会に対し、調査開始、損害の認定、暫定措置、最終措置、措置の延長、中間見直しの結果、補償の方法、SG 措置として停止する譲許その他の義務について、「直ちに」通報すべきこととされている。開始決定から 14 日後になされた通報は、直ちになされたものとはいえない[144]。

また、3.1 条により、利害関係者に対して SG 調査について「合理的な公告」を行うこととされている。この公告の時期、内容について具体的な規定はないが、WTO 通報と同様の事項を同様の時期に公告することが合理的であろう。

(3) 適正手続：利害関係者の陳述の機会（SG 協定 3.1 条）

調査当局は、調査の過程において、輸入者、輸出者その他の利害関係者に、証拠および自己の見解を提出することができる公聴会その他の適当な方法を提供する。SG 協定は具体的な手続を定めていないが、AD 協定、SCM 協定に定める適正手続が参考となろう。

(4) 報告書（SG 協定 3.1 条）

調査当局は、SG 措置を適用するために立証を要する事実および法令上の全ての要件についての詳細な分析、事実認定およびかかる事実認定がどのように決定を裏付けているかについて、理由あるかつ適切な説明を明示した報告

書を公表することを要する[145]。

(5) 利害関係輸出国との協議 (SG 協定 12.3 条)

　輸入国は、SG 措置を適用しまたは延長する前に、対象産品の輸出国で実質的な利害関係を有する WTO 加盟国(以下「利害関係輸出国」)に、事前協議を行う十分な機会を与えなければならない。このため、輸入国は、利害関係輸出国に SG 措置の情報を提供し、事前協議の前に利害関係輸出国が SG 措置の影響を検討できる時間を与える[146]。この協議には、後述する SG 措置に対する補償協議も含まれる[147]。

3. セーフガード措置の形式、種類、限度
(1) SG 措置の形式および程度 (ガット 19 条 1 (a)、SG 協定 5.1 条)

　SG 措置として、輸入国は、ガットに基づく「義務の全部若しくは一部を停止し、またはその譲許を撤回し、若しくは修正すること」ができる(ガット 19 条 1 (a))。これは、関税引き上げ、輸入数量制限、関税割当等いずれの形式でもよい[148]。

　SG 措置は、「重大な損害を防止しまたは救済し、かつ、調整を容易にするために必要な限度」でなければならない。よって、4.2 条(b)に基づきその他の要因による影響を分離峻別した後に輸入に帰責された損害を防止しまたは救済する程度を超えてはならない[149]。また、数量制限は、最近の代表的 3 年の輸入量の平均よりも少ない数量であってはならない。ただし、重大な損害を防止しまたは救済するために異なる水準が必要であるとの明確な正当事由を提示したときは、その限りではない。他方、「調整を容易にするために」とは、調整計画の策定を SG 措置の条件とするものではなく、調整問題を踏まえて適切な SG 措置を決定することを求めているものである[150]。

(2) 供給国別の輸入割当 (SG 協定 5.2 条 (a)、(b))

　輸入国は、輸入割当を、利害関係輸出国と合意することができる。かかる合意ができないときは、過去の代表的な期間の総輸入量または価額に基づくことを原則として、供給国間に数量割当をすることができる。ただし、ある

228

加盟国からの輸入が均衡を失した増加をしているときは、当該国と協議を行って、逸脱する理由が正当化されること、供給者にとって公平であることを明確に示すことにより、その原則から逸脱することができる。

この条項は、SG 協定 11 条に定める輸出自主規制、市場秩序維持取極めの禁止に代わるものと指摘されている[151]。

(3) 措置の緩和義務 (SG 協定 7.4 条)、適用除外 (SG 協定 9.1 条)

SG 措置は、1 年を経過した後は、漸進的に緩和されなければならない。

また、途上国からの輸入のうち、全輸入量の 3% 以下である国からの輸入で、それに該当する国からの輸入の合計 9% まで、SG 措置を課してはならない。

(4) 暫定措置 (SG 協定 6 条)

遅延すれば回復し難い損害を与えるような危機的な事態が存在する場合、暫定措置を課すことができる。暫定措置は 200 日以内とする。

(5) 最終措置 (SG 協定 6.1、7.1、7.4 条)

当初の最終措置は、暫定措置の期間を含め、4 年間を超えてはならない。当初措置が 3 年を超えたときは中間見直しを行わなければならない。

(6) 措置の延長および再措置と途上国例外 (SG 協定 7.2、7.3、7.5、7.6、9.2 条)

調査当局が、当初の措置の適用期間後も重大な損害から救済する措置が必要であり、国内産業は調整を行っていると認定したときは、措置を延長することができる。ただし、暫定措置から措置延長の終期まで 8 年を超えてはならない。

措置の終了後は、当該措置がとられた期間と等しい期間が経過するまで、再度とってはならない。ただし、措置の適用期間が 180 日未満であり、過去 5 年間に 3 度以上同様の措置がとられていない場合、1 年後に措置を再度とることができる。

途上国の SG 措置は、暫定措置から最終措置の延長の終期まで、最長 10 年まで認められる。措置終了から再度措置をとるまでの期間は従前の措置のと

られた期間の2分の1の経過後、ただし最短で2年後とする。

(7) 補償と対抗措置 (SG 協定 8.1-8.3 条)

SG 措置を適用しまたは延長する場合、輸入国は、利害関係輸出国と協議して、補償に合意する必要がある。協議開始後 30 日以内に合意に達しないときは、利害関係輸出国は、遅くとも SG 措置の適用後 90 日を経過した日以降、対抗措置を発動することができる。だたし、当該対抗措置を WTO 物品理事会に通報し、その後 30 日以内に同理事会が否認しない場合とする。

対抗措置は、SG 措置と実質的に等価値の譲許その他の義務とする。

ただし、SG 措置が輸入の絶対量の増加の結果として適用された場合、輸出国は、措置後 3 年間は対抗措置を行使することができない。この但書により、多くの SG 措置は絶対量の増加を根拠として発動され 3 年間で終了している。

4. 中国経過的セーフガード措置 (中国 WTO 加盟議定書 16 条)

上述した SG 措置とは別途に、中国 WTO 加盟議定書において、中国産品の輸入を一方的に制限することが認められていた。すなわち、中国産品が市場攪乱を与えまたは与えるおそれがあるような増加した数量で、またはそのような条件下で、ある WTO 加盟国に輸入されている場合、当該加盟国は、中国に協議を要請し、中国が市場攪乱を防止する措置を講ずることに合意することが認められていた。協議要請から 60 日以内に合意に達しなかったときは、中国産品の輸入を制限する措置を講ずることができるとされていた。

さらに、他の WTO 加盟国または中国が当該 WTO 加盟国の市場攪乱を防止しまたは救済するためにとった措置により、別の WTO 加盟国への顕著な貿易転換が生じまたは生ずるおそれがある場合には、当該別の WTO 加盟国は、中国に協議を要請し、協議要請から 60 日以内に協議が整わなかった場合には、中国産品の輸入を制限する措置を講ずることが認められていた。

中国経過的セーフガード措置の規定は、中国 WTO 加盟から 12 年後、すなわち、2013 年 12 月 10 日をもって失効した。

注

1 阿部 [2005] 54-56 頁、また、ドーハラウンド交渉における米国意見 *"Communication from the United States – Basic Concepts and Principles of the Trade Remedy Rules"*, TN/RL/W27, 22 October 2002, 2-4 頁。これに対し、日本を含む 15 か国・地域は、AD 措置は国際競争から国内産業を必要以上に保護するための手段となっている、と批判している。*"General Contribution to the Discussion of the Negotiating Group on Rules on Anti-Dumping Measures"*, TN/RL/W/28/Rev.1, 22 November 2002, 1-3 頁。

2 米国意見、前掲 4 頁。

3 Appellate Body Report, *Argentina – Footwear*, para. 94（DS121）; Appellate Body Report, *US – Line Pipes*, para. 82（DS202）.

4 AD 協定 1 条、SG 協定 3.1 条。また、AD 協定 18.4 条、SCM 協定 32.5 条。

5 AD 協定 1 条及び 9.1 条、SCM 協定 10 条および 19.2 条、SG 協定 2.1 条および 3.1 条。

6 出典は WTO データ。なお、AD 措置、相殺措置は国別の措置であるから国別で 1 件としているのに対し、SG 措置は 1 件で全世界からの輸入を対象としている点に注意を要する。

7 An Act to Amend the Customs Tariff of 1897, S.C. 1904, c.11, s.19.

8 Appellate Body Report, *US – 1916 Act*, para. 137（DS136, 162）

9 Dispute Settlement Body, *Minutes of Meeting, Held in the Centre William Rappard on 17 December 2004*, WT/DSB/M/180, dated 1 February 2005, para. 59.

10 *"Protocol of Provisional Application of the General Agreement"*, 30 October 1947, 61 Stat. at A2051, 55 U.N.T.S. 308

11 Horlick（2014）, p.280, fn. 45.

12 外務省「わが外交の近況（第 6 号）」(1963)、（available at https://www.mofa.go.jp/mofaj/gaiko/bluebook/1962/s37-5-5.htm#5 as of 10 August 2018）.

13 近藤誠「石油危機後の経済構造調整とグローバリゼーションへの対応」小峰編（2011）46-67 頁。

14 柳（1994）155-156 頁。Piérola（2014）, p.55.

15 たとえば、米国は、独自の貿易救済措置として、1974 年通商法 301 条（米国の通商に不合理または差別的で負担となる他国の貿易慣行に対して、同等の価値の貿易制限措置をとる権限を大統領に与えた条項）、1974 年通商法 122 条（国際収支の赤字が多額かつ重大である場合に、大統領に 15% の輸入課徴金その他の措置を講ずる権限を与えた条項）、1962 年貿易拡大法 232 条（輸入産品が米国の安全保障を脅かしている場合に、大統領に当該脅威をなくすために必要となる措置をとる権限を与えた条項）、1930 年関税法 338 条（ある国が米国産品を第三国産品よりも差別している場合に、大統領に当該国産品に 50% 以下の対抗関税を課す権限を与えた条項）、国際緊急経済権限法（米国の安全保障、政策、経済の緊急な脅威に対抗して取引及び資産を凍結する権限を大統領に与えた条

項）などがある。

16 *See* Panel Report, *US – Section 301 Trade Act*, paras. 7.98-7.136（DS152）.

17 Panel Report, *US – Softwood Lumber V*, paras. 7.153-158（DS264）.

18 Appellate Body Report, *Japan - Alcoholic Beverages II*, pp. 19-23, 25-26（DS8, 10, 11）.

19 Appellate Body Report, *US – Cotton Yarn*, paras. 97-98（DS192）.

20 Panel Report, *EC - Fasteners（China）*, para. 7.270（DS397）.

21 Appellate Body Report, *US – Lamb*, paras. 88-95（DS177, 178）.

22 Panel Report, *Argentina – Poultry Anti-Dumping Duties*, para. 7.341（DS241）.

23 Appellate Body Report, *EC – Fasteners（China）*, para. 412（DS397）; Appellate Body Report, *Russia – Commercial Vehicles*, paras. 5.34-5.35（DS479）.

24 Panel Report, *China – Auto（US）*, paras. 7.331-7.332（DS440）.

25 Appellate Body Report, *US – Hot-Rolled Steel*, para. 141（DS184）.

26 Panel Report, *EU – Biodiesel（Argentina）*, paras. 7.184, 7.236, fn.391（DS473）.

27 Appellate Body Report, *EU – Biodiesel（Argentina）*, para. 6.26（DS473）.

28 ただし、取引量が少ないことは理由とならない。Panel Report, *US – OCTG（Korea）*, paras. 7.39-7.47（DS488）, quoting Appellate Body Report, *EC – Tube or Pipe Fittings*, para. 98（DS219）.

29 Panel Report, *EC – Bed Linen*, para. 6.61（DS141）.

30 *EU – Price Comparison Methodologies*, WT/DS516; *United States – Measures Related to Price Comparison Methodologies*, WT/DS515.

31 Panel Report, *US – OCTG（Korea）*, paras. 7.151-152（DS488）.

32 千九百九十四年の関税及び貿易に関する一般協定第七条の実施に関する協定

33 Panel Report, *Argentina – Ceramic Tiles*, paras. 6.116-6.117（DS189）.

34 Panel Report, *EU – Footwear（China）*, para. 7.279（DS405）.

35 Appellate Body Report, *EC – Fasteners（China）*, paras. 489-490（DS397）.

36 たとえば、W-W 法について Appellate Body Report, *EC – Bed Linen*, para. 55（DS141）; サンセットリビューの証拠について Appellate Body Report, *US – Corrosion-Resistant Steel Sunset Review*, paras. 127, 134-135（DS244）; T-T 法について Appellate Body Report, *US – Softwood Lumber V*（Article 21.5 – Canada）, paras. 137-142（DS264）; 中間レビュー及び AD 関税額還付・清算手続について Appellate Body Report, *US – Zeroing（EC）*, paras. 132-135（DS294）.

37 Appellate Body Report, *US – Large Washer（Korea）*, paras. 5.114-5.116（DS464）.

38 Appellate Body Report, *US – Softwood Lumber IV*, para. 152（DS257）.

39 Appellate Body Report, *US – Anti-Dumping and Countervailing Duties（China）*, paras. 317-318（DS379）.

40 Appellate Body Report, *US – Softwood Lumber IV*, para. 75（DS257）; Appellate Body Report, *US – Carbon Steel（India）*, para. 4.74（DS436）.

41 Panel Report, *US – Large Civil Aircraft（2nd Complaint）*, paras. 7.977-7.978、7.1027（DS353）.

42 Appellate Body Report, *US – Countervailing Duty Investigation on DRAMs*, paras. 116, 152（DS296）.

43 Appellate Body Report, *US – Softwood Lumber IV*, para. 52（DS257）.

44 Appellate Body Report, *Canada – Aircraft*, para. 154（DS70）.

45 *Ibid*, paras. 157-158.

46 Appellate Body Report, *Japan – DRAMs（Korea）*, paras. 226-227, fn. 425（DS336）.

47 Panel Report, *US –Countervailing Measures on Certain EC Products*, para. 7.75（DS212）.

48 Panel Report, *US – Softwood Lumber III*, para. 7.69-7.74（DS236）; Panel Report, *US – Anti-Dumping and Countervailing Duties（China）*, para. 12.54-12.57（DS379）.

49 Panel Report, *US – Large Civil Aircraft（2nd complaint）*, para. 7.769（DS353）.

50 Appellate Body Report, *US – Washing Machines*, paras. 5.221-5.222（DS464）.

51 Appellate Body Report, *EC and Certain Member States – Large Civil Aircraft*, para. 1045（DS316）.

52 Appellate Body Report, *Canada – Autos*, paras. 139-143（DS139, 142）.

53 Appellate Body Report, *Japan – DRAMs（Korea）*, para. 192（DS336）.

54 Appellate Body Report, *US – Softwood Lumber IV*, paras. 101-109（DS257）.

55 AD 協定 3 条注 9、SCM 協定 15 条注 46。

56 Appellate Body Report, *US – Hot-Rolled Steel*, paras. 192-193（DS184）.

57 Appellate Body Report, *Mexico – Anti-Dumping Measures on Rice*, para. 165（DS295）.

58 *Ibid*, para. 167.

59 *Recommendation Concerning the Periods on data Collection for Anti-dumping investigation*, G/ADP/6, adopted by the Committee on Anti-Dumping Practices on 5 May 2000.

60 Panel Report, *Argentina – Poultry Anti-Dumping Duties*, para. 7.287（DS241）.

61 Appellate Body Report, *EC – Bed Linen（Article 21.5 – India）*, paras. 128-133（DS141）.

62 Panel Report, *EC – Salmon（Norway）*, para. 7.628（DS337）.

63 Appellate Body Report, *EC – Fasteners（China）*, para. 436（DS397）.

64 Panel Report, *China – Cellulose Pulp*, paras. 7.39-7.43（DS483）.

65 Panel Report, *China – GOES*, paras. 7.528-7.530, affirmed by Appellate Body Report, *China – GOES*, para. 200（DS414）.

66 Appellate Body Report, *China – GOES*, para. 152（DS414）.

67 Panel Report, *EC –Tube or Pipe Fittings*, para. 7.234（DS219）.

68 Appellate Body Report, *US – Carbon Steel（India）*, paras. 4.589-4.600（DS436）.

69 AD 協定に定める 15 指標とは、販売、利潤、生産高、市場占拠率、生産性、投資収益若しくは操業度における現実の及び潜在的な低下、資金流出入、在庫、雇用、賃金、成長、資本調達能力若しくは投資に及ぼす現実の及び潜在的な悪

影響、国内価格に影響を及ぼす要因、ダンピングの価格差の大きさ、である。

70　Panel Report, *Egypt – Steel Rebar*, paras. 7.45-7.47 (D211).

71　Panel Report, *EC –Tube or Pipe Fittings*, para. 7.314 (DS219).

72　Panel Report, *Korea – Certain Paper*, para. 7.272 (DS312); Panel Report, *Thailand – H-Beams*, para. 7.236 (DS122).

73　Appellate Body Report, *US – Hot-Rolled Steel*, para. 204 (DS184).

74　Panel Report, *EU – Footwear (China)*, para. 7.458 (DS405).

75　Panel Report, *China – X-Ray Equipment*, para. 7.247 (DS425); Appellate Body Reports, *China –HP-SSST (Japan) / China –HP-SSST (EU)*, para. 5.262 (DS454, 460).

76　Appellate Body Report, *US –Hot-Rolled Steel*, para. 223 (DS184); Appellate Body Report, *China – GOES*, para. 151 (DS414); Appellate Body Reports, *China –HP-SSST (Japan) / China –HP-SSST (EU)*, para. 5.283 (DS454, 460).

77　See Panel Report, *EU – Footwear (China)*, para. 7.483 (DS405).

78　Panel Report, US – Carbon Steel (India), para. 7.368 (DS436).

79　Panel Report, *China – X-Ray Equipment*, paras. 7.285, 7.291 (DS425).

80　Panel Report, *China – Auto (US)*, paras. 7.331-7.334 (DS440).

81　Appellate Body Report, *Japan – DRAMs (Korea)*, paras. 264-268 (DS336); Panel Report, *EU – Footwear (China)*, paras. 7.516, 7.537 (DS405).

82　Panel Report, *Egypt – Steel Rebar*, paras. 7.93-7.95 (DS211); Appellate Body Report, *US – Softwood Lumber V* (Article 21.5), para. 131 (DS277).

83　Panel Report, *US – Softwood Lumber VI*, para. 7.68-7.69 (DS277).

84　Panel Report, *Egypt – Steel Rebar*, para. 7.93 (DS211).

85　WTOドーハ開発ラウンド交渉において、途上国の一部は一定の生産を開始した状況であっても、確立途上にあると考えるべきであると主張する一方、一度生産が開始された後は確立途上とは言えないと主張する加盟国もある。*Working Document from the Chairman*, WT/RN/W/232, dated 28 May 2008, page A-24.

86　Appellate Body Report, *Mexico – Anti-Dumping Measures on Rice*, paras. 208, 216-217 (DS295).

87　Appellate Body Report, *Japan – DRAMs (Korea)*, para. 210 (DS336).

88　Appellate Body Report, *US – Anti-Dumping and Countervailing Duties (China)*, 567-569 (DS379).

89　AD協定18.1条、SCM協定32.1条。Appellate Body Report, *US –1916 Act*, paras. 122-124, 129-133, 137-138 (DS136); Panel Report, *Mexico – Anti-Dumping Measures on Rice*, para. 7.278-7.280 (DS295); Appellate Body Report, *US – Offset Act (Byrd Amendment)*, WT/DS217/AB/R, WT/DS234/AB/R, paras. 255-256, 274 (DS217).

90　Panel Report, *US – Offset Act (Byrd Amendment)*, para. 7.81 (DS217, 234).

91　Panel Report, *US – Softwood Lumber V*, 7.75 (DS264).

92 Panel Report, *Guatemala – Cement II*, para. 8.37（DS156）; Panel Report, *Mexico – Steel Pipes and Tube*, para. 7.42（DS331）.

93 Panel Report, *China – GOES*, paras. 7.59-7.60（DS414）.

94 Panel Report, *Mexico – Olive Oil*, para. 7.39（DS341）.

95 Panel Report, *China – Broiler Products*, paras. 7.306-7.307（DS427）. 他方、知るところとなっていない輸出者・生産者に、質問状への回答ではなく、輸出数量及び額のみの情報提出を求める公告では不十分である。Panel Report, *China – Auto（US）*, paras. 7.130-7.139（DS440）.

96 Appellate Body Report, *China – GOES*, paras. 258-259（DS414）.

97 米国は、通関時に、FOB 価格にダンピング・マージン率、補助金率を乗じて得た額相当の現金（最終賦課命令前は担保でも可）を輸入者に預託させる。その後、最終措置を発動した月の翌年の同月から行政見直しを開始し、過去 1 年間の輸入（第 1 回行政見直しはさらに暫定措置期間を含む）について正常価額及び輸出価格を調査し、ダンピング・マージン、補助金額を計算して AD 関税額、相殺関税額を確定し、預託額との差額を還付しまたは追徴する。爾後の現金預託は計算された率に基づく。US Department of Commerce "*Antidumping Manual Chapter 19 Suspension of Liquidation and Antidumping Order*"（available at https://enforcement.trade.gov/admanual/2015/Chapter%2019%20Suspension%20of%20 Liquidation%20and%20Antidumping%20Orders.pdf as of 16 August 2018）, p. 3.

98 See Appellate Body Report, *EC – Fasteners（China）*, para. 319（DS397）.

99 Panel Report, *EC – Tube or Pipe Fittings*, para. 7.113（DS219）; Appellate Body Report, *US – Stainless Steel（Mexico）*, para. 93（DS344）.

100 Appellate Body Report, *Mexico – Anti-Dumping Measures on Rice*, para. 314-315（DS295）.

101 Appellate Body Report, *US – Corrosion-Resistant Steel Sunset Review*, paras. 111-113（DS244）.

102 Appellate Body Report, *US – Oil Country Tubular Goods Sunset Reviews*, para. 234（DS268）.

103 Appellate Body Report, *US – Corrosion-Resistant Steel Sunset Review*, paras. 126-128（DS244）.

104 Appellate Body Report, *US – Carbon Steel*, paras. 86-91（DS213）.

105 Appellate Body Report, *US – Oil Country Tubular Goods Sunset Reviews*, paras. 283-284（DS268）.

106 Panel Report, *EU – Footwear（China）*, para. 7.337（DS405）.

107 Appellate Body Report, *US – Oil Country Tubular Goods*, paras. 108, 123-124（DS282）.

108 Appellate Body Report, *US – Corrosion-Resistant Steel Sunset Review*, para. 155（DS244）.

109 AD 協定 6.11 条は、利害関係者に、輸出者、生産者、輸入者、それらの業界団体、輸出国政府、輸入国生産者及びそれらの業界団体と含むと定義している。これ

に対し、SCM 協定 12.9 条の利害関係者の定義には輸出国政府を含んでいない。利害関係国が関係する条項に、「利害関係加盟国及び利害関係者」と規定している。ここでは、利害関係国を含め、利害関係者という。

110　Appellate Body Report, *EC – Fasteners* (*China*), paras. 616-617 (DS397).

111　Appellate Body Report, *EC – Fasteners* (*China*), para. 615.

112　Appellate Body Report, *US – Hot-Rolled Steel*, para. 85 (DS184).

113　Panel Report, *Argentina – Ceramic Tiles*, paras. 6.57-6.58 (DS189).

114　たとえば、ある情報を他の情報と相互に照らし合わせる方法により正確性を確認する方法は、合理的である。Panel Report, *EU – Footwear* (*China*), para. 7.428 (DS405).

115　Panel Report, *EU – Fatty Alcohols* (*Indonesia*), para. 7.224 (DS442); Panel Report, *EU – PET* (*Pakistan*), para. 7.175 (DS486).

116　Appellate Body Report, *EC – Fasteners* (*China*), para. 542 (DS497). AD 協定 6.5.1 条、SCM 協定 12.4.1 条。

117　Panel Report, *Korea – Certain Paper*, para. 7.64 (DS312).

118　Panel Report, *China – GOES*, para. 7.302 (DS414).

119　Appellate Body Report, *US – Carbon Steel* (*India*), para. 4.435 (DS436); Panel Report, *Mexico – Anti-Dumping Measures on Rice*, para. 7.238 (DS295).

120　Appellate Body Report, *Mexico – Anti-Dumping Measures on Rice*, para. 295 (DS295).

121　Appellate Body Report, *China – GOES*, para. 240 (DS414).

122　Panel Report, *China – Broiler Products*, paras. 7.91-7.93 (DS427); Panel Report, *China – Auto* (*US*), paras. 7.72-7.73 (DS440).

123　Panel Report, *China – GOES*, paras. 7.658-7.660 (DS414); Appellate Body Report, *China – GOES*, para. 247; Panel Report, *China – X-Ray Equipment*, para. 7.409 (DS415).

124　Panel Report, *US – Oil Country Tubular Goods Sunset Reviews* (*Article 21.5*), paras. 7.148-7.150 (DS268).

125　Appellate Body Report, *Argentina – Footwear* (*EC*), paras. 130-131 (DS121).

126　Appellate Body Report, *US – Steel Safeguards*, paras. 355, 388 (DS248, 249, 251, 252, 253, 254, 258, 259).

127　Panel Report, *US – Line Pipe*, para. 7.201 (DS202).

128　Appellate Body Report, *US – Wheat Gluten*, para. 96 (DS166).

129　北米自由貿易協定 802 条 1 項、2 項。

130　Appellate Body Report, *US – Wheat Gluten*, paras. 98-100 (DS166).

131　WTO パネルは、アルゼンチンの桃 SG 措置について、1999-2000 年に輸入桃が急増したとはいえ、譲許税率の交渉時 (1992/1993 年) の輸入量を 1% 弱上回ったに過ぎないにもかかわらず、なぜ当時の豊作が将来再現されることはないと考えたかについて輸入国は何ら説明していない、として、GATT19 条に不整合

であるとした。Panel Report, *Argentina – Preserved Peaches*, para. 7.30（DS238）.

132 Appellate Body Report, *Korea – Dairy Products*, paras. 80-90（DS98）.

133 Panel Report, *Argentina – Footwear（EC）*, paras. 8.250-8.251（DS121）; Appellate Body Report, *US – Wheat Gluten*, para78（DS166）.

134 Panel Report, *US – Wheat Gluten*, para. 8.81（DS166）.

135 Appellate Body Report, *US – Lamb*, para. 124（DS177, 178）.

136 *Ibid*, para. 130.

137 Appellate Body Report, *Argentina – Footwear（EC）*, para. 139（DS121）.

138 Appellate Body Report, *US – Lamb*, para. 125（DS177, 178）.

139 Appellate Body Report, *US – Line Pipe*, paras. 168-169（DS202）.

140 Appellate Body Report, *US – Wheat Gluten*, para. 67（DS166）.

141 Appellate Body Report, *US – Wheat Gluten*, paras. 68-69（DS166）.

142 Appellate Body Report, *US – Line Pipe*, paras. 213-215（DS202）.

143 Appellate Body Report, *US – Wheat Gluten*, paras. 53-55（DS166）.

144 Panel Report, *Korea – Dairy*, para. 7.134（DS98）. 前掲 IV.3.（5）。

145 Appellate Body Report, *US – Steel Safeguards*, paras.296-304（DS248, 249, 251, 252, 253, 254, 258, 259）.

146 Appellate Body Report, *US – Line Pipe*, para. 108（DS202）.

147 Panel Report, *US – Wheat Gluten*, para. 8.218（DS166）.

148 Appellate Body Report, *Korea – Dairy*, para. 96（DS98）.

149 Appellate Body Report, *US – Line Pipe*, paras. 252-260（DS202）.

150 Panel Report, *Korea – Dairy*, para. 7.108（DS98）.

151 柳（1994）228-230 頁、荒木（2004）8 頁。

参考文献

小峰隆夫編『日本経済の記録　第 2 次石油危機への対応からバブル崩壊まで（1970 年代〜 1996 年）』（内閣府経済社会総合研究所、2011 年）。

柳赫秀『ガット 19 条と国際通商法の機能』（東京大学出版会、1994）。

荒木一郎・川瀬剛志『WTO 体制下のセーフガード』（東洋経済、2004）。

ホワイト＆ケース外国法事務弁護士事務所「諸外国におけるセーフガード措置の運用実態等に関する調査報告書」（2011）。

（http://www.meti.go.jp/meti_lib/report/2011fy/0022968.pdf、2018 年 6 月 6 日閲覧）

Fernando Piérola, *The Challenge of Safeguards in the WTO*（Cambridge University Press, 2014）.

Judith Czako, Johann Human and Jorge Miranda, *A Handbook on Antidumping Investigations*（Cambridge University Press, 2003）.

阿部克則「WTO 体制におけるダンピング防止税の位置」『世界法年報』第 24 号

（2005）49-78 頁。

ホワイト＆ケース外国法事務弁護士事務所「貿易救済措置に係る WTO 紛争案件に関する調査報告書」（2012）
（http://www.meti.go.jp/meti_lib/report/2012fy/E002073.pdf、2018 年 6 月 6 日閲覧）。

Gary N. Horlick, *World Trade Organization and International Trade Law: Antidumping, Subsidies and Trade Agreements* (World Scientific Publishing, 2014).

柴山千里、手塚崇史「日本人だけが知らない『貿易救済措置』」（小樽商科大学出版会、2014 年）。

梅島修「貿易救済措置に関する WTO 判例の概観 [上][下]」『国際商事法務』43 巻 7 号、8 号（2015）1020-1028 頁および 1192-1198 頁。

第7章　衛生植物検疫措置と貿易の技術的障害

内記香子

本章の概要

　物品の貿易の中心はガットの無差別原則のルールであったが、ウルグア
イ・ラウンドでは、物品の貿易に関して新しく2つの協定が成立した。本
章では、その2つの協定、すなわち、「衛生植物検疫措置の適用に関する
協 定(Agreement on the Application of Sanitary and Phytosanitary
Measures)」(SPS 協定) と「貿易の技術的障害に関する協定 (Agreement
on Technical Barriers to Trade)」(TBT 協定) を扱う。まず、この2つの
協定がどのように成立したかをみた後で、2つ協定それぞれの特徴について
みていくこととする。まず重要な点は、2つの協定がどのような措置を対象
としているのか、という点である。さらに、それぞれの協定が、ガットの無
差別のルールとどのように異なる、あるいは類似のルールを規定している
か、という点も重要なポイントである。SPS 協定に関しては、協定が成立後、
政治的にも注目される紛争が米国と EU の間でいくつか生じた。TBT 協定
に関しては、しばらくは同協定に関する目立った紛争はなかったが、2012
年に3つの紛争の上級委員会報告が発出されて、注目を集めることとなった。
さらに、この2つの協定の分野では、国際基準・国際規格を策定して、それ
に基づいて各国が規制を策定することによって貿易障壁を減らして調和をめ
ざすという政策も注目されている。

I．総　論

1.SPS 協定と TBT 協定の起源

　本書・第 5 章 II でみたように、ガットは無差別原則をルールとしているが、このガットのルールに関連する 2 つの協定が、ウルグアイ・ラウンドで成立した。すなわち、「衛生植物検疫措置の適用に関する協定（Agreement on the Application of Sanitary and Phytosanitary Measures）」（以下、「SPS 協定」という）と「貿易の技術的障害に関する協定（Agreement on Technical Barriers to Trade）」（以下、「TBT 協定」という）である。まず、この 2 つの協定がどのように成立したかをみていこう。

　ガットの無差別原則に関連した別の協定を成立させるというのは、ウルグアイ・ラウンド前にも例がある。1973 年から開始された東京ラウンド交渉では、「貿易の技術的障害に関する協定（スタンダード協定）」が作成されている。東京ラウンドでは、スタンダード協定以外にもいくつか協定が成立しているが、すべてのガット締約国がこれらの協定の締約国となる仕組みになってはいなかった。それが、WTO の成立にあたっては、すべての WTO 加盟国が SPS 協定と TBT 協定を含む WTO 諸協定を一括受諾することになった。

　TBT 協定は、スタンダード協定を発展させた協定であるが、「貿易の技術的障害」とはどのようなことを指しているのだろうか。2016 年に出版された著名な WTO 法の研究者、P. Mavroidis の教科書の TBT 協定の章に、興味深い日本の例が挙げられている。1986 年に成立したという、スキー板に関する日本の規制が紹介されており、その規制は、商品のスキー板に消費者安全のラベル

を貼るためには、特定のデザイン仕様に従うことを求めていて、海外のスキー板製品はいずれもその規制に合致したものはなかったとされて、日本への輸出が認められなかったという[1]。この規制の導入の背景には、日本の雪の質が海外の雪とは異なることを理由に、特別な仕様がスキー板に求められたとされているが、この事例は、国家の規制が「貿易の技術的障害」となっている例であり、またスキー板を生産する日本の業界の権益を保護する悪い例でもある、と説明されている。これが一つの事例ではあることは理解できても、それでは一般的に「技術的障害」とはどのようなものか、という点は疑問に残るだろう。この点に関してTBT協定の2.9条は、TBT協定が扱う規制とは「技術的内容 (technical contents)」を有するものであることを示唆しているが、後でみるように「技術的」な内容をもつ規制とはどのようなものか、という点もTBT協定の規律範囲に関わる重要な論点の一つである。

他方、TBT協定と比較されることの多いSPS協定は、スタンダード協定から分化したものではない。本章IIでみるSPS協定の代表的な紛争にEC・ホルモン牛肉規制事件[2]があるが、実はこの紛争は既に、ガット時代の1987年にスタンダード協定7条(認証制度)違反として申し立てられていた。この米EC間の対立が、新たにSPS協定という明確な規律を導入する背景にあったという指摘があるが、SPS協定は、スタンダード協定をもとにウルグアイ・ラウンドで交渉されたのではなく、同ラウンド中、農業交渉から分化して策定された協定である。

ウルグアイ・ラウンド交渉が本格的に始まったプンタデルエステ閣僚会議宣言 (1986年)の「農業」分野には、「関連した国際基準を考慮しながら、農業貿易において衛生植物検疫措置が持つ悪影響を最小限にすること」("minimizing the adverse effects that sanitary and phytosanitary regulations and barriers can have on trade in agriculture, taking account the relevant international agreements.")[3]、が目的の一つに挙げられていた。1991年12月の「ダンケル・テキスト」までは、農業協定の中にSPSの条文が含まれていたが[4]、1988年には既に「SPS交渉の『場』が農業交渉グループからSPS作業グループに移され」ており、それは「SPS分野が農業交渉グループで取り扱うには異質の性格を持ち、異なった種類の知見とアプローチを必要とすることが、多くの農業交渉参加国の共通認識となっていたこと」があると指

摘されている[5]。

コラム⑨　SPS 協定と TBT 協定の攻略法

　SPS 協定と TBT 協定は、WTO 協定の中でも特殊な分野で学習しにくい、と感じる学生さんが多いと思うので、次のようなポイントに気を付けて、本章のⅡとⅢを読んでほしい。

　まず、ガットのルールの中でも、特にガット 3 条と 20 条を学習してから、SPS 協定と TBT 協定に取りかかってほしい。それから SPS 協定と TBT 協定を学習すると、ガットと似ている点と異なる点が見えてくるので、理解しやすい。ガット、SPS、TBT の 3 つの協定は基本的には、WTO 加盟国の措置が貿易障壁となるような場合に、自由貿易を守るためのルールと、加盟国の措置の目的を守るためのルールのバランスによって構成されている。

　その上で各協定を見ていくときは、まず SPS 協定が適用される措置の種類と、TBT 協定が適用される種類を理解する。この 2 つの協定は、定義が条文の後ろの附属書に出てくるので、附属書のチェックを怠らないことが重要である。次に各協定の主たる義務を理解していくが、この時に、ガットとの比較の視点を意識すると良いだろう。

　SPS 協定と TBT 協定がガットと異なる点として、国際基準・国際規格 (international standards) の使用の促進が指摘できる。いわゆる、ハーモナイゼーション（措置の調和）といわれる政策である。ガットの下では、無差別原則に基づき、無差別であれば各国が異なる措置を維持していても仕方がないと考えられていた（措置が無差別に適用されている限り、措置が貿易を制限していても仕方がない、という考え方である）。しかし、それでは貿易の自由化はなかなか促進されない。そこでハーモナイゼーションの取組みが始められ、国際機関で国際基準・国際規格の策定が進められてきた。SPS 協定と TBT 協定では、国際基準・国際規格に基づいて WTO 加盟国が措置を作成することを勧めているが、同時に、必ず国際基準・国際規格に基づかなければならないわけではなく、どういう条件のときに基づかなくてよいのかも含めて、理解することが重要である。

2.SPS 協定、TBT 協定、ガットの関係

WTO 協定の「附属書 1A の解釈に関する一般的注釈」によると、ガット 1994 の規定と附属書 1A のその他の協定の規定とが抵触する場合には、「抵触する限りにおいて、当該その他の協定の規定が優先する」とされている。では、抵触がない場合に、SPS 協定、TBT 協定、ガットの関係はどのようなものとなるだろうか。

SPS 協定の適用は、次節で説明するように、同協定附属書 A1 に定義される「衛生植物検疫措置」にあてはまるかどうかが基準となる。SPS 協定の適用を受ける措置は、TBT 協定の適用を受けることはなく、両協定は排他的な関係にある（TBT 協定第 1.5 条）。ただし、ひとつの措置が、SPS 協定上の目的の部分（たとえば動物の生命の保護の部分）と、そうではない部分（たとえば消費者の誤認を防止する部分）を兼ねているような場合には、前者の部分には SPS 協定、後者の部分には TBT 協定が適用されることとなる[6]。

SPS 協定とガットの関係については、SPS 協定の前文 8 に、「ガット第 20 条 b 規定の適用のための規則を定めることを希望」する、とあり、また同協定 2 条 4 項によれば、SPS 協定に適合する措置は「ガット第 20 条 b の規定に基づく加盟国の義務に適合しているものと推定する」と規定されている。つまり、SPS 協定のいくつかの規定は、ガット 20 条 b を詳細化（elaborate）したものであると理解されている[7]。他方、SPS 協定の規定のいくつかは、ガットを超える義務や追加的な要件を規定している。SPS 協定とガットは重畳的な適用関係にあるが、しかし効率的に紛争を解決するという点においては、SPS 協定の適用をガットよりも先にすることになろう[8]。それは、ガット違反であっても、ガットとは異なる SPS 協定の義務違反がないか別途検討しなければならないし、ガット違反がなくとも、同様に SPS 協定違反がないか別途検討しなければならないからである。

TBT 協定とガットの関係については、TBT 協定の前文 2 に TBT 協定は「ガットの目的を達成する（further the objectives）」もの、とされている。その上で上級委員会は、TBT 協定は（本章 III.2 で説明するような「強制規格」といった）限定的な措置にのみ適用される特別な法的レジームであるとし、WTO 加盟国にガットとは異なる、追加的な義務を適用している、と説明している[9]。したがって、問題の措置が強制規格等であれば、TBT 協定が先に適用されることになるが、

ここでも TBT 協定とガットは重畳的な適用関係にある。たとえば (本章 III.3 で説明するが)、TBT 協定 2.1 条とガット 1 条および 3 条は似ているが、範囲と内容の点から全く同じ義務ではないので、TBT 協定 2.1 条違反がない場合は、別途ガット違反について検討することになる[10]。

II. SPS 協定

1.SPS 協定が適用される措置の種類

SPS 協定第 1 条 1 は、この協定は「国際貿易に直接又は間接に影響を及ぼすすべての衛生植物検疫措置について適用する」とする。附属書 A.1 には「衛生植物検疫措置」について次のような定義を置いている。

附属書 A. 1

「衛生植物検疫措置」とは、次のことのために適用される措置をいう。

(a) 有害動植物、病気、病気を媒介する生物又は病気を引き起こす生物の侵入、定着又はまん延によって生ずる危険から加盟国の領域内において動物又は植物の生命又は健康を保護すること。

(b) 飲食物又は飼料に含まれる添加物、汚染物質、毒素又は病気を引き起こす生物によって生ずる危険から加盟国の領域内において人又は動物の生命又は健康を保護すること

(c) 動物若しくは植物若しくはこれらを原料とする産品によって媒介される病気によって生ずる危険又は有害動植物の侵入、定着若しくはまん延によって生ずる危険から加盟国の領域内において人の生命又は健康を保護すること

(d) 有害動植物の侵入、定着又はまん延による他の損害を加盟国の領域内において防止し又は制限すること

ポイントは、上の定義 (a) 〜 (d) には、4 つの異なる目的が挙げられている点である[11]。おおまかに、(ア) どのような危険 (リスク) から、(イ) 何を保護するのか、という視点で読んでみると良い[12]。ただし (d) は、(a) (b) (c) とは若干

異なる表現となっていることに注目してほしい。

たとえば、ホルモン牛肉を規制する措置は、成長ホルモンを投与された牛の肉から人の健康を守ることを目的としているが、それは上の定義の (b) にあたる。輸入果物を通して「コドリンガ」や「火傷病」が発生・蔓延することを防止するために採られた日本の植物検疫措置は、上の定義の (a) にあたる。それでは、遺伝子組み換え産品 (遺伝子組み換え農産物とその加工食品) を規制する措置は、上の (a) 〜 (d) のどれにあたるだろうか。

EC・遺伝子組み換え産品規制事件のパネルによると、遺伝子組み換え産品を規制する措置は多面的で、附属書 A.1 の定義のいくつかに当てはまる。まず、組み換えられた遺伝子は、上の定義の (b) の飲食物又は飼料に含まれる「添加物」に当たるとした[13]。次に、定義には「有害動植物 (pests)」という文言があることに注目、有害動植物には「雑草 (weeds)」も含まれるとして、遺伝子組換え植物の栽培により他の植物の生育の特性が変化して有害な雑草となり野生動植物を駆逐する可能性があることから、遺伝子組み換え産品を規制する措置は上の定義の (a) にあたるとした[14]。そして、上の定義の (d) が「損害 (damage)」を防止することとしている点を指摘、遺伝子組み換え植物の栽培により農地の土壌や周辺環境に害を与える可能性を防止する措置は (d) にあたるとして、「損害」の中に環境への害も含むとした点が注目された[15]。

2. 科学的証拠に基づく義務

(1)　SPS 協定の最も注目される特徴は、SPS 措置の導入や維持にあたって科学的証拠に基づくことを加盟国に義務づけた点である。この点から重要な条文は、同協定の 2 条 2 項と、5 条 1 項である。2 条 2 項は、加盟国は SPS 措置を「人、動物又は植物の生命又は健康を保護するために必要な限度においてのみ適用すること、科学的な原則に基づいてとることおよび、第 5 条 7 に規定する場合を除くほか、十分な科学的証拠なしに維持しないことを確保する」と規定する。5 条 1 項は、加盟国は SPS 措置を「人、動物又は植物の生命又は健康に対する危険性の評価であってそれぞれの状況において適切なものに基づいてとることを確保する」と規定する。2 条は「基本的な権利および義務」と題され、5 条は「危険性の評価」と題されており、2 条 2 項と 5 条 1 項の関係が

まず問題となる。

　上級委員会は、5条1項は、2条2項の基本的な権利および義務の特定の適用（a specific application）であり、常に共に読まれるべきで、2条2項が5条1項に意味を与えている、としている[16]。2条2項と5条1項の関係について上級委員会は、これまでいくつかの紛争で説明をしてきており[17]、5条1項違反であればより一般的な条文である2条2項違反であることが推定されるが、2条2項がより一般的な条文であることから、2条2違反は必ずしも5条1項違反を意味しない、とした[18]。ホルモン牛肉規制事件の上級委員会は、2条2項が5条1項よりも先に適用されるべきことを示唆している[19]。

　2条2項は、「十分な科学的証拠なしに維持しないこと」を義務づけているが、このことは、SPS措置と科学的証拠の間に「合理的又は客観的な関係（a rational or objective relationship）」があること、と解されている[20]。

　同様に5条1項が、SPS措置を「危険性の評価に……基づいてとる」としている点について上級委員会は、危険性評価に基づいていると言えるためにはSPS措置と危険性評価の間に「合理的な関係（a rational relationship）」がなくてはならない、としている[21]。

　5条1項の解釈適用については次の点にも考慮しなければならない。まず危険性評価（一般的には、「リスク・アセスメント」という）について、SPS協定附属書A.4に定義があり、「輸入加盟国の領域内における有害動植物若しくは病気の侵入、定着若しくはまん延の可能性並びにこれらに伴う潜在的な生物学上のおよび経済的な影響についての評価」、または「飲食物若しくは飼料に含まれる添加物、汚染物質、毒素若しくは病気を引き起こす生物の存在によって生ずる人若しくは動物の健康に対する悪影響の可能性についての評価」の2つがある。危険性評価についての上級委員会の判断はほかにもある。たとえば、「信頼できる情報源（qualified and respected sources）」からの科学的意見であれば、それが主流な見解であれ少数説であれ、危険性評価を構成する、とされている[22]。また、「危険性評価は、一般的な評価では足らず、個別具体的に行われなければならない」とされ[23]、また「（人の健康への悪影響の可能性の）なんらかの評価（some evaluation）」では足りないとされている[24]。

　(2)　科学的証拠に関する義務については、5条7項も重要な位置づけにある。同項は「関連する科学的証拠が不十分な場合」、一定の要件の下、加盟国に「暫定的」な SPS 措置を採用することを認める規定である。ホルモン牛肉規制事件において EC は、問題の措置は予防的措置として採用したものであって5条の要件に反するものではないという主張をした。これに対し上級委員会は、5条7項は予防原則を反映しているとしながらも、SPS 協定は予防原則に基づいて協定上の義務の逸脱を正当化できるとは規定していないと述べ、EC の主張を退けた[25]。

　上級委員会は、5条7項の4つの累積的な要件として、①科学的証拠が不十分であること、②入手可能な適切な情報をもとに採られた措置であること、③より客観的な危険性評価のために追加的な情報を得ること、および④合理的な期間内に措置の見直しをすること、を示した[26]。1つの要件でも充たすことができなければ、7項違反となる。この4つの要件のうち、とりわけ、①科学的証拠の不十分性 (insufficiency of scientific evidence) は、判断が難しい要件となっている。

　この「科学的証拠の不十分性」については、日本・リンゴ検疫事件において議論された。被申立国の日本は、科学的証拠に不確実性があるので、問題の措置は5条7項に従って暫定的にとったものであると主張した。上級委員会は、「科学的不確実性 (scientific uncertainty)」と「科学的証拠の不十分性」は異なる概念であるとした[27]。また、「不十分」とは、利用可能な科学的証拠によって、第5条1項が要求する、十分な危険性評価が、定性的にも定量的にも行えないことである、と述べた[28]。

　その後、EC・ホルモン牛肉規制事件の後継事件である、米国 / カナダ・譲許停止継続事件[29]で「科学的証拠の不十分性」が議論された。EU が、ホルモン牛肉規制事件においてホルモン牛肉の禁輸措置が SPS 協定違反とされたことを受けて、新指令を採択、5つのホルモンに関して5条7項に基づいて暫定的な輸入禁止措置を再度とった。上級委員会は、「不十分性」とは、科学的証拠の欠乏のためにリスクの存在に関して十分に客観的な結論に至らない状態であり、5条7項が想定している事態は、リスクの存在を示唆する証拠がいくらかはあるが危険性評価を行うには十分ではない状態である、とした[30]。

　本件の具体的な争点としては、食品中の動物用医薬品の最大残留基準値に関する JECFA (Joint FAO/WHO Expert Committee on Food Additives; FAO/WHO 合同食品添加物専門家委員会) による危険性評価が、変わらぬまま科学的証拠の「十分性」の根拠となり得るかどうかであった。EU が、思春期前の子どもに対するホルモンの影響について、危険性評価を行うのに十分な科学的証拠がないと主張したことから[31]、当初は JECFA の危険性評価が示すように「十分」にあったように見えた科学的証拠が、後に「科学的証拠が不十分な場合」に状況が変化したかどうかが問題とされた。本件パネルは、科学的証拠が変わらずに「十分」であるし、その理由として、十分な証拠が不十分な状態に変化するためには、従前の知識や重大な根拠を疑問視するような「臨界を越えた大量の (critical mass)」新しい証拠が必要であると考えた。しかし上級委員会は、証拠が不十分な状態に変わるためにはそのようなパラダイム・シフトは不要であるとし、新しい科学的発展によって、十分に客観的な評価が可能であることに疑問をなげかけられる程度の変化でよいとした[32]。このように、上級委員会は、EU の暫定的な輸入禁止措置が 5 条 7 項の要件を充たしていないとしたパネルの判断を覆したが、EU の措置が同項の要件を充足しているかどうかの分析を完結できないとした。

3. 国際基準の使用に関する義務

　SPS 協定の第 3 条は「措置の調和」と題して、国際基準の使用に関する規定をおいている。「調和」の意味については、EC・ホルモン牛肉規制事件で論点となった。SPS 協定 3 条 1 項は「衛生植物検疫措置をできるだけ広い範囲にわたり調和させるため」国際基準に基づくこととしているが、これが国際基準に基づいたハーモナイゼーションを義務化したものかどうかが議論された。上級委員会は、各国の措置を国際基準に基づいて調和することは義務ではなく、「将来の目的 (as a *goal*, yet to be realized, *in the future*)」として位置づけた[33]。

　SPS 協定の附属書 A3 は、「国際的な基準、指針および勧告」として、コーデックス委員会 (Codex Alimentarius Commission) のほか、国際獣疫事務局 (International Office of Epizootics, OIE) と国際植物防疫条約事務局 (Secretariat of the International Plant Protection Convention, IPPC) を明示的に挙げている。これらの国際基準を念頭に、

SPS協定は第3条に「3つのシナリオ」[34]を用意している。1つ目と2つ目のシナリオは3条1項と2項にある。まず、1項において、国際的な基準が存在する場合には、当該国際的基準に「基づいて (base on)」、加盟国はSPS措置を採用することと規定している。EC・ホルモン牛肉規制事件の上級委員会は、この「基づく」ことの意味は、2つ目のシナリオの2項の「適合する (conform to)」とは異なるとする。すなわち2項では、加盟国のSPS措置が「国際的な基準、指針又は勧告に適合する場合には」、SPS協定およびガットの「関連規定に適合しているものと推定する」と規定されており、適合の推定が得られる点が1項の場合と異なるとされた。上級委員会によれば、国際基準に「基づく」措置とは、国際基準のいくらかの要素を採用していることであるが、国際基準に「適合する」措置とは、国際基準を完全に体現していることであり、だからこそ、「関連規定に適合しているものと推定」されるという利点が得られる、とされた[35]。

　そして第3のシナリオは3項が規定しており、加盟国が国際基準「によって達成される水準よりも高い衛生植物検疫上の保護の水準をもたらす」SPS措置を導入したり維持したりする場合である（つまり、国際基準を逸脱する場合である）。その場合の条件として3項は「科学的に正当な理由がある場合又は当該加盟国が5条の1から8までの関連規定に従い自国の衛生植物検疫上の適切な保護の水準を決定した場合」と規定している。再びここで、科学的根拠に基づく義務が条件となるが、上級委員会は、この3項は例外条項ではなく、3項にいう「自国の衛生植物検疫上の適切な保護の水準を決定」する権利は加盟国の「自律的な権利 (autonomous right)」であるとした[36]。

4. そのほかの義務

　(1)　5条5項は、「加盟国は、異なる状況において自国が適切であると認める保護の水準について恣意的又は不当な区別を設けることが、国際貿易に対する差別又は偽装した制限をもたらすこととなる場合には、そのような区別を設けることを回避する」と規定され、ガット20条の柱書に類似した規定内容となっている。しかし、これまで5条5項違反が認定されたのは豪州・鮭検疫事件のみとなっており、申立国にとって違反認定を得るのが難しい規定の一つでもある。他方、5条5項の適用についてはSPS委員会で作成されたガ

イドライン[37]もあり、枠組みは明確である。

　5項の3要件は、①「異なる状況における」「異なる保護水準」の存在、②保護水準の違いが、恣意的で不当な区別をもたらしていること、③その区別が、差別または国際貿易の恣意的な制限をもたらしていること、である。この3要件の中では要件①の、何を「比較可能な状況」であると特定するかが一つのポイントとなる。文言上は、「異なる状況("different situations")」であるが完全に異なる場合には保護水準が異なっているのかどうか比較して検証できないので、実際は「比較可能な(comparable)」状況と理解される[38]。何を比較可能とするかは、(ア)同一・類似の病気の侵入・定着・蔓延のリスクが同じ・類似であるか、あるいは(イ)潜在的な生物学的・経済的影響のリスクが同じ・類似であれば、比較可能であるとされている[39]。豪州・鮭検疫事件においては、(ア)が問題となり、鮭に対する検疫措置と比較した場合の、エサ用ニシンと観賞魚に対する検疫措置が検討対象となり、豪州の鮭の検疫措置に比べて差別的であると判断された。

　(2)　5条6項は、「加盟国は、衛生植物検疫上の適切な保護の水準を達成するため衛生植物検疫措置を定め又は維持する場合には、技術的および経済的実行可能性を考慮し、当該衛生植物検疫措置が当該衛生植物検疫上の適切な保護の水準を達成するために必要である以上に貿易制限的でないことを確保する」と規定され、ガット20条bに類似した必要性の要件を規定する条文である。これも、たびたび上級委員会が、パネルの違反認定を破棄、しかし上級委員会自身も認定を完結できないという事態が起きており、申立国にとって違反認定を得るのが難しい条文である。5条6項違反が認定されたのは、豪州・鮭検疫事件の履行パネルと、日本・リンゴ検疫事件の履行パネルである。

　5条6項の文言および同条の注から、次の3要件を満たす代替措置が存在する場合は、問題のSPS措置は必要である以上に貿易制限的であり6項違反であるとされる[40]。すなわち、①技術的および経済的利用可能性を考慮して合理的に利用可能で、②(被申立国の)適切な保護水準を達成するものであり、③貿易制限の程度が相当程度に小さい、代替措置の存在である。6項の意義としては、6項違反の認定の際に代替措置の存在が確認されることで、違反認定後

の実施の方向性が、被申立国に明確に示されることにある[41]。

III. TBT 協定

1.TBT 協定が適用される措置の種類

TBT 協定が規律対象とするのは、「強制規格 (technical regulations)」、「任意規格 (standards)」および「適合性評価手続 (conformity assessment procedures)」である。それぞれの TBT 協定上の定義は、附属書 1 にある。

附属書 1.1　　強制規格

産品の特性又はその関連の生産工程若しくは生産方法について規定する文書であって遵守することが義務付けられているもの (適用可能な管理規定を含む。)。強制規格は、専門用語、記号、包装又は証票若しくはラベル等による表示に関する要件であって産品又は生産工程若しくは生産方法について適用されるものを含む……。

附属書 1.2　　任意規格

産品又は関連の生産工程若しくは生産方法についての規則、指針又は特性を一般的および反復的な使用のために規定する、認められた機関が承認した文書であって遵守することが義務付けられていないもの。任意規格は、専門用語、記号、包装又は証票若しくはラベル等による表示に関する要件であって産品又は生産工程若しくは生産方法について適用されるものを含む……。

附属書 1.3　適合性評価手続

強制規格又は任意規格に関連する要件が満たされていることを決定するため、直接又は間接に用いるあらゆる手続

WTO 紛争を通して「強制規格」については明確化されてきているので、次

の2以下では強制規格について詳しくみていくが、「任意規格」および「適合性評価手続」についてはここで簡単にみておく。強制規格と任意規格の定義は、上記のとおり似ているが、最も重要な違いは、前者は「遵守することが義務付けられているもの」であり、後者は「遵守することが義務付けられていないもの」である。強制規格の形成主体は、政府であるが、任意規格の形成主体は、「認められた機関（a recognized body）」となっており、政府であることもあれば、非政府機関であることもある。たとえば、日本でよく知られた任意規格の形成主体は、JISC（Japanese Industrial Standards Committee; 日本工業標準調査会）と呼ばれ、JIS（日本工業規格）を策定している[42]。JIS のような規格を策定し物事を統一化していくことを「標準化」という（後述「コラム⑩　日本の標準化政策」参照）。我々の生活では多様な JIS が使われているが、よく挙げられる例としては、コピー用紙のサイズ（A4 や B5 等のサイズ）や、次のものがある。

　　　「トイレットペーパーのサイズは日本の JIS 規格によって標準化されています。114mm と決められています。真ん中の空洞部分の直径は 38 ｍｍのものが主流です。直径はロールの状態で 120 ｍｍ以下と定められています。この標準化により、日常生活でどこのメーカーの商品を買ってもホルダーに取りつけることができ、困ることなく使用することができます」[43]。

　もちろん、ふつうのホルダーに取りつけることができないトイレットペーパー（たとえば、真ん中の空洞部分が細芯のペーパー）を作って、日本の市場で売ってもかまわない。ただし、そうしたトイレットペーパーは近所のスーパーでふつうに販売されていないだろう。つまり、任意規格は「遵守することが義務付けられていない」ものの、事実上、それに従わないと市場で製品が販売しにくくなっており、市場への影響が大きい。したがって TBT 協定（4条および附属書3）でルールを定めているのである[44]。
　「適合性評価手続」は、上述の強制規格・任意規格の定義のように規格の内容や作り方とは異なり、そうした規格に製品等が合致して製造されたかを評価する手続である。具体的には附属書1.3 の注釈にあるように、「試験および

検査についての手続」だとイメージすると分かりやすいだろう。規格は作っただけでは意味がなく、それに適合しているかをどう評価するのか、という部分によって実効性が担保されることになる[45]。

次の2以下では、強制規格の定義と、強制規格の策定と適用方法について規定する2条をみていく。

2. 強制規格の定義

強制規格の定義は、EC・アスベスト規制事件[46]上級委員会が明確化し、次の3つの要件を充たす必要がある。すなわち強制規格とは、「産品の特性(product characteristics)を、積極的に、あるいは消極的に規定する文書」であって、「対象を特定できる産品(an identifiable product)」に適用され、「遵守が強制的(mandatory)」なものである[47]。EC・アスベスト規制事件では、アスベスト製品の禁止が問題となったが、この措置が上述の強制規格の定義を充たすものであると、次のように説明された。すなわち、「すべての産品はアスベストを含んではならない(all products must not contain asbestos fibres)」[48]という全面禁止措置は、すべての産品を対象にして、消極的に(negatively)産品の特性を規定している、と解された。

(1)「産品の特性」に関しては、TBT協定の附属書1.1の第1文が「産品の特性又はその関連の生産工程若しくは生産方法(product characteristics or their related processes and production methods)」(下線筆者)としていることから、TBT協定上の「PPM(Process or Production Methods)規制」(生産方法・生産工程に関する規制)の取り扱いをめぐって、議論がある。最終製品にあくまでも影響を与える生産工程・方法を規律する規制(すなわち、生産工程・方法が最終製品に特性として反映されるもの、いわゆる「産品関連(product-related)PPM」)であれば、TBT協定の強制規格として取り扱われるが、そうでない(「非産品関連(non-product related)PPM」)場合には、TBT協定が扱うのかどうかは明らかでないとされてきた。ウルグアイ・ラウンド交渉時に、最終製品に影響を与えない生産工程を規制するものを強制規格とするかどうか、合意に至らなかったという指摘がある[49]。

これに関しては、まず米国・マグロラベリング事件が次のような点を提起した。問題の措置は、イルカに優しい漁法でとられたマグロをつかった製品

については米国法に従った「イルカ保護」のラベル表示を認める、という措置
であり、これは非産品関連 PPM 規制にあたる。米国・マグロラベリング事件
で問題となった措置はラベル表示なので、問題となるのは TBT 協定の附属書
1.1 の（第 1 文ではなく）第 2 文である。すなわち、「……ラベル等による表示に
関する要件であって産品又は生産工程若しくは生産方法について適用される
ものを含むことができ」る、という部分が関連する。

　この第 2 文の解釈については、第 2 文には、第 1 文の「その関連の（their
related）」という表現がないので、ラベル表示等に関しては非産品関連 PPM 規
制も TBT 協定の適用は可能である、とは解釈できる[50]。しかし、残された疑
問は、第 1 文はどうなのか（第 1 文では非産品関連 PPM 規制はカバーされないの
か）、という点である。この点については、第 1 文と第 2 文は同じように扱わ
れるべきであるという学説がある。たとえば、「その関連の」とは、サービス
や知財に関連するものではなくて、物品の貿易に関連するものであれば TBT
協定の対象となる、という意味であって、当然に（第 1 文も第 2 文も）非産品関
連 PPM 規制を含むという見解があった[51]。また、同じ目的を持った措置であっ
ても（たとえば、動物の福祉に配慮した方法で動物を育成した産品を考えてみると）そ
れを産品を販売する際のラベル要件にした場合は TBT 協定が適用されるが（附
属書 1.1 第 2 文）、動物福祉の観点から産品の輸入規制をした場合は TBT 協定が
適用されない（附属書 1.1 第 1 文）、というのは論理的に矛盾するという考え方
もある[52]。他方で、第 1 文と第 2 文は異なるという見解もあり、ラベルを用い
て情報提供をする場合は（第 2 文）、非産品関連 PPM 規制までも含むが、輸入
規制のような明確な通商規制の場合は（第 1 文）、非産品関連 PPM 規制はカバー
されない、という区別が可能という考え方もある[53]。

　米国・マグロラベリング事件のパネルは、TBT 協定の PPM 規制への適用
について正面から扱わなかった。本件措置が、「産品の特性」を規定している
かどうかという問いの中でこの問題を扱い、パネルは、附属書 1.1 の第 1 文
と第 2 文の関係について、第 1 文の強制規格の事項または内容（subject matter,
or contents）を詳しく規定したのが第 2 文であるとした。そして、「産品又は生
産工程若しくは生産方法について<u>適用される</u>（<u>as they apply to</u> a product, process or
production method）もの」（下線筆者）とは、ラベル表示など第 2 文に挙げられる事

項が、「産品又は生産工程若しくは生産方法」に「関連する (relate to and concern)」ことを意味する、と解釈した。本件措置が、「マグロ製品という産品に適用されるもの ("apply to" a product, namely tuna products)」であることを当事国が争っていないことから、本件は第 2 文にあてはまると結論づけた。

　このように本件パネルは、PPM 規制という概念を正面から使わずに、非産品関連 PPM 規制である本件措置を TBT 協定上扱った。このパネルの判断は上訴されておらず、上級委員会の判断はない。残された問題は、こうした第 2 文の解釈が、第 1 文に影響を与えるかどうかである[54]。この点に関連する論点が、EC・アザラシ製品輸入規制事件[55]で扱われた。

　本件では、アザラシの狩猟方法が残酷であることから生じた、アザラシに対する動物の福祉についての EU の公衆の懸念（公徳の保護）の観点から、アザラシ製品 (products containing seal) の EU 市場での輸入・販売が禁止される措置が問題となった。前述の米国・アスベスト規制事件で問題になった措置が、アスベストを含んだ製品 (products containing asbestos fibres) を禁止していたことに照らせば、それと本件措置は似ている規制のように見えるため、本件パネルは、この点から本件措置も「産品の特性」を規定しており、TBT 協定上の強制規格にあたるとした。しかし上級委員会は、本件措置は「産品の特性」を規定するものではなく、TBT 協定上の強制規格とは言えないとした。その理由として、アスベスト規制事件と本件措置には大きく異なる点があり、それは本件のアザラシ製品の規制には重要な例外がある点が指摘された。すなわち、イヌイット・先住民の伝統的狩猟によるアザラシを使った製品および持続的な海洋資源管理の目的のために狩猟されたアザラシを使った製品については、EU 市場での販売・流通が認められていた点である。アスベスト規制事件においてはアスベストを禁止することが措置の本質的な側面 (integral and essential aspect) であったことと比べて、本件ではアザラシ製品を輸入規制する部分と許容される部分 (prohibitive and permissive components) が一体となっている点が異なる、とされた[56]。そして、市場への流通が許容されている側面においては、（先住民族という）狩猟者の特性や（海洋資源管理という）狩猟の目的 (the identity of the hunter or the type or purpose of the hunt) に基づいて EU 市場での流通を認めており、アザラシ製品そのものを禁止しているのではなく、このことから本件措置は「産品の

特性」を規定しているとは言えない、と上級委員会は判断したのである[57]。

　しかし、本件措置が「産品の特性」を規定していないとしても、「その関連の生産工程若しくは生産方法」を規定しており、強制規格としての定義を充たすのではないか、ということも考えられる。この点については申立国も主張をしたが[58]、上級委員会は、パネル段階での審査と判断が不十分なので、法的分析を完結できないとした[59]。上級委員会は判断を回避したが、どこまでのPPM 規制が TBT 協定の範囲に含まれるのかというのは重要なシステミックな問題であると指摘をしており[60]、この問題については慎重に検討したいという姿勢を示した。

　重要な点は、一般的な解釈として上級委員会は、アザラシ製品輸入規制事件において、「その関連の生産工程若しくは生産方法」の「関連の」とは、生産工程・方法が産品の特性と「十分に関連 (sufficient nexus) があるか」「連結しているか (connected)」「関係性があるか (has a relation)」どうかである、と述べている点である[61]。つまり上級委員会は、十分に関連があれば TBT 協定附属書 1.1 第 1 文の範囲にあてはまることになるが、(先住民族という) 狩猟者の特性や (海洋資源管理という) 狩猟の目的に関する EU の措置は生産工程・方法が産品の特性と十分な関連性があるとは言えない、と判断したと理解できる。この点に関連して上級委員会は同事件で、強制規格とは「技術的内容 (technical contents)」を有しているもので、狩猟者の特性や狩猟の目的でアザラシ製品を区別する措置は「技術的」とは言えないとも述べている[62]。つまり、狩猟者の特性や狩猟の目的は、産品の特性上の問題ではなく、政策判断に基づいたものであって、技術的内容を有した規制ではない、という説明も可能であろう[63]。このように考えれば、非産品関連 PPM 規制がすべて TBT 協定附属書 1.1 第 1 文の範囲に含まれないのではなく、「十分な関連性」の範囲によっては含まれるものもある、と解することもでき (あるいは、産品関連 PPM の概念が広がると解することも可能)[64]、今後の WTO 紛争における上級委員会の判断によりどのような線引きが可能か、注目される。

　(2)　強制規格のもう一つの要件、義務的な遵守については、次のような論点がある。前述のとおり「強制規格」と「任意規格」を区別するのは、遵守が義

務付けられているか否かであるが、一見、明確に見えるこの区別は、そう明確でもないのである。この点は、米国・マグロラベリング事件で論点となった。同事件の米国法によれば、ラベル表示がなくても米国市場でマグロ製品を販売することは可能であるが、イルカに優しい漁法でとったマグロであることを示すラベル表示を付す場合には、米国法の要件に従うことが求められていた。日本における類似の例として、「特定保健用食品」、いわゆる「トクホ」のラベル表示のある食品や飲料品があるが、トクホのラベルがなくとも日本の市場で販売は可能であるが、トクホのラベルを表示するのであれば一定の要件を充たす必要がある。

　このような措置は、遵守を強制する「強制規格」であるのか、あるいは「任意規格」なのか、という点が問題となる。本件パネルでは、パネリスト3名の中で2対1と見解が分かれ、多数意見では、ラベル表示をする場合に特定の要件の遵守が強制的であることから「強制規格」であるとされた[65]。他方、1人の反対意見では、ラベルがなくても市場での販売が可能である点において本件ラベル表示制度は強制的なものではなく「任意規格」であるとされた[66]。上級委員会は、次の理由で米国のラベル措置を「強制規格」とした。すなわち、米国の措置は、米国における「イルカ保護」表示に関わるあらゆるマグロ製品についての、唯一の法的な要件であり、強制規格かどうかの判断においては当該措置のこの特性が重視される、という[67]。ラベル表示をしなければ市場で販売できないという要件がなくとも強制規格であることは妨げられず、マグロ製品の生産者、輸入者、輸出者、流通業者、販売者は、「イルカ保護」の資格を主張する場合には本件措置に従わなければならない、という点が重要である、とした[68]。

　なお、「強制規格」か「任意規格」なのかによって、TBT協定上の義務がどのように変わってくるのか、ということが問題になるが、実際はあまり大きな違いはないとも言える。なぜなら、「強制規格」であれば以下にみるTBT協定第2条の適用を受けるが、「任意規格」であっても前述の附属書3の実体規定の部分の適用を受け、これはTBT協定2条と文言上あまり変わらない義務であるからである。

3. 内国民待遇義務（最恵国待遇義務）

「強制規格」の定義にあてはまると、次に、第 2 条に実体規定の適用が問題
となる。最も重要でよく解釈適用されるのが 2.1 条である。同条は「いずれの
加盟国の領域から輸入される産品についても、同種の国内原産のおよび他の
いずれかの国を原産地とする産品に与えられる待遇よりも不利でない待遇を
与えることを確保する」と規定しており、ガット上の最恵国待遇義務と内国民
待遇義務の 2 つの義務がここに含まれている。

2.1 条の内国民待遇義務については、米国・クローブ入りタバコ規制事件[69]、
米国・マグロラベリング事件[70]、米国・原産国名表示（COOL）事件[71] の上級委
員会判断より、次の 3 要件が適用されることが確立している。

---

①「同種の産品」かどうか、

②同種の産品であれば、輸入産品に「不利でない待遇」が与えられている
　かどうか、

③不利な待遇であれば、そこに「正当な規制の区別」があるかどうか（正
　当な規制の区別がなければ、差別的待遇として 2.1 条違反）

---

①の同種の産品の判断基準と、②の不利でない待遇の基準は、ガット 3 条
4 項の事例で明らかにされた基準と同じものが採用されている、しかし、③
の要件については TBT 協定 2.1 条の特有なものであるので、下記では、上述 3
つの事件を紹介しながら解説する。

⑴　米国・クローブ入りタバコ規制事件では、米国においてハーブ・スパ
イス等を含む人工的・自然の香り付けをタバコに加えることを禁止され、イ
ンドネシアからの主たる輸入品であるクローブ入りタバコが米国で輸入・販
売が禁止された措置が問題となった。ただしこの米国の措置では、メンソール・
タバコは禁止措置の例外とされた。まず①の要件について、クローブ入りタ
バコとメンソール・タバコの同種性が検討されたが、上級委員会はパネルの

見解を一部否定したものの、結論としては、物理的特性、最終用途、消費者の嗜好、関税分類の点から同種と判断した。②の「不利な待遇」要件については、ガット第3条4項の判例にそって、輸入産品に悪影響を与える形で「競争条件の変更」をするような措置であるかどうかが検討された[72]。しかし、輸入産品の競争条件の変更があったかどうかについては、ガット第3条の文脈においても議論があったところ、本件でも、輸入産品に「不利に偏った効果 (detrimental impact)」があれば競争条件の変更があったとみるインドネシアと、必ずしもそうではないと主張する米国の間で見解の対立があった。

上級委員会は、「不利な待遇」とは「法律上および事実上の差別 (*de jure* and *de facto* discrimination)」の存在によって確認されるとし、輸入産品に「不利に偏った効果」は、それだけで「差別」を意味しないとした。すなわち、そのような輸入産品に対する効果が、もっぱら「正当な規制上の区別 (legitimate regulatory distinction)」からもたらされているのかどうかを検討すべきであり、そのような規制の区別がある場合は不利な待遇とは言えないとした[73]。その判断においては、問題の強制規格の構造や運用 (design, architecture, structure, operation and application) が注意深く検討されるべきで、とりわけ問題の強制規格が公平 (even-handed) であるかどうかを検証すべきであるとした[74]。

結論的には、インドネシアからの主要な輸入品であるクローブ入りタバコの輸入・流通・販売が禁止されて、米国内で主に生産されるメンソール・タバコについて規制がないという措置の構造と運用から、インドネシアからのクローブ入りタバコに対して不利に偏った効果があるとされ、またそのような効果が正当な規制上の区別からもたらされているとは言えない、とされた。米国の強制規格の目的は、若年層の喫煙の減少であるが、若年層に喫煙を促すようなフレーバーを、クローブ入りタバコもメンソール・タバコも共に有しているにもかかわらず、前者だけが禁止されている点は正当とは言えないとされた[75]。また米国が、メンソール・タバコを除外した理由として、メンソール・タバコに依存する喫煙者の禁煙治療のための医療システムへの負担や、メンソール・タバコを求めて密輸入・やみ取引が広がることへのリスクを主張していたが、通常のタバコが禁止されていない限りにおいてそのような負担やリスクは起こり得ない、と判断された[76]。

　上級委員会はなぜ「正当な規制上の区別」の要件を TBT 協定 2.1 条で展開
したのだろうか。上級委員会ははっきりとは理由を述べていないが、本件で
具体的な争点に入る前に、次のような TBT 協定に対する一般的な見解を述
べている。すなわち上級委員会は、TBT 協定の前文 5 において強制規格等が
国際貿易に不必要な障害をもたらすことのないようにするとされている一方
で、前文 6 は加盟国による正当な目的の追求を認めていることを指摘し、こ
のバランスはガットの 3 条と 20 条のバランスと異なるものではない、とし
ている[77]。さらに上級委員会は、TBT 協定 2.1 条では、違反認定された場合に
ガット 20 条のような正当化条文がないことも指摘した[78]。上級委員会は、こ
うしたことを考慮して、TBT 協定 2.1 条の解釈に「正当な規制上の区別」の要
件を用いて柔軟性を持たせたのであろう。

　(2)　米国・マグロラベリング事件においても、正当な規制上の区別が議論
された[79]。前述のとおり同事件では、イルカに優しい漁法でとられたマグロ
をつかった製品については「イルカ保護」のラベル表示を認めるという米国の
措置が問題になった。もう少し詳細に、ラベル表示要件を説明すると、東部
熱帯太平洋(Eastern Tropical Pacific Ocean, ETP) の水域内外にかかわらず、まき網に
よるイルカの囲い込み漁法(setting on dolphins) をつかったマグロについては「イ
ルカ保護」の表示はできないというものであった。「囲い込み漁法」とは、マ
グロがイルカの群れの下を泳ぐことから、イルカを「まき網(purse seine)」をつ
かって追い込み、その下を泳ぐマグロを漁獲する方法であるが、ETP 外では、
ETP 内ほど、マグロとイルカが共に行動する関係はみられない、と言われて
いる。申立国のメキシコの漁船は、ETP 内でマグロの囲い込み漁をしていた
のでそのマグロ製品は「イルカ保護」ラベルを使えず、米国の漁船は ETP 外で
別の漁法でマグロ漁をしていたのでそのマグロ製品は同ラベル表示が可能と
なっていた。そこで、TBT 協定 2.1 条が適用され、両製品の同種性が認定され、
メキシコのマグロ製品に対して「不利に偏った効果」が認められた。そして、「不
利に偏った効果」が「差別」を構成しているかどうか、すなわち、米国のラベ
ル措置が、海域と漁法の観点からイルカへのリスクに対して「公平」かどうか
が、検討された[80]。

260

争点は、ETP 外のその他の漁法がイルカの生命にリスクを与えるものであれば、ETP 内の囲い込み漁法と同じように禁止されているかどうか、という点であった。ETP 外で行われている、たとえば FADs（人工集魚装置）を使った漁法でもイルカが混獲されており、イルカへのリスクが囲い込み漁と同じように存在するのにそのリスクには措置は対応していないことが問題とされ、メキシコのマグロ製品への不利な効果に「正当な規制上の区別」があることが示されていない、と結論づけられた[81]。

(3)　2012 年に出された 3 つ目の上級委員会判断が、米国・COOL 事件である。本件の米国の措置は、牛肉と豚肉の原産地を次のようなルールに基づいて表示することを求めていた。すなわち、まず肉の生産工程を「誕生」「育成」「と畜」の 3 段階に分けて、どこの国でその工程がなされたのかを記録し伝達する。これは、北米地域で、家畜が生きたまま移動し加工処理されることを反映している。次に、加工処理の工程が米国内あるいは海外で行われたのかによって、4 つのラベル表示の区別をする。3 工程のすべてが米国の場合は、A 式のラベル表示、誕生が外国で育成・と畜が米国の場合は B 式の表示、誕生・育成が外国でと畜が米国の場合は C 式の表示、そして 3 工程とも外国の場合は D 式の表示、となる。この措置が導入された結果、牛肉および豚肉の表示のほとんどが A 式となり（つまり、3 工程すべてが米国）、カナダとメキシコからの輸入家畜の米国市場での取り扱いがなくなってしまうという事態となった

本件でも TBT 協定 2.1 条が適用され、まずカナダ・メキシコからの輸入された家畜と、米国の国産の家畜が同種であることが認められ、次に本件ラベル表示措置の導入により、輸入家畜に対する不利な効果が認められた。そして、こうした不利な効果が差別を構成しているかどうか、つまり工程を 3 段階に分けることや 4 種類のラベル表示にしているという規制上の区別が、公平な態様で適用されているのか、あるいは公平さを欠いてたとえば、恣意的で不当な差別を構成するように適用されたり策定されたりしているのかどうかが検討された[82]。上級委員会はまず、本件措置の記録作成および監査要件（recordkeeping and verification requirements）が米国の業者にもっぱら米国産家畜を処理加工しようというインセンティブをもたせており、業者は、家畜の生産か

ら肉の加工処理に至るまですべての段階において、原産国に関する情報を得て、次の段階にその情報を伝達しなければならない義務を負うことを指摘した[83]。しかし上級委員会は、本件措置の下で業者が負う負担に比べて、消費者が得られる情報が少ないという不均衡さが問題であると指摘した。たとえばB式のラベル表示は、原産国の表示順序が不同であるため、どの生産段階がどの国で行われたのか消費者に明らかでない点である[84]。また、本件措置は加工食品やレストラン・カフェテリアにおける表示を適用外としており、かなりの割合の肉がこの例外にあたるにもかかわらず、生産者や業者は、家畜が表示義務対象の肉として利用されるのか区別できないまま、記録と監査の負担を強いられているという現状があることも指摘した[85]。つまり、本件措置の規制上の区別は、消費者への情報提供の観点からは説明できず、2.1条違反の差別を構成する、と判断された[86]。

4. 必要性の要件

　TBT協定2.2条は、いわゆる必要性の要件を規定するものとして知られている。2.2条の第2文は、「強制規格は、正当な目的が達成できないことによって生ずる危険性を考慮した上で、正当な目的の達成のために必要である以上に貿易制限的であってはならない」と規定する。正当な目的は例示列挙され、「国家の安全保障上の必要、詐欺的な行為の防止および人の健康若しくは安全の保護、動物若しくは植物の生命若しくは健康の保護又は環境の保全」が挙げられている。この条文と類似しているのが、ガット20条の必要性テストであり、ガット20条の判例がどの程度TBT協定2.2条の解釈に反映されるのか、注目されていた。

　米国・クローブ入りタバコ規制事件のパネルが初めて2.2条を解釈適用したが、この点は上訴されなかったため、上級委員会の判断はなかった。その後、米国・マグロラベリング事件と米国・COOL件において、上級委員会判断が出されている。しかし、いずれの事件でも2.2条違反は認定されておらず、申立国にとっては主張立証が困難な条文の一つとなっている。TBT協定の2.2条は、無差別の待遇であるかどうかに関わらず、措置の必要性を問う要件である点において、貿易自由化のための一歩進んだルールとして注目されていた。

つまり、無差別な措置であっても、貿易に不必要な障害を与える措置は 2.2 条違反として主張ができることが期待されていたが、申立国にとって実際は使いにくいという状況になっている[87]。しかし少なくとも、2.2 条の解釈は、次にみるように、ガット 20 条の必要性テストに類似した形になっていることは明らかになった（ただし、全く同じではない点に注意）。

　米国・マグロラベリング事件では、米国の措置が正当な目的の達成のために必要である以上に貿易制限的であるかどうかが争点となった。必要性について上級委員会は、①問題の強制規格の貿易制限性、②正当な目的の達成への貢献度、そして③正当な目的が達成できないことによって生ずる危険性、という 3 つの要件にそって、必要性の評価がなされるとした[88]。またこの評価においては、より非貿易制限的で合理的に利用可能な代替措置との比較分析が含まれるとされた[89]。さらに③「危険性」の評価においては[90]、問題の措置と代替措置の比較において「危険性の性質（nature of the risks）」と「目的が達成されないことから生じる帰結の重大性（gravity of the consequences）」が検討される必要がある、とされている[91]。つまり、代替措置は、より非貿易制限的で、合理的に利用可能で、達成できないことによって生ずる危険性を考慮しながら、正当な目的へ同等に貢献するものでなければならない[92]。本件では、代替措置として主張された措置が米国の措置と同じレベルで目的を達成するかどうかという点において、上級委員会は、主張された代替措置は米国の措置よりも低い貢献しかできないと判断、したがって 2.2 条違反は認定されなかった[93]。

　米国・COOL 事件でも、上述のマグロラベリング事件の上級委員会と同じ 2.2 条の解釈適用の枠組みが示された[94]。しかし、問題の米国の措置が正当な目的の達成にどれくらいの貢献をしているか、という貢献度合い（the degree of contribution achieved by the measure）を客観的にパネルが確定していないと判断され[95]、その点も含めパネルの事実認定が十分でないため上級委員会は必要性の評価を完結することができず[96]、2.2 条違反は認定されなかった。その後 COOL 事件では履行確認手続がとられたが、2.1 条違反は再び認定されたものの、他方で 2.2 条違反はまた認められなかった。履行確認パネルは、2.2 条の論点の中で「目的が達成されないことから生じる帰結の重大性」について判断できないとしてしまったが、この点、上級委員会は、危険性の本質と帰

結の重大性を測ることを別々に行うことが困難な場合は、危険性と重大性について結合分析 (conjunctive analysis) をして、目的を達成できないことが生じる危険性を定性的に評価することが適切である、と述べている[97]。

5. 国際規格の使用に関する義務

　国際規格の使用について TBT 協定は、SPS 協定の構造とよく似た形で規定している。すなわち、TBT 協定 2.4 条の第 1 文は、強制規格を策定する際に「関連する国際規格 (international standards) が存在するとき……は、当該国際規格又はその関連部分を強制規格の基礎 (as a basis) として用いる」とするが、2.4 条の第 2 文は国際規格から逸脱可能な場合について規定しており、「ただし、……当該国際規格又はその関連部分が、追求される正当な目的を達成する方法として効果的でなく又は適当でない場合は、この限りでない」としている。ここでの正当な目的とは、前述の TBT 協定 2.2 条における「正当な目的」と同じと理解される[98]。SPS 協定 3 条 3 項と同様、この逸脱可能な場合を規定する条文は「例外条項」ではないので、立証責任は申立国にある[99]。さらに 2.5 条の第 2 文は、「関連する国際規格に適合している (in accordance with) 場合には、当該強制規格については、国際貿易に対する不必要な障害をもたらさないとの推定 (反証を許すもの) を行う」と規定しており、SPS 協定の 3 条 2 項に類似した規定ぶりとなっている。

　他方 SPS 協定と異なる点として、TBT 協定は、「国際規格」の具体的な例を挙げていない。TBT 協定附属書 1.4 は「国際機関又は国際制度」の定義として「少なくともすべての加盟国の関係機関が加盟することのできる機関又は制度」とするのみである。前述のとおり SPS 協定においては、3 つの国際基準設定機関が附属書に挙げられているのに対して、TBT 協定ではなぜ国際規格を設定する国際機関名が挙げられていないのか、ということを疑問に思うであろう。ただし、用語および定義を規定する TBT 協定附属書 1 をよく見ていくと、その中で「国際標準化機構・国際電気標準会議指針書第二巻 (ISO・IEC ガイド 2)」が参照されている。TBT の分野において代表的な国際基準設定機関は、国際標準化機構 (International Organization for Standardization, ISO)、国際電気標準会議 (International Electrotechnical Commission, IEC)、あるいは国際電気通信連合 (International

Telecommunication Union, ITU) 等があるが、TBT 協定の交渉時にこれらの機関名を挙げるかどうかにおいて、標準化活動をめぐって米欧の対立があったことを指摘する見解が多い[100]。EU は、ISO や IEC において国際規格を設定することに積極的である一方、米国の国内の基準設定機関は米国市場の標準化を念頭においており、国際的な標準化に積極的ではなかったと言われている。つまり、ISO や IEC は EU 寄りの機関であるという見方が当時の米国にはあった。そのような米欧の対立が、TBT 協定に具体的な国際基準設定機関名が挙げられなかったことの背景にあるという[101]。

いずれにせよ、(2) 以下で後述するように、TBT 協定にいう国際規格とは「国際標準化機関 (international standardizing body)」によって承認されたものを指している。

(1)　国際規格は、まず EC・鰯表示事件で扱われた。本件では、Sardina pilchardus を原料とした缶詰だけに「鰯 (sardines)」と表示することを認め、(申立国である) ペルーの輸出品である Sardinops sagax を含むその他の種を原料としている場合には「鰯」という表示を認めない EU 規則が問題となった。これに関連して、コーデックス委員会が国際規格を作成しており、Sardinops sagax を含むその他の種を原料としたものも「鰯」と表示することを認めていた。

本件で EU は、コーデックス規格 (CODEX STAN 94-1981, Rev.1-1995) が 2.4 条にいう「関連する」国際規格にはあたらないと争った。とりわけ EU は、当該国際規格がコンセンサスで承認されたものではなく多数決であったことを指摘した。上級委員会は、TBT 協定附属書 1.2 の「任意規格」の定義の注釈に「この協定は、コンセンサス方式によって承認されていない文書も対象とする」されていることから、TBT 協定の文脈では国際規格にコンセンサス要件は求められない、とした[102]。次に、EU が当該コーデックス規格を基礎として用いなかった理由として、TBT 協定 2.4 条の第 2 文の点から、同コーデックス規格が正当な目的を達成する方法として効果的でなくまたは適当でないものかどうか、という点が争われた。具体的には、消費者保護という正当な目的の点から、EU 加盟国の消費者がもっぱら Sardina pilchardus を原料とした缶詰だけを「鰯」として認識しているのでその他の原料を使ったものを「鰯」と表示することは混

乱をまねくかどうかが争点となった。

　上級委員会は、まず、「効果的でない」とは「正当な目的が達成されないこと」をいい、「適当ではない」とは「正当な目的の追求のために手段が適当ではないこと」であると解釈した[103]。その上で、多くの EU 加盟国の消費者 (consumers in most member States) がもっぱら *Sardina pilchardus* を原料とした缶詰だけを「鰯」として認識しているという事実は示されておらず、また同コーデックス規格は市場の透明性や消費者保護の観点から「鰯」の表示記載の前に原産地や魚種を記載することを認めており、同規格が EU の目的を達成するのに効果的でなく適切でないということにならないと判断した[104]。

　(2)　次に国際規格について争われたのは、米国・マグロラベリング事件で、ここで TBT 協定上の国際規格を策定する「国際標準化機関」の意味がはじめて明確化された。本件では米国とメキシコが共に締約国となっているイルカ保存のためのスキームである、AIDCP (Agreement on International Dolphin Conservation Program) が、TBT 協定上の国際規格にあたるかどうかが議論された。上級委員会は、国際規格とは「国際標準化機関 (international standardizing body)」によって承認されるものと解釈した。そして、「国際標準化機関」には、①標準化の分野において認められた活動 (recognized activities in standardization) をしていることと、②少なくともすべての加盟国の関係機関が加盟する (open to the relevant bodies of at least all Members) ことのできる機関であること、の2つの要素が求められるとされた。

　上級委員会はここで、「国際規格作成プロセスに関する原則についての TBT 委員会決定」の法的地位についても明らかにした。TBT 委員会による同決定は、国際規格等が作成される際に遵守されるべき6つの原則―「透明性 (transparency)」「開放性 (openness)」「公平性とコンセンサス (impartiality and consensus)」「実効性と関連性 (effectiveness and relevance)」「一貫性 (coherence)」「途上国の配慮 (to address the concerns of developing countries)」―を定めたものである。またこの決定は、2000 年に行われた、第2回目の (協定の実施・運用に関する) 3年見直しの際に採択されたもので、TBT 委員会はすべての加盟国の参加によるコンセンサス方式でこれを決定した。さらに上級委員会は、同決定が、条約の

解釈において考慮される、「条約の解釈又は適用につき当事国の間で後にされた合意 (any subsequent agreement between the parties regarding the interpretation of the treaty or the application of its provisions)」(ウィーン条約法条約 31 条 3 (a)) にあたるとした[105]。

米国・マグロラベリング事件で問題となった AIDCP については、上述 6 原則のうち「開放性」が問題とされた。AIDCP は現在 15 か国が締約国となっているが、「締約国の決定に基づいて条約に加盟することが招待されるいずれの国家にも開放される」と規定されていた。上級委員会は、「締約国の決定」が「形式的 (formality)」なもので、国家が加入する意思を示せば自動的に招待されるものであるかどうか、精査する必要があるとし、「招待」が自動的に出されるものであるという証明がなされていないので開放性はないと判断、AIDCP は「国際標準化機関」ではないと判断された[106]。

米国・マグロラベリング事件の判断が残したインプリケーションとしては 2 点ある。第一に、TBT 委員会レベルの決定が「後にされた合意」と判断されたことで、今後、委員会において重要な決定を行うことを躊躇する加盟国が現れ、委員会活動が制限される可能性があることである。WTO 設立協定 9 条 2 項に基づいた多数国間解釈ではなく、ましてや閣僚会議とは異なる意思決定レベルである委員会の決定が「後にされた合意」とされるべきかどうかは、慎重に判断されるべきであったという見解もあろう[107]。第二に、TBT 委員会決定の 6 原則の中に「公平性とコンセンサス (impartiality and consensus)」が含まれたことで、今後、TBT 協定上の国際規格の要件を充たすためには、コンセンサスで成立したことが求められることとなり、この点において上述の EC・鰯表示事件の判断が変更された、とも考えられる点である[108]。EC・鰯表示事件については批判があり、同事件で上級委員会が国際規格にコンセンサス要件を求めないとしたことについて、WTO が (コンセンサスあるいは多数決で成立したのかを含め) どのように国際規格が策定されたのか、策定プロセスについて検討しないことは問題であるという指摘があった[109]。

コラム⑩　日本の「標準化」政策

　前述のとおり、日本国内で使われる「任意規格」として JIS があり、JIS のような規格を策定し物事を統一化していくことを「標準化活動」という、と説明した。正確には「標準化」とは次のように説明されている。

　　自由に放置すれば、多様化、複雑化、無秩序化してしまうような「もの」や「事柄」を少数化、単純化、秩序化すること[110]。

　規格を作る、ということはまさにそういう活動であるが、標準化のメリットとして次のことが挙げられている。

　　互換性の確保、品質の確保、生産効率の向上、相互理解の促進、技術普及、安心安全の確保、環境保護[111]

　上記のような標準化のメリットをみると、何を標準化するかという問題は、きわめて政策的な課題であることが理解できる。

　標準化活動にはそうした公共政策的な側面があると同時に、一企業の利益とビジネス戦略にも関わってくる。自社で開発した技術や製品が JIS のような国家規格として採用された場合、国内市場で自社製品の売り上げが上がるということが想像できるだろう。さらに世界の市場に目をむけると、日本国内で普及していた JIS を、ISO や IEC 等の国際標準化機関の国際規格に押し上げることができれば、日本の製品が国際市場で輸出したり販売したりしやすくなるだろう。そのためには、実務上、ISO や IEC 等の国際標準化機関の会議で、議長や幹事役を務めて日本としての規格提案を多く行っていく必要がある。そうした人材を育てることも、日本製品の市場の拡大のための一つの重要な手段なのである。

　こうしたことは一企業だけでは進められない。そこで経済産業省の基準認証戦略室が、標準化をめぐる多様なサポートを企業に対して行っている。これから国際的に市場を開拓していくためには、技術・製品開発だけではなく、標準化活動も重要な戦略であり、官民のパートナーシップで標準化活動をするのが時代の流れとなっている。

　参考　経済産業省・基準認証戦略室「標準化　認証を事業に活かす虎の巻」
< http://www.meti.go.jp/policy/standards_conformity/files/toranomaki_set.pdf >
(as of 14 September, 2018)

コラム⑪　プライベート・スタンダードとは何か？

　本章では多様な措置をみてきた。政府が措置の作成者の場合もあれば、JISC のような非政府機関が作成する場合もあるし、法的拘束力のあるものあれば、ないものもある。近年、ビジネスに関わる規制やスタンダードはさらに多様性を増している。たとえば、次のようなエコラベルが製品についているのを見たことがないだろうか。管理された森林から生産された木材や紙製品に対する FSC（Forest Stewardship Council）のラベル、生物多様性保全等の基準を充たした農園に対するレインフォレスト・アライアンスのラベル、そして持続可能な漁業に対する MSC（Marine Stewardship Council）のラベルである。FSC ラベルは紙袋に、レインフォレスト・アライアンスのラベルはコンビニのコーヒーに、そして MSC ラベルはスーパーで辛子明太子の製品についているのを見かける。こうしたラベルの仕組みは、NGO（非政府組織）が作った拘束力のないスタンダードに基づいているが、これら「プライベート・スタンダード」は SPS 協定や TBT 協定の適用対象だろうか。なぜこれが問題になるかというと、たとえば、最近の持続可能性に配慮する時代の流れから、FSC や MSC のラベルがついたものしか販売しない、ということを大手スーパーが決めたとしよう。それは事実上、そうしたラベル認証を受けられない製品を排除する効果をもち、NGO の作成したラベルが貿易制限的な要素を市場に持ち込む可能性があるからである。

　この問題が、WTO で議論された時期があった。本章でみたように、TBT 協定は JISC のような非政府機関が作成する規格についてもルールを定めているのだから、上記のような NGO が作成するものも適用対象に含めてもいいように感じるかもしれないが、JIS のような国家規格を作成する非政府機関と、NGO は区別されていて、NGO が作成した完全に私的な規範については WTO は関与しない、という見解が強い。

　WTO が関与するかどうかに関わらず、NGO が作成するエコラベルの世界は拡大していくだろう。2020 年に開催される東京オリンピック・パラリンピック大会では、「持続可能性に配慮した調達基準」が木材、農産物、水産物等について作成され、前述のようなエコラベルがついた製品がオリンピック村に供給されることになっている。SDGs（持続可能な開発目標）の実現にむけて、ますますルールが多様化する時代になっていくであろう。

　東京オリンピック・パラリンピック競技大会組織委員会ホームページ「持続可能性に配慮した調達コード」
　< https://tokyo2020.org/jp/games/sustainability/sus-code/ >
　(as of 14 September, 2018)

注

1 Petros C. Mavroidis, *The Regulation of International Trade: Volume 2 The WTO Agreements on Trade in Goods* (MIT, 2016) 380. See also, Tim Büthe and Walter Mattli, *The New Global Rulers: The Privatization of Regulation in the World Economy* (Princeton University Press, 2011) 135.

2 *EC – Measures Concerning Meat and Meat Products* (*Hormones*), DS26 (US) and DS48 (Canada).

3 Ministerial Declaration of the Uruguay Round issued at Punta del Este on 20 September 1986, Part. I.D, "Agriculture", GATT Basic Instruments and Selected Documents, 33rd Suppl,1987.

4 Uruguay Round Draft Final Act, December 1991, "L. Text on Agriculture" "Part C: Decision by Contracting Parties on the Application of Sanitary and Phytosanitary Measures."

5 林正徳『多国間交渉における合意形成プロセス：GATT ウルグアイ・ラウンドでの SPS 協定の成立と「貿易自由化」パラダイムの終焉』(農林統計出版、2013 年) 158 頁。

6 Panel Report, *EC – Approval and Marketing of Biotech Products*, para. 7.165 (DS291, 292, 293).

7 Panel Report, *EC – Hormones*, para. 8.38 (DS26, 48).

8 *Ibid*, para. 8. 42.

9 Appellate Body Report, *EC – Asbestos*, para. 80 (DS135).

10 Appellate Body Report, *US – Tuna II*, para. 405 (DS381).

11 もう一つのポイントとして、附属書 A.1 の (a) 〜 (d) の 4 つのすべてに「加盟国の領域内において」という文言があり、つまり、他の加盟国の生命・健康等の保護の目的のために衛生植物検疫措置をとることは禁止されている。

12 気を付けなければならないのは、ある措置が (イ)「動物の生命又は健康を保護する」場合であっても、どのようなリスクから保護するのか、という (ア) のリスクの内容によっては SPS 協定の適用範囲ではなくなる点である。たとえば、イルカの生命の保護のために漁の方法を規制する場合は、病気等のリスクからイルカの生命を保護するのではないので SPS 協定の問題ではない。

13 Panel Report, *Approval and Marketing of Biotech Products*, paras.7.301-304 (DS291, 292, 293).

14 *Ibid*, paras. 7.240-7.242.

15 *Ibid*, paras. 7.374-7.378.

16 Appellate Body Report, *EC – Hormones*, para. 180 (DS26, 48).

17 Appellate Body Report, *India – Agricultural Products*, para. 5.23 (DS430)

18 Appellate Body Report, *Australia – Salmon*, paras. 137-138 (DS18).

19 Panel Report, *EC – Hormones*, para. 250 (DS26, 48).

20　Appellate Body Report, *Japan – Agricultural Products II*, para. 84（DS76）.

21　Appellate Body Report , *EC – Hormones*, para. 193（DS26, 48）.

22　*Ibid*, para.194.

23　*Ibid*, para. 200.

24　Appellate Body Report, *Australia – Salmon*, para. 124（DS18）.

25　Appellate Body Report, *EC – Hormones*, para. 124（DS26, 48）.

26　Appellate Body Report, *Japan – Agricultural Products II*, para. 89（DS76）.

27　Appellate Body Report, *Japan – Apples*, para. 184（DS245）.

28　*Ibid*, para. 179,

29　*US / Canada – Continued Suspension of Obligations in the EC – Hormones Dispute*, DS320（US）and DS321（Canada）.

30　Appellate Body Report, *US / Canada – Continued Suspension*, paras. 677-678（DS320, 321）.

31　*Ibid*, para. 722.

32　*Ibid*, paras. 703, 705, and 725.

33　Appellate Body Report, *EC – Hormones*, para. 165（DS26, 48）.

34　Appellate Body Report, *India – Agricultural Products*, para. 5.58（DS430）.

35　Appellate Body Report, *EC – Hormones*, paras. 170-171（DS26, 48）; Appellate Body Report, *India – Agricultural Products*, paras. 5.77-5.78（DS430）.

36　Appellate Body Report, *EC – Hormones*, para. 172（DS26, 48）.

37　WTO, "Guidelines to Further the Practical Implementation of Article 5.5," G/SPS/15, 18 July 2000.

38　Appellate Body Report, *EC – Hormones*, para. 217（DS26, 48）.

39　Panel Report, *Australia – Salmon*, para. 8.117（DS18）.

40　Appellate Body Report, *Australia – Salmon*, para. 194（DS18）.

41　この点について詳しくは内記香子『WTO 法と国内規制措置』（日本評論社、2008 年）176-178 頁。

42　日本工業標準調査会ホームページ＜ http://www.jisc.go.jp/index.html ＞（as of 14 September, 2018）。

43　日本規格協会ホームページ「JIS ってなに？」
＜ https://www.jsa.or.jp/whats_jis/whats_jis_index/ ＞。

44　Peter Van den Bosshce and Werner Zdouc, *The Law and Policy of the World Trade Organization: Text, Cases and Materials*（Cambridge University Press, 4th ed, 2017）886.

45　なお、TBT 協定上には出てこないが、適合性評価に関連した用語に「認証（certification）」というものがあり、ビジネスの中では頻繁に使用されていて次のように説明される：「規格に適合しているかを評価する行為を適合性評価と言い、特に、ある製品が該当する製品規格に適合しているかを第三者が公正に評

価する行為を、適合性評価の中でも『（製品）認証』と呼ぶ。」（経済産業省産業技
術環境局基準認証ユニット『標準化実務入門（平成 28 年 1 月 7 日改定版）』12 頁
参照。）。

46　*European Communities – Measures Affecting Asbestos and Asbestos-Containing Products*, DS135.

47　Appellate Body Report, *EC – Asbestos*, paras. 68-70（DS135）.

48　*Ibid*, para. 72.

49　Van den Bosshce *et al.*, *supra* note 44, 887.

50　Gabrielle Marceau and Joel Trachtman, 'A Map of the World Trade Organization Law of Domestic Regulation of Goods: The Technical Barriers to Trade Agreement, the Sanitary and Phytosanitary Measures Agreement, and the General Agreement on Tariffs and Trade'（2014）48（2）*Journal of World Trade* 421.

51　Robert Howse, 'Regulatory Measures' in Amrita Narlikar, Martin Daunton and Robert M. Stern（eds.）, *The Oxford Handbook of the World Trade Organization*（Oxford University Press, 2012）453. ハウズは以前より、TBT 協定は規制プロセスを広く適用対象としている点において GATT と異なるという主張をしていた。Robert Howse and Elisabeth Tuerk, 'The WTO Impact on Internal Regulations: A Case Study of the Canada － EC Asbestos Dispute' in Gráinne de Búrca and Joanne Scott（eds.）, *The EU and the WTO: Legal and Constitutional Issues*（Hart Publishing, 2003）309.

52　Gracia Marin-Duran, 'NTBs and the WTO Agreement on Technical Barriers to Trade: The Case of PPM-Based Measures Following US – Tuna II and EC – Seal Products'（2015）6 *European Yearbook of International Economic Law* 87,103.

53　Gabrielle Marceau, 'A Comment on the Appellate Body Report in EC-Seal Products in the Context of the Trade and Environment Debate'（2014）23（3）*Review of European Community & International Environmental Law* 318, 327.

54　Elizabeth Trujillo, 'The WTO Appellate Body Knocks Down U.S. Dolphin-Safe Tuna Labels But Leaves a Crack for PPMs' ASIL Insights,Vol.16, Issue 25（2012 July 26）（"However, the case leaves open the applicability of the TBT Agreement to PPM-based regulations in general."）, available at <https://www.asil.org/insights/volume/16/issue/25/wto-appellate-body-knocks-down-us-"dolphin-safe"-tuna-labels-leaves>(as of 14 September, 2018); Enrico Partiti, 'The Appellate Body Report in US – Tuna II and Its Impact on Eco-Labelling and Standardization'（2013）40 *Legal Issues of Economic Integration* 73, 80（"It remains unclear whether this reasoning could be extended not only to labelling requirements, but also to the first sentence of Annex 1.1…"）.

55　*European Communities – Measures Prohibiting the Importation and Marketing of Seal Products*, DS400 and DS401.

56　Appellate Body Report, EC – Seal Products, para. 5.39（DS400, 401）.

57　*Ibid*, para. 5.58.

58 *Ibid*, para. 5.66.

59 *Ibid*, para. 5.69.

60 *Ibid*.

61 *Ibid*, para. 5.12.

62 *Ibid*, footnote 942.

63 Marin-Duran, *supra* note 52, 124.

64 Marceau, *supra* note 53, 328.

65 Panel Report, *US – Tuna II*, para. 7.111 (DS381).

66 *Ibid*, para. 7.150.

67 Appellate Body Report, *US – Tuna II*, para. 193 (DS381).

68 *Ibid*, para. 196.

69 *United States – Measures Affecting the Production and Sale of Clove Cigarettes*, DS406.

70 *United States–Measures Concerning the Importation, Marketing and Sale of Tuna and Tuna Products*, DS381.

71 *United States – Certain Country of Origin Labelling (COOL) Requirements*, DS384 and DS386.

72 Appellate Body Report, *US – Clove Cigarettes*, paras. 179-180 (DS406).

73 *Ibid*, paras. 181-182.

74 *Ibid*, para. 182.

75 *Ibid*, para. 225.

76 *Ibid*.

77 *Ibid*, paras. 92-96.

78 *Ibid*, para. 101.

79 なお、このマグロラベリング事件は、ここで解説する紛争段階から、1回目の履行確認手続、さらに2回目の履行確認手続と紛争が継続した。その点について、内記香子「WTO・パネル上級委員会報告書解説(20) 米国－マグロラベリング事件・履行確認手続 (DS381/RW) － TBT 協定 2.1 条における正当な規制の区別と "calibration" 概念－」(経済産業研究所、RIETI PDP 17-P-024、2017 年 8 月)参照。また本件のラベリング事件の背景には米国のイルカ保護の政策があり、GATT 時代の米国・マグロ輸入規制事件 (GATT Panel Report, *U.S. – Tuna*, DS21/R (Sep. 3, 1991)) が関連の事件としてよく知られている。

80 Appellate Body Report, *US – Tuna II*, paras. 231-232 (DS381).

81 *Ibid*, paras. 292-297.

82 Appellate Body Report, *US – COOL*, paras. 340-341 (DS384, 386).

83 *Ibid*, para. 342.

84 *Ibid*, para. 343.

85 *Ibid*, para. 344.

86　*Ibid*, para. 348.

87　Marin-Duran, *supra* note 52, 126.

88　Appellate Body Report, *US – Tuna II*, para. 318（DS381）.

89　*Ibid*, para. 320.

90　Maviroidis はこの危険性の考慮とは、加盟国に対して、本当に措置をとること
が必要かどうかを、措置をとらなかった場合の重大性を検討して考えることを
求めており、TBT 協定が新しく採り入れた考えであると指摘する。P. Mavroidis,
supra note 1, 420.

91　Appellate Body Report, *US – Tuna II*, para. 321（DS381）.

92　*Ibid*, para. 322.

93　*Ibid*, para. 330.

94　Appellate Body Report, *US – COOL*, paras. 374-377 DS384, 386）.

95　*Ibid*, para. 468.

96　*Ibid*, para. 491.

97　Appellate Body Report, *US – COOL*（Article 21.5）, para. 5.295（DS384, 386）. この
点について詳しくは、内記香子「WTO・パネル上級委員会報告書解説（21）　米
国－原産国名表示要求（COOL）事件・履行確認手続（DS384/RW、386/RW）－
TBT 協定 2.2 条の解釈枠組みの明確化－」（経済産業研究所　RIETI PDP 17-P-
025、2017 年 8 月）を参照。

98　Appellate Body Report, *EC – Sardines*, para. 286（DS231）.

99　*Ibid*, para. 287.

100　Walter Mattli, 'International Governance for Voluntary Standards: A Game Theoretic
Perspective' in George A. Bermann, Matthias Herdegen and Peter L. Lindseth（eds.）,
Transatlantic Regulatory Cooperation : Legal Problems and Political Prospects（Oxford University
Press, 2000）;Walter Mattli and Tim Büthe, 'Setting International Standards: Technological
Rationality or Primacy of Power'（2003）56 *World Politics* 1; Kenneth W. Abbott, 'US-EU
Disputes over Technical Barriers to Trade and the 'Hushkits' Dispute' in Ernst-Ulrich
Petersmann and Mark A. Pollack（eds.）, *Transatlantic Economic Disputes: The EU, the US, and
the WTO*（Oxford University Press, 2004）.

101　Harm Schepel, *The Constitution of Private Governance: Product Standards in the Regulation of
Integrating Markets*（Hart Publishing, 2005）186.

102　Appellate Body Report, *EC – Sardines*, para. 227（DS231）.

103　*Ibid*, para. 285.

104　*Ibid*, para. 290.

105　WTO 紛争において、ウィーン条約法条約上の 31 条 3（a）の「後にされた
合意」にあたると判断されたのは実は本件が 2 件目で、1 件目は先の米国・ク
ローブ入りタバコ規制事件であった（Appellate Body Report, US – Clove Cigarettes,

para.268）。クローブ入りタバコ規制事件では、TBT 協定 2.12 条「強制規格の公表と実施との間に<u>適当な期間（reasonable interval）を置く</u>」（下線筆者）の解釈において、ドーハ閣僚会議の「実施に関する決定（the Doha Ministerial Decision on Implementation-Related Issues and Concerns）」が「後にされた合意」と判断された。Decision of 14 November 2001, Implementation-related Issues and Concerns, WT/MIN (01) /17, para. 5.2（"Subject to the conditions specified in paragraph 12 of Article 2 of the Agreement on Technical Barriers to Trade, the phrase "reasonable interval" shall be understood to mean normally a period of not less than 6 months, except when this would be ineffective in fulfilling the legitimate objectives pursued.")．

106 Appellate Body Report, *US – Tuna II*, paras. 386, 398-399（DS381）．

107 Gregory Shaffer, ,United States–Measures Concerning the Importation, Marketing and Sale of Tuna and Tuna Products'（2013）107 *American Journal of International Law* 192, 197 f.22. P. Mavroidis, *supra* note 1, 405.

108 P. Mavroidis, *supra* note 1, 404.

109 Robert Howse, 'A New Device for Creating International Legal Normativity: The WTO Technical Barriers to Trade Agreement and 'International Standards'' in Christian Joerges and Ernst-Ulrich Petersmann eds., *Constitutionalism, Multilevel Trade Governance and Social Regulation*（Hart Publishing, 2007）387-389.

110 日本規格協会ホームページ「標準化とは」
<https://www.jsa.or.jp/dev/glossary_1/>（as of 14 September, 2018）。

111 同上。

参考文献

舟木康郎「植物検疫上の国際紛争の解決－WTO 紛争解決手続を使用しないという選択－」『日本国際経済法学会年報』第 27 号 204-222 頁（2018 年 11 月）。

経済産業省産業技術環境局基準認証ユニット『標準化実務入門（平成 28 年 1 月 7 日改定版）』
<http://www.meti.go.jp/policy/standards_conformity/files/hyojunkajitsumunyumon.html>。

内記香子「『貿易と環境』問題とレジーム間の相互作用－WTO と国際基準設定機関の関係から」『国際政治』第 153 号 106-121 頁（2008 年 11 月）。

大矢根聡「国際規範の遵守と国内政治－コンストラクティヴィズムによる日本・農産物検疫事件の分析」『WTO 紛争解決手続における履行制度』（川瀬剛志・荒木一郎編）（三省堂・2005 年）。

内記香子「国際通商体制と規制・基準の関係―古くて新しい非関税障壁の課題」『論究ジュリスト』第 11 号 137-142 頁（2014 年 11 月）。

内記香子「WTO における科学の役割－SPS 協定の限界と近年の体制内の変化」『国

際法外交雑誌』第 111 巻 1 号 1-19 頁（2012 年 5 月）。

内記香子「『貿易と環境』問題とレジーム間の相互作用－ WTO と国際基準設定機関の関係から」『国際政治』第 153 号 106-121 頁（2008 年 11 月）。

大矢根聡「国際規範の遵守と国内政治－コンストラクティヴィズムによる日本・農産物検疫事件の分析」『WTO 紛争解決手続における履行制度』（川瀬剛志・荒木一郎編）（三省堂・2005 年）。

Tim Büthe and Walter Mattli, *The New Global Rulers: The Privatization of Regulation in the World Economy* (Princeton University Press, 2011).　挿入

Tracey Epps and Michael J. Trebilcock（eds）, *Research Handbook on the WTO and Technical Barriers to Trade* (Edward Elgar, 2013).

Ching-Fu Lin, 'Transformation of Food Safety Governance in the Era of Mega-regionals' in Shin-yi Peng et al.（eds）*Governing Science and Technology under the International Economic Order* (Edward Elgar, 2018).

Amber Rose Maggio, *Environmental Policy, Non-Product Related Process and Production Methods and the Law of the World Trade Organization* (2017).

Gabrielle Marceau and Joel Trachtman, 'A Map of the World Trade Organization Law of Domestic Regulation of Goods: The Technical Barriers to Trade Agreement, the Sanitary and Phytosanitary Measures Agreement, and the General Agreement on Tariffs and Trade' (2014) 48 (2) *Journal of World Trade* 351.

Gabrielle Marceau, 'A Comment on the Appellate Body Report in EC-Seal Products in the Context of the Trade and Environment Debate' (2014) 23 (3) *Review of European Community & International Environmental Law* 318.

Gracia Marin-Duran, 'NTBs and the WTO Agreement on Technical Barriers to Trade: The Case of PPM-Based Measures Following US – Tuna II and EC – Seal Products' (2015) 6 *European Yearbook of International Economic Law* 87.

Petros C. Mavroidis, *The Regulation of International Trade: Volume 2 The WTO Agreements on Trade in Goods* (MIT, 2016).

Yoshiko Naiki, 'Food and Product Safety Issues in the TPP' in Shin-yi Peng et al.（eds）*Governing Science and Technology under the International Economic Order* (Edward Elgar, 2018).

Joanne Scott, *The WTO Agreement on Sanitary and Phytosanitary Measures: A Commentary* (Oxford University Press, 2007).

Peter Van den Bosshce and Wenner Zdouc, *The Law and Policy of the World Trade Organization: Text, Cases and Materials* (Cambridge University Press, 4th ed, 2017).

第8章　サービス貿易（GATS）

国松麻季

本章の概要

　本章は、WTO協定によって国際経済法の対象となったサービス貿易に関する規律を取り上げる。物品貿易のみを規律の対象としていたガットの時代にサービスの規律はなかったが、WTO協定では知的財産とならびサービスが貿易ルールの対象となった。WTO協定の一部である（General Agreement on Trade in Services, GATS。「ガッツ」と読む）は、サービス貿易の障害となる政府規制を対象とする、初めての多国間協定である。GATSは、サービス貿易を定義し、最恵国待遇や内国民待遇、市場アクセス等の義務を定めるとともに、各国が自国の「約束表」によってサービスの自由化を約束し、将来は自由化交渉を行うこと等を規定している。

　GATSには物品ルールを参考とする部分も多いが、新しい要素も含まれる。例えば、サービス分野の投資自由化の規定や、独占及び排他的なサービス提供者に対する規定等、未だにWTOにおいて横断的なルールがない規律も、サービス分野に限って先取りして設けられている。さらに、GATSの下で協定発効後に行われた基本電気通信や金融サービス等の分野別交渉は、WTOにおける数少ない自由化交渉の成功例である。基本電気通信交渉において、ネットワーク産業の競争促進的な規律を提供する枠組みとして「参照文書」がつくられたことも成果である。

　こうしたGATSのルールを基礎とし、多くの自由貿易協定・経済連携協定（FTA/EPA）において「サービス章」や「人の移動章」「通信章」「金融章」等が作られている。

Ⅰ．サービスの発展とウルグアイ・ラウンド

1.サービス産業・サービス貿易の発展

　サービス産業（第 3 次産業）は、金融、通信、流通、運輸、建設、観光、環境、弁護士や会計士といった自由職業等幅広い分野を含む。社会政策に関わる医療や教育等の分野や、文化、娯楽、旅行等もサービス産業である。これらが国境を越えて取引されることをサービス貿易という。

　国の経済発展に伴い、国民経済は第 1 次産業から第 2 次産業へ、第 2 次産業から第 3 次産業へとその中心を移行させる（ペティ＝クラークの法則）。先進国においては 1960 年代から経済のサービス化が進み、産業全体におけるサービス産業の割合、全雇用に占めるサービス従事者の割合等、経済におけるサービスのインパクトが拡大した。サービス産業は、拡大する物品の世界貿易を支えるインフラであり、製造業の海外展開にも不可欠である。こうした国際

経済の展開を背景に、1970年代からサービス貿易は伸びを示し、サービス貿易が国際交渉の俎上に乗る背景となっていった。

今やサービス産業は世界の所得の半分、雇用の7割を占めるに至っている[1]。世界のサービス輸出額は、10年前の2006年には2.9兆ドルであったが、2016年に4.8兆ドル（約1.7倍）となった。物品の輸出額は2006年に8兆ドルであったのが2016年に輸出額11兆ドル（約1.4倍）[2]であり、この10年でもサービス貿易の伸びは物品貿易を上回っている[3]。

2. ウルグアイ・ラウンド前のサービスを巡る動き

1970年代に入るまで、ガットにおける多国間貿易交渉の対象は物品貿易に限定されてきており、サービスは各国政府による国内規制の対象であるとされてきた。しかし、サービス産業の影響の拡大とサービス貿易の伸びを受け、サービス分野に高い競争力を持つ米国が、サービス貿易を国際交渉の対象とすべきことを主張した。1973年から1979年に実施された東京ラウンドにおいて、米国のイニシアティブでサービス貿易交渉が始めて国際交渉の場で取り上げられた。これには、米国政府の背後にサービス貿易交渉の開始を促す金融サービスを中心とした企業が複数存在し、ロビー活動等を通じて強い影響力を発揮していた経緯がある[4]（コラム⑫ 産業界とサービス貿易自由化参照）。

3. ウルグアイ・ラウンド

1987年に開始されたウルグアイ・ラウンド交渉では、当初から参加国間において、対象とするサービス分野、協定の義務や原則、サービスの定義等をめぐり、複数の対立した意見があったが、米国は一貫してサービス自由化推進の立場をとった。ただし、対象分野について、米国は海運等いくつかの分野を除外[5]し、金融や通信等の分野で成果を挙げることに注力した。日本は金融等の分野に焦点を絞って自由化を求める立場をとった。交渉期間中、日本は総じて米国の自由化志向を支持したといわれているが、これは商業的な利益の追求もさることながら、当時の日本が大きな対米貿易黒字を抱え、日本市場が閉鎖的であるとする米国の批判をかわすためであった、といった見方もある[6]。

　サービス貿易の自由化の規律策定においては、米国や日本を中心とする推進派と、途上国による反対派の対立が続いた。いずれの分野も先進国と途上国の事業者間の競争力の格差が大きく、途上国にとってウルグアイ・ラウンドの時点で自由化を受け入れることには困難が伴ったためである。ウルグアイ・ラウンドの交渉終盤でも、金融、電気通信を含む複数の分野で決着が見られず、1993年12月の閣僚会議において、GATSの条文や他分野の約束は合意されたものの、金融、基本電気通信を含む4分野は合意から除外され、ウルグアイ・ラウンド終了後も交渉が継続されることとなった[7]。ウルグアイ・ラウンド中の合意事項については「電気通信に関する附属書」および「金融サービスに関する附属書」として策定され、GATSの不可分な一体として1995年1月1日に発効している。

コラム⑫　産業界とサービス貿易自由化

　サービス貿易の拡大を目的とするルールを形成し、交渉によって拡充していくためには、交渉を行う政府が、産業界のニーズをよりよく把握し交渉に反映させることが不可欠である。産業界によるロビー活動が盛んな米国では、1982年に設立された米国サービス産業連盟（CSI）が、東京ラウンド、ウルグアイ・ラウンドおよびGATS金融サービス交渉において、米国政府への働きかけはもとより、各国産業界の組織化においても大きな役割を果たしてきた。

　米国では1980年代に競争導入・規制緩和により国内市場の構造が変革された金融業界・通信業界が、ウルグアイ・ラウンド交渉の際に海外市場開放の圧力を高めた。これを受けた米国政府はGATSの策定にリーダーシップを発揮した。

　GATS金融サービス交渉においては、米国と英国が中心となり、保険、銀行、証券を含む金融業界がCEOレベルのフィナンシャル・リーダーズ・グループを組織し、交渉会合のたびに政府間交渉が行われているジュネーブを訪問して政府に要望を伝えた。さらに、業界リーダーが途上国に出張する際、現地の政治家や経営者等に金融サービス交渉の重要性を訴える等、多方面へのロビー活動を展開し、交渉の成功に寄与したとされる。

　サービス貿易分野に特化した産業界によるロビー団体として、1999年には欧州の総合経済団体の下にヨーロッパ・サービス・フォーラムが、日本では経団連にサービス貿易自由化協議会が設置され、現在もサービス貿易に関する新たな協定（TiSA）交渉等に対する意見書提出等の働きかけを行っている。

II．GATS の規律

1.GATS の目的と適用範囲

　GATS はサービス貿易の自由化を促進し、サービス貿易を拡大することを目的としている。

　GATS の規律が適用される範囲は、政府の権限として提供されるサービスを除く、すべてのサービスの貿易に影響を及ぼす「加盟国政府の措置」である。企業や個人が商業的に提供するサービスが国境を越えて取引される場合、その行為に対する「政府による」法や規制、行政指導等の措置が、GATS の対象となる。WTO の他の協定と同様、GATS に基づく義務を負うのは一義的には加盟国政府である。民間企業が直接、GATS の義務を負うわけではない。

　対象外となる政府の権限として提供されるサービスとは、政府自身や政府の委託を受けた政府機関による行政サービスや、公立学校による教育サービス、公立病院による医療サービス等商業的な原則に基づかないサービスであり、これらに対する政府の措置は GATS の対象外である。

2. サービスの分類

　サービスの分類は、ウルグアイ・ラウンド交渉中にガット事務局が 1991 年に作成した 12 分野・155 業種のリスト（文書番号 MTN.GNS/W/120 であり、「W120」と呼ばれる）がある。12 分野は、実務サービス（弁護士、会計士等の専門職業サービスやコンピュータ関連のサービスを含む）、通信、建設・エンジニアリング、流通、教育、環境、金融（保険、銀行等）、健康関連・社会事業、観光・旅行関連（ホテル、レストランを含む）、娯楽・文化・スポーツ、運輸およびその他のサービスである。最後に「その他」が含まれており、リストに含まれないサービスも GATS の対象となる。また、物品の譲許表と同じ役割を果たすサービスの約束表は、必ずしも W120 の分類を用いずに記載する場合もある。

3. サービス貿易の「モード」

　国境を越えたかどうかが明白な物品の貿易とは異なり、サービスの貿易はサービスを提供する側と消費する側の所在や動きに複数のパターンがある。

図表 8-1　WTO によるサービス分類「W120」の分野・業種

1., 2., 3., …12. が大分類、A., B., C., … が中分類、a., b., c.,.. が小分類である。中分類と小分類を合せて155 ある。大分類は全て以下のとおり。中分類の「その他」と小分類の特徴的なもの以外は削除、整理した。

1. 実務サービス
　A. 自由職業サービス
　　a. 法律サービス b. 会計、監査及び簿記サービス c. 税務サービス d. 建築サービス e. エンジニアリング・サービス f. 総合エンジニアリング・サービス g. 都市計画及び景観設計サービス h. 医師及び歯科医師サービス i. 獣医師サービス j. 助産婦、看護婦、理学療法士及び準医療に従事する者により提供されるサービス
　B. 電子計算機及び関連のサービス
　　a. ハードウェア設置に関連する相談サービス b. ソフトウェア実行サービス c. データ処理サービス d. データベース・サービス
　C. 研究及び開発のサービス
　　a. 自然科学の研究及び開発のサービス b. 社会科学及び人文科学の研究及び開発のサービス c. 学際的な研究及び開発のサービス
　D. 不動産に係るサービス
　　a. 所有しまたは貸借する不動産に係る b. 契約に基づき報酬を受けて行う
　E. 運転者を伴わない賃貸サービス
　　a. 船舶関連 b. 航空機関連 c. その他の運送機器関連 d. その他の機械及び機器関連
　F. その他の実務サービス
　　a. 広告サービス b. 市場調査及び世論調査のサービス c. 経営相談サービス d. 経営相談に関連するサービス e. 技術検査及び分析サービス f. 農林業に付随するサービス g. 水産業に付随するサービス h. 鉱業に付随するサービス i. 製造業に付随するサービス j. エネルギー流通に付随するサービス k. 人員をあっせん及び提供するサービス l. 調査及び警備 m. 科学及び技術に関連する相談サービス n. 機器（船舶、航空機またはその他の運送機器は含まない）の保守及び修理 o. 建築物の清掃サービス p. 写真サービス q. こん包サービス r. 印刷及び出版 s. 会議サービス

2. 通信サービス
　A. 郵便サービス、B. クーリエサービス
　C. 電気通信サービス
　　a. 音声電話サービス b. パケット交換データ伝送サービス c. 回線交換データ伝送サービス d. テレックス・サービス e. 電報サービス f. ファクシミリ・サービス g. 専用回線サービス h. 電子メール i. ボイスメール j. 情報及びデータベースのオンラインでの検索 k. 電子データ交換（EDI）l. 蓄積及び転送や蓄積及び検索を含む高度付加価値ファクシミリ・サービス m. コード及びプロトコルの変換 n. 情報及びデータのオンラインでの処理（取引処理を含む）
　D. 音響映像サービス
　　a. 映画及びビデオテープの制作及び配給のサービス b. 映画の映写サービス c. ラジオ及びテレビの番組制作サービス d. ラジオ及びテレビの放送サービス e. 録音

3. 建設サービス及び関連のエンジニアリング・サービス
　A. 建築物に係る総合建設工事、B. 土木に係る総合建設工事、C. 設置及び組立工事、D. 建築物の仕上げの工事

4. 流通サービス
　A. 問屋サービス、B. 卸売サービス、C. 小売サービス、D. フランチャイズ

5. 教育サービス
　A. 初頭教育サービス、B. 中等教育サービス、C. 高等教育サービス、D. 成人教育

6. 環境サービス
　A. 汚水サービス、B. 廃棄物処理サービス、C. 衛生サービス及びこれに類似するサービス

7. 金融サービス
　A. 全ての保険及び保険関連サービス
　　a. 生命保険、傷害保険及び疾病保険サービス b. 生命保険以外の保険サービス c. 再保険及び再々保険 d. 保険の補助的なサービス（保険仲介及び代理店のサービスを含む）

B. 銀行及びその他の金融サービス（保険を除く）

a. 公衆からの預金その他払戻しを要する資金の受入れ b. すべての種類の貸付け（特に、消費者信用、不動産担保貸付け、債権買取り及び商業取引に係る融資を含む）c. ファイナンス・リース d. すべての支払及び送金のサービス e. 保証 f. 自らのまたは顧客のために行う次のものの取引（取引所取引、店頭取引その他の方法のいずれで行われるかを問わない。）- 短期金融市場商品（小切手、手形及び預金証書等）、- 外国為替、- 派生商品（先物及びオプションを含む）、- 為替及び金利の商品（スワップ、金利先渡取引等の商品を含む）- 譲渡可能な有価証券、- その他の譲渡可能な証書及び金融資産（金銀を含む）g. すべての種類の有価証券の発行への参加（公募で行うか私募で行うかを問わず委託を受けた者として行う引受け及び売付け並びに当該発行に関連するサービスの提供を含む）h. 資金媒介業 i. 資産運用（例えば、現金またはポートフォリオの運用、すべての形態の集合投資運用、年金基金運用、保管、預託及び信託のサービス）j. 金融資産（有価証券、派生商品その他の譲渡可能な証書を含む）ための決済及び清算のサービス k. B.a. から j. までに規定するすべての活動についての助言その他の補助的な金融サービス（信用照会及び分析、投資及びポートフォリオの調査及びこれらについての助言並びに企業の取得、再編及び戦略についての助言を含む）l. 他の金融サービスを提供する者による金融情報の提供及び移転、金融データの処理並びに関連ソフトウェア

8. 健康に関連するサービス及び社会事業サービス（1.A.h-j に掲げられているサービスを除く）
A. 病院サービス、B. その他の人に係る健康サービス、C. 社会事業サービス

9. 観光サービス及び旅行に関連するサービス
A. ホテル及び飲食店（仕出しを含む）、B. 旅行業サービス、C. 観光客の案内サービス

10. 娯楽、文化及びスポーツのサービス（音響映像サービスを除く）
A. 興行サービス（演劇、生演奏及びサーカスのサービスを含む）、B. 通信社サービス、
C. 図書館、記録保管所、博物館及びその他の文化サービス、D. スポーツその他の娯楽のサービス

11. 運送サービス
A. 海上サービス
　a. 旅客運送 b. 貨物運送 c. 乗組員を伴う船舶の賃貸 d. 船舶の保守及び修理
　e. 押し船及び引き船のサービス f. 海上運送の支援サービス
B. 内陸水路における運送
　a. 旅客運送 b. 貨物運送 c. 乗組員を伴う船舶の賃貸 d. 船舶の保守及び修理
　e. 押し船及び引き船のサービス f. 内陸水路の支援サービス
C. 航空運送サービス
　a. 旅客運送 b. 貨物運送 c. 乗組員を伴う航空機の賃貸 d. 航空機の保守及び修理 e. 航空運送の支援サービス
D. 宇宙運送
E. 鉄道運送サービス
　a. 旅客運送 b. 貨物運送 c. 押し列車及び引き列車のサービス d. 鉄道運送機器の保守及び修理のサービス e. 鉄道運送の支援サービス
F. 道路運送サービス
　a. 旅客運送 . 貨物運送サービス c. 運転者を伴う業務用車両の賃貸 d. 道路運送機器の保守及び修理のサービス e. 道路運送サービスの支援サービス
G. パイプライン輸送
　a. 燃料の輸送 b. 燃料以外の物品の輸送サービス
H. 全ての形態の運送の補助的なサービス
　a. 貨物運送取扱サービス b. 倉庫サービス c. 貨物運送代理店サービス

12. いずれにも含まれないその他のサービス

（出所）外務省ホームページ「WTO 事務局のサービス分類の詳細（MTN. GNS/W/120）」より作成
http://www.mofa.go.jp/mofaj/gaiko/wto/service/jimu.html

そこで、サービス貿易の定義についてもウルグアイ・ラウンド交渉のなかで議論され、4つの形態（「モード」といわれる）に整理された。すなわち、越境取引、国外消費、拠点設置および人の移動の4つのモードである。

第1モード「越境取引」：ある加盟国の領域から他の加盟国の領域へのサービスの提供である。サービスの提供者、消費者ともそれぞれの国内にとどまり、サービス自体が越境する。電話やインターネット等の通信手段を使い、海外のコンサルタントからアドバイスを受けたり、テレホン・センターを海外にアウトソーシングしたりといった例がサービスの輸入となる。

第2モード「国外消費」：ある加盟国における他の加盟国の消費者へのサービスの提供であり、消費者が国境を越えてサービスを輸入する。海外観光客や海外出張者が現地でホテルやレストラン、さらには病院等でサービスを受けたり、外国で船舶や航空機が修理を受けたりといった場合も海外消費となる。

第3モード「商業拠点」：ある加盟国のサービス提供者による、他の加盟国の領域における商業拠点を通じたサービスの提供であり、商業拠点を海外

図表 8-2　サービス貿易の「モード」（4つの形態）

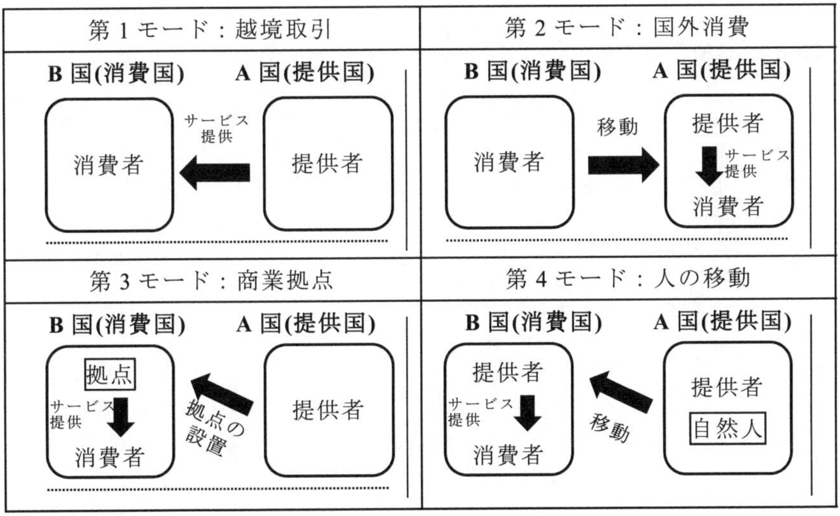

（資料）経済産業省「WTO GATS におけるサービス貿易の4つのモード（形態）」より図を抽出
http://www.meti.go.jp/policy/trade_policy/epa/tis/

284

に設置するサービスの投資もサービスの輸出となる。海外支店を通じた銀行、保険のサービスの提供や海外現地法人による流通サービス等がこれにあたる。

　第4モード「人の移動」：ある加盟国のサービス提供者による、他の加盟国の領域内における自然人を通じてのサービス提供であり、個人のサービス提供者が越境して海外でサービスを提供することがサービスの輸出となる。プロの演奏家の海外公演等が該当する。

4.GATS の構造

　GATS は全29条の条文と8つの附属書、加盟国がそれぞれ提出する約束表と MFN 免除表から構成されている。条文では、加盟国が遵守すべき義務、サービス自由化の約束方法、今後の交渉の実施等について規定している。附属書においては、金融や電気通信といった個別の分野についての詳細な規定や分野別交渉の将来の実施等について定めている。さらに、約束表は加盟国がそれぞれ自国のサービスについて自由化の約束を記載するものである。自由化交渉により実現された自由化の内容は、議定書として効力を発し、約束表の一部を改訂していくことになる。

図表8-3　GATS の構造

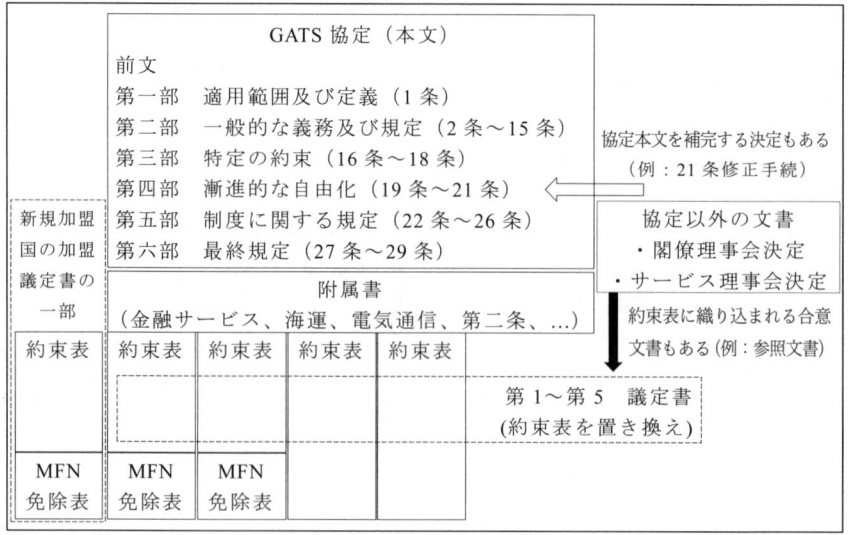

5.GATS の基本的な義務

　GATS が対象とする広範なサービス分野における加盟国政府の措置のなかには、自由な経済活動を阻害する撤廃すべき規制もあるが、サービスの公共性等を確保するために必要な規制もある。また、加盟国の経済発展段階の違いもあるため、すべてのサービス分野において一律に自由化を求めることは適当ではない。そこで、GATS においては、すべての分野のサービス貿易に関して守るべき義務と、約束を行った分野のサービス貿易に関して守るべき義務を分けて規律している。後者は加盟国それぞれが自国の義務の範囲を選択できる仕組みとなっている。

(1) すべてのサービス貿易の分野に関して守るべき義務とその例外

　加盟国がすべてのサービス貿易に関して守るべき義務は、最恵国待遇(2条)、透明性(3条)等である。

(a) 最恵国待遇

　最恵国待遇(Most-Favoured-Nation Treatment, MFN)義務は、加盟国のサービスおよびサービス提供者に対して、他の加盟国の同種のサービスおよびサービス提供者に与える待遇より、不利でない待遇を与えなければならない義務である(2条1項)。たとえば、ある加盟国政府は、すべてのサービス分野について、日本企業と第三国企業のサービスを平等に取り扱わなければならない。最恵国待遇は、物品貿易のガットにおいても基本原則のひとつであるが、サービスにおいても同様である。ただし、サービス分野において、最恵国待遇をとれない相互主義的な措置や二国間協定に基づく優遇措置等も存在する。そのような措置を持つ国は、措置をリスト化した「最恵国待遇例外リスト(MFN 免除表)」を提出することにより、最恵国待遇の適用外とすることが認められた(2条2項)。なお、日本は最恵国待遇をとることができない措置を有していないため、MFN 免除表を提出していない。

　他の条項に基づいて最恵国待遇が適用されない場合もある。自由貿易協定や関税同盟等の経済統合は、特定国との間にのみ優遇を供与しあうものであるが、一定の条件の下に認められている(5条)。また、公序良俗、人や動植物

の生命または健康の保護といった一般例外 (14条)、安全保障のための例外 (14条の2) 等、ガットに設けられている規定と同様の例外規定がある。サービス分野独自の規定としては、加盟国同士がサービスの免許や資格等を相互承認が認められている (7条)。さらに、政府機関によるサービスの調達についても最恵国待遇の対象外となっている (13条)。なお、サービスの政府調達に関しては、複数国間協定である政府調達協定が物品とサービスのいずれについても対象としていることから、同協定を参照する必要がある。

(b) 透明性

透明性の義務は、サービス貿易に関連する法律や規則等の措置を速やかに公表することを加盟国政府に求めるものである。緊急の場合を除いては、遅くとも法律や規則が発効するまでに公表しなければならない。また、サービス貿易に対して著しい影響を及ぼす法令またはガイドライン等を新規導入または変更する場合には、サービス貿易理事会に通報する義務を負う。さらに、加盟国政府は、他の加盟国からの照会に応じるための照会所を設置しなければならない (3条)。法律や規則が公表されていないことは、事業活動の障壁となるため、その不透明性を改善することを目的とする規定である。また、3条以外にも、サービス貿易理事会への通報義務が盛り込まれた条文は複数あり、加盟国はサービス理事会が定めた書式によって自国がサービスに関連する法改正を行ったときや自由貿易協定を締結したとき等に通報を行っている。

(c) 独占、商習慣

その他の分野横断的な義務として、独占的なサービス提供者は、最恵国待遇義務に反してはならないことを定めるとともに、独占権の範囲外のサービスを提供する場合に独占権を濫用しないことも規定している (8条)。サービス分野には通信や郵便等、公的機関による独占が多く残っている。そうした独占は認めながらも、最恵国待遇の義務を課し、濫用させないことを定めており、WTO 全体では競争に関わる規定がないなか、サービス分野の事情を踏まえた先進的な規定となっている。

さらに、サービス提供者の「商慣習」が競争を抑制することで、サービス貿

易を制限する場合があるため、他国からの要請があった場合にはそうした商慣習の撤廃を目的とする協議を行わなければならないことを定めている（9条）。民間による商慣習を政府間協議の対象とした先進的な規定であるが、これまでこの規定に基づく協議が行われたことはない。

(2) 約束を行った分野のサービス貿易に関して守るべき義務

　加盟国が経済状況やサービス分野の国際競争力に応じて義務を受け入れる約束（「特定の約束」という）を行った分野にのみ義務を負うこととなるのが、内国民待遇、市場アクセス等である。

　加盟国は、それぞれ自国が自由化する分野と自由化の内容を「約束表」に記載する。約束表は、概ね「W120」に記載された 12 分野・155 業種（図表 8-1 参照）と、4 つの貿易のサービス貿易の「モード」（図表 8-2 参照）のマトリクスに基づく。このなかで、内国民待遇および市場アクセスに関する条件や制限を明記し、その内容を超えた貿易制限的な措置をとってはならない義務を自ら負うこととなる（コラム⑬　「約束表の記載」参照）。

(a) 内国民待遇

　内国民待遇（National Treatment）義務は、他の加盟国のサービスおよびサービス供給者に対して、自国のサービスおよびサービス供給者と比して不利でない待遇を与えなければならない義務である（17 条）。内国民待遇原則は、物品貿易を規律するガットにおいては最恵国待遇原則と並んで無差別主義を支える基本的な義務である。これに対し、サービス分野においては、最恵国待遇と違い、すべての分野について一律に負う義務とはなっておらず、加盟国が自国の約束表において分野を記載せずに義務の対象から外すことや、分野の記載があっても自由化を「約束しない」と記載することも可能であり、選択的な義務となっている。加盟国政府は、自国の約束表に記載した分野や業種について「制限なし」と記載した場合のみ、無制限に自由化を約束したこととなり、自国企業と日本企業のサービスを平等に取り扱わなければならない義務を負う。サービス分野は、伝統的に公的機関がサービスを提供する業種（公立学校や公立病院等）や、政府系企業による独占や寡占によりサービスを提供す

る業種 (電気通信等) が多く、一律に内国民待遇を付与することはできないため、このような規定となっている。

　内国民待遇の制限となる規制の例として、サービス提供に関して資格の発給を受けるために国籍要件や国内居住要件を課す場合がある。国内居住要件は、国籍に基づく差別措置ではないものの、内国民に比べて居住要件を満たしにくいことから、事実上、外国サービス提供者が不利な扱いを受けていることとなる。

(b) 市場アクセス

　市場アクセス (Market Access) 義務は、国内企業、外国企業を問わず、サービス貿易に影響を与える規制を課してはならない義務であり、政府がとってはならない6つの措置の類型を列記している。その類型とは、①サービス提供者の数の制限、②サービスの取引総額・資産の制限、③サービスの事業の総数または指定された数量単位によって表示されたサービス総産出量の制限、④サービス提供に必要であり、かつサービス提供に直接関係する自然人の総数の制限、⑤サービスを提供する事業体の形態の制限・要求、および⑥外国資本の参加の制限、である (16条)。加盟国は、約束する分野についてこれらの措置がある場合、例えば「最低資本金を3,000万ドル以上とする」「外国企業は支店を設置しなければならない」「テレビ番組の放映時間の75％は自国番組とする」「外資出資比率は51％以下とする」といった制限の内容を明記することで、その措置を取ることが認められる。あるいは、約束表に分野を記載しないことや、分野の記載があっても「約束しない」と記載することも可能であり、内国民待遇と同様に選択的な義務となっている。内国民待遇義務にも当てはまらない、外国企業のみに対する制限の場合には、約束表では市場アクセスの欄に記載することとなっている。なお、市場アクセスの自由化約束は、あくまで政府の規制についてのものであり、市場シェア等の結果を約束するものではない。

図表 8-4　市場アクセス義務により禁止される措置の具体例

①サービス提供者の数の制限	（例）需給調整に基づく新規レストランへの免許の付与、外国人医師に対する年間の開業者数の制限、公営または私営の独占的な職業紹介所サービス、サービス提供者に対する国籍要件（いわゆるゼロ・クォータに相当）
②サービスの取引総額または取引資産の制限	（例）A 国における銀行の総資産のうちに占める外国銀行の資産の割合を制限、外国銀行の支店の資産総額を国内の全銀行資産総額の〇％に限定する措置、外国のサービス提供者の市場シェア（売上、資産ベース）を一定以下に規制する措置
③サービスの事業の総数または指定された数量単位によって表示されたサービスの総産出量の制限	（例）外国の放送サービスの提供者に対して外国映画の放映時間を一定の割合に制限する措置、バス等交通機関の運行回数の制限
④サービス提供に必要であり、かつサービス提供に直接関係する自然人の総数の制限	（例）外国の 1 企業の雇用者のうち、外国人の比率を一定の割合までに制限するような措置
⑤サービスを提供する事業体の形態の制限	（例）自国企業との合弁企業の形態でのみ外国企業の拠点設置を認めるとの措置、業務上の拠点から駐在員事務所を除くこと、外国企業に子会社の設立を要求すること
⑥外国資本の参加の制限	（例）外国人による株式の取得制限

（出所）経済産業省ホームページ　http://www.meti.go.jp/policy/trade_policy/epa/tis/

(c) 追加的約束

　追加的約束に関する規定により、市場アクセスおよび内国民待遇の対象とならない加盟国の措置についても、各国の判断により自由化約束の対象とし、約束表に記載することができる（18 条）。サービス分野においては、内国民待遇義務により外国サービス提供者またはサービスに対して差別的ではない条件を与えること、市場アクセス義務により市場参入を制限する措置を撤廃することを超えて、政府による積極的な措置が必要となる場合がある。そこで、自由化に寄与する政府措置は自由に追加的約束として約束表に記載することができる。金融サービス分野と基本的通信分野において、明確化に寄与する規律や競争促進的な規律が追加的約束として多くの国の約束表に記載されている。

(d) 国内規制

加盟国は特定の約束を行った分野に関して、サービス貿易に与えるすべての国内措置が、合理的、客観的かつ公平に運用されることを確保する義務を負う(6条1項)。サービス貿易に影響を及ぼす行政上の決定に対しては審査や救済を行うこと(同2項)、サービス提供のための許可が必要な場合には、当局は合理的な期間内に結果を通知し、申請者から照会があれば申請処理の状況を提供すること(同3項)等、加盟国政府の義務が規定されている。

(e) 支払および送金

加盟国は、国際収支に重大な問題が生じている場合等には送金制限をしてよいが(12条)、その場合を除き、自国の特定の約束に関連する経常取引のための送金規制を課してはならない義務を負う(11条)。海外で事業活動を行う場合、本国に対する送金が規制されることがビジネスの障害となるケースは多く、実質的に自由化の阻害要因となる。送金規制を禁止したことはGATSの成果のひとつである。

コラム⑬　約束表の記載－加盟国毎の自由化約束の方法

　サービス貿易自由化の約束方法は「ポジティブリスト方式」と「ネガティブリスト方式」の2種類ある。GATSの約束表は、自由化を約束できる分野をその条件とともにリスト化する「ポジティブリスト方式」(またはボトムアップ方式)である。GATSの他、日本が締結している2国間EPAのうち、シンガポール、マレーシア、タイ、インドネシア、ブルネイ、フィリピン、ベトナム、インドを相手国とするEPAはポジティブリスト方式で自由化を約束している。

　これに対して、自由化を約束できない分野と条件をリスト化する「ネガティブリスト方式」(またはトップダウン方式)では、原則全てのサービス分野を対象に一般義務として内国民待遇、最恵国待遇、市場アクセス等の自由化義務を規律し、自由化義務の例外とする措置や分野のみを「留保表」と呼ばれるリストにおいて明示的に示すものである。NAFTAがこの方式に基づく約束を行った最初の協定であり、日本が締結している2国間EPA/FTAでは、メキシコ、チリ、スイス、ペルーとの間でのEPA/FTAにおいてこの方式を採用している。また、TPPもこのネガティブリスト方式を採用している。

自由化原則の例外のみを記すネガティブリスト方式の方が、ポジティブリスト方式よりも自由化志向が高いと言われている。約束表に掲載されていない新規のサービスが台頭した場合、ポジティブリスト方式下では自由化対象外となるが、ネガティブリスト方式下では自由化義務の原則に委ねられるためである。しかしながら、ネガティブリスト方式を採用しながらも広範な留保を自由化に制限をかけることは可能であり、自由化の進捗を判断するには約束表・留保表の内容を比較検討する必要がある。

6. サービス貿易の交渉

　多様なサービス分野を対象とするGATSは、ウルグアイ・ラウンド交渉の時点で合意に至ることができたルールや市場の自由化について約束している。そこで、GATS発効後も交渉を行っていくことも、加盟国の義務として織りこまれている(これを「ビルド・イン・アジェンダ」という)。交渉には、ルール策定の交渉とサービス市場自由化の交渉の2種があり、両者が並行して行われることも多い。

(1) ルール策定の交渉

　ルールの交渉のうち、国内規則については、資格や免許の要件、審査手続き等がサービス貿易の不必要な障害にならないための規律を作成する(6条4項)という規定に基づき、会計分野の国内規制に関する規律が1998年に作成された。また、GATSは加盟国間で免許や資格を相互承認するための指針を作成することを認めており(7条)、会計士の相互承認協定のガイドラインは1997年に作成されている。ルール作成の交渉においては、会計士サービスが唯一の成果となっている。この背景には、会計分野に国際的な基準があることや、会計サービスを提供する事務所の国際化が進んでいることがあった(コラム⑩自由職業サービスに関する自由化と規律策定参照)。

　GATSでは、サービス分野において、緊急セーフガード(10条)、政府調達(13条)および補助金(15条)のルールを策定すること、またはルール策定のための交渉を行うことが規定されている。いずれも物品貿易については規律が作られているが、サービス分野では、統計的な把握の困難や分野毎の違いの大きさ等から、交渉はまとまっていない。

コラム⑭　自由化職業サービスに関する自由化と規律策定－会計士分野等

　WTO においては、自由職業サービスについて、①市場アクセス（外資出資比率規制等の自由化）、②資格・免許要件の透明性確保と不必要な障害の除去、および、③相互承認の 3 つのアプローチで国際交流が促進されている。①の市場アクセスについては GATS 発効に際して、先進国を中心とする加盟国は、「自由職業サービス」について約束を行った。自由職業サービスには、弁護士による法律サービス、会計・監査サービス、税務サービス、建築・エンジニアリング・サービス等が含まれる（図表 8-1 参照）。

　また、③相互承認の成果として、1995 年の「自由職業サービスに関する閣僚決定」に基づき設置された「自由職業サービス関する作業部会」では、まずは会計士分野を優先的に取り上げることとし 8、1997 年 5 月に GATS 7 条（承認）に基づき、「会計士分野の相互承認に関するガイドライン」を策定した。

　②資格・免許要件の成果として、1998 年 12 月には、GATS 6 条 4 項の規定（「資格要件、資格の審査に係る手続、技術上の基準及び免許要件に関連する措置がサービスの貿易に対する不必要な障害とならないことを確保するため、（中略）必要な規律を作成する」）に従い、「会計士サービス分野の国内規定に関する規律（Disciplines on Domestic Regulation in the Accountancy Sector）」を策定した。その後、1999 年 4 月には、一般的に適用される規律を策定することを目的として、自由職業サービスに関する作業部会を改組して国内規制作業部会が設立された。

---

(2) 市場自由化の交渉

　約束を行った分野のみにかかる義務は、ウルグアイ・ラウンド交渉の時点や、その後に加盟交渉を行った時点での各国の状況に応じて約束されている。そのため、GATS には自由化交渉を段階的に進めていくこと（これを「漸進的自由化」という）も、各国の義務として定められている（19 条）。協定発効後 5 年以内に開始することが規定されており、2000 年から開始されたサービス貿易自由化交渉はこの規定に基づくものであった。WTO 全体の交渉も行われ、ドーハ開発アジェンダの一部となったものの、Ⅳ. でみるとおり成果には至っていない。なお、分野別交渉については Ⅲ. で概説する。

　サービス貿易自由化交渉は、基本的には加盟国が他国に対して約束表およ

び MFN 例外リストの改訂を求めるリクエストを提出し合い、それを元に自国の約束表および MFN 例外リストの改訂案であるオファーを提出する、「リクエスト・アンド・オファー」方式である。リクエスト・アンド・オファー方式を補完したのが、拘束力のない文書を複数国で作成のうえ、それを約束表に盛り込むという手法である。ウルグアイ・ラウンドにおいて作成された金融了解、基本電気通信交渉における参照文書がこれにあたる。

III. 分野別交渉

1. 分野別交渉及び自然人の移動に関する交渉

ウルグアイ・ラウンド交渉では各国間の合意が成立しなかった海運、金融および基本電気通信の3分野については、ウルグアイ・ラウンド終了後も継続して交渉を実施することとなった。このうち、金融に関しては、米国がインド等の途上国に対し、保険分野等の金融市場の自由化を強く求め、途上国の反対にも拘わらず継続交渉の対象となった。これに対し、途上国は自然人の移動に関する交渉の実施を主張し、併せて継続交渉の対象となった。

金融と基本電気通信については交渉が成功裡に妥結している。この2分野は、1995 年に WTO 協定が発効して以来の大きな成果である。以下で、各交渉について、ウルグアイ・ラウンド交渉での対立の構図、継続交渉の論点および交渉の結果を概説する。

2. 金融交渉

(1) ウルグアイ・ラウンド

ウルグアイ・ラウンド交渉では、米国が途上国の金融市場自由化を強く求め、市場開放をしない国には最恵国待遇を提供しない姿勢を示したため、途上国を含む各国が反発し、ラウンドの期限内に合意に至らず継続交渉に持ち越されることとなった。

ウルグアイ・ラウンドの結果として、政府の権限行使として提供されるサービスを具体的に規定し、協定の適用除外範囲を明確化するとともに、信用秩序維持目的の措置を妨げないことも規定した「金融サービスに関する附属書」

294

および、継続交渉を規定する「金融サービスに関する第二附属書」が発効した。

　ウルグアイ・ラウンド交渉が大詰めを迎える前、先進国は拘束力のない「金融サービス了解」を作成し、日本、米国、欧州共同体（EC）等の先進国が同文書の内容を特定の約束として自国の約束表に組み込むことで効力を発生させた。

(2) 継続交渉の争点

　継続交渉では、金融サービス交渉では、米国の相互主義に基づく広範な最恵国待遇例外をいかに改善させるかが課題となった。米国は、外資出資比率50%以上の金融機関設立の許可、外資の既得権益の維持、内国民待遇の確保、進出形態の選択の自由等、いずれも拠点設置（第3モード）に関わる規制の撤廃または優遇を主張した。アジアや中南米諸国に広く見られる外資出資比率規制について、各国は必ずしも50%以上の出資を認めたわけではないが、譲歩が成立した。また、マレーシアにおける既得権益の確保、日本による日米金融合意の約束表への反映の記載方法、韓国による自由化措置の約束等も最後まで争点とされたが、それぞれ解決が図られ1997年2月の交渉期限に決着した。

(3) 交渉結果の結果と法的位置づけ

　継続交渉により、米国が最恵国待遇に基づく約束を行ったこと、途上国が外資参加を含む高水準の自由化約束を行ったこと、アジア通貨危機で揺らぐ金融市場の信頼性の確保に貢献したこと、WTO の下での交渉成功により多角的貿易体制の発展に貢献したこと等が成果とされる。

　交渉結果である各国の自由化オファーの全てを添付した第五議定書は、交渉を担当する金融サービス貿易委員会において交渉結果として採択され、加盟国が受諾と批准を経た得たうえで発効した。こうして各国の約束表のうち、金融に関する部分が「上書き」され、より詳細で進んだ自由化約束が GATS の一部として発効したこととなる（図表8-3参照）。

コラム⑮　金融サービス交渉－成功までの道のりと評価

　金融サービス分野の継続交渉が始まってからも、米国は他国に市場開放を要求しつつも、自国は広範な MFN 義務の免除を登録する姿勢を変えず、「米国対その他諸国」の構図のまま妥結困難な状況が続いた。さらに、1997 年に発生したアジア通貨危機の影響により ASEAN 各国の経済状況が悪化したことから、途上国は自由化のオファーを行わなかったため、交渉は膠着状況となった。日本を含む他の先進国は ASEAN やインドと交渉会合を行いオファーの提出を促しつつ、四極会合で状況打開に向けた方法を模索した。また、ジュネーブにおける交渉以外でも、IMF・世銀総会や APEC 首脳会議等の場において交渉促進に寄与する議論を行う等の働きかけが行われた。結果として、途上国のオファーは 1997 年 11 月から提出されはじめ、交渉期限深夜の 12 月 12 日にも未解決の問題が残ったが、これらも解決に至り、結果的に 13 日未明、米国を含む 71 か国・地域が参加し MFN ベースの恒久的合意が成立した。

　金融サービス交渉の成果として、一般に金融セクターの恣意的な規制措置が排除され、オープンな金融制度に移行し、法的安定性が向上したとされる。日本の金融業界関係者も、アジア諸国の外資参入規制の緩和等について、実務上のメリットがあったと評価している。また、アジア通貨危機の時期、各国が内向きに陥りやすい情勢のなか、国際的な金融サービスの自由化へのメッセージを発信できた意義は大きいとの評価がある。1997 年の後半は、逆風の中にあったからこそ、交渉関係者が結束を強め、交渉成功に向けたモメンタムを高めた可能性があると考えられる。

　日本は、保険商品・料率認可の自由化と弾力化、第三分野の相互乗入れ、保険ブローカー制度の導入等の要望を米国から受けてきたが、これらは 2 国間の日米保険協議によって 1995 年 1 月に決着していた。また、保険業法を改正する等「金融ビッグバン」も進捗していたころから、国内的な反発はほとんどなかったと見られている。

3. 基本電気通信交渉

(1) ウルグアイ・ラウンド

　ウルグアイ・ラウンド交渉の結果である「電気通信に関する附属書」は、外国の事業者が内国民と同等の条件で公衆電気通信の伝送網及び伝送サービスを利用することを確保するよう加盟国に義務付けている。一般に広く提供さ

れている電気通信回線またはユニバーサル・サービスとして提供されている電気通信サービスの利用の仕方について加盟国に一定の義務を課す、「GATS本体では手つかずの状態にある質的国内規制に対して国際規律を及ぼ」[9]す、先進的な規定となっている。

　ウルグアイ・ラウンドでは、基本電気通信分野（音声電話、テレックス、電報、ファクシミリ等）と付加価値電気通信分野（電子メール、高度ファクシミリ等）を対象とし、後者については決着したが、前者は決着に至らず、GATS発効後も継続交渉が行われることとなった。

(2) 継続交渉の争点

　継続交渉の争点となったのは、①交渉を妥結させるために足る十分な数の国が質的に意味のある約束するという「クリティカル・マス」の形成、②外国資本出資比率の緩和と撤廃、③国際通信サービスにおける国際単純再販[10]の自由化、④競争促進的規制の枠組みに関する「参照文書」（コラム⑯　基本電気通信交渉－「参照文章」参照）の作成等である。

(3) 交渉結果の法的位置づけと評価

　計70か国（EUは16）の約束表及びMFN免除表から成る第4議定書が発効し、1995年に発効したGATSの各国約束表の基本電気通信部分に代替することで自由化の効力が発生した（図表8-3参照）。

　基本電気通信交渉は、世界各国において通信事業者の民営化や新規参入の促進等電気通信自由化が進むなか、一層の競争が促進され、料金の低廉化やサービスの多様化によりサービス利用者の利便性向上がもたらされるものとなると評価された。また、競争の促進にあたっては、これまでWTOにおいて見られなかった競争促進的な規律である参照文書が導入されたことは大きな一歩とされた。後に電力等ネットワーク型のサービスにも応用が検討されたが、参照文書それ自体が法的拘束力を持たず、各国が受け入れや改変について一定の裁量を持つという位置付けが寄与したと見られる。

　日本の通信業界からは、各国の外資出資比率の約束、透明性の向上、参照文書（文言に曖昧さが残ったとの課題は指摘されたが）等の評価を得た。

コラム⑯　基本電気通信交渉－「参照文書（レファレンス・ペーパー）」

　基本電気通信分野も他分野と同様、リクエスト・アンド・オファー方式による、約束表上の留保や MFN 義務免除登録の軽減を通じた自由化交渉が中心となっていた。しかしながら、同分野においては通信インフラの整備、ユニバーサル・サービスの提供等の観点から多くの国で国営、独占・寡占等によるサービス提供が行われてきており、競争が制限されてきていた。また、設備ベースのサービス提供への新規参入の困難さ等、不可欠な設備を用いたネットワーク・サービスならではの事情があった。そこで、主要先進国の間で、従来型の自由化交渉だけでは必ずしも有効な競争の促進を図ることは難しく、新規参入に対する障壁を取り除く措置を講じる必要がるのではないかという問題提起がなされた。

　これを受け、競争を促進するための規律の枠組みをまとめることとなり、1995 年の秋から本を含む先進国グループが議論して叩き台を作成し、それを非公式会合の場で議論することを繰り返した。1996 年 4 月に、反競争的行為の防止、相互接続、ユニバーサル・サービス、免許の基準の公の利用可能性、独立の規制機関、および稀少な資源配分の 6 つの規制の原則から成る参照文書のテキストが完成した。

　参照文書は GATS の不可欠の一部を成すものではなく、それ自体が法的拘束力を持つものではない。各国は、参照文書に基づいて可能な範囲で追加的な約束を行うことが望ましいものとしている。特に、先進国については、基本的にこの参照文書をそのまま受け入れる形で追加的約束を行うべきであると位置付けられた。結果的には、基本電気通信グループ（Group of Basic Telecommunication, GBT）交渉を経て、最終的には合意に参加した 69 か国中、57 か国の加盟国が基本的に参照文書を盛り込んだ約束を行った。

　そもそも、通信分野における競争促進的な発想は、1994 年 1 月に発効した北米自由貿易協定（NAFTA）第 13 章「電気通信」に盛り込まれており、また、GATS において参照文書が作成された後の FTA/EPA において「電気通信章」として発展、緻密化されている。

4. 自然人の移動に関する交渉

　ウルグアイ・ラウンド交渉における労働移動の議論を受け、自然人の移動に関する附属書が作成された。GATS は加盟国の雇用市場への進出を求める自然人に影響を及ぼす措置については適用対象とせず、サービスの提供に従事する自然人に影響を及ぼす加盟国の措置を適用対象としている。この規律の下、日本を含む多くの国は、サービス提供者である企業の構成員である役員、管理者、専門技術者が企業内転勤により入国・滞在する場合について約束を行った。

　これに対し、インド、パキスタン等の途上国は、企業等の拠点を有しない自然人の契約ベースの入国の自由化が認められなければ、途上国にメリットがないと主張した。しかし、先進国は入国管理政策の変更を伴う約束はできないとの立場をとり、両者の溝は埋まらないまま一部の先進国が約束表を改訂して交渉は終了した。

5. 海運交渉

　海運については、ウルグアイ・ラウンド交渉では①国際運送を行う外航海運、②貨物取扱業等の海運補助サービスおよび③港湾施設へのアクセスおよび利用の3つの柱を対象に交渉が行われた。内航海運については、日本の船舶法第3条のように、多くの国が自国籍船舶にのみサービス提供を認めていたため、交渉の対象外とされた。

　交渉において、日本は外航海運を自由化しており、外航海運が自由化交渉の中心であると主張した。これに対し、米国は軍事物資等の貨物の運搬を自国船籍に限っており外航海運の自由化が困難であることから、補助サービスを重視する立場をとった。EC は、国連定期船同盟条約に加盟していることから、GATS での外航海運の自由化には後ろ向きであり、また港湾サービスが国家独占となっている国もあったことから、補助サービスの自由化も難しかった。こうした立場の違いがあるなか、ウルグアイ・ラウンド終盤に米国が提出したオファーは、貨物輸送の自由化が含まれておらず、最恵国待遇義務を免除登録するものであったことから内容が不十分とされ、ラウンド中は合意に至ることができなかった。

　その後の継続交渉においても、米国が約束表のオファーを行わなかったこと等から、1996 年 6 月には交渉を中断し、2000 年から開始されるサービスラウンドとともに交渉を再開することが決定された。最恵国待遇は適用されていないため、各国は現在の規制水準を維持することとなっている。

IV. 現在及び将来に向けての課題

1. 2000 年サービス交渉

　サービスの自由化交渉は、ウルグアイ・ラウンドの最終合意において決められた WTO 全体のラウンド交渉の開始を待たず、ビルド・イン・アジェンダとして GATS の発効後 5 年以内である 2000 年に開始することが決められていた（GATS 19 条）。これまで見たとおり、GATS には新たに規律を作成するルール交渉と各国が約束表を改訂していく自由化の交渉がある。自由化交渉の開始にあたっては、交渉の目的、原則、範囲、方法等の指針（「モダリティ」といわれる）を定める必要があるが、1999 年 11 ～ 12 月の WTO 第 3 回閣僚会議（シアトル閣僚会議）においては合意に至らず、2001 年 3 月にモダリティを定める「交渉ガイドライン」が策定された。さらに、2001 年 11 月のドーハ閣僚宣言において、サービス交渉の期限も他の交渉項目と同じ 2005 年 1 月 1 日に決められたことにより、包括的なラウンドであるドーハ開発アジェンダの一部となり、シングル・アンダーテイキング（一括受諾方式。複数の分野に交渉全体を一括して受諾する）の対象として扱われることとなった。その後、交渉期限は延長され、サービス分野において、停滞と進展が繰り返されながらも、自由化交渉もルール作成交渉も妥結には至っていない（2018 年 4 月時点）。

　サービス自由化交渉は、従来のリクエスト・アンド・オファー方式により、各国が GATS 発効以降の自由化の進展を盛り込み改訂した約束表のオファーを提出し、これに対してリクエストが出されるというプロセスに基づき行われた。また、リクエスト・アンド・オファー方式を補完するために、2006 年から 2007 年にかけて、金融、電気通信、コンピュータ関連、人の移動、越境取引といった分野・モード別に関心国が複数国間で会合を持ち、共同リクエストが提出された。また、産業界に対してサービス交渉の成果をわかりや

すく示すため、2010年以降には、ビジネスの実態に合わせて複数の関連分野をまとめて交渉するクラスタリング・アプローチが提案された。さらには、2011年から後発開発途上国に対して特恵措置を供与することが検討され、後発開発途上国(LDC)に対するサービス特恵制度を2030年までにすること等が2015年の閣僚決定に組み込まれている。

　ルールに関しても、先進国と開発途上国の立場が異なり、進展はみられない。2017年の閣僚会議においても日本を含む先進国が国内規制に関する提案アフリカ等の反対により合意には至らなかった。

　このように、サービス分野での合意が難しくなっている背景には、ウルグアイ・ラウンド交渉時と変わらず、サービス産業の競争力が低い開発途上国側に、先進国主導でサービス貿易の自由化交渉が進められることに対する強い懸念がある。先進国は投資を進め、商業拠点を設置してサービス提供を行う第3モードに関心があるのに対し、開発途上国は海外に人を送りだす第4モードに関心を持っているという立場の相違もある。こうした立場の違いから、分野・モード毎のリクエストを提示する側とリクエストを受ける側の要求水準の隔たりを埋めることは容易ではない。

　また、1997年に成功裡に妥結した金融サービスおよび基本電気通信の分野別交渉とは異なり、シングル・アンダーテイキングによる合意の困難もある。たとえば2006年には、サービス分野の交渉が進展したものの、農業や鉱工業品の市場アクセス等他分野における対立により、ドーハ開発アジェンダ全体の交渉が中断されてしまった。こうしたことから、2011年12月に開催された第8回WTO閣僚会議では、ドーハ開発アジェンダは継続するものの、シングル・アンダーテイキングは当面実現不可能であることを認め、部分合意や先行合意等の可能な成果を積み上げる「新たなアプローチ」を試みることとなった。

2. 新たなサービス交渉

　ドーハ開発アジェンダ全体の「新たなアプローチ」の一環として、サービス貿易自由化に関しては、有志国による新たな協定新サービス貿易協定(Trade in Services Agreement, TiSA)の策定に向けた議論が開始され、2013年6月からは交渉

が開始された。TiSA は、GATS を超えるサービス自由化レベルをめざし、FTA の成果を取り入れた先進的な内容を目指すものである。2016 年 1 月の非公式閣僚会議においては、2016 年中の妥結を目標として交渉を加速化することで一致したが、同年内の妥結には至らず、その後の交渉は停滞している。交渉参加国は、日本、米国、EU 等を含む 23 か国・地域 (2018 年 2 月時点) である。

3. 約束の現状

　WTO 協定の一部として GATS が発効した 1995 年以来、通信の高速化やコンピュータ技術の発展等を受けて、新たなサービスが台頭し、サービス貿易の状況は急速に変化している。しかしながら、自由化約束は 1989 年に作成された「W/120」の事務局分類をベースとし、ウルグアイ・ラウンド交渉の時点での自由化約束にとどまっている (ただし、分野別交渉が行われた基本電気通信および金融は 1997 年時点、WTO 発効後に加盟した各国については加盟交渉実施の時点)。

　加盟国には約束表に掲載する分野を選択する権利があるため、自国産業が国際的に自由化する準備ができていないと判断すれば約束表に記載しないことが認められる。また、自由化をアピールし、外資の呼び込みに活用したい場合には「制限なし」と記載することができる。たとえば、外資系ホテル等の建設を促したい開発途上国のなかには、観光サービスのみを約束している国もある。

V．GATS に関連する主な紛争解決案件

　GATS が一部でも争点となった WTO 紛争は、これまで 28 件あった (2018 年 3 月現在、全 542 件中)。このうち、GATS が争点の中心となり、パネルまたは上級委員会が判断を行った主要な案件の一部を紹介する。

1. カナダ - 自動車に関する措置 (DS139、142)[11]

　カナダ政府の自動車に関するオートパクト (1966 年に発効した米国との間の協定) を前提とした優遇措置は、卸売サービスに関して、GATS の最恵国待遇 (2 条) 及び内国民待遇 (17 条) に違反するとして、日本と EU が申し立てた。2000 年 5

月の上級委員会報告書は、本措置がサービスに影響があるとのパネル認定を
証拠不十分とし、カナダに法改正の必要はないとした。しかし、カナダ政府
は 2001 年 2 月で優遇措置を撤廃する行政命令を施行し、状況は改善された。

2. メキシコ - 電気通信サービス (DS204) [12]

　メキシコ政府は国際電話サービスを複数の通信事業者に許可しているが、
国際長距離電話サービス提供規則により、「直近 6 か月間、長距離電話市場
で最大のシェアを持つ事業者が、相手国との電気通信事業運営体と清算料金
について交渉する」と規定していた。そのため、6 割の市場シェアを占める
TELMEX 社が排他的に国際清算料金 (両国の事業者が相手国事業者に負う債務を清
算するための費用精算の単価) の交渉を行い、他の事業者は同社の交渉結果に基
づき同一の国際清算料金を用いていた。米国は、①清算料金はコストに基づ
くものではなく、また、独占交渉制度や同一計算料金制度は非合理なもので
あり、主要なサービス提供者による反競争的行為を許すものであるため、メ
キシコが約束している参照文書 (「反競争的行為の防止」「確保すべき相互接続」) に
反する、②外国企業が専用線を利用して電気通信サービスを提供すること
を禁ずるメキシコの措置は、専用線についての合理的な条件でのアクセスを確
保すべきとした GATS の「電気通信に関する附属書」上の義務にも反するとし
て、2000 年 8 月に紛争処理手続きに付した。2004 年 4 月、パネルはメキシコ
の「GATS 電気通信に関する附属書」違反を認めた。なお、外国企業による専
用線を利用したサービス提供の禁止措置について、メキシコは第 3 モード (拠
点設置) の自由化を約束していたが、第 1 モード (越境取引) の自由化について
は約束していないため、第 1 モードでのサービス提供を禁止することは協定
違反にはならず、第 3 モードでのサービス提供を禁止した部分についてのみ
協定違反とされた。この結果を受けて、メキシコは 2004 年 8 月に新しい国際
長距離電話通信規則を発表した。

3. 米国 - 賭博サービス (DS285) [13]

　米国は連邦法および一部の州法によってオンラインの賭博サービスを規制
している。アンティグア・バーブーダは、米国による娯楽サービスの自由化

約束（第1モード（越境取引）について「制限なし」）に反し、GATSの市場アクセス（16条）、国内規制（6条）、支払い及び資金移動（11条）および内国民待遇（17条）に違反しているとして、2003年3月に紛争処理手続きに付した。パネルはアンティグア・バーブーダの主張のうち、米国の16条違反のみを認め、その他の条項に対する違反については判断をしなかった。これを受けて両当事国は上訴し、2005年4月、上級委員会は改めて米国の16条違反を認定した。

　なお、その後、米国の勧告実施を巡り、DSU 21条5項に基づく履行確認パネルの審理の結果、米国の不実施が判断され、対抗措置や補償の議論に発展した。

4. 中国 – 出版物・音響映像娯楽製品の貿易権・流通サービス（DS363）[14]

　中国は2001年12月のWTO加盟に際し、加盟後3年以内に、外資企業に対して出版物（本、新聞等）、音響映像製品（CD、DVD等）に係る輸入・流通業への従事を認めることを約束したが、期限を過ぎても、同事業の主体を中国国営企業及び中国資本が過半数を占める企業に限定していた。2007年4月、米国は、中国の著作物に係る輸入・流通規制について、知的財産権制度問題（DS362）と同時にWTO紛争処理手続きに付した。2009年8月、パネルは、GATSに関し主として次の4点を内国民待遇（17条）違反と認定した。

　①中国はGATS上、流通（卸売）サービスの第3モードを内国民待遇の制限なく約束しているが、外資企業が実質的に輸入出版物の流通に従事できない。②中国は流通（卸売、小売）サービスの内国民待遇を制限なく約束しているが、出版物を販売しようとする際、排他的出版権者の承認が必要となる流通形態への外資企業の従事を禁止している。③出版物の卸売業に従事する際の外資事業者のみに課す差別的な最低資本要件、操業期間制限がある。④中国は約束表の中の「音響映像サービス」項目下で「音声記録製品配給サービス」を約束しているが、これには非有体物としての音声記録製品の流通、特にインターネット等の技術を用いた電子的形態での流通も含まれるものと解釈されるにもかかわらず、外資事業者に音声記録製品の流通、特にインターネット等の技術を用いた電子的形態での流通への従事を認めない。

　さらに、パネルは、中国が外資企業者による録画の配給サービスへの合弁

出資を出資比率の制限なく認めているにもかかわらず、ビデオや DVD 等の音響映像娯楽製品の流通について、外資過半出資形態を認めていない措置に関し、GATS 16 条及び 17 条に違反するとした。最終的に 2009 年 12 月に中国の協定義務違反が確定し、DSB 勧告の履行措置期間は 2011 年 3 月 19 日とされた。

その後、中国は、2012 年 2 月に DSB 勧告を大部分履行したこと及び米中両国が 2012 年 2 月 18 日に紛争解決に向けた覚書に合意したことを表明した。

5. 中国 - 電子決済サービスに関する規制 (DS413) [15]

中国政府は、国内での元建て取引のための電子決済サービスを銀聯 (チャイナ・ユニオン・ペイ) に独占させる各種の措置を実施しており、米国はこれらの制約が、中国のサービス約束表における市場アクセス原則 (GATS 16 条) 及び内国民待遇原則 (GATS 17 条) に違反するとして、2010 年 9 月に WTO 紛争処理手続きに付した。

米国によれば、中国では、外国企業が独自の支払いネットワークを築いて電子決済サービスを提供したり、現地通貨 (人民元) での取引を行ったりすることができないため、外国企業は、中国の事業者とジョイントベンチャーを組み、中国の独占支払ネットワークである銀聯を通じて支払いを行わなければならない。米国は、これらの規制は、2006 年 12 月までに外国金融機関に対し全ての支払い及び送金のサービス (クレジット・カードを含む) の提供を認めると合意した中国の WTO 加盟時の約束に一致しないと考えた。米国が問題視したのは、①電子決済サービスにおける銀聯を通じた元建て決済の義務化、②カード発行会社に対するカード (銀行カード、クレジット・カード等)、ATM および加盟店契約業者への銀聯ロゴ貼付および銀聯へのアクセス義務、③銀聯カード以外のカードを使用した地域間・銀行間取引の禁止等であった。

2012 年 7 月のパネル報告書は①と③の措置の存在を否定し、②の措置は GATS 17 条の内国民待遇義務違反等とした。これを受けて、2013 年 7 月が履行期限となったが、その後、両国の間で履行の有無についての合意に至らず、2 国間で協議することとなった。

コラム⑰　電子商取引と GATS

　電子商取引については WTO 協定における位置付けは確定しておらず、WTO では 1998 年以降議論が続けられている。近年、電子商取引の技術進歩や越境ビジネスの拡大を背景に、WTO 以外でも、G7 や G20、OECD、APEC 等でも議論されているし、FTA/EPA においても電子商取引について規律が設けられている。

　WTO においては、電子商取引の対象となるデジタルコンテンツがガットの対象となる物品か、GATS の対象となるサービスかについて議論されてきた。EU は、放送サービスで提供される場合と同様、サービスとして GATS のみが適用されるべきとの立場である。文化的例外を志向する EU は、ガットより規制を維持しやすい GATS を適用することで、デジタルコンテンツの自由化に一定の制約をかける狙いを持っているとされる。これに対し、米国は、ガットか GATS かという議論ではなく、電子商取引の発展を促すことが重要であるとしている。また、日本も、デジタルコンテンツが CD-ROM 等のメディアに記録されて越境取引される場合はガットの対象となるため、同じコンテンツがインターネットを通じて配信される場合もガットと同様に最恵国待遇と内国民待遇の原則が適用されるべきであるとし、米国と近い立場をとっている。

　なお、デジタルコンテンツはモノかサービスかという議論とは別に、従来はメディアに格納されて越境取引されてきたデジタルコンテンツが電子送信により取引された場合には、徴税機関が捕捉して関税をかけることは技術的に難しい。また、電子商取引を発展させるには、自由な取引環境を確保しておくことが必要である。このため、WTO では 1998 年の第 2 回閣僚会議において、次期閣僚会議まで電子商取引に対する関税不賦課の慣行を継続することを宣言した（関税不賦課の「モラトリアム」という）。以降、同モラトリアムは累次の閣僚会議で継続が決定されている。

　なお、2017 年 12 月の第 11 回 WTO 閣僚会議に際して、WTO において電子商取引の議論を積極的に進めたい 71 か国・地域の有志国で共同声明を発出した。この声明には、電子商取引の貿易関連側面に関する WTO 交渉に向け、探求的な作業を始めること、参加は、WTO の全加盟国・地域に開かれていること、および初回会合は 2018 年の第 1 四半期に開催することが織り込まれた。これを受け、2018 年 3 月には第 1 回有志国会合が開催され、その進捗が注目される。

VI. FTA におけるサービス貿易に関する規律

FTA/EPA におけるサービス関連の規定は、すでにある GATS での規律や自由化約束をベースとしながら、これを上回る詳細なルールや高いレベルの自由化（「GATS プラス」という）を目指し、個別の締約国の事情を踏まえて交渉され、策定されている。FTA/EPA においてサービス貿易の主要なルールや自由化は「サービス章」として規定されている。

サービス貿易自由化の約束の方法は、GATS と同じ「ポジティブリスト方式」と「ネガティブリスト方式」（コラム⑬参照）がある。「サービス章」の規定は、いずれの方式を取るかによって異なってくる。

また、WTO 協定には投資の自由化を定める協定が含まれていなかったのに対し、FTA/EPA では製造業、サービス業を含めた投資の規律や市場アクセスを定める規定が「投資章」として設けられていることが多い。ポジティブリスト方式の場合には、GATS と同様、すべてのモードが対象となるため、サービス分野の拠点設置である第 3 モードは、投資章と重複する。そこで、サービス章と投資章の約束内容を同じにしている。ネガティブリスト方式の場合には、第 3 モードは投資章で規定されるため、その他のモードを規定対象とする。また、別途「人の移動」についての章が設けられている FTA/EPA においては、入管措置は人の移動章で、入管後の措置はサービス章で扱われる。

日本はこれまで 14 か国との間の 2 国間 FTA/EPA と、日 ASEAN 包括的経済（AJCEP）協定を発効し、環太平洋パートナーシップ（TPP）協定を署名している。このうち、例えば、ASEAN 諸国との 2 国間 EPA において、「機器保守修理・レンタル・リース」「コンピュータ関連サービス」「流通」「金融」「運輸」等の分野において、外資出資比率規制の緩和や撤廃等を含む GATS プラスの自由化約束を確保している。

2016 年 2 月に署名された TPP 協定は、日本にとって最新の FTA である（2018 年 3 月現在）。TPP はポジティブリストより自由化志向の高いネガティブリスト方式を採用している。

日本にとって、TPP はこれまで WTO/GATS しかなかったカナダ、ニュージーランドおよび米国との間の初めての FTA である（ただし、先行して発効する TPP

11に米国は参加していない）。また、これまでブルネイ、マレーシア、シンガポールおよびベトナムとの間で締結していたEPAはポジティブリストであった。これらの国との間でのネガティブリストへの転換は自由化や透明性向上に向けた前進である。さらに、GATSプラスとしては、協定発効後の規制変更にともない自由化を後退させてはならない「ラチェット条項」や、州政府等の地方政府による協定違反について国家間で対応策を協議できるメカニズムの新規導入等のルール面の前進があった。また、個別分野については、ベトナムやマレーシアのコンビニ等小売業の外資規制の緩和や明確化等、日本の産業界にメリットがある内容も含まれている。

注

1　IMF Blog「サービス輸出が、繁栄の新たな道を開く」2017年4月5日。
　https://www.imf.org/external/japanese/np/blog/2017/040517j.pdf

2　WTO, World Trade Statistical Review 2017
　https://www.wto.org/english/res_e/statis_e/wts2017_e/WTO_Chapter_02_e.pdf

3　GATSやFTA/EPAにおけるサービス貿易の定義のうち、IMFの基準に基づく国際収支統計によって把握できるのは第1モードが中心であり、他のモードについては国際的な統一基準がないためその把握には制約がある。

4　Rudiger Wolfrum, Peter-Tobias Stoll and Clements Feinagule (eds.), *WTO - Trade in Services, Max Planck Commentaries on World Trade Law* (Martinus Nijhoff Publishers, 2008) 2.

5　通商産業政策史編纂委員会編、阿部武司編著『通商産業政策史2 通商・貿易政策 1980-2000』（独立行政法人経済産業研究所、2013年）、488頁。

6　Wolfrum et al. (eds.), supra note 3, 5.

7　1993年12月15日に採択された閣僚決定（Decision on Negotiation on Basic Telecommunications および Decision on Financial Services）でWTO発効後の継続交渉を規定。

8　この際、OECDの議論が参考にされた。OECDでは、1996年（その後、2003年、2008年）に法律、会計、エンジニアおよび建築の4分野に関する規制状況をとりまとめている。
　OECDホームページ "Regulatory reform and competition policy; Indicators of regulatory conditions in the professional services"
　http://www.oecd.org/eco/regulatoryreformandcompetitionpolicy/indicatorsofregulatoryconditionsintheprofessionalservices.htm

9　小寺彰「電気通信サービスに関するGATSの構造－米国・メキシコ電気通信紛争・WTO小委員会報告のインパクトと問題点－」RIETI Discussion Paper Series

05-J-001.

10 国際電話料金には、伝統的に国際計算料金制度 (international accounting rate) が存在しており、各国の国際電話通信事業者が共同所有する回線を利用し、あらかじめ合意した通話料金を相互の通話量の多寡に応じて折半してきたという経緯がある。ところが、近年では共同所有回線を用いず、回線設備を他の事業者から借り受け、専用線の両端を公衆線に接続し格安に国際通信を提供する国際単純再販 (IRS) の自由化が進んだ。このため、IRS の自由化をしていない国 (主として途上国) の事業者は、伝統的な国際計算料金制度によって差額支払いを受ける一方、自国から自由化している国へは IRS でのサービスが提供可能となる。米国はこれを途上国の「ただ乗り」であると問題視した。

11　*Canada – Certain Measures Affecting the Automotive Industry.*

12　*Mexico – Measures Affecting Telecommunication Services.*

13　*United States – Measures Affecting the Cross-Border Supply of Gambling and Betting Services.*

14　*China – Measures Affecting Trading Rights and Distribution Services for Certain Publications and Audiovisual Entertainment Products.*

15　*China – Certain Measures Affecting Electronic Payment Services.*

参考文献

阿部武司編著、通商産業政策史編纂委員会編『通商産業政策史 2 通商・貿易政策 1980-2000』(独立行政法人経済産業研究所、2013 年)

河野正道「WTO 金融サービス交渉の決着について」、『貿易と関税』、1998 年 4 月号。

小寺彰「電気通信サービスに関する GATS の構造―米国・メキシコ電気通信紛争・WTO 小委員会報告のインパクトと問題点―」RIETI Discussion Paper Series 05-J-001.

タットヒル・リー、河野正道訳「GATS 基本電気通信交渉と将来の通信サービス」『貿易と関税』1998 年 5 月号 (日本関税協会)。

中川淳司・国松麻季「TPP コンメンタール第 10 章 国境を越えるサービスの貿易」『貿易と関税』2017 年 11 月号 (日本関税協会)。

中富道隆「プルリの貿易ルールについての検討 (ITA と ACTA の実例を踏まえて)」RIETI Policy Discussion Paper Series 12-P-002、2012 年。

股野元貞「WTO 交渉機能の現状―現場からの視点―」『日本国際経済法学会年報第 25 号』(法律文化社、2016 年)。

「26 サービスも輸出入できるの？　GATS ①　GATS の概念と意義」「27 競争が生み出すサービスの効率化　GATS ②」UFJ 総合研究所新戦略部通商政策ユニット編『WTO 入門』日本評論社、2004 年。

Planck Commentaries on World Trade Law, Martinus Nijhoff Publishers, 2008.

Gallagher, Peter. *The First Ten Years of the WTO: 1995-2005* (Cambridge University Press,

2005）.

Wolfrum, Rudiger, Peter-Tobias Stoll, Clements Feinaugle ed., *WTO – Trade in Services, Max Planck Commentaries on World Trade Law,* 2008.

政府機関等による発行物

外務省経済局サービス貿易室編『WTO サービス貿易一般協定・最近の動きと解説』（日本国際問題研究所、1997 年）。

外務省経済局サービス貿易室編『WTO サービス貿易一般協定・最近の動向と各国の約束』（日本国際問題研究所、1998 年）。

「第12章　サービス貿易」「第 II 部　WTO 協定と主要ケース」および「第 2 章　サービス貿易」「第 III 部　経済連携協定・投資協定」、経済産業省通商政策局「2017 年版不公正貿易報告書」

「第 2 章　我が国の強みを活かしたサービス貿易の拡大」、経済産業省『2016 年版通商白書』

ウェブサイト

Statistics on trade in commercial services, WTO

https://www.wto.org/english/res_e/statis_e/tradeserv_stat_e.htm

WTO がサービス貿易のリソースをとりまとめて公表している。

「サービス貿易」経済産業省ウェブサイト

http://www.meti.go.jp/policy/trade_policy/epa/tis/

http://www.meti.go.jp/report/tsuhaku2016/pdf/2016_02-02-01.pdf

第9章　知的財産権

加藤暁子

本章の概要

　知的財産権は今日、発明や創作、ビジネス上の信用等からなる情報を保護する重要な経済財とされている。知的財産が持つ無体性かつ越境性ゆえに、知的財産権は法制度上の独占排他権として保護され、相互主義に基づき保護を約束する条約が多数締結されてきた。当初から、知的財産権の保護が産業の発達、文化の発展を導くかについて、議論が対立していた。

　1995年にWTO・TRIPS協定が知的財産権は国際通商上の私権であると位置づけて、その保護水準を引き上げて以降、医薬品アクセス、環境保全等の国際関心事項に知的財産権が影響を及ぼす可能性が指摘されている。途上国が多く保有する伝統的知識や遺伝資源等に権利性を認める動きもある。また、多国間貿易交渉が進まない下で、途上国も含め、FTA・EPAに知的財産権に係る章を置き、「TRIPSプラス」と称されるより高水準の、或いは自国の産業の発達や文化の発展に有利な保護を取り決める「国際法の細分化」現象が生じている。さらに、インターネット等の技術革新により私人が情報の発信及び流通の主体として関わり得る領域が拡大したことから、知的財産と、表現の自由、情報へのアクセス等がともに保護される制度設計に広く関心が集まっている。こうした状況の下で日本は、自国及び世界における産業の発達及び文化の発展、知的財産の創造及び利活用に関わる多様な主体の利益を保障するためにどのような戦略をとるべきだろうか。

Ⅰ．知的財産法の概要

　知的財産法とは、有用な情報に係る独占的な利用権を法定の期間において私人に与えることによって、私人について新たな情報を生み出す経済的インセンティブを創出し、社会については情報の普及、利活用を通じた産業の発達、文化の発展による裨益を目指す法制度である。発明に係る特許権、考案に係る実用新案権、工業デザインに係る意匠権、植物新品種に係る育成者権、半導体の集積回路の配置に係る利用権、著作物における表現に係る著作権および著作物の利用に係る著作隣接権は、新たに価値のある情報を生み出した者に対して権利を付与し、創作法と称される。次に、自他の商品や役務の識別に有用な標識に係る商標権のような、産業秩序の維持を目指す知的財産に関する法は、標識法という。さらに、不正競争防止法は、以上の知的財産法と補完関係にあり、営業秘密の不正な利用のような一定の行為類型を不正競争行為として禁じることによって、情報を生み出した者の利益を保護する、行為規整型の法制度である[1,2]。

　知的財産法は、一般的な財産権制度における物権、特に所有権の概念を類推適用する形で制度化された。しかし、知的財産法が保護対象とする有用な情報は、土地等の有体物とは異なり、占有が不可能であり、同一の情報を複数の者が同時に支配し利活用を行うことが可能である。この非排他性により、有体物では生じ得ない模倣が容易かつ安価になされ得ることから、情報に係る財産権として他人の不当な模倣を法的に一定期間にわたって禁止する上で、

民法の特別法として各種の知的財産法が制定されている。

　私人にこのような独占権を与える正当化の根拠としては大きく、それら知的財産を生み出した者の労苦に報いるという天賦人権説と、知的財産権として保護することによってさらなる知的財産の創出を図る産業政策説とがある。しかし、過度に独占権を強めて模倣を禁じると、他者による情報の利活用を阻害し、知的創造活動を遅延させる。つまり、知的財産制度は本来的に、知的財産を生み出した者と、それを利用する者、ひいては社会一般の間で利益のバランスがとれるよう、適切に法制度を設計することを命題としている。このことは、世界人権宣言の27条が万人に対して、1項では自由に社会の文化生活に参加し、芸術を鑑賞し、および科学の進歩とその恩恵とに預かる権利を、2項では創作した科学的、文学的または美術的作品から生ずる精神的および物質的利益を保護される権利とを認めていることにも現れている。その下で、国際人権規約A（社会権）規約の15条は締約国に対して、万人に文化的な生活に参加する権利、および、科学の進歩およびその利用による利益を享受する権利と並んで、自己の科学的、文学的または芸術的作品により生ずる精神的および物質的利益が保護されることを享受する権利、つまり知的財産権を認めるよう、求めている。知的財産権は、他の人権と比較すると法制度が介在して付与されるという意味で人為性が強いことから、今日ではその正当化の根拠として産業政策説が主流になっているが、著作権のように天賦人権説が大きく妥当する分野も依然、存在している。

II. 国際的な知的財産保護体制の形成の契機

　産業革命の進展に伴う技術革新と、大航海時代以降の経済的社会的活動のグローバル化のもとで形成された知的財産制度は、そもそも何を知的財産権の対象として保護するか（客体）、どのように保護するか（保護の態様に関する実体、手続き的なルール）、外国人にも国民と同等の権利を認めるかにおいて、各々の国家・地域の経済的社会的な要請に応じて異なる形で形成されてきた。法制度の形成に係る主権は、属地主義の原則の下で幅広く認められてきた。しかし、前述のように、知的財産権の保護対象となる情報は非排他的であり、

また、その利活用は市場の国際化、グローバル化に伴い、ますます越境的となっていく。このため、19世紀中頃までに知的財産権の保有者・利用者は活発に権利者団体を結成して、各国の政府に各国・地域間の知的財産制度の差異を解消する条約制定を求めた。この要請に呼応して、まず近隣諸国や利害関係の深い国家間で、知的財産権の保護に関して内国民待遇と相互主義を与え合う2国間条約のネットワークの形成が進行した。その形式も、通商条約、友好条約に知的財産権の保護を規定する条項を挿入する形から、徐々に、知的財産権に特化した2国間の宣言、協定、条約に移行した。このように、国際的な知的財産保護体制の形成は、当初から地域主義的な側面を有している。

　2国間条約はしかし、条約の改廃も頻繁であり、知的財産権に関わる者にとっては法的安定性が得られない。ここから、多国間条約の締結に対する要請が強まり、1883年の工業所有権の保護に関するパリ条約（以下「パリ条約」）、および、1886年の文学的および美術的著作物の保護に関するベルヌ条約（以下「ベルヌ条約」）が締結されるに至る。パリおよびベルヌ条約に関する交渉は、世界的に保護を享受できる単一の知的財産権を私人に付与する共通ルールの制定を目指して開始された。こうした万国統一法ともいえる共通ルールの制定は、当時から今日まで一貫して、知的財産法の国際的な保護における最終的な目標であり続けている。

コラム⑱　各国における産業財産権の保護の契機

　1883年以前に、外国人が所有する産業財産権の保護は、少なくとも69の2国間協定類に規定されていた。それらを形式に注目してみると、
　①通商条約または友好条約への産業財産権の保護に係る規範の挿入（おおむね1865年以前）が23条約、
　②2国間での産業財産権の保護に関する特別の宣言、協定あるいは取極めが38条約、
　③産業財産権の保護に関する特別の条約の締結が8条約
　であった。その保護対象は、商標、意匠およびひな型が中心であり、特許、商号、原産地表示等不正競争に関する規定は僅少であった。また、商標、意匠、ひな形の保護に関する条約は、初期には単にそれらの相互主義的な保護を保障するのみであったが、次第に、締約国国民が遵守すべき要件や手続き、さらに、権利の有効性や失効、保護期間等の実体規定も追加された。また、これら条約は、

314

内国民待遇さらに最恵国待遇と、それを享受する「臣民」「国民」「市民」その他締約国と何らかの連関を有する者についても定めていた。

これらの条約により、外国人差別は撤廃され、相互主義的な要求は満たされたが、権利に関わる者は依然として国内法の相違に深刻な影響を受けており、相違をなくして外国人を救済しようとする条約は極めてわずかであった。また、商標や意匠の保護に関する規定は、しばしば通商条約に含まれており、条約の消長は国家関係に左右されたために、私権が突然の変化にさらされるおそれが常に存在していた。（詳しくは Ladas『参考文献』を参照）。

コラム⑲　各国における著作権の保護の契機

19世紀当時、欧州の主要言語は仏語であり、デュマ、バルザック、ユゴー、ジョルジュ・サンド等の文学者を擁する仏文学も隆盛であった。これと並んで、大英帝国を形成していた英国の著作物の発行部数は、他を圧倒していた。その下で、小国においては自国語版よりも仏語版または英語版を出版して国内外に販売する方が経済的に有利であったため、多くの海賊版が出回って英仏両国は大きな被害を受けた。

被害に悩む著作者らの要請を受けて、英仏は著作権の保護に関する2国間条約を盛んに締結した。例えば、フランスは1878（明治11）年までに欧州各国との間で、同一国との間で著作権一般に係る条約および上演権に特化した条約をともに締結した場合も含めて、46か国（ドイツ内の州も含む）との間で55の2国間条約を締結した。

しかし、各国における著作権の保護制度は、保護期間、著作権保護の要件としての登録制や納本制、保護対象に関する発行地主義／国籍主義、自国民が海外で発行した著作物に関する保護、上演権、演奏権の保護に当たり発行物に「禁無断上演・演奏」等と表示する要件、翻訳権や翻案権の保護等、多くの点で多様であった。さらに、2国間条約は保護水準の低い国の国内法に合わせて適用されるため、保護水準が高かったフランス等は実体規定を含む多国間条約の締結を企図することになった。（詳しくは文化庁『参考文献』等を参照）。

III. 国際的な知的財産保護体制の形成

　知的財産権の保護を相互に与え合うよう定める多国間条約の締結に向けた動きが始まった19世紀中頃は、各分野において今日の政府間国際機関につながる国際行政連合が多く設立された時期に当たり、諸国は先行する万国郵便連合(UPU)等をモデルとして、パリ条約およびベルヌ条約を通じて産業財産権および著作権の保護を司る同盟を形成した。

1. 工業所有権の保護に関するパリ条約

(1) パリ条約の締結の経緯

　産業革命による技術革新は、19世紀に頻繁に開催された万国博覧会(以下「万博」)を通じて世界にその恩恵を行き渡らせたが、そうした技術革新を生み出した者の利益を保護する産業財産権制度は、先述のように各国でまちまちであり、技術の盗用により大きな損害を被る事業者もあった。1873年ウィーン万博に際しては、米国等の一部の国が、産業財産権の保護が不十分な国が主催する万博について自国産業からの出品を控える方針を示したことから、諸国の間で産業財産権の保護を世界的に普及させる必要性が共有されて、産業財産権の保護に関する多国間条約の交渉が開始された。

　交渉は当初、特許を対象として万国統一法を作成することを目指して開始され、発明者の権利の本質や発明者に完全な保護を与える規定に関する4つの決議を採択し、後には検討対象を産業財産権全般に広げて、UPU設立に関する手法を取り入れて産業財産権に係る統一法の原理を起案し、多国間条約を締結して締約国間で共通の法を形成する構想を打ち出した。

　しかし、交渉参加国の間では経済的社会的発展の程度およびそれに応じた産業財産権の保護に関するニーズが異なっており、反対論が強まり特許法を廃止していた国も含んでいた。このため1880年には、交渉の方針は、内国民待遇および最小限の実体規定を設けて、一定の保護を与え合う同盟を結成する方向へ転ずる。こうして1883年に採択されたパリ条約の下、産業財産権の国際的な保護に関する恒常的な事務局および交渉フォーラムが確立し、現行のストックホルム改正条約に至る6つの改正条約が締結されている。条文採

択時に調印したのは 11 か国であったが、2018 年 7 月 13 日現在、177 か国が当
事国になっている。条約の所管は世界知的所有権機関 (World Intellectual Property
Organization, WIPO) である。

　日本は、明治期に諸国との間で締結した不平等条約の改正と引き換えにパ
リ条約およびベルヌ条約に加盟すると公約して、1899 (明治 32) 年に両条約に
加入し、以降、両条約の各改正条約を批准している。

(2) パリ条約の概要

　パリ条約は、特許、実用新案、意匠、商標、サービス・マーク、商号、原
産地表示または原産地名称および不正競争の防止からなる産業財産権を保護
するための同盟の形成 (1 条) を目的に掲げている。それら産業財産権の保護に
係る保護対象、および、保護期間や保護要件のような保護の実体に係る条文
は、起草時に盛んに議論されたが、採択された条約ではほとんど含まれてい
ない。他方で、一定期間内に同盟国の領域内で特許権、実用新案権、意匠権、
商標権の保護対象が実施または使用されない場合に、当局が第三者に対する
強制的なライセンスの設定や当該権利の取消しに関する行政処分を行う権限
を、幅広く認めている (5 条)。このように、パリ条約における産業財産権の保
護は、領域国家単位の規律を前提にしている点が大きな特徴である。

　次に、パリ条約の一般原則には、内国民待遇 (2 条)、同盟国の国民とみなさ
れる者 (3 条)、優先権 (4 条)、各国における産業財産権の独立の原則 (4 条の 2)
がある。

　パリ条約における内国民待遇は、万国統一法の実現に代わる次善の策とし
て導入されたという経緯を反映して、今日の国際経済法において知られる相
互主義に基づく内国民待遇とは異なる特徴を有している。まず、同盟国の国
民は、当該同盟国が条約で保護を定める産業財産権の保護に関する国内法を
制定しているか否かにかかわらず、他の同盟国において、他の同盟国国民と
同等の保護を享受できる。また、内国民待遇の対象となる「同盟国国民」には
いずれかの同盟国の領域内に住所または現実かつ真正の工業上若しくは商業
上の営業所を有する者という「準同盟国国民」も含まれる可能性がある (3 条)。
このように、パリ条約は厳格な相互主義を排除したことによって、従来の 2

国間条約における産業財産権の保護に関する不安定性を一定是正したと評されている。

　優先権は、「同盟国国民」または「準同盟国国民」がある産業財産に関する出願をある同盟国に対して正規の手続きにより最初に行い、続いて同一の保護対象について一定期間内に他の同盟国に出願手続きを行って優先権を主張すれば、当該他の同盟国においても最初の同盟国における出願と同一の保護を享受できるというものである。これは、次に述べる各国における産業財産権の独立を原則とする下で、同盟国間における新規性の喪失および先願の地位の喪失という懸案を解消する制度であり、パリ条約への加盟による最大のメリットとなっている。

　各国における産業財産権の独立の原則は、同一の客体に対して同一の主体が取得した権利であっても、異なる国家においては有効性を持たないということを意味する。条約上挙げられている特許権および商標権（4条の2、6条の3）に加えて実用新案権および意匠権にも、特許権の独立性が類推適用されると解されている。

　以上の原則の下で、特許に関して、特許証に発明者として記載され名誉を称えられる、発明者の人格権を認めている（4条の3）。また、特許発明に関する物の販売が同盟国の国内法令により禁止されている、あるいは、その物が専売品であることのみを以て、当該発明の特許保護自体を禁じてはならないと定める（4条の4）。さらに、交通、輸送の安全かつ円滑な遂行を目的として、特許権を侵害する船舶等の交通手段の同盟国領域への一時的、偶発的な立ち入りは、特許権の排他的権利の例外として特許権侵害に当たらないと規定している。日本では特許法69条2項1号でこれを定めている。また、制定当時、実用新案制度を有する国が僅少であったことに預かって、条約は実用新案制度の設立を義務づけていない。意匠の定義規定を置く案に対して、著作権法によって意匠を保護するコピーライト・アプローチを採る国を中心に反対が強く、意匠の一般的な保護の義務を課すにとどまっている（5条の5）。

　これに対して商標をはじめとする標識法の分野は、比較的実体的な規定を擁している。各国が付与した商標権は互いの消長に作用されずに独立して存在するが（6条）、同盟国で正規に登録された商標は同盟国間でそのまま保護

されるという「テル・ケル」条項（6条の5）を名実化するために後年、パリ条約19条が許容する「特別の取極め」として商標の国際登録に係るマドリッド協定および同協定附属書（後述）が締結された。他にも、周知商標の保護（6条の2）、国家紋章等の保護（6条の3）、商標の譲渡に係る要件（6条の4）、サービス・マーク、団体商標、商号、さらに、地理的表示も含む原産地表示または原産地名称の保護（6条の6、7条の2、8条、10条）といった重要な実体規定が置かれている。しかし、保護を受け得る標識の種類や登録要件は定めていない。

さらに不正競争の防止に関しては、同盟国は、商標・商号の不正使用を輸入および国内における流通の段階において取り締まり（9条）、出所混同や営業妨害、虚偽表示に代表される不正競争行為から国民を有効に保護し、これを防止するための適切な法律上の救済手段を与える（10条の2）と定めた。日本はこれを受けて、一般不法行為法（民法709条）では足りないとして不正競争防止法を制定している。

2. 著作権の保護に関するベルヌ条約

(1) ベルヌ条約の締結の経緯

ベルヌ条約の締結は、1858年のブラッセルにおける文学的美術的所有権会議や1861年のアントワープにおける美術家の国際会議等において、著作権の保護に係る条約の制定が必要であると決議されたことが契機になった。1878年パリ万博の際にフランス政府が主催した研究者、美術家、文学者、出版者団体の代表者会議は、内外の著作物について同一水準の著作権を保護するために国際同盟を設立する国際条約を制定し、併せて国際文芸美術協会（Association Littéraire et Artistique Internationale, ALAI）を設立するとも決定した。ベルヌ条約の1886年採択時の調印国は大陸法系の9か国であったが、現行1971年パリ改正条約の当事国は2018年7月13日現在、176にのぼる。日本は1899年にベルヌ条約およびパリ条約に同時に加盟している。

(2) ベルヌ条約の概要

ベルヌ条約は「前文」の冒頭で、「同盟国は、文学的および美術的著作物に関する著作者の権利をできる限り効果的かつ統一的に保護することを等しく

希望」すると述べて、著作者の権利の保護のための同盟を設立する（1条）という目的を定めている。

　次に、一般原則として、一定の著作物（2条、2条の2）に関する著作権の保護に係る内国民待遇（5条1項）を、特定の方式要件を課さずに（無方式主義：5条）「同盟国国民」（3条、6条）に与えると定めている。ベルヌ条約は、保護対象を画定するにあたって、著作物の発行地と著作者の国籍という2つの連結点を用いている。まず、著作物に関する「本国」（5条4項）における著作権の保護は当該国家の国内法の定めによるという属地主義の原則を5条3項に置いている。次いで、保護を受ける著作者は同盟国の国民、および、非同盟国の国民である「準同盟国国民」であると定め（3条）、この要件を満たさないが、いずれかの同盟国に主たる事務所または常居所を有する映画の著作者や、同盟国内の建築や不動産と一体になっている絵画的彫塑的美術の著作者も、適用対象にしている（4条）。

　ベルヌ条約の著作権の保護に関する実体規定は、パリ条約に比べて詳細である。著作財産権として複製権、翻訳権、翻案権、上演権、演奏権、映画化許諾権、録音権、追求権、放送や有線送信に関する許諾権（8～14条、14条の3）、および、著作者人格権として氏名表示権および同一性保持権（6条の2）について、著作者の生存の間およびその死後50年に渡る保護（7条1項）を課している。他方で、同盟国は、複製権に係る例外や制限を国内法制において設ける際に、「著作物の通常の利用を妨げず、かつ、その著作者の正当な利益を不当に害しないこと」を要件として課されると共に（9条2項）、引用や時事問題の記事の複製等に係る例外の設定を認められている（10条、10条の2）。さらに1979年には、途上国の開発を支援する目的において、教育研究目的での翻訳権に係る強制許諾や、適切な価格で一定期間内に頒布されていない場合の複製権に係る強制許諾の制度を認めるベルヌ条約の附属議定書が採択された。議定書は条約の不可分の一部をなすものと位置付けられている（21条）。

　パリ条約およびベルヌ条約は、万国統一の知的財産権の保護法制こそ実現させなかったが、知的財産権に関する最も古く、今日でも有効に機能しており、かつ、多数の当事国を擁する基本的な多国間条約である。しかし、その規律は、知的財産権の保護と内国民待遇の付与を義務付ける一方で、条約上の義務に

関する留保を広範に認めるとともに、個々の知的財産権の保護に係る実体要件の定立を各国に大きく委ねている。加えて、条約上の義務を締約国に実施させる履行確保措置を備えず、条約の解釈・適用に関する国家間紛争の解決手段としては当事国の同意に基づく国際司法裁判所への付託を掲げるのみである。このように、両条約は各国家・地域における自律に多くを委ねた緩やかな規律を特徴とする。

　しかし、両条約の実体規定は、WTO・TRIPS 協定（後述）に取り込まれたことにより（同協定 2 条 1 項および 9 条）、WTO 加盟国にはこれらの規定を遵守する義務がある。また、両条約は、その規定内容に反しない限りにおいて、一部の同盟国の間で「特別の取極め」を結ぶことを容認している（パリ条約 19 条、ベルヌ条約 20 条）。その下で、両条約が保護を定める知的財産権に加えて、技術革新や文化の発展に伴い新たに保護が要請された知的財産権の保護を取り決める条約や、知的財産権に係る出願・審査に関する国際制度や国際協力制度を設立する条約が、多数締結されている（後述）。こうして国際的な知的財産権の保護法制の形成を導いた意味でも、両条約の意義は大きい。

　さらに、以上の条約の実施には高度な行政機能を要することから、パリおよびベルヌ同盟の事務局は知的所有権保護国際同盟事務局（BIRPI）に統合され、BIRPI は 1967 年に WIPO に統合される。WIPO は国際連合の専門機関となり、知的財産権の保護は国連の活動に組み入れられた。この位置づけの変化は、後に見るように、知的財産権の保護水準が向上して、その社会的経済的影響が世界的に他の国際関心事項と関わる度合いが増すようになった今日、大きな意味を有している。

IV. 国際的な知的財産保護体制の発展

　第 2 次世界大戦後に独立を果たした新興開発途上国が、国際連合およびパリ、ベルヌ条約に加盟して多数を占めるようになると、それら途上国の開発に資するように国際的な知的財産権の保護法制を改革するべきであるという要請が、国連総会をはじめ多くの国際フォーラムで提起された。この議論は、前述のベルヌ条約の改正および附属書の採択、WIPO の設立をもたらす一

方、パリ条約の改正交渉は、知的財産に関する製品の輸入を知的財産権の実施、使用とみなすか、特許発明の不実施に対する制裁を強化するかを巡って各国間の利害が分かれて決裂し、1984年に交渉打ち切りが決定された。

　他方で当時、バイオテクノロジーや情報通信技術 (ICT) に代表される技術革新が現れて、それに関わる知的財産権の保護が要請されていた。加えて、産業活動の大規模化、組織化により、知的財産権の主体が個人から法人へ変わったこと、商品・サービスの生産者と消費者の関係が変化し、商品・サービスの出所識別機能を担う商標等の標識の保護が一層重要になったこと、商品・サービスへの付加価値を重視する経済の「ソフト化」の進行により、商品・サービスに関わる知的財産が大きな利潤を生むようになったこと等が相まって、知的財産制度のありようは国家間の産業競争力、ひいては国家の国際収支に作用を及ぼすものであるから、知的財産権の保護を強化し、国際通商政策の一分野として位置づけるべきであるというプロパテント思考が、先進国から世界へと広がった。先進国は、知的財産権に関する交渉フォーラムを WIPO からガットウルグアイ・ラウンドの TRIPS 交渉へと移した。先進国はまた、ガットのような多国間の枠組みがカバーしないが、自らの国益に反する貿易相手国の知的財産制度についても、問題を指摘し、是正されない場合には貿易制裁等の不利益を与える一方的措置を制度化するようになる。知的財産権の保有、および知的財産権ライセンス契約に含まれる条項が競争法上の違法な独占に当たるか否かの判断基準の多くも、「ナイン・ノー・ノーズ」と称された「当然違法」から、事例ごとに判断する「合理の原則」へと移された[3]。以上を背景として、知的財産権の実体的および手続的な保護に関する条約体制はさらに発展する。

1. 知的財産権の実体的な保護

(1) 植物の新品種の保護に関する国際条約 (Union internationale pour la Protection des Obtentions Végétales, UPOV)

(a) UPOV 締結の背景

　従来、農業分野における発明は、食糧需給の充足は利益追求、商業的活動であってはならないという認識の存在に加えて、種子の貯蔵および交換に関

する農業従事者の慣行(農民の権利: farmer's right)が私権としての特許制度に馴染みにくく、技術的制約により特許の保護要件である反復可能性等も充足し難いことから、各国が特許の保護対象から除外して独自の(sui generis)保護制度を設ける傾向にあった。欧州各国は20世紀前半までに、植物新品種について、特許制度に似ているが、文書や寄託ではなく品種の市場流通で公開に代えるという育成者権(plant breeders' right, PBR)を制度化した。米国は1939年に連邦法として植物特許法(35 U.S.C. 161)を制定した。

1938年以降、欧州の育種者団体がパリ条約中にPBRに関する国内法ハーモナイズの規定を挿入するよう求めるロビー活動を展開し、1957年には欧州11か国がPBRの保護制度に関する国際会議を開催したが、依然、通常の特許制度による保護は妥当でないとの主張が強く、1961年に、内国民待遇の付与および12か月の優先権の承認を義務づけるUPOV同盟を結成した。UPOVは加盟国にPBRの保護の要件等に関するモデルローを提示しており、日本の昭和53年種苗法もUPOVに沿う形で制定されている。

(b) UPOVによる植物品種の保護の概要

20世紀後半のバイオテクノロジーの発展に伴って、動植物の新品種に関する発明は飛躍的に増大し、特許要件も充足するようになった。これに応じてUPOVは1972年、1978年および1991年に、保護対象を拡大し、育成者権も強化すると共に、複数の法に基づく重複的な保護も可能とするよう改正された。

1991年改正条約は加盟国に、植物新品種の育成者に対して、有性、無性生殖を問わずすべての植物の属、種について、区別制、均一性、安定性、新規性、および、品種固有の名称の付与を要件として、独自の(sui generis)権利または特許権のいずれかまたは双方による育成者権を、登録から20年以上(樹木およびブドウであれば25年以上)保護する義務を課している。PBRは保護を受ける種苗からの収穫物や繁殖素材等の製品にもおよび、それらの増殖、販売、輸出入、貯蔵が権利保有者の排他的権利として認められる。一方、加盟国は、権利の例外として私的、非商業的、試験目的の行為、新品種の育成目的の行為等を容認するよう義務づけられ、任意で、農家の自家採取について育成者の権利を制限することを認められている。加盟国は自国への条約の適用開始から10

年以内に、全植物について保護を付与する義務がある。しかし、UPOV が機能しているもとでも PBR の保護は国家間で相違が残り、育成者の利便を欠く現状にある[4]。その下で日本は、地域における産業の振興や地域ブランドの育成に向けて、PBR、特許、商標、地理的表示等の知的財産権を戦略的に使い分けて、競争力の維持と品種改良に向けた当事者のインセンティブの確保と、公益に係る新品種の利用を両立させることが課題である。

(2) 著作権および著作隣接権に係る条約

　欧州の大陸法系諸国を中心に締結されたベルヌ条約は、無方式主義を採用し、著作者人格権の保護を義務付けており、英米法系の国は加盟が困難であった。この難点を解消するため 1952 年に採択された万国著作権条約(UCC)は「©」マークと著作者名、発行年の 3 要素からなるクレーム表示を導入して、ベルヌ条約加盟国との間で著作権の保護に関して互換性をもたらし、著作権の普遍的な保護が実現した。

　また、デジタル技術に関わる著作権を保護するために、1996 年にベルヌ条約の「特別の取極め」として WIPO 著作権条約 (著作権に関する WIPO 条約、WCT) が採択された。WCT がコンピュータ・プログラムやデータベースも著作物として認め、それらの著作者に貸与権や有線または無線による公衆への伝達に関する独占排他権を与えるよう義務付けたことにより、ベルヌ条約は実質的に改正されている。他にも、1974 年の衛星により送信される番組伝送信号の伝達に関するブラッセル条約、TRIPS 協定が WTO 加盟国に実体規定の遵守を義務づけている、集積回路についての知的所有権 (IPIC) に関するワシントン条約が締結されている。

　さらに、視覚障碍者等、印刷物の通常の利用が困難な人々 (VIP) に著作物の利用を容易にするための著作権の制限を認め、それらの人々が利用可能な著作物を越境的に相互利用できるよう図る盲人、視覚障碍者その他の印刷物の判読に障害のある者が発行された著作物を利用する機会を促進するためのマラケシュ条約も、2016 年 9 月に発効している (日本は加盟に向けて著作権法を改正済み)。

　著作隣接権に関する基本条約である 1961 年採択、1964 年発効の実演家、レ

コード製作者および放送機関の保護に関するローマ条約の実体規定の遵守を、TRIPS 協定が WTO 加盟国に義務付けている。他にも、1971 年の許諾を得ないレコードの複製からのレコード製作者の保護に関する条約、1996 年採択の WIPO 実演・レコード条約（実演およびレコードに関する世界知的所有権機関条約、WPPT）、2012 年採択の視聴覚的実演に関する北京条約がある。

(3) TRIPS 協定

1994 年に WTO の附属書 1C として採択された TRIPS 協定（知的所有権の貿易関連の側面に関する協定：Agreement on Trade-Related Aspects of Intellectual Property Rights）は、知的財産権の保護を包括的な通商交渉の一分野として明確に位置づけるとともに[5]、従来にない詳細な実体規定と強力な履行確保措置を通じて世界的に知的財産権の保護を強化して、パリおよびベルヌ条約以来の国際的な知的財産保護制度における緩やかな規律を一変させた。TRIPS 協定はさらに、知的財産関連規定を含む後続の多国間および 2 国間・地域条約のモデルにもなっている。その結果、知的財産権の保護は、経済的、社会的な影響力を増大させており、環境、人権、倫理等他の分野における国際的な課題との調整が求められるようになった。

(a) TRIPS 協定の目的

TRIPS 協定は、「加盟国が、国際貿易上の歪みおよび障害の軽減を希望し、知的財産権の有効かつ十分な保護の促進、および、知的財産権の行使のための措置および手続き自体が正当な貿易の障害とならないよう確保する必要性を考慮」し、「ガット 1994」および他の知的財産権関連協定を適用し、さらに、貿易関連の知的財産権に関する適当な保護の基準および原則、又効果的かつ迅速な行使手段や政府間の紛争解決手続きを提供、交渉の成果への最大限の参加を目的とした経過措置を提供するという、数々の必要性に基づいて作成された（前文）。

さらに、知的財産権の保護を通じて達成されるべき目的として、7 条は、「知的所有権の保護および行使は、技術的知見の創作者および使用者の相互の利益となるような並びに社会的および経済的福祉の向上に役立つ方法による技

術革新の促進並びに技術の移転および普及に資するべきであり、並びに権利と義務との間の均衡に資するべきである。」と規定している。また、8条「原則」は、「公共の利益を保護するための措置および濫用の防止のための措置」として、例えば微生物以外の動植物を知的財産権の保護対象とするかについて加盟国に裁量権を認めている。この7条、8条が裁判規範となり得るかは、カナダ特許法に関する紛争事案(WT/DS114)や医薬品アクセス問題(後述)においても議論されている。

(b) TRIPS 協定の特徴

(i)既存条約における保護の義務への上乗せ

　TRIPS 協定は、パリ条約、ベルヌ条約さらにローマ条約、IPIC に関するワシントン条約の実体規定の多くを遵守するよう WTO 加盟国に義務づけるプラス・アプローチを採用している(2条1項、9条1項)。また、TRIPS 協定の保護規範を WTO 加盟国の国内法におけるそれの最低基準(ミニマム・スタンダード)とするよう要請して、その実施方法は加盟国の裁量に委ねると共に、TRIPS 協定に抵触しない限りで、TRIPS を超える保護水準(TRIPS プラス)をルール化することを許容している(1条)。

(ii)広範な知的財産に関する保護の義務付け

　TRIPS が保護を義務づける知的財産権は、第2部第1〜7節に挙げるすべての種類の知的財産権(1条2項)であり、パリ条約では明示的に保護されていない営業秘密や、ワシントン条約が未発効である半導体の集積回路に係る権利も含んでいる。さらに、プラス・アプローチの下、例えばパリ条約中の不正に商標・商号を付した産品の差押え(9条)、原産地表示の保護(10条)、不正競争の防止(10条の2)は TRIPS 協定上の義務に包摂されている。

(iii)内国民待遇さらに最恵国待遇の義務付け

　TRIPS 協定は内国民待遇、さらに、従来の多国間の知的財産関連条約には見られない最恵国待遇を原則としている(3条、4条)。近時、2国間・少数国間条約で定めた知的財産関連規定を、TRIPS 協定の最恵国待遇の原則を通じて

それら条約の当事国でない WTO 加盟国にも広げる均霑効果を見込んだ、いわば自国制度の系統的な「輸出」戦略を、先進国のみならず途上国も採用しているという指摘がある (後述)。

(iv)知的財産の消尽に関するルール策定の断念

知的財産権の消尽に関する原則の統一は、国際通商上の大きな課題であるが、TRIPS 協定は、内国民・最恵国待遇への違反がない限り、消尽の問題を WTO の紛争処理手続きでは扱わないとしている (6条)。

(v)知的財産権の執行に関する義務づけ

TRIPS 協定は、知的財産権の保護に関する実体規定を挙げる第2部と並んで、知的財産権の執行に関する第3部を置き、権利の侵害に対する民事、刑事上の効果的な措置、行政措置を定めている。特に商標権および著作権を侵害する物品の輸入について、税関が水際で差し止める措置等を国内制度において確立する義務を WTO 加盟国に課している。それら措置は公正、公平であって、不要に複雑なまたは費用を要するものであってはならず、不合理な期間設定や不当な遅延は許されない (40条)。

(vi)加盟国の義務に関する履行確保措置の整備

履行確保措置の具備も、TRIPS 協定の大きな特徴である。WTO 協定16条4項および TRIPS 協定1条1項第1文に、義務履行を約束する一般規定を置いた下で、履行確保措置は WTO 加盟以前から始まっている。WTO 協定および TRIPS を含む附属書は一括して受諾するものとされ、加盟に当たっては、WTO 諸協定の義務を履行し、加盟を申請する国と WTO 加盟国の間で合意した加盟条件を充足する必要がある。留保は、WTO 協定に関しては一切禁じられ、WTO 協定の附属書に関しては各々の附属書の定めによるとされているところ、TRIPS の場合は、申請国以外のすべての加盟国・地域の同意を要する (72条)。さらに、より限定的な義務の免除 (waiver) を得るには、WTO 閣僚会議または一般理事会において4分の3の多数による承認を得る必要がある (WTO 協定9条3、4項)。

　加盟後は、知的財産を含む通商政策全般に関して、貿易政策検討機関（TPRB）において定期的に関連法令のレビューを受ける。また、加盟国は TRIPS に関係する国内法令の改廃情報を WTO 事務局に通報する義務があり（63 条）、通報内容は WIPO が管理するデータベース（WIPO-Lex）に蓄積され公開される。さらに、TRIPS を司る TRIPS 理事会においても、国内知的財産関連法令の TRIPS 整合性の観点からレビューを受ける。レビューを通じた全加盟国による相互チェックを通じて TRIPS の不遵守とみなされた場合には、他の加盟国から WTO の紛争解決手続き（DSU）上の協議を申し立てられる場合がある（64 条 1 項）。2018 年 8 月時点で、TRIPS 協定の義務違反に関する紛争事例は 36 件ある（同一事案についての複数の申し立てを 1 と数えた）。パネルおよび上級委員会による協定不遵守の認定に基づく DSB の勧告に従わない場合、紛争相手国は合法的に、異なる通商分野における措置を含め、対抗措置を採ることができる。

⑺経過措置とその例外の設定

　TRIPS 協定は、以上のような知的財産権の保護に関わる詳細な実体規定とその履行確保措置を備えているため、加盟国の特定の義務の適用を繰り延べる経過措置（65 条、66 条）を定めている。TRIPS 協定が 1996 年 1 月 1 日以降、各加盟国の状況に合わせて順次発効している中、①経済的な移行期にある加盟国、②物質特許制度を設けてこなかった途上国、および③後発開発途上国（LDC）については経過措置が適用されている。②に関しては、経過措置の最中にあっても WTO 加盟と同時に実施を求められる義務として、医薬品および農業用化学製品に関する特許出願を受理する体制、および、それらの発明に関して排他的販売権を付与する体制の整備がある（70 条 8 項および 9 項）。③は LDC の現状に鑑みて WTO 一般理事会決定により再三延長されており、TRIPS 協定上の義務のうち内国民待遇、最恵国待遇、および WIPO の管轄下に締結された既存条約上の義務を除くものは 2021 年 6 月末まで、医薬品に関する物質特許の保護の義務は 2032 年末まで、免除されている。

(c) TRIPS 協定が義務付ける知的財産権の保護

(i)著作権および著作隣接権

TRIPS 協定は、プラス・アプローチに基づいてベルヌ条約の実体規定および附属書の遵守を加盟国に求め(9条)、TRIPS 協定と同時期に交渉が進んだ WCT および WPPT と歩調を合わせて、コンピュータ・プログラム、データベースに関する著作権の保護、実演家やレコード製作者、放送機関に関する著作隣接権の保護を義務付けている(10条、14条)。さらに、ベルヌ条約が複製権のみに宛てている著作権に係る制限または例外に関する要件を、TRIPS 協定は著作権および著作隣接権の全般に関して課している(13条)。

(ii)商標権

TRIPS 協定は、パリ条約の商標関連規定を取り込み(2条)、さらに、商標権の保護対象を、「ある事業に係る商標若しくはサービスを他の事業に係る商品若しくはサービスから識別することができる標識またはその組み合わせ」として、「特に単語(人名を含む)、文字、数字、図形および色の組み合わせ並びにこれらの標識の組み合わせ」については商標登録を可能にする義務を課している(15条)。また、標識自体に特段の特徴が無く識別力を有さない場合でも、標識の使用により獲得された識別性に基づく登録を可能とすることを認め(同条1項)、使用を登録要件としても良いが、実際の使用を登録出願の要件としてはならない(同条3項)、登録の維持において使用を要件付ける場合、3年間継続して使用実績が無い場合にのみ登録を取消可能とする(19条)と定めて、各国間の違いに配慮している。商標の保護期間については、最初の登録および登録の更新について7年以上を保障し、何回でも更新可能とするよう求めている(18条)。

加盟国は、商標権に基づく排他的権利(16条、20条等)を制限する場合に、商標権者および第三者の正当な利益を考慮すること、および、限定的な例外であるよう求められる(17条)。なお、商標権に関する強制使用許諾は認めていない(21条)。

(iii)地理的表示 (GI)

従前、地理的表示 (Geographical Indication, GI) の保護に関する普遍的なルールは存在しなかったが、TRIPS 協定は、商品の地理的原産地に関して公衆を誤認させるような方法による GI の表示等、一定の行為を禁止すると共に (22条)、欧州諸国の強い要望を受けて、葡萄酒および蒸留酒の GI に関しては特に、「○○風」「△△型」等の表現であって公衆の誤認が無い場合であっても第三者に使用させないよう、加盟国に義務付けるとともに (追加的保護：23条)、加盟国間でより高度な GI の保護や国際登録制度の設立に向けて交渉を行うとも定めている (23条4項、24条1、2項)。

なお、加盟国は、先使用、善意による商標の出願または登録、一般名称化、自己の氏名若しくは名称の場合に GI の保護に関して制限を設けることを認められている (24条4〜8項)。また、保護は加盟国間の相互主義に基づくとされている (同条9項)。

(iv)意匠権

意匠権の保護のアプローチが国家間で産業財産権として (パテント・アプローチ) および著作権として (コピーライト・アプローチ) に分かれていることもあり、パリ条約では保護を約束するのみにとどまっていたところ、TRIPS 協定は、新規性、独創性等の保護要件 (25条)、排他的効力とその例外 (26条)、10年以上の保護期間 (26条3項) を義務付けた。さらに実体規定をハーモナイズさせるために現在、WIPO において意匠法条約 (DLT) が交渉されている。

(v)特許権

特許権に係る実体規定も既存の条約にほとんど無かったが、TRIPS 協定は、パリ条約の規定の包摂に加えて、以下のように詳細な規定を置いた。それらはウルグアイ・ラウンドの最終段階まで先進国と途上国の間で対立した末の産物であり、今日でも大きな論点であり続けている。

TRIPS 協定は、特許権の保護対象として、産業分野、発明地、特許製品が輸入品か国内産品かに関わらず、新規性、進歩性 (非自明性)、産業上の利用可能性 (有用性) のある発明について保護を要請すると共に、加盟国に対して、「人、

動物若しくは植物の生命若しくは健康を保護しまたは環境に対する重大な損害を回避することを含」め、公序良俗に影響を与える発明、診断・治療・外科的方法、微生物以外の動植物に係るバイオ関連発明について保護対象から除外する等の例外措置を認めている (27 条)。植物品種の育成者権については、特許権若しくはそれに宛てた特別な (*sui generis*) 制度、またはその組み合わせによって保護するよう義務づけている。特許権者に認めるべき排他的効力としては、発明に関する明確かつ十分な開示を条件として (29 条 1 項)、販売の申し出まで拡大すると共に、譲渡、承継による移転や実施許諾契約の締結についても、特許権者に排他的権利を付与すると共に、特許権者に特許を付与した国家の領域内において特許発明を実施する義務を課してはならないとした (28 条)。特許権の保護期間は出願日から 20 年以上を義務づけている (33 条)。

その下で、特許権の排他的効力の例外および制限に関しては、効力の例外および制限を設ける際 (30 条)、および、30 条に該当する類型以外の、強制・裁定実施権や国家による特許発明の利用のような権利の例外を設ける際 (31 条) に充足すべき要件を課すコンディション・アプローチを採っている。これらの要件の解釈は、TRIPS 協定の 7 条および 8 条 (前出) の適用可能性とも併せて、2000 年のカナダ特許法に関する紛争 (WT/DS114) や、2008 年のタイ、2012 年のインドによる医薬品特許に対する強制実施権の付与等の事例を通じて議論されている。2017 年 1 月には TRIPS 協定改正議定書の発効により、公衆衛生上必要な医薬品へのアクセスが困難な加盟国に宛てたジェネリック薬の輸出入に必要な強制実施権を他の加盟国が付与する場合に、所定の手続きを踏むことにより TRIPS 協定の 31 条 b 項他に関する違反を免責する 31 条の 2 が新設されている (医薬品アクセスに関する後掲コラム参照)。

(vi)集積回路の回路配置に係る利用権

TRIPS 協定は、ICPC 条約の規定を包摂して (35 条) 同条約を実質的に発効させた上で、登録出願の日または世界における最初の商業的利用の日から 10 年以上、あるいは、創作後 15 年までは (38 条)、保護される回路配置やそれらを組み込んだ集積回路および製品を許諾なく商業的な目的において頒布する行為を違法とする等して保護するよう義務付けている (37 条)。ただし、善意無

過失で違法な回路配置を組み込んだ集積回路および製品を取得した者の利益の保護を認め、政府によるまたは政府のための使用に関して、特許権に宛てた31条の要件の充足を求めている（37条）。

(vii)開示されていない情報の保護

　パリ条約10条2における不正競争からの保護をさらに進めて、TRIPS協定は営業秘密を含む非公開情報一般に関して、秘密性、有用性、秘密管理性を要件として、また、医薬品や農業用化学品に係る臨床試験データのような政府等に提出されるデータについて、保護を義務付けた（39条）。なお、保護期間は定めていない。

2. 知的財産権の手続的な保護

　知的財産権の保護の理想である世界的な統一法の制定は実現していない一方、特に方式主義を採る産業財産権の出願や登録に関するハーモナイゼーションは、国家行政と制度のユーザーの両者にとって大きな意義を持っている。第2次世界大戦からの復興が世界的に進み、産業活動が活発化した20世紀後半以降、世界的に産業財産権の出願が増大した。これに応じて、産業財産権に関わる手続きを統一するために、締結国の省庁への手続を通じて全締約国における権利の出願および登録を可能にする条約や保護対象の国際寄託を制度化する条約、それら条約の実施上必要となる、保護対象の分類を統一して国際標準を設定する条約、さらに各国法の行政手続を調和させる条約が締結されてきた。現在では、審査基準のようなソフトローにおける統一や審査結果の相互利用に関わる行政協力も盛んであり、各々の国家・地域の法制度による知的財産権の保護を前提として実体、手続きの両面における統一が進んでいる。

(1) 知的財産権の国際出願・国際出願登録、知的財産の国際寄託を可能とする条約

　特許協力条約 (Patent Cooperation Treaty, PCT) は各国の国内出願の「束」である国際出願を可能にする条約であるが、商標に関するマドリッド協定およびマドリッド協定附属議定書（マドリッド・プロトコル）、意匠に関するヘーグ協定は

さらに、国際出願後の一定期間内に出願先の指定国から拒絶通知が発せられない限り各指定国で権利が発生する国際登録を可能にした。

　また、微生物の特許保護に際して、微生物の存在を証明し、他者への譲渡を可能にするため、国内法令上、出願者に微生物サンプルを寄託させ、特許出願書類に寄託証明書を添付する義務を課している国が多い。1977年に採択された微生物の国際寄託に係るブダペスト条約は、特許出願者に微生物の寄託の義務を課すよう締約国に求めるとともに、国際寄託当局のネットワークを形成している。

　ただし、以上の条約を以てしても、知的財産権はあくまで各国の法令や審査基準に則ってその要件を満たす限りにおいて発生する点で、属地主義は一貫している。以上の条約に日本は加盟済みである。

(2) 知的財産権の保護対象の国際分類の設定に係る条約

　国際分類は、国家間で産業財産権の手続きを調和させ、①に挙げた国際出願、国際登録を制度化する上でも重要である。国際分類を定める条約には、日本が加盟済みのストラスブール条約（国際特許分類に関するストラスブール協定）、ニース協定（標章の登録のための商品およびサービスの国際分類に関するニース協定）およびロカルノ協定（意匠の国際分類を定めるロカルノ協定）、日本が未加盟のウィーン協定（標章の図形的要素の国際分類に関するニース協定）がある。

(3) 知的財産権の手続の調和を目的とする条約

　各国家の産業財産権法の行政手続きを統一、簡素化している特許法条約（Patent Law Treaty, PLT）、商標法条約（Trademark Law Treaty, TLT）およびその改正条約であるシンガポール条約（Singapore Treaty on the Law of Trademarks, STLT）に、日本は加盟済みである。さらに、WIPOにおいて意匠法条約（DLT）が交渉されており、技術支援と遺伝資源等の出所開示要件に関する規定の取扱いが焦点となっている。

(4) 国家の一方的措置を通じた知的財産権の保護の強化

　以上のような多国間条約を通じた知的財産権の保護と並んで、国家は自国

の産業、文化にとって利害関係が深い通商相手国における知的財産権の保護を強化するために、一方的措置を設けている。たとえば米国は、2017 年 8 月以降中国の知的財産権の保護および技術移転に関する措置を不服としてスーパー 301 条に基づき措置を採る一方、1974 年通商法 301 条に基づく調査および制裁に関する「スペシャル 301 条」手続き[6]を継続的に運用している。「スペシャル 301 条」手続きは、米国通商代表部 (USTR) が毎年度の報告書において、国内の利害関係者からの意見聴取等を通じて知的財産権の保護および執行に関して問題があると特定した通商パートナーを監視対象に挙げ、各パートナーに関して策定するアクション・プランに基づいて対話と交渉を行い、改善が見られない場合に対抗措置の発動を認めるものである[7]。対抗措置の範囲および内容は、「モノおよびサービスの貿易、または当該外国との関係におけるその他の分野において、大統領の権限の範囲内の」あらゆる措置と規定されており、幅広い解釈が可能である。また、措置の発動要件は、パートナーの措置や政策が、米国の国際法上の権利を侵害しているものでなくても、米国が自らの利益を侵害されているとみなす場合に、充足される可能性がある。さらに、原則として調査開始後 18 か月以内に対抗措置の発動について決定するよう求めており、多国間の紛争解決手続きに先んじて米国の利益侵害の有無を判断して対抗措置を発動する可能性が残されている。加えて、知的財産権の保護に関しては、TRIPS 協定の対象事項とそれ以外の事項の間で USTR による調査期間が異なる点[8]や、貿易相手国が TRIPS 協定を遵守している場合でも、TRIPS 協定の対象外の分野において米国の知的財産権を侵害していれば優先国に指定する方針を示している点も、一方的措置としての問題を有している。

　次に、1930 年関税法 337 条に基づく輸入差止制度は、米国連邦政府の準司法的機関である米国国際貿易委員会 (ITC) が、米国に確立している産業に損害が生じる可能性のある輸入について、米国産業からの提訴または ITC の職権によって調査を開始し、その可能性が認められる場合に米国大統領が輸入の排除または差止めを命令する制度であり、知的財産侵害に関して最も頻繁に用いられてきた[9]。命令は対物管轄であるため、被提訴人以外の第三者も対象製品を米国に輸入できなくなる。また、同一事案について 337 条手続きと民事訴訟の双方を提起可能であるところ、前者は後者に比べて調査期間の短さ

や証拠手続きの詳細さも含めて、応訴負担が大きい。

このように、米国の両手続きは現在でも多国間協定に反する一方的措置の性格を有しており、かつ、今後も運用が変わる可能性がある。

(5) 再び実体法の接近へ－審査結果の相互利用に関わる国際協力

各国・地域における知的財産権の保護を前提として、審査結果の相互利用が進んでいる。例えば、日本の特許庁は、2006年に提唱して実現した特許、商標および意匠に関する「特許審査ハイウェイ（Patent Prosecution Highway, PPH）」を、2018年8月現在、42か国・地域との間で実施している[10]。PPHは、第一庁で特許付与が可能と判断された発明を有する出願である旨を出願人が第二庁への出願に際して申告すると、簡易な手続きで早期に審査が受けられると取り決めることによって、出願人は複数国で早期に権利を取得することが容易になり、各国特許庁は第一庁の先行技術調査と審査結果を踏まえて自国の審査負担を軽減し、審査手続きの質の向上をはかるという趣旨の制度である。同制度が属地主義の下で、例えば国家間の審査結果の平準化をもたらすか、その作用が注目される。

V. 国際的な知的財産保護体制の今日的な課題

1980年代以降にプロパテント政策において知的財産権の保護水準が引き上げられ、1995年以降にTRIPS協定の履行確保が進んだ下で、知的財産権の保護のあり方は、以下の論点に関して議論されている。

1. 知的財産権の保護の強化とその調整

知的財産法の法目的である産業の発達や文化の発展を達成する上で、知的財産権の保護に関わる内在的な課題が生じている。例えば、著作権の強化は表現の自由や知る権利等の人権を脅かし、二次創作活動を委縮させる結果、文化の発展に逆行するのではないかという指摘がある。EUでは、公衆の間でこのような懸念が高まり、EU議会が2012年7月に偽造品の取引の防止に関する協定（Anti-Counterfeiting Trade Agreement, ACTA）の批准を否決した。日本でも、

TPP 12 が義務付けようとした著作権の保護期間の延長 (17.63 条) や著作権侵害の非親告罪化に対して、懸念の声が高まった。これを受けて、保護期間の延長は、TPP 11 (環太平洋パートナーシップに関する包括的および先進的な協定) への移行時に「凍結」対象に含められた (同協定附属書 7 (g))。非親告罪化に関しては、TPP 12 の交渉過程で既に、締約国は、当局の職権による法的措置の開始を、市場における著作物、実演またはレコードの利用のための著作権者の能力に影響を与える場合に限定することができるというただし書きが追加されて (18.77 条 6 項 (g))、TPP 11 における「凍結」の対象からも外れた。しかし、日本における TPP 11 の国内実施法は、TPP 11 の発効に伴い施行されると、保護期間を原則、著作者の死後 70 年へ延長、また、著作権等を侵害する罪のうち一定の要件に該当するものを被親告罪化すると定めている。

　また、知的財産権の保護の強化と、他の法領域における国際関心事項を解決するための知的財産の利活用とを調整するという、外在的な課題が注目を集めるようになった。例えば、環境汚染の原因物質を効果的に除去する新技術や、国家の緊急事態に及ぶほどに蔓延している感染症の治療薬の需要が、特許権者では満たされない場合にどのように対処するかという問題である。知的財産法の枠内における調整としては、TRIPS 協定等の国際法および国内法の遵守を前提として、適用対象を限定する等、問題解決の意思を明示した強制・裁定実施権制度、特許侵害訴訟における差止請求の否認、必要な物品に関する国際特許プールの形成等、特許権の排他的効力に例外および制限を設ける数々の手法が模索されている。その下で、各国における法制度の整備、さらに技術能力の向上や社会的インフラの整備を含む開発の必要性が、改めて浮き彫りになっている。

　以上の課題について WIPO の 2007 年総会は、6 分野 45 の勧告を含む「開発アジェンダ」(WIPO Development Agenda) を採択した。同アジェンダは、国連 SGD (ミレニアム・デベロップメント・ゴール) およびその後継の「アジェンダ 2030」の一翼として、WIPO の活動の全域において「主流化」(mainstreaming) され、特許委員会における特許の保護対象や特許権の例外および制限に係る議論、データベースの構築、途上国支援を含む 31 のプロジェクトが進められている。これらの活動を遂行する WIPO をはじめとする国際機構は各種の協働を深化

させており、例えば、医薬品アクセス問題に関して WIPO、WTO および WHO は活動の関連付けや共同研究・シンポジウム開催を進めている。2016 年 9 月には、国連事務総長の委託により医薬品アクセス問題を検討したハイレベル・パネルが報告書を公表した[11]。

コラム⑳　医薬品アクセス問題と TRIPS 協定改定議定書

　医薬品の開発、製造や流通、そして購買の能力の世界的な偏在は、各々の医薬品に関する市場の成立を左右している。それに対して、TRIPS 協定が他の産業分野と同様に保護を義務づけた医薬品特許がどのような作用を及ぼしているかが、注目されている。

　例えば、HIV/AIDS は今日、医学的対応策が存在するが、アクセスが困難な者が途上国に多数存在する一方、先進国ではアクセスが確保されて慢性疾患へと移行している。罹患者の少ない希少疾病（orphan diseases）では、対応策が存在するが市場が成立しないためにアクセスが困難な場合がある。また、「顧みられない疾病」（neglected diseases）は、途上国に多く存在する患者が対価負担能力に乏しいために市場が成立せず治療薬の開発が進まない一方、新型インフルエンザ等の新興感染症では、先進国に対価負担能力があるため、開発は進む。これらの研究開発から製品化までに要する投資を回収する手段として、医薬品特許制度がもたらす独占排他権に依拠するのか、それらを切り離す何らかの制度を手当てするのかが議論されている。さらに、治療薬の存否におけるアクセスとは別に、特許権者が市場の需要を満たせない場合に医薬品特許が治療薬やワクチンへのアクセスを阻害する可能性は、日本を含め先進国も無縁ではない。例えば、新興感染症に対処可能な特許医薬品を各国で緊急に利用できるようにするべきであるという指摘がある。「医薬品アクセス」という表現は以上の諸問題を総称して用いられており、その解決には、医薬品の研究開発から流通、普及に至る構造的な問題を解きほぐして、一つ一つ対応していくことが必要になる。

　その一つの側面が、TRIPS 協定の柔軟性（TRIPS flexibility）を巡る WTO 加盟国の対応である。南アフリカやブラジル、タイで HIV/AIDS の感染爆発、米国で炭疽菌によるバイオ・テロへの対応を要した 2000 年前後から、途上国における HIV/AIDS、マラリアおよび肺結核の蔓延が、先進国から途上国への投資、途上国の開発を阻害しており、世界的なバイオ・テロの脅威と共に世界的な公衆衛生上、安全保障上の脅威になっているとの指摘が相次ぎ、国連がその解決

をMDGsに掲げて国際的な取り組みが強まった。それらの問題に各国が対処する際に、TRIPS協定の30条および31条の文言の解釈が不明確である、強制実施権に依拠してもジェネリック薬を自給できないWTO加盟国が他のWTO加盟国と行う輸出入が同協定31条（f）の違反にあたるかが不明確であるという法的な不安定性が浮上した。これに対して、2001年ドーハのWTO閣僚会合は「TRIPS協定と公衆衛生に関する宣言」（ドーハ宣言）を採択して、加盟国が公衆衛生の保護を目的として必要な措置を採る主権を認め、強制実施権の付与の根拠や並行輸入の可否、TRIPS協定30条および31条の文言解釈における柔軟性の活用を呼びかけた。31条（f）違反の懸念は、同宣言の「第6段落問題」として議論され、2003年のWTO一般理事会決定は、こうした場面で、輸出入に関わる加盟国からWTO事務局への通報に基づいて、（f）項の適用を免除し、識別力をもたせたジェネリック薬を取引させる制度が新設された。この制度は、TRIPS協定改正議定書が2017年1月に発効したのに伴い、TRIPS協定31条の2として恒久化された。

　この制度は、医薬品アクセス問題の一つの象徴ではあるが、輸出入を希望するWTO加盟国の双方に医薬品特許が存在しているが、特許権者から自発的ライセンスが得られないという、極めて限定的な状況に宛てたものである。そのためもあり、利用実績は2007年から2008年にカナダとルワンダの間でHIV/AIDS治療薬のジェネリック薬を取引した1事例にとどまっている。また、その実施に向けて国内法を改正した数十か国を見ると、輸出国になり得るジェネリック薬の製造能力を有する国が多く、新薬開発能力を有する国、並びに、輸入国になり得、かつ医薬品の自給力に欠ける国が少ない。

　この問題は先述のように多方面からのアプローチを要し、官民パートナーシップや研究開発基金のような多様な実践が進められており、なお、医薬品特許等知的財産の帰属も論点であり続けている。また、2国間・地域的条約における新たな規定類型の導入にも留意するべきである（後掲）。

2. 新たな「知的財産」への対応

　プロパテント思考が国際的な知的財産保護体制に反映され、知的財産権の保護を国際的な義務として課す下で、自国・地域において競争力を有する対象を、新たに国際的な知的財産権の保護対象として認めるように求める傾向が、先進国のみでなく途上国においても現れている。

(1) 遺伝資源

バイオテクノロジーの発展に伴って遺伝資源 (Genetic Resources, GR) の産業上利用可能性が飛躍的に高まる中、途上国は、自国領域に存在する GR を先進国企業等が採取し、それに関して知的財産権を取得する行為を生物学的盗用であると批判してきた。1992 年に締結された生物多様性条約 (Convention on Biological Diversity, CBD) は、GR を含む天然資源は「人類の共有財産」でなく、「国家が主権的権利を行使する対象であると認めた。同条約は、GR の利用から生じる利益の公正かつ公平な配分 (Access and Benefit Sharing, ABS) の達成を目指して、国家は自国領域内に存在する GR へのアクセスを規制する権限を認められ、GR の利用を希望する者は領域国から「事前の情報に基づく同意 (Prior informed consent, PIC)」を得る必要があると定めている (15 条)。

2010 年の CBD 第 10 回締約国会議は、ABS に関する名古屋議定書を採択した。日本は同議定書の国内実施に関して検討を重ね、2017 年 5 月に関係省大臣の共同告示「遺伝資源の取得の機会およびその利用から生ずる利益の公正かつ公平な配分に関する指針 (ABS 指針)」を公布して、議定書を締結した[12]。同指針は、GR の利用国としては、提供国法令が適用される GR の取得者や輸入者等に報告を求め (後者に関しては任意)、ABS および生物多様性の保全や持続可能な利用への利益の充当について、関連業界団体が作成する契約条項のひな型の利用を促しつつ、当事者自治に委ねている。さらに、提供国として、日本は PIC を求めないとしている。このように、非常に緩やかな規制である同指針が今後、GR の保全や利活用にどのように作用するかが注目される。

途上国はさらに、PCT、PLT 等の特許関連条約において、TRIPS 協定と抵触しない形で、GR に基づく特許出願に際して、その地理的起源または入手経路、PIC および資源移転契約に関する証拠を開示する義務を新設し、その義務履行に不備があった場合に特許出願の拒絶および特許権の取り消しを容認するよう求めており、先進国と鋭く対立している。また、GR に直接由来する成果物以上の派生物 (derivatives) にも提供国の主権は及ぶかという論点もある。GR に加えて伝統的知識および伝統的文化表現 (次項) に関する国際的な法文書の作成を目指している WIPO の政府間委員会等での議論が進まない下で、各国・地域の対応は、GR に関する特許出願において、実体または手続的な要件とし

て開示義務を課す、義務は課さずに当事者間の契約において ABS や PIC への
対応を求める、GR に関する公知技術を特許審査時にサーチ可能にするデータ
ベースを構築する等、様々であり、ハーモナイズの要請は強い。

　なお、国連食糧農業機関 (FAO) 総会は CBD 採択前の 1983 年に、植物遺伝資
源は人類の共有財産であり、その所在国を問わず世界的に無制限の利用を可
能にすべきであるという趣旨の「植物遺伝資源に関する国際的申し合わせ」を
採択していた。この申し合わせと、CBD が採用した天然遺伝資源に対する国
家の主権的権利の関係を調整するために、FAO 総会は 2001 年に、食糧および
農業用の植物遺伝資源の取得の機会の提供に関して保有国の法令に基づく個
別の合意を不要とする CBD の特則を定めた、食糧および農業のための植物遺
伝資源に関する国際条約 (ITPGRFA) を採択している。日本は 2013 年に同条約
に加入している。

(2) 伝統的知識、伝統的文化表現

　途上国が GR と並んで知的財産権の保護対象として認めるよう求めてきた
伝統的知識 (Traditional Knowledge, TK) および伝統的文化表現 (folklore) について、
ABS に関する名古屋議定書は、先住民の TK に関する利用行為も ABS の対象
に含まれるとして、締約国に、TK へのアクセスに際し、先住民および地域社
会との間で、彼らの慣習法や共同体のルールを考慮しつつ PIC を確保するよ
う要請している (5 条の 2 および 9 条)。

3.2 国間・地域的条約への「回帰」と多国間主義の維持

　前述のように、知的財産権関連条約は 2 国間・地域的条約に始まり、一部
地域では複数国間で単一の知的財産権を付与する広域制度も機能している。
その形成の誘因は、地域や国家間の組み合わせにより異なり、EU やアンデス
共同体、あるいは構想段階にある ASEAN においては域内の貿易自由化の促進
が誘因である一方、アフリカ広域知的財産機関 (African Regional Intellectual Property
Organization, ARIPO)、アフリカ知的財産機関 (Organisation Africaine de la Propriété
Intellectuelle, OAPI) やユーラシア特許庁のように、各国が有する行政資源の共有
と合理化を通じて知的財産制度の運用に必要な社会的インフラを賄う国家間

協力、相互支援という側面を有する場合もある。

　中でも EU は、知的財産権の保護および執行に関する EU 構成国の国内法を実体、手続きの両面で調和させるとともに、意匠、商標、地理的表示、植物品種の育成者権に関して域内で単一の権利を付与している。特許に関しても、1977 年以降機能している欧州特許条約 (European Patent Convention, EPC) に基づく欧州特許の発展形態として、2012 年に単一効特許に係る EU 規則および単一効特許裁判所設立協定を採択した。EPC を活用している日本企業も少なくない下、実現に必須である独の批准の成否が注目される。

　加えて、2000 年前後から、知的財産関連条約を巡る各国・地域の利害関係は、全般的なプロパテント思考を基調としながら先進国と途上国、さらに先進国間、途上国間において分化し、WIPO や WTO・TRIPS 理事会のような国際フォーラムにおける意思決定や新たな法的文書の採択が困難になっている。その下で、知的財産関連条約の規範形成においても、他の通商分野と同様に、地域的条約および 2 国間・数か国間条約への「回帰」に伴う多層化、規範の「断片化」が進行しており、知的財産権の保護に宛てた章を設ける、あるいは、投資関連章において海外直接投資 (FDI) の一形態、ISDS 条項の適用対象として知的財産に言及する条約が増えている。

　2010 年 11 月初旬までに WTO に通報された 194 の有効な地域的通商協定の分析によれば、何らかの知的財産権に関する条項を含む 165 の協定のうち、1995 年以前の締結が 26、1995 年以降が 139 であった。また、1995 年以前に締結された協定の 82％、2005 年〜 2009 年の締結で 89％、2009 年以降発効ではすべてが、知的財産関連条項を含んでいた。

　知的財産関連条項を含むこれらの協定について、開発水準が同一の国同士での協定は 78 であったのに対して、一以上の途上国を含む協定が 130、一以上の先進国を含む協定が 79、一以上の移行期経済国を含む協定が 31、一以上の後発開発途上国 (LDC) を含む協定が 16 であった。LDC は地域的通商協定の締結に際して、知的財産権に関する何らかの義務履行に自ら合意していることになる。

（参考：Valdes & Tavengwa ペーパー、paras.21-30）

　それらの条約に置かれ、知的財産権の保護に関して TRIPS 協定を超える義務を締約国に課す TRIPS プラス条項[13]は、TRIPS 協定 4 条の最恵国待遇の原則に基づく均霑効果により、当該条約の締約国を超えて広く知的財産権の保護水準を引き上げる可能性があり、米、EU および途上国もそれを織り込み済みの政策を採っていると指摘されている。同時に、近時の 2 国間・地域的条約には、知的財産の保護制度に関する公平性や透明性を確保するための措置を盛り込む、あるいは、SDGs のように世界的に認知された課題に対応するための締約国の措置を、知的財産権の保護強化の例外として明示的に容認する傾向もある。このように、2 国間・地域的条約における知的財産権の保護規範は、多国間の枠組みにおける保護規範と呼応しながら、それらが私益と公益のバランスに与える影響について、政府から市民社会まで幅広い人々が関与する中で生成しつつある。

注

1　日本における知的財産および知的財産権の法的な定義は、知的財産基本法（平成十四年十二月四日法律第百二十二号）の 2 条を参照せよ。

2　特許権、実用新案権、意匠権、商標権、育成者権等は、主に産業活動に関わる知的財産権という意味で「産業財産権」と総称されている。産業財産権は従来「工業所有権」と呼称されており、現在も、例えば条約名の公定訳において「工業所有権の保護に関するパリ条約」のように用いられている。

3　ナイン・ノー・ノーズ（Nine No-No's）は、1970 年代に米国司法省が公表した特許ライセンス契約における制限条項に関する規制方針である。抱き合わせ、グラント・バック、再販売の制限、競争品の取り扱い制限、排他的ライセンス、強制的一括ライセンス、不当なロイヤルティ徴収、製法特許に基づく最終製品に関する制限、販売価格の制限の 9 条項は反トラスト法上、「当然違法」の原則によって律せられることを表明した。後に、プロパテント政策の理論的バックボーンをなすシカゴ学派により放棄された。

4　2016 年 11 月時点において、UPOV の締約国である 74 か国のうち、全植物の保護を実施済みである国が日本を含めて 59 か国ある一方、1978 年以前の条約を批准するにとどまっている、あるいは、1991 年条約を批准したが経過措置のもとで全植物品種を保護していない締約国も 14 ある。例えば、中国は 1978 年条約までを批准して、国内法により 139 の品目について原則 20 年間の保護を与えているが、小豆、い草等は保護の対象外である下で、日本の熊本産い草の新品種が無断で作付けされ畳表に加工の上で輸入された貨物が、日本における品

種登録に基づき差し止められた事案も発生している。さらに、UPOV に関してオブザーバーにとどまっている 56 か国の中には、マレーシア、インドネシア、フィリピンのように、全植物品種の保護を実施済みの国家も一定数存在する。

5 ガットの枠組みにおいても、知的財産権の保護に関する条文と、その解釈適用を巡る紛争事例は、日本の酒類飲料に関する内国税制度および原産地表示の保護（BISD34S/83）、米国著作権法の製造条項（BISD31S/74）、自動車ばね部品に関する輸入禁止措置（BISD30S/107）、アラミド繊維輸入禁止措置（BISD36S/345）等、存在した。しかし、ガットは知的財産権の保護を直接的に締約国の義務と規定せず、知的財産権の保護と関係する締約国の措置が、ガットが推進する自由貿易体制の構築との関係で許容される例外の範囲に収まっているか、収まっていない場合に、内国民待遇の付与や知的財産の適切な保護の義務に違反しているかが問題になった。その規制対象は知的財産権という私権自体ではなく、それが化体した有体物としての産品（products）であった。

6 「スペシャル 301 条」手続きは、1974 年通商法 182 条を 1988 年オムニバス通商競争法 1303 条により改正して従来の 301 条手続きに追加された、特に知的財産権に宛てた、より迅速な手続きである。その後、1993 年 WTO 協定実施法および 2015 年超党派通商促進・通商執行法（19USC Sec.2242）により改正されている。『2018 年不公正貿易報告書』55-56 頁等を参照。

7 例えば 2018 年の年次報告では、カナダやスイスのような先進国も含む 36 の優先監視国および監視国を挙げて課題を指摘している。

8 WTO 協定法により、USTR による調査期間は、TRIPS 協定に関する事項について、6 か月から、通常の 301 条手続きと同様の 18 か月に戻すように改正されたが、TRIPS 協定の対象分野以外における、米国の知的財産権を侵害しているとみられる事項に関しては、引き続き 6 か月である。

9 『2018 年不公正貿易報告書』50-51 頁、鈴木信也「多様化するクロスボーダー取引における ITC337 条調査の射程に関する考察」『日本大学知財ジャーナル』9 号（2016 年）77-87 頁等を参照。

10 特許庁のポータルサイト（http://www.jpo.go.jp/ppph-portal/index.htm）、および、特許庁『特許行政年次報告書 2018 年版』128-131 頁を参照。

11 *Report of the United Nations Secretary-General's High-Level Panel on Access to Medicines: Promoting innovation and access to health technologies*, September 2016。

12 環境省ホームページ内サイト「遺伝資源の取得の機会およびその利用から生ずる利益の公正かつ公平な配分（ABS）」（http://www.env.go.jp/nature/biodic-abs/index.html）を参照。

13 TRIPS プラス条項は、① TRIPS 協定が定める水準を超える保護を義務付ける、② TRIPS 協定が許容している例外に関する裁量の幅を狭める、③ TRIPS 協定が保護を義務付けていない知的財産の保護を義務付ける、と類別される。鈴

木 (2005 年) を参照。

参考文献

知的財産関連条約の策定経緯

文化庁著作権法百年史編集委員会『著作権法百年史』(著作権情報センター、2000
　年)

Stephen P. Ladas『ラダス国際工業所有権法：特許・商標等の国内的および国際的
　保護』(AIPPI JAPAN、1981 年)。

石井正『知的財産の歴史と現代』(発明協会、2005 年)。

加藤暁子「国際知的財産法の形成―私法統一と公法化のはざまで―」『民商法雑誌』
　153 巻 6 号 (2017 年 2 月) 869-899 頁。

パリ条約

後藤晴男『パリ条約講話　第 13 版』(発明協会、2007 年)。

ベルヌ条約

黒川徳太郎　訳『ベルヌ条約逐条解説』(著作権資料協会、1979 年)：原著 WIPO,
　Guide to the Berne convention for the protection of literary and artistic works (Paris Act,
　1971) (WIPO, 1978).

TRIPS 協定

尾島明『逐条解説 TRIPs 協定』(日本機械輸出組合、1999 年)。

Daniel Gervais, *The TRIPS Agreement: Drafting History and Analysis* (Thomson Reuters 4th ed,
　2012).

Carlos M. Correa & Abdulqawi A. Yusuf (eds.), *Intellectual Property and International Trade: The
　TRIPS Agreement* (Kluwer Law International, 3rd ed, 2016).

バイオテクノロジーと知的財産権

盛岡一『バイオサイエンスの光と影―生命を囲い込む組織行動』(三和書籍、2011
　年)。

渋谷達紀『種苗法の概要』(経済産業調査会、2014 年)。

生物多様性と知的財産権

井関涼子「生物多様性条約における『遺伝資源へのアクセスと利益配分』と特許法：
　名古屋議定書と食料・農業植物遺伝資源条約」『パテント』69 巻 14 号 (2016 年 11
　月) 104 － 118 頁。

知的財産権の国際登録、国際登録出願に関わる制度

荒木好文　著、堤卓　補訂『図解特許協力条約　第 6 版』(2018 年、発明推進協会)

WIPO, *Patent Cooperation Treaty Yearly Review* (各年版)。同様の年報を商標に関するマドリッドおよび意匠に関するハーグシステムに関しても発刊。

欧州

高岡亮一『ヨーロッパ特許条約実務ハンドブック　第 3 版』(2014 年、中央経済社)。

JETRO デュッセルドルフ事務所「欧州知財情報」(JETRO 欧州 HP 掲載)。

地域協定と知的財産権

大町真義「FTA/EPA への多数国間知財問題の波及とその含意―先進国・開発途上国および新旧世界による地域貿易協定の利用の新たな段階か？―」『AIPPI』Vol.57, No.10 (2012 年) 4 － 25 頁。

鈴木將文「国際仲裁 (商事仲裁・投資仲裁) と知的財産」『パテント』69 巻 14 号 (2016 年 11 月) 11 － 28 頁。

鈴木將文「地域経済統合と知的財産制度―『TRIPs プラス』条項の検討を中心に」相澤・大渕・小泉・田村『知的財産法の理論と現代的課題』(弘文堂、2005 年) 539-554 頁。

特許庁『「国際知財制度研究会」報告書』各年版。特許庁 HP で PDF を掲載。

Raymundo Valdes & Runyowa Tavengwa, "Intellectual Property Provisions in Regional Trade Agreements" WTO Economic Research and Statistics Division, Staff Working Paper ERSD-2012-21, 31 October 2012.

今日の国際関心事項と知財

山根裕子『知的財産権のグローバル化：医薬品アクセスと TRIPS 協定』(岩波書店、2008 年)。

知的財産研究教育財団『医療と特許：医薬特許発明の保護と国民の生命・健康維持のための制度的寄与』(創英社／三省堂書店、2017 年)。

Report of the United Nations Secretary-General's High-Level Panel on Access to Medicines: Promoting innovation and access to health technologies, September 2016.

山根裕子「知的財産権条約と人権条約：条約の自己完結性と補完性」『国際法外交雑誌』115 巻 3 号 (2016 年 11 月) 231-256 頁。

松井章浩「国際人権条約における知的財産」『立命館法學』2015 年 5・6 号 (2015 年) 2099-2124 頁。

第10章　国際投資と法

柳赫秀

本章の概要

　本章では国際投資法の全般的な概説を行う。国際投資法は、1980年代を通じて「新自由主義の勝利」が確実になったことに伴い、それまでの南北対立により一般国際法の次元で行き詰まっていた事態が大きく変化し、今や国際経済法の研究者と実務家の間で最も身近な分野となったと言っても過言でない。その背景には、1990年代に入って国際投資協定 (international investment agreement, IIA) の急激な増加と、やはり1980年代後半息を吹き返した投資協定仲裁の著しい展開がある。

　以下、国際投資の定義と国際投資関係の特徴についての導入部に続いて、19世紀以来の国際投資法の歴史的展開をたどる。それから国際投資に関する法の概要について、通常 IIA に含まれる諸規定を中心に整理する。今日目まぐるしい展開を見せている投資協定仲裁については、本章の姉妹章である第11章の「投資仲裁」の章で詳しく取り上げられる。それから発展の著しい国際投資法に対して起こりつつある「反動」について紹介し、現在生じつつある葛藤と反動を踏まえて今後の展望を行う。最後に、日本の投資規制の内容について外為法を中心に整理してから、日本が結んでいる IIA について簡単に紹介した。

Ⅰ. 概　要

1. はじめに

　国際投資法（international investment law）は、1990 年代以降著しい発展を見せ、今や国際経済法の研究者と実務家の間で最も身近な分野の地位を占めるトピックになった。その背景には、1990 年代に入って国際投資協定（international investment agreement, IIA）の急激な増加と、それと連動した投資協定仲裁の著しい展開がある。

　IIA は、締約国の間で投資の保護と促進を図る 2 国間投資条約（Bilateral Investment Treaty, BIT）と、北米自由貿易条約（NAFTA）のように、投資条項（章）を含んでいる自由貿易協定のような投資条項付条約（treaties with investment provisions, TIP）に大別されるが、1990 年末から急速に増え始め、2018 年 6 月現在、2,952 の BIT が締結され、そのうち 2,358 が発効しており、そして、380 の TIP が締結され、そのうち 310 が発効している[1]。IIA のほとんどは 2 国間で結ばれているが、最近では日中韓投資協定や ASEAN 包括投資協定のように地域的なものも表れている。世界規模のものはエネルギー分野を対象とする「エネルギー憲章条約」が依然として唯一のものである。

　しかし、IIA の数以上に重要なのは、多くの IIA に規定されている外国投資家と投資受入国の間の紛争解決 (Investor-State Dispute Settlement、ISDS) のための仲裁手続 (投資協定仲裁) が活発に利用されていることである。投資協定仲裁とは、IIA 上の規定に基づいて、外国投資家が、投資受入国との紛争について、後者を相手取って訴える仲裁のことであるが、それが実際に使われたのは 1987 年になってからである。しかし、1990 年代後半から付託件数が急速に増え、2018 年 8 月現在で 855 を数える事件が投資協定仲裁に付託され、すでに 548 件が確定済みで、297 件が係争中である。投資協定仲裁は、外国投資家にとっては新たに有効な権益保護の手段として現れた反面、蓄積されていく仲裁判断については、投資受入国だけでなく、市民社会、法学者および実務家を巻き込んで議論の的になってきた。

　確かに、IIA の膨大な拡散とそれと連動した仲裁事例の蓄積によって、「条約に基づく基準」(treaty-based standards) の形成が進んできたが、国際投資分野においては、国際通商における WTO、国際通貨における IMF のような多角的で一般的な法的枠組みが成立しておらず、国際投資法は、依然として 2 国間、地域的、複数国間協定や、多角的なものでも、分野限定的か、法的拘束力のない取極からなる、パッチ・ワーク状態にある。

2. 国際投資の定義と国際投資関係の特徴

(1) 国際投資の定義と国際投資の諸側面

　国際 (外国) 投資とは、一国から (資本輸出国、あるいは投資 (母) 国) から他国 (資本輸入国、あるいは投資受入国) への資本の移動である[2]。外国投資は直接投資と間接投資に分かれるが、国際投資法で主に問題となるのは前者の方である。直接投資とは投資先において子会社・支店の設立等を行い、その経営を支配または参加することを目的とするものである。『IMF 国際収支マニュアル第 5 版』は、直接投資を「投資家が属さない国において操業する企業に関して、永続的な権益を取得するために行われる国際投資」と定義するが、「永続的な権益」とは「投資家と当該企業との間の長期的関係、および当該企業の経営に対する相当程度の影響の存在」である[3]。それに対して、間接投資は、配当・利子等の所得を目的とする投資であり、企業支配を目的とするものでなく、

もっぱら資金の効率的運用が目的である。

　従って、外国投資活動には、ある国の投資家が他国に入国・在留し、企業を設立し、継続的な事業活動を保障され、その活動や財産に対して不断の、適正な保護が要求される。すなわち、外国投資には、①「投資の受入れ(admission)」：投資家の出入国、事業設立や経営参加の許可および投資誘致のための優遇措置、②「投資の待遇(treatment)」：投資受入れ後企業設立および事業活動(経営幹部の入国、経営会計・開示・責任、労務管理、M&A、課税、技術移転等)についての処遇、③「投資の保護(protection)」：事業からの収益・財産権の保護(送金、収用・国有化への補償等)および④「投資紛争解決(dispute settlement)」：事業活動や財産権をめぐる紛争の解決等、おおよそ4つの側面にわたる、多種多様な法律事項が含まれる。

(2) 国際投資関係の特徴

　国際投資関係は、一方の投資受入国(host state)と、他方の多国籍企業(Multinational Corporations, MNCs)・投資本国(home state)間の「支配」を巡る争いとしての様相を帯びがちで、比較優位理論に基づく「貿易利益」(gains from trade)について合意のある通商の場合と違って、投資が投資受入国や投資母国のそれぞれの国民経済にいかなる利益をもたらすのかについて合意が成り立ちにくい。1980年代に入って外国投資のもたらす利益を強調する新自由主義の立場が優勢である中で、従来のイデオロギー的対立がある程度止揚されてきたが、依然として外国投資の利益について十分なコンセンサスが成立しているとは言い難い。

　古典派経済学は、国際資本移動は資源配分の効率性を上昇させ、世界全体の生産増加と資本輸出国・輸入国の双方の経済厚生が上昇するだけでなく、新しい雇用を創出し、技術の導入および労働者の技能訓練を通じて技術移転を促進すると力説する。しかし、投資受入国の企業における一定の持分の所有(ownership)と、それに基づく支配(control)を伴う(直接)投資の経済的効果についての結論は得られていない。直接投資の場合、単なる資金が移動するだけでなく、投資する企業が持つ技術や経営ノウハウも同時に移動するからには、製造技術、生産システム、経営ノウハウ等の経営資源が投資の対象となっ

た現地企業の事業活動を通じて地場産業へ伝播する可能性はある。他方で、通常 MNCs は独創的な技術の移転には慎重で、完全所有の現地法人を作るか、ライセンス許可に条件を付し、技術移転を厳しく統制するのが常であるといわれる。その反面、投資受入国は、しばしば MNCs を巨大な経済主体であるだけでなく、自らの主権や権限を脅かす政治的存在とみなし、しかも投資母国の経済的支配の尖兵であると警戒する。そして、国家は、資本の輸入国か輸出国かを問わず、非経済的な要因、特に安全保障の観点から直接投資に対して様々な規制を課している。

それを大別すると、①外国投資の全面的あるいは部分的排除、②外国出資を通常 49% までに制限する現地化法 (indigenization law)、③外国人投資家と合弁で設立された会社へ経営参加を要求し、外国投資家に対する直接コントロールを図る合弁事業法 (equity joint venture law) (直接経営参加を重視する旧社会主義移行経済国の主要政策手段である)、④投資受入国が外国投資、特に多国籍企業の参入を規制するために多用する外国投資審査法 (screening law)、⑤投資受入れおよび設立に際して、国産品使用要求、輸出要求・国内販売制限、外貨均衡要求、内国民雇用要求および研究開発要求等のパフォーマンス・リクワイアメント、⑥元本、利益等の海外送金についての為替制限、および⑦収容・国有化である。

II. 国際投資法の歴史的展開

投資保護の問題は、19 世紀半ば以後交通通信技術の発達に伴い外国直接投資が可能になるにつれ、資本輸出国である欧米諸国と資本輸入国である非欧米諸国の間の長くて根深い確執の歴史であった。論争の焦点は、19 世紀以来欧米諸国の国民（自然人および法人）が非欧米世界に対する経済進出を拡大する中で生成された、「外国人の身体および財産の蒙った損害に対する国家責任」(state responsibility for injuries to aliens) についての慣習国際法の内容であった。19 世紀後半からラテン・アメリカ諸国が上記の慣習国際法のあり方が不平等な「通交」関係の法的表現であると争ったが、アジア・アフリカ諸国が第 2 次世界大戦後次々と独立を勝ち取ってから、論争は国際経済秩序のあり方そのものに及んだ。そして、国際投資法の焦点が、投資本国と投資受入国間の利益のバ

ランスから、外国投資家の直接利益の保護が問題となるにつれ、投資契約の「国際化」(internationalization)と、外国投資過程の外部化(externalization)へ移って行った[4]。

1.19 世紀における国際標準主義と内外人平等主義の対立

第 2 次世界大戦まで多くの国際判例の支持を集めていたとされる、欧米諸国が主張する外国人(自然人および法人)の処遇に関する「国際標準主義」は、すべての国は、自国民に与える待遇・保障にかかわりなく、国際法上の最低基準(文明国標準ないし国際標準)に従って在留外国人を待遇すべきであるとされる。すなわち、在留国が、外国人・財産に内国民と同じ待遇を与えても、その待遇が国際標準を下回る場合には、国際法上の基準を満たしたことにはならない。国際標準の違反は、在留国に国家責任を発生させ、外国人の本国に自国民を保護するために外交的に介入する権利が与えられる。欧米諸国はしばしば外交的保護を口実に軍艦外交(gunboat diplomacy)を行い、時には軍事介入まではばからなかったので、非欧米諸国の激しい反発を買った。

それに対して、ラテン・アメリカ諸国は「内外人平等主義」を唱え、国際標準主義に正面から対抗した。1868 年アルゼンチン外相のカルボーは、国際標準主義を盾にした欧米諸国の外交的保護の行使に対して、①主権平等原則に基づく不干渉主義と、②在留外国人と自国民の同等の待遇の保障という内外人平等主義からなる、「カルボー・ドクトリン」(Calvo Doctrine)を提唱した。その後「カルボー・ドクトリン」は、一連の米州諸国会議で確認され、不干渉主義の部分は「ドラゴー主義」として提唱され、1907 年の「契約上ノ債務回収ノ為ニスル兵力使用ノ制限ニ関スル条約」として結晶し、「内外人平等主義」は1933 年「国の権利及び義務に関する条約」の 9 条の後段となった。

そして、ラテン・アメリカ諸国はその国内法(特に憲法)およびコンセッション(国家契約とも呼ばれる)に、外国人に私的契約の違反または内乱等に由来する請求の実現において、本国の外交的保護を放棄させる「カルボー条項」をおいた。「カルボー条項」に対して、欧米諸国の政府や学者たちは、国の権利である外交的保護を縛ることはできないと否定的であったが、1933 年北米浚渫契約事件の一般請求委員会の裁判で、限定的ではあるが、一定の効力を認められた[5]。

　ラテン・アメリカ諸国の挑戦の下、20世紀初めまでに外国投資についての国際基準の未成熟状態が続いた。そして、1917年ソビエト・ロシアの登場によりヨーロッパ諸国の同質性が崩壊する中、国際標準主義と国内標準主義をめぐる争いは一段と熾烈さを増していった。1930年国際連盟の国際法法典化会議では、2つの主張が激しく対立し、合意に至らなかった。その中で、1938年メキシコが米国の石油会社を国有化した際に、米国は、投資受入国の国有化権利を認めながらも、十分（adequate）、迅速（prompt）、かつ、実効的（effective）補償を内容とする「正当補償」（just compensation）（完全（full）保障ともいう）の法理を提唱し「国際標準主義」の再構成を試みた。米国の見解はのちに「ハル・フォーミュラ」（Hull Formula）と呼ばれた。

　19世紀後半ラテン・アメリカ諸国の挑戦から始まる、「国際標準主義 vs. 国内標準主義（内外人平等主義）」の対立は、いよいよ1960年代以後植民地から独立を果たした途上国の「集団としての異議申立」により新たな局面に突入した。

2. 第2次世界大戦後国際投資法の展開：一般法と特別法の隔絶

　先進国と途上国の対立が最も先鋭な形で表出したのが、収用・国有化の分野である。第2次世界大戦後植民地から独立を獲得した新生独立国は、すでに戦間期にその萌芽が現れた、外国投資規制における「経済開発の必要性」という新しい正当性を盾に、外国投資についての主権的権利の再確認と、国家主権の内在的権利としての国有化の自由を唱えた。

　途上国は、一連の総会決議によって、経済的自決権としての「天然資源に対する恒久主権」という国際法の新しい概念を誕生させた。この概念はチリ代表が1952年国連の人権委員会で初めて提唱したが、途上国は、天然資源の開発を含む自国内におけるあらゆる経済活動を規制する権利と、外国人財産を国有化する権利を正当化し、外国人およびその財産の保護、特に補償ルールについての伝統的国際法の修正を迫った。アビ・サブは、「恒久主権」概念は変化した国際認識を国際法体制へ投影するコンベヤー・ベルトのようなもので、外国人の経済利益と領域主権の関係についての前提を、外国人の利益へ影響する国家行為の違法性を問題とする国家責任法から、一般原則としての国家の恒久主権と行動の自由の確認へ転換する役割を果たしたという[6]。

　1962 年に国連総会で採択された「天然資源に対する恒久主権に関する決議」
(決議 1803) は、投資本国と投資受入国の双方の利益の均衡を図ったものであっ
た。すなわち、国有化または収用は、公益に基づいて、無差別に行われなけ
ればならず、所有者には収用国の国内法および「国際法」に従って、「適当な」
(appropriate) 補償が支払われる。補償についての紛争は、まず収用国の国内裁
判手続が尽くされなければならないが、収用国と他の当事者が合意する場合
は、「仲裁または国際裁判」によって解決される。この決議は、「適当な」補償
という部分が「ハル・フォーミュラ」と異なるが、補償の支払や紛争解決に
ついて国際法の介入の余地を明示しているので、当時の実定国際法を表すも
のとして評価され、大部分の西欧諸国も賛成に回った[7]。しかし、その後の
NIEO 関連の国連総会決議においては、主権の論理が前面に踊り出、国際法
の介入の余地が否定されていった。1974 年の「国の経済的権利義務憲章」2 条
2 項 (c) では、「外国人資産を国有化し、収用し、またはその所有権を移転する」
主権的権利が確認されてから、収用国は、「自国の関連法令および自国が関連
すると認めるすべての事情を考慮して適当な補償を払うべきで」、国有化に伴
う紛争は、「国有化を行う国家の国内法に基づく、かつ、その裁判所において」
解決されることになり、国際法への言及がなされていない[8]。

　一連の決議は、国連の「集団的正当化」(collective legitimation) 付与機能に頼りつ
つ、一方で既存の慣習国際法の権威を殺ぎ落としながら、他方で新しい国際
法規の生成を図る、新興独立国の意思の現れである。「国の経済的権利義務憲
章」は、法的拘束力のない単なる決議で、「あるべき法」(de lege ferenda) の域を
越えるものでないという見解と、多くの国によって「形成段階にある原則」と
してみなされるに至ったという見解が対立しているが[9]、伝統的慣習国際法の
普遍的妥当性を疑い、補償について普遍的に認められている基準は存在しな
いという見解も有力である[10]。

　他方で、1970 年代半ば以降西側先進諸国と途上国の国有化・収用を中心と
する外国投資保護をめぐる対立は新しい局面を迎える。すなわち、先進諸国は、
伝統的国際法の法的効力の問題を棚上げにしたまま、途上国と 2 国間で国有
化・収用についての伝統的ルールを反映した BIT を締結する、いわば各個撃
破戦術へ転じたのである。それによって、外国人処遇に関する慣習国際法の

内容をめぐる南北間の対立は平行線を辿ったまま、2国間のレベルで前者を確認する内容の夥しい数の BIT が先進国と途上国の間で締結された。国際投資についての国際法は、一般国際法の次元では議論が凍結される中、一般法とは隔絶した特別法（限り）の次元で、基準（standard）が形成されていったのである。

3. 新自由主義の台頭と条約上の基準 (treaty-based standards) の形成

　1980年代に入ってから新自由主義が台頭する中、外国投資をめぐる問題状況は一変した。一方で、自由主義へ対抗する理念の消滅と途上国（グループ）の交渉力の弱化に伴い、国際経済関係における途上国の発言力が低下し、他方で1970年代終わりまでに先進国はオイル・ショックと不況の沼から抜け出し、自由主義体制の建直しに着手する自信と能力を取り戻した。その矢先である1982年にメキシコを襲い、他の途上国へ伝播していった債務危機により、途上国の MNCs と外国投資についての認識や態度が決定的に変化した。従来開発の進んで途上国は、国営企業主導の開発計画のための資金をユーロ・マーケットから調達していたが、債務の累積、利子返済の負担増および世界不況が重なり、累積債務の返済が滞る中で、外国投資への警戒心が完全になくなったわけではないが、長期資本の調達手段としての直接投資誘致政策へ転換せざるを得なかった。

　1970年代までに、各国は、MNCs の台頭に伴う政策的対応や経済的ナショナリズムの発露として、対内投資に関する国内法を制定し、外国投資の受入や受入後の事業活動について規制体制を整っていった。多くの途上国も、国民経済の管理および計画遂行能力が各段と向上したことに伴い、外国資本の国民経済支配を防止し、それを経済発展計画に結びつけるための「外国投資コード」作りを行った。しかし、1980年代半ば以降、多くの途上国は常連国有化国としてのイメージを払拭し[11]、「門戸開放」(open door) や民営化 (privatization) 政策をとる。特に、過去外国人処遇に関する伝統的国際法について最も激しく抵抗したラテン・アメリカ諸国の一方的、あるいは地域的な投資自由化の動きには目を見張るものがある。多くの途上国や、一部の先進諸国において実施された民営化政策によって、以前の外国法人出資制限や経営参加要求が取払われ、外国法人の完全所有の許容や既存の内国法人の受渡しが行われた。

そして、従前のさまざまなパフォーマンス・リクワイアメントも著しく緩和ないし廃止された[12]。

このような状況の下で、新自由主義の洗礼を受けつつ、IIA は爆発的に増加し、IIA 仲裁と連動しつつ、ある種の条約上の基準が形成されていく。1990 年代に入ると、社会主義体制から市場経済体制に転換した東欧諸国が西欧諸国と IIA を結び始め、また途上国相互間でも結ばれるようになった。1993 年には投資章を含む NAFTA が、1994 年には米国のモデル BIT が発表され、エネルギー分野に限定したものではあるが、はじめて多数国間の条約であるエネルギー憲章条約が結ばれた。

その中で、ソルナラジャのいう投資契約仲裁 (contract-based arbitration) から投資条約仲裁 (treaty-based arbitration) への変容という現状が生じる。従来の国家契約理論によれば、投資契約は投資受入国の国内法によって規律され、前者による契約違反が直ちに条約 (すなわち、国際法) 違反を構成するものではないとされてきた。長い間投資契約の国際化を図る様々な努力が行われてきたが、明示的な「安定化条項」の存在の場合を除いて、理論的に、そして、国家慣行において、それらが通説的な立場に立つことはなかった。ところが多数の IIA に含まれている「アンブレラ条項」[13] と投資協定仲裁における解釈を通じて、受入国による外国投資家との契約違反が直ちに条約違反を構成し、後者による前者の責任追及が許されるようになり、IIA に基づく投資契約の「国際化」の動きが論争を呼んでいる。

スベディは、1980 年代後半から 1990 年代前半までの先進諸国の勝利によって、外国投資家が投資行為において最大限の自由を享有しながら、投資受入国に最大限の保護を要求する、「投資 (家) 寄り」国際投資法制が存在するようになったが、それに見合う外国投資家の責任追及は手薄で、そして、非経済的価値や国際法のその他の原則への配慮が欠如する事態に至ったと、今日の状況を評価する[14]。

4. 投資保護から (に加えて) 投資自由化へ

1980 年代に入ってから、途上国や移行経済国による一方的な自由化に続いて、2 国間、地域的なレベルでの自由化が進められ、たとえ失敗はしたものの、

昨今の多数国間投資条約 (Multilateral Agreement on Investment, MAI) のように、多角的な枠組みの設立の試みまで行われるようになった。投資の保護から投資の自由化へ時代の振り子の移動である。

　従来のヨーロッパ型 BIT は、投資の促進・奨励についての規定がないわけではないが、投資の受入れに関して受入国の完全な裁量を認めているので、基本的には「投資保護を通じての投資促進」に主眼がある。BIT の先駆的存在であるドイツのモデル条約2条1項は、「各締約国は、自国の領域において、他の締約国の国民または会社による投資をできる限り促進し、かつ、かかる投資を自国の法令に従って許可する。」と定める[15]。

　それに対して、アメリカは、1980 年代に入ってから、BIT プログラムによる「自由主義的な」アプローチを[16]、2 国間、あるいは地域的協定において採用し、今やそれを多角化する動きを強めていった。

　数回にわたって改定された、米国 BIT モデル条約案の 1994 年版の内容から、BITs の規範内容をみると[17]、①投資の受入れと受入れ後の待遇の段階を区別せず、内国民待遇又は最恵国待遇に基づく無差別待遇の確保を通じて投資の自由化が図られる。同案2条1項では、「いずれの締約国も、対象投資の設立、取得、拡大、管理、経営、運用及び販売その他の処分について、同様の場合に、その領域において自国民や会社に、あるいは、第3国の国民や会社に与えられる待遇よりも不利でない待遇のうち、いずれかより有利な待遇を与える」と規定する。②各締約国は、①の約束に対して、条約の附属書に明示されているセクター又は事項に含まれる例外 (ネガティブ・リスト) を設け又は維持することができる。③対象投資についての公正かつ衡平な待遇及び完全な保護及び安全を与えなければならず、いかなる場合にも国際法によって要求される待遇より不利な待遇を与えてはならない (2条3項(a))。各締約国は、不合理で差別的な方法で、対象投資の管理、運用及び販売その他の処分を害してはならない (2条3項(b))。④各締約国は、対象投資についての請求や執行のための効果的な手段を提供する義務 (2条4項) 及び対象投資関連法令、規則及び行政手続などの公表 (透明性確保) 義務を負う (2条5項)。⑤対象投資の設立、取得、拡大、管理、運用の条件としてパフォーマンス・リクワイアメントを要求することが禁止される (6条)、⑥最後に、一方の締約国の国民又は会社と他方の

締約国間の投資紛争解決手続が設けられ、前者に国内裁判手続、両者間で事前に合意した紛争手続及び ICSID への付託のうち、いずれかを選択する権利が付与された (9条)。

　地域レベルにおける投資の自由化は、最初 EU それ自体と EU が途上国と結んでいるローメ協定を除いては、米州に集中していた。1990 年代を通じて 70 を越える BITs が域内で締結され、NAFTA[18]、グループ 3 自由貿易地域協定 (コロンビア、メキシコ、ベネズエラ)、メルコスール (MERCOSUR)、アンデス共同体等の地域協定に、現在米州自由貿易地域協定 (Free Trade Area of the Americas, FAAA) が交渉中である。

　多角的レベルにおける投資の自由化の試みとしては、先進国間の自由化レジームである OECD 資本自由化規約と、投資の自由化協定としての性格を併せ持つ GATS がある。GATS のサービス貿易モードの 3 番目の形態は、「サービス提供者による、他の加盟国の領域における業務上の拠点を通じたサービスの提供」で、「業務上の拠点」は、業務を行うための又は自由職業のための事業所を言い、これらの事業所には、サービスの提供を目的として加盟国の領域内で行われる、法人の設立、取得または維持、そして、支店または代表事務所の設置または維持行為により置かれたものが含まれる。確かに、GATS は、BITs などの一般的な投資協定のとっている資産ベースの広い投資の定義に比べて、企業ベースの狭い投資の定義をとっているが、その定義は紛れもなく直接投資の定義で、投資設立の前後、新旧投資の如何を問わず保護の対象になる[19]。

　いまだ国際的レベルにおける投資の自由化は、米国、最近の日本など一部の国々や地域に見られる現象で、現在も多くの国々の国内法レベルでは依然として投資受入れについての制限が様々な形で残っているが、投資の自由化へ降られた振り子の後戻りはもはやないと思われる。

III. 国際投資に関する法の概要

　本節では、現在国際投資法の中心的な位置を占める IIA と投資協定仲裁を中心に、国際投資に関する法内容について簡潔に概説する。今日の IIA には、主要国のモデル条約の影響もあり、内容的に多くの類似点が見られるが、他

方で、2国間の個別的な交渉の産物として個々の条約ごとに規定の内容が異なることに留意すべきである[20]。

1. 保護範囲：投資家・投資財産

　IIA の保護の対象は、「投資家」(investor) および「投資財産」(investment) の概念によって確定される。通常 IIA は最初の定義の部分で保護範囲について規定している。

(1) 投資家

　投資家には自然人だけでなく、法人が含まれるが、条約上にはそれぞれ「国民」と「会社」と表記されることが多い。誰が IIA 上の投資家であるかの決定的な基準は国籍である。(→第 11 章 III .2. (2))

　自然人の場合、投資家は締約国の国民(national) である。ICSID 条約は、ICSID 紛争解決手続を利用することができるのは紛争相手国の国籍所持者であると明記している (25 条 2 項)。誰が国民であるかは通常締約国の国内法によって決まる。一部の IIA が、ノッテボーム事件以後の実効的国籍論に触発され、自然人と国籍付与国の間の真正な連関を要求するが、多くの IIA はあえて二重国籍や実効的国籍について規定していない。最近の ICSID 仲裁でも実効的国籍や支配的 (dominant) 国籍の議論に深入りしない傾向が見られる[21]。要するに、現在 IIA では、資本輸出国と結びつきが弱い投資家へ条約上の利益を付与しないことや、紛争解決における投資者の「国籍アサリ」(nationality hunting) や「条約ショッピング」(treaty shopping) の防止に重点が置かれ、二重国籍や実効的国籍の問題解決には至っていない。

　多くの IIA は、法人や会社だけでなく、締約国の法律に基づいて設立されたその他の法的団体を含めているが、それらの広義の法人の場合も IIA 上の利益を享受するためには締約国の国籍を保持しなければならない。問題は、現在ほとんどの投資が複数国にまたがって活動している多国籍企業によって行われている現実から、法人の国籍の決定はより複雑である。1971 年バルセロナ・トラクション事件判決で、ICJ は、会社の国籍は、設立準拠地法と本部所在地という 2 大基準によって決まると判示したが、経済的現実を無視した形式的

な判断であると批判された（ジェサップ判事の少数意見）。実際1965年に成立した ICSID 条約25条2項(b)は、締約国は、当該会社が、一方の締約国の国籍を有しているが、外国支配（foreign control）のために他の締約国の国民とみなされるべきでないと互いに合意することができると規定する。これは現地子会社の扱いについての規定だが、多くの IIA では、従来の設立準拠法と本部所在地という2つの基準に、誰が会社を支配しているのかを考慮しながら、条約上の利益の享受者の決定を行っている。エネルギー憲章条約17条は、第3国の国民が所有または支配しており当該分野で実質的に活動していない場合には、条約上の利益付与を拒否することができると規定する。投資仲裁判決にも第3国民または内国民に支配されている場合同様の判断を示したものが多数存在する[22]。

(2) 投資財産

投資保護の伝統的なアプローチでは、外国人の「財産、権利および利益」（property, rights, and interests）の保護を意味したが、1960年代以後より一般的な「投資財産」（investment）に代替された。（→第11章Ⅲ.2.(1)）

IIA の場合、双方の締約国の政策方針により、保護される投資財産の範囲が広狭様々であるが、多くの IIA は広い資産ベース（asset-based）の定義を採用する[23]。特に最近の IIA では、締約国の意思をより正確に反映すべく、投資財産の定義が詳細化する傾向がある。例示される投資財産には広く債権、負債、契約、所有権、株、抵当権およびライセンス等が含まれる。多くの場合、直接投資と間接投資の両方が含まれる。そして、広い定義の場合、交渉時に特定されなかった新しい形態の投資財産もカバーされることになるが、条約発効以前の投資財産に遡及して適用するかは条約ごとに一定しない。

ICSID 条約25条1項は、仲裁の管轄権は、「投資」から直接生じる紛争で、紛争当事者が書面で付託した場合に生じると規定していることから、投資としての性格を持たない資産や事業活動は ICSID 仲裁の保護の対象にならないと解される。サリーニ事件の仲裁廷は[24]、ICSID 条約上の投資財産性の指標として、①金銭またはその他の資産による出資、②当該事業が一定の持続期間を有すること、③取引リスクへの参加、④（ICSID 条約の前文から）投資受入国の経済発展への寄与、の4つの要素を抽出した。これはのちの多くの仲裁判

断で踏襲され、サリーニ・テストと呼ばれている。ICSID 以外の仲裁フォーラムを利用する場合には、「投資」紛争のみならず、当事者間で合意する商事紛争も付託することができることから、サリーニ・テストは用いられない。

しかし、サリーニ・テストの使用や IIA 上の投資財産の定義が、抽象的な概念や文言による定式化に留まる場合が多いことから、ある資産や事業活動が「投資財産」に該当するかどうかを判断するのは容易でなく、投資財産の解釈をめぐる当事国の実行や仲裁判断の蓄積を待つことになる。

2. 投資の待遇

投資受入国における投資家とその財産に対する待遇の種類や内容の問題がある。今日の「国際投資法」の発展はこの部分に集中しているといっても過言ではない。以下、最恵国待遇、内国民待遇、公正衡平待遇を中心に記述する。

(1) 最恵国待遇

最恵国待遇 (MFN) は、投資受入国が、外国の投資家およびその投資財産に対し、同様の状況において (in like circumstances) 第 3 国の投資家またはその投資財産に与える待遇よりも不利でない待遇 (treatment no less favourable) を与えることである。内国民待遇が内外投資 (家) 間の同等な取扱を保障するのに対して、MFN は資本受入国に対して一定の差別を禁止することを通じて、外国投資 (家) 間の競争機会の平等を図るものである。MFN は、内国民待遇と同様、それぞれの国内法によって内容や水準の決まる相対的なタイプの義務で、他国との合意や国際ルールによって決まる絶対的なタイプの公平衡平待遇等の場合と異なる[25]。

MFN が主に水際で問題になる通商の場合に比べて、投資受入国の領域内の措置が問題になる IIA においては MFN の場合、投資受入国による差別の可能性とともに MFN の正確な範囲をめぐって争いが起こりやすい[26]。有名な Maffezini v Spain 事件で、MFN が ISDS にも及ぶのかが争われたが、BIT の交渉時には予期しなかった問題であった[27]。

通常 MFN 条項は、投資財産・投資家の保護 (享有) 対象、投資受入前か投資受入後かの保護の局面、付帯的な制限や条件および例外事項等、適用範囲に

ついて明示する。ただし、多くの IIA の場合、MFN 条項を通じて、他の IIA の実体的な保護規定が適用可能であるか、それには他の IIA の ISDS 条項の適用も含まれるかについては明示していないので、仲裁の段階で困難が多かったが、最近の IIA の中にはこれらについて明記するものが増えている[28]。

従来の多くの BIT、日中韓投資協定およびエネルギー憲章条約は投資受入後の保護しか規定していないが、最近では、NAFTA や日韓投資協定のように、投資受入後だけでなく、投資前段階（設立）も保護するようになった。そして、各国は様々な形で最恵国待遇に対する例外事項を設けているが、国別例外（country-specific exceptions）を含む投資前段階（設立）モデル条約の方が、投資受入後モデル条約より例外事項が多くなる傾向があると言われる。例外条項には、安全保障、公序および健康・道徳等を理由とする一般的例外（general exceptions）、租税関係、知的財産権、地域統合および相互承認等、相互主義ベースの例外（reciprocal subject-specific exceptions）、および GATS のように、国別約束表に基づく国別例外の 3 つのカテゴリーがある。

MFN の最大の争点は、基部（basic）BIT の MFN 条項を通じて、他の BIT の実体的なまたは手続的な保護規定をどの範囲で援用することができるかである。UNCTAD シリーズによれば、実体的な保護規定の事例には、①基部 BIT より有利な保護規定を有している場合、②基部 BIT には規定のない規定の援用、③時間的・事項的範囲の変更、④他の BIT に存在しない基部 BIT 規定の否定および⑤「同様の状況」の解釈、の 5 つについての事例がある。実体的な保護規定の事例の場合には MFN 条項内容に注目する傾向があるという。

手続的な保護規定の事例の場合には、① ISDS を用いるには事前協議及び国内裁判所の利用を条件とする 18 か月の待機期間を置いてあるアルゼンチン・スペイン間の BIT でなく、そのような期間を設けていないチリとスペイン間の BIT 上の ISDS 条項を援用できるかが問われた Maffezini v Spain 事件のような「許容可能性の事例」と、②基部 BIT で規定している仲裁廷への委任事項を超えて「管轄権を拡大する事例」に分け、詳細に紹介している。「許容可能性の事例」の場合には請求容認が多く、反対に「管轄権拡大の事例」の場合は請求却下が多数である。最近の IIA には最恵国条項の適用範囲をより厳格に規定する場合が増えていることは既述した。

(2) 内国民待遇

　内国民待遇 (NT) は、通常「資本受入国が、外国の投資家およびその投資財産に対し、同様の状況において (in like circumstances) 自国の投資家またはその投資財産に与える待遇よりも不利でない待遇を与える」ことをいう[29]。

　周知のように、NT は 19 世紀後半以来ラテン・アメリカ諸国と西欧諸国、第 2 次世界大戦以来先進工業諸国と開発途上国の間で長い確執が繰り広げられてきた問題である。UNCTAD シリーズの次の部分がそれを物語る[30]。「内国民待遇は IIAs の中の待遇の中でもっとも重要な基準で、経済的に (政治的に) 敏感な問題に関わるためにもっとも達成の困難な問題である。現在条件なしに内国民待遇を与えられる国等存在しないだろう。それが投資の設立に関するものである場合はなおさらのことである。」

　従来の BIT では (日中韓投資協定のように) 投資受入後の NT を規定するのが通例であった。これに対して最近の IIA では、投資受入後だけでなく、投資前段階 (設立) の NT も保障するようになった。例えば、日韓投資協定では、NT の対象が「投資財産の設立、取得、拡張、運営、経営、維持、使用、享有、売却その他の処分」となり、投資の自由化へ及んでいる。UNCTAD シリーズは、投資受入後から投資受入前までの NT の拡大を「革命」とまでいう[31]。それだけに、各国は、安全保障上の理由、特定産業分野保護、国家の経済社会政策上等様々な理由で例外を設けている。列挙した分野以外については、すべて NT を付与する方式 (ネガティブリスト方式) と明記した分野・内容についてのみ付与する方式 (ポジティブリスト方式) がある。最後に、今日あまり見られなくなったが、NT そのものが含まれていない IIA もないわけではない。

　NT の目的である内外投資 (家) 間の差別の存在を判断するには、「同様の状況にある」ことをいかに解釈するかがポイントとなる。カリフォルニア州のガソリン添加剤 MTBE の使用を禁止した措置が、MTBE の原料であるメタノールを生産しているカナダ事業者と、ガソリン添加剤 ETBE の原料であるエタノールを生産する事業者を差別したことになるかが争われた Methanex 事件で、仲裁廷はメタノール製造者の 47% が国内事業者であることから、比較の対象は米国のエタノール製造業者でなく、メタノール製造者であると判定した。ガット 3 条の NT 条項における「同種の産品」(like products) の定義は外国投

資における「同様の状況」には適用可能でないとしつつ、メタノール製造者とエタノール製造者は「同様の状況」にいないと判断し、NT 違反を否定した。

現在までのところ仲裁廷の NT 違反の判断は穏当な水準にあると言われるが[32]、「同様の状況」の判断が形式的な (de jure) 差別にとどまらず、通商分野同様、事実上の (de facto) 差別まで踏み込んで行ったらどうなるだろうか。最終的には国家の正当な政策目標との兼ね合いとなるだろうが、NT に資本受入国の開発目標との緊張関係が潜んでいることは間違いない。

(3) 公正衡平義務

現在 IIA の中で最も注目すべき規定が、投資受入国が相手国の投資家と投資財産に公正かつ衡平な待遇を与えることを約束する「公正かつ衡平な待遇」(fair and equitable treatment, FET) 条項である。FET 基準は ISDS において広範に援用されかなりの成果を収めてきた。UNCTAD シリーズは「FET 義務の広範な適用によって、いかに外国投資家の保護に有用であるか明らかになった反面、多くの非確実性とリスクが浮かび上がってきた」という[33]。

FET は、死産した ITO 憲章 11 条 2 項に「正当かつ衡平な待遇」(just and equitable treatment) という文言が現れて以来、地域的には「ボコタ経済協定」(1948 年) に、国際的には OECD 外国投資保護草案 (1967 年) 等に、そして、2 国間レベルでは米国の締結した多くの通商航海条約 (FCN) に含まれていた。1960 年代の比較的初期の BIT には含まれなかったが、徐々に多くの BIT、ロメ協定 IV および NAFTA に編入され、投資協定仲裁と相まって今日に至った。

問題は FET が何を意味するのかについて国家実行や投資協定仲裁においてあまり明らかになってこなかったことである[34]。従来から存在するとされる慣習国際法上の外国人処遇についての「最低基準」と同じであるかどうかが争われる中で、実際 IIAs にみられる FET 条項には、① FET 条項のない条約、② 無条件 (unqualified) FET 条項、③「国際法に基づく」と規定する FET 条項、④「慣習国際法上の最低基準」に言及した FET 条項 (いわゆる NAFTA 型)、⑤例示等何らかの実体的内容を伴う FET 条項 (米国 BIT モデル条約)、の 5 つの形態がある。

その中で FET の解釈については 2 つのアプローチが見られる[35]。一つは、FET を独立した条約上の基準として、条約法条約の解釈ルールに従って、「明

白な文字どおりの意味で」(in its plain, and literal, sense) 解釈するアプローチである。このアプローチは、FET が「最低基準」を超えて投資家を救済するための根拠を提供することを強調した F.A. マンの主張と軌を一つとするものである。もともと主観性を免れない公正かつ衡平の意味をオックスフォード英英辞典に頼って探ることの限界や、どうしても矛先が資本受入国の行動如何に向けられると指摘される。

　もう一つは、FET を「慣習国際法上の最低基準」と同一視するアプローチである。特に、NAFTA に基づく仲裁で FET が、あくまでも NAFTA の基準で、慣習国際法上の「最低基準」より手厚い基準である判定が続いたことに業を煮やした「NAFTA 自由貿易委員会」は、2001 年「NAFTA11 章のついての覚書」で明確に「慣習国際法上の最低基準」と同一視するアプローチを打ち出した。確かに、ニール事件 (Neer case) (1926 年) 以来ある程度の国家実行が存在することから考えると、ある程度はプレーン・アプローチの限界が克服されるかもしれないが、すべての IIA が NAFTA 型 IIA でないこと、投資保護の歴史上「最低基準」をめぐる資本輸出国と投資受入国との確執の歴史を考えると、このアプローチにも問題がないわけではない。NAFTA 自由貿易委員会の宣言後にも NAFTA に基づく仲裁判断に相変わらず一貫性が見られない所以である[36]。

　それでも、投資協定仲裁の積み重ねを通じて FET の一定の実体基準が固まりつつあると言われる。本来個別の仲裁廷は個別の案件を審理するわけであるが、先例が充実に踏まれる中かなりの収斂が見られるという。生成されつつある実体基準とは、明白な恣意的措置の禁止、裁判拒否とデュー・プロセスの無視、性・人種や宗教等を理由とする差別、投資受入国政府の措置から正当に期待される利益保護および露骨な濫用を伴う取扱等である。その反面、投資家側にも、投資受入国への不当な干渉の禁止、信義誠実および健全な投資活動等が求められる[37]。

(4) その他

　最後に、多くの IIA に FET と一緒に規定される場合の多い「十分な保護および保障」の義務内容についてもいまだ解決されていないが、武力衝突や内戦のような事態について援用される場合がある。

364

3. 収　用

　前述したように、収用は従来の国際投資に関する法の中核的な位置を占め、1960年代以後南北問題における焦眉のテーマであった。IIAの「隆盛」は、まさに収用問題における一般法レベルの行き詰まりに対する特別法による対応であった。

　国家による私人の財産やその所有の強制的剥奪を指す収用には、直接収用と間接収用がある。直接収用には、特に所有者の犯罪行為を理由とする、補償なしに財産を取り上げる没収 (confiscation)、国家が武力衝突に際して私的財産を必要とする時に行う徴発 (requisition)、および国家が経済的、社会的開発のため大規模に私的財産を取り上げる国有化 (nationalization) がある。間接収用とは、必ずしも投資財産の所有権を取上げなくても、その価値を著しく減ずる措置の全般を総称する。「忍び寄る (creeping) 収容」や「事実上の (de facto) 収用」とも言われる。最近は「収用同等の諸措置」が「規制的収用または規制的取上げ」 (regulatory expropriation or takings) という項目で括られることもある。ただし、最近のIIAでは、ホスト国の信義誠実に基づく、無差別な規制措置は収用と見なされない傾向がみられる。

　多くのIIAは、収用を広く捉え、「収用同等の諸措置」を含める。収用が合法的なものとなるためには、公共の目的のために、無差別に、デュー・プロセスに基づいて行われ、補償が支払われることが必要である。何が公共目的なのか、そもそもそれが必要な要件であるかについては議論があるが、収用を行う国の判断に委ねられる。ほとんどのIIAでは、正当 (full) 補償というハル・フォーミュラが採用されている。

　このことは、ハル・フォーミュラが補償に関する現行国際ルールであることは意味しない。「正当補償」と「適当補償」の間でいまだ決着がついている訳でなく、補償についての国家実行には依然として均質性がみられない。より重要な問題は、依然として一般法レベルにおいて補償基準に関する合意されたガイドラインが存在しないことである。ただし、補償の算定基準を除いては、多くの途上国も必ずしも国際法による制限を頭から否定するわけでなく、①国家の領域内における経済活動の規制権限、②公益目的と補償の支払を条件とした国家の収用・国有化の権利、③合法的収用・国有化と不法な没収と

の区分、④経済改革プログラムの一環として行われる国有化と個別の収用の場合における補償基準の相違（後者の場合の補償要件の緩和）等については、先進国と途上国の間に見解の相違がないか、あるいは合意が形成されつつある[38]。実際今日投資協定仲裁においても収用補償義務が認められた例があまりないために「収用」規定への関心が薄れたと言われる[39]。

4. 紛争解決 (→第 11 章参照)

　IIA に象徴される今日の国際投資法の最も大きな特徴の一つは、国家対国家の紛争解決だけでなく、外国投資家に投資受入国を投資仲裁法廷に直接訴えることのできる ISDS という手段が与えられたことである。それによって、1990 年代半ばまではほとんど利用されることのなかった投資仲裁が一気に息を吹き返し、現在はおびただしい数の仲裁裁判が開かれている。19 世紀後半ラテン・アメリカ諸国がカルボー条項を考案して、外国投資家に対して本国に外交的保護を求めないように要求し、1960 年代以降途上国が投資問題の「国内化」を図ったことから考えるとは隔世の感を覚えよう。

　伝統的に投資紛争の解決は、そもそも数は多くなかったが、主に国家間で行われた。ほとんどの IIA にも、IIA の解釈適用について、当事国間で紛争が起こった時に、それを ICJ へ持っていくか、一方の当事国が他方の当事国を訴える「国家対国家の仲裁」手続を設けているが、現在まで使われた事例は少数に留まる。

　第 2 次世界大戦後途上国の間で国有化の波が吹き荒れる中徐々に「投資家対国家の仲裁」が使われようになったが、1960 年代までには外国投資家が投資受入国を国際投資法廷に引き出すためには、後者の事前同意が必要であった。しかし、1965 年パキスタンと西ドイツとの投資保護促進条約で IIA 上に投資受入国の同意が明示的に規定されるようになり、外国投資家が、投資受入国の同意なしに、第 3 者の拘束力のある判断を得ることができたことで、国際的な紛争解決史上画期的な出来事がもたらされた。

　多くの IIA は、外国投資家に投資受入国の国内裁判所を利用するか、仲裁を利用するかの選択を認めるか、あるいは、両方を認めている。どちらかの利用しか認めない選択条項 (fork-in-the-road clause) が置かれることもあるが、両

方を認める際に国内救済手段を尽くすことを要求する場合はあまりないようである。多くの場合、ICSID 仲裁、UNCITRAL 仲裁、その他の国際商事仲裁の 3 つが仲裁廷として提示される。仲裁廷の多くは 3 人の仲裁人で構成され、仲裁廷の判断は終局性を持ち上訴は認められない。「法定の友」(amicus curiae) は通常認められない。IIA の当事国は、仲裁判断を条約上の義務として遵守することが要求される。仲裁判断の執行については、ICSID 仲裁は ICSID 条約上の手続、その他の仲裁が利用された場合には「外国仲裁判断の承認及び執行に関する条約(ニューヨーク条約)」に従ってなされる。また、ICSID 条約には、仲裁判断の取消、解釈、再審という救済手段が用意される。その他の仲裁については、国内裁判所等で同様の申立がなされる場合がある。

しかし、後述するように、ISDS については、投資家利益保護と投資受入国の規制権のうち前者に錘が傾いているとの批判が絶えない状態である。

5. 世界銀行等多角的な基準提供の試み

1970 年代をピークに国連総会を舞台とした途上国の挑戦は、最終的には主要先進諸国の非協調の下で多くの部分で挫折し、国際投資規制を議論する舞台も先進国の主導する世界銀行グループ[40]、OECD や WTO へ移動した。

世界銀行は、すでに 1965 年の「国家と他の国家の国民との間の投資紛争の解決に関する条約」(ICSID 条約) を成立させ、国家と外国投資家間の紛争解決制度を確立する。ICSID 条約が日の目を見るのは 20 年以上の後のことであるが、当時としては「静かな革命」に値するものであった[41]。そして、1988 年には非商業的リスクから外国投資の損害の全部または一部を補填する、多国間投資保証機関(Multilateral Investment Guarantee Agency, MIGA) が設立された。MIGA の投資保証は、前文にあるように、非商業的リスクに対する国家・地域的な投資保証プログラムおよび民間保険会社を補完するものであるが、昨今の国有化や没収の事例があまりない状況からすれば、MIGA の役割は「忍び寄る」収用、または為替制限といった分野において主に意味を有すると思われる。さらに、1992 年には「外国直接投資の待遇に関するガイドライン」が制定された。ガイドラインは、現行の国際法の法典化ではなく、「一般的に認められ得る国際基準の発展にとって重要なステップとして、現存する 2 国間投資条約

を代替するのでなく、それを補完するもので、加盟国の領域内における私的外国投資の受入れと待遇に際して有用なパラメーター」になるものとされた。ガイドラインは、適用範囲、受入れ、待遇、収用・契約の一方的改変および紛争解決の5つの部分からなっているが、全体的な内容は、投資受入れ国にとって「外国投資の利益」を強調する新古典派的立場に立っており、かつ、既存の米国型 BIT の内容に充実なものになっている[42]。

1950年代から外国投資についての協定草案やガイドラインを提唱してきた OECD も、世界銀行グループの活躍の余勢に乗じ、1998年 OECD は多国間投資条約（Multilateral Agreement on Investment, MAI）を推進するものの、南北問わず、合意が集まらず失敗した。その後、OECD は2000年には1976年の「多国籍企業のガイドライン」の改訂版を出した。

IV. 新自由主義の動揺と国際投資法の展望

1. 葛藤と反動

IIA が隆盛したのは僅か30年余の出来事であるが、それよりやや遅れて始まった投資協定仲裁と結びつくことによって、急激な発展を遂げた。従来投資保護に関する一般国際法をめぐる議論が棚上げされている中、IIA の解釈を、当事国でなく、第3者の仲裁者が行うことによって、IIA は強い規制力を発揮した。その背後には新自由主義の復権があったことは言うまでもない。

他方で、新自由主義の行き過ぎに対する反省を背景に、仲裁と結びついた IIA の強い規制力に対して投資受入国や研究者の間で強い批判の声が上がった。南アフリカやインドネシアのような、一部の国は、新たな IIA の締結を控えたり、既存のものを終了させたが、ボリビア、ベネズエラ、エクアドルは ICSID を脱退するという極端な選択肢を選んだ。ISDS のあり方への批判の動きは先進国にも広がり、EU と米国が大西洋横断貿易投資パートナーシップ協定（Transatlantic Trade and Investment Partnership, TTIP）の交渉に乗り出した際に、EUでは数百万人の反対署名が集まったほどである。

批判の中核は、IIA や投資協定仲裁において、投資受入国の公共目的に基づく規制の権限より、新自由主義の市場重視に基づく投資家の期待利益の保護

が優先されているのではないかという疑念である。改革の主な矛先は、投資
受入国の規制権の回復、ISDS の行き過ぎの是正、および経済以外の価値との
調和等である。すでに EU・カナダ経済連携条約のような、新しい IIA はそれ
らの一部を受け止めており、UNCTAD は、2012 年「持続的保護のための投資
政策枠組み」を打ち出してから、様々な形で IIA 改革を提唱しながら、国際投
資法と持続的発展の調和を唱えている[43]。そして、2017 年 UNCTAD の IIA イッ
シューノートによれば、IIA 締結において一つの転換期を迎えていて、同年新
規の IIA の数が終了する IIA の数を下回った。

　現在の国際投資法は、30 年に満たない歳月のうちに成し遂げられた発展の
正当性が揺らぐ中、現状維持派と改革派が拮抗する岐路 (crossroad) にさしか
かっている。一部では、現在の事態を「カルボー・ドクトリン」の復活や new-
NIEO の到来といっているほどである[44]。以下では、IIA をめぐる現代的課題
のいくつかを示したい。

図表 10-1　BIT と投資条項を含む条約数の推移

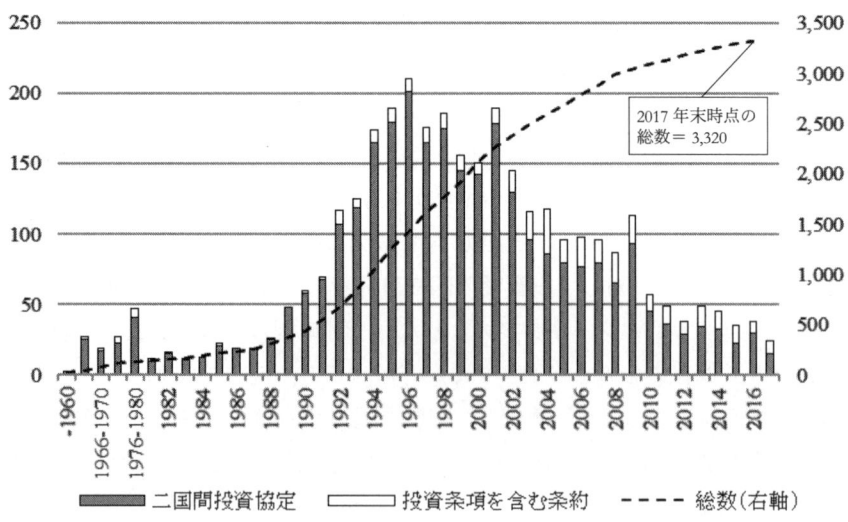

注：すでに失効している協定・条約は除外。
（出所：UNCTAD IIA Navigator を元に作成）

2. 葛藤の焦点

(1) 外国投資家の期待利益対国家の正当な規制権限

　国家は、国内の政治的経済的環境の変化の中で経済開発を推進しながら、外国投資家に与えた約束を守らないといけない。国家が、国内外の状況変化に直面して取る規制措置のうちいかなるものが正当なものであるかは判断の難しい問題である。IIA そのものや仲裁法廷は、どちらかといえば、投資受入国に対して外国投資家に与えられている投資の保護や促進についての約束を尊重するよう求めてきたと批判される。

　それを可能にした要因の一つが、多くの場合 IIA の条項は非常に一般的・抽象的な文言で規定されている一方、仲裁法廷に広い解釈の権限が与えられていることである。それを「公正かつ衡平な待遇」を例にみてみると、一部の仲裁廷が外国投資家を害する国家活動を広くとらえることによって高い義務水準を規定していると解釈する傾向が生まれた。これに対して NAFTA の 3 締約国が反発し、2001 年に NAFTA 自由貿易委員会による、FET はあくまでも慣習国際法上の最低基準を意味するという解釈宣言が出たことについては既述した。

　その後の IIA においては、投資保護についての実体義務がより詳細に規定されるようになり、仲裁廷に対してより明確な解釈の指針を与えている。

　例えば、EU・カナダ包括的経済貿易協定 (CETA) は、FET の侵害は、①刑事、民事、行政手続における裁判拒否、②司法および行政手続における透明性の欠如といったデュー・プロセスの根本的な侵害、③明確な恣意性、④ジェンダー、人種または宗教といった明らかに誤った根拠に基づく差別、⑤強制、脅迫等による投資家の乱暴な取扱、と細かく規定し、しばしば見られた仲裁廷の歓迎されない裁量の余地を極力なくすよう努めている。さらに、同協定は、EC とカナダが規制権を保持し、公衆健康、安全、公衆道徳、消費者保護および文化的多様性といった正当な政策目標を達成することが妨げられないことを明示しており、将来政府が投資家の期待利益に影響する法の変更をすることがあり得ることを明示的に見込んでいる。

(2) ISDS の課題

　国際投資法をめぐる攻防は ISDS のあり方にも確実に及んでいる。その都度設けられる仲裁廷、紛争当事者によって選任される（必ずしも国際法の知識を有していない）仲裁人、訴訟手続の非公開性といった国際商事仲裁の中核的要素がやり玉に上がっている。「ビジネスマンの裁判所」によって公共性に関わる事案が投資家よりに裁断されていると批判されている。その一つが、ISDS 手続の不透明性である。商事仲裁手続は通常秘密で文書が公表されないが、2014年に「条約ベースの投資家・国家仲裁の透明性に関する UNCITRAL 規則」が発効されて新しい一歩を刻んだ。CETA は投資仲裁の書面申出の慣行だけでなく、その開示まで要求する先進性を見せている。現在「2014年条約ベースの投資家・国家仲裁の透明性に関する Mauritius 条約」の受諾が進んでいると言われる。

　しばしば議論になるのが国内救済手続との関連である。国際法の伝統的なモデルでは国際措置が求められる前に国内手続が尽されなければならない。国際投資仲裁に行く前に国内救済を尽くすよう要求する IIA は多くないと言われる。投資仲裁の道とは、しばしば国内裁判手続で不利な立場に置かれる外国投資家の保護のための手段である理由からである。しかし、投資が先進国と途上国間の双方向的な流れになり、IIA が先進国同士でも結ばれる事態になると、先進的な法体系を備え、憲法体制の下で外国人に適切な保護が与えられている先進国の国内救済手続をバイパスすることが果たして望ましいことなのか疑問視されるようになった。

　現在 ISDS の改善をめぐっては、WTO の上級委員会に匹敵する「二審制」の導入から、常設投資裁判所まで様々な提案や改善策が検討されている（第11章Ⅳを参照）。

(3) 非経済的価値への配慮

　新自由主義が強く投影された現行の国際経済秩序が様々な挑戦に直面して久しいにもかかわらず、主要先進諸国の支持が続く限り、近い将来現行の国際経済秩序が大幅に変わることは期待できないが、市場中心的な見方を他の社会的価値との調和の必要性に合意が形成されつつある。国際通商分野においていち早く通商保護と環境保護等の社会法益との矛盾緊張が噴出したように、国際投資分野においても同じことが起こっているのである。最近は外国

企業の人権侵害、投資保護と持続的発展との調和も注目を受けている。

　カナダのモデルBIT 2004では、附属書B.13 (1) (c) で「健康、安全及び環境保護等の公共目的を保護するためにとられた当事国の無差別措置は、一又は一連の措置がその目的に照らして深刻であり、かつ誠実に制定又は適用されたと合理的に見ることのできないような稀な場合を除いて、間接的な収用とはみなされない」と規定する。現在脱退した米国を除く11か国で成立を目指しているTPP 11 (CPTPP) は、(投資に関する) 本章のいかなる規定も締約国が環境、健康やその他の規制目的から措置をとることを妨げると解釈されてはならないと規定する (9条16項)。そして、各締約国は領域内にいるかその管轄に服する企業に社会的責任を取るよう奨励しなければならないと規定している (9条17項)[45]。

3. 展　望

　これまで見てきたように、現在IIAと投資協定仲裁を中心とする国際投資をめぐる法的状況は、①外国投資家の期待利益と国家の正当な規制権限のバランスをいかに保つか、②1990年代に入ってから法大な規制力を発揮してきたISDSのあり方、③非経済的価値との両立可能性、および④企業の社会的責任の負担、の4つに集約することができる。

　確かに、国際投資法は、19世紀後半以来資本輸出国(のちの先進国)と資本輸入国(のちの途上国)の間の激しい確執の中で展開してきた。前者は自国民・財産の保護および待遇に関する国際ルールの形成発展に傾斜し、後者は資本と技術を有する外国企業に対する規制権限をいかに保持するか腐心してきた。しかし、スベディによれば、従来の資本輸出国はいまや自国投資保護以上に自らの主権保持へ、以前の資本輸入国は自国の海外投資保護へ関心が移りつつある。そして、投資規制及びISDSのあり方については、先進国と途上国を区分する意味はもはやないほど、ある種の「収斂」現象がみられるという[46]。

　国際投資の規律の目的は、米国BITモデル条約の前文の「投資に与えられる待遇について合意を形成することを通じて、私的資本の流れと締約国の経済発展を促進する」ことに尽きる。資本輸出国(＝先進国)と資本輸入国(＝途上国)の間の激しい確執のために、IIAという特別法と投資仲裁を通じて展開してきた国際投資の規律が、「主権と投資家の利益」、「投資と非経済的価値」および「規

372

制権限と投資企業の責任」の均衡を構築しながら、現在の国際投資規範のパッチ・ワーク状態を脱し、真のまとまった法典 (corpus juris) へ向かうことができるか問われている。

V. 日本の投資規制

1. 日本の投資規制[47]

(1) 概　要

日本では、いわゆる「制限業種」と呼ばれる規制産業分野における外国企業の参入制限を除いては、外国為替及び外国貿易法（外為法）が対外および対内投資を含む資本取引を一般的に規制している。

第2次世界大戦後の 1949 年に制定された外為法の下で、為替管理は厳重な国家管理に服した。当時は西ヨーロッパ諸国をはじめとする先進工業国が、ガット 12 条の規定にもかかわらず、国際収支擁護のために為替管理を敷きながら輸入制限を行っていた時期であった。外為法によって為替管理は全面的に禁止され、政省令または許可によって認められる場合にのみ為替使用が許され、外資導入に関しては外為法の特別法として「外資に関する法律」が制定されていた。外資を導入する際には、案件ごとに個別審査が行われ、本邦の経済発展に資すると認められる場合にのみ許可され、投資利益の海外送金が保障された。しかし、1950 年代後半から次々と国際収支擁護のための輸入制限を撤廃していった西ヨーロッパ諸国の後を追って、日本も為替制限を取りやめ、1964 年 IMF 加入を期に IMF 8 条国・ガット 12 条国へ移行した。そして、1970 年代から始まった日米・日欧貿易摩擦によって、欧米諸国から為替管理・投資管理の閉鎖性が指摘され自由化の約束を行い、1979 年外資法が廃止された。

なお、独占禁止法による国際的な直接投資・企業結合の規制も直接投資に関する法規制という面においては重要であるが、紙幅の関係上割愛する。今日ではマネー・ローンダリング対策、テロ資金対策、および大量破壊兵器拡散防止への取組の強化に伴い、外為法に加え、マネー・ローンダリング対策の基本法である犯収法に基づく対応も必要になっていることに留意すべきである（外為法と外資規制、金融制裁については第 16 章も参照。）。

(2) 外為法の概要：内容（構成）、管理の仕方、主務大臣

　外為法の目的は「外国為替、外国貿易その他の対外取引が自由に行われることを基本とし、対外取引に対し必要最小限の管理または調整を行うことにより、対外取引の正常な発展並びに我が国または国際社会の平和及び安全の維持を期し、もって国際収支の均衡及び通貨の安定を図るとともに我が国経済の健全な発展に寄与する」である（1条）。そのために、外為法は、資金の出入りとしての外国為替と、この資金の出入りの原因となるような貿易取引、役務取引、資本取引等各種の対外取引を包括的に管理している。

　外為法は、日本の立法の多くの場合同様、立法府（国会）では基本的な点だけを決め、細目は行政府（内閣、財務省、経済産業省等）に委ねる、いわゆる委任立法形式である。その目的で謳っているように、対外取引が自由に行われることを基本とし、許可、承認、審査付事前届出、各種の報告の義務付け等の手段を使って必要最小限の管理または調整ができるようになっている。

　個々の取引を誰が管理するかは各条文に明記されている。預金、信託、金銭の貸借、対外支払手段の売買、証券の取得等の大半の資本取引に関するものは財務大臣の所管となっている。一方、輸出入取引や仲介貿易取引の許可や承認は経済産業大臣の所管である。なお、資本取引に関する許可の申請や事前の届け出、報告は、財務大臣から事務を委任された日本銀行を経由して行う。

(3) 対内直接投資の規制

(a) 外国投資家の定義

　「外国投資家」とは、外為法26条1項各号に揚げる対内直接投資を行う者をいう。①非居住者である個人、②外国法令に基づいて設立された法人その他の団体または外国に主たる事務所を有する法人その他の団体（その他の団体とはいわゆる「人格のない社団等」）、③①または②の者により直接に保有される議決権の数と他の会社（①または②の出資比率50％以上の者）を通じて間接に保有される議決権の数の合計が50％以上の国内の会社（居住者外国投資家）、④非居住者である個人が役員（取締役その他これに準ずるもの）または代表権を有する役員のいずれかの過半数を占めている国内の法人その他の団体（居住者外国投資家）。

　要するに、「外国投資家」とは、①外国人、②外国会社、③外国会社等によっ

て直接または間接に所有されている会社、および、④外国人が役員の過半数を占める会社であって、以下に述べる直接投資を行うものである。

なお、外国投資家以外の者（法人その他の団体を含む）が、外国投資家のために当該外国投資家の名義によらないで行う対内直接投資等に相当するものについては、その外国投資家以外の者が外国投資家と見なされ、事前届出または事後報告を行わなければならない。

(b) 対内直接投資等の定義

対内直接投資等とは、外国投資家が行う次のいずれかに該当する行為をいう。

①上場会社等以外の会社の株式または持ち分の取得。非上場会社の株式または持分を外国投資家から取得することでありが、譲受を除く。

②上場会社等以外の会社の株式または持ち分の譲渡。非居住者である個人が、居住者であった時に取得し、引き続き所有する非上場会社の株式または持分の外国投資家への譲渡

③上場会社等の株式の取得で、当該上場会社等の発行済みの株式総数の10％以上を所有するようになること

④会社の事業目的の実質的な変更に関して行う同意。外国投資家が国内の会社の事業目的の実質的な変更に同意すること。ただし、株式会社のあっては総株主の議決権の1/3以上を所有する外国投資家の同意に限る

⑤一定の制限業種を除く、本邦における支店等の設置または本邦にある支店等の種類もしくは事業目的の実質的な変更

⑥本邦法人への政令で定める金額を超える期間1年超の金額の貸し付け

⑦私募債の取得、出資証券の取得

⑧上場会社等の株式への一任運用であって、上場会社等の株式に投資するために必要な権限および上場会社の株主としての議決権その他の権利を行使する権限が外国投資家に委任されていること

(c) 事前届出を要する対内直接投資等

外国投資家は、① OECD 資本移動自由化コード第3条に基づく (i)「国の安全」に係る業種、(ii)「公の秩序」に係る業種、(iii)「公衆の安全」に係る業種といっ

た規制業種と②日本固有の事情により、OECD資本自由化コード第2条(b)に基づき、OECDに通報したうえで自由化を留保している業種に対内直接投資を行う際、そして、③国または地域による規制と、④財務大臣の許可を要する資本取引に当たるおそれのあるものとして主務省令で定める対内直接投資については事前に届け出なければならない。

届出をした外国投資家は、財務大臣および事業所管大臣が届け出を受理した日から起算して、30日を経過する日までは、届け出た対内直接投資等を行うことができない（この期間を「不作為期間」という）。ただし、不作為期間は国の安全等に係る対内直接投資等に該当しでない場合は通常2週間に短縮され、特定の案件に係る場合には4日後までに短縮される。

逆に財務大臣および事業所管大臣が届出た対内直接投資等が、届出た対内直接投資が国の安全等に係る対内直接投資に該当しないかどうか審査する必要があると認めた場合には、4か月（最長5か月）まで延長され、審査の結果財務大臣および事業所管大臣が国の安全等に係る対内直接投資に該当すると認める時には、関税・外国為替当審議会の意見を聞いて、届出た対内直接投資等の内容を変更または中止の勧告をすることができる[48]。外国投資家は、変更勧告通知を受けた場合は、受けた日から10日以内に応諾するかどうかを日銀を経由して財務大臣および事業所管大臣に通知しなければならない。通知をしないか勧告を応諾しない旨の通知をした場合には財務大臣および事業所管大臣は届出た対内直接投資等の内容を変更または中止を命ずることができる

なお、事前届をした外国投資家が一定の行為をした場合にはいわゆる「実行報告」という報告をしなければならない。

2. 日本のIIA

日本が最初に結んだIIAは、1978年発効したエジプトとのものである。しかし、従来IIAに対する日本の取組は、他の先進国と比べると極めて遅れており、しかもその姿勢も受動的であった。日本政府はMAIやWTO投資ルールという多数国間協定に期待をかけ、2国間で投資保護協定を結ぶという発想が弱かった。しかも、1990年代後半から2000年初頭においては、IIAはあくまでEPA締結の前段階で締結するか、EPA投資章として結ぶかの選択肢し

かないと考えていたと言われる[49]。しかし、その後遅ればせながら IIA 締結に向かった。その結果現在までに 29 の 2 国間 BIT を結んでそのうち 24 が発効し、投資章を含でいる 13 の EPA を結びそのうち 12 が発効した。42 という数字は、IIA 元祖国ドイツが 130 を超える IIA を締結し、他の G7 諸国に比べると少ない数であるが、2000 年後半以後速いスピードで増えつつある。

　数だけでなく、内容的にも改善が見られ、①内国民待遇が投資受入後から投資前段階に拡大へ拡大し、投資の自由化へ踏み込み、② FET 基準が整備され、③パフォーマンス要求の禁止条項が充実化し、米国や韓国には及ばないが、れっきとした先進国モデルに近い内容になってきた。しかも、去年 TPP 11（CPTPP）をまとめ上げることに成功し、今後の展開が注目される。

注

1　UNCTAD, Home page（www.unctad.org/）(as of 15 July, 2018)

2　国際投資（international investment）は、外国人又は外国居住者によって行われる場合を指すために、国際投資よりは外国投資（foreign investment）という用語がより一般的である。そして、ある国からみて、投資を受入れる場合は対内（inward）投資となり、出て行く場合は対外（outward）投資となる。

3　IMF, Balance of Payments Manual 5th ed (1993) 232.

4　Muthucumaraswamy Sornarajah, *Resistance and Change in the International Law on Foreign Investment* (Cambridge University Press, 2015) 31.

5　請求委員会は、外国人が契約で本国に外交保護を求める権利を放棄することは国際法上禁じられていないといって、カルボー条項の効力を部分的に容認した。本ケースについては、とりあえず、田畑茂二郎編『ケースブック国際法 新版』（有信堂高文社、1987）を参考せよ。

6　その後、「天然の富と資源に対する恒久主権」は慣習国際法としての地位を獲得しつつ、論者によっては強行規範（jus cogens）になったとまでいわれている。

7　米国は「適当」を「正当」と解釈する立場を明確にした。

8　ただし、1973 年国連総会決議 3171 が国際法について全く言及していないのに対して、国家の経済的権利義務憲章は「すべての関係国が、国家の主権平等に基づき、かつ、手段選択の自由の原則に従い、他の平和的手段を追求することにつき自由にかつ相互に合意した場合は、その限りではない」として、国際法の介在の余地を、条件付きで残している。

9　Ian Brownlie, *Public International Law* (Oxford University Press, 5th ed, 1998) 545.

10　Rudolf Dolzer and Margrete Stevens, *Bilateral Investment Treaties* (Martnius Nijhoff, 1995) 217; Muthucumaraswamy Sornarajah, *The International Law on Foreign Investment*

（Cambridge university Press, 1994）120.

11　1980 年代に入っていかに国有化が激減したかについては、UNCTAD, *The Trends of International Investment Agreements: An Overview*（1999）18 を参照。

12　その背後には、従前の国営企業の非効率とそれに対する補助金の負担加重による財政破綻という事情がある。ただし、外資出資制限や内国民経営参加要請の廃止ないし緩和という「外資ウェルカム」姿勢は、一定の場合当該の外国投資設立の申請が受入国の経済社会政策と整合的であるかどうかを個別に審査する投資審査法（screening laws）の制定とペアとなっている。

13　投資契約仲裁（contract-based arbitration）から投資条約仲裁（treaty-based arbitration）への変容のシークレットともいうべき存在である。外国投資家との契約に基づく活動を含む、外国投資全般を包括的に保護する条項で、外国投資家との契約の違反が直ちに条約違反を構成する。ICSID 仲裁においてさえ条項の法的意味をめぐって解釈が定まってはいないが、IIA に由来する国際法上の保護を引き出す立役者である

14　Surya P. Subedi, *International Investment Law: Reconciling Policy and Principle* 2nd ed.（Hart Publishing, 2008）46.

15　R. Dolzer and M.Stevens, supra note 10, 187.

16　「自由主義的」というのは、後述するように、例外として認められた部分を除いては、一律に内外無差別を保障するアプローチから付けられた。

17　The 1994 U. S. Prototype Bilateral Investment Treaty, http://www.ita.doc.org/legal/modelbit.htlm.

18　NAFTA は、形式的に通商問題を取扱う自由貿易地域協定でありながら、貿易と投資の相互連関の動きをいち早く受け止め、投資、サービス、知的財産権及び 2 国間紛争解決条項を合わせ備える。NAFTA には、地域協定としては初めて詳細な内容の一方の国民や会社と他方の締約国間の詳細な内容の紛争解決システムが置かれた。

19　Pierre Sauve and Christopher Wilkie, "Investment Liberalization in GATS", in Pierre Sauve and Robert M. Stern eds, *GATS 2000: New Directions in Services Trade Liberalization*（Brookings Institution Press, 2000）348.

20　シルは、現在夥しい IIA は、形式的にも、内容的にも、単なる国際法上の典型的な 2 国間条約の束ではなく、構造的にも、射程的にも、そして、内容的にも、国際投資仲裁と相まって、非常に均一的な形で外国投資家と投資受入国の関係を規律する一般原則を打ち立てつつあり、その意味である種の均質的な法システムとして機能しているという、「国際投資法の多辺化（multilateralization）」現象を指摘し、それを踏まえて国際投資法についての一般法理論を作り上げる必要性を力説する。Stephan W. Schill, *The Multilateralization of International Investment Law*（Cambridge University Press, 2009）。確かに、そのような現象が見られないわけで

はないが、国際社会の構成員の多くが一般国際法レベルでの議論を意図的に棚上げしていること、現在の状況が先進国主導の新自由主義の洗礼の結果であること、そして、依然として IIA の間には類似性に劣らずかなりの相違があり、協定横断的な統一法理が形成されているとは言えない。そして、投資仲裁の場合も仲裁（人）の間で同じ方向性が示される保証がないことに留意すべきである。

21 たとえば、Hussein Nuaman Soufraki v The United Arab Emerates, ICSID Case No. ARB/02/7.

22 たとえば、Tokio Tokeles v Ukraine, ICSID Case No. ARB/02/18.

23 S.P. Subedi, supra note 14, 100.

24 Salini Costruttori S.p.A. and Italstrade S.p.A. v. Kingdom of Morocco, ICSID Case No. ARB/00/4, Decision on Jurisdiction, 31 July 2001.

25 通商の場合相手国との交渉で決まる「協定関税」は絶対的タイプの義務で、最恵国待遇や内国民待遇は相対的タイプの義務である。

26 「ただ乗り」（free rider）の問題と生産のグローバル化に伴う投資財産（家）をいかに特定するかの問題（identity issue）が指摘されている。ただし、内国民待遇に比べて当初あまり注目されなかった。

27 UNCTAD, MFN II（2010）p.2.

28 日中韓投資協定4条3項は最恵国待遇がISDSに及ばないことを明記している。

29 Methanex Corporation v USA, ICSID, 3 August 2005, part IV, ch B,10.

30 UNCTAD, National Treatment 'UNCTAD Series on Issues in International Investment Agreements'（1999）p.1.

31 *Ibid*, p.4.

32 小寺彰、松本加代、「第 5 章 内国民待遇」小寺彰編著、『2 国間投資協定―仲裁による法的保護』（三省堂、2010 年）96 頁。

33 UNCTAD, Fair and Equitable Treatment（UNCTAD Series on Issues in International Investment Agreements II, 2012）xiii.

34 Newcombe & Paradell は、「解釈上の不明確さであるゆえに成功したのかもしれない」と言ったが、19 世紀以来仲裁裁判において内容的に曖昧であるために頻繁な「援用」になった「法の一般原則」の場合を思い出すものである。Andrew Newcombe and Lluis Paradell, *Law and Practice of Investment Treaties: Standards of Treatment*（Kluwer Law International, 2009）263.

35 UNCTAD, supra note 30.

36 阿部克則「公正衡平待遇規定と投資保護の国際的最低基準―わが国の国際投資協定における位置づけ」日本国際経済法学会編『国際経済法講座 I 通商・投資・競争』（法律文化社、2012 年）295 頁。

37 UNCTAD supra note 35, II.F.

38 I. Brownlie, supra note 9, 546-547.

39　小寺彰「投資協定における『公正かつ衡平な待遇』」、トラスト未来フォーラム編、『小寺彰先生　論文集：追悼文集』（トラスト未来フォーラム、2014 年）、230 頁。

40　世界銀行グループとは、国際復興開発銀行、国際金融公社 (IFC) および MIGA を指す。

41　S.P. Subedi, supra note 14, 32.

42　当初の草案に対しては、アメリカが強く不満を表示し、最終段階ではより資本輸出国の立場に傾いた内容となった。

43　http://investmentpolicyhub.unctad.org/IIA を参照。

44　Surya P. Subedi, *International Investment Law: Reconciling Policy and Principle* 3rd ed. (Hart Publishing, 2016) 8.

45　IIA による企業の社会的責任規律の動きに対して、日本経団連はどちらかというと慎重な立場である。報告書「投資協定等の締結加速を求める—21 世紀型の国際投資ルールの構築に向けて—」(2015 年 12 月 15 日) によれば、投資協定の目的は、領域国政府による投資家に対する恣意的な権力行使を防止するためであり、企業の社会的責任を含む規律を投資協定等の中に設けると、かえって外国投資の萎縮を招きかねないという。

46　Surya P. Subedi, supra note 44 , 285.

47　三菱 UFJ リサーチ＆コンサルティング編、『外為法ハンドブック』と松下満雄『国際経済法』を主に参照した。

48　2008 年に初めて中止命令が出される。

49　小寺彰、「投資ルールと我が国の課題」、『前掲注』39、141 頁。

参考文献

柳赫秀「基礎法・特別法講義Ⅹ—国際経済法④」「国際投資に関する法」『法学教室』279 号 (2004 年)

阿部克則「貿易と投資—その WTO 体制における意義と課題」小寺彰編『転換期の WTO：非貿易的関心事項の分析』(東洋経済、2003 年)。

小寺彰編著『2 国間投資協定—仲裁による法的保護』(三省堂、2010 年)。

トラスト未来フォーラム編『小寺彰先生　論文集：追悼文集』(トラスト未来フォーラム、2014 年)。

松下満雄『国際経済法　第 3 版』(有斐閣、2001 年)。

日本国際経済法学会編『国際経済法講座Ⅰ 通商・投資・競争』(法律文化社、2012 年)。

三菱 UFJ リサーチ＆コンサルティング編、『外為法ハンドブック』(三菱 UFJ リサーチ＆コンサルティング株式会社、2015 年)。

Chester Brown and Kate Miles eds., *Evolution in Investment Treaty Law and Arbitration*

(Cambridge University Press, 2011).

Ian Brownlie, *Public International Law* (Oxford University Press, 5th ed, 1998).

Peter T. Muchlinski, *Multinational Enterprises and the Law* (Blackwell, 2nd ed, 2007).

Peter T. Muchlinski, Federico Ortino and Christoph Schreuer eds, *The Oxford Handbook of International Investment Law* (Oxford University Press, 2008).

R. Dolzer and M. Stevens, *Bilateral Investment Treaties* (Martinus Nijhoff Publishers, 1995).

Dominique Carreau and Patrick Juillard, *Droit international économique* (Dalloz, 4th ed, 2010).

Muthucumaraswamy Sornarajah, *Resistance and Change in the International Law on Foreign Investment* (Cambridge University Press, 2015).

———— *The International Law on Foreign Investment* (Cambridge university Press, 1994).

Jean-Pierre Laviec, *Protection et Promotion des Investissements: Etude de droit international économique* (Presses Universitaires de France, 1985).

Ibrahim Shihata, *Legal Treatment of Foreign Investment: The World Bank Guidelines* (Martinus Nijhoff, 1993).

Krista N. Schefer, *International Investment Law: Text, cases and Materials* (Edward Elgar, 2013).

Surya P. Subedi, *International Investment Law: Reconciling Policy and Principle* 2nd & 3rd ed. (Hart Publishing, 2008, 2016).

Stephan W. Schill, *The Multilateralization of International Investment Law* (Cambridge University Press, 2009).

UNCTA IIA Issues Paper Series & UNCTAD Series on International Investment Agreements II (http://investmentpolicyhub.unctad.org/IIA).

第11章　投資仲裁

石川知子

本章の概要

　投資受入国の規制権限に服しつつ活動する外国投資家にとって、投資受入国との間で投資に関する紛争が生じた場合、当該紛争につき公平、適切かつ中立な解決が期待し得ることは極めて重要である。本章は、投資家対国の紛争解決手段としての投資仲裁を取り扱う。本章ではまず、投資仲裁が、国内司法機関およびいわゆる「外交的保護」の限界、並びに外国投資に対する手続的保護に対する認識の高まりを背景として発展してきたことを説明する。次に、投資仲裁は異なる仲裁規則および仲裁機関のもとで行われ得るところ、これらを、ICSID 仲裁および ICSID 追加規則による仲裁、UNCITRAL 規則に基づくアド・ホック仲裁、他の仲裁機関の仲裁規則による仲裁に分類して解説する。次に、投資仲裁手続の概要を、手続の流れ、仲裁裁判所の管轄を認めるための要件、投資仲裁における適用法、仲裁判断の事項的範囲、仲裁判断の法的効果および取消しのための手続および要件、仲裁判断の承認および執行の各問題に分類して解説する。このうち、仲裁判断の取消し、承認および執行の各問題については、ICSID 仲裁とそれ以外の仲裁との間に特に重要な相違が認められるため、これらを分けて解説する。最後に、投資仲裁に対し、近年様々な批判や懸念が提起されており、これらを背景に、現在、投資家対国の紛争解決制度に関する改革の提案がなされている。本章では、そのうち「常設投資裁判所」設立の構想につき短く解説する。

382

Ⅰ. 投資仲裁の沿革

　外国投資の規模、形態、対象、性質等は様々であるが、特に海外直接投資を行う外国投資家は、一般に、投資受入国において、その法制度の中で採用および維持される様々な規制に服しつつ投資活動を行う。また、外国投資家が投資受入国内に相当額の資本を投下した場合、契約当事者が比較的対等な立場に立つ取引、たとえば国境を越える物品売買と比較すると、外国投資家は、投資受入国との関係で交渉力において弱い立場に立つことが多い。このことから、外国投資家と投資受入国との間で、前者の投資に関する紛争（投資家対国の紛争）が生じた際、当該紛争につき、適正かつ公平な法的解決が期待できるということは、外国投資家にとって極めて重要である。

1. 国内司法機関の限界

　投資家対国の紛争を解決するため、投資家において利用する可能性がある紛争解決機関としてまず考えられるのが、投資受入国内の司法機関であるが、その利用は、多くの場合、投資家にとって不利益が大きい。まず、投資受入国内の司法機関につき、国によっては、裁判所の独立は必ずしも保障されず、投資受入国が当事者となる紛争に関し、行政権による司法権への介入が

訴訟等手続の結果に影響を及ぼす可能性は排除できない。また、訴えが投資協定上の義務または外国人の待遇に関する慣習国際法上の義務といった国際法違反を請求原因とする場合、かかる請求は、国際法の国内適用の問題および、国際法の解釈適用に係る国内司法機関の専門性や経験の欠如という問題にも直面し得る。次に考えられる国内司法機関として、投資家の母国の司法機関、または投資受入国とも投資家の母国とも異なる第三国の司法機関が挙げられるが、その利用にも制約が存在する。特に、投資家対国の紛争に係る事実関係はしばしば、投資受入国の主権行為を含むところ、国家の主権行為は、いわゆる制限免除主義を採用する国においても、多くの場合、主権免除法理および国家行為理論といった法理の適用を受け、外国における裁判権の行使を免れる。したがって、国による商業的行為から生じる紛争等の場合を除き、投資家対国の紛争につき、これらの国の紛争解決機関を利用できる可能性は低い。

2. 外交的保護の限界

　このような国内司法機関の限界を踏まえ、国際的紛争解決に目を向けると、1966 年の、国家と他の国家の国民との間の投資紛争の解決に関する条約（ICSID 条約）発効以前は、国による私人の権利侵害行為につき、国際法上の責任を追及する主要な手段は、混合請求委員会[注]を除けば、国家間で行われるいわゆる外交的保護であった。しかし、投資家の立場から見た場合、外交的保護にはさまざまな制約が存在する。まず、国際的紛争解決機関に請求を提起し得るのは投資家の母国に限定されており、投資家自身は請求を提起する適格を持たない。また、外交的保護にかかる紛争解決手続において、当該私人の母国は、自国が有する外交的保護権を行使するのであって、私人の請求を代理して追求するのではないと解されており[1]、このことは、私人に対する次の制約となって現れる。まず、当該私人は紛争解決手続に関与する法的権限を持たない。紛争解決手続を開始するか否か、手続における主張の構成および内容、証拠の選択、提出時期等の戦略、当事者間での和解により紛争解決手続を終了するか否か、といった、当該私人の利益に重大な影響を及ぼし得る点にかかる決定はその母国に委ねられる。この点、国対国の紛争解決の場である外

交的保護において、当該私人の母国が私人の利益を優先的に考慮してこれらの決定を行う保障はなく、むしろ、外交政治的考慮を優先させる可能性がある。さらに外交的保護にかかる紛争解決手続の結果、当該私人の母国が投資受入国から金銭補償を受領するに至ったとしても、母国が、損害を被った当該私人に対し、受領した補償を還元することにつき国際法上の保障は存在しない。

> **注** 特定の紛争等の出来事の後、当該出来事に起因する外国人の経済的損害に関する請求を処理するための機関として、しばしば混合請求委員会が設置されてきた。中でも、投資仲裁に大きな影響を与えるものとして、イラン・米国請求権裁判所が重要である。イラン・米国請求権裁判所は、1979年の在イラン米国大使館人質事件およびこれに続く米国によるイラン資産凍結を契機とする米国・イラン両国間の危機を解決するために合意された「アルジェ宣言」(1981年)中の請求権解決宣言に基づき設置された国際仲裁裁判所である。同裁判所の管轄権は、互いの国民による、財産権に影響を与える相手国の措置から生じた相手国に対する請求にもおよび、同裁判所の判断は、収用等外国投資に関する国際法上の問題の発展に大きく寄与し、投資仲裁裁判所によっても多く引用されている。

3. 投資仲裁の発展

　投資家対国の紛争解決に関し、国内司法制度および外交的保護がそれぞれ上記のような限界を有する一方で、第二次世界大戦後の経済のグローバル化および多数の新独立国家の誕生に伴い、海外直接投資に対する保護の必要性に対する認識は高まり、ドイツ・パキスタン2国間投資協定(1959年)を初めとして、投資協定が多く締結されることとなった。先に述べたとおり、外国投資家に対し、紛争が生じた場合に、中立かつ政治的影響から独立した紛争解決の場を提供することは、投資家に対する手続的保護として、極めて重要である。このような外国投資家に対する手続的保護の高まりを背景として、世界銀行の主導により、ICSID条約が1965年3月18日に採択され、1966年10月14日に発効した。同条約は、投資家と投資受入国との間の紛争にかかる紛争解決システムを提供するものであり、同条約に基づき、かかる紛争解決を支援する機関として、投資紛争解決国際センター（ICSID）が設立された。ICSID条約が規定し、ICSIDの監督のもとで行われる紛争解決の方法とし

ては仲裁および調停が存在するが、このうち、調停の利用件数は数年に1件程度と極めて少ない。これに対し仲裁は、1990年代半ば以降、利用件数（ICSID追加規則による仲裁を含む。）の劇的な増加を見せ、2017年末時点で、ICSID条約およびICSID追加規則に基づく仲裁の件数は、累計で650に上っている。

Ⅱ．投資仲裁の分類

　投資家対国の紛争解決を目的とした仲裁は、異なる仲裁規則および仲裁機関のもとで行われる。以下、現在広く利用されているものとして、上述のICSID仲裁およびICSID追加規則による仲裁に加え、国連国際商取引法委員会（UNCITRAL）規則に基づくアド・ホック仲裁、他の仲裁機関の仲裁規則による仲裁を概説する。

1.ICSID仲裁

　ICSID仲裁は、ICSID条約およびICSID仲裁規則（現在は2006年版が発効済）に基づき、ICSIDの管理の下で行われる（もっとも、ICSIDは要請に応じ、ICSID仲裁およびICSID追加規則に基づく仲裁に加え、UNCITRAL仲裁規則等他の仲裁規則に基づく仲裁を管理することもある。）。ICSID条約25条1は、ICSID仲裁を利用するための要件として次の3つを規定する。(a)紛争が投資から直接生ずる法律上の紛争であること。(b)両紛争当事者がICSIDに紛争を付託することにつき書面により同意したこと。(c)締約国またはその行政区画もしくは機関でその締約国が指定するものと他の締約国の国民との間の紛争であること。なお、前述の外交的保護との関係につき、ICSID条約上、ICSID仲裁への付託につき紛争当事者が同意した、または仲裁付託された紛争に関し、外交的保護その他の国家間の請求は禁じられている（ICSID条約27条1項）。ICSID仲裁手続は、仲裁手続を開始することを希望する締約国または締約国の国民が、事務局長に対しその旨の請求を行なうことにより開始する（ICSID条約36条1項）。この請求は、紛争の争点、両当事者の表示ならびに調停および仲裁の開始のための手続規則に従って仲裁に付託する旨の両当事者の同意に関する情報を含むことが必要であり（同条2項）、事務局長は、請求に含まれた情報に基づいて紛

386

争が明らかにセンターの管轄外のものであると認めない限り、その請求を登録し、登録または登録の拒否を直ちに両当事者に通告する（同条3項）。事務局長による登録可否の判断権限は最終的なものである。

ICSID 仲裁手続の大きな特徴は、仲裁地の管轄裁判所からの高い独立性である（しばしば、「自己完結性」と言われる。）。たとえば、仲裁地の裁判所は、ICSID 仲裁手続に干渉する何らの権限も有せず、仲裁判断を取り消しまたは審査する権限を持たない（後述 III.5 参照）。

2.ICSID 追加規則に基づく仲裁

ICSID 追加規則（1978年に理事会により採択。現在は2006年版が発効済）による仲裁は、投資から直接生ずる法律上の紛争につき、紛争当事国または紛争投資家の母国の一方が ICSID 条約加盟国でないため ICSID 仲裁が管轄を欠く場合、紛争当事国または紛争投資家の母国の一方が ICSID 条約加盟国である場合に法律上の紛争が投資から直接生じていないため ICSID 仲裁の管轄を欠く場合、および事実認定のために利用される仲裁である（ICSID 追加規則2条）。ICSID 追加規則による仲裁は、ICSID 条約の適用を受けず、したがって、ICSID 仲裁手続が有する自己完結性は、ICSID 追加規則に基づく仲裁には当てはまらない。

3.UNCITRAL 仲裁規則に基づくアド・ホック仲裁

仲裁機関が制定する仲裁規則によらずに行われる仲裁をアド・ホック仲裁といい、投資仲裁においては、UNCITRAL 仲裁規則（1976年版と2010年版に加え、条約に基づく投資家対国家仲裁の透明性に関する UNCITRAL 規則を組み込んだ2013年改正版がある。）に基づくアド・ホック仲裁が頻繁に利用される。もっとも、アド・ホック仲裁においても、仲裁機関が一定の役割を果たす場合があり、仲裁機関の関与の度合いは、紛争当事者の決定により定まる。関与の例として、当事者が仲裁人の選定につき合意できなかった場合に仲裁人選定機関として機能することが挙げられる。

仲裁人選定機関の選定につき当事者が合意できなかった一定の場合、UNCITRAL 仲裁規則は、当事者がハーグ常設仲裁裁判所（PCA）の事務総長に選定機関を指名するよう求めることができる旨定める（1976年 UNCITRAL 仲裁

規則6条2項、2010年・2013年 UNCITRAL 仲裁規則6条2項)。より高い度合いの関与として、仲裁当事者は、仲裁機関に、UNCITRAL 仲裁規則に基づく仲裁の事務局としての機能を果たすよう要請することができる。たとえば PCA はしばしば、UNCITRAL 仲裁規則による投資仲裁の管理および支援を行っている。

4. ICSID 以外の仲裁機関による仲裁

　投資仲裁において特に重要な役割を果たす仲裁機関として、ストックホルム商業会議所仲裁裁判所および国際商業会議所の専門機関である国際仲裁裁判所が挙げられる。これらは共に政府から独立した仲裁機関であり、独自の仲裁規則を有し (それぞれ2017年に最新版が公表されている。)、これに基づき仲裁手続を管理する。

Ⅲ．投資仲裁手続の概要

1. 仲裁手続の流れ

　ICSID 仲裁の手続の流れは**図表11-1**のとおりである。

　仲裁裁判所は、両当事者の合意により任命された単独の仲裁人または奇数の仲裁人により構成 (両当事者が仲裁人の数およびその任命の方法について合意に達しないときは、各当事者が任命する各1人の仲裁人と、両当事者の合意により任命され、裁判長となる第3の仲裁人との3人の仲裁人により構成) され (ICSID 条約37条2項)、仲裁人の過半数は、紛争当事国および紛争投資家の母国以外の国の国民でなければならない (ただし、単独の仲裁人または裁判所のすべての構成員が両当事者の合意により任命された場合は、この限りでない。) (同条約39条)。

2. 仲裁裁判所の管轄

　仲裁裁判所が、投資受入国による投資協定違反その他、申立人投資家の請求原因の成否 (本案) を判断するためには、当該仲裁裁判所がその紛争につき管轄を有していることが前提として必要である。言い換えれば、管轄が認められて初めて、当該仲裁裁判所は本案につき審理および判断を行うことができる。ある仲裁裁判所が管轄を有するか否かの判断を行う権限は当該仲裁裁

判所に与えられている（ICSID 条約 41 条 1 項、UNCITRAL 仲裁規則（2010 年・2013 年版）23 条 1 項等）。管轄要件は一般に次の 4 種類に分けることができる。(a) 事項的管轄、(b) 人的管轄、(c) 時間的管轄、および (d) 管轄合意の存在[3]。以下それぞれにつき概説する。

図表 11-1　ICSID 仲裁手続の流れ

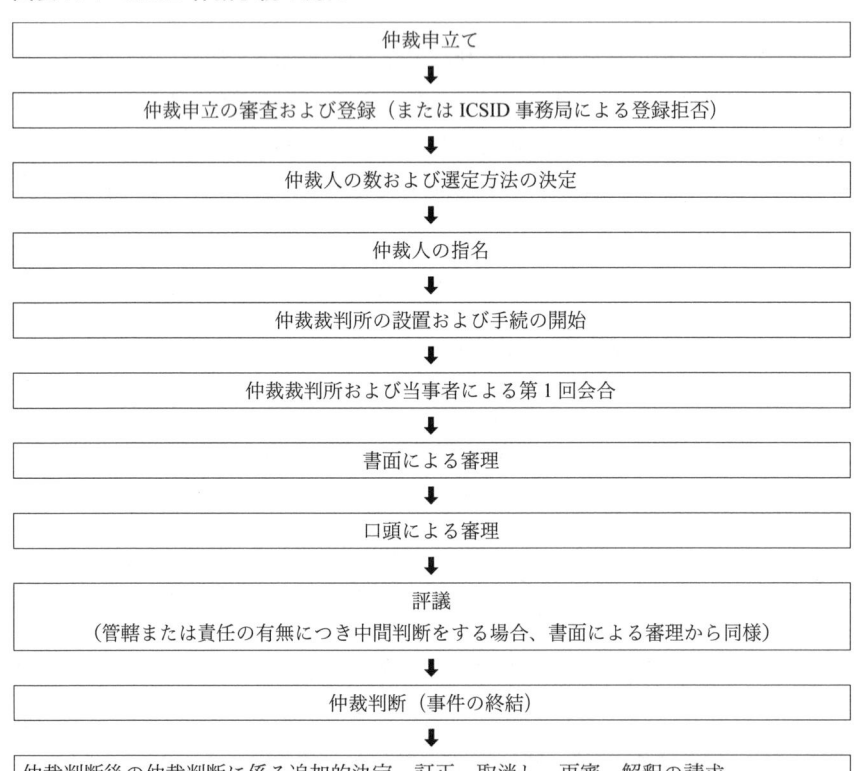

仲裁申立て

↓

仲裁申立の審査および登録（または ICSID 事務局による登録拒否）

↓

仲裁人の数および選定方法の決定

↓

仲裁人の指名

↓

仲裁裁判所の設置および手続の開始

↓

仲裁裁判所および当事者による第 1 回会合

↓

書面による審理

↓

口頭による審理

↓

評議
（管轄または責任の有無につき中間判断をする場合、書面による審理から同様）

↓

仲裁判断（事件の終結）

↓

仲裁判断後の仲裁判断に係る追加的決定、訂正、取消し、再審、解釈の請求
（その他事案に応じ、請求が明白に法的根拠を欠いている旨の異議、先決異議、仲裁手続の秘密性および透明性に関する決定、仲裁裁判所の構成員の失格の提案、管轄の分岐、暫定措置、書面の提出、紛争の非当事者による意見提出、手続の中止等の審理または決定が行われることがある。）[2]

(1) 事項的管轄

まず、事項的管轄は、投資に関する法的紛争に関し認められる。ICSID 仲

裁においては、この要件は ICSID 条約 25 条 1 項において「投資から直接生じる法律上の紛争」と明文で規定されている。「紛争」の概念につき、仲裁裁判所はしばしば、常設国際司法裁判所および国際司法裁判所による紛争の定義（例：「法または事実の点にかかる不一致であり、当事者間での法的見解または利益に関する争い」[4]、「両当事者が、特定の条約上の義務の履行不履行につき明確に反する見解を有している状況」[5]）に依拠する[6]。「法律上の」という要件に関し、被申立国が、当該紛争が「政治的または経済的性質のものである」ことを理由として管轄異議を申し立てることがあり、（ICSID 仲裁につき）ICSID 条約は純粋に政治的または経済的な紛争を解決することを意図していない旨述べる管轄判断も存在する[7]が、当該判断を含め、かかる異議に基づき管轄を否定した仲裁判断は存在しない。次に投資から直接生じた、すなわち投資と紛争との直接的関連性に関しては、問題となる措置（一般に適用される法律等を含む）が条約、法律または契約において投資に対して与える特定の約束に違反するものである場合には直接的関連性が認められるとする基準[8]が、仲裁裁判所によって多く採用されている[9]。

　他方、投資協定の中には、「投資紛争」の定義を置くものも多い。たとえば、日ウルグアイ投資協定（2017 年 4 月発効）は、投資紛争を「一方の締約国と他方の締約国の投資家との間の紛争であって、当該他方の締約国の投資家または当該一方の締約国の区域内にある当該他方の締約国の投資家の投資財産について、この協定に基づく当該一方の締約国の義務の申し立てられた違反により損失または損害が生じているもの」と定義する。この場合、当該投資協定に基づく仲裁においては、仲裁裁判所は、当該定義を考慮し、事項的管轄の要件である「紛争」の有無を判断することが必要となる。

　事項的管轄に関し最も重要な概念は「投資」である。ICSID 条約 25 条 1 項は「投資」の定義を置いておらず、この文言の解釈をめぐって様々な見解が対立してきた。同条同項にいう「投資」と認められるための要件を検討するにあたり仲裁裁判所がしばしば言及するのが、Salini Costruttori and Italstrade 対モロッコ事件[10]の管轄判断において提唱された次の要件である。(a) 金銭またはその他の資産による出資、(b) 一定の期間にわたるものであること、(c) 危険負担の要素があること、(d)（追加的要件となり得るものとして）投資受入国の経済発展に

寄与するものであること。これらいわゆる「Salini 基準」に対するその後の仲裁裁判所のアプローチは一貫しておらず、その全部もしくは一部を採用するもの、その全部もしくは一部を採用した上で他の要件を付加するもの、またはこれらと根本的に異なる発想に立ち、ICSID 仲裁の管轄の決定に当たって関係するのは、問題となる投資協定における投資の定義のみであるとするもの、等様々に分かれている[11]。これに対し、UNCITRAL 仲裁規則には、ICSID 条約第 25 条 1 項と同趣旨の規定は存在しないが、適用される投資協定上の「内在的」な要件として投資が一定の性質を満たすことを要求する仲裁判断が存在することには注意が必要である。

　投資協定の中には、「投資」の定義につき、「投資としての性質」を有する資産とした上で、かかる性質を列挙するものが存在する。たとえば、日イラク投資協定(2014 年 2 月発効)1 条 1 項は、かかる性質として、資本その他の資源の約束、収益もしくは利得についての期待または危険の負担を例示列挙する。かかる投資協定に基づく仲裁においては、少なくともそれらの要件は、投資財産性を認めるための必要条件として検討されることとなる。さらに、投資協定の中には、投資の定義において、「締約国の法令に従って」設立され、または所有もしくは支配されることという要件を規定するものがあるが、この場合、国内法との整合性が、管轄要件であるか、すなわち、「国内法に従って」という要件を欠いた場合に、事項的管轄が否定されるか否かについては、仲裁裁判所の判断は一貫しない[12]。この問題は、関係する投資協定の文言、事案の内容に照らし個別に判断されるべき事柄であろう(たとえば、該当する投資協定が、投資の設立に対し国内法整合性要件を課している場合、投資財産設立の局面とその後の投資活動を区別し、国内法不適合性が当該投資の設立に係るものであったか否かの認定が重要な要素となる。)。さらに、定義にその旨の限定があるか否かに関わらず、ICSID 仲裁の管轄が認められる投資と認められるための内在的要件として、投資財産が国内法に従ったものであることを要求する見解も存在する[13]。

(2) 人的管轄

　人的管轄に関し、しばしば問題となるのが国籍要件である。ICSID 仲裁の

国籍要件として、ICSID 条約上、自然人については「両当事者が紛争を調停または仲裁に付託することに同意した日」および ICSID に請求が登録された日に紛争当事者である国以外の締約国の国籍を有していることが要件となる（ICSID 条約 25 条 2 項 (a)。投資協定に基づく訴えの場合、当該投資協定の締約国であり、紛争当事者である国以外の国の国籍を有していることが必要である。)。ただし、これらのうちいずれかの日に紛争当事者である国の国籍をも有していた場合には、国籍要件を欠く（同条同項 (a)）。

　自然人の国籍は、その国籍が主張される国の国内法に従って客観的に決定される。法人については、「両当事者が紛争を調停または仲裁に付託することに同意した日に紛争当事者である国以外の締約国の国籍を有していた法人およびその日に紛争当事者である国の国籍を有していた法人であって外国人が支配しているために両当事者がこの条約の適用上他の締約国の国民として取り扱うことに合意したもの」であることが必要である（ICSID 条約 25 条 2 項 (b)）。法人の国籍の定め方は投資協定により異なるが、最も一般的に利用される基準は、設立または組織の準拠法、所在地、または実質的な事業活動の場所である。なお、たとえば日スイス経済連携協定（2009 年 9 月発効）投資章は、複数の基準を重畳的に要件とし、「当該締約国の関係の法律に基づいて設立され、または組織される企業であって、当該締約国の区域内において実質的な事業活動を行っているもの」との定義を置く（85 条 (g) (ii)）。

(3) 時間的管轄

　時間的管轄に関ししばしば争われるのは、「紛争がいつ生じたか」という問題である。投資協定は一般に、協定の時間的適用範囲として、協定発効前に生じた紛争については適用しないという規定を置いているため、仮に申立人投資家の請求を基礎付ける紛争が協定発効前に生じていたものである場合、時間的管轄が認められないためである。この点は先に述べた「紛争」の定義に密接に関わる問題であるが、個別の事実関係に照らし、事案ごとに判断されることとなる。

(4) 管轄合意の存在

　投資仲裁の仲裁合意は、投資家と投資受入国との間の契約において規定される場合のほか、次の方法で形成される。まず、投資受入国が、その国内法において、（一定の条件の下）仲裁に対する同意を規定する場合があり、これは、不特定多数の投資家一般に向けた仲裁の申込みと解される。次に、投資協定の多くは仲裁に対する同意（同様に仲裁の申込みと解される）を規定する。いずれの場合も、かかる仲裁の申込を投資家が承諾することが仲裁合意の成立に必要であるところ、投資家による仲裁付託行為がかかる承諾に相当し、投資家において別途書面による承諾通知を行う必要はない、との取扱いが実務上確立している[14]。

　投資協定の中には、締約国が与える仲裁同意の範囲を限定するものも存在する。たとえば日中投資協定（1989 年 5 月発効）11 条 2 項は、仲裁同意の対象を収用の際の補償の価額に関する紛争に限定する。また、投資協定の多くは、投資家による仲裁付託に関し、一定の手続的条件を課す。一般的なものとしては、投資家が投資受入国に対し書面による協議または交渉の要請を行った日から一定の期間内に投資紛争が解決されない場合に、投資家による仲裁付託が可能となるとする規定（例：日ウルグアイ投資協定 21 条 3 項）があり、協議期間の長さは協定により異なる。投資家が、この協議期間の経過を待たずに仲裁に付託した場合、仲裁裁判所の管轄が認められ得るか否かにつき一致した見解はなく、仲裁判断も分かれている。これを管轄要件とする見解は、協議期間の経過前の仲裁付託は管轄合意を欠くため管轄が認められないとする[15]。一方、協議期間の経過は手続要件に過ぎず、これが満たされなかったことにより管轄が否定されるものではないとする見解も存在する[16]。さらに、管轄要件か手続要件かは、事実関係により決定されるものとし、紛争当事国側に協議に応じる意図がなかったことが明白であったという事実認定に基づき、協議期間経過前の仲裁付託につき管轄を認めた仲裁判断も存在する[17]。

　投資協定の中には、協議要件に加え、投資家に対し、仲裁付託の前に投資受入国の国内裁判所において一定期間、当該投資紛争の解決を追求することを求めるものも存在する（例：アルゼンチン・ドイツ投資協定 10 条）。かかる国内裁判所前置要件についても、協議要件と同様、待機期間の経過を待たず仲裁

付託をした場合に、このことが管轄を否定する根拠となるか否かにつき、一貫した仲裁判断は存在しない[18]。

3. 投資仲裁における適用法

仲裁手続において、紛争に適用される法規（適用法または準拠法）の決定は重要な意味を有する。ICSID 仲裁における適用法につき、ICSID 条約 42 条 1 項は次のとおり規定する。「裁判所は、両当事者が合意する法規に従って紛争について決定を行なう。この合意がない場合には、裁判所は、紛争当事者である締約国の法（法の抵触に関するその締約国の規則を含む。）および該当する国際法の規則を適用するものとする。」UNCTIRAL 仲裁規則（2010 年版・2013 年版）35 条 1 項は次のとおり規定する。「仲裁裁判所は、両当事者により紛争の実体に適用され得るものとして指定された法規を適用するものとする。両当事者によるそのような指定がなければ，仲裁裁判所は、仲裁裁判所が適当と決定する法規を適用するものとする。」いずれによっても、適用法につき当事者の合意がある場合には、仲裁裁判所はそれに従うこととなる。投資協定に基づく仲裁の場合、当該投資協定が事案の判断のため直接適用されることは、AAPL 対スリランカ事件[19]以来確立しており、その理由として「投資家がその請求に関し、投資協定上の規律に訴えることの当然の帰結として、当該規律が当該投資協定の紛争解決条項において適用法として当事者に認められていることを意味する」との説明がなされている[20]。

投資協定の中には、適用法に関する定めを置いているものがあり、この場合、投資協定は、それ自体が適用法としての役割を果たすのみならず、適用法の決定に係る規範としても役割を果たす。かかる適用法規定は一般に、当該投資協定および国際法の一般原則または関係する国際法上の規則を含むが、これに加え、紛争当事国の国内法を適用法に含めるか否かは、協定によって異なる。投資協定が適用法に国内法を含めていない場合、または投資協定が適用法の規定を置いていない場合に、事案の判断において国内法が果たす役割につき、一致した見解はなく、国際法の国内法に対する優位を強調する見解[21]、両者の間に優劣関係はなく、国内法の適用により判断されるべき事柄（例：財産権の存否）については国内法が当然に適用されるとする見解[22]等に分かれ

394

ている。

4. 仲裁判断の事項的範囲－暫定的措置および損害賠償の方式

(1) 暫定的措置

　仲裁裁判所は、管轄判断または本案判断の前に、仲裁手続の適切な進行のために必要と認める保全措置をとることができる (ICSID 条約 47 条「裁判所は、両当事者が別段の合意をする場合を除き、事情により必要と認めるときは、各当事者の権利を保全するために執られるべき保全措置を勧告することができる。」)。47 条の「勧告」という文言に関わらず、仲裁裁判所による保全措置の勧告は拘束力を有すると解されるべきであるという点において仲裁裁判所の見解は一致している。仲裁裁判所による保全措置の例としては、紛争当事者が、仲裁手続による事案の解決に必要な証拠を入手できるよう証拠保全のために行うもの、関連する国内司法手続または行政手続の停止を求めるもの等が挙げられる。

　仲裁裁判所は、事案の緊急性と保全措置の必要性に照らし、保全措置の勧告を行うか否かの判断を行うが、被申立国が保全措置の対象となる一定の場合、これに加え、当該国の主権に配慮を示す必要が指摘される[23]。仲裁裁判所の多くは、保全措置の要件として、仲裁裁判所の管轄につき疎明があることを要求するが[24]、保全措置の勧告がなされたことは、管轄および本案の判断を予断するものではない。

(2) 損害賠償の形式

　仲裁手続において、仲裁裁判所が紛争当事者 (ほとんどの場合投資受入国) の責任を認めた場合、仲裁裁判所は、次の段階として、損害賠償の形式および内容を決定することとなる。国際連合の国際法委員会が採択し、国際連合総会第 6 委員会において検討されている国家責任法条文は、損害の完全な賠償義務の履行形式として、原状回復、金銭賠償および陳謝を規定する (34条)。原状回復は、「違法行為が行われた以前に存在した状態の再構築」を行う義務をいい、国家責任法条文は、原状回復を、物理的に不可能である場合、および、金銭賠償の代わりに原状回復から得られる利益に対して、均衡性を害した負担を伴う場合を除き、他の賠償の形式に優先して負う第一義的な義務として

規定する (35条)。なお、原状回復によっても損害が完全に賠償されない場合は、他の形式による賠償が原状回復と共に命じられることとなる。

　もっとも、これらの規定に関しては、国際法上確立された原則といえるか否かに争いがあることに加え、国家責任法条文第2部（国家の国際責任の内容）が投資仲裁に適用されるか否かについても争いがあることに注意する必要がある。まず、同条文33条2項は、「この部（第2部）は、国家以外のいかなる個人または構成体に対して、直接的に権利を付与することを意図した国家の国際責任から生じるいかなる権利にも影響を与えない。」と規定するため、国家責任法条文第2部は投資家が投資受入国の国際法違反を援用する投資仲裁には適用がない、とする有力な見解が存在する。次に、国家責任法条文が投資仲裁に類推適用されるか否かという問題が生じるが、これについても、投資仲裁の、私的権利の救済を目的として私人が国の国際責任を追求するという特有の性質に照らしこれを否定すべきとする見解がある。もっとも、仲裁裁判所は、国家責任法条文第2部の(類推)適用の可否または適否につき検討することなくこれに依拠することも多い[25]。

　投資仲裁において仲裁裁判所が原状回復を命じる権限を有するかという点については、国家の主権に対する不当な干渉に当たるとしてこれを否定する見解も存在する[26]一方、原状回復を含め、適用法の下で可能な形式で損害賠償を命じる権限は、仲裁裁判所の果たすべき司法機能の一つであるとしてこれを肯定する見解も存在する[27]。なお、後述のとおり、ICSID条約54条は金銭上の義務についてのみ締約国の執行義務を規定するが、ICSID条約の起草過程に照らせば、かかる限定は、仲裁裁判所が原状回復等、金銭賠償以外の形式での損害賠償を命じる権限を否定するものとは解されない。

　もっとも、申立人投資家が投資受入国における事業活動から撤退している場合、金銭賠償が投資家にとって最善の権利救済であり、また、原状回復義務の執行は実際には困難であることが多いことから、申立人投資家は、紛争を仲裁に付託するに際し、ほとんど常に金銭賠償を請求する。したがって、投資仲裁の実務において原状回復が命じられることは、実際にはまれである。原状回復が命じられた例としては、係属中の投資受入国内の裁判所における裁判手続の終了、および、申立人が契約上の仲裁合意に基づく仲裁提起の権

利を有することの命令がなされた例[28]、投資家と国との間のリース契約が有
効であることの保証を含む申立人の投資財産の回復を第1の選択肢として命
じつつ、金銭賠償を第1の選択肢として命じ、一定期間内に投資受入国から
原状回復の申し出がなかった場合には申立人投資家が金銭賠償を選択できる
とした例[29]等が挙げられる。なお、投資協定の中には、仲裁裁判所が命じる
ことができる損害賠償の形式を金銭賠償および財産の原状回復に限定し、法
的原状回復を排除するものも存在する（例：NAFTA 1135条）。

　金銭賠償につき、投資協定は一般に、投資協定上の義務違反に対する金銭
賠償の基準および算定方法に関する規定を有しない（これに対し、収用の際の補
償額については、投資財産の公正な市場価格（注）と定める投資協定が多く存在する。）。
金銭賠償の基準として、投資仲裁裁判所はほぼ一貫して、ホルジョウ工場事
件において常設国際裁判所が傍論で述べた次の段落を援用する。「賠償は、違
法行為の結果を可能な限り拭い去るものでなければならず、違法行為が行わ
れなかったならばおそらく存在していたであろう状況を再構築するものでな
ければならない」[30]。実際の賠償額の算定においては、財産の性質、投資に係
る事業の継続可能性等の事実関係に応じ様々な算定方法が用いられ、仲裁裁
判所は算定方法の選定およびその適用、遅延利息の決定、賠償額の減額等に
つき広い裁量を有する。

　　注　公正な市場価格につき、イラン・米国請求権裁判所は、Starrett Housing 対イ
　　ラン事件において、専門家証人による次の定義を採用した。「自発的な売り手
　　および買い手が十分な情報を有し、金銭的利益を最大化することを希望し、か
　　ついずれも強制や脅しを受けていない状況において、売り手が買い手に支払う
　　であろう価額」[31]。

5. 仲裁判断の取消し

(1) 仲裁判断の取消し、訂正、解釈、再審の請求等

　国内裁判所の判決と異なり、国際仲裁の仲裁判断は上訴に服さない。これ
は、国際仲裁においては判断の最終性と迅速な紛争解決が重視されることに
よるものであり、同じ理由から、仲裁判断の取消しは限定的な場合にしか認
められない。この基本的な考え方を共通にしつつ、仲裁判断の取消しに関し
ては ICSID 仲裁と非 ICSID 仲裁との間で重要な相違が認められるため、以

下それぞれにつき概説する。なお、取消しと異なる制度として、追加的決定および仲裁判断の訂正の請求（ICSID 仲裁規則 49、UNCITRAL 仲裁規則（2010 年・2013 年）38 および 39）、仲裁判断の解釈の請求（ICSID 条約 50 条、ICSID 仲裁規則 51、UNCITRAL 仲裁規則（2010 年・2013 年）37）、ICSID 仲裁につき「仲裁判断に決定的な影響を及ぼす性質の事実の発見」を理由とする再審の請求（ICSID 条約 50 条、ICSID 仲裁規則 51）がある。

(2) 非 ICSID 仲裁における仲裁判断の取消し

　ICSID 条約の適用を受けない、いわゆる非 ICSID 仲裁においては、仲裁判断の取消し請求は通常、仲裁地の裁判所に対して行われ、仲裁判断を取り消すか否かの決定は、仲裁地の国内法に従って行われる。多くの国において、仲裁法は UNCITRAL 国際商事仲裁モデル法（1985 年採択、2006 年改正版が発効済）をモデルとしているところ、同モデル法は、国際商事仲裁の仲裁判断の取消し事由として次の各事由を置く（34 条）。

(a)（取消の）申立をした当事者が次の証明を提出した場合

　(i) 第 7 条に定める仲裁合意の当事者が、無能力であったこと、またはその仲裁合意が、当事者がそれに準拠することとした法律もしくはその指定がなかったときはこの国の法律のもとで、有効でないこと。

　(ii)〔取消の〕申立をした当事者が、仲裁人の選定もしくは仲裁手続について適当な通告を受けなかったこと、またはその他の理由により主張、立証が不可能であったこと。

　(iii) 判断が、仲裁付託の条項で予見されていないか、その範囲内にない紛争に関するものであるか、仲裁付託の範囲をこえる事項に関する判定を含むこと。ただし、仲裁に付託された事項に関する判定が、付託されなかった事項に関する判定から分離されうる場合には、仲裁に付託されなかった事項に関する判定を含む判断の部分のみを取り消すことができる。

　(iv) 仲裁裁判所の構成または仲裁の手続が、当事者の合意に従っていなかったこと。またはかかる合意がないときは、この法律に従ってい

なかったこと。ただし当事者の合意がこの法律の規定のうち、当事者が排除することのできない規定に反している場合はこの限りでない。

(b) 裁判所が次のことを認めた場合

(i)紛争の対象事項がこの国の法のもとでは仲裁による解決が不可能であること。

(ii)判断がこの国の公序に反すること。

これらの取消し事由は、外国仲裁判断の承認および執行に関する条約 (1959年発効) (ニューヨーク条約) 5条が規定する、外国仲裁判断の承認および執行の拒否事由 (後述) に基づいており、これらの事由に極めて類似する。

(3) ICSID 仲裁における仲裁判断の取消し

先に述べたように、ICSID 仲裁手続は「自己完結性」という特質を有し、その表れの一つとして、ICSID 仲裁の仲裁判断は、国内裁判所の取消し審査に服さない。ICSID 仲裁においては、仲裁判断は、ICSID 条約 52 条が規定する独自の取消し制度に服し、取消しの請求を受けて構成される特別委員会によってのみ取り消される。特別委員会は、ICSID 理事会の議長によって仲裁人名簿の中から任命される 3 名で構成される。取消し請求は仲裁判断が行われた後 120 日以内に行わなければならず、取消しの対象となるのは仲裁判断 (管轄を否定する決定を含むが、仲裁裁判所によるその他の決定を含まない。) に限られる。

52 条が規定する取消し事由は、後述するとおり、仲裁判断手続の正当性に関するものに限られ、仲裁判断の内容の誤りを含まない。また、上訴においては一般に、上訴審が判決等を破棄した場合にこれに代わる新たな判決等を下すことができるが、特別委員会が仲裁判断を取り消した場合であっても、これに代わる実体判断を下すことはできず、この場合、紛争は新たな仲裁裁判所に再付託されることとなる。

特別委員会は一貫して、ICSID 条約 52 条に基づく取消しと上訴との区別を強調する[32]。ICSID における取消し制度の趣旨につき、Soufraki 対アラブ首長

国連邦事件に係る特別委員会は、「全ての面における、ICSID 仲裁手続きの根本的正当性の保持」、すなわち、「紛争解決制度の正当性、紛争解決手続きの正当性、および紛争解決の正当性を確保すること」であると述べる[33]。

ICSID 条約 52 条 1 項は、仲裁判断の取消し事由として次を規定する。

(a) 裁判所が正当に構成されなかったこと。

(b) 裁判所が明らかにその権限をこえていること。

(c) 裁判所の構成員に不正行為があったこと。

(d) 手続の基本原則からの重大な離反があったこと。

(e) 仲裁判断において、その仲裁判断の基礎となった理由が述べられていないこと。

ある仲裁判断につき、これらの取消し事由の一つ（以上）が存在した場合に、特別委員会が当該仲裁判断を取り消す義務を負うか否かという点につき、EDFI 対アルゼンチン事件の特別委員会は、ICSID 条約 52 条 3 項（「特別委員は、(1) に掲げるいずれかの理由により仲裁判断またはその一部の取消しを行う権限を有する。」）の「権限を有する」との表現を強調し、仮に取消し事由が存在した場合であっても、特別委員会は、仲裁判断を取り消すか否かにつき裁量を有すると結論付けた。同事件の特別委員会はさらに、この裁量は、取消し事由を構成する事情の重大さ、当該取消し事由が結果に与える影響、仲裁判断の最終性を確保することの重要性および紛争の両当事者に対する公平性といった事情に鑑み行使される旨述べた[34]。

これらの取消し事由のうち、実務上重要な役割を果たすものとして、「裁判所の明白な権限踰越」「手続の基本原則からの重大な離反」および「仲裁判断を基礎付ける理由が述べられていないこと」が挙げられる。以下それぞれにつき概説する。

(a) 明白な権限踰越

Soufraki 対アラブ首長国連邦事件における特別委員会は、「明白な」という文言につき、「文言上明白であり、かつ実体的に重大であること」を意味すると述べる[35]。明白な権限踰越に該当する主要な場合として、仲裁裁判所がその管轄外の事項につき判断を行ったこと、および、仲裁裁判所による適用法の誤

400

り（適用すべき法を適用しなかった場合と、適用すべきでない法を適用した場合を含む
が、法適用の誤り、すなわち、正しい適用法の解釈適用に誤りが存在した場合は原則
として含まない。）が挙げられる[36]。

(b) 手続の基本原則からの重大な離反

「重大な」という文言は、手続の離反が紛争当事者に実質的な影響を与え
る程度に重大なものであり、軽微かつ結果に影響を与えない手続違反は取消
し事由を構成しないことを意味する。「基本原則」とは、手続の公正性に影響
を与える原則を指し、紛争当事者の「意見を述べる機会を与えられる権利」[37]、
「紛争当事者の取扱いの公平性」[38]等が含まれる。ただし、ICSID 仲裁規則 27
は、紛争当事者が、当該仲裁手続に関し手続規則等の違反があったことを知り、
または知りうべきであった後速やかにこれに対し異議を唱えなければ、異議
を唱える権利を放棄したものとみなされる旨規定する。したがって、仲裁手
続の中で、手続違反を知りつつ異議を唱えなかった紛争当事者が、仲裁判断
が出された後にその取消し請求において、かかる手続違反を理由として手続
の基本原則からの重大な離反を主張した場合、これに基づく取消しは認めら
れないであろう。

(c) 仲裁判断を基礎付ける理由が述べられていないこと

ICSID 条約 48 条 3 項は、「仲裁判断は、裁判所に提出されたすべての問題を
処理するものとし、その仲裁判断の基礎となった理由を述べるものとする。」
と規定する。実務上、当事者の特定の主張に対し仲裁裁判所が理由を述べな
かった場合、矛盾する理由を述べた場合、理由が不十分であった場合に、こ
の取消し事由が主張される[39]が、理由の正しさまたは説得性まで要求するも
のとは解されない[40]。「矛盾する理由」につき、複数の取消委員会は、これら
の矛盾が相互の理由を打ち消す程度のものである場合のみが「理由を述べられ
ていない」場合に相当するという見解を採用する[41]。仲裁判断の理由は、仲裁
裁判所が何故その結論に至ったのかを、仲裁判断の読み手（特に紛争当事者）が
理解することが必要であるとの要請に基づき要求されるものであり、したがっ
て、本取消し事由の有無は、問題となる仲裁判断がかかる要請を満たすかと

いう観点から、事案ごとに取消委員会が判断することとなる。

　ICSID 条約 52 条に基づき仲裁判断が取り消された場合、同条 6 項は、「仲裁判断が取り消されたときは、紛争は、いずれか一方の当事者の要請により、この章の第 2 節の規定に従って構成される新たな裁判所に付託されるものとする。」と規定する。仲裁判断の一部のみが取り消された場合、新たに構成される仲裁裁判所による審理の対象となるのは、当該仲裁判断のうち取り消された部分のみであり、その他の部分は既判事項として当該仲裁裁判所を拘束する。

6. 仲裁判断の承認および執行

(1) 仲裁判断の法的効果

　ICSID 仲裁と非 ICSID 仲裁を問わず、仲裁判断は紛争当事者を拘束し、各紛争当事者は、仲裁判断の条項に服す義務を負う（取消し請求に基づき執行が停止される一定の場合（例：ICSID 条約 52 条 5 項）を除く。）。義務を負う紛争当事者が当該義務を履行しない場合、他方の紛争当事者は、国内裁判所に仲裁判断の承認および執行を求めることができる。紛争当事者が執行を求める裁判所は、被申立国または仲裁地が属する国の裁判所に限られず、紛争当事者は、義務を負担する当事者の資産が存在するか否か、ニューヨーク条約（非 ICSID 仲裁判断の場合）または ICSID 条約（ICSID 仲裁判断の場合）加盟国であるか否か等、執行の可能性、容易性に影響を与える様々な要素を考慮して執行を求める場所を決定する。

　仲裁判断の承認および執行については、ICSID 仲裁と非 ICSID 仲裁との間で大きな相違があるため、以下それぞれにつき概説する。

(2) 非 ICSID 仲裁における仲裁判断の承認・執行

　仲裁判断の承認および執行を求められた国がニューヨーク条約加盟国である場合、当該国の裁判所は同条約 3 条に従い、同条約が定める条件の下「仲裁判断を拘束力のあるものとして承認し、かつ、その判断が援用される領域の手続規則に従って執行する」義務を負う。加盟国の裁判所において、仲裁判断の承認および執行を拒否し得る事由として、同条約 5 条は次の各事由を規定

する。

(a) 判断が不利益に援用される当事者の請求により、承認および執行が求められた国の権限のある機関に対しその当事者が次の証拠を提出する場合

(i)仲裁合意（同条約2条）の当事者が、その当事者に適用される法令により無能力者であったことまたは仲裁合意が、当事者がその準拠法として指定した法令によりもしくはその指定がなかったときは判断がされた国の法令により有効でないこと。

(ii)判断が不利益に援用される当事者が、仲裁人の選定もしくは仲裁手続について適当な通告を受けなかったことまたはその他の理由により防禦することが不可能であったこと。

(iii)仲裁判断が、仲裁付託の条項に定められていない紛争もしくはその条項の範囲内にない紛争に関するものであることまたは仲裁付託の範囲をこえる事項に関する判定を含むこと。ただし、仲裁に付託された事項に関する判定が付託されなかった事項に関する判定から分離することができる場合には、仲裁に付託された事項に関する判定を含む判断の部分は、承認し、かつ、執行することができるものとする。

(iv)仲裁機関の構成または仲裁手続が、当事者の合意に従っていなかったことまたは、そのような合意がなかったときは、仲裁が行なわれた国の法令に従っていなかったこと。

(v)仲裁判断が、まだ当事者を拘束するものとなるに至っていないことまたは、その判断がされた国もしくはその判断の基礎となった法令の属する国の権限のある機関により、取り消されたかもしくは停止されたこと。

(b) 承認および執行が求められた国の権限のある機関が次のことを認める場合

(i)紛争の対象である事項がその国の法令により仲裁による解決が不可能なものであること。

(ii)仲裁判断の承認および執行がその国の公の秩序に反すること。

　ただし、ニューヨーク条約1条3項に基づき、同条約の適用範囲を「その国の国内法により商事と認められる法律関係から生ずる紛争」に限る旨の宣言を行っている国については、当該投資家対国の紛争に係る法律関係が、商事上の法律関係に該当するか否かが問題となり得ることに注意が必要である[42]。もっともこの点に関し、たとえば包括的および先進的な環太平洋パートナーシップ協定 (2018年3月署名) 投資章9.29条13は、「この節の規定により仲裁に付託される請求は、ニューヨーク条約第1条…の規定の適用上、商事上の関係または取引から生じたものとみなされる。」と規定する。

(3) ICSID 仲裁における仲裁判断の承認および執行

　ICSID条約54条1項は、ICSID仲裁判断の承認および執行に係る加盟国の義務を次のとおり規定する。「各締約国は、この条約に従って行われた仲裁判断を拘束力があるものとして承認し、また、その仲裁判断を自国の裁判所の確定判決とみなしてその仲裁判断によって課される金銭上の義務をその領域において執行するものとする。」したがって、仲裁判断を執行する加盟国の義務の対象は、金銭上の義務に限定される。他方、同条約はいかなる承認または執行拒否事由も規定しないため、ICSID仲裁判断の承認および執行を求められた裁判所は、同条約52条に従って仲裁判断が取り消された場合を除き、仲裁判断を拘束力あるものとして承認する無条件の義務を負い、さらに、仲裁判断が規定する金銭上の義務を自国の確定判決とみなして執行する厳格な義務を負うこととなる。

　もっとも、義務を負う紛争当事者が被申立国であった場合、具体的な執行の場面において、執行を求められた国がその国内法に従い、被申立国の主権免除を認めることはICSID条約上許容される。すなわち、ICSID条約54条3項は「仲裁判断の執行は、執行が求められている領域の属する国で現に適用されている判決の執行に関する法令に従って行なわれる。」、55条は「第54条のいかなる規定も、いずれかの締約国の現行法令でその締約国または外国を執行から免除することに関するものに影響を及ぼすものと解してはならない。」と規定する。執行の場面における主権免除の適否は、一般に、執行対象とされる資産の性質 (資産が商業的性質を有するか非商業的性質のものか) 等に照らし、

執行を求められた国の裁判所が、その国内法を解釈適用して判断することとなる。

IV. 投資仲裁をめぐる現在の動き－「常設投資裁判所」の議論

　投資仲裁件数が増加の一途をたどる一方、近年、投資仲裁に対する批判が高まっている。批判の内容は、仲裁人の利益相反の危険、誤った仲裁判断を是正するメカニズムの欠如、仲裁判断相互の不一致から生じる法的安定性の欠如、投資仲裁が、投資受入国の規制権限に対する不当な干渉となるという懸念等、手続的なものから実体的なものまで多岐にわたるが、そのいくつかは、仲裁という紛争解決制度の構造に起因する批判である。かかる批判を背景として、欧州連合 (EU) は 2015 年 9 月、米国との大西洋貿易投資パートナーシップ協定の交渉において、投資仲裁に代わる紛争解決制度として常設投資裁判所制度を提唱した。常設投資裁判所制度は、EU・ベトナム自由貿易協定[43]および EU・カナダ包括的経済貿易協定[44] に規定されている。

　これらの協定に含まれる常設投資裁判所制度は、様々な点で投資仲裁と大きく異なり、主な相違点は次を含む。(a) 第一審裁判所および上訴裁判所の二審制であり、第一審裁判所による判断に不服がある当事者による上訴が可能である。(b) 第一審裁判所および上訴裁判所は、事件ごとに設置されるのではなく、任期を有する裁判官から構成される常設機関である。(c) 第一審裁判所および上訴裁判所ともに、裁判官は締約国により構成される委員会により選任され、各事件はその中からランダムに選任された裁判官により取り扱われる。常設投資裁判所については、現在 UNCITRAL 作業部会で行われている投資家対国の紛争解決改革の議論の中でも検討課題に挙がっており、投資仲裁が今後も、投資家対国の紛争解決のための主要なフォーラムとして機能し続けるか否かは不透明な状況にある。

注

1　Mavrommatis Palestine Concessions (Greece v Great Britain) (Jurisdiction) PCIJ Rep Series A No 2.

2　ICSID 事務局ウェブサイト

https://icsid.worldbank.org/apps/ICSIDWEB/process/Pages/Arbitration.aspx より抜粋、和訳。

3　Joseph C. Lemire v. Ukraine, ICSID Case No. ARB/06/18, Decision on Jurisdiction and Liability, 21 January 2010 para. 45.

4　Case Concerning East Timor (Portugal v. Australia), I.C.J. Rep 1995, pp. 89 and 99.

5　Interpretation of Peace Treaties with Bulgaria, Hungary and Romania, First Phase, Advisory Opinion, I.C.J. Reports 1950, p. 74.

6　Empresas Lucchetti, S.A. and Lucchetti Peru, S.A. v. The Republic of Peru, ICSID Case No. ARB/03/4, Award, 7 February 2005 para. 48; Railroad Development Corporation v. Republic of Guatemala, ICSID Case No. ARB/07/23 (US CAFTA/DR FTA), Second Decision on Objections to Jurisdiction, 18 May 2010, para. 127 等。

7　Fedax N.V. and The Republic of Venezuela, ICSID Case No. ARB/96/3, Decision of the Tribunal on Objections to Jurisdiction, 11 July 1997, para. 17; Gas Natural SDG, S.A. v. The Argentine Republic, ICSID Case No. ARB/03/10, Decision on Jurisdiction, 17 June 2005, para. 20.

8　CMS Gas Transmission Company v. Republic of Argentina, ICSID Case No. ARB/01/8, Award on Jurisdiction, 17 July 2003, para. 33.

9　AWG Group Ltd. v. Argentine Republic, UNCITRAL, Decision on Jurisdiction, 3 August 2006, para. 31; Suez, Sociedad General de Aguas de Barcelona S.A. and Vivendi Universal S.A v. Argentine Republic, ICSID Case No. ARB/03/19, Decision on Jurisdiction, 3 August 2006, para. 31; Total S.A. v. The Argentine Republic, ICSID Case No. ARB/04/01, Decision of the Tribunal on Objections to Jurisdiction, 25 August 2006, para. 59 等。

10　Salini Costruttori S.p.A. and Italstrade S.p.A. v. Kingdom of Morocco, ICSID Case No. ARB/00/4, Decision on Jurisdiction, 31 July 2001.

11　Saba Fakes v. Republic of Turkey, ICSID Case No. ARB/07/20 (Netherlands/Turkey BIT) Award, 14 July 2010、paras. 102-107 において、これらの異なるアプローチが整理されている。

12　異なる見解を採用する管轄決定の例として、Alasdair Ross Anderson and others v. Republic of Costa Rica, ICSID Case No. ARB (AF) /07/3 (Canada/Costa Rica BIT) Award, 19 May 2010; Railroad Development Corporation v. Republic of Guatemala, ICSID Case No. ARB/07/23, Second Decision on Objections to Jurisdiction, 18 May 2010, para. 140.

13　Phoenix Action, Ltd. v. The Czech Republic, ICSID Case No. ARB/06/5, Award, 15 April 2009, para. 101. ただし、この事件の適用法であるイスラエル・チェコ BIT には、投資財産の定義に「国内法に従って投資された」との限定が規定されていたことには注意が必要である。

14 Generation Ukraine, Inc. v. Ukraine, ICSID Case No. ARB/00/9, Award, 16 September 2003, paras. 12.2-12.3 等。

15 Murphy Exploration and Production Company International v. Republic of Ecuador, ICSID Case No. ARB/08/4（US/Ecuador BIT）, Award on Jurisdiction, 15 December 2010, paras. 154-155 等。

16 Enkev Beheer B.V. v. Republic of Poland, PCA Case No. 2013-01, First Partial Award, 29 April 2014, paras. 315-323 等。

17 Mohammad Ammar Al-Bahloul v. Republic of Tajikistan, SCC Case No. V（064/2008）（ECT）Partial Award on Jurisdiction and Liability, 2 September 2009, paras. 154-156.

18 待機期間の経過を待たず仲裁付託がなされた場合であっても管轄を否定しないとする判断例として、Abaclat and Others（Case formerly known as Giovanna a Beccara and Others）v. Argentine Republic, ICSID Case No. ARB/07/5, Decision on Jurisdiction and Admissibility, 4 August 2011, paras. 589-590、これを批判し、管轄が否定されるとする判断例として、Urbaser S.A. and Consorcio de Aguas Bilbao Biskaia, Bilbao Biskaia Ur Partzuergoa v. Argentine Republic, ICSID Case No. ARB/07/26, Decision on Jurisdiction, 19 December 2012, paras. 119-123.

19 Asian Agricultural Products Ltd. v. Republic of Sri Lanka, ICSID Case No. ARB/87/3, Award, 27 June 1990, para. 21.

20 Antonio Parra, ‘Applicable Substantive Law in ICSID Arbitrations initiated under investment treaties’（2001）16 ICSID Rev. 20, 21.

21 Asian Agricultural Products Ltd. v. Republic of Sri Lanka, ICSID Case No. ARB/87/3, Award, 27 June 1990, para. 21; LG&E Energy Corp., LG&E Capital Corp., and LG&E International, Inc .v. Argentine Republic, ICSID Case No. ARB/02/1, Decision on Liability of 3 October 2006, para. 94 等。

22 MTD Equity Sdn. Bhd. and MTD Chile S.A. v. Republic of Chile, ICSID Case No. ARB/01/7, Decision on Annulment（21 March 2007）para. 72; TECO Guatemala Holdings, LLC v. Republic of Guatemala, ICSID Case No. ARB/10/23, Award, 19 December 2013, paras. 268-9 等。

23 Quiborax S.A., Non Metallic Minerals S.A. and Allan Fosk Kaplún v. Plurinational State of Bolivia, ICSID Case No. ARB/06/2, Decision on provisional measures of 26 February 2010, para. 164; Caratube International Oil Company LLP and Devincci Salah Hourani v. Republic of Kazakhstan, ICSID Case No. ARB/13/13, Decision on the Claimants Request for Provision Measures, 4 December 2014, para. 121; EuroGas Inc. and Belmont Resources Inc. v. Slovak Republic, ICSID Case No. ARB/14/14, Procedural Order No. 3 - Decision on Requests for Provisional Measures, 23 June 2015, para. 82 等。

24 Occidental Petroleum Corporation and Occidental Exploration and Production Company v. Republic of Ecuador, ICSID Case No. ARB/06/11, Decision on Provisional

Measures, 17 August 2007, para. 55; Hydro S.r.l. and others v. Republic of Albania, ICSID Case No. ARB/15/28, Order on Provisional Measures, 3 March 2016, paras. 3.7-3.8 等。

25 Mohammad Ammar Al-Bahloul v. The Republic of Tajikistan, SCC Case No. V (064/2008), Final Award, 8 June 2010, para. 42; Nykomb Synergetics Technology Holding AB v. The Republic of Latvia, SCC, Award, 16 December 2003 at 38-9; Ioan Micula, Viorel Micula, S.C. European Food S.A, S.C. Starmill S.R.L. and S.C. Multipack S.R.L. v. Romania, Decision on Jurisdiction and Admissibility, 24 September 2008, para. 166; Chevron Corporation (USA) and Texaco Petroleum Company (USA) v. The Republic of Ecuador, UNCITRAL, PCA Case No. 34877, Interim Award, 1 December 2008, para. 118 等。

26 Amco Asia Corporation and others v. Republic of Indonesia, ICSID Case No. ARB/81/1, Award, 21 November 1984, para. 202. See also LG&E Energy Corp., LG&E Capital Corp., and LG&E International, Inc .v. Argentine Republic, ICSID Case No. ARB/02/1, Award, 25 July 2007 para. 87; Occidental v. Ecuador, supra paras. 78 and 84等。

27 Micula v. Romania, supra para. 166 (footnote omitted). See also Enron Corporation and Ponderosa Assets, L.P. v. Argentine Republic, ICSID Case No. ARB/01/3, Decision on Jurisdiction, 14 January 2004 para. 79; Christoph Schreuer, „Non-pecuniary Remedies in ICSID Arbitration ", 20 ARB. INT' L. 325, 331-2 (2004) 等。

28 ATA Construction, Industrial and Trading Company v. The Hashemite Kingdom of Jordan, ICSID Case No. ARB/08/2 (Turkey/Jordan BIT), Award, 18 May 2010.

29 Mr. Franck Charles Arif v. Republic of Moldova, ICSID Case No. ARB/11/23, Award, 8 April 2013.

30 The Factory at Chorzow Case, 1928 P.C.I.J. Series A, No. 17, p. 47.

31 Starrett Housing International, Inc. v. The Government of the Islamic Republic of Iran, Bank Omran, Bank Mellat, Bank Markazi, Award, 19 December 1983, 4 Iran-US Claims Tribunal, 122, 201.

32 Wena Hotels LTD. v. Arab Republic of Egypt, ICSID Case No. ARB/98/4, Annulment Proceeding, 5 February 2002, para. 18; SGS Société Générale de Surveillance S.A. v. Republic of Paraguay, ICSID Case No. ARB/07/29, Decision on Annulment, 19 May 2014, paras. 104-105 等。

33 Hussein Nuaman Soufraki v. United Arab Emirates, ICSID Case No. ARB/02/07, Decision on Annulment, 5 June 2007, para. 20.

34 EDF International S.A., SAUR International S.A. and León Participaciones Argentinas S.A. v. Argentine Republic, ICSID Case No. ARB/03/23, Decision on Annulment, 5 February 2016, paras. 72-3。同様の結論を述べるものとして、Compañía de Aguas del Aconquija S.A. and Vivendi Universal (formerly Compagnie Générale des Eaux) v. Argentine Republic, ICSID Case No. ARB/97/3, Decision on Annulment, 3 July 2002, para. 66 等。

35 Soufraki v. UAE, supra, para. 40。この見解を採用するものとして、Malicorp Limited v. Arab Republic of Egypt, ICSID Case No. ARB/08/18, Decision on Annulment, 3 July 2013, paras. 53-56; AES Summit Generation Limited and AES-Tisza Erömü Kft. v. Republic of Hungary, ICSID Case No. ARB/07/22, Decision of the ad hoc Committee on the Application for Annulment, 29 June 2012, para. 31 等。

36 Soufraki v. UAE, supra para. 40; AES Summit Generation Limited and AES-Tisza Erömü Kft. v. Republic of Hungary, supura, para. 31 等。

37 Wena Hotels LTD. v. Arab Republic of Egypt, supra, para. 57 等。

38 Malicorp Limited v. Arab Republic of Egypt, supra, paras. 36-7 等。

39 Soufraki v. UAE, supra, paras. 122-126 等。

40 Compañía de Aguas del Aconquija S.A. and Vivendi Universal (formerly Compagnie Générale des Eaux) v. Argentine Republic, supra, para. 64. これを支持する取消委員会の決定として、例：Continental Casualty Company v. Argentine Republic, ICSID Case No. ARB/03/9, Decision on the Application for Partial Annulment of Continental Casualty Company and the Application for Partial Annulment of the Argentine Republic, 16 September 2011, para. 102.

41 Rumeli Telekom A.S. and Telsim Mobil Telekomunikasyon Hizmetleri A.S. v, Republic of Kazakhstan, ICSID Case No. ARB/05/16, Decision of the ad hoc Committee, 25 March 2010, para. 82; Caratube International Oil Company LLP v. Republic of Kazakhstan, ICSID Case No. ARB/08/12, Decision on the Annulment Application of Caratube International Oil Company LLP, 21 February 2014, para. 104; Daimler Financial Services AG v. Argentine Republic, ICSID Case No. ARB/05/1, Decision on Annulment, 7 January 2015, paras. 77-9.

42 非 ICSID 仲裁判断につき、ニューヨーク条約に基づく執行義務の対象外とした判例として、Diag Human v. Czech Republic, Civil Action No. 13-0355 (ABJ) が挙げられる。

43 Chapter 8, Articles 12-14.

44 Chapter 8, Articles 8.18-8.45.同条約は2017年9月21日に暫定適用が開始したが、その範囲に投資保護に係る規定及び常設投資裁判所制度は含まれない。

参考文献

Campbell McLachlan, Laurence Shore and Matthew Weiniger, *International Investment Arbitration: Substantive Principles* (Oxford University Press, 2017).

Zachary Douglas, *The International Law of Investment Claims* (Cambridge University Press, 2009).

Christopher F. Dugan, Don, Jr. Wallace, Noah Rubins and Borzu Sabahi, *Investor-State Arbitration* (Oxford University Press, 2011).

Borzu Sabahi, *Compensation and Restitution in Investor-State Arbitration: Principles and Practice* (Oxford University Press, 2011).

Michael Waibel, Asha Kaushal, Kyo-Hwa Liz Chung and Claire Balchin, *The Backlash Against Investment Arbitration: Perceptions and Reality* (Kluwer Law International, 2010).

Michael Reisman, 'International Investment Arbitration and ADR' (2009) 24 (1) *ICSID Review*, 185-192.

Jan Paulsson, 'Arbitration Without Privity' (1995) 10 (2) *ICSID Review* 232-257.

Anthony C. Sinclair and Odysseas G. Repousis 'An Overview of Provisional Measures in ICSID Proceedings' 32 (2) *ICSID Review* (2017) pp. 431-446.

Martin Endicott, 'Remedies in Investor-State Arbitration: Restitution, Specific Performance and Declaratory Awards' in Philippe Kahn and Thomas W. Wälde (eds.) *Les aspects nouveaux du droit des investissements internationaux / New Aspects of International Investment Law* (Martinus Nijhoff, 2007) 517-552.

濱本正太郎「常設投資裁判所構想について－ヨーロッパ連合による提案を中心に－(その1～7)」『JCA ジャーナル』64 巻 8 号～ 12 号 (2017 年) および 65 巻 1 号、2 号 (2018 年)

第12章　国際金融体制と法

柳赫秀

本章の概要

　国境を超える経済活動が円滑に行われるためには、安定的な国際決済および資金調達のための制度、すなわち、国際通貨・金融システムの存在および安定が前提的な条件となる。国際通貨・金融システムは、経済のグローバル化が進む中でますます重要性を増している。現在1日の外国為替の取引高が1年間の世界貿易高の1/4を超えるという事実がこれを証明する。

　本章では、国際通貨制度を中心に、国際通貨・金融法についての総論的に記述する。Iでは、国際金融法の定義、特徴および規制機関について述べてから、IIでは、国際通貨制度の歴史的展開について、19世紀の金本位制度から今日の変動相場制までが追いかけられ、変動相場制の長短と国際為替制度の未来について整理される。最後のIIIでは、今日の金融市場のグローバル化とIT化について記述し、国際金融秩序の課題と展望について述べられる。本章は、国際通貨基金についての13章、バーゼル合意と国際金融規制の展開についての14章、そして、15章の国家債務と国家破綻、からなる国際通貨・金融法分野の総論である。

I.　概　要

1. はじめに

　国境を超える経済活動が円滑に行われるためには、安定的な国際決済および資金調達のための制度、すなわち、国際通貨・金融システムの存在および安定が前提的な条件となる。国際通貨・金融システムは、経済のグローバル化が進む中でますます重要性を増している。現在 1 日の外国為替の取引高が 1 年間の世界貿易高の 1/4 を超えるという事実がこれを証明する。

　今日国家が自らの通貨を有するという「一国家・一通貨」命題は誰も疑わない当然の前提となっている。国家の通貨主権は、1928 年「セルビア公債事件」で常設国際司法裁判所によって確認されたように、国際法上一般的に認められている[1]。しかし、技術革新と規制革新の賜物である金融市場のグローバル化によって、国境を超えた通貨使用の増大と外国通貨による内国通貨の代替の増進に伴い、通貨の機能する空間と通貨主権が乖離する「通貨の脱領土化」が指摘されている。他方で、国際資本移動の自由化に伴い、通貨の金融的、資産的側面が経済の貨幣的媒介という実物的側面を圧倒するようになると、一刻一刻変動する値段の動きに合わせて、価格変動のリスクを回避または管理（ヘッジ）し、あるいは差益を追求する投機的取引の対象となる。S. ストレンジのいう「カジノ資本主義」の出現で、「狂ったマネー」が政府を凌駕し

闊歩するのである²。金融市場で決まる金融資産の価格と創出される流動性がかつて通貨主権の下で通貨領土ごとに施行されていた通貨・金融政策を時には制約し、特には破綻させる。今日「国際金融アーキテクチャー」(international financial architecture) というタームに象徴される国際通貨秩序における権力構造とガバナンスのあり方がいつの時代よりも注目を浴びる所以である。

　本章では、国際通貨制度を中心に、国際通貨・金融法についての総論的に記述する。13 章では国際通貨・金融の分野の中核にある IMF の機能について記述され、14 章では銀行・証券規制を、15 章では国家債務と国家破綻を取り扱う。

2. 国際金融法の定義

　これまでの国際通貨・金融法の研究は、以前ブレトン・ウッズ体制が資本取引を厳しく制限しながら、国際通貨制度を司る国際通貨基金 (International Monetary Fund, IMF) を中核としていたことに影響されて、国際主体間の通貨関係に適用される「通貨の国際法」(public international law of money) を研究する流れと³、通貨主権の下で個々の国際金融取引と紛争解決のための準拠法を決定する所の、国際私法を中心とする取引法としての「国際金融の法」を追求する流れが併存していた⁴。それに対して、最近の金融市場のグローバル化現象に基づいて、従来の公的な国際通貨体制と新たに台頭した私的な国際金融体制を統合的に捉えようとする動きが現れた⁵。本著では、国際金融秩序 (international financial order) を国際通貨と国際金融に関する取極や規律を包含するものととらえ、その中で生成され機能する法の全体を国際金融法と呼ぶ。

3. 国際金融関係の特徴

　国際通貨・金融の分野は、貿易自由化交渉のように、常に世間の注目を引き熱い論争を引き起こしがちな国際通商や投資分野と異なり、一握りの専門家の専有物で、素人の「近づき難い聖域」である。ジェームズは、第 1 次世界大戦前「ヨーロッパ経済の命運は僅か 300 人の金融家の手にかかっている」といったドイツの企業家で哲学者であったラテナウの言葉を引用しながら、今日その数はより少ないはずであるという⁶。通貨の管理者は、まるで牧師さん

やマジシャンのようで、法外な尊敬や畏敬の対象であるだけでなく、国際通貨・金融の分野は、法律、特に国際法の影の薄い分野で、法律家の手番があまりない分野といわれる。

そして、国際通貨・金融の分野には、確かに IMF という多角的枠組みが存在しているが、国家の通貨主権を法的に規律するハード・ローは極めて貧弱であり、ソフト・ローが主軸をなしているのが実情である[7]。国際通貨秩序は、法原則、法的関係および紛争解決を強調しないで、国際通貨関係の特殊性を見通した視点が求められると言われる。そのために、国際通貨・金融分野においては「ルールか裁量か」(rule or discretion) の二者択一ではなく、通貨・金融政策における協調を引き出し、柔軟に管理していく視点がより重要である[8]。クレシーが、「国際通貨法を学ぶのはゴージャスなギャラリーで「ミニマル・アート」の展示を鑑賞するようなものである」という所以である[9]。

4. 国際通貨・金融の規律機関

(1) 各国政府

通貨・金融問題はまずは (prima facie) 国家の国内管轄に属するといわれており、国家は、通貨主権の名の下で、広範囲な規制権限を有している。国家は、通貨発行特権 (seigniorage)、通貨・銀行および清算システムの規制権、為替政策権限および為替・資本規制権を有している。しかし、前述したように、「通貨の脱領土化」現象の下で、国家の通貨創出および管理の権限が浸食されているだけでなく、国際機関の規律の役割が増えつつある。

(2) 国際機関・取極

13 章で詳しく記述されるように、IMF と世界銀行グループの役割は改めて強調するまでもない。1971 年まで IMF は加盟国に一定のハード・ロー的な規律を課していたが、固定相場制が放棄されてから途上国への資金供与と国際規準の提供へ役割が変えてきた。

国際金融部門においては、自己資本比率規制をはじめとするバーゼル規制を司る国際決済銀行 (BIS) を筆頭に、証券委員会国際組織 (IOSCO)、国際保険監視協会 (IAIS)、国際会計基準審議会 (IASB) 等が機能している。アジア金融危

機をきっかけに設立され、12 か国からの 26 の金融当局に 13 の国際機関が参
加している金融安定フォーラム（(Financial Stability Forum, FSF)、そして、それを引
き継いだ金融安定理事会（Financial Stability Board, FSB）は金融市場監視において重
要な役割をしている。FSF とほぼ同じ時期に、従来の主要先進国間の G7 に加
えて、主要新興諸国を加えた G20 が出帆し、2008 年世界金融危機（リーマンショッ
ク）以後重要な役割を果たしている。最後に、資本移動についてのガイドライ
ン制定等、広範な役割を行ってきた OECD も数えられるべきである[10]（→第 14
章）。

　金融システムの安定性維持にかかわる各種措置をプルーデンス政策といい、
金融システム全体が有するリスクを分析および評価する取り組みをマクロ・
プルーデンス、個別金融機関が保有するリスクを把握し、経営改善を促す手
法をミクロ・プルーデンス政策という。2008 年リーマンショック以降、「金融
システムの安定」が要請される中、国際金融機関・取極の役割の重要性が改め
て認識されるとともに、マクロ・プルーデンスとミクロ・プルーデンスの総
合政策的視点、国際金融機関・取極同士の連携および主要国政府・金融機関
との有機的な協力が強調されるようになっている[11]。

II. 国際通貨制度の歴史的展開

1. はじめに

　国際通貨制度は、国境を超えて行われる物品、サービスの貿易取引、資本
取引の円滑な決済を可能にする制度的枠組みのことで、国際的な公式・非公
式のルールや慣行並びに慣習からなる[12]。国際通貨制度は、①外国為替市場
に秩序と安定を与え（為替制度や国際決済の規律）、②各国の国際収支問題の除
去に努め（調整問題の解決）、③攪乱的なショックの際各国に国際信用の利用の
手立ての提供（国際流動性の創出）という、3 つの機能を果たさなければならない。
現在国際通貨制度を司る普遍的な国際機構として IMF が機能しているが、こ
れまで数回改正された IMF 協定やその機関の決定はいわば国際通貨法の中核
をなす。

　これまで国際通貨制度は、19 世紀末にかけて金本位制度が成立して以来、

戦間期における金本位制の修復の試みと失敗、第2次世界大戦後のブレトン・ウッズ体制を経て、今日の変動相場制に推移してきた。制度の変化には、大衆の政治参加に伴う「国家の社会化」、対外均衡と国内均衡との拮抗および「経済の国際化」に伴う資本移動の自由化という3つの要因の複合的な作用がその背景にある。

2.19世紀における国際金本位制

金本位制は、各国の中央銀行または政府が、国内通貨を決まった価格で金との無制限な兌換を保証することで、為替相場が金平価を基準にして固定される制度(固定相場制)をいう。1819年イギリスの Resumption Act を筆頭に、1871年にドイツ、1876年にフランス、1879年にアメリカ、そして、1897年に日本、ロシアが続いた。このように1819年にスタートし1914年まで存続したが、本当に機能したのは1871-1913の間だけである。

金本位制は、イギリスを筆頭に、主要国が自主的に採用した結果もたらされたいわば自然発生的な (spontaneous) 制度である。この体制が機能するには、各国通貨当局が金準備の増減に合わせて通貨供給量を増減させるという「ゲームのルール」が守られなければならない。国際間で自由な金輸出入が認められることで、為替相場が金の現送コストの上限の幅で限定されることになり、為替相場の安定に結果する。そして、各国通貨当局が金準備の増減に合わせて通貨供給量を増減させることで、国際収支の均衡が自動的に達成されるメカニズムが働くのである。

金本位制の下では、為替相場が一定の幅の中で安定的に推移し、また外国為替には価値の安定した金の裏づけがあったので国際決済手段・準備資産に対する信頼の動揺が起きにくい。そして、各国が「ゲームのルール」を遵守している限り、持続的な国際収支の不均衡が回避される等の利点がある(制度の安定性への信頼)。問題は、それに伴う通貨供給量が国内経済目標と一致しない場合でも対外均衡が優先させられること、すなわち経済成長や雇用の維持,物価の安定といった国内均衡を犠牲にして対外均衡が図られる仕組みになっていたことである。金本位制は、産業革命に代表される経済的相互依存の進展、対外均衡の優先および資本の自由移動に疑いを挟まない知的雰囲気の中

での各国の中央銀行の一致した行動、「オーケストラの指揮者」としてのイギリス銀行およびイギリスの政治経済力といった複合的要因の織り成し結果であったが、大衆の政治参加による「国家の社会化」により国内均衡へ経済政策のウェートが移ると、制度の歴史的条件は維持できなくなる。1914年第1次世界大戦の勃発とともに、世界各地からロンドンへ巨額の金移動が発生すると、各国政府は、法律上あるいは事実上の金輸出禁止や金兌換停止を行ったので、ついに金本位制は崩壊した。

3. 戦間期における金本位制の一時的な再建と管理通貨制への移動

　第1次世界大戦で金本位制は崩壊したが、金本位制という思想・政策体系は放棄されたわけではなかった[13]。各国の政策担当者は、戦後の経済復興の基礎は金本位制の再建にあるとの認識を共有していた。実際アメリカは1919年6月に金本位制に復帰したが、ヨーロッパの国々は戦後の財政赤字、インフレーション、資本逃避等の国内経済の混乱が大きくすぐには復帰できなかった。しかし、イギリス主導で開催された1920年のブラッセル会議と22年のジェノア会議を経て、ドイツの賠償問題が解決されたことを受け、1925年4月にイギリスが金本位制に復帰し、同年末までに35か国が復帰を果たした。

　再建された金本位制は、19世紀のそれとは異なり、金地金本位制であった。イギリスの1925年金本位法は、第1条で「イングランド銀行は同行の銀行券を金貨で支払う義務はない」と金兌換廃止を定めていた。すなわち、再建されたイギリスの金本位制は、中央銀行が、公衆に対して、対外決済の場合に限り、自国通貨を金地金に兌換したり、金地金を買い入れて自国の貨幣単位と金の一定量との間に等価関係を確保しようとする、その意味で、金の対内流出入が事実上なくなって、対外流出入だけが機能するシステムだったのである[14]。

　確かに、1925年から1931年まで金本位制の建て直しが一時的には実現したが、戦間期に入って「国家の社会化」が一段と進む中、国際収支の均衡のために、デフレに基づく失業等の国内安定を犠牲にすることはもはや論外であった。各国では、国内通貨の流通量が正貨準備の増減によって伸縮することから解放され、通貨当局が政策目標に応じて合理的に国内の通貨流通量を管理調節する管理通貨制を敷いていった。「オーケストラの指揮者」としてのイギ

リスの衰退による国際通貨秩序の動揺も事態の悪化を決定的にした[15]。1929年ニューヨーク株式暴落に端を発した世界恐慌後、各国は貿易障壁の導入、通貨の切下げ競争や為替管理による資本移動の規制等の近隣窮乏化政策が乱舞した。そして、1933 年世界経済会議での金本位制債権の最後の試みが失敗した後、世界経済は、スターリング・ブロック、ドル・ブロック、金ブロック、ドイツ広域経済圏等通貨ブロックへと分裂し、第 2 次世界大戦へひた走っていった。

4. ブレトン・ウッズ体制の成立と IMF：調整可能な固定相場制

　第 2 次世界大戦後のブレトン・ウッズ体制は、「国家の社会化」による福祉国家時代の到来という新しい政治的現実を前提に、戦間期のような自己破壊的な経済ナショナリズムへの回帰を防ぐ安定的な国際経済秩序の創設の試みであった[16]。そして、IMF に体現された国際通貨制度の内容を一言で表すならば、一方では、為替を安定化し、自由で多角的な国際決済メカニズムを再建し、他方では、一時的に国際収支不均衡に陥った国に短期資金を提供することによって、開放的な国際経済が経済成長と完全雇用という国内均衡達成へ課する制約を緩和することである。IMF は、加盟国を監視し支援する、新しい国際通貨体制の番人として設立されたのである。

　加盟国は、「調整可能な固定相場制」(fixed but adjustable exchange rate system, FBAR)を採用し、多角的な決済システムを再建するための諸々の義務を負う一方、対外収支均衡を達成するために、有効需要と完全雇用といった国内経済利益が犠牲にされることのないように、2 つの「安全弁」が施された。

　加盟国は、自国通貨の平価を設定し、IMF の承認を受け、為替相場の変動を平価の上下 1% の範囲内で維持する義務を負う。平価の設定は「金または1944 年 7 月 1 日現在の量目および純分を有する合衆国ドル」で表示されることが要求された (旧 IMF 協定 4 条)。いったん設定された評価は、IMF の承認のない限り、変更することはできない。形の上では、ドル以外の通貨も金平価を持ち得たが、金と交換性を維持していたのはドルだけで、各国はドルに対して平価を設定したので、ブレトン・ウッズ体制はドルを国際基軸通貨とした「国際金為替本位制」(gold-exchange standard) であった。しかし、加盟国の国際収支の

不均衡が一時的な性質のものではない場合は、すなわち「基礎的不均衡」に陥ったと判断されると、IMF との協議のうえ、為替相場の切下げ調整を行い、為替相場維持義務から逸脱することができた (旧協定 4 条 5 項)[17]。

次に、自由で多角的な国際決済を再建するために、加盟国に、①経常取引についての為替制限の廃止 (IMF 協定 8 条 2 項)、②双務協定、バーター取引等差別的な為替取極や複数為替相場制を採用しないこと (同 3 項)、および③外国保有の自国通貨残高に対する交換性の維持 (同 4 項) の義務が課せられた。(これらの 3 項目はいずれも「通貨の交換性」に関するもので、この 8 条の義務を履行している国の通貨は交換可能通貨とされる。) しかし、通貨の交換性の義務を即座に履行することは、多くの加盟国の戦争による疲弊状態から不可能であったので、加盟国は「過渡的取極」条項 (同 14 条) に基づいて漸進的に義務を履行することができた。

最後に、加盟国は、自国の経済的地位等に基づいて設定された出資割当額を払い込み、国際収支困難の際に、自国通貨と交換に IMF 保有の外貨 (または SDR) を買い取る形で短期間の融資を供与される。出資は、原則として 25% を金、SDR または他の準備資産で、75% を自国通貨で行い、借入の限度額は出資割当額の 200% までである。融資期間終了後には、IMF から自国の通貨を外貨 (または SDR) で買い戻す形で返済する[18]。

5. ポスト・ブレトン・ウッズ体制：変動相場制

ブレトン・ウッズ体制はかつてないほどの長期好況時代をけん引したが、1971 年ニクソン大統領の「新経済政策」宣言によるドルと金の交換の中止で崩壊を余儀なくされる。米国がベトナム戦争をはじめとする世界戦略の展開のためにドルを供給し続けた結果、国際収支赤字が慢性化し金準備とのバランスが悪化したことが主たる原因である。1971 年から 2 年間の体制再建のための議論が実らず、1973 年四半世紀の歴史の幕を下ろした。アメリカを始めとする主要国が変動相場制へ移行し、1976 年ジャマイカのキングストンで開かれた IMF 暫定委員会での合意を経て、FBAR の放棄を中心とする IMF 協定第 2 次改正が総務会で承認され、1978 年 4 月発効した。

ブレトン・ウッズ体制の崩壊の主なる原因は、(N − 1) 問題と呼ばれる基

軸通貨国とその他の通貨国との間の非対称性にある。すなわち、基軸通貨国としての米国は、国際収支問題を介意せず、世界戦略のための経済的負担をドルの発行を通じてまかなうことができた反面、基軸通貨国であるがゆえに、ドルの過大評価や国際収支赤字の増大にもかかわらず、経常および資本収支の改善のために平価の切り下げを行うことができなかった。1960 年代末主要ヨーロッパ諸国と日本が米国の行き過ぎたインフレ容認に対して苛立ちを募らせる中、ドルの過大評価とインフレの慢性化に直面した米国は、非対称的な制約を受入れ続ける代わりに、体制をかなぐり捨てることを選択したのである。

　もう一つの要因は、国際的な資本移動の増大による国際次元と国内次元の隔絶が効かなくなったことである。各国は IMF 協定の下で資本取引の規制が許されていたので、国際収支均衡の圧力から隔離され、直ちに為替レートの安定を害することなく、他の国内目標へのマクロ経済政策を傾注させることができ、FERB の調整のための幾分かの猶予を享有した。しかし、もはや資本規制が効かなくなり、国際的に資本移動が増えてくると、相場維持による国際収支均衡の圧力が大きくなり、膨大な為替相場への政府介入および国際的な支援を必要とするので、市場に頼る選択肢が選ばれたのである[19]。

　加盟国の為替制度選択の自由が認められたことで、国際通貨制度はいわば「(通貨) 制度を有しない制度」(non-system system) となった。それによって、国際通貨制度の番人としての IMF もその役割の大幅な変容を余儀なくされた。IMF 協定改正後も、加盟国は、引き続き為替相場の安定を維持するための一般的義務を負い、為替政策について IMF のサベイランス (監視) に服する (現協定 4 条)。しかし、ブレトン・ウッズ体制が、加盟国に FBAR という単一の制度維持の義務を課し、その設定にも変更にも IMF の承認を必要としていたのに対して、現在サベイランスは、加盟国による為替制度選択の通告後事後に行われる。加盟国の IMF に対する協力義務は、為替政策に対する情報提供義務と、定期的に (原則的に毎年)、あるいは要請があれば協議に応じる義務だけである (協議の後 3 か月以内に総務会による「結論」が出される)。最後に、IMF のサベイランスは、すべての加盟国に対して一律になされるものであるが、国際収支の赤字国と黒字国との非対称性 (一時的に国際収支不均衡に陥った国が IMF の

資金を利用する際には厳しいコンディショナリティのもとに置かれるのに対して、国際資本市場で一時的な国際収支の赤字を埋めるための資金調達が可能な (先進) 国々による IMF 依存度が低い) を考えると、非拘束的で、ソフトなサベイランスの実効性には自ずと限界がある。

　IMF の国際通貨制度の番人としての機能は弱化したが、他方で一時的に国際収支不均衡に陥った国へ資金を提供する「金融」機能が大幅に強化された。1970 年代半ば以後 IMF は、加盟国の短期的な国際収支安定だけでなく、中長期的な構造調整へ権限を拡大した。1980 年代以後は途上国の累積債務への対処および移行経済国への支援を通じて、一方では、危機における調整者として、他方では、危機に際しての資金提供および民間債権者との仲介者としての役割を増大してきた。途上国への融資には、構造調整プログラムの下で、マクロ経済枠組みの改善を内容とする厳しいコンディショナリティが課された[20]。

6. 変動相場制の長短と国際通貨制度の現状

　19 世紀以来国際通貨制度は、19 世紀を通じての金本位制と第 2 次世界大戦後の FERB という 2 度の固定相場制が実現されたが、1970 年代に入って現在の変動相場制へ移動し、すでに 40 年以上を数える。時間が経つにつれ、変動相場制が万能でないことも明確になってきた。それとともに、最適な通貨制度のあり方を巡る議論や模索が続いてきた[21]。

　ブレトン・ウッズ体制 (の崩壊) の経験は、固定相場制は体制参加国が為替維持の約束を果たしている間は国際取引と国内経済に確実性 (certainty) が保障されるという大きな利点があるが、問題は、経済状況如何によっては、(N − 1) 問題が示しているように、参加国の間で約束維持の信頼が動揺することである。そして、二つの安全弁が設けられたとは言え、為替レートの維持と国内経済目標との摩擦という調整 (adjustment) 問題が参加国を悩ませる。このような固定相場制の根本的な問題に対して、二つの解決策が提示され実現されている。一つは、為替相場維持の約束を外し、相場の変動を認めるポスト・ブレトン・ウッズの変動相場制であり、もう一つは、為替相場維持の約束を拘束的なもの (binding) し、中央銀行が一つの通貨を管理する通貨同盟 (monetary union) を作ることである。EMS やユーロがその代表的な事例である[22]。

(1) 変動相場制の長短

変動相場制の支持者たちは、変動相場制の優れた点として一般的に金融政策の自律性、基軸通貨国とその他の国家との非対称性および自動安定化装置の3つを上げている[23]。

まず、変動相場制の下では、各国政府に対する対外的制約がほとんどなくなる。国内経済政策へかかる制約は為替レートに影響する目的で外国為替市場に介入してはいけないことだけで、政府は自らが望むマクロ・ミクロ経済政策上の目標を広く追求することができる。そして、為替レートの変化が自国経済を対外的な影響から「隔離」する役割をする。かつてジョンソンは「変動相場制の下では (対外的な要因に) 主権を放り投げることをしなくて済む」と言った[24]。しかし、変動相場制が調整を容易にすることは確かであるが、貨幣や為替が通常の財や価格とは異なる経済指標である限り、金融政策の自律性という建前は政治的にナイーブな考え方であり、対外的要因からの「隔離」の主張はあくまでも程度の者に過ぎないと批判される。

次に、変動相場制の下では、ブレトン・ウッズ体制を崩壊させた基軸通貨国とその他の国家との非対称性がなくなると主張される。変動相場制の下では、流動性創出メカニズムが不要になると言われたが、各国は自国通貨価値の変動に無関心でいられず介入することから先進諸国の国際準備は年々増えてきた[25]。確かに米国の債務大国化に伴い非対称的な地位が低下してはいるが、非対称性は依然存続していると言える。

最後に、変動相場制の下では、外国為替市場での名目為替レートの変化を通じて経常収支が調整される。このため経常赤字の場合でも、引き締め政策による失業の発生によって物価水準を下げることが不必要になる。実際1973年の第1次石油危機以来いくつかの大きな世界経済の構造変化に比較的にうまく対応してきたと言われる[26]。しかし、変動相場制の下で促進された自由な国際資本移動のために、為替レートが為替相場の均衡水準から大きく乖離すること (misalignment) と短期的な為替相場の乱高下 (volatility) は各国の経済に大きい影響を与えた。このような為替レートの大幅な変動があると、経常収支の

調整が即座に行われず、長いタイムラグを要することも明らかになった。その中で為替相場を安定させ、ミスアラインメントとボラティリティを避けるためには、各国の経済政策を安定化することが必要であり、そのためには主要国の間の政策調整と国際金融システムの有効な管理の必要性が声高に叫ばれるようになる[27]。

　四半世紀にわたる変動相場制の経験はかつての支持論者の主張とはかなり違っていたことを明らかにした。変動相場制のスタートの時点で、ブレトン・ウッズ体制の根幹を揺さぶった国際収支の調整問題が消え去るとの予測は見事に裏切られた。他方で、今一度世界全体で固定相場制へ戻るだけの政治的動力や国家間の信頼は残されていない。その中で為替相場を安定するために政治的・制度的な統合を目指すヨーロッパの国々によってユーロが誕生したのである。

(2)「最適通貨圏理論」(Optimal Currency Areas Theory) とユーロの誕生

　「一国家／一通貨」の命題が当たり前の 19 世紀以来、一部の国々は、取引費用の除去と為替相場の安定という目標を追求し、共通通貨と共通の金融政策を共有する通貨同盟を設立してきたが、ユーロは歴史上も類を見ることのない発展した形態である[28]。

　ユーロは、1969 年から始まる長い歴史の産物であると同時に、共通市場の創生と補完関係にある。というのも、ユーロへの道のりの始まりは、① 1960 年代後半国際的な責任より自国の利益を優先する米国の行動に苛立ちを感じたヨーロッパの国々が国際経済関係における位相を高める必要の自覚、②真に統合された市場を創出するには為替変動の不安定性を除去する必要性を認識したことである。実質的には 1979 年 11 か国で始まり、後にスペインが加わった欧州通貨制度 (EMS) の創出に遡る。EMS の内実は、加盟国通貨のドイツ・マルクへの連動、ドイツ中央銀行の通貨政策への依存 (Bretton-Woods 体制下の米国のような役割) であったが、EMS の下で通貨統合の条件が助成されていった。1987 年単一欧州議定書発行後、通貨統合が本格化し、1989 年ドロール・プランという三段階アプローチに基づき、1999 年ユーロの誕生の運びとなった。

　ユーロの誕生は19世紀以来数回出現したことのある通貨同盟、すなわち複数国の間で単一通貨を使用することで通貨主権をシェアする形態を意味する。その出現には、恒久的な固定相場制の採用、さらには単一通貨を導入することが可能であるか、それから単一通貨圏に参加する損得を評価するために開発された「最適通貨圏理論」が大きく寄与したとされる。この理論によれば、ある国と単一通貨圏との経済統合の度合いが高ければ高いほど、参加に伴う利益が高いといわれる。ちなみにEUは「最適通貨圏」のすべての基準を満たすほどの段階には至っていないといわれ、その前途は決してばら色ではなさそうである。

(3) 現存する通貨制度

　B. コーヘンは、19世紀初めに定着した「一国家／一通貨」命題に基づく通貨主権と通貨領土に、技術革新と規制緩和による金融市場のグローバル化によって、地殻変動が起きているという[29]。すなわち、金融市場のグローバル化のもたらした国境を超えた通貨競争の加速化により、通貨領土間の相互浸透が深化し、通貨領土の空間的な構成に大きな変動が生じたのである。そして国境を超えた通貨使用の増大と外国通貨による内国通貨の代替の増進に伴う通貨間の序列化が進行し、通貨ピラミッドが生成される[30]。その中で、国家は、市場の動きを凝視しつつ、自らの通貨の市場ポジションを防御するために様々な戦略を駆使する。序列のトップに立つ僅かな国々を除いて、残りの国々は通貨主権を放棄し、他の国の通貨を使用するか、それに自らの通貨を結び付ける選択をするか、複数国の間で単一通貨（たとえば、ユーロ）を使用することで通貨主権をシェアする（「複数国家／一通貨」）かの選択をする。

　そのために、1970年代を通じて固定相場制から変動相場制へ移行したが、現存する通貨制度を見ると、実際変動相場制を採用している国家はIMF加盟国の1/3強である69か国に過ぎず、残りの国々は、独自の通貨を持たない為替制度から特定国の通貨へペッグする事実上の固定相場制に至るまで、さまざまは通貨制度を採用している。

図表 12-1　IMF 加盟諸国の為替相場制度（2016 年 10 月末現在）

タイプ	国の数	備考
その国独自の通貨をもたない為替制度	14	○米ドルが流通（エクアドル、ミクロネシア等） ○ユーロが流通（コソボ、モンテネグロ等）
カレンシーボード制度	11	自国通貨の発行を特定外国通貨（米ドルやユーロ）の保有準備以内に抑え、自国通貨を固定レートで当該外貨に交換することを保証する制度（香港、ブルガリア等）
取決めによる固定相場制度（conventional peg）	44	○米ドルにペッグ（カタール、サウジアラビア等） ○ユーロにペッグ（西アフリカ経済通貨同盟、中央アフリカ経済通貨共同体参加諸国等） ○通貨バスケットにペッグ（モロッコ等） ○その他（レソト、ネパール等5）
事実上の固定相場制度	18	特定国通貨あるいは通貨バスケットに対して6か月以上にわたり為替相場の変動が2%以下に抑えられている制度。米ドルに固定（ガイアナ、レバノン等）
クローリング・ペッグ制度（およびその類型）	3 (10)	主要取引通貨とのインフレ格差を調整する目的で小刻みにセントラル・レートを変更しつつ米ドル等に対し固定相場を維持する制度（ニカラグア、ボツワナ等）
変動相場制度（floating）	40	為替相場は大勢として市場決定型であるが、為替相場の変化率を抑制したり、行き過ぎた変動を抑えるための市場介入がある制度。韓国、インド等
自由変動相場制度（free floating）	31	市場介入は市場が混乱した例外的な状態で行われ、為替相場は自由に変動する。アメリカ、日本、ユーロ諸国等
その他	20	分類が困難なケース

（出所：IMF, Annual Report on Exchange Arrangements and Exchange Restrictions, 2016, pp. 5-8）

Ⅲ．金融市場のグローバル化と国際金融秩序の課題と展望

1. 金融市場のグローバル化

(1) 国際市場の登場：ユーロカレンシー市場

　第2次世界大戦後各国の金融市場は、政府による為替・資本規制の後ろで手厚く保護され、互いに隔離されていたが、1950年代末ヨーロッパ諸国通貨の交換性が回復された矢先に、「当該通貨発行国以外に所在する金融機関に預けられた資金」と定義されるユーロカレンシー市場が誕生した。ユーロカレンシー市場は、国内銀行にない利点、すなわち、少ない規制による低い取引費用、多様な参加者の利用に伴う規模の経済等により、速いペースで成長し、ユーロ債、シンジケート・ローンおよび様々なデリバティブの取扱により国際金融市場を先導している。

　ユーロカレンシー市場は、オフショア市場、あるいは対外市場と呼ばれるが、通貨発行国の外に所在する金融機関に預けられるために、前者の管轄権から離れて、金融取引により好意的な国の規制環境に服する[31]。これらの国々は自らの国内与信に影響しないで税収入と雇用増加につながるユーロカレンシーのような金融活動に対して多くの自由を保障する。ただし、ユーロカレンシー市場成立の前提的な条件は、預金であれ、ローンであれ、取引の最初から最後まで通貨発行国の決済システムを通じて支払われること、言い替えれば非居住者による通貨の交換性が保障されなければならない。その意味では通貨発行国の管轄権から完全に自由であるとは言えない。ユーロカレンシーが、表示された通貨の供給の一部を構成する通貨と見なされるべきかをめぐって議論が対立しているが、グローバルな金融仲介者としてグローバルな資金のチャネル役を果たしている。

(2) 金融市場のグローバル化

　1970年代に入って金融市場をグローバル化したのは、情報革命という技術革新、国内金融市場の競争力強化のための規制緩和、および通商、投資、資本市場の自由化という3つの要因であった。特に、1985年以後各国は利子率の自由化と外国投資機関に対して市場を開放した。それによって、資本や資

426

金が国境を超えて移動し、1つのグローバルな市場が形成されるに至った。

　その中で、まず、従来の銀行の独占的な地位および金融機関間の役割分担や垣根がとりはらわれ、銀行の相対的な比重の低下、保険会社、相互基金等のノン・バンクの比重が高まる等、投資機関の多様化と比重の変化が生じた。次に、銀行の貸し出しやローン等の間接金融から国際債券や株式等の直接金融へ比重が移動する、いわゆる証券化 (secularization) が実現した。最後に、リスク回避や裁定取引 (arbitrage) ができる金融派生商品 (derivatives) が創出され、急速に増加した (いわゆるデリバティブ化)。

　グローバル化した金融市場の中で、国内市場と国際市場が互いに補完し合いながら機能している。今や政府と市場が為替相場の決定権を分かち合うようになり、国際流動性の提供にも市場が一役買っている。

2. 金融市場の IT 化

　20 世紀の最後に急速に進展した「情報・通信技術 (IT) の革命的変化」は国際金融分野にも計り知れない影響と変革をもたらした[32]。秦と本田は、いつでも、だれでも誰とでも、どこでも、分量に制約されずに、取引に参加できるという状況は、まさに長年の間、経済学者たちが夢見てきた「完全市場」に近いことであるという。まだ実現までには幾多の障害があるだろうが、瞬時に多数の取引相手と、場所と時間の束縛から自由になって、安価で継続的に交信ができる、従来にはなかったネットワーク性の実現である。

　その中で、ファイナンシャル・フューチャーズと呼ばれる金融先物取引のように、取引の対象となる金融商品の形態にも大きな変革がみられた。そして、電子商取引 (e-Commerce or e-Trade) の発達により国際取引慣行や手法が変化する。船荷証券 (Bill of Lading, B/L) の電子化に象徴される貿易業務の電子化は、さらに進化を続け、国際商工会議所による銀行支払い義務 (Bank Payment Obligation, BOP) の国際ルール化が進んでいる。今や関税事務、証券事務の電子化とともに、国際決済制度の変革が著しい。

　金融市場の IT 化により、金融コストの低下、取引所用時間の短縮、精度や利便性の向上、新規金融サービスと金融商品の提供等の変革・進化が生じているのである。その反面、インターネットに基づくネットワーク性に対して、

金融当局がどうやって取引状況を監督するのかという金融監督権限・行使の問題と、発信者は一定の場所にいるとしても受信者はどこにでも存在することから取引当事者の「認証」問題等、新たな問題に直面している。前述したグローバル化した金融市場が様々な潜在的なシステム・リスクをはらんでいることと合わせて、どのように時代適合的で、実効的な国際金融秩序を打ち立てるべきかが問われている。

3. 国際金融秩序と法の課題と展望

(1) 国際金融アーキテクチャーの再整備とその内容（→第 14 章）

　金融法－国際であれ国内であれ－は「危機の産物」と言われるように、幾多の通貨・金融危機の度に制度的な工夫がなされてきたが、1997 年のアジア金融危機以来政策当局者の間で国際金融アーキテクチャーという概念が浮上した。通常国際金融アーキテクチャーは、国際金融関係を規律するルール、ガイドラインおよびその他の取極と、それらを発展・監視・執行する組織、機構および団体を総称するものと定義される[33]。以下では 1997 年以後創設され現在国際金融アーキテクチャーの中核的な存在となっている、G20（20 の財務大臣・中央銀行総裁グループ）、金融安定化フォーラム（FSF）として創設され、現在は金融安定理事会（Financial Stability Board, FSB）となった FSB、そして、改革の真っただ中にある IMF について略述する。

　(i) まず、G20 は、アジア金融危機をきっかけに、1999 年 12 月ドイツのベルリンで、先進国と新興国との政策協調等国際協力の強化を通じた国際金融の安定と世界経済成長に資する目的で出帆した。従来の G7 に主要新興国が加わり、IMF と世界銀行も参加し、世界 GDP の 90％を占めるほど比重が大きい。自らの事務局スタッフを持たず、法人格もない、グローバル経済と金融アジェンダについて協力するためのフォーラムで、コンセンサスを通じての決定に法的拘束力のない、典型的な国際ソフト・ローのケースである。2008 年にはワシントンに各国首脳が集まる首脳会談に格上げられ持ち回りで開催される。

　2008 年の G20 では宣言文が採択され、金融危機の再発防止と国際金融システム改革のための 47 のアクション・プランが提示されるとともに、4 つのワーキング・グループが設けられた。グループ 1 は金融危機再発防止のための金

融規制制度の改善を、グループ2は国際金融システムの透明性増進を、グループ3と4はIMF、世界銀行および多数国間開発銀行の改革問題を担当する。そして、2009年ロンドン・サミットでは、後述するFSFをより強化されたマンデートを持ち締約国が拡大されたFSBへ改編する決定がなされると同時に、様々な中期的なアクションに取り組んだ。あくまでもピア・プレッシャーに基づく多数国間コントルールの形で、国際通貨・金融分野の特徴を体現している形態であると言える。

(ii) 次に、金融安定理事会は、1999年に設立されたFSFを前身とし、FSFを強化・拡大する形で2009年4月に設立され(2012年6月17日発効)、金融システムの脆弱性の評価と対応、金融システムの安定を担う当局間の協調の促進に向けた活動等を行っている。FSFは、アジア金融危機を受け国際金融秩序の再編のためにG7が当時ドイツ連邦銀行総裁Tietmeyerに委託した報告書で提案された。2013年3月時点で、主要25か国・地域の中央銀行、金融監督当局、財務省、主要な基準策定主体、IMF、世界銀行、BIS、OECD等の代表が参加している。事務局はBISに設置されている。総会の下に、FSBを対外的に代表する議長、運営委員会、脆弱性評価、監視規制協力、基準実施および予算資源の4つの常設委員会、そして、14の地域協議グループから構成されている。

「FSBはいかなる法的権利または義務も作ることを意図していない」(憲章23条)、ピア・プレッシャーに基づく機構ではあるが、実際には(i) 金融安定に責任を負う通貨・金融当局間の情報交換・政策調整を行い、(ii) 通貨・金融政策と市場の展開とのギャップを埋めるために、主要な基準策定主体と協調して、基準・原則の発展を図り、(iii) IMFと協働して早期警報作業(Early Warning Exercises, EWE)を行う等、重要な働きを行う。特に、2007年グローバル金融危機を受けて、FSBはIMFと共同覚書を交わし、IMFはグローバル金融システムの監視に、FSBは主要な基準策定主体と協調し、国際金融セクターの監視・規制および基準策定と精緻化に、それぞれの役割を分担し、定期的に行われるEWEのために協力し合っている。

(iii) IMFの本来の機能は国際通貨制度―為替と国際支払システム―の安定の確保であり、そのために国際資金の流れを規制し、一定の場合国際収支状況が悪化した加盟国に流動性を供給することである。しかし、1990年代に入っ

ての幾多の金融危機、特にアジア金融危機によって、国際金融秩序の維持のための危機管理体制の強化が叫ばれる中、IMF の役割 (mandate) の拡大如何が議論された。そして、IMF は、時には世界銀行と、時には FSB と協力しながら、絶えず金融分野へ役割を拡大し、現在 IMF はグローバルな安定に関わるあらゆるマクロ経済と金融セクターを含むようになったと自らを規定している。

　その過程を振り替えてみると、1999 年 IMF と世界銀行は合同で、12 の政策分野で加盟国が国際的に承認された基準と行動綱領を遵守しているのかを評価する「Standards and Codes Initiative (SCI)」導入している。そして、同じく 1999 年に IMF 加盟国の金融部門の包括的で深度ある評価を通じて危機と脆弱に対する政策対応を助ける「金融セクター評価システム」(The Financial Sector Assessment Program, FSAP) をスタートさせた。FSAP は最初任意的であったが、その後体制的に重要な金融セクターを有する加盟国に対しては義務的な IMF 協定 4 条協議手続きとなり、現在 29 か国に適用されている。

　さらに、IMF の資金基盤の強化を通じての流動性の拡大が図られた。すなわち、加盟国への IMF の融資限度額を年間で出資額の 100％から 200％へ、累積で 300％から 600％へ倍増させた。SDR は 2009 年 8 月に加盟国に配分され、その総額は 214 億 SDR から 2041 億 SDR に増加した。そして、融資に必要な資金を拡大すべく、2010 年 12 月に出資総額の 2383 億 SDR から 4768 億 SDR へ倍増を承認し、IMF の主要な資金調達手段である新規借り入れ取り決めが 3678 億 SDR に拡大された (→第 13 章)。

　(iv) 紙幅の関係で詳述しないが、世界の中央銀行の 50％が参加している国際決済銀行 (BIT) が国際金融安定のために、そして、70 か国の証券および先物市場を鑑賞する国際証券委員会組織 (IOSCO) が証券規制や国際証券市場監視のために、様々な基準作りを行っている。様々な主要な基準策定主体の役割が徐々に重要性を増している。

(2) 国際金融秩序と法の展望

　1997 年アジア金融危機と 2008 年米国発世界金融危機 (リーマンショック) 以来、様々な形で国際金融アーキテクチャーの再整備が図られてきているが、依然として国際金融秩序は分散していて、インフォーマルで、ソフト・ローが支

配的である。それに対して、国際金融関係により高度な法形式を整えるべきである、そのためにはグローバル金融当局を打ち立てるべきであるという主張もしばしば聞かれる。そして、度重なる通貨・金融危機に直面して様々な国際金融システムの改革の必要性とそれに対する処方箋として、より安定性の高い為替相場制度の導入をはじめとするより根本的な改革を考えるアプローチが唱えられる。しかし、主要先進諸国、特に序列トップの国々が選好するのはインフォーマルな規範形態であるソフト・ロー的アプローチであり、金融危機への処方箋としてさしあたっての課題として主要国間の政策協調の枠組みの強化を重視するアプローチが大勢をなす。

ブルンマーは、法形式を高め、世界金融機関を作るべきだという主張に対して、国々の間で規制哲学が異なり、国籍がぶつかり合う現状では無理であるし、しかも単一の意思決定が最適の効果をもたらすとの保証もないという。やるべきは、国内金融当局の規制権限の有効化、諸国間の協力の迅速化、説得の美徳の確立、および透明性の確保であり、そのための法的形態はソフト金融法で十分であると力説する[34]。

国際通貨・金融に関する法は、依然として国際レベルにおける僅かな慣習国際法と主にソフト・ロー、各国の国内法、そして、私的なレベルにおける慣行や取極からなる。その意味では、カロー／ジュイヤールの試みたような、新しい国際金融システムに、確かで、安定的な秩序を与える、国際経済法としての「国際金融法」の構築の道のりはまだまだ発展途上と言わざるを得ない。

注

ファセットは、「決められた価値を有する通貨を発行し、その領域における通貨の使用、特に外国通貨と交換する際の相場と条件を規律することのできる jus cudendae monetae が国家主権の基本的属性の１つであることは、国際法と国内法において確立された原則であるという。J.E.S. Fawcett, 'The International Monetary Fund and International Law', (1964) 40 *British Yearbook of International Law* 49.

故ストレンジの二つの名著のタイトルである。Susan Strange, *Casino Capitalism* (Manchester university press, 1986) ; *Mad money* (The University of Michigan Press, 1998) .

Joseph Gold, 'Development in the International Monetary System, the International Monetary Fund, and International Monetary Law since 1971, (1982) 174 *Recueil des Cours*

107-365; Milan R. *Shuster, The Public International Law of Money*（Oxford University Press, 1973）；チャモーラは、国際金融法は国際公法と国際私法からなる広い概念であるが、その中の国際通貨法は国際公法の一分野であるという。Stephen Zamora, 'Sir Joseph Gold and the Development of International Monetary Law, （1989）23（4）*The International Lawyer* 1009-1026.

4　Philip R.R. Wood, *Law and Practice in International Finance*（Sweet & Maxwell,1980）.

5　Dominique Carreau, 'Le system monetaire interantional prive（UEM et euromarchés）', （1998）274 Recueil des Cours; Dominique Carreau and Patrick Juillard, *Droit international économique*（LGDJ, 4th ed, 1998）551-557.

6　Harold James, *International Monetary Cooperation since Bretton Woods*（Oxford University Press, 1996）264.

7　第2次世界大戦後為替政策分野で、自らの行動の自由を保持しながら、国際協力の果実がほしい、諸国の妥協の産物として「事実上の合意」（de facto agreement）が用いられたことについて、F. Roessler, 'Law, De facto Agreements and Declarations of Principle in International Economic Relations', （1978）21 *German Yearbook of International Law* 41-45 を参照。

8　D.K.Tarullo and Chris Brummer, *Soft Law and the Global Financial System:Rule Making in the 21st Century*（Cambridge University Press, 2012）.

9　Asif H. Qureshi and Andreas R. Ziegler, *International Economic Law*（Sweet & Maxwell, 3rd ed, 2011）139.

10　Hal S. Scott, 'International Finance: Rule Choices for Global Financial Markets', in Andrew T. Guzman and Alan O. Sykes eds, *Research Handbook in International Economic Law*（Edward Elgar, 2007）361.

11　藤田勉・野崎浩成、『バーゼルⅢは日本の金融機関をどう変えるか―グローバル金融制度改革の本質』（日本経済新聞出版社、2011 年）9-26 頁.

12　秦忠夫・本田敬吉、『国際金融の仕組み』第4版（有斐閣、2012 年）124 頁。国際通貨制度というタームは、IMF 協定の第2次改正の際に、条文に組み込まれ、今は実定法上のものになった。

13　山本栄治、『国際通貨システム』（岩波書店、1997 年）35 頁。

14　山本栄治、『国際通貨システム』（岩波書店、1997 年）37 頁。金森久雄ほか編『有斐閣経済辞典』（2013 年）259 頁。

15　なぜ戦間期の金本位制復活の試みが失敗に終わったのかについては、Benjamin J. Cohen, *Organizing the World's Order: The Political Economy of International Monetary Relations*（Basic Books,1977）86-89.

16　柳赫秀『ガット 19 条と国際通商法の機能』（東京大学出版会、1994 年）第1章。

17　どのような事態が「基礎的不均衡」に該当するかについては当初合意がなかったが、対外均衡と国内均衡の耐えがたい衝突―相当な失業やインフレなしには

為替相場が維持できない事態—として解釈されるようになった。

18 IMF 資金利用の仕組みについては、藤川鉄馬編『図説　国際金融』(財経詳報社、1990 年) 202-211 頁が詳しい。

19 Barry Eichengreen, *Globalizing Capital: A History of the International Monetary System* (Princeton University Press, 1996), 136-137.

20 コンディショナリティーは、「加盟国が IMF から融資を受ける際に、構造調整プラグラムの性格と内容について IMF によって課せられる条件の全体」である。Erik M.G. Denters, *Law and Policy of IMF Conditionality*, (Kluwer Law International 1996) 4.

21 実際は二つの極の間に様々なバリエーションがある。W. Max Corden, *Too Sensational: On the Choice of Exchange Rate Regimes* (MIT Press, 2002) ch.5.

22 Paul De Grauwe, *International Money* (Oxford University Press, 2nd ed, 1996) 59-60.

23 山本栄治、『国際通貨システム』(岩波書店、1997 年) 229 頁 ; B. Cohen, supra note 15, 162; 秦忠夫・本田敬吉、『国際金融の仕組み』第 4 版 (有斐閣、2012 年) 186 頁。

24 B. Cohen, supra note 15,164 から引用。

25 変動相場制の下での介入の規模はブレトン・ウッズ時代のそれを平均して大きく上回ると言われる。P.D. Grauwe, supra note 22, 207.

26 山本栄治、『国際通貨システム』(岩波書店、1997 年) 231 頁。

27 P.D. Grauwe, supra note 22, 220-221.

28 Benjamin J. Cohen, *The Geography of Money* (Cornell University Press, 1998) 68.

29 Ibid, 92.

30 通貨のピラミッドは次のとおりである。

トップ通貨 (top currency)：19 世紀のポンド、第 2 次世界大戦後のドルのように、地域に限定されず世界的にほとんど普遍的に通用する通貨。

貴族通貨 (patrician currency)：現在の (ドイツ・マルクを引き継いだ) ユーロや円のように、世界的とまでは言えなくとも、地域を超えてかなり通用する通貨。

精鋭通貨 (elite currency)：現在のパウンドやスイスフランのように、一定程度国際的に使われるが、国際通貨としては周辺的でしかない通貨。

平民通貨 (plebian currency)：国内では通貨としてのすべての機能を果たしているが国際的にはあまり通用しない、先進小工業国 (ノルウェー、スウェーデン)、中小新興国 (韓国、台湾等)、豊かな産油国の通貨。

透過通貨 (permeated currency)：かろうじて名脈を保っている通貨主権の下で貯蔵価値において外国通貨に追い抜かれ、劣悪な競争地位にある通貨。ラテン・アメリカ、旧ソビエト諸国や東南アジアの通貨。

準通貨 (quasi- currency)：貯蔵価値だけでなく、交換機能の面においても、通貨としての機能をかなり喪失している通貨。アゼルバイジャン、カンボジア、

ラオスおよびペルーの通貨。

擬似通貨（pseudo- currency）：パナマのバルボアのように、ドルがより法貨の地位を占める名ばかりの通貨。

Benjamin J. Cohen, *The Future of Money*（Princeton University Press, 2004）14-16.

31　金融市場は、どの国の管轄権に服するかによって、通貨発行国の管轄に服する対内市場（internal market）とそれに服しない対外市場（external market）に分けられる。そして、対内市場は、金融仲介業者の国籍に応じて国内（domestic）市場と外国（foreign）市場に分けられる。Hal S. Scott and Anna Gelpern, *International Finance: Transactions, Policy, and Regulation*（Foundation Press, 18ᵗʰ ed, 2011）2-4.

32　秦忠夫・本田敬吉は、名著『国際金融の仕組み』新版以来「IT 革命と国際金融」（終章）を設けて詳細に展開している。

33　元国際決済銀行のジェネラル・カウンセルであるジオバノリは、国際金融アーキテクチャーは次の 4 つの要素を備えるべきであるという。すなわち、①国際金融危機を防止または緩和するための国際金融規準（international financial standards, IFSs）、②IFSs を発展させ、または実施・確保する政府間、非政府間、あるいは中間的な諸機構、③国際金融危機の解決に責任を負うアクターや団体、および④金融市場のインテグリティや透明性を確保するための手段およびIFSs である。C. Tietje, "The International Financial Architecture as a Legal Order," 54 *German Yearbook of International Law*（2011）12.

34　Chris Brummer, *Soft Law and Global Financial System : Rule Making in the 21ˢᵗ Century*（Cambridge University Press,2012）ch.6.

参考文献

柳赫秀「基礎法・特別法講義Ⅹ―国際経済法④」「国際通貨・金融に関する法」『法学教室』280 号（2004 年）96-109 頁。

秦忠夫・本田敬吉『国際金融の仕組み』第 4 版（有斐閣、2012 年）。

澤木敬郎・石黒一憲監修、三井銀行国際金融研究討議グループ著『新版　国際金融取引 1（実務編）』、『国際金融取引 2（法務編）（有斐閣 1989 年、1986 年）。

山本栄治『国際通貨システム』（岩波書店、1997 年）。

谷岡慎一『IMF と法』（信山社、2000）。

藤田勉・野崎浩成『バーゼルⅢは日本の金融機関をどう変えるか―グローバル金融制度改革の本質』（日本経済新聞出版社、2011 年）。

Claus D. Zimmermann, *A Contemporary Concept of Monetary Sovereignty*,（Oxford University Press, 2013）.

Chris Brummer, *Soft Law and the Global Financial System*（Cambridge University Press, 2012）.

Christian Tietje, "The International Financial Architecture as a Legal Order"（2011）54 *German Yearbook of International Law*, 11.

434

Asif H. Qureshi and Andreas R. Ziegler, *International Economic Law* (Sweet & Maxwell, 3rd ed, 2011).

Hal S. Scott and Anna Gelpern, *International Finance: Transactions, Policy, and Regulation* (Foundation Press, 18th ed, 2011).

Andrew T. Guzman and Alan O. Sykes, *Research Handbook in International Economic Law* (Edward Elgar, 2007).

Harold James, *International Monetary Cooperation since Bretton Woods* (Oxford University Press, 1996).

Erik M.G. Denters, *Law and Policy of IMF Conditionality* (Kluwer Law International, 1996).

Benjamin J. Cohen, *The Future of Money* (Princeton University Press, 2004).

Benjamin J. Cohen, *The Geography of Money* (Cornell University Press, 1998).

Benjamin J. Cohen, *Organizing the World's Order: The Political Economy of International Monetary Relations* (Basic Books, 1977).

Susan Strange, *Casino Capitalism* (Manchester university press, 1986).

Susan Strange, *Mad money* (The University of Michigan Press, 1998).

F.A. Mann, *The Legal Aspect of Money* (Clarendon Press/Oxford, 1992).

Abraham M. George and Ian H. Giddy eds, *International Finance Handbook* (John Wiley & Sons Inc.,1983).

Milan R. Shuster, *The Public International Law of Money* (Oxford University Press, 1973).

第13章　国際通貨基金（IMF）

久保田隆

本章の概要

　本章では、国際金融に携わる条約機関である国際通貨基金（IMF）について、IMF協定の条文に照らしつつ解説する。まず、組織概要について目的と根拠法を確認した後、協定を離れて権限が拡大されてきたことを説明する。次に、加盟国の投票権や出資・SDR・クォータについて、近時の改革も含めて解説し、その後、為替規制についてみていく。この問題は、米国トランプ大統領が日本・中国等を為替操作国として批判したことで脚光を浴びたが、それ自体は米国法の問題ではあっても IMF協定との関係では問題にはならない。すなわち、米国は米国法に基づいて毎年2回為替操作国を認定し、制裁関税をかけている（過去には中国・韓国・台湾が認定されたが、1994年以降は実際に認定された国はない）が、IMF協定は加盟国に協力義務を課すものの、具体的な為替操作国の認定基準があって有効な制裁手段を伴うものではなく、当然ながら米国法を準用すべき理由もない。また、IMF 8条国の問題についても簡単に触れる。さらに、1998年のアジア通貨危機時に批判を浴びた IMFコンディショナリティを含む融資一般について解説する。末尾に、IMFと関わりの深い世界銀行についても付言したい。

はじめに

　本章では、主に国際金融に携わる条約機関である国際通貨基金（IMF）について、その組織概要、出資・SDR・クォータ、為替規制、融資について解説する。その後、世界銀行についても簡単に触れる。

Ⅰ.　国際通貨基金

1. 組織概要

(1) 目的と根拠法

　国際通貨基金（International Monetary Fund, IMF）は、世界銀行（後述）と同様に、1944 年の連合国会議（ブレトン・ウッズ会議）で設立が決められた機関で、1945 年 12 月に IMF 協定の発効と共に設立された。為替相場を規制し通貨の安定を図ると共に、国際収支困難の国を支援し決済面から国際貿易の発展を図る目的で制定された IMF 協定に基づき（目的の詳細は IMF 協定 1 条参照）、IMF は通貨制度の規制権限（協定 4 条）と一時的な国際収支困難国に対する融資権限（協定 5 条）を有している。

▽ IMF 協定 1 条

（目的）

　第 1 条　国際通貨基金の目的は、次のとおりである。
　　(i)国際通貨問題に関する協議及び協力のための機構となる常設機関を通じて、通貨に関する国際協力を促進すること。

(ii)国際貿易の拡大及び均衡のとれた増大を助長し、もつて経済政策の第一義的目標である全加盟の高水準の雇用及び実質所得の促進及び維持並びに生産資源の開発に寄与すること。

(iii)為替の安定を促進し、加盟国間の秩序ある為替取極を維持し、及び競争的為替減価を防止すること。

(iv)加盟国間の経常取引に関する多角的支払制度の樹立を援助し、及び世界貿易の増大を妨げる外国為替制限の除去を援助すること。

(v)適当な保障の下に基金の一般資金を一時的に加盟国に利用させ、このようにして国内的又は国際的繁栄を破壊するような措置に訴えることなしに国際収支の失調を是正する機会を提供することにより、加盟国に安心感を与えること。

(vi) (i)から(v)までの規定に従い、加盟国の国際収支の不均衡の持続期間を短縮し、かつ、その程度を軽減すること。

　基金は、そのすべての政策及び決定につき、この条に定める目的を指針としなければならない。

　IMF の創設時点では、米ドルが金と交換可能な絶対的な基軸通貨であり、為替市場は固定相場制であることが前提とされていた。しかし、1971 年に米国が米ドルと金との交換を停止し(ニクソン・ショック)、1973 年に変動相場制に移行し、その後、為替取引の規模が拡大した結果、IMF が国際的な為替相場を直接的に規制して通貨の安定を図る余地は小さくなってきた。このため、①国際通貨制度の安定を図り、世界経済の成長に貢献するため、国際収支上の困難に陥った加盟国に資金面等で支援したり(金融支援)、②各国のマクロ経済動向をモニタリングして提言したり(サベイランス)、③途上国の能力強化を目的とした支援(技術支援)を業務として行ってきた。なお、途上国の経済発展の支援は同じブレトン・ウッズ協定に基づく別の機関である世界銀行(後述)が主な任務としているが、こちらは一時的ではなく中長期的な融資や行う点、特定のプロジェクトに対して融資を行う点(たとえば、1961 年の東海道新幹線建設に対する世銀融資)に特徴がある。

　しかし、IMF の権限が一概に縮小したとは言い難く、むしろ世界規模の金

融危機が生じる都度、IMF の権限は強化されてきた。たとえば、1997 年以降のアジア通貨危機やロシア通貨危機等を受けて 1999 年に IMF・世界銀行が導入した金融セクター評価プログラム (Financial Sector Assessment Program, FSAP) は、将来の金融危機を回避する目的で加盟国の金融部門の政策や国際基準の遵守状況を IMF が評価し、当該加盟国に改革を促す仕組みで、優先度が高いとされた改革については加盟国に 3 年以内の実施が求められる。2008 年の世界金融危機後も IMF の金融危機対応能力の強化 (融資拡充等) が図られ、2010 年にIMF 理事会は、世界の 25 金融システムについて 5 年に 1 回 FSAP での評価を義務付けると決定した (2013 年に 29 まで拡大)。現在の IMF の 3 大任務は、①経済サベイランス (国際通貨制度の監視と加盟国における経済金融政策の健全性評価と助言)、②国際収支上の問題に対処する加盟国 (既に困難に陥った国の危機対応だけでなく、健全な国の危機予防にも対応) に対する融資 (2016 年度で 16 か国に対し 92億米ドルを融資し、うち 12 億米ドルは 13 の低所得国向け)、③能力開発 (専門的助言や研修) とされている (2016 年度 IMF 年次報告書 41 頁)。このうちサベイランス (政策監視) とは、IMF による国際通貨制度や世界経済情勢の監視 (マルチラテラル・サベイランス) のみならず、189 の加盟国の経済・金融政策のモニタリング (国別サベイランス) のプロセスを示す包括的な用語とされる。この国別サベイランスの核は、IMF 協定 4 条 3 項に基づく、「4 条協議」と呼ばれる IMF との年次協議である。これは毎年 1 回、IMF エコノミストが加盟国の政府や中央銀行スタッフと経済政策に関して数か月に亙って包括的に協議し (必要に応じて臨時にも開催)、経済政策の方向性や提言をポリシーノートとしてまとめ、IMFが承認するもので、加盟国と合意に至らない等の理由で 18 か月以上遅れた場合は国名が公表される。一方、加盟国には IMF のサベイランスに対して公平性に懸念が抱かれてきたため、最近になって IMF は、加盟国が公平性の欠如について報告できる仕組みの導入を決めた。

　このように強大な権限を持つ IMF であるが、条約である IMF 協定それ自体には詳細な内容は書かれず、IMF の強大な権限の源となる FSAP や様々な融資手段の多くは IMF の理事会の決定による。IMF を巡る法規範は、上位規範順に、①加盟国が合意した IMF 協定の条文、②内規や決議、その他の総務会決定、③規則、細則、その他の理事会決定の 3 種類がある。IMF 理事会は全

加盟国が参加する総務会の授権を受けてはいるが、総務会は IMF への出資額を元に投票権数を定めており（加重投票制）、理事会も日米独等の 5 大出資国等が実権を握ってきたため、融資条件とされるコンディショナリティ（後述）等で、他の多くの加盟国の政策を縛る点に民主制の観点から批判が寄せられてきた。このため、後述するクォータおよびガバナンス改革に繋がった。なお、最上位規範に位置する IMF 協定の最終的な解釈権限は、他の国際機関のように外部の国際司法裁判所その他の裁判所に求めるのではなく、IMF 内部の総務会や理事会にある（協定 29 条）。世界銀行に関する IBRD 協定にも類似の規定が存在する（後述）。この立法理由は不明であるが、IMF 設立を決めたブレトン・ウッズ会議において、専門家でない外部の裁判所への度重なる上訴が IMF の業務を妨げると感じられていたと推測されている。

(2) 加盟国

IMF には 189 か国が加盟し（2016 年 6 月現在）、ワシントン DC に本部を置き、東京にもアジア太平洋地域事務所を置く。日本は 1952 年に 53 番目の加盟国として加盟し、主要出資国の 1 つである。すなわち、IMF への出資割当額（クォータ）の上位国は下表のようになっている。IMF における各国の投票権は 1 国 1 票ではなく、クォータに比例して投票数が割り当てられている。各国の投票数は、各加盟国に等しい割合で付与される基本票[1] に、各国のクォータに比例した投票権が上乗せされる形で決まる（協定 12 条 5 項）ため、クォータよりも若干減少した数値になる。一方、現在の最大借入国は、世界経済危機で痛手を被ったギリシア、ポルトガル、アイルランドである。

IMF の最高意思決定機関は各加盟国の代表である総務（および総務代理）で構成する総務会（協定 12 条 2 項）であり、通常は年 1 回秋に世界銀行総務会と合同で開催される。総務会の決定事項は IMF の運営に関する重要事項であり、総務会に助言・報告を行う委員会として、国際通貨金融委員会と世銀・IMF 合同開発委員会がある。

世界経済における加盟国の相対的地位の変化を受けて、新興国・途上国の発言権強化を目的として IMF のクォータおよびガバナンス改革（2008 年理事会合意、2010 年総務会承認）が提案され、これが 2015 年 12 月に米国議会で承認さ

れたのを受けて、2016年から漸く実施された。すなわち、クォータ資源が拡大する（2,385億SDRから4,770億SDRへ）と共にクォータ割当てが見直され、クォータの割合が過大評価されていた国から過小評価されていた国に6%強シフトし、ブラジル、中国、インド、ロシアの4新興国が十大出資国となった（2016年度IMF年次報告書8～9頁）。総務会決定事項は、新加盟国の承認（協定2条2項）や理事会への権限委任等（協定12条2項）等は投票数の過半数で決まるが、クォータの変更（協定3条2項(c)）、専任理事数の増減（協定12条3項b）、強制脱退（協定26条2項(c)）等では投票数の85%の特別多数率を必要とする。

　しかし、通常業務の意思決定は24名の理事で構成する理事会に権限が委譲されており、理事会の監督の下、専務理事以下のIMF職員（地位は国際公務員）が業務執行に当たっている（協定12条3項参照）。理事は20名で地域代表や経済大国の代表であり、従来は15名を選挙で選び、残る5名は拠出金の5大出資国が自前で理事を任命できた（旧協定12条3項(b)(i)）。このため、日本も理事1名（財務省出身）、理事代理1名（日本銀行出身）を派遣してきた。また、理事会の議長を兼務する専務理事は慣習上欧州から選出されてきた。しかし、IMFの上記改革により、今後は5大出資国の任命理事はなくなり、IMF理事会の全議席が加盟国の選出する理事で占められることになる（現協定12条3項(b)(c)）。また、別の改革（2008年総務会承認）により、一定数を超える加盟国を代表する理事が2名の理事代理を任命できることになった。

図表 13-1　IMFクォータの比率と投票権に占める割合（2018年8月8日現在[2]）

国名	クォータの割合	投票数の割合
1位：米国	17.46%	16.52%
2位：日本	6.48%	6.15%
3位：中国	6.41%	6.09%
4位：ドイツ	5.60%	5.32%
5位：フランス	4.24%	4.03%
6位：イギリス	4.24%	4.03%
7位：イタリア	3.17%	3.02%
8位：インド	2.76%	2.64%
9位：ロシア	2.71%	2.59%
10位：ブラジル	2.32%	2.22%

(3) 法的性格と加盟・脱退等

IMF は完全な法人格を有し、契約締結、動産・不動産の取得処分、訴訟提起が可能である (条約9条2項) 一方、訴訟手続や捜索・収用、課税等からは免除されている (条約9条3項以下)。また、IMF は他の国際機関と協力し、そのための取極めをなす特別な権能を持っており (条約10条)、国連 IMF 協定を締結して国連の専門機関 (国際連合憲章57条) となった。なお、IMF は経済協力機構や国連の他の機関等とも密接な関係を持つが、これらは特別の協定を必要とせずに発展したケースが多い。

IMF への加盟国は、原加盟国 (1945年末までに協定に署名した国。協定2条1項) と総務会が採択した決議に従って署名したその他の加盟国 (協定2条2項) により構成されるが、国連の加盟国であることは条件とはされず、たとえば EU のように二以上の国家が連合したり通貨を共通にする場合でも各国家は別個の加盟国となる。一方、IMF からの脱退は、加盟国に脱退権 (協定26条1項) があるほか、加盟国が IMF 協定上の義務の不履行を相当期間続ける場合には IMF にも加盟国を脱退させることができる (協定26条2項)。また、脱退した加盟国と IMF との意見が異なる場合には、外部の仲裁に付することができる (協定29条(c))。

2. 出資と SDR、クォータ

IMF に加盟する国は、自国通貨と原則として特別引出権 (Special Drawing Right, SDR) を出資し、そのクォータは当該国の経済規模等を勘案して IMF によって割当てられる (協定3条1項)。現在のクォータ計算式は、GDP (比重50%)、世界経済への開放度 (30%)、経済変数 (30%) および外貨準備高 (同5%) の加重平均を採用している。加盟国は出資に際して、通常は譲渡不能で無利子の約束手形でクォータの75%を自国通貨で支払い、残りの25%を SDR (かつては金だった) か IMF が定める他国の通貨 (ハードカレンシーである米ドル等) を使用して支払う。クォータは5年おきに見直され、その変更には総務会で総投票権数の85%以上の特別多数決を必要とする (協定3条2項)。ただし、IMF に出資される自国通貨の大半は国際取引での交換可能性に乏しく、実際に IMF が用いる通貨の大半は米ドル、円、ユーロ等の主要20通貨に限られている。

　SDR は、従前の金の供給不足を受けて IMF の準備資産を補充するために創出された資産で、世界の主要通貨の加重平均に基づいて価格が決まり、1969 年の IMF 協定改訂に伴って導入された。加盟国は、国際収支が悪化した場合等に、新たに金や自国通貨を提供しなくても一定限度内で SDR と引換えに他国から必要な外貨を入手できる仕組みである。2018 年 8 月 8 日現在の 1 SDR は 1.39732 米ドル (日本円換算で 155.66 円)、SDR 金利は 0.939 % である (現在相場は IMF のホームページより入手可能)。SDR の構成通貨は従来、米ドル 41.9%、ユーロ 37.4%、英ポンド 11.3%、日本円 9.4% であったが、2016 年 10 月より中国の人民元を加え、米ドル 41.73%、ユーロ 30.93%、中国人民元 10.92%、日本円 8.33%、英ポンド 8.09% となっており、SDR 金利は SDR 構成通貨の短期市場金利の加重平均に基づいて定まる。

　また、加盟国は IMF からクォータをベースとして融資を受けられるが、通常の場面では年間でクォータの最大 145% の融資を受けることができ、累積では 435% の融資を受けられるほか、例外的な場面では特定のリスク軽減基準が満たされていれば融資を受けられる (2016 年度 IMF 年次報告書 11 頁)。一方、IMF が保有する通貨が不足した場合にこれを補充するには、①必要な通貨を当該国等から借入れる方法 (協定 7 条 1 項(i)。1962 年制定の一般借入取極 (General Arrangements to Borrow, GAB) や 1998 年制定 (2010 年に大幅拡大) の新規借入取極 (New Arrangement to Borrow, NAB) が該当) や②SDR を対価として購入する方法がある (協定 7 条 1 項 (ii))。また、近年 IMF の財政は深刻な状況にあり、歳入基盤を安定的に強化する必要があったため、最近の改革 (2008 年総務会承認) により IMF の保有通貨の運用先が拡大され、金の売却益の投資への使用が容易になった。

3. 為替規制

(1) 為替操作と協定 4 条

　国別サベイランスや 4 条協議については上述したので、以下では為替操作について解説する。

　加盟国は為替秩序の安定に向けて IMF や他の加盟国と協力する義務を負う (協定 4 条 1 項)。特に、他の加盟国に対して不公正な競争上の優位を得るために為替操作を行うことを回避する義務を負う (同項 (iii)) が、為替操作と認定す

るための具体的な要件は示されていない。このため、2007 年 6 月に IMF 理事
会は同項 (ⅲ) の概念を明確化した。すなわち、同項 (ⅲ) の違反になるのは、①
当該加盟国が自国の為替相場又は国際通貨制度を操作しており、かつ②同項
(ⅲ) に明記された 2 つの目的 (「効果的な国際収支の調整を妨げること、あるいはそ
の他の加盟国に対して不公正な競争上の優位性を獲得すること」) の何れかのために
かかる操作を行っている、と IMF が判断した場合に限られる。なお、為替相
場の「操作」は、為替相場の水準を対象とする政策 (相場を変動させる場合も変動
を抑止する場合も含む) で、実際に影響が現れた場合にのみ成立する。また、「他
の加盟国に対する不公正な競争上の優位性を獲得する」目的という認定は、①
当該加盟国が為替相場の過小評価という形で為替相場の不均衡を確保しよう
としており、かつ②そうした不均衡確保の目的が輸出増加だと IMF が判断す
る場合に限られる。IMF はその判断に当たり、関係加盟国との協議を含めた
あらゆる手段や証拠に基づいて客観的に評価する責任を負い、疑義が残る場
合は当該加盟国に有利な判断がなされる。しかし、この基準では多くの場合
に為替操作を認めることは難しい。欧米や日本は不況時の金融緩和政策とし
て量的緩和を実施してきた (たとえば、米国の 2008 ～ 14 年の QE1、2、3 とその後
のゼロ金利政策、日本の 2013 年以降のアベノミクス) が、量的緩和は通貨供給量増
加を通じて結果的に自国通貨安とそれに伴う輸出増加を伴うため、間接的な
為替操作ともいえるが、上記 2 つの目的の何れにも該当しない。一方、中国
や韓国、台湾が行う為替介入は、輸出増加を目的とする直接的な為替操作に
近いとの疑念が持たれているが、これらの国々は為替介入実績を公表しない
ため、やはり客観的な証明は困難である。為替操作の是非論は国際政治上の
交渉材料に用いられやすく、実際に 1985 年には欧州や日本が米ドル高を是正
するために協調を強いられるプラザ合意が結ばれた。最近でも、アベノミク
スの開始当初、為替介入を頻繁に行っている韓国が、2011 年以降は円高是正
のための円売り介入を行っていない日本を為替操作国だとして盛んに批判し
た。また、米国トランプ大統領は就任早々、日本が資金供給で円安誘導して
きたと批判した (2017 年 1 月 31 日)。仮に日本を為替操作と認定できるならば
QE で大量の資金供給を行った当の米国は間違いなく世界最大の為替操作国で
あるが、この問題の解決はもはや法ではなく政治力学に委ねられている。

　なお、IMF はこの協力義務の遵守について監督し、加盟国は自国の為替政策について IMF に情報提供し、IMF と協議する義務を負うが、IMF が監視するための特定の原則を採用し適用するにあたっては、加盟国の国内の社会的または政治的政策を尊重し、加盟国の置かれた状況に妥当な考慮を払わねばならない（協定 4 条 3 項）。IMF に加盟国の政策や状況を考慮する義務があるため、仮に為替操作国と認定できても実効性のある原則を制定することは困難である上、単なる協力義務であって有効な制裁手段を伴わないため、結局のところ取締りの実効性はない。このため、為替介入を頻繁に行う国（中国、韓国、台湾等）が仮に為替操作国として批判されることはあっても、IMF 協定違反を問うことは難しい。

　一方、米国は自国法（Trade Facilitation and Trade Enforcement Act of 2015）に基づき、1998 年から毎年 2 回、米国財務省が提出する為替政策報告書を元に、米国議会が対米通商を有利にする目的で為替相場に介入し為替相場を不当に操作している国を為替操作国に認定し、米国と 2 国間協議をして通貨切上げを要求するか必要に応じて制裁関税をかける独自の政策を採用している。1994 年以降は為替操作国に認定された国はないが、過去には中国・韓国・台湾が認定されたほか、2016 年 4 月 29 日に米国財務省が発表した為替監視リストでは、①対米黒字 200 億ドル以上、②経常黒字が GDP の 3％以上、③過去 1 年間のネット為替介入額が GDP の 2％以上の 3 要件のうち 2 つを満たす国として、中国・韓国・台湾・日本・ドイツの 5 か国が監視対象とされた（後にスイス、インドも対象に追加）。この為替規制は米国の利益のみに適ったもので、IMF 協定の為替操作国認定に準用すべきものではない。

(2) 為替管理の撤廃と協定 8 条

　協定 8 条では、加盟国の一般的義務として、経常取引のための支払および資金移動に対する制限を撤廃する義務を定めている（同条の義務を遵守し、自国通貨の経常項目における交換性を実現している国を IMF 8 条国と呼ぶ）。IMF8 条国は、不足通貨（7 条 3 項 (b)）や過渡的取極め（14 条 2 項）の例外を除き、IMF の承認なしに経常的国際取引のための支払や資金移動に制限を課してはならない（8 条 2 項 (a)）。差別的通貨取極は行ってはならず（同 3 項）、IMF の準備資産に関す

る政策に協力する義務を負う(同7項)。ただし、国際資本移動の規制について
は必要な管理を実施することができる(6条3項)。

　これに対し、経済力が脆弱で8条の義務を遵守できない場合は14条で例外
が許容されている(例外を適用し、自国通貨の経常項目における交換性を実現してい
ない国をIMF 14条国と呼ぶ)。日本は、IMF 14条国から1964年にIMF 8条国に
移行し、国際収支上の理由からは経常的取引の為替管理を原則として行わな
い義務を負った。なお、中国は1996年にIMF 8条国に移行した。

　一方、8条2項(b)は、「いずれかの加盟国通貨に関する為替契約で、この
協定に合致して存続し又は設定されるその加盟国の為替管理規定に違反する
ものは、いずれの加盟国領域においても強制されえない」と定めている。本来、
外国の為替管理規定を他国が内国公序を用いて排除することは可能であるが、
本条は一定の要件に服する外国為替管理規定については加盟国相互間で排除
できず、当該規定を承認する旨を裏から定めた規定である。為替契約それ自
体は無効とならないが、外国の為替政策に配慮し、裁判所は債権者の権利実
現に加担しないのである。この規定の法的性格を巡っては、主に国際私法で
議論されてきた。特に、本条の「為替契約」を巡って、狭義の解釈(両替業務の
み。英米)と広義の解釈(商品・役務・有価証券を対象とする取引を含む。ドイツ)が
長年対立してきたが、ドイツの判例が近年、「為替取引」を資本取引を含まず
経常取引(30条(d))のみに狭く解釈する方向に変わった(例:BGH NJW 1994, 390)
ため、本条で争われる機会が減った。

4. 融　資

(1) 買入れ

　IMF加盟国は、国際収支上の必要性があれば、経済規模に関わらず加盟国
の発意により、自国通貨を対価としてIMFの一般資金勘定から「買入れ」とい
う形式(「引出し」とも呼ばれ、実質的には借入)でSDRや外貨を得ることができ(協
定5条2項)、その取引は自国の財務省や中央銀行等の財務機関を通じてのみ
行うことができる(協定5条1項)。こうしたIMFの融資は、国際収支上の困難
の改善、経済安定化、持続的な経済成長支援を目的とし、世界銀行その他の
援助機関とは異なり特定のプロジェクトに対する融資は行わない。IMFは買

入れ要請に対して審査を行うが、リザーブ・トランシュ（加盟国通貨のIMFによる保有額が割当額の100％以内に収まる場合。協定30条）の買入れに対しては異議を提起せず（協定5条3項）、クレジット・トランシュ（リザーブ・トランシュを超える一般資金勘定からの買入れ）について買入れの必要性や国際収支改善のための十分な努力が払われているかを審査する。

(2) コンディショナリティ

　このクレジット・トランシュについての基準としてコンディショナリティという文言が用いられるようになった。コンディショナリティとは、IMFの一般資金を利用するために加盟国に要求される条件（すなわち特定の経済・財政政策プログラムの遂行）を指しており、法律用語ではない。要請国がコンディショナリティに基づいてIMFの期待する効果的な政策プログラムを実施することで融資の返済が迅速・確実になると考えられており、IMFは要請国に一遍に融資するのではなく、何回か分けて段階的に融資し、次の融資を行う前にプログラムの遂行状況をモニタリングしている。従って、コンディショナリティは融資のモニタリング手段でもある。すなわち、IMF理事会で融資が承認される前に事前行動（PA）と呼ばれる施策（為替相場の一定範囲内への調整等）の実施を要請国に求め、融資実行に当たってはパフォーマンス基準（PC。マネーサプライや外貨準備高等の量的パフォーマンス基準と金融規制改革や年金制度改革等の構造的パフォーマンス基準の2種類）が設けられ、更に必要に応じて指標の数値目標等が設定されており、コンディショナリティの内容は複雑になりがちである。そして、IMF理事会がプログラムの進捗を総合的に評価している。

　コンディショナリティは、スタンドバイ取極の基準として多用され、要請国の国内政策をIMFが監視する機能が拡大した。スタンドバイ取極とは、後述する様々な融資手段の1つで1950年代から用いられてきた主に短期的な国際収支の問題に対処するIMFの貸付であり、協定上はIMFの定めた条件に従い一定期間内に一定額を限度として加盟国が一般資金勘定から買入れを行うことを保証するもの（協定30条(b)）とされる。加盟国がIMFにスタンドバイ取極による支援を要請すると、IMF事務局がスタッフを派遣して要請国のマクロ経済問題を指摘し、要請国の経済調整プログラムを巡る交渉が行われ

る。交渉の結果、要請国は、財政赤字削減、金融引締め、為替レート引下げ、構造改革等の政策の実施(すなわち、これがコンディショナリティとなる)を確約したレター・オブ・インテント(趣意書)をIMFに提出する。この時、幾つかの政策が融資の前提条件に指定され、理事会の承認を経てIMFは資金供与し、要請国は経済調整プログラムの実施に努める。その際、IMFは経済調整プログラム期間中の履行状況を監視し、期間全体に亘って達成状況を確認しながら資金を分割供与する。スタンドバイ取極のレター・オブ・インテントの法的性質は、IMFと加盟国の間の国際条約でも契約でもない。従って、IMFは要請国のコミットメントに強制力を与えるための法的措置は取れない。しかし、コンディショナリティを満たさない要請国への融資を保留し、将来の貸付機会を制約することで経済的にコミットメントの履行を強制できる。もっとも、コンディショナリティ違反が見逃されるケースも多く、IMFのモニタリングもプログラムごとに強弱に差があるとの批判がなされてきた。

　さて、コンディショナリティは1950年以降用いられ、1968年に最初のガイドラインが制定され、1980年代初まではマクロ経済政策に焦点が当てられてきた。しかし、その後、国有企業の民営化、価格規制の撤廃、社会のセーフティーネットへの支出増加、教育、銀行監督、腐敗削減等、より包括的で長期間の構造改革を内容とするようになり、IMFが低所得国の政策に深く関与することになった。IMFが求める自由貿易を前提とした経済的合理性は要請国の国内政治の不安定化を招いたほか、1998年のアジア通貨危機後にIMFが一部の要請国に課したコンディショナリティが要請国の経済状態を却って悪化させたことでIMFは強い批判を浴びた。一時はIMF解体論まで議論されたが、FSAPプログラム(各国におけるバーゼル合意等の国際基準の遵守状況をIMF・世銀が査定する仕組み)の創設等、IMF改革によってIMFの権限がむしろ強化された側面もある。

　一方、コンディショナリティ批判を受けて、IMFは2001年にIMFの実績を客観的に評価する目的でIMFから独立した評価機関(Independent Evaluation Office, IEO)を設けた。その報告によれば、1995年から2004年にIMF支援プログラムで課されたコンディショナリティは1プログラム当たり年間平均17もあるが、実際に期限内に条件が実施されたものは半数しかなく、公共支出や財政

等公的部門に対する実効性は高かったが、民営化や民間部門の改革（これらは本来は世界銀行の業務範囲）に関する実効性は低かった。このため、IMF はコンディショナリティのガイドラインを抜本的に見直し、2002 年 9 月にコンディショナリティを必要不可欠のものに限定（数を削減し、公的支出管理や金融部門に限定）する改訂版を策定した。しかし、その後もコンディショナリティの数が減らなかったため、IEO は、コンディショナリティを 1 プログラム当たり年間 4 ～ 5 件に絞り、世界銀行の業務範囲に踏み込まず IMF の所掌範囲に限定し、コンディショナリティの必要性を文書で一層明確化すること等の最終報告を行った。この結果、2008 年 5 月の IMF 理事会で上記ガイドラインをさらに強化し、コンディショナリティの必要性や目的との関連性を明示し、文書化を充実することを確認した。

(3) 様々な融資手段

　一方、IMF は IMF の裁量で買入れ条件を免除できる規定（協定 5 条 4 項）を援用し、様々な融資制度を創設した。融資制度を大別すると、①市場金利に連動した IMF の金利（レート・オブ・チャージ）で融資する非譲許的融資と②低所得国向けに安い金利（2016 年末までゼロ金利）で融資する譲許的融資がある。各年度の融資残高は IMF 年次報告書（IMF の HP から入手可能）に記されている（2016 年度の残高規模は下表参照）。非譲許的融資の例としては、短期的な国際収支上の問題に対処するスタンドバイ取極（Stand By Arrangement, SBA。非譲許的融資の大半を占め、融資期間は通常 1 ～ 2 年で返済期間は支払から 3.25 ～ 5 年。コンディショナリティが課される）や中長期的なそれに対処する拡大信用供与措置（Extended Fund Facility, EFF。最近の経済危機で利用拡大。融資期間は通常 3 年以下で最長 4 年、返済は支払から 4.5 ～ 10 年。コンディショナリティが課される）、緊急支援であるラピッド・ファイナンシング・インストルメント（Rapid Financing Instrument, RFI。年間でクォータの 37.5%、累積で同 75%）、経済基盤の強い国に対するフレキシブル・クレジット・ライン（Flexible Credit Line, FCL。融資期間は 1 年か 2 年で返済は SBA と同じ。ただし、SBA と異なりコンディショナリティは不要）や予防的流動性枠（PLL。融資期間は半年または 1 ～ 2 年で返済は SBA と同じ。ただし、SBA と異なりコンディショナリティは不要）がある。一方、譲許的融資には、たとえば、短期的な国

際収支上の問題を抱える低所得国が対象のスタンドバイ・クレジット・ファ
シリティ（Standby Credit Facility, SCF。支払猶予期間 4 年、最終満期 8 年）、慢性的な
国際収支上の問題を抱える低所得国が対象の中長期支援である拡大クレジッ
ト・ファシリティ（Extended Credit Facility, ECF。支払猶予期間 5 年半、最終満期 10 年)、
緊急支援であるラピッド・クレジット・ファシリティ（Rapid Credit Facility, RCF。
支払猶予期間 5 年半、最終満期 10 年) がある。

　現在の IMF の融資基盤の拡充の背景には 2008 年の世界金融危機以後の諸
改革がある。そこで若干説明しよう。2008 年当時の IMF は、ウクライナやハ
ンガリー等の加盟国への融資で巨額の資金を必要としたため、2009 年の G20
ロンドン・サミットで IMF の資金基盤を最大 5,000 億ドル増額することに合
意した。IMF は、日本を含む有志加盟国と個別で融資取極を締結し、新規借
入取極（NAB）の拡大で資金基盤を拡充したのに加えて、2010 年 12 月にクォー
タ総額の倍増を決め、2016 年 1 月に発効した。一方、2010 年以降、ギリシア
に端を発する欧州債務問題が深刻化する中で、日本を含む有志加盟国は IMF
に対する資金貢献を表明し (2012 年)、個別の融資取極を締結した。この結果、
合計約 4,600 億ドルの資金基盤強化が行われた。こうした資金基盤の拡充と並
行して融資制度も見直され、危機への対処を主目的とする従来の融資制度に
加えて、健全な政策運営を行う加盟国を対象に、危機予防を目的とする融資
制度を創設した。すなわち、2009 年に上記 FCL を、2010 年に予防的クレジッ
ト・ライン（Precautionary Credit Line, PCL）を創設した（2011 年に PCL は予防的流動性
枠（Precautionary Liquidity Line, PLL）へ変更) たほか、金融部門向けのサベイランス
を強化した。

図表 13-2　2016 年度＊ IMF 融資額：2016 年度 IMF 年次報告書 40 頁参照

	非譲許的融資	譲許的融資
2016 年度に承認された新規コミットメント（内訳）	80 億米ドル（SBA12, FCL55, RFI13）	12 億米ドル（ECF2.6, SCF7.9, RCF1.3）
引き出されていないコミットメント（16.4.30 現在）	1,780 億米ドル	114 億米ドル
その他（16.4.30 現在）	融資能力 9750 億米ドル	未実行の融資 86 億米ドル

＊ IMF の 2016 年度とは 2015 年 5/1 ～ 2016 年 4/30 までを指す。

II. 世界銀行

1. 世界銀行グループ

1944 年のブレトン・ウッズ会議では、IMF 設立と共に国際復興開発銀行 (IBRD) の設立も合意された。世界銀行 (World Bank) (略称は世銀 <WB>) とも言うが、1960 年の国際開発協会 (International Development Association, IDA) 設立以降は IBRD と IDA の双方を含む呼び名となった。また、IBRD を中核として IDA、国際金融公社 (International Finance Corporation, IFC)、多国間投資保証機関 (Multilateral Investment Guarantee Agency, MIGA)、投資紛争解決国際センター (ICSID) を併せた 5 つの機関を世界銀行グループと呼ぶ。世界銀行の総裁は世界銀行グループ 5 機関全ての総裁を兼務し、慣例上米国から選出される。日本は米国に次ぐ 2 番目に大きい出資国である。世界銀行は特定のプロジェクトに資金供与するために加盟国に低利で融資することを主な活動としており (2016 年度 <2015.7.1 〜 2016.6.30> はグループ全体で 642 億米ドルを支援。うち IBRD が 297 億米ドル、IDA が 162 億米ドル、IFC が 111 億米ドル、MIGA が 43 億米ドル、援助受入国実施信託基金が 29 億米ドル)、当初は第二次世界大戦後で破壊された西欧諸国の産業復興支援が中心であったが、その後はアジア、アフリカ、ラテン・アメリカの途上国に融資の中心が移った。以下では、IBRD を念頭に少しみてみよう。

2.IBRD

IBRD は条約である IBRD 協定に基づく国際機関である。IMF が為替安定の促進や外為制限の除去等の国家間の支払秩序の維持を主目的とするのに対し、IBRD は加盟国の経済発展の促進を主な目的とする (協定 1 条)。IMF の加盟国は世界銀行の加盟国になることができる (協定 2 条 1 項)。貸付の条件は協定 3 条 4 項に列挙され、189 の加盟国から 1 名ずつ選出される総務 (通常は蔵相) で構成し年 1 回開催される総務会を IBRD の最高意思決定機関として協定や新規加盟の改訂承認等の一定事項を担当し、それを除く一切の権限を 25 名の理事 (5 名は 5 大出資国の任命理事で残りは選挙による選出理事) に委任している (協定 5 条)。IBRD の本部はワシントン DC で IMF の斜め向かいにあり、IMF と同様に東京にも事務所がある。総務会における加盟国の投票権は、各国に等しく

割り振られる基本票（全投票権の 5.55%。基本票数が創設時の 10.78% から 3% 弱にまで低下したため、2009 年の改正で基本票数を倍増。今後も 5.55% で維持する）と出資額に基づく上乗せ票の合計値で決まり、議事は他に定めがなければ票数の多数決に従う（協定 5 条 3 項）。たとえば、貸付の決定は過半数で定まる。世界銀行が加盟国に貸付ける事業資金の多くは世界銀行債を発行することで市場から調達しているが、世界銀行債は加盟国が返済を保証するので高い格付けを得ている。IBRD における出資割合（カッコ内は投票権の全体に占める割合）の順位は、一位：米国 17.41%（16.47%）、二位：日本 7.51%（7.12%）、三位：中国 4.84%（4.60%）、四位：ドイツ 4.38%（4.17%）、同率五位：フランス・イギリス 4.10%（3.90%）となっている（2017 年 1 月現在）。IMF と同様に、国際機関として財産処分権や契約締結権を持ち収用や課税を免除される（協定 7 条）ほか、協定の解釈を巡る紛争は IBRD 内部の理事会や総務会で解決する（協定 9 条）。

コラム㉑　出かけてみよう！ IMF と世界銀行

　IMF と世界銀行は共に米国のワシントン DC にある。筆者は国際会議に出席するため IMF に赴いたことがあるが、この一角は IMF だけでなく世界銀行グループの各機関が位置し、関連書籍の販売等もしており、一見の価値がある。ワシントン DC では多くの超一流の博物館や美術館が無料で見学できるほか、世界に多くの影響を及ぼしている米国の政府機関等が立ち並び、資料収集に最適な米国議会図書館もあるので、海外旅行のついでに是非、出かけてみては如何だろうか？世界銀行本部では学生その他の訪問を受け付けており、昨年は 2 万人以上が訪問している（見学の応募要領は、
http://www.worldbank.org/ja/about/speakers-bureau を参照）。ワシントン DC へは、東京からダレス空港へ直通便があるほか、ニューヨーク等を経由して市街地に近いナショナル空港から入る方法、ニューヨークから高速鉄道（アムトラック）で行く方法等、様々ある。

注

1 2008 年に基本票の増加を目的とする IMF 協定改正案が IMF 総務会で承認され、従来の各国 250 票から 750 票に増加し、総投票数に占める基本票数の割合を今後更なる増資が行われても 5.502% で維持することとなった。

2 http://www.imf.org/external/np/sec/memdir/members.aspx

参考文献

Mathias Herdegen, Principles of International Economic Law 2nd Edition, Oxford, 2016（Chapter XXXIX）

Charles Proctor, Mann on the Legal Aspect of Money 7th Edition, Oxford, 2007（Chapter IV）

谷岡慎一『IMF と法』(信山社、2000 年)

ジェロルド・A・フリードランド (久保田隆・田澤元章監訳)『アメリカ国際取引法・金融取引法』(レクシスネクシス・ジャパン、2007 年) (第 1 章)

岡村健司編著『国際金融危機と IMF』(大蔵財務協会、2009 年)

大田英明『IMF (国際通貨基金)：使命と誤算』(中公新書、2009 年)

ポール・ブルースタイン (東方雅美訳)『IMF (上・下)』(楽工社、2013 年)

IMF ホームページ (http://www.imf.org)：IMF 年次報告書が有用。

世界銀行ホームページ (http://www.worldbank.org/)：年次報告書が有用。

第14章　バーゼル合意と国際金融規制の展開

久保田隆

本章の概要

　本章では、国際金融規制の全体像を解説しつつ、銀行規制において重要な
バーゼル合意について解説する。国際金融は独自の国際制度を形成し、金融
環境の変化に応じて様々なイニシアチブ（ハード・ロー、ソフト・ロー双方
を含む）で幾つもの国際組織が誕生し、特に 1974 年のバーゼル銀行監督委
員会（BCBS）以降はソフト・ローに基づく国際組織が圧倒的に多くなった。
また、これらの組織が制定する規範も概ねソフト・ローであるが、各国がそ
れを国内法化することでハード・ローになっている。G20 が 2008 年に創設
され、金融安定理事会（FSB）が設立されると、FSB が様々な既存の国際組
織を束ね、各国はこれら国際組織が定めた国際基準を導入し、その導入状況
を別の国が審査し合う相互審査に付する仕組み等が出来上がった。しかし、
各国が国際基準を受入れて自国規制に取り込む際、受入れ時期に遅れが生じ
たり、基準遵守度合いが不十分であったり、他国に意図せざる悪影響を及ぼ
す等、法的不確実性を完全に除去するには至っていない。本章では、①世界
金融危機後の諸改革の象徴であるバーゼルⅢについて説明した後、②国際金
融監督制度の概要と特徴について述べる。

454

Ⅰ．はじめに：全体構造

　国際取引の客体にはモノやカネ等があるが、カネに対応する国際金融は金融が規制産業であることから、モノに対応する貿易に関するWTO体制とは大きく異なる独自の金融規制に関する国際制度を形成してきた。すなわち、WTOのようにハード・ローである条約に基づく単一の国際機関が存在し、紛争解決も条約に従って行われる仕組みとは異なり、国際金融では、金融環境の変化に応じて様々なイニシアチブ（ハード・ロー、ソフト・ロー双方を含む）で幾つもの国際組織が誕生している（**図表14-1**参照）。当初はIMFのように条約に基づく国際機関が設立されたが、1974年のバーゼル銀行監督委員会（Basel Committee on Banking Supervision, BCBS）以降はソフト・ローに基づく国際組織が圧倒的に多い。また、これらの組織が制定する規範も概ねソフト・ローであるが、各国がそれを国内法化することでハード・ローになっている。

図表14-1　主な組織の名称と設立根拠

IMF	国際通貨基金。1945年IMF協定で設立。
世界銀行	国際復興開発銀行（IBRD）。1945年IBRD協定で成立。
OECD	経済協力開発機構。1961年OECD条約で成立。
BCBS	バーゼル銀行監督委員会。1974年G10中央銀行総裁会議で設立合意。
IOSCO	証券監督者国際機構。米州証券監督者協会が全世界向けに拡大し、1986年に改名。
FATF	金融活動作業部会。1989年G7アルシュサミット経済宣言で設立合意。
IAIS	保険監督者国際機構。BCBS、IOSCOとの対応組織として1994年に成立。
G20	主要国首脳会議（サミット）。2008年に成立し、G7よりも影響力を増した。
FSB	金融安定理事会。G20により設立され、G7が設立したFSFよりも機能を拡大。

　さて、金融規制はプルーデンス (prudence) 政策とも呼ばれ、①金融システム全体の健全性維持を目的とするマクロ・プルーデンス (例：日銀による市場への流動性供給 <「最後の貸手機能 (Lender of Last Resort, LLR)」>、金融庁によるデフレ脱却に向けた金融仲介機能の円滑化を目的とする検査・監督) と②個々の金融機関の健全性維持を目的とするミクロ・プルーデンス (例：個別金融機関の健全性確保を目的とする従来の金融庁の銀行検査や日銀の銀行考査) に分かれる。金融システムは、システムに参加する多数の金融機関がお互いに多種多量の取引をする結果、相互に多数の債権債務を持ち合う関係が成立し、これを様々な決済システムを通じて解消 (決済) する仕組みの上に成り立っている。従って、倒産等である金融機関の支払が滞ると、その支払を当てにしていた別の金融機関の支払不能を招き、その連鎖が続く結果、金融システム全体が機能不全を起こすシステミック・リスクを招く可能性がある。このため、各国の金融当局はシステミック・リスクに繋がる様々な動きを注視し、機敏に対応している。

　主要国首脳が金融を含む政治経済の諸課題を議論する場を首脳会議 (サミット) といい、1975 年に発足した G7 (1998 年にロシアが加わり G8 になったが、現在は資格停止中) が主要 7 か国 (日米英独仏伊加) をメンバーとして年 1 回開催して多大な影響力を有してきた。2008 年に生じた世界金融危機は、世界大恐慌に次ぐ景気後退をもたらし、バーゼル III の制定等金融監督規制に関する国際制度を大きく変える転機となった。すなわち、2008 年に新興国等を加えた 20 か国・地域 (日米英独仏伊加露中印伯墨豪韓土亜、EU、南アフリカ、インドネシア、サウジアラビア) で G20 が新設された。首脳合意である G7 や G20 の首脳宣言や行動計画は金融規制の大枠を定めるソフト・ローとして事実上の拘束力を発揮している。また、サミットに対応する財務大臣・中央銀行の総裁会議 (G7、G20) も金融規制に関する声明も発しており、同じくソフト・ローとして機能している。

　この G20 が 2008 年に創設されて以来、G7 以上に金融への影響力を強め、金融安定理事会 (Financial Stability Board, FSB) を設立した。この FSB は、1997 年のアジア通貨危機等を契機に G7 が 1999 年に設立した金融安定化フォーラム (Financial Stability Forum, FSF) を前身として拡大・強化し、G20 が 2009 年に設立し

たもので、G20 サミットの諮問内容に応えて、金融システムの脆弱性への対応、金融当局間の協調促進、基準遵守の監視等を行うことを目的とし、G20 サミットが諮問した言等で示された金融規制の詳細を議論する場である。G20 構成国に加えて 5 つの地域金融大国(香港、オランダ、シンガポール、スペイン、スイス)や主要国際組織(BIS、ECB、IMF、世界銀行、BCBS、CGFS、CPSS、IAIS、IASB、IOSCO 等)をメンバーとする。FSB は、様々な既存の国際組織を束ね、各国はこれら国際組織が定めた国際基準を導入し、その導入状況を別の国が審査し合う相互審査(peer review)や IMF・世銀が査定(FSAP：1999 年に導入された Financial Sector Assessment Program で詳細は第 13 章を参照)に付する仕組みが出来上がっている(図表 14-2 参照)。ただし、各国が国際基準を受入れて自国規制に取り込む際、受入れ時期に遅れが生じたり、基準遵守度合いが不十分であったり、他国に意図せざる悪影響を及ぼす等、法的不確実性を完全に除去するには至っていない。

　そこで本章では、①世界金融危機後の諸改革の象徴であるバーゼル III について説明した後、②国際金融監督制度の概要と特徴について述べる。

図表 14-2　金融監督規制に関する国際組織の階層構造

議題設定：G20（首脳会議）⇒ FSB（詳細決定）

↓

基準策定
（職種別）BCBS（銀行監督）、IOSCO（証券監督）、IAIS（保険監督）、Joint Forum（銀行・証券・保険の分野横断的課題に対応）
（テーマ別）FATF（資金洗浄・テロ対策）、OECD（企業統治・税制等）、CPSS（支払決済）、IADI（預金保険）、IASB（会計）、IFAC（監査）

↓

基準導入：各国当局 ← 遵守状況評価：IMF、世界銀行、FSB、相互審査

II．バーゼル合意

　世界金融危機後、大手金融機関の資本の量と質や流動性が不十分であった
ことの反省から、従来のバーゼルIIに代わり、自己資本比率規制の強化や流
動性規制を内容とするバーゼルIIIが導入された。さらに、サブプライムロー
ン証券化金融商品等の不適切な評価方法が危機の発端となった点に鑑み、単
一の国際的な会計基準の導入に向けて国際財務報告基準（International Financial
Reporting Standards, IFRS）の採用が各国で進み、その他、大手金融機関の破綻処理、
店頭デリバティブ取引規制、シャドーバンキング制度改革、金融機関経営者
の報酬制度改革、信用格付会社の業務改革、資金洗浄・脱税に対する規制厳
格化等も一挙に進展した。これら具体的な規制内容の詳細は極めて膨大なの
で省略し、以下では、①概説、②バーゼルI、③バーゼルIの改訂、④バーゼ
ルII、⑤バーゼルIII、と順を追って基本事項を説明しよう。

1．概　説

　国際金融に携わる銀行の自己資本規制であるバーゼル合意は、BCBSが制定
し、そのメンバー国が従うべき国際基準を指す。銀行システムの健全性強化
と銀行間の競争上の不平等軽減（英米による邦銀封込め策とも言われた）を目的に、
英米主導で1988年に制定されたバーゼルI（自己資本÷（信用リスク＋市場リスク）
≧8%を要求）が端緒である。以降、リスク管理手法の高度化に伴って銀行保
有資産のリスク度に応じてリスクウエイトを掛ける等の見直しが進み、2004
年には米国主導でバーゼルIIが制定された（日本や欧州加豪は2007〜8年に導入
したが、当の米国は国内の反対で2010年末まで遅れた）。これは3本の柱で構成され、
①第一の柱（最低所要自己資本比率）は自己資本÷（信用リスク＋市場リスク＋オペ
レーショナルリスク）≧8%を要求し、②第二の柱（金融機関の自己管理と監督上の
検証）では、第一の柱で把握できないリスクを銀行が自己管理して必要な自己
資本を維持し、金融当局はこれを検証して必要に応じて介入する。また、③
第三の柱（市場規律）では情報開示を充実させて市場規律の実効性を高めさせた。
　しかし、世界金融危機が起こると、時価会計等の市場規律向上策が金融危
機の際に景気を一段と悪化させる副作用、すなわちプロシクリカリティ（景気

増幅効果 procyclicality：景気悪化で時価会計に基づいて自己資本が減ると、銀行の貸渋りを招いて景気が更に悪化）が問題視され、金融危機の再発防止や国際金融システムのリスク耐性強化が求められた。そこで、自己資本規制と流動性規制を強化したバーゼル III が 2010 年に合意され、完全施行される 2019 年にかけて日米欧とも既に段階的に導入実施中である。

まず、自己資本規制強化については、第一に自己資本の質と量を厳格化した。従来の資産区分の細目を変更し、質の高い順に①普通株式と内部留保のみで構成する Tier 1（CET 1）、②優先株で構成するその他 Tier 1、③劣後債等で構成する Tier 2 と分類し、自己資本比率全体 8％以上、Tier 1 比率 6％以上、CET 1 比率 4.5％以上を要求する。第二に過度に借金が多い状態を規制するレバレッジ比率（Tier1 資本÷エクスポージャー額≧ 3％）やプロシクリカリティに対応して景気変動抑制的な資本保全バッファー（2.5％）を要求し、デリバティブ取引における相手方の信用リスク変動に伴う期待損失である信用評価調整（Credit Valuation Adjustment, CVA）の変動リスクを自己資本規制に組み込んだ。第三に、金融システムの安定に重要な大規模金融機関を G-SIFIs（Global-Systematically Important Financial Institutions：システミックに重要なグローバル金融機関で、日本の 3 メガバンクを含む約 30 の金融機関を指す）に認定し、CET 1 比率に追加的な損失吸収力（サーチャージ）を上乗せで要求している。

一方、流動性規制は、①金融危機が発生しても 30 日間は銀行が資金ショートしないようにする流動性カバレッジ比率（Liquidity Coverage Ratio, LCR。適格流動性資産÷ 30 日間のストレス期間に必要となる流動性≧ 100％）と、②銀行が資金調達が不安定な社債発行等に過度に依存しないようにする安定調達比率（Net Stable Funding Ratio, NSFR。安定調達額（資本＋定期預金等 1 年超の負債）÷所要安定調達額（資産×流動性に応じてウエイト付け）＞ 100％）を導入する。

2. バーゼル I

1988 年にバーゼル銀行監督委員会は、①国際銀行システムの健全性と安全性の強化と②国際業務に携わる銀行間の競争上の不平等の要因軽減（level playing field）を目的として自己資本比率規制であるバーゼル I を正式発表した（92 年末から導入）。Tier 1（普通株式、内部留保）と Tier 2（優先株式、株式含み益の 45％等）

を自己資本として、これを信用リスク量で割った値が8%以上あることを求める国際的な規制である。

　これは1980年代にS&L（貯蓄金融機関）危機を受けて金融機関にリスクベースの資本規制を導入した米国が、競争相手となる外国の銀行（特に当時隆盛していた日本の銀行を意識）にも同じ規制をかけないと米国が競争上不利になると考えて英国と協調し、英米の主張がバーゼル委員会にも採用されるに至った経緯があり、日本は参加の条件に自己資本の計算上株式含み益の算入を認めることを求めた結果、こうした規制が成立した。その後のバブル崩壊で株式含み益が急速に減少した結果、日本の銀行は8%の基準クリアに向けて窮地に陥ったが、Tier 2よりも健全な自己資本であるTier 1の改善（国内融資残高の圧縮等）を進めないまま、海外での融資残高を圧縮して国際的活動を縮小し、Tier 2算入が容認する抜け穴（例えば同系列の生命保険会社に出資する一方で生命保険会社の劣後ローンを導入して見かけの資本を膨らませる等）を活用してその場凌ぎの対応に終始したことが後に批判された。

3. バーゼルIの改訂

　バーゼルIは銀行の信用リスクに対応するものだが、他のリスクには対応していない。そこでバーゼル銀行監督委員会は1993年に市場リスク規制を加えたバーゼルIの部分改訂を行った。すなわち、自己資本の分子に従来のTier 1、Tier 2に加えてTier 3を設け、分母に従来の信用リスク量に加えて市場リスク量（為替リスク、株式リスク、債券リスク）を加える改訂である。

　欧州の中には銀行業務と証券業務を兼業するユニバーサル・バンキング方式を採用する国が幾つかあり、証券業務に対応する欧州共同体指令を作るため市場リスク対策も盛り込みたいが、欧州だけ厳しい規制にすると取引が流出しかねず、また当時ロンドン市場で優勢だった米国の銀行との競争上も欧州基準を国際規制に反映させてlevel playing field確保を目指そうとした。また、1992年の英ポンド危機等の通貨変動への対応もこの議論を後押しし、バーゼル委員会が市場リスク規制の導入に向けて動いた。しかし、銀行の融資債権が金利変動に晒される金利リスクの規制に関しては、日本はフランスと共に反対し（米国に比べて預金の引出し期間の長い日本では、その相違を踏まえない限り、

規制は受け入れられないと立論）し、結局導入が見送られた。また、銀行・証券の統一規制案もバーゼル委員会と IOSCO の話合いが進んでいたが、銀行界と証券界の調整がつかずに頓挫し、バーゼル I の修正案として銀行だけに導入された。また、日仏の要望を受けて新たに市場リスクの対象となる資産には信用リスクへの資本負荷を軽くし、金融業界の要望を受けて短期劣後債を市場リスクにだけ対応する Tier 3 自己資本として容認する妥協が図られたほか、国際スワップ・デリバティブズ協会（International Swaps and Derivatives Association, ISDA）の要望した異商品間の相殺を容認し、国際銀行協会（Institute of International Finance, IIF）の要望に従い一部の先進的な銀行が開発した内部リスク管理モデルの利用を認めた。

4. バーゼル II

　米国が主唱者であったバーゼル I は一定の効果をもたらしたが、既に日本の銀行は国際的な脅威ではなくなり、米国の大手銀行からはバーゼル I の資本負荷を軽減する規制緩和要求が高まってきた。このため、米国 FRB のグリースパン議長（当時）や FRBNY のマクドノー総裁（後にバーゼル委員会議長）の強い働きかけでバーゼル II が策定された。

　バーゼル II は金融市場の発展を受けてバーゼル I を改訂し、3 つの柱（①最低所要自己資本、②監督上の検証、③市場規律の活用）により構成され、大手銀行が用いる内部モデルの利用を容認するもので、1999 年に一次案が公表され、貸し渋り対策として中小企業向け与信のリスクウエイトが軽減される等の修正を受けて欧州は 2007 年 1 月から、日本は同年 3 月末から実施された。しかし、当の提案者である米国では大手銀行との競争上不利になるとする中小金融機関が反対し、バーゼル II の内容が複雑すぎる等の理由で米国の銀行監督機関相互の対立も生じた結果、バーゼル II の導入が遅れた。

　その一方で、最低所要自己資本水準がバーゼル I と同じ 8% に維持された関係で、住宅リスク等で過小評価を生み、内部モデル利用の容認はリスク管理の甘さや欠陥を招き、格付け会社の格付けに過度に依存した。そして、結果的には 2007 年のサブプライムローン問題に端を発する金融危機を防げなかった。

5. バーゼルⅢ

　米国のサブプライムローン問題に端を発した世界金融危機に対し、バーゼルⅡを導入した欧州が対応しきれなかった反省から、バーゼルⅡ批判が高まった。2009 年 1 月 15 日には G30 の提言（金融改革〜金融安定の枠組み）で、自己資本比率の引上げや資本の定義の見直し等バーゼルⅡの全面的な見直しが求められ、同様の主張が 2 月の EU におけるド・ラロジエール報告、3 月の英国ターナー報告と続き、バーゼル委員会もバーゼルⅢに向けた検討を開始した。9 月の G20 金融サミット（ピッツバーグ）では、①G10 に代わり G20 を国際経済協力に関する第一のフォーラムに指定し、②金融危機対応をリードすべき組織を金融安定理事会（FSB：2009 年 4 月に FSF を改組）とし、③バーゼル銀行監督委員会は FSB の下で銀行規制を担当する委員会になった。

　バーゼルⅢは結局、2010 年 12 月に発表され、2013 年から段階的に適用され、2019 年に完全導入の予定である。この内容は、①自己資本比率規制を質の高い自己資本で構成する最低自己資本を 4.5％以上、その比率割れを防ぐための資本保全バッファーを 2.5％、カウンター・シクリカル・バッファー（好景気の時に積み増し、景気が悪い時にこれを取り崩して景気変動の影響を抑えるもの）を 2.5％、G-SIFIS に対する追加規制の 4 階建ての資本規制に代え、②資産の総額に対する資本の比率に最低基準を設け（レバレッジ規制）、レバレッジ倍率は 33 倍以内とし、③金融危機時の預金流出への対応のための LCR（30 日分のネットの現金支払に対する流動性の高い資産の比率を 100％以上）と長期資産運用に対応した NSFR（長期間の固定資産に対する安定的に利用可能な負債や資本の比率を 100％以上）の 2 点から規制する流動性規制を導入した。しかし、①格付け会社による外部格付けの高い企業のリスク量が融資額の 20％に軽減される点で、サブプライムローン問題の一因として批判された格付け依存が依然解消されず、②銀行の内部モデルを用いたリスク計測の手法を維持している点でバーゼルⅡの課題が解消された訳ではない。

　英米が強力に推進するバーゼルⅢに対し、日本は当初から規制強化に反対していたが、ギリシア国債のデフォルト懸念から独仏が規制強化に懸念を表明したのを追い風に、自己資本の中に繰り延べ税金資産や優先株式の一部等、銀行に有利な資産を幾つか自己資本に組み入れることに成功した。また、日

本の銀行が自己資本に組み入れてきた優先出資証券についても、経過措置で10年間は資本として認められることになった。しかし、バーゼルIIIの様々な抜け穴については、それを塞ぐ方向での検討も進んでいる。

III. 国際金融監督規制の構造と特徴

1. 全体構造

　金融監督規制に関する国際制度は、法的強制力を伴うハード・ロー（条約）に従って単一の国際機関が規制を施す貿易分野のWTOとは異なり、金融環境の変化に応じてパッチワーク的な発展を遂げた結果、業態・分野別に数多くの国際組織（条約に基づく国際機関ではない組織が多数）が分立し（**図表14-3**参照）、これら国際組織が策定する法的強制力を伴わないソフト・ロー（規範、合意等）がハード・ローと組み合わさって巧妙な仕組みを構築している。

図表14-3　主な国際組織の設立年表：条約に基づく国際機関は網掛け

設立年	名称	設立根拠
1930年	国際決済銀行（BIS）	1930年国際決済銀行条約
1945年	国際通貨基金（IMF）	1945年国際通貨基金協定
1945年	国際復興開発銀行（世界銀行）	1945年国際復興開発銀行協定
1961年	経済協力開発機構（OECD）	1961年OECD条約
1974年	バーゼル銀行監督委員会（BCBS）	1974年G10中央銀行総裁会議での合意
1986年	証券監督者国際機構（IOSCO）	前身・米州証券監督者協会の改名・拡大
1989年	金融活動作業部会（FATF）	1989年G7アルシュサミット経済宣言
1994年	保険監督者国際機構（IAIS）	他業に対応しスイス法人として設立
1999年	G20蔵相・中央銀行総裁会議	G7蔵相・中央銀行総裁会議を拡大
2001年	国際会計基準審議会（IASB）	先進国の会計士団体IASCを組織変更
2008年	G20首脳会議（サミット）	G7（ロシアを含めばG8）首脳会議を拡大
2009年	金融安定理事会（FSB）	G7設立の前身FSFをG20が拡大

　国際金融市場では、ある国で生じた金融危機が別の国に瞬時に伝播するほど相互に緊密なネットワークが存在し、現に1997年のアジア通貨危機、2008年の世界金融危機等数次に亙る世界規模の金融危機を経験してきた。国際金融上のシステミック・リスクに対処するには、各国がバラバラに監督規制を

行うよりも、国際組織が国際金融システムの安定や濫用防止等を目的とする統一基準を定め、各国がそれに従う方が一般に即応性や効率性、統一性に優れている。しかし、銀行・証券・保険等の業態別、資金洗浄、脱税等のテーマ別に金融各分野は高度な専門性を有し、各国当局も別々に存在するため、WTO のような統一的な条約機関を構築することは現実的でなく、分野毎に様々な国際組織が設立され、様々なソフト・ローを策定してきた。

2. ソフト・ローの事実上の強制力

　一方、これらは法的強制力を欠くソフト・ローでありながら、事実上の強制力が強く働く点に大きな特徴がある。幾つかの類型を説明しよう。

　第一に、国際的にはソフト・ローだが国内でハード・ロー化する事例が多い。例えば、BCBS の合意（バーゼル III 等）や IOSCO の行動規範（信用格付機関の基本行動規範等）、IFRS（会計基準）や FATF 勧告（資金洗浄）等はそれ自体では法的拘束力を持たないが、各国が国内法化し、または国内法でその適用を認めることで法的強制力を持つ。

　第二に、国際的なソフト・ローを遵守しない国を国際組織が監視したり、他のメンバー国が相互に監視し合い、不遵守が著しい場合には厳格に処罰することにより遵守を促進する仕組みが機能している（**図表 14-4** 参照）。

　第三に、従来から指摘されるように、様々な次元で国毎の相互主義や市場原理を活用することで規制遵守のインセンティブを高めてきた。BCBS では1975 年に母国と受入国の双方が共同監督するバーゼル・コンコルダートを制定したが、これを根拠にバーゼル合意を遵守しない母国の銀行が受入国への進出を拒否される可能性が認識されるようになった。例えば、バーゼル合意を遵守しない母国の銀行が米国に進出する場合、米国の外国銀行監督強化法（Foreign Bank Supervision Enhancement Act of 1991, FBSEA（Pub. L. 102-242））の審査を通らず、進出できない可能性がある。このため、バーゼル I では BCBS メンバー国でない国々までがバーゼル合意を自主的に遵守する傾向がみられた（故に非メンバー国向けには Core Principles が制定された）。また、情報開示の進展や時価会計の適切な導入を会計開示基準で強制することで、市場の値付けや信用調査が適切に機能した結果、市場の評判低下を危惧する各国の基準受け入れが進んだ。

464

図表 14-4　国際組織による監視と罰則例

罰則の種類	ソフト・ロー上の仕組み	担当組織名
結果公表、融資条件に反映	FSAP program	IMF・世界銀行・FSB
遵守不十分な国名を公表し、市場の評判を低下	勧告に基づく相互監視	FATF
	Appendix B	IOSCO
国際組織のメンバーからの追放	勧告に基づく相互監視	FATF
	MMOU に基づく相互監視	IOSCO
資本市場での信認低下	勧告に基づく相互監視	FATF

3. 民主性・正当性批判への対応

　図表 14-5 をみると、①利害関係者全員が参加し多数決で基準を策定する国際組織（例：IOSCO、IAIS）と②主要国からの少数の専門家だけが参加し合意ベースで基準を策定する国際組織（例：BCBS、サミット）に分かれている。一般に、①は民主性・正当性等に優れ、②は即応性や専門性に優れた方法で国内政治でも双方の方式が併用されているが、過去には②の民主性・正当性に対する疑問が提起され、国際機関のメンバーシップ（参加国）拡大に繋がった。例えば、1975 年発足のサミットのメンバー国は G7 の 7 か国から 2008 年の G20 で新興国を多数取り込んだ 20 か国・地域に拡大し、1974 年に設立された BCBS も当初 G10 諸国（1962 年に IMF の一般借入取極めに参加した日米英独仏等 10 か国にスイスを加えた 11 か国）をメンバーとしたが、現在は G20 諸国に数か国を加えた 27 か国・地域（香港を含む）に増加した。

　民主性の観点からは WTO や GATS のように全ての国が参加する方式が望ましく、現に IOSCO や IAIS では民主的な仕組みが採用されているが、一般に意思決定の迅速性や基準の高度な専門性に照らして全員参加方式は困難で、現状以上のメンバーシップ拡大には限界がある。このため、基準案に対するパブリックコメント（パブコメ）やフィードバックの実施等、基準策定の透明化により正当性やアカウンタビリティを増す方向で改革が進行中である。

図表 14-5　主な国際組織の策定規範：会員国が少数のものに網掛け

国際組織	会員国数と決定方式	代表的な策定規範（ソフトロー）
G20 サミット	20 か国・地域（以前は 7）。コンセンサス。	G20 首脳宣言（詳細は FSB が定める）。
FSB	47 か国・地域・国際組織。コンセンサス。	Compendium of Standards（各国の遵守状況監視）、Guidance 等（全世界向け）。
BCBS	27 か国・地域（以前は 11）。コンセンサス。	Core Principles（全世界向け）、バーゼル I・II・III（メンバー国向け）。
IOSCO	120 か国以上。多数決や 2/3 以上の特別多数決。	Objectives and Principles、Code of Conduct 等（全世界向け）。
IAIS	140 か国以上。多数決や 2/3 以上の特別多数決。	Insurance Core Principles 等（全世界向け）。
FATF	34 か国・地域。コンセンサス。	40 の勧告（資金洗浄防止）、9 の特別勧告（テロ資金対策）（全世界向け）
IASB	地域分布に考慮して 16 名。多数決。	IAS（国際会計基準）や IFRS（国際財務報告基準）（全世界向け）

4. 残された課題

　図表 14-1 でみたように、2008 年の世界金融危機を受けて、金融監督規制に関する国際制度は G20 や FSB を頂点とする階層的な仕組みとして一応成立したが、依然として各国の基準受入れを巡る対応は様々であり、更なる統一化・調和化の余地が残り、国際金融市場に法的不確実性をもたらしている。

　例えば、①国内の立法者が国際基準の内容を十分理解せず受入れに消極的であったり（例：前述のバーゼル II は日欧では順調に導入されたが、米国では国内の反対で導入が 3 年遅れた）、②国内で立法したものの他国に予想外の悪影響を及ぼしたり（例：米国ドットフランク法のボルカールールで米国債以外の外国国債の自己勘定取引を禁止する提案が出たため、自国国債への影響を懸念する日欧加は 2013 年に米国に抗議した）、③国同士が監督・規制を巡って争っても専門的な紛争解決の場が乏しく規制管轄権を適切に調整する仕組みもない（例：2014 年 6 月に仏 BNP パリバ銀行に対して資金洗浄等を理由に米国当局が 89 億ドルもの高額の制裁金を課したケースでは、BNP との関連性が強い仏国が規制管轄権を巡って激しく抗議し、大統領同士の直談判にまで至ったが、結局仏国が折れた）。

コラム㉒　国際組織の本部が多い欧州

　IMF・世界銀行は米国ワシントン DC にあるが、本章で主に扱ったバーゼル銀行監督委員会（BCBS）や金融安定理事会（FSB）、保険監督者国際機構（IAIS）の本部はスイス・バーゼルにある国際決済銀行（BIS）の中にある。バーゼルはドイツ・フランスとの国境に位置する交通の要衝で、製薬業やカーニバル、スイス最古のバーゼル大学、伝統菓子レッカリー等で有名である。筆者は国際会議で独特の外観を持つ BIS の構内に入ったことがあるが、残念ながら一般の入構は受け付けていない。一方、経済協力開発機構（OECD）や金融活動作業部会（FATF）の本部はパリ、国際会計基準審議会（IASB）の本部はロンドン、証券監督者国際機構（IOSCO）の本部はマドリードにある。なお、国際取引法の章で扱った国際商業会議所（ICC）はパリ、国連国際取引法委員会（UNCITRAL）はウィーン、私法統一国際協会（UNIDROIT）はローマに本部がある。学生諸君は欧州に海外旅行に出かけた際、余裕があれば是非、これらの機関を眺めてみて頂きたい。

参考文献

　久保田隆「金融監督規制に関する国際制度の展開」『論究ジュリスト』（2016 年秋号）

　藤田勉『グローバル金融規制入門：厳格化する世界のルールとその影響』（中央経済社、2015 年）

　吉井一洋ほか『バーゼル規制とその実務』（金融財政事情研究会、2014 年）

　Chris Brummer. *Soft Law and the Global Financial System: Rule Making in the 21ˢᵗ Century* （Cambridge University Press, 2015）

　Kern Alexander, Rahul Dhumale and John Eatwell. *Global Governance of Financial Systems: The International Regulation of Systemic Risk*（Oxford University Press, 2005）

第15章　国家債務危機と国家債務再編

石川知子

本章の概要

　本章は、国家債務危機および国家債務再編を取り扱う。まず、国家債務の定義、国家債務固有の特徴、リスクおよび準拠法を概観した後、国家債務の形態、性質および債権者の構成が、1980年代後半の「ブレイディ・ボンド」の登場により大幅な変化を遂げたことを解説する。国家債務不履行は債権者のみならず債務国にも様々な不利益をもたらすものであり、国家債務危機および国家債務不履行への迅速な対処は、債務国にとっても極めて重要である。本章は、現在における主要な国家債務危機への対処法である国家債務再編を、パリ・クラブを通じた2国間交渉、ロンドン・クラブにおける銀行諮問委員会との交渉および債券化された国債にかかる国家債務再編に分類して解説する。現在、国家債務再編において、債権者間の調整を阻害する主要な要因は、不同意債権者によるいわゆるホールドアウト訴訟の増加であるところ、本章は、ホールドアウト訴訟の先例、問題点およびかかる訴訟が増加した背景につき解説する。本章はさらに、迅速かつ秩序ある国家債務再編の実現に向けなされてきた提案として、国家債務再編メカニズムの提唱および集団行動条項の採用を解説し、最後に、国家債務再編が新たに直面する問題として、不同意債権者による投資仲裁の利用という問題を検討する。

Ⅰ．国家債務の定義および特徴

1. 国家債務の定義

　国家債務危機および国家債務不履行の歴史は古く、少なくとも紀元前 4 世紀に遡るとされる一方、これらが数において増加し、かつ地理的に拡大をしたのは 19 世紀に入ってからといわれる[1]。国家債務の定義は、政府の範囲および債務の範囲の理解により様々に異なり得るが、IMF、国際決済銀行、連邦事務局、欧州中央銀行、欧州委員会、OECD、パリ・クラブ、国際連合および世界銀行の共同責任で作成された、国際的に合意された公債務統計のための指針は、粗債務を「債務証書である全ての負債」、債務証書を「将来の特定の期日または複数の期日における債務者から債権者への利息および・または元本の支払いを要求する金融債権」、純債務を「粗債務から債務証書に相当する金融資産を差し引いたもの」とそれぞれ定義し[2]、OECD は、公的債務を「政府および公共部門機関の外部に対する負債」と定義する[3]。

2. 国家債務の特徴

　国家債務は、私人に対する通常の融資に基づく債務と様々な点で異なる。

たとえば、その履行・不履行は支払能力の有無のみならず債務国の政治的意思にも左右される。また、担保の設定は通常行われず、債務不履行の際に、債務国の国内に存在する資産に対する強制執行を行うことは事実上不可能である。さらに、国外にある債務国の資産に対する執行に際し、主権免除の原則が適用される場合があり、債務国の資産に対し強制執行を行うことが、実務的に困難である。これらは、債権者にとり、貸付に伴う大きなリスクである。他方、国家には通常、金融市場への参加維持、貿易量低下の回避、訴訟回避、信用維持といった、債務不履行を可能な限り回避する様々なインセンティブが存在する（国家債務不履行が債務国にもたらす不利益およびコストについては後述II.2参照）。

3. 近年における国家債務の形態の変化

　国家債務の形態は、1980年代後半まで融資が中心であったが、1989年、ニコラス・ブレイディ米国財務長官（当時）が打ち出したいわゆる「ブレイディ・プラン」により大幅な変化を遂げることとなる。同プランは、残存債務を、流通市場において取引可能な商品としての国債（以下単に「国債」という。）に交換することをその主要な内容としていたところ、これにより、それまで民間銀行によるシンジケート・ローンが中心であった新興国向けの債権が、流通市場において債券を取得した、年金機構や個人投資家といった様々な種類の投資家によって分散保有されることとなり、結果として、国家債務の債権者の構成に大きな変化をもたらした。

4. 国家債務の準拠法

　国家向け借款や債券の発行は、債務国の国内法に基づく場合と債務国以外の国の法に基づく場合、また債務国の通貨建てで行われる場合と外貨建てで行われる場合とに分類される。国際ソブリン債（発行通貨の国内市場以外の市場で発行されるユーロ債を含む）は法の選択条項を含み、準拠法として最も多く利用されるのはニューヨーク州法およびイングランド法であるが、日本法、ドイツ法、ルクセンブルク法、イタリア法もしばしば準拠法となる。準拠法は、国家債務再編に関し、契約内容を決定するものとして重要であり、管轄裁判

所の指定は、債権者が債務国に債務の支払い等を求めて訴訟を提起する場合に特に重要となる（後述IV.参照）。

II. 国家債務危機の原因および国家債務不履行のコスト

1. 国家債務危機の原因

　国家債務危機および国家債務不履行が発生する要因として、次のような点が指摘される。まず、債務国の政府による、国民および（または）IMF等の国際融資機関に負担を転嫁するモラル・ハザードが挙げられる。次に、債務の希釈化等様々な要因により起こる、債務国による過度の借入が挙げられる。さらに、新興国に対する貸付は、先進国に対する貸付に比べ短期のものが多いところ、短期貸付の満期に際し、将来の支払いに対する信用不安等の原因により、債権者がこぞってその書換（再投資）を拒否した場合、国家債務危機が発生する。同様に、新興国に対する貸付は外貨建てのものが多いところ、かかる国家債務は、通貨危機およびそれに伴う通貨価値の下落の影響を受けやすい。

2. 国家債務不履行のコスト

　国家債務不履行は、債権者のみならず債務国にも様々な不利益（コスト）をもたらす。まず、債務国は、債務不履行の後、少なくとも国家債務再編が完了するまで、資本市場から排除される。次に、債務不履行に伴う債務国の信用低下は、その後に行う新たな借入コストを債務不履行前に比して増大させる。さらに、債務不履行は、国内においても、銀行取付け、貿易量の低下、資本逃避といった事態を招きかねず、経済危機を悪化させる要因となり得る。債務不履行後の国家債務再編は、一方的債務不履行の前に行われる国家債務再編に比べ、輸出量および輸入量低下の程度が大きく、より急激かつ長期のGDP、投資および実質為替レートの下落を招くことが指摘されている[4]。したがって、国家債務危機の早期の解決は、債権者にとってのみならず、債務国にとっても極めて重要である。

III. 国家債務再編

1. 総　論

　国家債務不履行に対しては、現在に至るまで、破産手続等の強制的債務整理の仕組みが存在しないため、国家債務危機への対処は、事案ごとの個別の解決によることとなる。現在、最も一般的な国家債務危機への対処は国家債務再編によるものであり、IMF によれば、2008 年の世界金融危機以降 2015 年までの間に債務不履行に陥った 11 か国につき、そのいずれにおいても国家債務再編が行われている[5]。国家債務危機に際しては、IMF 等の国際金融機関および国等による新たな貸付または補助金の交付といった「ベイルアウト」も行われ、最近の主要な例として、欧州連合および IMF による、ギリシャに対する数度のベイルアウトが挙げられる。しかし、ベイルアウトに対しては、IMF を中心とする公的機関が、債務不履行に至った根本的な問題に対する解決を提示せず、短期的かつ表面的な救済としてのベイルアウトを提供することは、公平性や効率性を欠くばかりでなく、かえって国家債務危機の解決を遅延させているとの批判がある[6]。

　2008 年の世界金融危機を受け、債権者に対して、保有する債券証書のエクイティへの変換または元本の削減により、危機的状況にあるシステム上重要な金融機関 (Systemically Important Financial Institution, SIFI) の債務を再編する法定の仕組みである「ベイルイン」の利用が金融理事会により提案され、G20 カンヌ・サミット (2011 年 11 月) において承認された[7]。ベイルインは 2013 年、キプロスの国家債務危機に際し、金融機関救済の手法として用いられた。

　国家債務再編は、たとえば「法廷の手続による、未払いの国家債務にかかる貸付や債券の新たな債務証券または現金への交換」[8] または「債務不履行の後または債務不履行の危機が存在する状況における、当初予定されていた債務返済の変更」[9] と定義される。国家債務再編のプロセスは、債権者の種類や構成に応じ異なる。以下、国家債務再編に焦点を絞り、債権者がもっぱら他国である場合に利用される、パリ・クラブを通じた債務国との間の 2 国間交渉 ((2))、債権者がシンジケート・ローンを組む商業銀行である場合に利用される、銀行諮問委員会が主導するロンドン・クラブを通じた交渉 ((3))、および債券化

された国債にかかる国家債務再編 (Sovereign Bond Restructurings, SBR) (4) を概説する。

2. パリ・クラブを通じた 2 国間交渉

　パリ・クラブは国が他国の政府に対して負う公債および公保証債を再編するための組織的枠組みであり、主要な債権国によって構成される (2018 年 6 月現在、加盟国数は 22)。パリ・クラブはそれ自体として法的な地位を有する主体ではなく、設立規則も有しないが、パリに事務局を置き、合意された交渉ルールに従い、事案ごとにアドホックな交渉の場を提供する。交渉は、パリ・クラブ加盟国に加え、IMF を初めとする関係国際機関および他の関係する債権国を招待して行われる。パリ・クラブを通じた債権国・債務国間の合意内容のうち主要な部分は公表される。当該合意は、しばしば債務国と他の債権者 (商業銀行や債券保有者) との間の交渉締結に先立ちなされるため、その合意内容は他の債権者との交渉に影響を及ぼす。パリ・クラブはこれまで、90 か国との間で 430 の合意を形成しており、国家債務再編において重要な役割を果たしている一方、1990 年代以降のパリ・クラブ非加盟国から途上国に対する貸付の急激な増大等を背景として、パリ・クラブによる債務再編の規模は、SBR による債務再編の規模と比べて相対的に低下している。

3. ロンドン・クラブにおける銀行諮問委員会との交渉

　1970 年代後半、途上国に対する、民間の金融機関 (商業銀行) による貸付の急激な増加を契機とし、これらの貸付に係る債務再編のための交渉の場として、代表的金融機関から構成される銀行諮問委員会が主導するロンドン・クラブが登場した。ロンドン・クラブは、シンジケート・ローンが主流であり、債権者の特定が容易であった 1990 年代に至るまで、国家債務再編において主要な役割を果たした[10]。銀行諮問委員会は、当該国家債務再編により影響を受ける他の全ての銀行に代理して債務者との間の交渉を行うことを役割とする主要銀行の共同体であり、債務国と商業銀行との間の事案ごとの債務再編交渉を行う。したがって、銀行諮問委員会の構成は事案および債務者に応じて異なる。ロンドン・クラブにおける交渉は、典型的には、債務危機に陥った債務国政府が主要な債権者である銀行に対し、運営委員会を組織し、交渉

を主催するよう依頼することにより開始する。銀行諮問委員会は全ての債権者を代理して、債務国との間で契約条件の変更につき交渉し、銀行諮問委員会および債務国が主要な再編条項につき大筋合意に至った場合、両者が署名した大筋合意が、全ての債権者に対し、同意のための署名を求めて送付される。支払条件の変更には全債権者の同意を必要とするところ、このプロセスには時間を要する場合があり、また、不同意債権者（典型的には小規模の銀行）による対債務国および債権者間の訴訟が提起される場合もある。最終的には、銀行間の圧力、政治的圧力に加え、債権の買取といった手段の組み合わせにより、不同意債権者も合意に至ることがほとんどであり、1980年代および1990年代に行われたロンドン・クラブにおける国家債務再編は概ね成功裏に終了したと評価されている[11]。一方、後述の債権者構成の変化に伴い、近年、ロンドン・クラブを通じた国家債務再編の件数は減少している。

4. 債券化された国債にかかる国家債務再編

　1990年代に起こった、ブレイディ・プランによる国債の債券化および流通市場での流通は、債権者構成に大幅な変更をもたらし、国債は世界各国の不特定多数の債権者によって保有されることとなった。かかる債権者との間の国家債務再編は、SBRのプロセスを通じて行われることとなり、その概要は次のとおりである。まず、債務国は、IMFの協力を得て、未払いの全ての種類の債務およびその性質を調査し、特定する。続いて、債務国は、債務の持続可能性や必要な債務免除の程度等の分析を行い、かかる分析をもとに、しばしば法律専門家および財務専門家の助言のもと、再編シナリオを作成し、最終的に、再編のための提案として、債務スケジュールの変更と債務削減を主要な要素とする新たな債券への交換を提案する。再編のためのかかる交換申入れを受けた債権者は、これを受け入れるか拒否するかの選択を行う。SBRの成功は、債権者が債務国による交換申入れを受け入れる率の高さによって判断される。

474

図表 15-1　SBR の流れ[12]

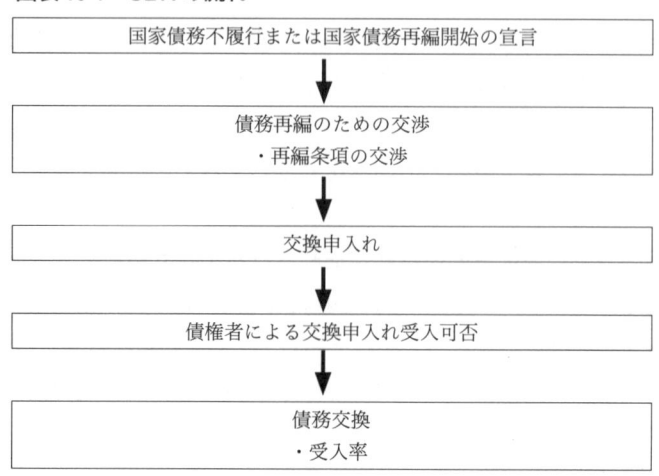

国家債務不履行または国家債務再編開始の宣言

↓

債務再編のための交渉 ・再編条項の交渉

↓

交換申入れ

↓

債権者による交換申入れ受入可否

↓

債務交換 ・受入率

IV．不同意債権者による訴訟

　国家債務再編において、債権者間の調整を阻害する要因となり得るのが、国債交換申入れを受け入れない不同意債権者が、債権額全額の支払いを求めて債務国を訴える、いわゆるホールドアウト訴訟である。特に問題とされるのが、投資ファンドが、国家債務危機に陥った債務国の債券を流通市場において大幅に割り引かれた価格で購入し、債務国に対し券面額の支払いを求めて訴訟を提起するという、ビジネス戦略としてのホールドアウト訴訟である。

　ホールドアウト訴訟が活発化した背景には、債権者の多様化に加え、1980年代以降、国際市場における国債発行に係る2つの主要な紛争解決フォーラムである、イングランド裁判所および米国裁判所において、次を理由として、国債のデフォルトに起因する対債務国の訴訟につき管轄が広く認められるに至ったことが挙げられる。

　まず、かかる訴訟につき、債務国による主権免除の管轄抗弁は、次の理由により認められない。英国1978年主権免除法および米国1976年外国主権免責法はいずれも制限的主権免除主義を採用する。これらの制限的主権免除は、主権免除を原則としつつ、一定の、主権免除が及ばない例外を認めるもので

あるが、かかる例外のうち主要なものが「商業的行為の例外」である。国家債務不履行との関係で、英国 1978 年主権免除法は、主権免除が及ばない商業的行為は「貸付その他資金の提供のための取引およびかかる取引に関する保証および填補または他の金融債務」を含むと規定し（3 条 1 項 (a) (b)）、同法コメンタリーは、「資金の提供のための取引」が「公債その他無記名式債券、デリバティブ取引、信用状、為替手形または約束手形および債務証券の提供を含むことは明らかである」と述べる[13]。米国 1976 年外国主権免責法は、主権免除の対象外となる商業的行為に該当する行為を定義していないが、連邦最高裁判所は、Weltover 事件[14] において、「外国政府が市場の規制当局としてではなく、市場の一般参加者として行動している場合、かかる行為は米国 1976 年外国主権免責法にいうところの「商業的」行為である旨判示し、同事件で問題となった、アルゼンチンによる債券化された外債の発行およびそのデフォルトに伴う債務再編は、米国 1976 年外国主権免責法 1605 条 (a) (2) が規定する商業的行為に該当し、かつ、米国において直接的効力を有する行為であることを認めた。これ以後、米国 1976 年外国主権免責法のもとで、「国家の外債発行およびデフォルトはその発行目的およびデフォルトの理由にかかわらず、ほぼ例外なく商業的行為と取り扱われてきた」といわれる[15]。なお、上記は裁判管轄からの主権免除に関するものであり、執行からの主権免除に係るものではない（後者の判断は、対象資産の性質等の別個の考慮を必要とする）[16]。さらに、英国 1978 年主権免除法および米国 1976 年外国主権免責法のいずれも、国家による主権免除の放棄を認めている[17] ところ、ほとんどの国際ソブリン債の発行において、債務国は主権免除を明示的に放棄しているといわれる。

　主権免除のほか、米国におけるホールドアウト訴訟において債務国が主張し得る抗弁として、国際通貨基金協定 8 条 2 項 (b) に基づく抗弁、国家行為主義に基づく抗弁、国際礼譲の原則に基づく抗弁が挙げられるが、次のとおり、判例は、国家債務不履行の文脈においてはいずれの抗弁も否定している。まず、国際通貨基金協定 8 条 2 項 (b) は、「いずれかの加盟国の通貨に関する為替契約で、この協定の規定に合致して存続しまたは設定されるその加盟国の為替管理に関する規制に違反するものは、いずれの加盟国の領域においても強制力を有しない。（後略）」と規定するところ、国家債務危機に陥った IMF 加

盟国である債務国が、外国通貨による対外債権者への支払いに関する規制を行った場合には、同規制に反するソブリン債務契約は同条項に基づき執行できない旨主張することが考えられる。しかし、Libra Bank Ltd. v. Banco Nacional de Costa Rica 事件において、ニューヨーク州南部地区連邦地方裁判所は、同条項の「為替契約」がソブリン債務契約を含むとは認められないとして、上記抗弁の成立を否定した[18]。次に、国家行為主義に基づく抗弁および国際礼譲の原則に基づく抗弁につき、Allied Bank International II 事件において、第二巡回控訴裁判所は、外国政府の債務がその領域外にあると認められる場合、コスタリカ政府による一方的な支払延期（本件では、同国内の銀行に対する外債の支払禁止命令）に対して国家行為主義は適用されないと判断し、また、上記命令は IMF の債務再編政策に反し、かつ米国の国内法とも矛盾するため、国際礼譲の原則[19]の適用も認められないとの結論を採用した[20]。

　CIBC 事件[21]は、ブラジルによる、その国家債務再編を目的として締結された複数年の預金ファシリティ合意（Multi-Year Deposit Facility Agreement, MYDFA）に基づく債務をさらに新たな債券と交換する旨の交換申入れに起因する、ブラジルと、当該交換申入れを拒否した不同意債権者との間の紛争であるが、この訴訟手続においては、ブラジルは主権免除も国家行為主義も抗弁として主張せず、ニューヨーク州南部地区連邦地方裁判所は、原告が主張した 8 つの請求原因のうち、ブラジルによる MYDFA に基づく債務の不履行、および当該不履行に伴い生じた費用の補償を認めた。この事件は後に、ブラジルから不同意債権者に対する現金および債券による合計約 7,730 万米ドルの支払いを内容とする和解により終了したとされる[22]。

　さらに、Elliott Associates v. Banco de la Nacion (Peru) 事件[23]は、不良債権となったペルー政府保証債券を割引価格で購入した投資ファンドである原告が、ペルー政府および Banco de la Nación による債務支払拒否を受け、券面額の支払いを求めてニューヨーク州南部地区連邦地方裁判所に提訴した事案である。原審は、原告による当該債権の購入はもっぱら訴訟提起を目的としたものであり、ニューヨーク裁判所法 489 条に違反するとして原告の請求を棄却した[24]が、第二巡回控訴裁判所は原審の当該判断を覆し、Banco de la Nación に対し約 2,470 万米ドル、ペルー政府に対し約 5,560 万米ドルの支払いをそれぞれ命じた。

Elliott はその後、当該判決の執行を求める手続を各地で提起し、うちブラッセル控訴裁判所は、債券発行契約に規定された「パリパス条項」は債権者間の案分の取り扱いを要求するとの Elliott の主張を認め、国際決済機関であるユーロクリアに対し、ペルー発行のブレイディ・ボンドに係る他の全債権者への支払いの差止命令を出した[25]。これにより、ペルーは当該ブレイディ・ボンドに係る債務不履行の危機にさらされたため、これを避けるため、Elliott との間で、同社に対し約 5,630 万米ドルを支払う内容での和解を行ったとされる[26]。

　最近の重要な事案として、アルゼンチンによる 2001 年の国家債務不履行に起因する、不同意債権者による一連の訴訟が挙げられる[27]。アルゼンチンは、2001 年 12 月に外債の支払い停止を宣言し、デフォルトに陥った後、2005 年に最初の交換申入れを行った。この交換申入れを受け入れなかった不同意債権者は、アルゼンチンを相手方としてニューヨーク州南部地区連邦地方裁判所に提訴した。同裁判所は、アルゼンチンが、交換申入れを受け入れた債権者に対して支払いを行うことは、かかる債権者を不同意債権者に優越させるものであり、債券発行契約中の「パリパス条項」[28]に違反するとの不同意債権者の主張を受け入れ、アルゼンチンに対し、「アルゼンチンが交換債券につき満期が到来した割合につき支払いを行う場合には、原告（である不同意債権者）に対しても同等の割合において（その保有する）債券の支払いを行わなければならない。」旨の差止命令を出すとともに、証書受託者や決済機関等の第三者に対しても、アルゼンチンによる同命令回避を助ける行為をすることを禁じた。この判断は第二巡回控訴裁判所によっても支持され、最高裁への裁量上訴は認められなかった。その後、裁判所が指定した仲裁人による、アルゼンチンと不同意債権者との間の調停も不調に終わったため、結果として、2014 年 7 月、アルゼンチンは 2001 年以降 2 度目の国家債務不履行に陥った。

　なお、国家債務不履行に特有の抗弁として、交代後の政府による債務承継に対する「不当債務」の抗弁が挙げられる。不当債務は、1927 年にアレクサンダー・サックが提唱したとされる概念で、独裁政権により、国の必要や利益のためでなく、圧政を強め、反対する国民を弾圧するために借りられた債務を指す。Tinoco 事件[29]および World Duty Free 事件[30]の各仲裁判断は同概念に支持を与えるものと評価される一方、この概念が一般国際法として確立され

ているとはいえず、米国裁判所の判例でこの概念を明示的に承認したものは存在しない[31]。

　以上をまとめるに、現在、不同意債権者にとって、国際市場における国債発行に係る主要な管轄裁判所において、国債発行、不履行および再編に係る債権者の権利を追求することは可能な状況にある。いわゆる「ハゲタカファンド」によるホールドアウト訴訟も必ずしも排除されず、さらに、債券発行契約がパリパス条項を含む場合、管轄裁判所による同条項の解釈によって、国家債務再編としての交換申入れを受け入れた他の債権者に対する支払いの差し止めが認められる場合もある。ホールドアウト訴訟は、他の債権者が交換申入れに応じる意欲を減退させるという点においても、国家債務再編の阻害要因となり得る。

V. 国家債務再編に関する近年の動き

　国債の性質並びに債権者構成の大幅な変化、およびホールドアウト訴訟の増加を背景として、迅速かつ秩序ある国家債務再編の実現に向けた様々な提案がなされてきた。中でも有力なものが、国家債務危機に際し、企業破産法制における会社再建にならったメカニズムの構築を志向する「法的アプローチ」と、個々の国債の発行要項の内容を改良することによって対処しようとする「契約的アプローチ」である。

1. 法的アプローチ：国家債務再編メカニズム

　法的アプローチとして、IMF を中心として 2000 年代前半に提唱された国家債務再編メカニズム（Sovereign Debt Restructuring Mechanism, SDRM）が存在する。IMF による SDRM の提案は、米国連邦破産法に示唆を得て、国家債務再編のための国際的な法的枠組みの構築を提唱するものであった[32]。SDRM における再編の提案は、次の要素を含む[33]。まず、全残存債権を集約した上で、国家債務再編の条件に係る特定多数の債権者の同意が不同意債権者を拘束することとする。この仕組みは、後述の集団行動条項が、各発行につき特定多数の同意を必要とすることと比較しても、一度の同意で全債権者を拘束し得る点で利

点を有する。もっとも、債権の集約は全債権を同列に扱うものではなく、優先債権に対する保護は与えられる。次に、債務不履行後、特定多数の債権者による債務再編合意が得られるまでの間、係属中の債権者と債務国との間の訴訟手続を停止する。また、支払原資の減少を防ぐため、債務国による特定の債権者に対する支払いを禁ずる等のセーフガード措置を講じる。国家債務再編の期間中、IMF その他の機関は、債務国に対し、新たな貸付を提供する。

　SDRM においてはさらに、国家債務再編の独立性、効率性、中立性を確保するため、国家債務紛争解決機関の設立が提唱されこの提案は、実現すればホールドアウト訴訟の危険を消滅させるものであった。しかしながら、SDRM は、国家主権の制限や IMF の権限増大を懸念した米国をはじめとする主要な債権国の支持を得られず、実現に至っていない。

2. 契約的アプローチ：集団行動条項

　契約的アプローチの中で最も成功を収めたのが、国債の発行要項に集団行動条項を組み入れるという方法である。集団行動条項は、英国法や日本法を準拠法とする国債においては 2000 年以前からみられ、ジョン・テイラー財務次官（当時）の提唱により[34]、2003 年以降は、ニューヨーク州法に基づき発行される国債の大多数に組み入れられることとなった。集団行動条項にはいくつかの種類があるが、たとえば、テイラーが提唱した集団行動条項の仕組みは次のとおりである。集団行動条項は、（特別）多数決行動条項、集団代表条項および開始条項からなる。（特別）多数決行動条項は、国債の発行要項およびその発行または管理に係る契約条件を、重要な留保事項については特別多数、その他の事項については単純多数の合意により変更ができ、かかる変更は全ての債権者を拘束する旨の規定である[35]（これにより、デフォルトという債務不履行は「治癒される」）。すなわち、集団条項の働きにより国債の条件が変更された場合には、不同意債権者はもはや、その債権につき元の契約条件を援用することはできない。また、変更後の契約条件に基づきなされる支払いは全債権者の間で案分に配分されるため、ホールドアウト訴訟を提起するインセンティブは失われる。また、重要な点として、開始条項は、支払の一時延期を許す一定の「クーリングオフ」期間を定めるため、この期間中は、債権者が債務の

480

支払期限が到来していると主張して訴訟を提起することができないこととなる。以上から、集団行動条項は、不同意債権者によるホールドアウト訴訟その他の債務再編阻止行為の危険を実質的に消滅させる効果を有する[36]。なお、集団行動条項の効果は、異なる発行に係る債券を集団化して同条項の対象とする「集団化」条項と組み合わせることによって飛躍的に高まるが、集団化条項は現在のところ、広く採用されるには至っていない。

他方、集団行動条項に対しては、主に次の批判が存在する。（集団化条項がない限り）各発行につき特定多数の同意が必要であるところ、現在の国債発行市場は、一債務国による複数の債券発行が通常であり、うち一つでも特定多数の同意を得られなかった場合にホールドアウト訴訟のリスクが残る。流通市場において国債に係る債券を取得した多種多様の債権者が世界中に拡散している状況において、特定多数の同意を獲得することは容易でない。集団行動条項は「交渉コストのフリーライド」を誘発するため、むしろ国家債務再編プロセスの遅延を招く可能性がある[37]。かかる批判を背景として、2014年、ユーロ市場の民間市場参加者による業界団体である国際資本市場協会は、集団行動条項のモデル条項を策定し、公表した[38]。

いずれにせよ、現状において、前述のとおり、英国法、ニューヨーク州法および日本法を準拠法とする国債は既に集団行動条項を採用しており、これに加え、2010年11月に発表されたユーログループによる合意により、2013年1月以降ユーロ加盟国が発行する国債に集団行動条項を含むことが義務化された[39]。したがって、個々の債券発行契約に集団行動条項を規定するという契約的アプローチは、SDRMの早期実現が見込まれない現状において、迅速かつ秩序ある国家債務再編実現のための最も現実的な方法として、国際市場における国債発行の通常の実務となっていると評価できる。

3. 国連総会決議 68/304（2014年）および 69/319（2015年）

近年、アルゼンチンおよびギリシャの大規模な国家債務危機や、ホールドアウト訴訟の増加を背景として、統一的な国家債務再編手続の策定を求める国際的な議論が再び高まり、国連総会は、2014年9月、「国家債務再編手続のための多国間法的枠組みの制定に向けて」と題する国連総会決議 68/304 を採

択した（賛成 124、反対 11、棄権 41、日本は反対）[40]。同決議が、「債務国による国家債務再編のための努力が、流通市場において割引価格で不良債権を購入し、訴訟手続を通じて満額の支払いを求める、ヘッジファンド等の専門投資ファンドを含む商業債権者により妨げられるべきではない」ことの確認を含むことは、ホールドアウト訴訟が国家債務再編の阻害要因であるとの認識とこれに対する警戒感を示している。さらに、国連総会は、2015 年 9 月、「国家債務再編手続に係る基本原則」と題する国連総会決議 69/319 を採択した（賛成 136、反対 6、棄権 41、日本は反対）[41]。同決議は、国家債務再編手続において採用されるべき 9 つの基本原則として、国家主権、誠実性、透明性、公平性、衡平な取り扱い、主権免除、正当性、持続可能性、多数決による再編、を規定する。

IV.　国家債務再編と投資仲裁

　国家債務再編に際し、不同意債権者が関係する国債発行の管轄地である国内裁判所に、債務国を相手方とするホールドアウト訴訟が多数提起されてきたことは前述 IV. のとおりである。近年、これらの国内裁判所における訴訟手続に加え、不同意債権者が、債務国を相手方として、国家債務不履行に起因する請求を、投資協定に基づく投資仲裁に提起するという新たな事象が生じている。まず、アルゼンチンによる 2001 年の国家債務不履行後の国家債務再編に起因する紛争につき、アルゼンチン国債を保有する多数のイタリア人債権者が、アルゼンチン・イタリア 2 国間投資協定に基づき、3 件の投資仲裁を提起した（Abaclat 事件[42]、Ambiente 事件[43] および Alemanni 事件[44]）。これらの事件において、申立人投資家は、アルゼンチンによる 2005 年の交換申入れ後に同国が行った行為、特に、行政府による再度の交換申入れや債権者との個別の取引を禁止すること等を内容とする国内法の制定が投資協定上の義務に違反すると主張し、いずれの事件も、投資紛争解決国際センター（ICSID）の元で設立された仲裁廷により行われる、いわゆる ICSID 仲裁に付託された。

　これらの事件においてはいずれも仲裁裁判所の管轄が争われ、共通する主要な論点の一つが、問題となる国債が、国家と他の国家の国民との間の投資紛争の解決に関する条約（ICSID 条約）上および関係する投資協定上保護される

「投資」と認められるか否かという点であった。この点につき、管轄および受理可能性に関する判断（以下単に「管轄決定」という。）において、Abaclat 事件および Ambiente 事件の各仲裁裁判所は、いずれもアルゼンチン国債の投資協定上および ICSID 条約 25 条のもとでの投資該当性を認め（Alemanni 事件の管轄判断においては、この点の判断を一部保留）、個々の申立人に関する（国籍等）他の管轄問題の検討は後の段階にゆずるとしつつ、管轄の一般的な要件は満たされており、請求は受理可能であると結論付けた。これらの判断は、外債の国家債務再編における不同意債権者に対し、投資仲裁の扉を開くものであった。なお、その後、Abaclat 事件は和解により、Ambiente 事件および Alemanni 事件は、仲裁費用未払いを理由としてそれぞれ終了している。

ただし、流通債券としての国債の ICSID 条約 25 条 1 項投資該当性については大きな争いがあり、たとえば、転売市場で取引される債務証券は投資受入国との間の地理的関連性を欠くこと、かかる債務証券は投資受入国における事業と何らの関連も有しないこと、等を理由としてこれを否定する見解も存在する[45]。Abaclat 事件および Ambiente 事件においても、その管轄判断に対してはそれぞれ 1 名の仲裁人が、問題となる国債の投資該当性を否定する詳細な反対意見を付している。

続けて、2013 年、Poštová banka 事件[46] において、ギリシャによる国家債務再編に起因する紛争が、不同意債権者により ICSID 仲裁に付託された。本事件においても仲裁裁判所の管轄が争われ、主要な論点の一つは、不同意債権者が保有する本件国債が関係する投資協定および ICSID 条約が保護する投資と認められるか否か、という点であった。この点、前述の Abaclat 事件および Ambiente 事件の管轄判断と異なり、本事件の仲裁裁判所は、関係する投資協定 1 条 1 項に規定する投資の定義を詳細に解釈した上で、本件で問題となった国債は同条項が規定する投資とは認められないため、事項管轄を欠くと判断した。さらに、同仲裁裁判所は、傍論として、本件国債が ICSID 条約 25 条に規定する「投資」に該当するか否かを検討し、本件国債は、同条が投資の内在的要件とする「貢献、期間、危険負担」の要素を満たさないとしてこれを否定した。本管轄決定は、転売市場において取引される金融商品としての国債につき、明確に投資財産該当性を否定したこととなる。本管轄決定に対し、

申立人投資家は、「仲裁判断において、その仲裁判断の基礎となった理由が述べられていないこと」（ICSID 条約 52 条 1 項 (b)）を理由とした取消請求を行ったが、特別委員会により当該請求は棄却されている[47]。

　以上のとおり、国家債務再編に起因する紛争につき投資仲裁の管轄が認められるか否かという問題については、これまでのところ、特に、証券化された債券が、投資協定上および ICSID 条約上投資と認められるか否かという点につき（適用される投資協定の相違はあるものの）判断が分かれており、今後の仲裁判断の集積を待つこととなる。

注

1　Federico Sturzenegger and Jeromin Zettelmeyer, *Debt Defaults and Lessons from a Decade of Crises* (MIT Press 2007) 3.

2　IMF, 'Public Sector Debt Statistics: Guide for Compilers and Users' (2013) available at: http://www.tffs.org/pdf/method/2013/psds2013.pdf.

3　OECD, 'Glossary of Statistical Terms', available at:
https://stats.oecd.org/glossary/detail.asp?ID=1137.

4　Tamon Asonuma, Marcos Chamon and Akira Sasahara, 'Trade Costs of Sovereign Debt Restructurings: Does a Market-Friendly Approach Improve the Outcome?' (November 2016) *IMF Working Paper WP/16/222* 46.

5　Lorenzo Forni, Geremia Palomba, Joana Pereira, and Christine Richmond. 'Sovereign Debt Restructuring and Growth' (July 2016) *IMF Working Paper WP/16/147* 3.

6　Jianping Zhou, Virginia Rutledge, Wouter Bossu, Marc Dobler, Nadege Jassaud, and Michael Moore, 'From Bail-out to Bail-in: Mandatory Debt Restructuring of Systemic Financial Institutions' (24 April 2012) *IMF Staff Discussion Paper, SDN/12/03.*

7　Financial Stability Board, 'Key Attributes of Effective Resolution Regimes for Financial Institutions' and Communiqué G20 Leaders Summit – Cannes – 3-4 November 2011, Section 13.

8　Udaibir S. Das, Michael G. Papaioannou, and Christoph Trebesch, 'Sovereign Debt Restructurings 1950.2010: Concepts, Literature Survey, and Stylized Facts' (2012) *IMF Working Paper*, Monetary and Capital Markets Department, WP/12/203.

9　F. Sturzenegger and J. Zettelmeyer, supra, p. 3.

10　より最近ロンドン・クラブにおける国家債務再編が行われた例につき、F. Sturzenegger and J. Zettelmeyer, supra, 14.

11　Das, Papaioannou, and Trebesch, supra, 25.

12　Das, Papaioannou, and Trebesch, supra, 13 より抜粋、和訳。

484

13 Commentary to the SIA, reproduced in Andrew Dickinson, Rae Lindsay, James P. Loonam, and Clifford Chance LLP, *State Immunity: Selected Materials and Commentary* (Oxford University Press, 2004)

14 *Republic of Argentina v. Weltover, Inc.*, 504 U.S. 607 (1992).

15 F. Sturzenegger and J. Zettelmeyer, supra, 57.

16 この点につき異なる判断を示した連合王国最高裁判所及びフランス破毀院における判例として、それぞれ、NML Capital Ltd v Argentina [2011] 3 W.L.R. 273, para. 26; Cour de cassation, Chambre civile 1, 28 mars 2013, 11-10450; 10-25.938 参照。

17 英国1978年主権免除法2条(1)(2)、米国1976年外国主権免責法1605条(a)(1)。

18 *Libra Bank Ltd. v. Banco Nacional de Costa Rica*, 570 F. Supp. 870 (S.D.N.Y. 1983). 米国裁判所は、一貫して、上記抗弁の成立を否定してきたとされる。

19 国家債務不履行の文脈において、国際礼譲原則は、「裁判所による、債務国の行為が、国際的債務危機がどう解決されるべきかに関する米国の政策に照らし正当化されると判断できるか否かという点の判断にかかる」といわれる。Ugo Panizza, Federico Sturzenegger and Jeromin Zettelmeyer. "The Economics and Law of Sovereign Debt and Default" *Journal of Economic Literature* 47 (3) (2009) 651-698 at 654-655.

20 Allied Bank International v. Banco Credito Agricola de Cartago, No. 225, Docket 83-7714, slip op. at 3215 (2d Cir. April 23, 1984), affirming 566 F. Supp. 1440 (S.D.N.Y. 1983), vacated on rehearing, 757 F.2d 516 (2d Cir. 1985).

21 CIBC Bank and Trust Co. Ltd. v. Banco Central do Brazil, 94 Civ. 4733 (LAP).

22 Philip J. Power. "Sovereign Debt: The Rise of the Secondary Market and its Implications for Future Restructurings" *Fordham Law Review* 64 (6) (1996) 2701-2772 at 2750-2751.

23 Elliott Associates. L.P. v. Banco de la Nación and The Republic of Peru, 194 F.3d 363 (2d Cir. 1999)

24 *Ibid*, 365.

25 Court of Appeal of Brussels, Elliott Associates, LP v. Republic of Peru, General Docket No 2000/QR/92 (2000) paras. 1,2 and 6.

26 U. Panizza, F. Sturzenegger and J. Zettelmeyer, supra, pp. 657-8.

27 NML Capital, Ltd. v. Republic of Argentina, No.08 Civ. 6978 (TPG), 2012 WL 5895784 (SDNY, 21 November 2012); Aurelius Capital Master, Ltd. & ACP Master, Ltd. v. Republic of Argentina, No.09 Civ. 8757 (TPG), Dkt. No.312 (SDNY, 26 November 2012); Olifant Fund, Ltd. v. Republic of Argentina, No.10 Civ. 9587, Dkt. No.40 (SDNY, 26 November 2012); Varela v. Republic of Argentina, No.10 Civ. 5338, Dkt. No.64 (SDNY, 26 November 2012).

28 債券に基づく支払義務が、他の全ての無担保かつ非劣後の対外債務と、返済

順位において優先劣後のない同順位である旨を定めた条項。

29　Arbitration Between Great Britain and Costa Rica（18 October 1923）, Record of International Arbitral Awards, Vol. 1（1923）, reproduced in *The American Journal of International Law*（1924）18（1）147–174.

30　World Duty Free Company Limited v. The Republic of Kenya, ICSID Case No. ARB/00/7, Award, 4 October 2006.

31　Hancen Yu, ""Official" Bondholder: A New Holdout Creature in Sovereign Debt Restructuring After Vulture Funds?"（2017）16 *Washing University Global Studies Law Review* 538.

32　IMF. 'The Design of the Sovereign Debt Restructuring Mechanism–Further Considerations available at:
https://www.imf.org/external/np/pdr/sdrm/2002/112702.pdf.

33　Anne O. Krueger, 'A New Approach To Sovereign Debt Restructuring' available at: https://www.imf.org/external/pubs/ft/exrp/sdrm/eng/sdrm.pdf.

34　John B. Taylor, 'Grants and Sovereign Debt Restructuring: Two Key Elements of a Reform Agenda for the International Financial Institutions', Testimony of John B. Taylor, Under Secretary of the Treasury for International Affairs before the Joint Economic Committee, February 14, 2002, PO-1016, available at: http://www.treasury.gov/press-center/press-releases/Pages/po1016.aspx.

35　ユーログループによる前記の合意を受け、欧州連合経済金融委員会が 2011 年 11 月 18 日に合意した標準・統一集団行動条項も同旨を規定する（2.10 条）。

36　NML Capital Ltd v The Republic of Argentina（26 October 2012）において、合衆国連邦第二巡回区控訴裁判所は、集団行動条項は実質的にホールドアウト訴訟の可能性を廃絶するものである旨述べている（at 27）。

37　R. Pitchford and M.L.J. Wright 'Holdouts in Sovereign Debt Restructuring: A Theory of Negotiation in a Weak Contractual Environment'（2012）79（2）*Review of Economic Studies* 812. 反対の立場をとる見解として、Sergio J. Galvis and Angel L. Saad, 'Collective Action Clauses: Recent Progress and Challenges Ahead'（2004）35（4）*Georgetown Journal of International Law* 713.

38　International Capital Market Association, 'Standard Aggregated Collective Action Clauses（'CACs'）for the Terms and Conditions of Sovereign Notes'（2014）available at: http://www.icmagroup.org/Regulatory-Policy-and-Market-Practice/Primary-Markets/primary-market-topics/collective-action-clauses/
モデル条項は、例えば、複数の発行にかかる債務残高全体につき、債務国が特定多数債権者（3/4）の同意を求めることができる旨の選択肢を含む。河村小百合、「国際金融市場における国家債務再編をめぐる課題」『JRI レビュー』（2015）Vol.7, No.26。

39 欧州安定メカニズム設立協定(Treaty Establishing the European Stability Mechanism) 12条3項。

40 UNGA Res 68/304 (9 September 2014) UN Doc A/RES/68/304. Official Records of the Sixty-eighth session of the 107th plenary meeting, 9 September 2014, A/68/PV.107, 4.

41 UNGA Res 69/319 (10 September 2015) UN Doc A/RES/69/L.84. UN General Assembly, Official Records of the Sixty-ninth session of the 102nd plenary meeting, 10 September 2015, A/69/PV.102, 9.

42 Abaclat and Others v. Argentine Republic, ICSID Case No. ARB/07/5, Decision on Jurisdiction and Admissibility, 4 August 2011.

43 Ambiente Ufficio S.p.A. and others v. Argentine Republic, ICSID Case No. ARB/08/9, Decision on Jurisdiction and Admissibility, 8 February 2013.

44 Giovanni Alemanni and Others v. The Argentine Republic, ICSID Case No. ARB/07/8, Decision on Jurisdiction and Admissibility, 17 November 2014.

45 M. Waibel, 'Opening Pandora's Box: Sovereign Bonds in International Arbitration' (2007) 101 American Journal of International Law 725-728; M. Waibel. *Sovereign Defaults before International Courts and Tribunals* (Cambridge University Press, 2011) Chapter 10. Abi-Saab は、「地理的関連性」は ICSID 条約 25 条「投資」概念に内在する要件であるとする。Abi-Saab 反対意見 para. 74.

46 Poštová banka, a.s. and ISTROKAPITAL SE v. Hellenic Republic, ICSID Case No. ARB/13/8.

47 Poštová banka, a.s. and ISTROKAPITAL SE v. Hellenic Republic, ICSID Case No. ARB/13/8, Decision on Annulment of 19 September 2016.

参考文献

Federico Sturzenegger and Jeromin Zettelmeyer, *Debt Defaults and Lessons from a Decade of Crises* (MIT Press, 2007).

Lee Buchheit and Rosa M. Lastra (eds.), *Sovereign Debt Management* (Oxford University Press, 2014).

Phillip R. Wood, *International Loans, Bonds, Guarantees, Legal Opinions* (Sweet & Maxwell, 2007).

Odette Lienau, *Rethinking Sovereign Debt: Politics, Reputation, and Legitimacy in Modern Finance* (Harvard University Press, 2014).

Michael Waibel, *Sovereign Defaults before International Courts and Tribunals* (Cambridge University Press, 2011).

Jeffrey D. Sachs (ed.), *Developing Country Debt and Economic Performance*, Vol. 1 (University of

Chicago Press, 1989）.

Timothy C. Irwin, 'Defining the Government's Debt and Deficit' *IMF Working Paper*（2015）WP/15/238.

Jonathan Eaton and Mark Gersovitz, 'Debt with Potential Repudiation: Theoretical and Empirical Analysis'（1981）48（2）*Review of Economic Studies* 2 289-309.

Jeremy Bulow and Kenneth Rogoff, 'A Constant Recontracting Model of Sovereign Debt'（1989）97（1）*Journal of Political Economy* 155-178.

Ugo Panizza, Federico Sturzenegger and Jeromin Zettelmeyer, 'The Economics and Law of Sovereign Debt and Default'（2009）47（3）*Journal of Economic Literature* 651-698.

Lee C. Buchheit, G. Mitu Gulati and Robert B. Thompson, 'The Dilemma of Odious Debts'（2007）56（5）*Duke Law Journal* 1201–62.

Mark Gugiatti and Anthony J. Richards, 'The Use of Collective Action Clauses in New York Law Bonds of Sovereign Borrowers'（2003-2004）35（4）*Georgetown Journal of International Law* 815-836.

Jill E. Fisch and Caroline M. Gentile, 'Vultures or Vanguards: The Role of Litigation in Sovereign Debt Restructuring Conference on Sovereign Debt Restructuring: The View from the Legal Academy', （2004）53 *Emory Law Journal* 1043-1113.

第16章　安全保障と外資規制、金融制裁

中谷和弘

本章の概要

　安全保障に基づく外資規制は、国際法上容認されている。何が安全保障のために必要な行動であるかは、基本的に各国の自己判断に委ねられているが、安全保障に基づく外資規制は恣意的に行える訳ではなく、透明性、予見可能性、比例性、説明責任の諸原則に相反するものであってはならない。

　日本における外資規制は個別業法に基づくものと外国為替及び外国貿易法に基づくものとがある。日本における外資規制は事前届出方式をとり、対象業種を特定している。

　政府によって所有される特別目的の投資基金である政府系ファンドが国際金融において大きな影響力を有するに至っている。政府系ファンドの行動を規律するルールとして、サンチャゴ原則があり、これは政府系ファンド保有国の自己規律を内容とする。政府系ファンドに対する国際法上の課題としては、外資規制、課税免除、裁判権免除をめぐる問題等がある。

　資金洗浄対策のための国際協力の枠組として、金融活動作業部会(Financial Action Task Force on Money Laundering, FATF) が金融規制や刑事法制の分野でとるべき措置を勧告している。国際組織犯罪対策のため、2000年に国際組織犯罪防止条約が採択されている。

　送金禁止や金融資産凍結といった金融制裁は、安保理による非軍事的強制措置においてしばしば発動され、特に有責者の個人金融資産の凍結はスマート・サンクションの中核をなす措置である。

　国連安保理決議に基づかない国家の単独の決定に基づく金融制裁については、一般国際法上の合法性を検討する必要がある。

I．安全保障に基づく外資規制

1.安全保障に基づく外資規制の国際法上の位置づけ

　投資の自由化が進行する現代国際社会においても、各国は安全保障や公の秩序を理由とする外資規制を実施しているが、これは国際法上容認されている。OECD 理事会による 1961 年の決定（拘束力を有する）である資本移動自由化コードは OECD 加盟国間の資本移動に関する制限を漸進的に撤廃することを定めているが、3 条において、「公の秩序の維持、公衆の衛生・モラル・安全の保護」や「重大な安全保障上の利益の保護」のために必要であると認める行動をとることを妨げるものではないとして、安全保障や公の秩序を理由とする外資規制を認めている。しかも、何が安全保障や公の秩序「のために必要であると認める行動」に該当するかは、各加盟国の自己判断に委ねられている。

　資本移動自由化コードでは、3 条に基づく外資規制のほかにも、2 条において自由化措置に対する留保を認めており、各国とも特定の業種を留保業種として宣言している。

　日本は、3 条のうち「公の秩序」にかかる業種としては、電力・ガス、熱供給、通信、放送、水道、鉄道、旅客運送が、「公衆の安全」にかかる業種としては、生物学的製剤製造業、警備業が、「重大な安全保障」にかかる業種としては、武器、航空機、原子力、宇宙開発、火薬類およびこれら産業等にかかる電子部品、電気機械器具、情報通信機械器具等製造業が該当するとしている。また、2 条の留保業種としては、農林水産、鉱業、石油、皮革・皮革製品製造、航空運送、海運の各業種を挙げている。航空運送、海運は当初は 3 条の「重大

な安全保障」にかかる業種に挙げたが、OECD の勧告に従い 1992 年に 2 条の留保業種に移行したという経緯がある。なお、相互主義を理由とする外資規制は一般には容認されるが、OECD 加盟国間では相互主義を理由とする外資規制は容認されない（資本移動自由化コード 8 条）。

　国家安全保障に基づく外資規制は全く自由に行えるという訳ではない。OECD 理事会は 2009 年に国家安全保障に関する受入国の投資政策のためのガイドラインを採択し、国家安全保障のための投資政策・措置の検討・導入にあたっては、無差別、政策の透明性、結果の予見可能性、措置均衡性及び実施当局の説明責任という原則に依拠すべきであると勧告している。また、近年の G8（主要国首脳会議）の首脳宣言では、国家安全保障に基づく外資規制についての言及が見られるが、同様の指針が示されている。例えば、2008 年の洞爺湖サミット首脳宣言パラグラフ 6 では、「いかなる外国投資の規制も、主に国家安全保障上の懸念に焦点を当てた非常に限定されたものであるべきであり、かつ、透明性、予見可能性、比例性、説明責任の諸原則に従ったものであるべきである」と宣言している。

　なお、2 国間投資条約や経済連携協定の投資章においても、しばしば安全保障条項がおかれている（例：日中韓投資協定 18 条 1 項）。それゆえ、この条項に従って「安全保障上の重大な利益の保護のために必要であると認める措置」に該当すると当事国が判断する場合には、外資規制をとることは可能である。もっとも当該条約上の義務を回避するための手段として恣意的に安全保障が口実として用いられてはならず、この旨が規定されることもある（例：日中韓投資協定 18 条 2 項）。また、サービス分野における投資は第 3 モードのサービス貿易（GATS 1 条 2 項 (c)）に該当するが、GATS 14 条 2 項 (b) においては、「加盟国が自国の安全保障上の重大な利益の保護のために必要であると認める」措置をとることができると規定するため、サービス分野における安全保障を理由とした外資規制が容認されることとなる。もっともこれらの規定は安全保障に係る一定の状況の発生を発動要件とするものであって、特定の業種への外資規制を先決的に排除する根拠となるものではない。

　TPP 協定においては、投資・サービス貿易につき自由化の程度を悪化させてはならないとするラチェット条項がおかれたため、将来留保なしに外資規

制を新たに強化することは容認されなくなる。

2. 日本および米国における安全保障に基づく外資規制

　ここでは日本及び米国における安全保障に基づく外資規制についてみる。

　日本における外資規制は個別業法に基づくものと外国為替及び外国貿易法（外為法）に基づくものとがある。個別業法に基づくものとしては、航空法（外国人が代表者であるまたは外国人役員もしくは外資による議決権が1/3以上の会社には航空運送事業は許可されない）、貨物利用運送事業法（外国人が代表者であるもしくは外国人役員または外資による議決権が1/3以上の会社には第1種・第2種貨物利用運送事業は許可されない）、鉱業法（鉱業権・祖鉱権は日本法人に限定される）、船舶法（日本国の船籍は日本法人であってその代表者の全員および業務執行役員の2/3以上が日本国民である者が所有する船舶に付与する）、電波法（外国人役員がいる場合または外資による議決権が1/5以上となる無線局には免許は付与されない）、放送法（一般放送事業者は外国人役員がいる場合または外資による議決権が1/5以上となる場合には名義書換を拒否できる）、日本電信電話株式会社（NTT）法（外資による議決権を1/3未満の限定。取締役・監査役は日本国民に限定）等がある。

　他方、外為法27条では、「国の安全を損ない、公の秩序の維持を妨げ、または公衆の安全の保護に支障を来すことになる」おそれのある対内直接投資については、変更や中止を勧告し、さらに命令することができる旨、規定する。具体的には、上述のOECD資本移動自由化コード3条に該当する「公の秩序」、「公衆の安全」または「重大な安全保障」にかかる業種及び同2条で留保した業種がこの対象となる。

　日本においては、2008年にJパワー及び空港会社をめぐって2つの外資規制をめぐる問題が議論となった。東証1部上場のJパワーは電気業（外為法27条の対象業種）を行っていたが、英国のファンドTCIがJパワーの株式買増（9.9%から20%への買増）を目指して外為法27条3項に基づく事前届出（10%以上の株式取得につき事前届出を義務づける）をした。財務省および経済産業省は初めて株式買増の中止勧告を発し（同条5項）、TCIがこれに従わなかったため中止命令を発した（同条10項）。中止勧告および中止命令を発した主たる理由は、「株式の追加取得及びこれに伴う株主権の行使により、Jパワーの経営や基幹設備

492

に係る計画・運用・維持に影響を及ぼし、それらを通じて電気の安定供給や原子力政策に影響を及ぼすおそれがある」というものである。空港会社は外為法27条の対象業種ではないが、東証1部上場の日本空港ビルデングの株式を外国のファンドを買増する動きがあり、空港会社に外資規制を導入するか否かが検討されたが、結局、新たな規制は導入されなかった。2015年の関西空港と伊丹空港の運営権売却においても外資規制はなされていない。

　次に米国について。日本における外資規制は事前届出方式をとっているのに対して、米国では事後介入方式となっている（ドイツ、フランスは前者の方式を、英国は後者の方式をとっている）。また日本は外資規制の対象業種を特定しているのに対して、米国は全業種を対象としている（ここでもドイツ、フランスは前者の方式を、英国は後者の方式をとっている）。米国では、外国投資及び国家安全保障法（Foreign Investment and National Security Act）に基づき、大統領は、国家安全保障を脅かすと信頼すべき理由がある場合には、外国企業による米国企業の合併・買収を阻止できると規定する。そして大統領がこの決定にあたって考慮できるファクターとして次の11のものを挙げている。①国防上の要求に必要な国内生産、②国防上の要求に合致する国内産業の能力、③外国人による国内の産業および商業活動のコントロール、④テロ支援国家やミサイル・大量破壊兵器拡散国家への物資・装備・技術の販売に当該取引が与える影響、⑤米国の安全保障に影響を与える分野における米国の技術上のリーダーシップに当該取引が与える潜在的影響、⑥主要なエネルギー資産を含む米国の重要なインフラへの潜在的な国家安全保障関連の効果、⑦米国の重要な技術への潜在的な国家安全保障関連の効果、⑧当該取引が外国政府によってコントロールされた取引であるか否か、⑨当該国の不拡散管理体制の遵守、反テロリズムへの協力における米国と当該国との関係および輸出管理法令を含む軍事応用技術の積替・転用の可能性についての現行の評価のレビュー、⑩エネルギー源及び他の重要な資源・物資に対する米国の必要性の長期的な予測、⑪大統領または対米外国投資委員会（CFIUS）が一般的にまたは特定のレビューもしくは調査に関連して適当であると決定しうる他の要因。米国大統領が国家安全保障を理由として外国企業による米国企業の買収を禁止する命令を発した例としては、1990年にブッシュ大統領が中国航空技術進出口公司（CATIC）によ

る Marco Manufacturing Company 買収の解消を命令したケース、2012年にオバマ大統領が中国系電力開発企業 Ralls Corporation によるオレゴン州の海軍基地近くでの4つの風力発電開発プロジェクトの買収を禁止したケース、2016年にオバマ大統領が中国の投資会社の HGrand Chip Investment によるドイツの半導体装置メーカー Aixtron の米国子会社の買収を禁止したケース、2017年にトランプ大統領が中国系ファンドの Canyon Bridge Fund による米国の半導体企業 Lattice Semiconductor Corporation の買収を禁止したケースがある。

　上述した外為法27条では、外資規制を行う実体的理由として「公の秩序を妨げるおそれ」しか書かれておらず、具体的な基準が示されていないという問題がある。サミットの宣言等で国際的にも要請されている透明性と説明責任を確保する観点から、米国法が示した上記のファクターを1つの参考として、どういう場合に「公の秩序を妨げるおそれ」に該当するかの基準を作成・公表することが望まれる。

3. 政府系ファンドと外資規制

　国際金融の世界において、政府系ファンド（Sovereign Wealth Fund, SWF）の影響力が増大している。政府系ファンドの資産規模は7兆ドルを超え、世界の運用資産の約1割に達するとされる。政府系ファンドとは、政府によって所有される特別目的の投資基金・計画として定義される。政府系ファンドは、金融目的の達成のために資産を保有・運用・管理し、外国金融資産への投資を含む一連の投資戦略を行使する。大規模な政府系ファンドは産油国や一部の新興国においてみられ、世界最大規模の政府系ファンドはノルウェーの政府年金ファンド Global（8,250億ドル）、アラブ首長国連邦（UAE）のアブダビ投資庁（Abu Dhabi Investment Authority, ADIA, 7,730億ドル）、中国の中国投資公社（China Investment Corporation, CIC, 7,460億ドル）がこれに次いでいる。G7諸国は少なくとも連邦レベルでは大規模な政府系ファンドを有していないのが特徴である。外貨準備資産、国営企業、個人の便益のために運用される年金基金は政府系ファンドには含まれない（ノルウェーの Global は北海油田の収益等を将来のノルウェー国民全体のために運用するものである）。それゆえ、2014年度末で144兆8,652億円の外貨建資産を有する我が国の外国為替資金特別会計や2015年度第1四

半期に 141 兆 1,209 億円の運用資産を有する年金積立金管理運用独立行政法人
（GPIF）は通常、政府系ファンドにはカウントされない。

　政府系ファンドについては、民間のファンドのように経済的な利害得失の
みに基づき投資行動をとるとは限らず、政治的動機に基づき投資先国の安全
保障関連業種に属する企業を支配したり壊滅したりする目的で投資する可能
性があるのではないかということが、投資受入国の間では懸念されることに
なる。

　政府系ファンドについては、IMF の政府系ファンド国際ワーキング・グルー
プ（政府系ファンド保有国から構成）が 2008 年にサンチャゴ原則（正式名称は一般
に承認された原則及び慣行」）を採択した。政府系ファンド保有国の自己規律を
内容とするソフト・ロー（非拘束的合意）であり、A. 法的枠組、目的およびマ
クロ経済政策との調整、B. 機構上の枠組およびガバナンス構造、C. 投資及び
リスク管理枠組の計 24 原則から構成されている。非経済的動機に基づく投資
行動については、第 19 原則細則 1 において、「もし投資決定が経済上又は財
務上の考慮以外のものに従う場合には、それは投資政策において明確に示さ
れ且つ公表されなければならない」と規定する。非経済的考慮に基づく投資行
動を容認しているのが特徴的である。非経済的考慮に基づく投資行動のうち、
イスラム圏のファンドが豚肉関連業種やギャンブル関連業種に投資しないこ
とやノルウェーの Global が ESG 投資（環境、社会、ガバナンスに配慮した投資）を
行い国際的に好ましくない行動をとる企業に対しては投資排除していること
は公表されてきたが、他方、上述のような投資先国の安全保障関連業種に属
する企業を支配したり壊滅したりする目的で投資することを正直に公表する
ことはおよそ期待できない。

　既にみたように民間のファンドについて外資規制が容認されている以上、
政府系ファンドについても外資規制は当然に容認されるものの、無制限に外
資規制をなしうるという訳ではない。OECD 閣僚理事会は 2008 年 6 月に「SWF
と受入国の政策に関する OECD 宣言」を採択し、①受入国は保護主義的な障
壁を構築すべきではない、②受入国は投資家の間で差別をすべきではない。
追加的な投資規制は、一般原則では正当な国家安全保障上の懸念に対処する
のに不十分な場合のみ考慮されうる、③国家安全保障上の関心が生じた場合

には、受入国による投資セーフガードは、透明かつ予見可能であり、国家安全保障上のリスクと均衡したものであり、説明責任に服さなければならない、という政策原則につき合意している。なお、米国財務省は 2008 年に ADIA およびシンガポールの政府系ファンドであるシンガポール政府投資公社 (GIC) との間で政策原則につき合意した。投資受入国に対する政策原則は、上記のOECD 宣言とほぼ同様であり、国家安全保障上の理由に基づくいかなる投資制限も取引によって生じる真の安全保障上のリスクと均衡のとれたものでなければならないと規定する。

　政府系ファンドをめぐる国際法上の主要な課題としては、この他に、課税免除や裁判権免除をめぐる問題がある。政府系ファンドによる投資が課税免除を享受するか否かについての一般的な国際ルールはないが、例えば我が国の場合、主要な政府系ファンドを有する国との 2 国間租税条約において、「一方の締約国内において生ずる利子であって、当該他方の締約国の政府が全面的に所有する機関である場合については、他方の締約国においてのみ租税を課することができる」という趣旨の規定をおき、具体的に政府系ファンドの名前を明示することによって、課税免除を条約上の特権として認めている（例：UAE との租税条約では 11 条 3 項にそのような規定をおき、4 項の中で ADIA を明示している）。裁判権免除については、国連裁判権免除条約 15 条 1 項では「会社への参加」に関しては裁判権免除は援用できないと規定しており、政府系ファンドによる外国企業の株式保有は「会社への参加」に該当するため、外国企業の株式を保有する政府系ファンドは株式投資に関しては基本的には裁判権免除を援用できないと解せられる。

Ⅱ．金融制裁

1. 資金洗浄、国際組織犯罪、テロ資金供与に対する金融制裁

　犯罪によって得られる収益の出所や帰属を隠匿する行為である資金洗浄（マネーロンダリング）は、マフィアや暴力団といった犯罪組織やテロリストに悪用されるため、国際的な対応が不可欠である。さらに資金洗浄に限らず、国際的な組織犯罪やテロリズムへ実効的な対処には、とりわけ金融分野での取締

を強化して資金源を根絶させることが重要である。

　資金洗浄に関しては、1988年に「麻薬及び向精神薬の不正取引の防止に関する国際連合条約」(麻薬新条約)が採択された。同条約では、締約国は、自国の国内法により、故意に行われた資金洗浄を犯罪とするため必要な措置をとる(3条)旨を規定した。同条約に従い、我が国では1991年に「国際的な協力の下に規制薬物に係る不正行為を助長する行為等の防止を図るための麻薬及び向精神薬取締法等の特例等に関する法律」を制定して、薬物犯罪収益等隠匿や薬物犯罪収益等収受等の資金洗浄を犯罪化した。

　1989年のアルシュ・サミットにおいて、資金洗浄対策のための国際協力の枠組として、FATFが設立された。2015年9月現在のメンバーは、OECD諸国34か国中26か国、ロシア、中国、香港、インド、シンガポール、南アフリカ、ブラジル、アルゼンチン、ECおよび湾岸協力理事会(GCC)である。FATFは1990年に各国が金融規制や刑事法制の分野でとるべき措置を「40の勧告」としてまとめた。「40の勧告」は1996年に改訂され、2001年には再改訂された。また、2001年にはテロ資金対策のために「テロ資金供与に関する8の特別勧告」が採択された(2004年に1つ追加されて「9の特別勧告」となった)。2012年2月には更なる改訂をした勧告が公表され、「40の勧告」と「9の特別勧告」が統合された。A. 資金洗浄およびテロ資金供与対策及び協力(①リスクの評価およびリスク・ベース・アプローチの適用、②国内の協力および協調)、B. 資金洗浄および没収(③資金洗浄の罪、④没収及び予防的措置)、C. テロ資金供与及び大量破壊兵器の拡散に対する資金供与(⑤テロ資金供与の罪、⑥テロリズムおよびテロ資金供与に関する対象を特定した金融制裁、⑦大量破壊兵器の拡散に関する対象を特定した金融制裁、⑧非営利団体)、D. 予防的措置(⑨金融機関の守秘義務との関係、⑩顧客管理、⑪記録の保存、⑫重要な公的地位を有する者、⑬コルレス取引、⑭資金移動業、⑮新しい技術、⑯電信送金、⑰第三者への依存、⑱内部管理、外国の支店及び子会社、⑲リスクの高い国、⑳疑わしい取引の届出、㉑内報および秘匿性、㉒指定非金融業者および職業専門家(DNFBPs)：顧客管理、㉓指定非金融業者および職業専門家：その他の措置)、E. 法人および法的取極めの透明性および真の受益者(㉔法人の透明性および新の受益者、㉕法的取極の透明性および真の受益者)、F. 当局の権限および責任、およびその他の制度的な措置(㉖金融機関の規制および監督、㉗監督機関の権限、

㉘指定非金融業者および職業専門家の規制及び監督、㉙ Financial Intelligence Unit、㉚法執行および捜査当局の権限、㉛法執行および捜査当局の能力、㉜キャッシュ・クーリエ、㉝統計、㉞ガイダンスおよびフィードバック、㉟制裁）、G. 国際協力（㊱国際的な文書、㊲法律上の相互援助、㊳法律上の相互援助：凍結および没収、㊴犯罪人引渡し、㊵その他の形態の国際協力）の 40 勧告である。2012 年の改訂勧告内容の主な特徴としては、①リスク・ベース・アプローチの強化、②法人や信託の実質的所有・支配者に関する情報や電子送金に必要な情報の基準の厳格化と透明性の向上、資金洗浄やテロ資金供与対策のための当局の機能及び国際協力体制の強化、③新たな脅威への対応（租税犯罪により生じた収益を資金洗浄する行為を犯罪化する、大量破壊兵器の拡散及びこれに対する資金供与の防止・抑止・撲滅に関する国連安保理決議を遵守するため、対象を特定した金融制裁措置を実施する）が挙げられる。

　FATF は特定国に対して勧告を行っている。2012 年 6 月の勧告では、「当該国・地域から生じる継続的かつ重大な資金洗浄・テロ資金供与リスクから国際金融システムを保護するため、FATF が全ての加盟国及びその他の国・地域に対し、対抗措置の運用を要請する国・地域」としてイランと北朝鮮を名指しし、また、「資金洗浄・テロ資金供与対策に戦略上重大な欠陥があり、それら欠陥に対応するため顕著な進展をみせていない、あるいは FATF と策定したアクションプランにコミットしていない国・地域」として 18 か国を名指しした。なお、各国の資金情報機関（Financial Intelligent Unit, FIU）の交流・情報交換の促進を目的として、エグモント・グループという非公式フォーラムが 1995 年に発足している。

　国際組織犯罪対策としては、2000 年に「国際的な組織犯罪の防止に関する国際連合条約」（国際組織犯罪防止条約、パレルモ条約）が採択された。締約国には犯罪行為の洗浄の犯罪化、資金洗浄と戦うための措置、腐敗行為の犯罪化、犯罪収益の没収・押収等が求められる。なお、同条約については、日本は 2000 年に署名し、2003 年に国会承認を得たが、2006 年に国内法を制定の際に同条約 5 条の共謀罪についての留保の是非をめぐって国会が紛糾し、その後、国内担保法をめぐる対立から長らく締結できない異例の状態が継続してきた。共謀罪の構成要件を厳格化したテロ等準備罪（対象犯罪は 277）を新設し

498

た改正組織犯罪法が 2017 年 6 月 15 日に成立し、日本は同年 7 月 11 日に同条約を受諾した。

　日本の組織犯罪に対する国際的な金融制裁のよく知られた事例として、五菱会ヤミ金融事件がある。暴力団による数万人の債務者に対する高金利での取立てをめぐる同事件において、五菱会はスイスにおいて資金洗浄を行っていたが、2004 年にスイスのチューリッヒ州当局が国内法に基づき約 58 億円を没収した。この資金の日本側への返還については、2008 年 4 月に資金洗浄に関して没収された資産の分配に関して日本政府とスイス政府との間で書簡の交換がなされ、およそ半分の約 29 億円が翌 5 月に日本に譲与された。検察庁は、同年 7 月、「犯罪被害財産等による被害回復給付金の支給に関する法律」に基づき，被害者に被害回復給付金として支給するための手続を開始する旨を決定した。

　テロ資金供与に関しては、1999 年に「テロリズムに対する資金供与の防止に関する国際連合条約」(テロ資金供与防止条約) が採択されている。同条約は、国連において採択された一連のテロ関連条約の適用対象となるテロ行為等、一定のテロ行為を行うために使用されることを意図してまたは知りながら行われる資金の提供や収集を犯罪として定め、各締約国に当該犯罪を自国の国内法上の犯罪とし、その重大性を考慮した適当な刑罰を科することができるようにするため、必要な措置をとることを義務づけるものである。また、各締約国は、当該犯罪の実行を目的として使用・配分された及び当該犯罪から生じた収益について、没収を可能とするため凍結・押収等の措置をとることを規定する。日本は 2002 年 6 月に受諾書を寄託した。同条約の実施のため、同月に「公衆等脅迫目的の犯罪行為のための資金の提供等の処罰に関する法律」が成立した。

　2001 年 9 月 11 日の同時多発テロは、テロ資金供与問題についても新たな国際的対応を生起させるものであった。すなわち、同月 28 日、国連安保理は決議 1373 を採択した。同決議では、テロ行為のための資金供与を犯罪化すること、テロリストやテロに関連する個人や団体の金融資産や経済資源を遅滞なく凍結すること、テロリストへの金融資産の提供を禁止することを各国に義務として決定した。同月時点ではテロ資金供与防止条約は未発効であった（同

条約の発効は 2002 年 4 月）が、同決議は「テロリストの資産凍結」という同条約の中核的内容をすべての国連加盟国に義務づけた（安保理決議の国連憲章第 7 章下での「決定」はすべての国連加盟国を拘束する。国連憲章 25 条参照）点で、「安保理による国際立法」の注目すべき例となっている。また、同時多発テロ後の 2011 年 10 月には、G7 財務大臣声明を受けて、FATF が「テロ資金供与に関する 8 の特別勧告」を策定した。①国連条約・決議の批准・履行、②テロ資金供与および関連する資金洗浄の犯罪化、③テロリストの資金凍結・没収、④テロリズムに関連する疑わしい取引の届出、⑤国際協力の実施、⑥代替的送金システムへの監督、⑦電信送金への発出者情報の付記、⑧非営利団体の悪用防止の確保、を内容とするものであった（2004 年に現金等支払手段の輸出入に関する項目が追加されて「9 の特別勧告」となった）。

　我が国においては、テロ資金供与防止条約及び安保理決議 1373 の履行のための国内法の整備は次のとおりなされた。2002 年「金融機関等による顧客等の本人確認等に関する法律」の制定および「外国為替及び外国貿易法」の一部改正により、預貯金口座開設時における顧客の本人確認を義務づけ、各金融団体に対し本人確認の徹底を要請した。同年、「公衆等脅迫目的の犯罪行為のための資金の提供等の処罰に関する法律」の制定により、テロ資金の提供・収集を刑事処罰対象とした上、国外犯規定を整備した。2004 年には、預金通帳を譲り受ける行為に罰則を定め、預金口座の不正利用の防止を内容とする「金融機関等による顧客等の本人確認等に関する法律」の改正が成立した（「金融機関等による顧客等の本人確認等及び預金口座等の不正な利用の防止に関する法律」と法律名変更）。2007 年に成立した「犯罪による収益の移転防止に関する法律」により、FIU を金融庁から国家公安委員会に移管するとともに、顧客等の本人確認、取引記録等の保存および疑わしい取引の届出の義務対象事業者の範囲の拡大等を規定した（2008 年、同法の全面施行に伴い、前記の本人確認法は廃止された）。2014 年 11 月には、「国際連合安全保障理事会決議第 1267 号等を踏まえ我が国が実施する国際テロリストの財産の凍結等に関する特別措置法」が公布され、国際テロリストの国内取引を規制する規定が新たに整備された。2017 年 9 月現在、外為法に基づく資産凍結措置の対象となっているタリバン関係者等およびその他のテロリストは計 502 個人・団体である。

2. 国連安全保障理事会決議に基づく金融制裁

国際の平和と安全に関する主要な責任を負う(国連憲章24条)国連安全保障理事会は「平和に対する脅威」や「平和の破壊」を認定(同39条)した上で、非軍事的強制措置(経済制裁措置)を発動する決議をしばしば採択してきた。決議の中には各加盟国を拘束するパラグラフを含むものがある(「安保理は … 決定する」という文言のパラグラフの場合、通常、各加盟国を拘束する)。非軍事的強制措置の中心をなすのは標的国との輸出入の禁止であるが、送金の禁止や金融資産凍結といった金融制裁もしばしば発動されてきた(今日では金融制裁は貿易制裁に次ぐ重要性を有しているとっても過言ではない)。例えば、1990年8月2日のイラクのクウェート侵攻に対して国連安保理は同月6日に決議661を採択したが、その中には「全ての国が、イラク政府に対して、又はイラク若しくはクウェートにおけるいかなる商業、工業若しくは公営企業に対して、いかなる資金又はその他の財政的若しくは経済的財源ないし資源を利用させてはならないこと、並びに、自国民及び自国領域内のいかなる者にも、同国政府又はそのような企業に対してそのような資金又は財源ないし資源を自国領域から移転し若しくは利用させ、又はイラク若しくはクウェート内の人若しくは団体にその他の資金を送金すること(もっぱら、厳密に医療上または人道上の目的のため及び人道上の事情がある場合の食糧のための支払を除く。)を防止することを決定する」(パラグラフ4)という措置も含まれた。また、北朝鮮による2006年10月9日の核実験に対して、同月14日に採択された安保理決議1718では、すべての加盟国に対して、それぞれの法的手続に従い、自国の領域内に存在する資金・金融資産・経済資源であって、北朝鮮の核・大量破壊兵器・弾道ミサイル関連計画に関与・支援していると制裁委員会や安保理により指定される者・団体等により所有・管理されているものを直ちに凍結し、また、いかなる資金・金融資産・経済資源も自国民や自国領域内の者・団体に利用可能とならないよう確保することを決定した(パラグラフ8(d))。

上述の安保理決議661の引用箇所の括弧内にあるように、安保理の決定に基づき全面的な輸出禁止措置がとられる場合であっても、人道上の配慮ゆえに食糧や医薬品は輸出禁止対象から除外され、食糧や医薬品の購入のための支払も許容されることになるのが通例である。

　リビアのカダフィ政権による人権弾圧に対する 2011 年の安保理決議 1970 および 1973 においては、各加盟国にリビアの政府関連機関の資産凍結が求められたが、その対象にリビア投資庁（Libyan Investment Authority, LIA）という政府系ファンドおよびリビア中央銀行が含まれたのが注目される。政府系ファンドの資産が安保理決議により資産凍結の対象となったのはこれがはじめてである。

　1990 年代後半から、安保理決議に基づく非軍事的強制措置においては、被制裁国の無辜の国民に対する打撃を過大なものにしないようにする一方で、政府指導者ら有責者への打撃を極大化するスマート・サンクションが考慮されるようになっており、有責者個人の金融資産の凍結や有責者の旅行規制等が具体的な措置として発動されてきた。有責者個人の金融資産の凍結は、イラク、リベリア、アンゴラ、スーダン、タリバン・アルカイダ、コンゴ、コートジボワール、シリア、北朝鮮、イラン等を対象とした安保理決議において発動された（上述の北朝鮮を対象とした安保理決議 1718 もこの中に含まれる）。なお、最近の諸決議では、資産凍結の例外として、食糧・医薬品の支払のための経費の他に、賃料・租税・公共料金等の基礎的経費のための支払に必要な経費、担保や判決の対象となっている資産を挙げている。これらを資産凍結の対象外とすることは、スマート・サンクションの趣旨にも合致するものであり、資産凍結から生じうる複雑な法律問題を回避し、私法関係の安定性を確保する上で重要である。ただし、この点が制裁の「抜け駆け」に悪用されないように留意する必要がある。

　資産凍結の対象者のリストについては、安保理の補助機関である制裁委員会（対象国毎に設置される）が作成・改訂しているが、このリスト掲載の適切性をめぐっては難しい問題も発生したことがある。最も著名なのが Kadi 事件である。アルカイダ・タリバン関係者の資産凍結は、1999 年の安保理決議 1267 および 2000 年の決議 1333 に基づいて求められるようになり、サウジアラビア国籍の実業家 Kadi およびスウェーデンに所在する団体 Al Barakaat は 2001 年に資産凍結対象として制裁委員会の対象リストに掲載され、それを受けて EU 規則のリストにも掲載された。両者は、欧州司法裁判所に提訴し、2008 年 9 月、同裁判所は、本件資産凍結措置は、聴聞を受ける権利や実効的な司法審査を

受ける権利が尊重されていない、また財産に対する不当な制限であるとして、取り消す旨、判示した。この事案を契機として、国連安保理は、2009年12月の決議1904において制裁リストからの削除を求める個人・団体からの申請に対応するオンブズパーソンの設置を決定した。

　我が国では、外為法16条1項により、「我が国が締結した条約その他の国際約束を誠実に履行するため必要があると認めるとき、国際平和のための国際的な努力に我が国として寄与するため特に必要があると認めるとき又は第十条第一項の閣議決定が行われたとき」に主務大臣は金融資産凍結（支払不許可）を命じることができる。安保理の拘束力ある決定の国内的履行としての資産凍結は、「我が国が締結した条約その他の国際約束を誠実に履行するため必要があると認めるとき」に対応する措置である。2017年9月8日現在、安保理決議に基づく資産凍結措置の国内的実施は次のとおりである（括弧内は根拠決議と対象者数）。タリバン関係者およびテロリスト（決議1267、1333、1373、1390：502個人・団体）、イラク前政権関係者（決議1483：256個人・団体）、対コンゴ民主共和国武器禁輸違反者（決議1596：40個人・団体）、ダルフール和平阻害関与者（決議1591：4個人）、北朝鮮ミサイル・大量破壊兵器計画関与者（決議1695：16個人・団体）、北朝鮮核・大量破壊兵器・弾道ミサイル関連計画関与者（決議1695、1718、2087、2094、2270、2321、2356、2371：112個人・団体）、ソマリア武器禁輸違反者（決議1844、14個人・団体）、リビア・カダフィおよび関係者（決議1970、1973、2009：17個人・団体）、中央アフリカ平和阻害者（決議2127、2134：13個人・団体）、イエメン平和阻害者（決議2140：5個人）、南スーダン平和阻害者（決議2206：6個人）、イラン核活動関与者（決議2231：84個人・団体）。なお、国際テロリストによる国内取引等は外為法では規制されていなかったが、2014年11月に「国際連合安全保障理事会決議第1267号等を踏まえ我が国が実施する国際テロリストの財産の凍結等に関する特別措置法」（国際テロリスト財産凍結法）が成立し、2015年10月に施行された。

3. 国家の単独の決定に基づく金融制裁

　自国が主観的権利の侵害を国連安保理が行動する意思のない場合や常任理事国が対象国の場合には、資産凍結措置は国家の単独の決定に基づいて発動

せざるを得ないのが国際関係の現実である。

　国連安保理決議に基づかない国家の単独の決定に基づく金融制裁について
は、その一般国際法上の合法性が問題となる。

　金融資産凍結措置の場合には、財の自由処分権の剥奪となるため、国際法
違反に対する対抗措置や緊急避難といった違法性阻却事由の要件を満たす必
要がある。対抗措置については、国家責任条文22条では、「他国に対する国
際義務に合致しない国の行為の違法性は、その行為が第3部第2章に従って
当該他国に対してとられる対抗措置を構成する場合には、阻却される」と規定
し、第3部第2章では具体的な諸要件を規定する（中核をなすのは、均衡性の要
件である）。緊急避難については、同25条1項では、「国は、次の場合を除くほか、
自国の国際義務に合致しない行為の違法性を阻却する根拠として緊急避難を
援用することができない。(a) 当該行為が、重大かつ差し迫った危険から根本
的利益を守るために当該国にとって唯一の方法であり、かつ、(b) 当該行為が、
その義務の相手国又は国際共同体全体の根本的利益を大きく損なうものでは
ないこと」と規定する。

　金融資産の差押・没収措置については、第三国による経済制裁としてもし
これがとられると当該第三国に不当利得が生じてしまうため、再三国は当該
措置を一般国際法上とりえないと解せられる。他方、直接の被害国は、国際
法違反に対する対抗措置として当該措置をとることは可能である。外国の中
央銀行の財産や派遣国の大使館の金融資産を接受国が差し押さえすることは、
中央銀行や大使館には一般に強制執行からの免除が認められる（国連国家免除
条約21条1項 (a) (c)）ものの、国際法違反に対する対抗措置としてであれば可
能である（その違法性は阻却されることとなる）。

　国際法違反に対する国家の単独の決定に基づく金融資産凍結措置の有名な
先例としては、1979年の在イラン米国大使館人質事件において、米国がイラ
ンの金融資産を凍結したことが挙げられる。人質問題の解決は、人質の釈放
と凍結金融資産の返還を同時に履行することによってなされた。

　金融制裁措置は輸出入禁止に次ぐ主要な経済制裁措置として位置づけられ、
サイバー攻撃に対する対抗措置の中心をなすのも金融制裁措置であることは
注目に値する。米国は2015年4月1日の大統領令において、サイバー攻撃に

関与した者の金融資産を凍結するとした。

　我が国の外為法においては、以前は、安保理決議に基づかない金融資産凍結を可能にする条項はなかった。そのため、1990 年 8 月のイラクのクウェート侵攻直後に必要となった日本国内にあるイラク・クウェートの金融資産凍結 (特にクウェートの資産を凍結することはイラクがクウェートの預貯金を解約して戦費にあてるのを防止するため必要であった) は、大蔵省 (当時) が全国銀行協会に行政指導をして解約に応じないよう要請することによって対応した。その後、1998 年の外為法改正により、「我が国が締結した条約その他の国際約束を誠実に履行するため必要があると認めるとき」のみならず「国際平和のための国際的な努力に我が国として寄与するため特に必要があると認めるとき」にも資産凍結措置をとることができるようになった。ただし、具体的に「国際平和のための国際的な努力に我が国として寄与するため特に必要があると認めるとき」に該当するかの判断はケース・バイ・ケースによらざるを得ない。また、他の国と連携することなくもっぱら日本の単独の決定に基づき資産凍結措置を発動する場合には、この要件は満たすとは言い難い。そこで、2004 年に外為法をさらに改正して、「第 10 条 1 項の閣議決定が行われたとき」にも資産凍結措置をとれるようにした (第 10 条 1 項は、「我が国の平和及び安全の維持のため特に必要があるときは、閣議において対応措置を講ずべきことを決定できる」旨、規定する)。

　2017 年 9 月 8 日現在、安保理決議に基づかない金融資産凍結措置の実施状況は次のとおりである。ミロシェビッチ前ユーゴ大統領および関係者 (10 個人)、北朝鮮核・大量破壊兵器・弾道ミサイル関与者 (64 個人・団体)、シリア・アサド大統領および関係者 (94 個人・団体)、クリミア併合・ウクライナ東部不安定化関与者 (82 個人・団体)。これらは、先述の外為法 16 条 1 項の中の「国際平和のための国際的な努力に我が国として寄与するため特に必要があると認めるとき」に対応する措置として米国・EU 等と協調してとられたものである。

　2016 年 1 月 6 日に北朝鮮が核実験を実施し、また 2 月 7 日に弾道ミサイルを発射したことへの反応として、日本は 2 月 19 日の閣議了解に基づいて北朝鮮に対する経済制裁措置の強化を決定したが、その中心をなすのは金融制裁措置であった。すなわち、①北朝鮮に住所等を有する個人等に対する支払を原則禁止する (北朝鮮に住所・居所を有する自然人に対する支払であって生活に欠く

ことができない物資の購入等に充てられるものであって 10 万円以下のもの等は除く）、②北朝鮮の核兵器その他の大量破壊兵器関連や弾道ミサイル関連計画等に関与する者として新たに 1 団体、10 個人の資産を凍結する、③北朝鮮を仕向地とする支払い手段等の提携輸出について、届出を要する金額を現行の 100 万円超から 10 万円超に引下げる。

　なお、2016 年 3 月 2 日に採択された国連安保理決議 2270 においては、それまで北朝鮮に対して課されてきた非軍事的強制措置（経済制裁措置）の範囲を拡大した。金融制裁に関しては、新たに北朝鮮の銀行の海外での支店開設の禁止および資産凍結対象の追加（16 個人、12 団体）が決定された。

　2016 年 6 月 15 日にイランは米国を ICJ に提訴した。米国はイランをテロ支援国家であるとして金融制裁措置を含む経済掲載措置をとってきたが、これに対してイランは米国の措置が両国間で 1955 年に締結された「友好、経済関係及び領事上の権利に関する条約」に違反すると主張する。裁判の今後の動向が注目される。

コラム㉓　安全保障を目的とした輸入制限は正当化されるか

　2018 年 3 月 23 日、米国トランプ政権は、1962 年通商拡大法（Trade Expansion Act of 1962）232 条に基づき、中国や日本で生産された鉄鋼に 25%、アルミニウムに 10% の追加関税を課すとした。鉄鋼・アルミニウムの輸入拡大により米国の鉄鋼・アルミニウム産業が衰退し、米国の安全保障が脅かされることを理由とする措置である。1962 年に成立した同法は、ある製品の輸入増が米国の国家安全保障に及ぼす影響についての商務長官の報告に基づき、大統領は当該製品の関税引上等の輸入制限措置を発動できる旨を規定する。このような安全保障を理由とする輸入制限措置は、国際法上、正当化されるのであろうか。ガット 21 条では、「この協定のいかなる規定も、次のいずれかのことを定めるものと解してはならない」とした上で、「(b) 締約国が自国の安全保障上の重大な利益の保護のために必要であると認める次の措置（any action which it considers necessary for the protection of its essential security interests）を執ることを妨げること」として (i) (ii) に続けて (iii) では「戦時その他の国際関係の緊急時に執る措置」を挙げる。要は、国家安全保障に基づく措置であれば GATT のルールに違背しても問題ないという趣旨の規定であるが、ここでの問

題は「自国の安全保障上の重大な利益の保護のために必要である」か否かは、援用国が自己解釈できるのか、そうではなくて第三者による客観的な認定に服するのかというものである。国際司法裁判所は、1986 年のニカラグア事件判決において、米国・ニカラグア通商航海条約 21 条が「自国の安全保障上の利益を保護するために必要な措置」(measures necessary to protect its security interests) を執れる旨を規定しているが、ガット 21 条とは文言が微妙に異なる（前者では「必要な」、後者では「必要と認める」となっている）点に着目して、前者については自己解釈できず、裁判所による客観的な認定に服する旨を判示した。反対解釈からガット 21 条については援用国が自己解釈できると示唆したものと考えられるし、諸国家もそのように考えてきた。もっとも自己解釈といっても全く無制約であって恣意的な解釈が許される訳ではない。法の一般原則である信義則 (good faith) は、このような場面において重要な意味を有するのであり、あまりにも恣意的な自己解釈に基づく輸入制限措置の発動は権利の濫用として否認されなければならない。安全保障を理由とする通商規制の典型として考えられてきたのは「輸入」についてではなく「輸出」（特に戦略物資の輸出）についてであった。戦略物資の輸出については、安全保障とのリンクが直接的であるが、通常物資の輸入（鉄鋼やアルミニウムは戦略物資とは言い難い）については安全保障とのリンクが一般には間接的かつ希薄といわざるを得ない。

参考文献

中谷和弘「外資規制をめぐる最近の諸課題」『ジュリスト』1418 号 (2011 年)

中谷和弘「外資規制と国際法―国家安全保障、公の秩序の維持に基づく外資規制の位相―」日本国際経済法学会編『国際経済法講座 I』(法律文化社、2012 年)

中谷和弘「政府系ファンドと国際法」秋月弘子・中谷和弘・西海真樹編『人類の道しるべとしての国際法（横田洋三先生古稀記念論文集）』(国際書院、2011 年)

中谷和弘『ロースクール国際法読本』(信山社、2013 年)

中川淳司「マネー・ローンダリング規制の現状と課題―国際法・経済刑法の観点から」『日本国際経済法学会年報』11 号 (2002 年)

中谷和弘「経済制裁の国際法上の機能とその合法性―国際違法行為の法的結果に関する一考察―（1）～（6・完）」『国家学会雑誌』100 巻 5・6 号、7・8 号、11・12 号 (1987 年)、101 巻 1・2 号、3・4 号、5・6 号 (1988 年)

中谷和弘「国家の単独の決定に基づく非軍事的制裁措置」『国際法外交雑誌』第 89 巻 3・4 号 (1990 年)

吉村祥子『国連非軍事的制裁の法的問題』(国際書院、2003 年)

中谷和弘「安保理決議に基づく経済制裁―近年の特徴と法的課題」村瀬信也編『国

連安保理の機能変化』(東信堂、2009 年)

三菱 UFJ リサーチ＆コンサルティング株式会社『委託研究　安保理決議による経済制裁：制裁に至る事情・内容・効果等の横断的比較分析』(2013 年)

本多美樹『国連による経済制裁と人道上の諸問題―「スマート・サンクション」の模索』(国際書院、2013 年)

大森健吾「北朝鮮に対する金融制裁措置について」『調査と情報』933 号 (2017 年)

石井由梨佳『越境犯罪の国際的規制』(有斐閣、2017 年)

吉村祥子編著『国連の金融制裁―法と実務』(東信堂、2018 年)

第17章　市場の地域統合

濱田太郎

本章の概要

　地域統合（地域貿易協定、地域主義）は、貿易投資等に関する待遇で域内国を域外国よりも優遇する。地域統合はガット・WTO協定が保障する最恵国待遇（MFN）の例外で、ガット・WTO協定が認める条件で設立が認められる。しかし、ガット・WTOにおける地域統合の審査は、協定解釈の対立等を背景に実質的に機能していない。

　1990年代以降その数は急激に増加した。WTOのドーハ開発アジェンダ（DDA）交渉が行き詰まり主要国は多数の地域統合を形成している。物品やサービスの貿易自由化に加え投資や競争といったWTO協定の規律対象以外も含めた広範な分野での高水準の自由化を目指す地域統合が増加した。環太平洋パートナーシップ（TPP、TPP11、CPTPP）のような地域横断的な地域統合も増加した。

　地域統合には域内貿易の増加（貿易創出効果）や域内国の経済厚生の向上という2つのメリットがある。域外国との貿易を域内国との貿易に代替する貿易転換効果というデメリットも域外国に及ぼす。

　地域統合は貿易投資等の自由化に意欲的な国々で締結され、貿易転換効果等を通じてそれらの自由化に消極的な国々に対する圧力となる。たとえば、北米自由貿易協定（NAFTA）の締結や欧州共同体（EC）の共同市場の完成がウルグアイ・ラウンドの交渉妥結を促進する重要な要因となった。こうした自由化促進機能こそガット・WTO体制で地域統合が例外的に認められる理由である。

Ⅰ．地域統合の歴史的背景

　1929 年の世界恐慌後、その復興のために連合国は国内産業を保護しつつ、友好国や植民地との貿易を優遇し(特定国の貿易を優遇すること特恵という)、それら以外の域外国との貿易産品に対し高関税を課す排他的なブロック経済政策を取った。その代表例としては、米国の 1930 年のスムート・ホーリー法に基づく高関税政策がある。1934 年同法を改正した互恵通商協定法に基づき米国はラテン・アメリカ諸国との間で 2 国間通商協定を締結し、また、米英相互援助協定等の 2 国間協定を締結して、こうした友好国に特恵を付与した。英国は、旧植民地および植民地との間で英連邦特恵等の歴史的特恵を形成した。加えて、輸出競争力を強化するために自国通貨の切り下げを行った。他国も追従し自国通貨の切り下げを行わざるを得なくなった(近隣窮乏化政策)。これらにより世界貿易は急速に縮小した。

　これらを反省し開催された 1944 年 7 月の連合国通貨金融会議(ブレトン・ウッズ会議)で、米国主導の下で戦後の国際経済体制として IMF と国際復興開発銀行(IBRD)の設立が合意された。1946 年 2 月、米国は国連貿易雇用会議の開催を提唱し、米国主導で国際貿易機関(ITO)の設立に向けた交渉が開始された。

1947年11月の国連貿易開発会議(ハバナ会議)はITO憲章を採択した。しかし、主要国特に米国は強力なITOにより自国の貿易政策に制限が加えられることを懸念しITO憲章を結局批准せず、ITO憲章は発効に必要な批准国を集められなかった。

ITO設立に向けた交渉と同時並行的に2国間の関税引下げ交渉が行なわれていた。この関税交渉の成果を実行するため、関税の削減約束(譲許という)とそれに関連する最小限の規則から成る関税と貿易に関する一般協定(ガット)がITO憲章発効までの間の暫定的に適用されることとなっていた。しかし、上述のとおりITO憲章が不成立に終わったため、ガットが恒久的に適用されることになった。

ガットではブロック経済の再発を防止するため、無条件のMFNの付与が義務付けられている(1条)。ただし、英連邦特恵等の歴史的特恵やベネルクス3国(オランダ、ベルギー、ルクセンブルグ)の地域統合(附属書C)等を例外として認めた(1条2項。附属書A、附属書C)。このような比較的小規模な地域統合を念頭に置き一定の要件を満たすものについては審査を経て例外的に許容することにした(24条)。

しかしながら、その後国際情勢が変化し、欧州経済共同体(EEC)等多数の大規模な地域統合が設立され、24条の解釈の対立を背景に審査が行き詰まるようになった。

ウルグアイ・ラウンドを通じて、ガット24条を明確化するための解釈了解が合意された。解釈了解では、①ガット24条5項(a)にいう関税同盟の「関税の全般的水準および通商規則」の要件の関税の計算方法は単純平均でなく貿易量を加味した加重平均を用いること、②ガット24条5項(c)にいう地域統合の完成までの妥当な期間は原則10年以内とすること、③関税同盟の域内国が関税譲許を超えて関税を引き上げる場合にはガット28条に基づき域外国と補償的調整交渉を行うこと、④関税同盟の設立の結果として関税の削減等の利益を得る域外国は関税同盟の域内国に対し補償的調整(いわゆる逆補償)を行う義務がないこと、⑤物品貿易理事会が地域統合に関する作業部会の報告に基づき適当な勧告を行うこと等が規定された。しかし、ガット24条にいう「実質的にすべての貿易」に関する要件の解釈について意見対立から合意が得られ

ず、地域統合が域内貿易をどの程度自由化対象とするか（いわゆる自由化率）が具体的に規律されなかったほか、ガット24条の解釈適用上のその他多くの問題が未解決のまま残された。

Ⅱ．地域統合の規律対象

　地域統合は、論者によりその定義が異なるが、最広義では特定の国家間（域内国）を貿易投資等の経済的利益の面で他の国家（域外国）よりも優遇する2国間・多数国間の協定を指す。WTO協定に定める物品貿易、サービス貿易および知的財産権に関するMFNは、こうした域内国・域外国間の差別を原則禁止している。ゆえに、地域統合のうち物品貿易、サービス貿易に関して域内国に何らかの優遇を与えるものはWTO協定が例外的に許容する限度でその設立が認められる。ただし、投資、競争、経済協力等のように、WTO協定で規律されていない分野については地域統合を通じて域内国を優遇するのは各国の自由である。

　地域統合の具体的形態として、関税同盟、自由貿易協定（FTA）、中間協定の3種類がある。

　欧州連合（EU）、NAFTA、TPP、TPP11、CPTPP等の主要国間の地域統合は、WTO協定と対象領域にとどまらず、WTO協定で規律されていない投資、競争等の分野を含めた広範な分野で高水準の自由化を目指している。もっとも、日本政府は、規律対象の広範さを基準にして、物品およびサービス貿易だけを自由化するものをFTA、知的財産権強化、投資自由化等広範な分野にまで及ぶものを経済連携協定（EPA）と呼んでいる。しかし、このような区別は日本独特のもので、一般的にはNAFTAに代表されるように物品およびサービス貿易だけでなく投資自由化規律等他の分野に及ぶものもFTAと呼ばれる。

Ⅲ．地域統合とWTO協定

　WTO協定の定めるMFNには、物品貿易およびサービス貿易について地域統合のための例外が設けられている[1]。こうした例外は、物品貿易については

ガット 24 条、サービス貿易については GATS 5 条、途上国間の地域統合については授権条項が根拠規定である。授権条項は、1979 年のガット締約国団決定であり[2]、途上国間の貿易拡大のためにより緩やかな条件で地域統合をより柔軟に締結できるようにしている。

地域統合による貿易投資の自由化のうち、投資自由化規律のように WTO 協定でその自由化が義務付けられていないか、または物品やサービスの更なる自由化、知的財産権のより強化された保護のように WTO 協定上の義務以上の追加的自由化を行うものを WTO プラスと呼ぶことがある。

1. ガット 24 条が認める 3 つの形態 (関税同盟、FTA、中間協定)

ガット 24 条は、域内国間の経済の一層密接な統合を発展させて貿易の自由を増大することが望ましいことを認め (同 4 項)、地域統合として関税同盟、FTA、中間協定の 3 種の形態を認めている。

関税同盟とは、①関税その他の制限的通商規則を域内国間の実質上のすべての貿易についてまたは少なくとも域内原産の産品の実質上のすべての貿易について廃止し (同 8 項)、かつ、②域外国との間の貿易の実質的な部分に対して実質的に同一の関税その他の通商規則 (共通関税あるいは共通通商規則) を適用するために、単一の関税地域をもって二つ以上の関税地域に替えるものをいう (同 8 項 (a))。FTA とは、関税その他の制限的通商規則が域内原産の産品の

図表 17-1　関税同盟と FTA

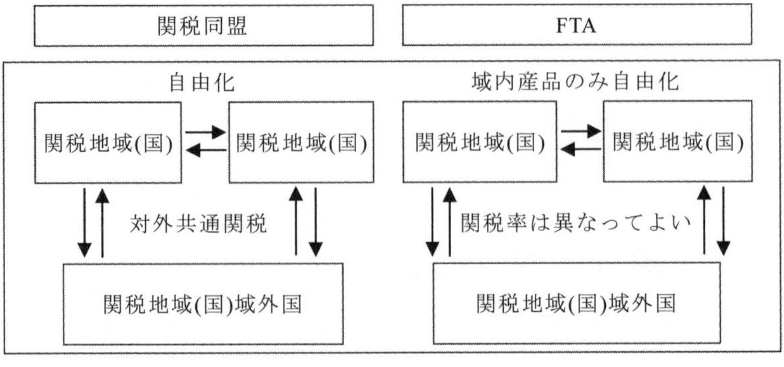

実質上のすべての貿易について廃止されている二以上の関税地域の集団をいう（同8項(b)）。

　FTA では、域内原産の産品についてのみ自由化される。FTA では域外国との関税は統一されないため、より安い関税の加盟国に輸入された産品が他方の加盟国に輸出（迂回）され、後者の国の関税を無意味にしてしまうからである。FTA ではこのような理由で域内原産品であるか否かを決定する特恵原産地規則がとりわけ重要な意味を持つ。

2. ガット 24 条が定める要件

(1) 関税同盟に対する規律

　関税同盟が認められるための要件は、①域内国間の関税その他の制限的通商規則を実質上すべての貿易について廃止すること（24条8項(a)(ii)）、②関税同盟形成後の関税およびその他通商規則がより高度・制限的であってはならないこと（24条5項(a)）、③域外国との間の貿易の実質的な部分に対して実質的に同一の関税その他の通商規則（共通関税あるいは共通通商規則）を適用すること（24条8項(a)(ii)）である。

　①の要件について、実質上すべての貿易の要件については、関税同盟の関税の計算方法は量的基準の面から計るものとし、単純平均でなく貿易量を加味した加重平均関税率を用い、徴収された関税の全般的評価に基づくものとされ、実効税率を考慮することとされた（24条解釈了解2項）。しかし、どの程度の自由化率であれば要件を満たすのか（実質上すべての貿易とはたとえば90％あるいは95％を指すのか）等の問題は残されている。

　制限的通商規則のうち、「第11条、第12条、第13条、第14条、第15条および第20条の規定に基いて認められるもので必要とされるものを除く」という文言に列挙されていない措置（アンチ・ダンピング（6条）、途上国の経済開発のための輸入制限（18条）やセーフガード（19条）等）が関税同盟の域内国に発動することが禁止され、域内国を除外し域外国に対してのみ発動することが許されるのか等が問題になる。

　ここにいう列挙が例示列挙と限定（制限）列挙のいずれであるか、この規定が許容（授権）規定と義務規定のいずれかという 2 つの問題が解釈の分かれる

ところである。仮に制限列挙と解釈しても許容規定であると解釈すれば、制限的通商規則は結局のところ列挙されているか否かにかかわらず、域内国間で撤廃することも許されるとの解釈になる。これに対し義務規定であると解釈した上で限定列挙と解すれば列挙された措置は撤廃しなくてもよいが、その他の措置は撤廃しなければならない義務があることになる。

トルコによる繊維および衣服に対する輸入制限[3]の事例は、EU が多角的繊維取極 (Multifibre Arrangement, MFA) に基づく輸入数量制限を発動しており、EU とトルコとの関税同盟の形成に当たりトルコも輸入数量制限を域外国に自動的に発動しようとして争われた事例である。この事例では、上級委員会は、①ガット 24 条の規定によってその他のガット規定の違反を正当化することが認められる、②当該輸入規制がガット 24 条 5 項 (a) および 8 項 (a) を完全に満たした関税同盟の設立の際に導入され、かつ、当該輸入規制が認められなければ関税同盟の設立が妨害されるものであることの 2 点をトルコが立証しなければならないと判断した。そして、上級委員会は、このような輸入制限を導入しなくても関税同盟が形成できないわけではないとして、トルコが当該規制を導入することを認めなかった。このように、この事例では MFA に基づく輸入数量制限が制限的通商規則に当たるか否かが争われたわけではない。

関税同盟は一の単位としてまたは構成国のためにセーフガード措置をとることができると規定されており、関税同盟全体としてあるいは各加盟国単位のいずれも発動できる (セーフガード協定 2 条注)。この規定はガット 19 条と 24 条 8 項との関係についての解釈に予断を与えるものではないとされているが、関税同盟全体としてセーフガードを発動する場合には関税同盟全体としてセーフガードの発動条件を満たしていなければならないと解釈することが妥当であろう。

②の要件については、その他通商規則に何が含まれるかは明らかではなく、たとえば財源目的の課徴金や数量制限が含まれるか明確ではない。また、域内国間の原産地規則 (特恵原産地規則) は、WTO 加盟国共通の原産地規則 (一般原産地規則) よりも複雑で制限的であるため、仮にその他の通商規則に原産地規則が含まれるとすると、少なくとも原産地規則については関税同盟形成前より制限的なものにならざるを得ない。関税の全般的水準がより高度であっ

てはならないという義務は国毎および品目毎に守らなければならないのか、単純平均と加重平均のいずれによるのか、実行税率と譲許税率のいずれを計算の根拠として用いるのか明らかでない。

③の要件については、また、共通関税の制定にあたり特定の加盟国が従前の譲許関税率を引き上げる場合がある。この場合関税同盟加盟国は利害関係国との間でガット28条に基づく補償的調整交渉を行うことが義務付けられた（24条解釈了解4項、5項）。他方で、共通関税の制定に当たり特定の加盟国が従前の関税率を引下げ域外国が利益を得る場合には域外国は関税同盟に対し逆補償を行う義務はない（同6項）。

(2) FTA に対する規律

FTA が認められるための要件は、①関税その他の制限的通商規則を域内原産の産品の実質上のすべての貿易について廃止すること（24条8項(b)）、②FTA 形成後の関税が形成前の全般的な水準より高度であってはならないこと、その他の通商規則がより制限的なものであってはならないこと（24条5項(a)）である。

①の要件について、「実質上のすべての貿易」とは、関税同盟と異なり、量的基準の面から貿易額あるいは品目数のいずれを基準に判断するのか、どの程度の自由化率であれば要件を満たすのか等の問題に加えて、質的基準の面から一定の自由化率さえ満たせば特定の分野を除外する（たとえば農産物全体を自由化から除外する）ことが認められるのか等の問題が残されている。

「第11条、第12条、第13条、第14条、第15条および第20条の規定に基いて認められるもので必要とされるものを除く」という文言の解釈が関税同盟と同様に問題となる。

②の要件についても、関税同盟と同様に問題となる。米国のラインパイプ輸入に係るセーフガード措置の事例[4]では、上級委員会は、FTA のある域内国が他の域内国からの輸入急増も含めてセーフガード措置の発動条件を満たしていると認定しながら域内国からの輸入を除外してセーフガード措置を発動することは、輸入急増とセーフガード措置の因果関係を満たさないため許されないと判断した（いわゆるパラレリズム）。

(3) 関税同盟・FTA 双方に対する規律

関税同盟および FTA ともに、24 条 4 項と 5 〜 9 項との関係が問題となる。24 条 4 項は、地域統合が望ましいことを認め、その目的が貿易を容易にすることにあり、域外国との貿易に対する障害を引き上げることにはないことを認めると規定する。24 条 5 項以下は、関税同盟および FTA が満たすべき具体的な要件を定めている。ここで、4 項の性質をどのように考えるか見解が分かれる。一方の解釈によれば、「よって」との文言から見て、4 項は具体的な判断基準ではなく 5 項以下の要件を満たせば自動的に満たされる一般原則であると解釈する。この解釈によれば、関税同盟または地域統合の形成により新たな障壁が設けられたとしても全体として保護の水準が上昇していなければ 4 項にいう域外国との障壁を引き上げたことにはならない。他方の解釈によれば、5 項以下の要件を満たしても、4 項はそれ自体独立の要件であり基本原則を定めるものであるから、地域統合の形成により新たな障壁が設けられる場合 4 項に違反するか具体的な措置毎に個別に検証されなければならないと解釈する。こうした解釈の対立の背景には、地域統合の域外国と域内国の利害対立が最も顕著に表れている。域外国は、4 項をそれ自体独立の要件として解釈することで、ガット 24 条 4 項により地域統合による貿易創出効果が貿易転換効果を上回ることが義務付けられていると主張し、地域統合のデメリットを最小化しようとする。しかしながら、4 項の文言は曖昧で、貿易創出効果も貿易転換効果という文言も直接的には言及されていない。

中間協定とは、妥当な期間内に関税同盟または FTA を完成させるための協定をいう。中間協定は、それらの完成までの計画および日程を決定しなければならない (24 条 5 項 (c))。また、妥当な期間内とは原則 10 年以内とされている (解釈了解 3 項)。

地域統合に参加する国は、直ちにガット締約国団に通報し、締約国団が適当と認める報告および勧告を行うことができるようにこれらに関する情報を提供しなければならない (24 条 7 項)。ガットでは通報された協定毎に作業部会を設置し、作業部会が作業部会報告書を取りまとめて締約国団が適当な勧告を行うこととされていた。通報から作業部会報告書の作成を経て締約国団が勧告を行うまでのプロセスは審査と呼ばれる。

3. サービス貿易自由化のための地域統合

　GATS 5 条が定める次の条件を満たす場合に限り、サービス貿易自由化のための地域統合が認められる (5 条)。①相当な範囲の分野を対象とすること (5 条 1 項 (a))、②いずれの提供形態 (モード) についても予め排除していないこと (同注釈)、③内国民待遇について域内国間で実質的にすべての差別が存在しないか、合理的な期間内に撤廃されること (5 条 1 項 (b))、④域外国に対し、それぞれの分野におけるサービス貿易に対する障害の一般的水準を地域統合の発効前に適用されていた水準よりも引き上げてはならないこと (5 条 4 項) である。「相当な範囲の分野」については、分野の数、影響を受ける貿易の量およびモードにより決定されるものとしているが、明確な定義は存在しない。また、これらの要件について、これまで WTO で十分な議論が行われておらず、紛争解決手続で争われたことはない。

　物品貿易と同様に、地域統合協定の締結に際し自国の特定約束の撤回または修正を行う場合には GATS 21 条に基づく補償的調整交渉を行うこと (5 条 5 項)、地域統合の締結の結果として利益を得る域外国は域内国に対し逆補償を行う義務はないことが定められている (5 条 8 項)。

　他方で、GATS の MFN は、免除に関する附属書に登録し、附属書の定める要件を満たす措置について適用が免除される (2 条 2 項、第 2 条の免除に関する附属書)。もっとも、本来は、免除の期間は 10 年を超えてはならず、継続的自由化交渉の対象となる (附属書 6 項)。しかし、事実上無期限で免除 (黙認) されているのが実態である[5]。このような免除登録の中には、事実上の地域統合と言いうるものが含まれる。たとえば、EU が免除登録を行っている①欧州共同体と周辺国との協定に基づく鉄道道路運送に関する措置、②航空運送サービスの販売等の相互主義的運用、③ 2 国間協定に基づく内航海運サービスにおける域内国企業の優遇等である。

4. 地域統合における知的財産権の保護強化

　知的財産権については地域統合のための例外は規定されていないが、①相互主義に基づきベルヌ条約またはローマ条約の規定に従って与えられる待遇、②実演家、レコード製作者および放送機関の権利に関する待遇等が MFN の例

外とされている（TRIPS協定4条）。地域統合での知的財産権規律はこれらの例外を援用したもので、たとえば地域統合を通じて著作権の保護期間を域内国の著作物に限り延長することができる。

　また、地域統合を通じてTRIPS協定が定める知的財産権のエンフォースメントを強化することは域内国域外国を問わず権利保護を強化するものであればTRIPS協定のMFNに反しないと考えられ、多くの地域統合においてこうした規定が置かれている。

5. 途上国間の地域統合の例外的な扱い－授権条項

　途上国間の地域統合については、授権条項に基づき途上国間の貿易拡大のためにより緩やかな条件でより柔軟に締結できるようにしている。授権条項では、ガットの無条件のMFN待遇付与義務（ガット1条）の例外として途上国に対する異なるより優遇された待遇（Special and Differential Treatment, S&D待遇）を付与することを認め、①一般特恵制度（GSP）に基づく特別な待遇、②相互に関税および非関税障壁の削減および撤廃を目指す途上国間の地域統合等が認められている（同2条）。これらについて先進国は相互主義を期待しないものとされている（同5条）

　授権条項に基づく地域統合は、途上国間の貿易を容易にし促進すること、他のガット締約国との貿易に対して障害や不当な困難をもたらしてはならない（同3条(a)および(b)）。

　地域統合を締結する途上国は、ガット締約国団（WTOにおいては貿易開発委員会）に通報し関連情報を提供しなければならない。利害関係を有する他の締約国の要請があった場合には協議を行うために適当な機会を与えなければならない（同4条）。

　今日の途上国間の地域統合は、授権条項に基づきガット24条やGATS5条の諸要件にとらわれずに形成され、多くの自由化除外品目・分野が見られることが特徴である。

> ## コラム㉔　GSP からみた特定国優遇への変貌
> 　―人権や環境保護を目的とする社会条項の誕生
>
> 　WTO のドーハ閣僚宣言で後発途上国（LDCs）に対する無税特恵が合意された
> ことを受けて、EU は、2001 年 2 月、LDCs に対し「武器以外の全品目（Everything
> But Arms, EBA）」を対象とする特恵制度（EBA 特恵制度）を導入した。EBA 特
> 恵制度では、武器以外のすべての物品の関税が免除され輸入数量割当も行われ
> ないため、GSP よりもはるかに厚遇である。EU は、GSP や EBA 特恵制度に
> 加えて、労働基本権保護特別奨励制度（中核的労働基準を遵守した環境で生産
> された産品に対する特恵制度）、環境保護特別奨励制度（持続可能な資源管理に
> 関する国際基準に従って生産された熱帯雨林産品に対する特恵制度）、麻薬生
> 産取引撲滅特別奨励制度（麻薬の違法な生産取引を取り締まる国に対する特恵
> 制度）を設けた。さらに、奴隷労働、児童労働、強制労働の存在、中核的労働
> 基準の違反等が認められれば、EU は GSP の受益国資格を停止することし、ベ
> ラルーシ等に対し GSP の適用を停止した。インドが麻薬生産取引撲滅特別奨
> 励制度の対象国ではなかったことから、こうした差別的な追加的特恵制度が
> WTO 協定に違反するとして WTO に提訴した（EU・GSP 事件 6）。2004 年 4 月、
> 麻薬生産取引撲滅特別奨励制度はガット 1 条の MFN 付与義務に違反しないと
> 認定する WTO の上級委員会報告書が採択された。EU は、GSP の適用対象国
> を大幅に削減し、一定の労働基準、人権や環境保護を基準に GSP の適用資格
> を停止したりあるいはこうした追加的特恵を与える制度（いわゆる社会条項あ
> るいは GSP プラス）を拡充し、同様の基準を一部の FTA で設けている。

6. 地域統合の審査

　ガットでは地域統合毎に作業部会が設置され報告書が作成されていた。し
かし、ガットではコンセンサス方式で意思決定を行うため、加盟国間の利害
対立を背景に地域統合が要件を満たしているか否かにつき作業部会が全会
一致で具体的な結論に達したことはない。ほとんどの作業部会報告書では、
ガットとの整合性について両論併記の形を取らざるを得なかった。たとえば、
EEC の設立根拠であるローマ条約を審査した作業部会報告書（1957 年）は、①
24 条 4 項と 5 項以下の関係、②「その他の通商規則」（5 項(a)および(b)）に数
量制限や原産地規則が含まれるか否か、③関税の全般的水準の算定方法、④

対外共通関税の導入により EEC 加盟国の譲許関税が引き上げられた場合域外国に対し補償的調整交渉を行う義務があるか、⑤対外共通関税の導入により関税の全般的水準が引下げられる場合 EEC 加盟国は域外国に対し逆補償を要求する権利を有するか否か、⑥24条8項で言及がないガット19条に基づくセーフガード措置を域内国を除いて適用することが許されるのか、⑦実質上すべての貿易の量的および質的基準等の重要な論点につきすべて両論併記の形がとられている。

　審査終了後にガット締約国団が適当な勧告を行うこととなっているが、加盟国間の利害対立を背景にこれまで具体的な勧告を行ったことはない。

　WTO 発足後当初は、物品貿易の自由化について物品理事会、サービス貿易の自由化についてサービス理事会、途上国間の地域統合については貿易開発委員会の下に作業部会が設置されていたが、1996 年 2 月一般理事会は地域貿易協定委員会(CRTA)を設立し、CRTA で一括して審査を行うこととなった。しかし、CRTA もコンセンサス方式で意思決定を行うため加盟国間の意見対立からこれまで CRTA は最終審査報告書を 1 件も採択したことがない。

　2006 年 12 月、一般理事会は地域統合に関する透明性確保メカニズムを設置した。同メカニズムは授権条項を根拠とする地域統合も対象としている。同メカニズムでは、地域統合の発効前の早期通報が義務付けられ、審査は原則 1 年以内、1 回の会合で終了することとなった。また、加盟手続に準じて事務局が事実概要を作成し加盟国が質問や意見を表明しながら審査を行うことになった。しかし、同メカニズムもコンセンサスにより意思決定を行うため加盟国間の意見対立から有効に機能しているとは言い難い。

コラム㉕　地域統合と WTO 協定の抵触

　地域統合と WTO 協定が「抵触」すると言われることがある。これまで説明したように、WTO 協定が地域統合を例外的に認める関係にあるため、WTO 協定に違反する地域統合は認められない。WTO 協定が定める物品貿易やサービス貿易について地域統合が域内国を優遇しても、ガットやサービス貿易協定の規定が許容している限りで違法ではない。また、著作権保護強化のように、こうした地域統合を許容する規定がなくても、MFN の例外規定に基づき地域統合

により域内国を優遇しても違法ではない。知的財産権のエンフォースメント強化のように、地域統合が域内国と域外国を差別せずに MFN に基づきある保護を強化しても違法ではない。これらはいずれも地域統合と WTO 協定が抵触しているとは言えない。

　地域統合の紛争処理手続と WTO の紛争処理手続の間で管轄権の競合が生じるように見える場合がある。しかし、前者では地域統合の解釈適用が争われているのに対して、後者では WTO 協定の解釈適用が争われているので、両者に競合や抵触は生じない。もっとも、地域統合と WTO 協定で類似の規範が規定されている場合（たとえば関税削減義務、数量制限禁止等）、いずれの紛争処理手続を用いていずれの規範の遵守を求めるかを各国の自由判断に任せると、類似の規律に関し異なる判断がなされるおそれや複数の紛争処理手続に同時に付託されるおそれがある。このような問題は法廷地漁り（フォーラムショッピング）と呼ばれる。そこで、地域統合の紛争処理手続に WTO の紛争処理手続への付託といずれかを優先することを義務付ける規定が置かれる場合がある。

IV. 地域統合の経済効果と政治経済的影響

1. 地域統合の経済効果

　地域統合は、域内の貿易障壁を撤廃することにより、自国、他国、世界全体に経済効果を与える。地域統合の経済効果は、静態的効果と動態的効果の2種類に大別される。静態的効果とは、地域統合を通じた関税や非関税障壁削減により生じるもので、物品・サービスの貿易量の増加と価格の低下がもたらす効果である。物品およびサービスの輸入国（消費国）では、消費者が得る利益（消費者余剰）が増大し、生産者が得る利益（生産者余剰）が縮小する。しかし、輸入国全体でみると消費者余剰の拡大幅の方が生産者余剰の縮小幅より大きく、輸入国全体の経済厚生を高めるとされている。貿易面では、貿易障壁の撤廃により貿易量や金額が増加する。このことを貿易創出効果という。しかし、域内国の貿易障壁のみが撤廃されるため、域外国から輸入していた物品・サービスがより生産性の低い域内国からの輸入に代替される効果も生じる。こうした域外国の貿易を域内国の貿易に置き換える効果を貿易転換効果という。つまり、地域統合は域内国にとって貿易創出効果と貿易転換効果

という利益をもたらすのに対し、域外国にとって貿易転換効果という損失をもたらす。域外国との貿易に対し高関税を課す排他的なブロック経済政策は、地域統合が域外国に不利益をもたらした極端な例である。また、世界経済に重要な影響力を有する主要国は地域統合の加盟国となっているが、後発途上国をはじめ多くの小規模な途上国が地域統合の網の目から取り残されている。小規模途上国が地域統合から取り残され、貿易転換効果という損失ばかり被っている問題を途上国の隔絶化という。

地域統合はWTO協定が認める条件で例外的に許容される。たとえばガット24条により域内貿易が実質上すべての貿易について廃止されること等の要件が課されているが、貿易創出効果が貿易転換効果よりも上回ることを直接的に義務付けた規定はない。

動態的効果とは、地域統合がもたらす生産性の上昇、実質所得の増加、直接投資の増加という資本の流入蓄積等を通じて生じる経済成長を指す。具体的には、地域統合による貿易障壁の撤廃が市場規模を拡大させ規模の経済を実現させることで生産性が上昇すること(市場拡大効果)、安価な輸入品との競争を促進させることで生産性が上昇すること(競争促進効果)、自国に他国の技術やノウハウが持ち込まれることにより生産性が上昇すること(技術拡散効果)、自国の政策や規制が他国のより効率的なものと調和されることにより生産性が上昇すること(制度革新効果)、地域統合により政策や規制が調和されるため自国に対する直接投資が増加し資本が流入蓄積され自国の生産活動の活発化に寄与すること(資本蓄積効果)等がある。もっとも、直接投資の増加が逆に生産性を低下させる場合も考えられる。厳格な特恵原産地規則を満たすために域外国から域内国に生産拠点を移転させ直接投資が増加するという投資パターンに歪みをもたらす効果(投資転換効果)も考えられる。

2. 地域統合の政治経済的影響

FTAの政治経済的影響も注目されている。ここでは、自由化促進機能、規範設定機能、FTA競争(FTA拡散)を説明する。

WTOには先進国も途上国も含め164か国が加盟し、複雑な利害調整に時間がかかりその意思決定には常に多くの障害を伴う。これに対し、貿易投資の

自由化に意欲がある国々で締結される地域統合では、貿易投資の自由化をは
るかに容易に達成することができる。こうして自由化に積極的な国々で自由
化が行われることは、貿易転換効果等を通じて、自由化に消極的な国々に対
する圧力となる。たとえば、NAFTA の締結や EC における共同市場の完成等
が、ガットの存在意義を失わせる危機として意識されウルグアイ・ラウンド
交渉の妥結を促進する重要な要因となったと知られている。こうして地域統
合が世界全体の自由化を促進する機能のことを自由化促進機能という。ガッ
ト・WTO 体制においても地域統合が例外的に認められる理由は、地域統合に
このような自由化促進機能があるからである。

　規範設定機能とは、地域統合では WTO ではおよそ合意できない高水準の
自由化規律が規定されることから、将来の WTO での多角的交渉を見据え自
国に有利な自由化規律をより多くの地域統合で規定し普及・先例化させるこ
とを言う。たとえば、ダンピング・マージンの計算におけるゼロイングの禁
止や農産物輸出補助金の禁止等が多くの地域統合で規定されているが、これ
らは DDA や将来の WTO 協定の改正交渉を有利に進めようとするものである。

　輸出主導型経済の輸出国がその輸出先の国と地域統合を締結すると、他の
類似の産業構造を有する輸出主導型経済の国々は自国の産品が輸出先の市場
において価格面で不利になる。貿易転換効果により自国からの輸出が他国か
らの輸出に代替されることをおそれ重要な輸出相手国といち早く地域統合を
形成しようとする競争が生じる。これを FTA 競争（FTA 拡散）という。1990 年
代以降の地域統合の急増は、DDA の行き詰まりとこうした FTA 競争の結果
であると考えられている。

Ⅴ. 地域統合の近年の動向

　1990 年代以降、特に DDA の行き詰まりを受けて、地域統合の数が急速に
増加している。

　こうした近年の地域統合では、TPP（TPP11、CPTPP）、米韓 FTA、環大西洋
貿易投資パートナーシップ（TTIP）交渉に見られるように、広範な分野で高水
準の自由化を目指す地域横断的な地域統合が多数見られるようになった。

524

図表 17-2　RTA 通報数の急増

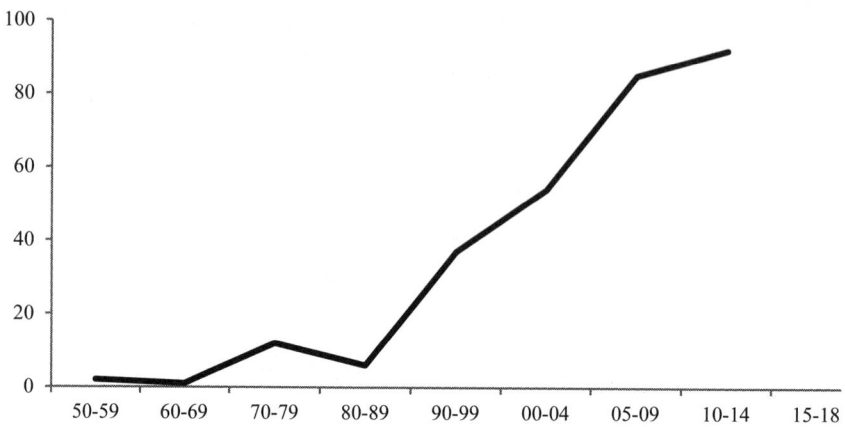

(出典) WTO 地域統合情報制度（RTA-IS）より筆者作成
(注) 物品とサービスの RTA の通報数。2018 年 8 月現在、累計 459 協定。

図表 17-3　主要な地域統合の規律対象・範囲

加盟国の分布	先進国間		両方	途上国間	
	EU	NAFTA	TPP TPP11 CPTPP	AFTA・ AEC	メルコスール
設置形態	関税同盟	FTA	FTA	FTA	関税同盟
加盟国	28	3	12*	10	5
関税	○	○	○	△	△
サービス	○	○	○	△	△
投資	○	○	○	△	×
紛争処理手続	○	○	○	×	○
注記	WTO に EU と して加盟	―	―	授権条項が 根拠	授権条項 が根拠

○：自由化規律 / 規定がある、△：部分的自由化規律がある、×：規定がない
* 米国が離脱し 11 か国となった

図表 17-4　世界各国に広がる RTA 網（RTA 通報数上位 50 か国・地域）

	国・地域	RTA 数		国・地域	RTA 数
1	オーストリア	41	1	スウェーデン	41
1	ベルギー	41	1	イギリス	41
1	ブルガリア	41	29	EU	40
1	クロアチア	41	30	アイスランド	30
1	キプロス	41	30	スイス	30
1	チェコ	41	32	チリ	29
1	デンマーク	41	32	ノルウェー	29
1	エストニア	41	34	リヒテンシュタイン	28
1	フィンランド	41	35	シンガポール	22
1	フランス	41	35	トルコ	22
1	ドイツ	41	37	韓国	18
1	ギリシャ	41	37	ウクライナ	18
1	ハンガリー	41	39	ペルー	17
1	アイルランド	41	40	インド	16
1	イタリア	41	40	メキシコ	16
1	ラトビア	41	40	パナマ	16
1	リトアニア	41	43	中国	15
1	ルクセンブルク	41	44	日本	15
1	マルタ	41	45	マレーシア	14
1	オランダ	41	45	米国	14
1	ポーランド	41	47	カナダ	13
1	ポルトガル	41	47	コロンビア	13
1	ルーマニア	41	47	コスタリカ	13
1	スロヴァキア	41	47	タイ	13
1	スロベニア	41	51	オーストラリア	12
1	スペイン	41	51	ジョージア	12

（出典）WTO 地域統合情報制度（RTA-IS）より筆者作成
（注）WTO に対する RTA 通報数。2018 年 8 月現在

526

ここでは、①欧州地域の地域統合、特に EU、②米州地域の地域統合、特に NAFTA とメルコスール、③アジア地域の地域統合、特に AFTA から東南アジア経済共同体（AEC）への発展と日本の FTA 政策、④地域横断的な地域統合のうち TPP（TPP11、CPTPP）を説明する。

1. 欧州地域での地域統合、特に欧州連合 (EU)

(1) 統合とその反発

EU とは、2007 年のリスボン条約により設立された国際機関であり、加盟国は 28 か国である。EU の目的は、平和、EU 共通の諸価値（人間の尊厳、自由、民主主義、平等、法の支配の尊重）、EU 国民の福祉促進のために、①域内の自由移動の保証、②共同市場の設立、③通貨同盟の形成、④対外行動の協調を図ることにある。

西ドイツ、フランス、イタリア、オランダ、ベルギー、ルクセンブルクの 6 か国は 1952 年に欧州石炭鉄鋼共同体、1958 年に欧州原子力共同体（EURATOM）と EEC を設立した。EEC 設立条約はローマ条約と呼ばれる。1967 年にこれら 3 つの国際機関の機関が共通化され、欧州共同体（EC）と呼ばれるようになった。

1986 年の単一議定書に基づき 1992 年に共同市場が完成された。共同市場とは、物品貿易、サービス貿易、資本移動、労働者移動が域内で完全に自由化された市場である。1992 年の欧州連合条約（マーストリヒト条約）により、①域内市場、②共通外交安全保障政策、③司法・内務政策協力の 3 つを目指すこととされ、3 つの国際機関の総称を EU に改称した（後のリスボン条約により単一の国際機関として EU が設立された）。また、単一通貨ユーロによる通貨統合を目指すこととなった。1997 年のアムステルダム条約により、司法・内務政策協力の分野を警察・刑事司法協力に整理し[7]、理事会の意思決定方法の効率化が図られた。2000 年のニース条約により、EU の東方拡大に向け意思決定手続をさらにスムーズにするための機構改革が行われた。2004 年に締結された欧州憲法条約は、既存の条約を廃止しこの条約を EU の設立条約とするとともに、条約および EU 機関の制定する法規則が国内法に優位することを定め、国旗に倣い EU 旗、国家に倣い EU 歌、建国記念日に倣い EU の日を定める等、EU があたかも連邦となり加盟国が州であると位置付けられるかのような外観

図表 17-5 年表：EU の加盟国の増加

1958 年	EEC	西ドイツ、フランス、イタリア、オランダ、ベルギー、ルクセンブルク
1973 年	EC	アイルランド、デンマーク、イギリス
1981 年		ギリシャ
1986 年		スペイン、ポルトガル
1995 年	EU	オーストリア、フィンランド、スウェーデン
2004 年		チェコ、ハンガリー、ポーランド、スロヴァキア、スロベニア、マルタ、ラトビア、リトアニア、エストニア、キプロス
2007 年		ブルガリア、ルーマニア
2013 年		クロアチア 現在の加盟申請国：トルコ、マケドニア、アイスランド

を有していた。こうした EU に対する権限集中を懸念したフランス、オランダで行われた国民投票でその批准が相次いで否決され、結局発効しなかった。2007 年のリスボン条約は、各加盟国が共通の目的を達成するために権限を付与することで EU が設立されることを謳い、EU への国際法人格の付与、EU の権限強化、機構改革、EU 脱退手続、新たな条約改正手続等を定めた。リスボン条約により、既存の条約が新 EU 条約と EU 運営条約に改正され、EU が単一の国際機関として誕生した。また、2000 年に法的拘束力のないものとして合意されていた EU 基本権憲章がリスボン条約に統合された。リスボン条約はアイルランドの国民投票でその批准が否決されたものの再投票により批准が承認され、すべての国の批准を得ることができ発効した。

　EU の機関には、欧州議会、欧州首脳理事会、理事会、欧州委員会、欧州司法裁判所、欧州中央銀行 (European Central Bank, ECB) 等がある。EU は、その権限を行使するために規則、指令、決定を採択する。うち、規則は加盟国に直接適用可能とされている。これらの立法手続のうち、通常立法手続では法案は欧州委員会の提案に基づき欧州議会および理事会の両方の同意が得られれば採択される。EU 条約および EU 運営条約の解釈適用について欧州司法裁判所に対し加盟国および EU の諸機関だけでなく一定の場合自然人または法人に対し出訴権が認められている。

(2) 共同市場の完成

WTO協定との関係でとりわけ重要なのは、関税同盟としてのEUである。EUは通商政策の分野で排他的権限を有し、加盟国は独自の通商権限を有さない。WTOにはEC（現在はEU）として加盟している。EUは共通通商政策を策定・実施し、物品貿易については対外共通関税を制定・適用している。さらに、リスボン条約により、GATS協定およびTRIPS協定についても共通通商政策の適用範囲に含まれることが明らかにされた。商標意匠については、EU商標意匠庁が設立され、共同体商標・意匠の登録を受け付けている。

共同市場では、物品貿易、サービス貿易、資本移動、労働者移動が域内で完全に自由化されている。WTO協定との関係でとりわけ興味深いのは、EUは共同市場の完全自由化を理由にして域内国を除外して貿易救済措置（セーフガード、アンチ・ダンピング）を適用している。

労働者の自由移動については、労働者について明確な条約上の定義はないが、規則により労働者だけでなくその家族の移動および居住の自由も保証され、労働者およびその家族に対する社会保障制度の適用を認めている。

EUは域外国との間でFTAその他の通商協定を締結する（ただしFTA締結に欧州議会の同意が必要とされている）[8]。EUは、これまで東欧諸国、ACP諸国（アフリカ、カリブ海、太平洋諸国。欧州諸国の旧植民地が独立した国々）、トルコと連合協定（Association Agreement, AA）および安定化連合協定（Stabilisation and Association Agreement, SAA）を締結してきた。連合協定および安定化連合協定とは、主としてEU加盟を目指す歴史的政治的な同盟国との間で締結される協定であり、物品およびサービスの自由化を含めた共同市場および相手国市場の自由化を義務付けている点でFTAの一種と考えられる。ACP諸国との間では、非相互主義に基づき低率の関税により共同市場を一方的に開放する特恵協定（1963年ヤウンデ協定、1975年以降ロメ協定、2000年コトヌー協定）を締結してきた。さらに、近年は貿易通商上の重要国との間でFTAを締結し、米国、アジア諸国（ASEAN諸国、インド等とFTA交渉を行い、日本やベトナムとのFTAは交渉が妥結し署名が行われまもなく発効する見込みである。

図表 17-6　EU の主要な関税同盟・FTA

欧州	FTA	アイスランド、ノルウェー、スイス、EFTA、EEA
	SAA	アルバニア、マケドニア、モンテネグロ、セルビア、
	AA	グルジア、モルドバ
	暫定協定	ボスニア・ヘルツェゴビナ、セルビア
	関税同盟	アンドラ、トルコ、サンマリノ
地中海中東	AA	アルジェリア、イスラエル、エジプト、イラク、ヨルダン、レバノン、モロッコ、シリア、チュニジア
北米	FTA	カナダ
中南米	FTA	メキシコ
	AA	チリ、中米諸国
	暫定協定	アンデス共同体
アジア	FTA	韓国、シンガポール
ACP	貿易協力	南アフリカ
	FTA	カリブ海諸国
	連携協定	南アフリカ（貿易協力協定を置換）
	暫定協定	カメルーン、コートジボワール、パプアニューギニア、フィジー
交渉中		TTIP、日本（署名済）、メルコスール、マレーシア、タイ、ベトナム（署名済）

（出典）梶田朗、安田啓（2014）149 頁等、EU ホームページ
SAA：安定化連合協定、AA：連合協定

(3) 通貨同盟の変遷

　単一通貨ユーロによる通貨同盟は、1992 年のマーストリヒト条約から段階的な通貨統合が行われ、2002 年からユーロが流通するようになった。通貨同盟に加入するためには、①物価を安定させインフレ率を一定の範囲内に抑えること、②長期金利の金利差を一定の範囲に抑えること、③財政赤字を国内総生産（GDP）の 3％以内に抑えること、④政府債務残高を GDP の 60％以内に抑えること、⑤為替レートを一定の範囲内に安定させることという厳しい経済的条件（収斂条件）を満さなければならない。ただし、イギリス、デンマーク等はマーストリヒト条約の交渉時に除外（オプトアウト）を認められているため、通貨同盟に加入しておらず、通貨同盟の加入国は現在 18 か国である。

　財政政策と金融政策は国家の経済政策の両輪であるが、通貨同盟に加入すると金融政策の権限を EU 特に欧州中央銀行に委譲し、他方 EU 特に欧州中央

530

銀行は財政政策や金融監督権限等を有していない。このような権限配分の問題点が顕在化したのが、2010年のギリシャ危機の際である。ギリシャ危機とは、ギリシャ政府が長年に渡り収斂条件を無視し膨大な財政赤字を隠蔽していたことが発覚しギリシャ国債の信用力が大きく棄損されたことに端を発し、南欧諸国の国債、ユーロ、世界的な株価等の暴落を招いた世界的な金融危機をいう。

2010年のギリシャ危機を踏まえて、加盟国に対する資金支援を目的とした基金である欧州金融安定化基金(European Financial Stability Facility, EFSF)が設立された。この機関は貸付が行われなかった場合には2013年まで存続する時限的組織である。EFSFとは、欧州投資銀行(European Investment Bank, EIB)が資金管理と運営支援を担い、財政危機によって金融市場からの資金調達ができないユーロ圏加盟国が国債に代わり融資を受けられる仕組みである。最大4,400億ユーロの欧州金融安定化債(EFSF債)を発行できる。

さらに、2012年欧州安定メカニズム(European Stability Mechanism, ESM)を設立する条約が締結された。ESMとは、ユーロ圏加盟国に対する金融支援のための国際機関である。設立の目的は、財政危機によって金融市場からの資金調達ができないユーロ圏加盟国に対して金融支援を行い、欧州の金融市場の安定を保つことにある。支援が必要な国に融資するため欧州安定メカニズム債(ESM債)を発行し、最大5,000億ユーロを融資できるようにされた。

さらに、均衡予算ルールを導入して財政規律を高め、財政規律の違反国に対し自動的に政策を加える新財政条約が制定された。そして、金融監督権限強化についてはECBが、単一監督メカニズム(Single Supervisory Mechanism, SSM)に基づき大規模な銀行を直接監督し、それ以外の銀行はECBが監督基準を策定・監視しECBと各国当局との緊密な協力の下で監督が行われることとされた。

(4) EUへの対抗と離反

1960年、イギリスはEECに対抗するため、オーストリア、デンマーク、ノルウェー、ポルトガル、スイス、スウェーデンの7か国で欧州自由貿易連合(European Free Trade Association, EFTA)を設立した。1970年にアイスランドが加盟したが、1973年にイギリスとデンマークはEFTAを脱退してECに加盟した。

1986 年フィンランドが加盟したが、ポルトガルが脱退し EC に加盟した。1991 年、リヒテンシュタインが加盟した。1995 年、オーストリア、フィンランド、スウェーデンが脱退し EC に加盟した。現在は、アイスランド、ノルウェー、スイス、リヒテンシュタインの 4 か国で構成されている。1994 年に、スイスを除いた EFTA 3 か国は EC との間で欧州経済領域 (European Economic Area, EEA) を形成し、物品貿易、サービス貿易、資本移動、労働者移動を自由化して EC の共同市場に統合された。

2016 年 6 月に行われた国民投票の結果に基づき、イギリスは、リスボン条約に基づき 2017 年 3 月 EU からの脱退を通知した (いわゆる Brexit)。現在 EU とイギリスは脱退条件に関する交渉を行っている。脱退通知から原則として 2 年以内に脱退条件を規定する脱退協定が締結されない場合、EU 諸条約のイギリスへの適用は終了する。

2. 米州地域での地域統合、特に NAFTA

1989 年、カナダと米国は FTA を締結した。その後メキシコが米国に対し FTA 締結を打診したことから、カナダも交渉に参加しこれら 3 か国で 1994 年に締結されたのが NAFTA である。NAFTA は、米国・カナダ間、米国・メキシコ間、カナダ・メキシコ間の 3 つの協定から構成される。米国は、メキシコとの貿易摩擦の激化を理由に NAFTA の再交渉を要求したため、加盟国間で再交渉が行われている。

NAFTA は、3 か国間での物品・サービス貿易と投資の自由化、知的財産権の強化、紛争処理手続等を規定したが、EU と違って労働者の自由移動を含まない。物品貿易については、農産物の輸入数量制限を原則廃止し関税に転換した上で関税割当を導入し 15 年間で自由化することとされた点が画期的である[9]。このような方式はウルグアイ・ラウンドの農業交渉に影響を与え、このような手法と同様な関税化の手法がとられた。

NAFTA は、環境問題や労働問題に関する付属文書・協定を有する。そこでは、環境や労働に関する国内法の遵守や環境および労働に関する委員会を設置している。

紛争解決手続は、一般的な紛争解決手続 (20 章)、アンチ・ダンピング税お

よび相殺関税に関する紛争解決手続 (19 章)、投資紛争の紛争解決手続 (11 章) の 3 種類がある。一般的な紛争解決手続については、当事国はこの手続かあるいはガット /WTO の紛争解決手続のいずれかを選択する。協議を経て解決されなかった場合まず自由貿易委員会で斡旋、調停等の努力が行われ、その後パネル手続が開始されパネルが最終報告書を出す。最終報告書が履行されない場合制裁に関するパネルが設置され、協定上の利益の無効化等の制裁措置が課される。しかしながら、パネリストの選任・合意に時間がかかる等、手続上様々な問題があり、WTO の紛争解決手続のように紛争の迅速な解決に至っていないのが実情である。アンチ・ダンピング税および相殺関税に関する紛争解決手続 (19 章) では、各加盟国がアンチ・ダンピング税および相殺関税に関係する国内法を改正した場合、またはこれらに従ってアンチ・ダンピング税および相殺関税について最終決定を下した場合、これらの国の国内司法審査に代えて、2 国間パネルによってこれらの国内法適合性を審査するものである。パネル報告書に対し不服を有する加盟国は特別異議申立制度に対し異議を申し立て、特別委員会がパネル報告書を修正するよう求めることができる。パネル報告書が遵守されない場合には一定の対抗措置の発動が認められている。投資紛争の紛争解決手続 (11 章) は、投資家対国家紛争処理手続 (ISDS) (投資仲裁手続) を定めている。とりわけ興味深いのは、閣僚レベルの代表からなる自由貿易委員会が協定の解釈適用に関して生ずる紛争を解決する権限を有することから、解釈覚書を採択し投資仲裁廷による特定の条項の解釈が自由貿易委員会による解釈とかい離しないようにしたことである[10]。

　米国は NAFTA の他にも、米州自由貿易協定 (Free Trade Areas of the Americas, FTAA) の締結交渉を推進したが、農業輸出補助金の撤廃、全ての工業品の関税撤廃等について各国の利害対立が深刻であり、キューバ、ベネズエラ等の強硬な反対により挫折した。米国は、貿易投資上および安全保障外交政策上の重要国との間で多数の FTA を締結してきた。EU と環大西洋貿易投資パートナーシップ (Transatlantic Trade and Investment Partnership, TTIP) 交渉を進めている。メキシコとカナダも貿易投資上の重要国との間で多数の FTA を締結してきた。

図表 17-7　米国の主要な FTA

イスラエル	1985 年発効	バーレーン	2006 年発効
カナダ	1989 年発効	中米	（注）
NAFTA	1994 年発効	オマーン	2009 年発効
ヨルダン	2001 年発効	ペルー	2009 年発効
シンガポール	2004 年発効	コロンビア	2012 年発効
チリ	2004 年発効	パナマ	2012 年発効
オーストラリア	2005 年発効	韓国	2012 年発効
モロッコ	2006 年発効	TTIP	交渉中

（出典）USTR ホームページ、梶田朗、安田啓（2014）、128 〜 131 頁等。
（注）一部発効。

3. 南米共同市場（メルコスール）

　1991 年、アルゼンチン、ブラジル、パラグアイ、ウルグアイは、①域内の関税および非関税障壁の撤廃、②対外共通関税創設、共通貿易政策の採択、③マクロ経済政策の協調、資本、サービス等のセクター別経済政策の協調、④統合過程強化のための関連分野における法制度の調和を目指す関税同盟である南米共同市場（Mercosur/Mercosul ＝メルコスール）を発足させるアスンシオン条約を締結した。1994 年、メルコスールの機関を定めるオウロ・プレット議定書が締結された。

　1992 年、メルコスールは授権条項に基づき途上国間の関税同盟あるいはその中間協定としてガットに通報された。1995 年 1 月より、域内関税は原則として撤廃された。ただし、各国毎に例外品目が認められている。対外共通関税も同様に例外品目が認められている。

　紛争処理手続については、1991 年のブラジリア議定書により共同市場理事会での仲裁手続が設けられたが，その後 2004 年 1 月に発効したオリーボス議定書により常設仲裁裁判所が設置された。

　2006 年にベネズエラが加入したが域内国との対立が激化し 2016 年にアルゼンチン等はベネズエラの加盟国資格停止を通告した。2012 年にボリビアが加入したが現在も加盟各国の議会の批准待ちでいまだ議決権を有さない状況が続いている。

　もっとも、近年は、各国が例外品目数を増加させ、加盟国間の貿易摩擦が

頻発している。

　メルコスールは周辺国や貿易投資上の重要国との間で FTA や特恵関税協定を締結している (チリ、メキシコ、イスラエル、EU 等)。

4. 東南アジア自由貿易協定 (AFTA) から ASEAN 経済共同体 (AEC) へ

　東南アジア諸国連合 (ASEAN) は 1967 年のバンコク宣言によって設立された各国の政治協力を目的とする定例の外相会議に端を発した国際機関であり、原加盟国はインドネシア、マレーシア、フィリピン、シンガポール、タイの 5 か国である。1984 年にブルネイが加盟した。ASEAN の目的は、域内における経済成長、社会・文化的発展の促進、地域における政治・経済的安定の確保、域内諸問題の解決である。

　1992 年の ASEAN 首脳会議において、ASEAN 加盟国 6 か国 (ブルネイ、インドネシア、マレーシア、フィリピン、シンガポール、タイ。ASEAN 6) は、東南アジア自由貿易協定 (ASEAN Free Trade Area, AFTA) の締結に合意した (AFTA-CEPT 協定)。AFTA では、ASEAN 6 間で共通効果特恵関税 (Common Effective Preferential Tariff, CEPT) を適用し原則 2008 年までに域内関税を 0 〜 5％まで引下げることを目標にした。

　1995 年にベトナム、1997 年にラオス、ミャンマー、1999 年にカンボジアが ASEAN に加入した。2008 年、AFTA-CEPT 協定を改正し、より包括的な ASEAN 物品貿易協定 (ASEAN Trade in Goods Agreement, ATIGA) が締結された。関税撤廃の目標は前倒しされ、ASEAN 6 では 2010 年に 99％の産品の関税が撤廃された。新規加盟 4 か国 (カンボジア、ラオス、ミャンマー、ベトナム (CLMV)) では 2018 年までの関税撤廃猶予期間が認められており、70％程度の産品の関税が撤廃されている。

　サービス分野の自由化については、1995 年に ASEAN サービスに関する枠組み協定 (ASEAN Framework Agreement on Services, AFAS) が締結され、航空運送、専門サービス、建設、金融、海上運送、通信、観光の自由化優先分野が指定された。第 1 モードおよび第 2 モードは完全自由化を目指すものの、第 3 モードおよび第 4 モードについて段階的な自由化が行われている。

　投資については、1998 年に ASEAN 投資に関する枠組み協定 (Framework

Agreement on ASEAN Investment Area)、2001 年に ASEAN 投資に関する枠組み協定改正議定書が締結され、投資自由化、投資促進等含む投資分野への協力を行ってきた。投資保護を目的として 1987 年に締結された ASEAN 投資促進保護協定（ASEAN Investment Guarantee Agreement, IGA）と一本化された ASEAN 包括的投資協定（ASEAN Comprehensive Investment Agreement, ACIA）が 2009 年に締結され、外資出資比率の規制を 70％以上にまで漸進的に緩和していくことを目指している。製造業、農業、漁業、林業、鉱業、これらに付随するサービス業について内国民待遇の保障や、経営幹部等の国籍要件の緩和が定められているが、自由化対象とする分野を限定できる上に、多くの例外措置が認められているため、投資自由化がどの程度進むか疑問が呈されている。

　2003 年の ASEAN 首脳会議は，第二 ASEAN 協和宣言を採択し、ASEAN 安全保障共同体、ASEAN 経済共同体（ASEAN Economic Community, AEC）、ASEAN 社会・文化共同体の設立が合意された。当初 2020 年に ASEAN 経済共同体を設立することとされていたが、2015 年に前倒すことが決定され同年発足した。2008 年には、ASEAN の機構強化、意思決定過程の明確化等を目的とした ASEAN 憲章が締結された。

5. 日本の FTA 政策

　欧米諸国と異なり、日本、韓国、中国はいずれも 1990 年代後半まではガット・WTO による多角的貿易体制を重視し地域統合には消極的であった。1990 年代に世界各国で地域統合の動きが急速に広まり、1999 年の WTO シアトル閣僚会議が新ラウンド開始に合意できず決裂すると中国や韓国は地域統合に積極的に取り組む政策転換を行った。出遅れた日本は 2000 年以降地域統合により WTO を中心とした多角的貿易体制を補完するという重層的アプローチを唱え、地域統合に積極的に取り組むようになった。その端緒がシンガポールとの EPA である。その後、貿易投資上の重要相手国としてアジア諸国やメキシコ、チリ等と相次いで EPA を締結した。これらの EPA においては、日本は原則として重要農産物を自由化から除外しており、その自由化率は低い水準でとどまっていた。日本は、TPP 締結交渉において政策転換し、重要農産物を含めた高い自由化率を約束した。

536

図表 17-8　日本の FTA

シンガポール	2002 年発効、 2007 年改正	ASEAN	2008 年発効
メキシコ	2005 年発効、 2012 年改正	スイス	2009 年発効
マレーシア	2006 年発効	インド	2011 年発効
タイ	2007 年発効	ペルー	2012 年発効
チリ	2007 年発効	オーストラリア	2015 年発効
フィリピン	2008 年発効	モンゴル	2015 年発効
インドネシア	2008 年発効	TPP（TPP11、 CPTPP）、EU	交渉妥結 / 署名済
ブルネイ	2008 年発効	カナダ、日中韓、 コロンビア、 トルコ、RCEP	交渉中
ベトナム	2008 年発効	韓国、GCC	交渉中断・延期

（出典）外務省ホームページ

6.TPP と TPP11（CPTPP: Comprehensive and Progressive Agreement for Trans-Pacific Partnership）

　TPP は、当初 P4（Pacific Four）と呼ばれ、2005 年にチリ、ブルネイ、シンガポール、ニュージーランドの 4 か国で締結された（2006 年発効）。P4 協定は、アジア太平洋経済協力（APEC）の構成メンバーすべてに開放されており、米国、オーストラリア、ペルー、ベトナム、マレーシア、メキシコ、カナダ、日本が加入交渉を行った。

　加入交渉同時と P4 協定上継続交渉とされていた投資規律と金融サービス自由化に関する追加的自由化交渉が行われ、P4 協定の改正交渉も行われた。こうして、関税だけでなく、サービス、投資の自由化、知的財産権、政府調達、電子商取引、国有企業規律、環境（漁業補助金）、透明性および腐敗行為の防止等幅広い分野で 21 世紀型のルールを構築する新しい包括的な多国間の FTA が誕生した。TPP は、すべての署名国が国内法上の手続を完了した旨を書面により通報した日の後 60 日で発効することとされていた。しかし、2017 年、米国は TPP からの離脱を表明したため、TPP は米国を除いた 11 か国で再交渉す

ることとなった。再交渉は妥結し署名が行われ、早期発効を目指している（いわゆる TPP11 または CPTPP と呼ばれる）。

　紛争処理手続は、WTO や NAFTA に類似したパネル手続を規定している。当事国はこの手続かあるいはその他の紛争解決手続（WTO の紛争処理手続を含む）のいずれかを選択する。パネル手続が開始されパネルが最終報告書を出す。最終報告書が履行されない場合、一定の金銭賠償、協定上の利益の無効化等の制裁措置が課される。

　WTO のように迅速な紛争解決手続として円滑に機能するのかあるいはNAFTA のように機能しないのかは現時点では予断を許さない。TPP（TPP11、CPTPP）ではパネリストの選任は自動化されている（被申立国が選任しない場合申立国が選任できる）が、パネルの議長の選任手続は必ずしも自動化されておらず、議長選任を妨害することでパネル手続の進行を妨害することが可能である。

　高水準の自由化を義務付けた TPP（TPP11、CPTPP）は日米両国が加入したため域外国に対する貿易転換効果が大きく、既に韓国やインドネシアが加入意図を表明した。NAFTA がウルグアイ・ラウンドの交渉妥結を促進したのと同様に、TPP（TPP11、CPTPP）が自由化に消極的な国々対する圧力となり、WTOの存在意義を危うくする危機として意識され、DDA の行き詰まりを打開することが期待される。

注

1　知的財産権について地域統合のための例外は規定されていないが、多くの地域統合で何らかの知的財産権に関する規律が設けられている。この点については後述する。

2　1994 年のガットは、世界貿易機関協定発効前に 1947 年のガットで有効であった①関税譲許に関連する譲許表等、②加入議定書、③義務の免除に関する決定、④その他 1947 年のガットの締約国団が行った決定等から構成されると規定する（1994 ガット第 1 条）。授権条項は③ないし④にあたり現在も有効である。

3　*Turkey – Restrictions on Imports of Textile and Clothing Products*, DS34.

4　*United States – Definitive Safeguard Measures on Imports of Circular Welded Line Pipe from Korea*, DS202.

5　高橋恵佑「GATT/WTO 体制におけるサービス貿易の自由化と展望」明治大学大学院『法学研究論集』第 40 号参照。

6 *European Comunities – Conditions for the Granting of Tariff Preferences to Developing Countries,* DS246.

7 1990 年に共通の国境管理の漸進的廃止に関するシェンゲン協定がベルギー、オランダ、ルクセンブルク、フランス、ドイツの EU 加盟国 5 か国と、EU の非加盟国（スイス、リヒテンシュタイン、アイスランド、ノルウェー）も含めて、EU の枠外で締結された。しかし、アムステルダム条約により、司法内務協力のうち、査証、庇護、意味人および人の自由移動に関する政策が共通外交安全保障政策に組み込まれた上に、シェンゲン協定が EU の枠組みに取り入れられた。しかし、イギリスおよびアイルランドは除外（オプトアウト）が認められている。2015 年のパリでの同時多発テロ以降、このシェンゲン枠組の適用を停止しようという動きが見られ、アムステルダム条約で規定されリスボン条約で強化された「内部に境界の無い自由、安全および司法の領域を EU 市民に提供するという」域内の自由移動という EU の目的の 1 つの達成が危機に瀕している。

8 リスボン条約により通商政策の分野で EU が排他的権限を有しているものの、近年の FTA の規律分野には通商政策以外の政策分野も含まれることから、EU カナダ FTA（CEFTA）や日 EUEPA は加盟国議会の批准も必要とされる混合協定として位置付けられた。

9 もっとも、米国・カナダ間、米国・メキシコ間ではすべての数量制限が関税化されたが、カナダ・メキシコ間ではガットに適合していれば数量制限が可能とされている。

10 小寺彰「投資協定における「公正かつ衡平な待遇」－投資協定上の一般的条項の機能－」RIETI Discussion Paper Series 08-J-026、8 頁参照。

参考文献

片田さおり他編集、翻訳『アジア太平洋の FTA 競争』（勁草書房、2010 年）

浦田秀次郎他『FTA ガイドブック 2007』（日本貿易振興機構、2007 年）

梶田朗、安田啓『FTA ガイドブック 2014』（日本貿易振興機構、2014 年）

外務省経済局 EPA 交渉チーム著、渡邊頼純監修『解説 FTA・EPA 交渉』（日本経済評論社、2007 年）

日本機械輸出組合『東アジア自由貿易地域の在り方－東アジア自由ビジネス圏の確立に向けて』（日本機械輸出組合、2004 年）

山澤逸平他『通商政策の潮流と日本―FTA 戦略と TPP』（勁草書房、2012 年）

中西優美子『EU 法』（法学叢書）（新世社、2012 年）

石川幸一他『ASEAN 経済共同体と日本―巨大統合市場の誕生』（文眞堂、2013 年）

日本貿易振興会編『NAFTA を読む』（日本貿易振興会、1993 年）

川瀬剛志「WTO と地域経済統合体の紛争解決手続の競合と調整－フォーラム選

択条項の比較・検討を中心として－」(RIETI Discussion Paper Series 07-J-050)

Kyle W. Bagwell, Petros C. Mavroidis eds. *Preferential Trade Agreements: A Law and Economics Analysis* (Cambridge University Press, 2011)

Lorand Bartels and Federico Ortino eds. *Regional Trade Agreements and the WTO Legal System* (Oxford University Press, 2006)

James H. Mathis. *Regional Trade Agreements in the GATT/WTO: Article XXIV and the Internal Trade Requirement* (Asser Press, 2002)

第18章　国際経済法と「特殊事情の経済」

柳赫秀

本章の概要

　どの社会秩序も、それに参加する構成員が同質的であればあるほど安定する可能性が高い。第2次世界大戦後のブレトン・ウッズ体制は、自由主義的な国際経済秩序で市場経済の国々の参加を想定した体制である。その体制の下で、一定の発展水準に到達した国々が、互いに自由、無差別および相互主義に基づく関係を織りなした。ところが、第2次世界大戦後植民地から独立を果たし、政治的には主権国家として国際社会に登場したが、経済社会的には一人前の市場国家には到達していない途上国という部類が、そして、旧ソビエト連邦の率いる東ヨーロッパの非市場・計画経済の国々が存在した。冷戦終結後東欧圏が解体してからは「移行経済」（Economy in Transition）と呼ばれる国々である。

　本章では、これらの国々が西側先進工業国の主導する自由主義的な国際経済秩序とどのようなかかわりを持ったのか、特に国際通商体制の WTO にどのように組み込まれて行ったのかについて、歴史的に記述し、それが醸し出す規範的含蓄について考察した。

Ⅰ.　はじめに：構成員の多様性と義務内容の一体性

　どの社会秩序も、それに参加する構成員が同質的であればあるほど安定する可能性が高い。第 2 次世界大戦後のブレトン・ウッズ体制は、自由主義的な国際経済秩序 (Liberal International Economic Order) で市場経済の国々の参加を想定した体制である。その体制の下で、一定の発展水準に到達した国々が、互いに自由、無差別および相互主義に基づく関係を織りなした。

　第 2 次大戦後植民地から独立を果たし、政治的には主権国家として国際社会に登場したが、経済社会的には一人前の市場国家には到達していない新興諸国が、経済開発水準の異なる国々を一律に取り扱うことは不公平であり、自由、無差別、相互主義を柱とする現行国際経済秩序の制度的・規範的構造が既存の先進諸国により有利に働いていると主張し、経済開発水準の異なる国々を公正・衡平に取り扱う、「新しい」国際経済秩序の樹立を主唱した。途上諸国の要求は、とくに通商分野において「特別かつ異なる待遇」(Special and Differential Treatment, SDT) に基づく異なる義務負担に帰結したが、「自由主義的な」国際経済秩序の性格そのものを変えることはできなかった。

　他方で、国際社会を構成する国々の中には非市場・計画経済の国々が存在する。今日の用語で「移行経済」(Economy in Transition) の国々である。これらの国々がいかに自由主義的な国際経済体制と共存し、どのように体制へ編入されるか。確かに、第 2 次世界大戦後多くの資本主義諸国の実際のモデルとなったのは、19 世紀的な自由放任経済ではなく、市場機構を政府の積極的な介入に

よって補強する混合経済秩序であったことから考えると、経済体制の相違は程度の差でしかない側面があることは事実であるが、非市場経済国、すなわち移行経済の問題は、途上国の体制編入問題と合わせて、国際経済秩序にとって重要で難しい問題である。

II. 開発途上国

1. 国際経済秩序における再配分の問題

(1) 社会問題としての貧富の格差

　東西古今を問わず、どの社会にも富める者 (the rich) と貧しい者 (the poor) が存在する。人々の間に生まれながらの才能に違いがある限り、貧富の格差はおよそ避けられない現象である。問題は、その格差が個々人の能力や努力によるものなのか、個々人としてはどうしようもない障害が制度という名の下で格差を助長・存続させているかである。そして、機会均等が保障された中で個々人の能力が発揮された結果としての格差は当然のことなのか、あるいは、個人の能力の相違による貧富の格差であっても、その格差があまりにも大きい時は国家や社会が何らかの形で介入すべきなのかはもう一つの論点である。近代国家の歴史を紐解いてみると、身分制といった、個々人としてはどうしようもない障害をなくすことから出発し、それから個々人の能力が発揮される機会の均等を確保すべく市民法制が整えられた。しかし、形式的平等に基づく市民法制の下で広がった個人間の格差が国家の介入を要求する社会法の制定をもたらし、近代国家が福祉国家化して行ったことは周知の通りである。

　国際社会においても、国内社会と同様、富める国と貧しい国が存在する。富める国は北半球に、貧しい国は南半球に集中しているために、国際社会における貧富の格差問題は「南北問題」と呼ばれる。国際社会における貧富の格差をめぐる論点は基本的に国内社会と変わらない。すなわち、個々の国としてはどうしようもない障害が構造的に貧富の格差を助長し、存続させているのか、そして、貧富の格差があまりにも大きい時に、それを是正するために何らかのことが行われるべきかの問題である。しかし、国際社会には、格差を是正するために介入する中央政府に該当するものが存在しないために、富

める国々や国際制度の協力に依存するしかないが、彼らの協力を引き出すための国際的な連帯感が弱いことが国内社会と決定的に異なる。「南北問題」は、現行の国際経済秩序が富める国にも貧しい国にも等しく恩恵を見出すような実体をもっているかどうかをめぐる南北間の応酬と、広がるばかりの貧富の格差を解消するために北側の協力を強制しようとする南側とそれに対する北側の抵抗の歴史であった。

(2) 途上国（developing country）の定義および認定基準

　国際社会で貧しい国々は、第2次世界大戦以前はそのまま「貧しい国」(poor countries)、あるいは「遅れた国」(backward countries) と呼ばれた。1940年代後半には「低開発国」(underdeveloped countries) という言葉が、1950年代には「後進国」(less developed countries) という言葉が用いられたが、「低」('under') や「後れ」('less') のもつ固定性や比較を誘発する語感のために、徐々に現在の「途上国」(developing countries) へ変わってきた[1]。

　途上国は、その名称はさておいて、第2次世界大戦以後国際法上先進国 (developed countries) と区別される一つの国家のカテゴリーとして認められてきた。国際社会には、いつの時代にも国力や影響力の大きさによって（弱）小国と（強）大国が併存し、19世紀には、西欧の世界的な拡張の中で、文明の度合いによって文明国と非文明国（野蛮・未開社会）に区分され、国際社会 (Family of Nations) への参加資格として用いられた。他の区分は一定のカテゴリーの国々を差別する消極的な尺度であるのに対して、先進国と途上国の区分の場合には、（建前上は）途上国をより有利に扱うための積極的な尺度である。

　先進国、途上国の区分は何よりも経済開発の段階によるものであるが、その区分を実際に適用するのは容易でなく、実定法上明確な定義が存在しているわけでもない[2]。途上国については、ガット18条1項に、「その経済が低生活水準しか維持することができず、かつ、開発の初期の段階にある締約国」という文言がみられるが、そのような締約国をどのような基準と手続で決定するのか明らかでない。通常その決定には一人当たりの国民所得を主軸に、平均寿命、産業構造および文盲率等の教育水準等が補完的に用いられるが、量的基準には統計の信頼性等の限界が付きまとう。そのために、WTOは、途上

国として扱われたい加盟国が自ら名乗り出る「自己選択」(self-election) を原則とした上、それを他の加盟国が認めるという慣行になっている[3]。ある加盟国の「自己選択」に異議が申し立てられる場合には「貿易開発委員会」(Committee on Trade and Development) の場で調整が行われることになる。

先進国の場合も、途上国同様、明確な定義があるわけではなく、OECD 加盟という事実がさしあたりの先進国仲間入りのメルクマールであるものの、決定的な指標ではないようである[4]。

例外としては、1970 年代に入って国際連合総会の決議で独自のカテゴリーとして正式に認められてきた「開発の最も遅れた国」(Least Developed Countries, LDCs) で、LDCs は、毎年、一人当たりの国民所得(2017 年現在 1,035 ドル以下)、栄養、健康、文盲率等の人的資源基準と、産業構造や競争力等の経済的脆弱性基準という客観的指標に基づいて国際連合によって指定されるが、現在 47 か国である[5]。WTO は国際連合の指定したリストの中から該当する加盟国を LDCs として決定している[6]。

先進国、途上国の区分が主に経済開発の段階に基づいている以上、その区分は永久的ではあり得ない。問題は、途上国の定義と同様、カテゴリー間の移動を決める基準と手順を定めることが容易でないことである。1970 年代後半から、米国を中心に先進諸国は、「開発のより進んでいる (advanced)」途上国に、途上国としての地位を「卒業」(graduation) することを要求し[7]、様々な形で圧力を行使しているが、先進国グループと途上国グループの政治的思惑がぶつかり合い、いまだ「卒業」のための明確な指針が成立する見通しが立っているとはいえない。

2. 歴史的展開

(1) 脱植民地化と途上国の挑戦

国際連合の憲章(第 55 条)では、すでに「人民の同権および自決の原則」が謳われ、目的の一つに「... 経済的および社会的な進歩および発展の条件」が明記されたが、自決原則と開発理念の承認という歴史のうねりが具体的に動き出すには一定の時間と条件が必要であった。

第 2 次世界大戦終了後ヨーロッパ列強による植民地放棄の決断が遅れる中、

非西欧世界の植民地地域は、反植民地主義 (anti-colonial ideology) に基づく「民族自決権」の承認によって、次から次へと「解放」を果たした。いわゆる「脱植民地化」である。アフリカの 17 の植民地が独立を果たした 1960 年 12 月に国連総会で採択された「植民地独立付与宣言」は、植民地主義の原則否定し (第 1 項)、人民の自決権を明示的に承認した (第 2 項)。そして、第 3 項で「政治的、経済的、社会的または教育的準備が不充分なことをもって、独立を遅延する口実としてはならない」と、自決権の「無条件性」を高々と宣言した。

　問題は、脱植民地化のプロセスの中で旧植民地地域が従来の自治政府 (self-government) たる基準に照らして現地の人々が統治構造の実質を備えるにいたっていない場合がしばしばであったことである。R. ジャクソンは[8]、民族自決権の承認により、「一人前」の主権国家としての実質を欠いた「擬似国家」(quasi-states) が大量に生み出され、主権国家関係の渦中に押し出されてしまった。「南北問題」はこれらの擬似国家が国際関係に投げかける問題にほかならないと「擬似国家論」を展開した。やがて「擬似国家」たちは、国家建設と政治経済の近代化を旗印とし、同じ植民地体験に基づく連帯感を基盤として、「第 3 世界」を形成し、旧宗主国である先進諸国の主導する国際 (経済) 秩序へ挑戦していく。

(2) 途上国の挑戦と挫折 (→第 1 章 II (5)、第 10 章 II)

　1955 年バンドン会議を起点に、新興独立国は冷戦の最中米国と旧ソ連のどっちの陣営にも組みしない「非同盟」(non-alignment) 路線を掲げ、脱植民地がほぼ完了すると、運動の焦点は経済開発へ移り、両陣営に開発に必要な資源提供を要求した[9]。いわば「南北問題」における冷戦効果 (強者の弱み) である[10]。やがて新興途上国は G77 を結成し、国連総会と 1964 年設立された国連貿易開発会議 (UNCTAD) を舞台に、衡平な国際経済秩序の構築と国際共同体 (≒先進国) の協力の義務化を求めていった。途上国の開発戦略は、1964 年 UNCTAD の初代事務総長のプレビッシュ以来の開発経済学およびラテン・アメリカを中心に展開してきた従属理論 (Dependency Theory) によって、理論的にバックアップされた。しかし、その試みは、先進諸国の強固な反対と自らの路線の中に潜む矛盾のために挫折を余儀なくされる。

(a)「天然の富と資源に対する恒久主権」概念と外国人財産保護法理の動揺

　「天然の富と資源に対する恒久主権」概念は、人民の自決権の経済的表現として、1952年以来一連の国連総会決議を通じて1962年成立した。その背景には、外国資本・企業に対する規制権限を確保し、外国企業の財産を国有化・収用する際の補償要件を投資受入国に有利にする狙いがあった。すなわち、外国人資産を公益、安全および国益を根拠に国有化する権利が確認されてから、国有化または収用の際には、国内法と国際法に従って、適当な (appropriate) 補償が支払われなければならないと、国有化または収用の際に正当 (just) 補償を求めるハル・フォーミュラ (Hull Formula) から離れる内容となった[11] (4項)。

　1962年総会決議は、途上国の要求と先進国の抵抗のぎりぎりの「妥協」の結果であるが、国連の「集団的正当化」付与権能に頼りつつ、一方でハール・フォーミュラという既存の慣習国際法の権威を殺ぎ落としながら、他方で新しい国際法規の生成を図る、新興独立国の意思の現れである。最近では「現在における天然資源に対する恒久主権原則は、持続可能な開発原則と協働するものであり、もはや脱植民地化という文脈だけで理解されるものではなく、変化する国際社会において、同原則の意義も変わり得るものである」と現代的意味が強調されている[12]。

(b) 途上国の挑戦の絶頂としての「NIEO」要求

　途上国の既存国際経済秩序への挑戦は、やがて1974年「新国際経済秩序樹立宣言」および「国家の経済的権利義務憲章」へ結実した。

　その要求内容を簡単にまとめると、①既存の国際経済秩序の不衡平・不公正の是正、②国有化の権利および多国籍企業の規制権限、③国際経済秩序への平等な参加、④国際共同体 (≒先進国) の協力義務、⑤生産者同盟や国際商品協定を通じての一次産品交易条件の改善、⑥技術移転と世界貿易における衡平なシェア、⑦途上国に対する特恵的かつ非相互的待遇等である。

　先進諸国は、途上国に対する特恵的かつ非相互的待遇の付与、一次商品に対する国連共通基金創設および定期船における優遇等で歩み寄りを見せたが、ほとんどの要求事項に対して先進諸国が耳を貸さず、途上国のNIEO樹立要求は失敗した。

NIEO 失敗の理由は、先進諸国が反対したことに尽きるが[13]、NIEO 要求には
いくつかの問題があった。まず、NIEO の「新しさ」(new)の中身が明確でなく、
既存秩序の枠内での権利拡大要求でしかなかったことである。次に、国際関
係における「権力」(power) についての認識が甘かったことである。NIEO 要求
の裏づけは OPEC の石油カルテル力であったが、石油危機以後 G7 を組織し
て反撃に出た先進諸国の「権力」に敵うものではなかった[14]。そして、新興工
業地域(NIES) のような模範的成功例の出現により、既成秩序に対する途上国
の規範的言い分の一画が崩れた。最後に、前 2 者に劣らない重要な要因として、
多くの場合権威主義的な体制の下で経済開発を急ぐ、途上国の国内体制の問
題があった。

(3) 新自由主義の勝利と途上国の「体制内化」
(a) 新自由主義の勝利と「失われた 10 年」

1980 年代初めに主要先進国を襲った世界不況は途上国の債務危機として現
れた。1982 年 8 月メキシコの債務支払い不能宣言を皮切りに、南米へ、そして、
途上国全体へ広まる。その結果、従来の輸入代替政策と幼稚産業保護を基軸
とする経済開発政策へ疑念や反省の波が押し寄せ、やがて経済政策の転換を
余儀なくされた。

債務危機のもう一つの帰結は、途上国の経済政策に対する IMF、世界銀行
といった国際融資機関の影響力の増大であった。債務の再調整と経済立直し
に必要な IMF、世界銀行の融資には、債務国の構造調整の遂行という厳しい
条件が付けられた。米国、EU および日本等の主要先進国も、それぞれの対外
援助プログラムを、時には国際融資機関のコンディショナリティ政策と絡め
ながら、途上国に経済政策の改革を迫った。

新自由主義経済学が長い沈黙を破り息を吹き返したのはちょうどこの時で
あった。開発経済学や従属理論の権威が音を立てて崩れる、米国、イギリス、
ドイツおよび日本の保守主義政権の「小さい政府」改革が始まり、経済理論
の軸が、マクロからミクロへ、政府から市場へ、分配から価格へと移動する。
冷戦の終結とともに打ち出された「ワシントン・コンセンサス」は新自由主義
の別名になった。

548

(b) 途上国の「体制内化」

　1980年代における世界政治経済状況の変化による南北問題の枠組みの変容は、途上国のスタンスや行動様式の変化として現れた。冷戦終焉による対抗理念の消滅に伴い、途上国は、半ば自主的に自由主義理念を受け入れ、自由主義国際経済秩序に、半ば自発的に、半ば他律的に統合されていった。いわゆる途上国の「体制内化」である。

　ウルグアイ・ラウンドにおいても途上国は、米国や他の先進諸国の保護主義的な傾向を多角的体制の強化によって封じ込めるスタンスを取る。ブロックとしての一体性が弱まり、イッシューごとの離合集散を繰り返す中、先進国と途上国の間には、様々な形で権利義務の相互性が回復・強化された[15]。

　新しいWTO体制は、ガット体制を基本的に継承しながら、途上国をWTOへ「体制内化」した。WTOにおける途上国の経済開発に対する処方箋が自由主義のそれになったことで、政府主導による輸出振興政策と輸入代替政策を柱とする経済開発政策は、さまざまな形で制限されるようになった[16]。特に、「一括受諾方式」の採用により、途上国も他の先進加盟国と同じルールに服し、途上国へのSDTは、他の加盟国と同じルールを適用するための経過措置としての位置づけを与えられた。

　前述したように、投資の分野でも、1980年代を通じて、途上国は、外国投資の積極的な誘致へスタンスを変え、数多くのBITが結ばれた[17]。その過程で冬眠状態であったICSIDが息を吹き返し、BIT/EPAと連動しながら、1960年代以降棚上げになっていた投資保護についてケース・ローが生み出されていった。今や3千を数えるBIT/EPAの規定する、公正衡平待遇を中心とする国際法上の最低基準は、新自由主義的国際経済秩序のもう一つの顔であった（→第10、11章）。

3.WTOにおける途上国

　「国際通商ルールが途上国や工業化していない国々に不公正に不利に働いているの？」という問いかけは、1946-48年ITOとガット交渉の当時から参加国の間で紛糾したテーマである。ガットについての記念碑的な著作である1969年『世界貿易とガット法』の中でジャクソンは、①ガット・ルールは途上国を

差別していない。②無差別原則に基づくガットや国際通商体制が実際には差別的結果を伴うかについては、一次産品と二次産品を区分して、前者の規律が緩やかなところが途上国に不利に作用することはあり得る。③ガットが基本的に「交換」(swap)による組織で、とても複雑な規範体系をなしているので、交渉力、外交力及び専門性に勝る強国/富国に有利であることは否定できない。しかし、途上国は「例外条項」を用いるし、途上国の援用をあまり問題視しないガットの雰囲気を活用できるはずである。結論的にガットの不在する世界は途上国にとって今よりマシである保証はないと結論する[18]。

　実際ガットにおいて途上国問題は②をめぐり展開したが、途上国は、1960年代内外の対抗理念・理論に頼りながら、先進国とは「異なるかつより有利な待遇」(Differential and More Favourable Treatment)を、「例外条項」を増やす形で、求めていった。途上国の要求は、①幼稚産業保護など経済開発の遂行における保護主義的な政策的裁量(policy space)の許容、②貿易自由化交渉における非相互主義原則の適用、および③先進国市場への特恵的な市場アクセスの保障、の3つであった。

(1) ガットと途上国
(a) 18条「経済開発に対する政府の援助」

　1948年ガット出汎の時には、ITO憲章の経済開発の章が引き継がれず、途上国関連条項は別途置かれなかったが、1954-55年「一般協定」再検討会議の際に、18条の「経済開発に対する政府の援助」が追加された。本条は特定の産業の確立のために関税保護を定める18条A、経済開発計画の実施に伴う輸入需要による国際収支のための数量制限についての18条B、特定の産業確立のための政府援助についての18条Cからなっている。同条は途上国の輸入代替政策と幼稚産業保護の必要性を前提にしていたが、18条Aの場合は関税変更の際に代償の支払いが、18条Cの場合には締約国団との協議と無差別適用の義務が課されていたので、あまり援用されなかった。そのために実際に頻繁に援用されたのは18条Bであった。

　締約国団は当初18条の援用に対して協議要件等要件の厳しい精査をしないで援用を認めるスタンスをとった[19]。トレビルコックとホーゼは、このよう

550

な寛大さは、幼稚産業保護という制度趣旨からでなく、途上国の幼稚産業保護が先進国に対してあまり脅威でなかったからであるという[20]。実際に一部の途上国の経済発展が進むについて、先進国、特に米国による途上国牽制が激しくなり、ウルグアイ・ラウンドで「一般協定の国際収支にかかる規定に対する了解」へ結果した。

(b) 第4部「貿易と開発」の追加

1965年には第4部が追加された。前年 UNCTAD 創立総会で初代事務局長のプレビッシュが途上国の一次産品輸出の停滞や交易条件の悪化による開発の行きづまりを指摘し、①発展途上国の一次産品輸出拡大の障害となっている先進国の関税など貿易諸障壁の緩和・撤廃、②一次産品の輸出・価格安定のための国際商品協定の締結、③発展途上国の製品，半製品に対する特恵関税制度の採用、④交易条件の悪化による損失を補うための補償融資制度の導入などの提案を行った。その余勢による途上国の要求に押される形で第4部の3か条が加えられたが、あくまでも先進諸国と締約国団の努力義務を課すだけのソフト・ローであった。

第4部は、18条が輸入代替政策と幼稚産業保護という政策的前提に基づいていたのに対して、「低開発締約国の輸出収入がこれらの締約国の経済開発において決定的な役割を果たす」(36条2項)と輸出主導型発展論に基づいて先進国への市場アクセスの改善の必要性を強調するものである[21]。もう一つの重要な側面は、先進国が貿易交渉において相互主義を期待しないという36条8項「非相互主義」原則の存在である。

(c) GSP と授権条項

プレビッシュ提案に含まれていた先進国による特恵関税制度が実現されたのは数年後であった。1968年 UNCTAD の支援の下で、無差別原則に反する特恵付与に対するウェーバーが1971年から10年期限で与えられ、先進14か国による「一般特恵」(Generalized System of Preferences, GSP) と呼ばれる特恵付与が始まった。その特恵は「バウンド」されないので供与国はいつでも撤回や修正が可能であるが、ウェーバーは供与国に途上国をあまねく取り扱うことと、特

定の途上国との裏取引に使われないように注文した[22]。

　1971 年のウェーバーの期限が訪れる以前に、GSP に恒久的な法的根拠を
与え、その後の途上国の法的位相に重要な意味を有する、「異なるかつ一層
有利な待遇並びに相互主義および開発途上国のより十分な参加」(「授権条項」
(Enabling Clause)) が東京ラウンドで採択された。途上国に「異なるかつより有利
な待遇」を与えてもガット 1 条の最恵国待遇義務の違反にならない (1 項、2 項
(a)、(b)、(c)、(d)) こと、第 4 部 36 条の 8 項類似の非相互主義原則 (5 項) お
よび LDCs への配慮 (6、7、8 項) が規定され、最後の 9 項ではいわゆる「卒業」
について規定されている。

　「授権条項」の真価が問われた事件が「EC の開発途上国に対する関税特恵の
付与条件」事件 (2003 年) である[23]。EC は 5 つの関税特恵制度を設けていたが、
そのうち、「麻薬の生産および取引を撲滅するための特別制度」を受け入れる
12 か国に対して、他の関税特恵制度より、関税免除および減額の対象産品の
範囲・幅が大きい特恵を与えたが、インドがガット 1 条 1 項と授権条項違反
を理由に提訴した事件である。

　パネルは、ガット 1 条 1 項と授権条項 2 項 (a) 脚注に基づいて、特恵供与国
は受益国に対して同一の関税特恵を供与することが義務付けられていると判
断したのに対して、上級委員会は、授権条項 2 項 (a) 脚注の「無差別」は「同一
である」(identical) ことでなく、「開発上、資金上、および貿易上の必要性にお
いて同様の状況にあるすべての受益国に対して同一の関税特恵を利用可能と
する義務」という判断を示した。上級委員会が、授権条項が GSP 供与国を拘
束する法的条件を課していることに対する米国とアンデスグループの異議申
立を退けたことは注目に値する。今後異なる途上国に対して異なる特恵供与
を与える供与国は、受益国の「開発上、資金上、および貿易上の必要性」の類
似性如何、異なる取扱の必要性、および異なる条件の目的・透明性・無差別
性等について説明する責任を負うことになったのである。

(2) WTO 協定における途上国
(a) 途上国の貿易自由化コミットメントの増加
ウルグアイ・ラウンドの開始を宣言したプンタデルエステ閣僚宣言です

でに交渉の結果が「一括受諾」(a single undertaking) されることが謳われていたが、やがて「附属書一、附属書二および附属書三に含まれる協定および関係文書は協定の不可分の一部をなし、すべての加盟国を拘束する」というWTO設立協定2条2項の一括受諾条項に結果した。その結果途上国のWTO体制へのコミットメントの度合いが格段に高まり、先進国と途上国間の権利義務の相互性が著しく回復・強化された[24]。

次に、途上国の関税譲許率の急激な上昇である。先進国の譲許率が78%から99%になったのに対して、途上国の譲許率は21%から73%へと飛躍的に上昇した。(→第5章Ⅰ(1)図表5-1) ただし、途上国の関税およびその他の貿易制限の削減はすでに1980年代を通じて自発的に、一方的に始まっていた。途上国の「体制内化」は自由主義理念の自発的な「内部化」を伴っていたのである。

(b) クロス・リンケージ・ディール

「一括受諾」の大原則の下でパッケージ・ディールになったことで、分野間のディール ('issue linkage' or cross-issue trade-off) が用いられ、ラウンドの成功に重要な役割を果たした。敷衍すれば、途上国は、自らの利害関心事である繊維、農業およびセーフガードにおいて一定の成果を上げる代わりに、先進国の主要関心事であるサービス貿易と知的財産権についての規律を受け入れた。パッケージ・ディールの結果をどう見るかは論者によって分かれる。何よりも先進国の誠実な約束の履行意思と途上国の果実の有効な活用力如何にかかっているが、階層分化による途上国の利害関係の多様化という事情が加わると、もはや「十把一絡げ」(one size fits all) 的な見方や結論は許されまい。

(i) プラスのディール

ウルグアイ・ラウンドにおける「繊維および繊維製品(衣類を含む。)に関する協定」の成立は、1950年代日本のガット加入と一部の途上国の繊維輸出の拡大がもたらした長い道のりの終着点であった[25]。ガットの後援の下で、1961年繊維部門について「綿製品の国際貿易に関する短期取極」が成立し、翌年「長期取極」に発展し、綿製品貿易がガットと別のルールの下に置かれた。1974年には適用対象が綿製品以外の繊維に拡大した「多繊維取極」が合意され1995年

まで続いた。

　「繊維協定」では、それまで多繊維取極めに基づく既存の措置を10年間で漸次撤廃し、撤廃までは繊維製品をガット規律に統合することが規定された。繊維協定6条は、ガットに統合されていない製品について経過的セーフガード措置の発動を認めていたが、2005年に終了した。

　米国、ECなど、主要先進国の農業保護主義により、農業中心のモノカルチャ経済の市場アクセスが構造的に妨げられてきた。しかし、1970年代以降穀物の過剰基調による輸出競争が激しくなるについて、先進国の間でも農業の自由化が真剣に議論されるようになり、ギリギリのタイミングで「農業協定」が締結された。その結果平均関税率の大幅な引下げによる市場アクセスの改善され、国内助成（補助金削減）と輸出競争について規律が成立し、農業輸出国の途上国にとって輸出機会の拡大がもたらされた（→第5章Ⅱ(3)）。しかし、バングラデシュのように、慢性的な食糧輸入国には利益が均せんされないことから、「LDCsと純食糧輸入途上国に対する改革プログラムのネガティーブ効果に関する措置についての決定」が採択された。

　最後に、「セーフガード協定」の成立も途上国の成果であるといえよう。輸入の急激な増加の際に一時的な輸入制限措置を許容するガット19条のセーフガード条項とそれを迂回するための「輸出自主規制」について規律を明確にし強化することは、輸出競争力をつけてきた開発の進んだ途上国にとっては緊急の問題であった。東京ラウンドでは、19条の無差別適用義務の修正をめぐるECと日本・途上国間の対立が解けず、セーフガード協定の成立に至らなかったが、やっと輸出自主規制の撤廃を含む「セーフガード協定」が成立したのである。

(ii)マイナスのディール

　サービス貿易と知的財産権について国際規律を導入することは、東京ラウンド直後から米国の目標であった。1980年を前後して形成されつつあった認識共同体（epistemic community）がウルグアイ・ラウンドにおけるサービス貿易のアジェンダ設定に深くかかわった。そして、米国は早くも知的財産権保護の重要性に目覚め、通商法スペシャル301条で武装し、強力な「知識外交」（knowledge diplomacy) を繰り広げ、「貿易関連」(trade-related) という冠付きではあるが、ウルグアイ・ラウンドで WTO の強力な紛争解決手続付きの TRIPs の制定に成功した。

このような経緯から先進諸国、特に米国にとっては、GATS と TRIPS に伝統的な形態の SDT を認めることはほとんど論外であった。TRIPS の SDT は先進国と途上国の区分なしに、同じ権利義務を前提に、その履行に関して途上国に長い猶予期間を認めているだけである。確かに途上国は強制実施権はかろうじて死守したものの、IT 時代における先進国の絶対的な技術優位という牙城をあっさり認めた格好になった。

(c)途上国に対する規律の強化：WTO の対途上国法政策の変化

WTO においても途上国の経済開発の必要性が否定されたわけではない。WTO 設立協定の前文は、「成長する国際貿易において開発途上国特に後発開発途上国がその経済開発のニーズに応じた貿易量を確保すること」を達成すべき目標として掲げている。変わったことは、WTO における途上国の経済開発がすべての加盟国に等しく適用される自由主義理念とそれに基づく処方箋によって解決されなければならなくなったことである[26]。それは、従来の途上国の政府主導による輸出振興政策と輸入代替政策を柱とする経済開発政策が様々な形で制限を余儀なくなれたことを意味する。

(i)輸出政策の制限

途上国の政府主導による経済開発政策に対する最も大きな変化は、WTO 補助金および相殺措置協定(以下、WTO 協定)における補助金に対する見方の変化である。まず、東京ラウンド補助金および相殺措置協定(以下、東京ラウンド協定)14 条 1 項は、「署名国は補助金が途上国の経済開発計画の不可分の一部をなすものであることを認める」と明記していたが、WTO 補助金および相殺措置協定 27 条 1 項は「加盟国は補助金が途上国の経済開発計画において重要な役割を果たすことがあることを認める」とトーン・ダウンした。次に、東京ラウンド補助金および相殺措置協定 14 条 2 項の「この協定は、途上署名国が自国の産業を援助するための措置および政策(輸出部門における措置および政策を含む。)を採用することを妨げるものではない」の部分は抜け落ちた。さらに、

一次産品以外の産品に関する輸出補助金の使用が原則禁止となった。

　東京ラウンド協定から WTO 協定への変化は、いかに新自由主義の洗礼を受けた WTO 協定が経済開発における政府の役割（補助金）に対して懐疑的な態度に基づいているかを物語る。そして、一定の猶予期限付きであるが、輸出補助金の原則禁止は、ガットの対途上国政策の大きな転換を意味し、途上国は経済開発戦略の根本的な修正を余儀なくされたことを意味する。

(ii)輸入代替政策の制限

　国際収支擁護のための制限条項の援用制限と貿易関連投資措置（TRIMs）の制定が代表的である。

　まず、従来 18 条 B 項の国際収支擁護のための制限は、途上国の輸入代替政策の大きな柱として機能してきた。18 条 C 項の援用が困難であることもあって、1960 年代以後多くの途上国は同条項を援用し、1972 年には同条項援用に関する簡易な協議手続が導入されたことも手伝い、ほぼ恒久的に維持していた。東京ラウンドにおいて「国際収支擁護のためにとられた貿易措置に関する宣言」の採択も現状を変えられなかった。そのために 18 条 B 項はウルグアイ・ラウンドにおける米国の優先的な関心事項の一つであった。南北の激しい応酬の末「国際収支に関する協定に関する了解」となった。

　了解は先進国と途上国を区分したうえ途上国に対して配慮する従来のスタンスから後退し、手続的に途上国の援用を抑制する内容である。敷衍すると、まず、LDCs を除く、途上国の場合 1972 年以降の途上国に対する簡易な協議手続の利用が制限された。そして、発動されたものに対しても一時性、漸減性および透明性を確保すべく、手続的に組織の集団的圧力を動員する手法がとられている[27]。

　次に、TRIMs も途上国の輸入代替政策を明確に禁止するものである。TRIMs は、貿易に対して制限的、阻害的な影響をもたらす投資措置のうち、ガット 3 条（内国民待遇）および 11 条（数量制限の一般的禁止）に違反するものを禁止する（TRIMs 協定 2 条）とともに、加盟国が現在採用している措置を物品の貿易に関する理事会に通報することを義務付けた（5 条）。ローカル・コンテント要求、輸出入均衡要求、為替制限および輸出制限といった措置が例示的に禁止され

556

たが、禁止の対象となる投資制限措置には、法律等により強制されるもののほか、他の優遇措置を得るための条件とされるものも含まれた。

TRIMs は、加盟国に新しい義務を課すものでなく、1994 年ガットの 3 条、11 条上の義務を明確化することによって、各国の措置のガット整合化を促進するものである。しかし、従来投資受入国としての途上国が幼稚産業育成保護、外貨流出の防止の必要から、TRIMs の対象となる様々な措置を講じ、輸入代替政策をとってきたことを考えると、TRIMs の成立が途上国の経済開発政策に対する大きな抑制効果を有することは間違いない。

(iii) SDT の位置づけ
ア) ウルグアイ・ラウンドにおける SDT

新自由主義の洗礼を受けながら進行したウルグアイ・ラウンドにおいても途上国への SDT そのものが否定されたわけではなかった。ラウンド開始を宣言したプンタデルエステ閣僚会議宣言においては「授権条項に具現された開発途上国に対する異なるかつ一層有利な待遇の原則が交渉に適用されることに合意する」と謳われた。ウルグアイ・ラウンドで締結された WTO 諸協定、了解、マラケッシュ閣僚会議で採択された決定や閣僚宣言にはさまざまな SDT が盛り込まれた。

WTO 事務局が 2013 年にまとめた「WTO 諸協定および決定における特別かつ異なる待遇」一覧 (**図表 18-1**) では、149 の SDT が 6 つのタイプに分類されている。6 つのタイプは、2001 年事務局が分類したもので、下記の図表は縦軸が諸協定、横軸が 6 つのタイプである。

ⅰ) 途上加盟国の貿易機会の増大を目指す規定
ⅱ) 先進加盟国に対して途上加盟国の利益を保護することを求める規定
ⅲ) 途上加盟国による約束、措置および政策手段の使用における柔軟性を許容する規定
ⅳ) 途上国による協定その他の法的文書の実施に当たって猶予期間を認める規定
ⅴ) 先進加盟国や WTO による途上加盟国への技術協力に関する規定
ⅵ) LDCs への特別待遇に関する規定

図表 18-1　SDT 規定の類型別・協定別一覧

類型 ／ 協定	(i) 途上加盟国の貿易機会の増大を目指す規定	(ii) 先進加盟国が途上加盟国の利益を保護することを求める規定	(iii) 途上加盟国の約束、措置や政策手段の使用における柔軟性を許容する規定	(iv) 猶予期間を付与する規定	(v) 途上加盟国への技術協力に関する規定	(vi) 後発途上加盟国に関する規定	協定別合計
1994 年 GATT	8	13	4				25
国際収支に係る規定に関する了解		1		1			2
農業協定	1		9	1		3	13
SPS 協定		2		2	2		6
TBT 協定		8	1	1	8	1	19
TRIMs 協定		1	2			1	3
AD 協定		1					1
関税評価協定		1	2	4	1		8
輸入許可手続		3		1			4
補助金協定		2	10	7			16
SG 協定		1	1				2
GATS	3	4	4		2	2	13
TRIPS 協定				2	1	3	6
DSU		7	1		1	2	11
政府調達協定		3	6		1	2	10
合計	12	45	40	20	17	14	148/139*

*9 つの規定が 1 回以上数えられている。内訳は、農業協定 1 規定、TRIMS 協定 1 規定、補助金協定 3 規定、GATS 1 規定、政府調達協定 2 規定である。
出典：WTO Doc. WT/COMPT/W/196

　紙幅の関係上6つのタイプについて詳しく敷衍することは叶わないが、ガット時代と比較していくつか指摘する。まず、LDCs に対する若干の例外を除いては、途上国に対して先進国と異なる義務水準をみとめる場合はほとんど見当たらず、(ii) のように、先進国に対して途上国への配慮を求めるもの、(iv) のように、猶予期間や (v) の技術協力の方が圧倒的な比重を占める。TRIPS がその典型で、原則としてすべての加盟国に対して一律の義務を課しており、LDCs や途上国に対しては、義務の履行に際し先進国より長い猶予期間を認めるだけである。GATS も事情は同じである。補助金協定や国際収支のための輸入制限了解における変化についてはすでに言及した。次に、途上国の法的能力や行政能力の不足や欠如を理由とした場合は原則的に現状維持されている。それは図表の TBT 協定、関税評価協定および輸入ライセンス協定欄から確認できよう。

　ガット時代との対比から浮かぶ S&D の意味変化については、2001 年 12 か国の途上国による「SDT についての枠組み合意提案」[28] が的確に指摘している[29]。提案は、SDT は、途上国が国際貿易において異なる状況に置かれていること、途上国の社会経済的発展を促進する必要性とその際に直面する困難から異なる取扱が必要であるという。以前の SDT は、途上国の直面している特別の開発状況の承認に基づいていたが、WTO 協定における SDT は、途上国が WTO 諸協定を実施する際に直面する特別問題の承認に基づいている。このフォーカスの移動は、多角的貿易体制における権利義務のレベルが開発のレベルとはまるで関係のないかような前提に立って、開発の水準の異なる国々に同じ政策を適用している有様にほかならない。SDT の変質は WTO の規律対象が伝統的な国境措置を超えて拡大したことで増幅している。このように、提案は、WTO 諸協定における（2000 年時点での）145 の SDT が、途上国の市場機会の増進ではなく、協定実施への猶予期間や技術援助の付与に代わったこと、そして、法的に執行可能でない、努力義務の域を超えないことから、さしたる利益を享受できていないことを強調した。

イ) ドーハ・ラウンド以後の SDT

ドーハ・ラウンド閣僚宣言は SDT の重要性を再確認している。同宣言のパラ 44 は、SDT 諸規定が WTO 諸協定の不可分の一部をなすといい、SDT 規定を強化し、より詳細で、有効な、操作可能なものにすべく再検討を行う必要性を指摘する。パラ 50 では、ラウンドにおける交渉はガット第 4 部をはじめとしてガット・WTO の関連条項に具現化されている SDT の原則を考慮しながら行われるべきであると謳っている。同じことが 2005 年香港閣僚会議宣言においても繰り返されている。

しかし、加盟国の間における S&D のあるべき姿やドーハ・ラウンドのマンデートをいかに達成するかをめぐる溝は埋まらないままである。2002 年ドーハ・ラウンド貿易交渉委員会から SDT 問題の検討を依頼された貿易開発委員会では、加盟国間の意見対立の溝が埋まらず、一度延長した所定の検討期限を過ぎてしまった。ICTSD レポートによれば[30]、先進国は閣僚宣言のマンデートは新しいトレード・オフを伴う新しい交渉を命じていると主張しているのに対して、途上国はマンデートに基づいて早速条項の見直しを行うべきであると主張した。さらに、先進国は様々な提案を検討するためには改めて横断的な目的や趣旨についての議論が必要であると主張したのに対して、途上国は即時に協定ごとの規定検討に入るべきであると主張した。

現在 WTO において SDT について実質的な議論が行われているようには見えない。「SDT についての枠組み合意提案」のように、多くの途上国は SDT 付与の「義務化」や従前享有していた政策的裁量 (policy space) の回復・拡大を主張するが、途上国の間においてすら統一した戦略がある訳ではない。

今後の SDT のあり方についていくつか記しておこう。

まず、①途上国の経済開発にとって、従来の輸入代替路線より、市場志向を基調にし、市場の失敗 (market failure) の是正のためにのみ政府介入がなされる、自由主義的経済開発政策の方が有効であること、②個別の途上国ごとに国際市場へのアクセスと国際通商体制へ統合されていく際のニーズに大きな違いがあることにコンセンサスがある[31]。次に、現在の SDT のソフト・ロー的な性格の問題点を指摘する向きはかなり存在する。

具体的なあり方については、現在の枠組みを維持しながら、低所得途上

国にSDTのベネフィットを集中させ、やがて「卒業」させていくことを制度化すべきであるという提案がある[32]。現在も展開されている能力構築（capacity building）と技術援助が制度の補完的なツールとなる。ヘックマンも同じ方向を示しつつも、複数国間協定（もしくは地域協定）を用いるツー（マルチ）トラック・システムの道を併せて提示する[33]。重要なことは、コステッキとホーゼのいうように、自由主義的経済開発政策は経済開発のための必要条件ではあるが、十分条件ではないこと、したがって、おそらくあらゆる先進国が併用してきたはずの輸入代替政策を頭から否定すべきでないこと、それとともに、その前提ともなる（政府主導の）輸出主導型経済成長路線の有用性についても再検討が必要であると思われる[34]。

(d) WTO協定の実施問題

前述したように、ジャクソンは、「国際通商ルールが途上国や工業化していない国々に不公正に不利に働いているの？」という問いかけに対して、「ガットが基本的に「交換」（swap）による組織で、とても複雑な規範体系をなしているので、交渉力、外交力及び専門性に勝る強国／富国に有利であることは否定できない。」といったが、WTO発足後ジャクソンの先を見る指摘が現実の問題となった。確かに、WTO紛争解決手続が大幅に改善され、有効な執行メカニズムが整備されたことで、大国に対する途上国の交渉力が一定程度向上したことは歓迎すべきことである。

しかし、ウルグアイ・ラウンドの結果出来上がった「膨大で複雑な」WTO協定の義務を正しく把握し、適用していくことは並大抵のことではない。専門力に劣る途上国が国内外で実施する際に直面する財源の不足や人的資源の不足から生じる、WTO協定の実施問題が浮上したことで、WTO閣僚会議はその対策に追われることになる。実際WTOと先進諸国は途上国のWTO協定実施能力の向上のための技術援助の提供やキャパシティー・ビルディングプログラムなどを実施した。

WTO諸協定の実施問題には、先進国が途上国関心事項を誠実に実施するのかという問題と、ウルグアイ・ラウンドのパッケージ・ディールが途上国の開発にとって最適であるのかが改めて問われるという側面があった。WTO内

交渉力の高まったブラジルやインドなど大きい途上国がさまざまな提言をぶつける最中、ドーハ「開発」ラウンドは、実施問題が絡みながら、頓挫したままである。

　それとの関連で興味深いことは、途上国がWTO諸協定の結果拡大した通商機会を活用し、途上国の貿易関連能力の向上を通じて経済発展と貧困削減を達成しようと、2005年から「貿易のための援助」(Aid for Trade, AfT) がスタートしたことである。2005年香港閣僚会議は「貿易のための援助」は途上国がWTOの利益を十分享有し、貿易を拡大するために、貿易関連インフラと供給能力の構築を目指す」ものであるという。2017年7月11日から7月13日まで第6回目のAfTグローバル・レビューが開催されるなど、定期的なフォロー・アップが行われている。日本は、2005年に「開発イニシアティブ (Development Initiative for Trade)」を発表してから、2006年～2008年の3年間に貿易関連分野において100億ドルのODA供与をはじめとして多額のODA供与その他の貢献をしている。

　AfTについては、ハードインフラ (港湾・道路など) とソフトインフラ (通関関連など) への投資を通じて貿易コストの軽減が経験的にみられるという評価を含めて、一定の効果があることに評価が一致するようである。その反面、ドナー国の輸入業者が主要な利益享有者であり、サプライチェーンのグローバル化の中で大供給者に果実が集中し、あるいは、ドーハ・ラウンドの頓挫によるAfTイニシアティブの漂流などの指摘がなされている。

4.「開発」のパラダイムの変化と途上国問題

　1980年代の「失われた10年」以後、先進国主導の新自由主義的な国際経済秩序が定着する中で、開発のパラダイムは、その次元、概念および射程において大きく変化した。

　まず、開発をめぐる議論が、以前の国際経済秩序の性格や途上国の開発のための対外的条件という対外的次元から、個別の途上国の国内体制・政策と自助努力という途上国の対内的次元へ変わった。「なぜ (NIESのような) ある途上国は発展するのに、残りはそうでないの？」と問いかけられるとともに、良き統治 (good governance) という概念が鋳造された。次に、開発の概念が、以前

の狭義の経済開発から自由、自己実現能力の開花等、広義(holistic)のそれに拡大した。後にノーベル経済学賞を受賞した A. センの「自由としての開発」(Development as Freedom) の発想は、開発理論と実践において計り知れぬ影響を残した[35]。最後に、開発の射程が、経済分野だけでなく、移民や安全保障等へ拡大した。先進諸国の ODA が軒並み減っていく中で、2000 年を前後して、海外の移民労働者の本国送金額が ODA 総額の 2 倍に達している[36]。日本を中心の「人間の安全保障」が提唱されたのもこの頃である。

　特記すべきは、開発問題は、構造的な所得格差と相対的に開発の遅れた地域を抱える先進国にもみられる現象で、途上国だけでなく、先進国も包含する新しい分析枠組みが必要であるとの指摘が出たことである[37]。これまで開発とは、低開発というおぞましい状態から脱出して西欧先進国のようになることであった。欧米が果たした近代化への離陸(take-off)をキー概念とする単線的な進歩論である[38]。先進国か途上国かを問わない開発概念の出現は、まさに「開発のパラダイム」の転換を求めている。

　今後開発問題はどうあるべきなのか。いくつかの可能性が考えられよう。まず、60 年前にレーリングが予想したように、そして、先進国と途上国の区別なしに、世界は「国際社会法」形成の方向へ向かうべきか。そのために必要な連帯の基盤ができ上がりつつあるのか。それとも、依然として先進国(=富める国)と途上国(貧しい国)の格差が続くからには、旧「開発の国際法」に代わる、「新」開発の国際法が再び模索されるべきであろうか[39]。新たな開発観に立脚した、機能し得る衡平な国際経済秩序とはいかなるものであろうか[40]。

　本章ではどちらの立場にも明確に立っていないが、「開発の時代」、「開発の国際法」が誕生したのは、米国の覇権と冷戦という特殊時代的な背景によるものであること、そして、「異なるかつより有利な取扱」が必要な構成員をどのように組み込んでいくべきかは国際社会そのもののあり方と切り離して考えてはならないことを指摘しておく。「開発のパラダイム」が大きく揺れる中、国家(社会)間の「格差」の是正がどうあるべきかの問いかけに終着点は見えない。

III. 移行経済問題

1. ガット体制と非市場経済 (nonmarket economies)

(1) ITO 交渉における社会主義の国々

　旧ソビエトは、ブレトン・ウッズ会議にも、初期の ITO 交渉にも参加したが、英米主導の無差別・多角的な国際経済体制に対して、原則 (principle) および制度 (institution) の両面から異議を唱え、参加を拒否し遠ざかったと言われる[41]。

　原則面であるが、まず、旧ソビエトの目には、米国の自由、無差別、多角的貿易、より良い投資の機会および援助計画等が米国の経済的・政治的支配を確立する意図であると映ったので、それへの参加は自らその支配に服する危険なものに思われた。次に、旧ソビエトは、計画経済モデルに基づく旧東欧諸国と2国間経済取極に基づく経済協力体制を目指していたことである。最後に、欧米の自由貿易体制へ加わることは、開発水準の低い自らの国内市場を提供することになりかねないので、まず幼稚な国内産業を保護しながら工業化を急ぐべきであると考えたことである。興味深いことは、無差別・多角主義を体現しているハバナ憲章や GATT が規模の小さく発展途上にある国々に不利であるという当時の東欧諸国の主張が——2国間主義の正当性をさておき——のちの途上国主張に酷似していたことである。

　制度面では、旧ソビエトは、米国と ITO の位置づけが異なっていた。米国は、政治から経済を切り離す、ツートラックの考え方をとり、国連と IMF/ITO を切り離したが、旧ソビエトは IMF と世界銀行が政治組織である国連から自立することに反対であった。このような考え方の違いは冷戦の勃発とともに現実のものとなり、1950年ポーランドが両組織から脱退し、チェコが後に続いた。

　興味深いことは、米国は1945年「世界貿易雇用拡大のための提案」の中で、旧ソビエトの参加を前提に、自由経済と集合経済 (collectivist economy) の間の貿易関係を解決するために、「外国貿易について完全な国家独占体制を有する国は毎年事前に合意した量に相当する物品を購入することを約束し、その購買総量について機構と定期的に調整しなければならない」という文言を入れた[42]。そして、1955年旧ソビエトが国連経済社会理事会において ITO 批准を訴えたことは、国連傘下での国際貿易機関を追求したことと、ITO 憲章の規範内容が社会主

義国の編入を妨げるものでないと思われていたようで、合わせて考えると興味深い[43]。しかし、1946年ロンドン会議以後旧ソビエトの不参加で、自由経済と集合経済の間の貿易関係について実験が行われる機会はなくなってしまった。そして、定期的に購買総量について交渉する条項（'global commitment' clause）はポーランドのガット加入の際に復活するようになる。

(2) ガットへの加入例

　旧ソビエトの普遍的な貿易組織イニシアティブの失敗と、1950年代を通じて旧東欧諸国の政治経済的発展によって、旧東欧諸国の間で無差別・多角的貿易体制のガットについて関心が生まれ、それらの国々のガット編入が現実的な問題となった。

　まず、チェコは、特殊なケースで、共産化する前にガット原締約国であった。チェコが新しく社会主義国家になると、たちまちいくつかの問題が浮上した。まず、冷戦後米国議会は共産圏の国々にMFN待遇付与を禁止する法律を制定し、米国はガット適用を停止した。次に、チェコがIMFから脱退を余儀なくされたために、ガット15条3項に基づく取極を結ぶ義務に対してウェーバーが与えられた。最後に、ダンピング調査に際して比較可能な価格の決定が困難な場合について規定するガット6条の注釈の使用の必要性が認識された。チェコは、ケネディ・ラウンドにおいて、ポーランド同様、チェコ輸入に対する輸入制限が解かれる代わりに、輸入を30％増やす提案を行ったが多くの国に受け入れらなかった。

　ユーゴの場合も特別である。ユーゴは早々と東欧ブロックから決別し社会主義市場経済へ移行した。東欧ブロックから決別したことで米国との政治的関係が良好になりMFN待遇が与えられた。1958年になって、まだ経済の移行状態から正式の加入資格は早いとの理由で締約国団と「連携」（association）という特別関係を結び、1962年暫定加入を経て、ケネティ・ラウンドの後半である1966年正式の締約国になった。コステッキは、ユーゴの経験は、社会主義国であっても中央計画経済から分権化を進めることでガット締約国になれること、しかし、良好な政治的条件の下であっても、国内改革およびガット内の調整にはかなりの時間が必要であることを示す例であるという[44]。

　ポーランド、ルーマニア、そして、ハンガリーの加入は、かなり長い時間を費やして基本的に自らの非市場経済体制を保ちながら、相互主義に基づく交渉を通じて成し遂げられた。ポーランドの場合、1956 年ハンガリー市民蜂起のお蔭で西側諸国、特に米国の好意的な計らいの下で、1959 年から「連携」の地位からスタートし 1967 年正式な締約国となった。ケネディ・ラウンドで、無差別待遇を得る代わりに、向こう 5 年間毎年輸入を 7％ずつ増やす約束を行い、相手国の国内産業に深刻な損害が生じた場合輸入制限を課す特別セーフガードを受け入れての加入であった。計画経済でありながら関税を持っていたハンガリーの場合も、相互主義に基づく加入交渉と特別セーフガードを受入れることで 1973 年に加入を果たした。ルーマニアの場合も 10 年以上のオブザーバー参加を経て 1971 年 IMF と同時加入を果たした。

(3) ガットでの解決方式

　ポーランド、ルーマニア、そして、ハンガリーの加入の実現には、加入時の相互主義の確保、無差別待遇の付与、そして、特別セーフガード設定の 3 つの要素があった。まず、加入交渉を通じて相互主義の確保が行われたことでは共通しているが、ポーランドの場合は、前述したように、向こう 5 年間毎年輸入を 7％ずつ増やすという包括的な約束（‘global commitment’）の方式がとられ、関税を有していたハンガリーの場合は関税交渉によったことが異なっていた。ルーマニアの場合にはルーマニア輸出量に相応する輸入増大の約束という「貿易均衡ベースの相互主義」方式が取られた。次に、ルーマニアとハンガリーの場合、ガット加入にもかかわらず、米国から無差別待遇を与えられず、35 条が適用される不遇を味わった。確かにガット加入そのものが米国との取極を結びやすい環境を作り出したが、根本的な解決にはならなかった。いくつかのヨーロッパの国による差別に対しては、数量制限を加入時に凍結し、緊急の場合を除いて、徐々に減らしていくことで折り合いがついた。最後に、特別セーフガードであるが、ダンピングの場合は「正常価格」の異なる計算が前提とされ、セーフガードの場合には、19 条と異なって、「市場攪乱」の基準によって、差別適用を甘んじて受け入れることを余儀なくされた。そして、3 か国ともに、加入時の合意を誠実に履行しているか締約国団と定期的

566

に協議を行うこと、そして、必要な情報を提示しなければならなかった。

(4) 冷戦の影響[45]

　ガット時代の非市場経済の問題には、冷戦の陰が色濃く落とされていた。冷戦が本格化すると、西側の盟主である米国は、自ら立てたツートラックのスタンスを変え、共産圏およびその構成国に対する対立姿勢を鮮明にした。1951 年米国議会は共産主義により支配されているかコントロールされている国には最恵国待遇を与えないよう行政府に命令する法律を制定した。ガットへ加入した 5 か国に対する対応についてはすでに述べた通りである。米国行政府は議会の命令を遵守するためにガット 35 条を援用した。

　1972 年には有名なジャクソン・バニック修正が作られ、1974 年通商法第 4 部に含まれた。この法律は旧ソビエトがユダヤ人の自由出国を認める場合最恵国待遇を与える内容であるが、旧ソビエトはジャクソン・バニック修正に基づく通商協定の締結を拒否した。1974 年通商法のもう一つの特記すべき部分は、共産圏の国々からの「市場攪乱」に対する特別免責条項である 406 条であるが、これについては後述する。これらのスタンスは基本的に 1988 年包括通商強化法案において引き継がれている。

　前述したように、旧ソビエトは当初ブレトン・ウッズ会議にも参加したし、初期の米国の ITO 憲章草案は旧ソビエト以下共産主義圏の参加を前提としていた。すなわち、原理的には非市場経済国が第 2 次世界大戦後の国際経済体制になじまないことではなく、旧ソビエトの共産圏発展のための戦略および冷戦の勃発がこれらの国々の参加を妨げたのである。確かに旧東欧 5 か国がガットに加入したが経済規模が大きくなかったことも手伝い、ガット体制そのものへの根本的な問題提起のなされないまま冷戦の終焉を迎えることになる。

2. ガットと国家貿易

　ここでいう「国家貿易企業」とは、公的・私有企業を問わず、ガット締約国・WTO 加盟国によって設立もしくは維持され、排他的または特権または免責を付与され、これらの特権の行使によって物資の購入または販売または輸

出入の管理に影響を与えることのできる企業と定義されており（1994年のガット17条に関する了解）、後述の「非市場国経済」は異なる概念であることに留意が必要である。1980年代後半まで、東側諸国は「非市場国経済」と認識されており、他方、西側諸国は「市場経済」を有していると考えられてきた。しかし、東側諸国の中では、1970年代から一部のセクターにおいて自由化を進めてきた。その一方、多くの西側諸国は一部の産品に対し、国家自身がその輸出入および購買を管理し、民間企業が管理する場合でも多様な規制を敷いてきた。

　このセクションでは、ガット17条で規律している「国家貿易企業」について概説し、その後、計画経済国と政府調達における分野でどのように対処されてきたのか詳述する。

(1) ガット17条

　前述のとおり、ガットにおける「国家貿易企業」とは、法的または事実上を問わず何らかの独占権または特権を付与されている企業であり、このような企業の行為はガット17条によって規律されている。例えば、輸入の独占権はガット17条の規定の範疇に収まり、また、特定産品の購買に対する独占権も、ガット17条の規定の対象となる。

　ガットでは国家貿易企業に関し、加盟国に4つの義務を課している。

　1つ目の義務はガット上のMFN原則の適用であり、加盟国は国家貿易企業を運用するにあたり、ガットの定める一般的無差別原則を順守する義務を有している（ガット17条第1項(a)）。また、国家貿易企業が卸売業者として活動する場合は、無差別原則に加え、ガット上の内国民待遇をも遵守する義務を有している。この場合、国家貿易企業は商業慣行を考慮して行動し、競争するための適用な機会を他の締約国の企業に与えなければならないこととなっている。

　2つ目の義務は、数量制限の不許可である。「輸入制限」と「輸出制限」は、ガット11条（数量制限の一般的廃止）、12条（国際収支の擁護のための制限）、13条（数量制限の無差別適用）、14条（無差別待遇の原則の例外）、18条（経済開発に対する政府の援助）でそれぞれ規律・例外に関して規定されているが、これらのルールは国家貿易の運用によって実施される制限にも適用されることが、注釈（Ad

Article) に明示されている。

　第3に、関税交渉の結果約束した譲許表に定める保護の量を平均して超えるよう、国家貿易企業を運用してはならない（ガット2条第項、17条4項(b)）。

　ガット第17条では、国家貿易企業が貿易に著しい障害を与えることを認識しており、当該企業の活動によって生じる障害を制限し、減少させることは国際貿易の拡大に資することを定めている（ガット17第3項）。WTOは国家貿易企業の設立または維持を禁止したり、妨げたりはしていないが、WTOの原則およびルールを順守して運用することを加盟国に課している。そのため、透明性の確保を向上させるため、当該企業によってなされる輸出入の通報を義務付けている。

　ガット17条は、加盟国が差別的待遇を迂回するために国家貿易企業を介してはならない義務を課す、国家貿易企業に関する一般的な条文となっている。ガットの交渉時代より、国家貿易企業による貿易自由化の迂回が懸念されていたが、ウルグアイ・ラウンド交渉の結果成立された多角的貿易協定では、国家貿易企業の活動をさらに制約するために追加的義務が挿入された。例えば、農業協定と補助金協定においては、輸出を行う国家貿易企業に対する特権に関する性質および範囲に制約が加えられ、アンチ・ダンピング協定と補助金協定では、輸出を行う国家貿易企業の行為によって国内産業に実質的な損害が発生した場合、特定の条件下においてこの行為を相殺するための措置を取ることができることが定められている。

(2) 計画経済国とガット

　東西冷戦中、ガットはもっぱら西側諸国の国際制度と考えられてきたが、前述したように、その締約国にはキューバやチェコスロバキアが含まれ、計画経済国もガットの一員となることは可能であった。非市場経済国として初めてガットの締約国となったのはポーランドであり、その加盟は1967年10月18日に達成された[46]。その後、ルーマニア（1971年11月14日）とハンガリー（1973年9月9日）が計画経済国としてガットに加盟した。ポーランド、ルーマニアとハンガリーは、ガットの締約国である同時に、経済相互援助会議（コメコン）の加盟国であった。

　戦後の国際通商体制は、市場経済のルールおよび原則に基づいて構築され、ガットのルールも市場経済を想定して規定されている。他方、社会主義国における対外貿易の目的は、長期的経済計画のプログラムに規定された事業のための資金調達活動のために実施するものであった。計画経済国が、市場経済国によって構成されるガットに加盟することは、対外貿易の目的に関する意識の変革を意味する。第25次コメコン会議において発出されたコミュニケは資本主義国との関係構築に関して声明が出され、平和的共存、平等、相互利益、主権尊重の原則に基づき、資本主義国との経済的、科学的、工業的関係を構築することをコメコン諸国は継続していくことを宣言している[47]。

　他方、ガットの方も、上述の計画経済国が加盟したように、その門戸を非市場経済国にも開き、特別な条件を付すことで、ガット加盟国になることを許容してきた。また、後述する中国とロシアの場合とは異なり、ガット時代に締約国となった計画経済国の経済および貿易規模は小さく、また、他のガット締約国も何らかの形で国内に「非市場的」要素を含んでいることから、計画経済国をその体制に含めることに抵抗は少なかったと言える。

3. 移行経済国

　冷戦終焉に伴ってガット・WTO体制への社会主義計画経済国の編入への障害は一つなくなった。実際多くの国々は社会主義計画経済から移行経済国となってWTOへの加盟を果たした。これらの国々は、ガット時代の5か国同様、貿易規模の小さな国々ばかりであった。それに対して、経済規模の大きさから国際経済関係に多大な影響が見込まれる中国とロシアの加盟は全然違うケースであり、2つの国がWTOへ加盟するまでには長い年月が費やされ、分厚い特別取極が用意されないといけなかった。

(1) 中　国

　国民党政府に率いられていた「中華民国」は、1948年に発足したガットの原締約国として加盟していたが、1949年10月に中華人民共和国（以下、中国）が成立されると、国民党は台北に移り、戦費調達のためガット上の義務履行が困難となったことから、ガットを脱退した。国連における地位を得た中国は、

対外開放路線を打ち出した 1978 年以降、ガットへの関与を深めていくこととなる。

1981 年 11 月に中国は、ガット繊維委員会にオブザーバーとして参加し、1984 年に締結された「繊維製品の国際貿易に関する取決め」(Multi-Fiber Arrangement, MFA) を受諾し、中国はガット締約国から繊維製品の輸入割当量を獲得することとなる。繊維の分野でガットとの距離を縮めた中国はその後、1986 年 7 月にガットへの「復帰」(resumption) を申請した[48]。中国国内の政治的動乱やウルグアイ・ラウンド交渉による加盟交渉の中断および停滞があったが、2001 年 11 月にドーハ (カタール) で開催された閣僚会議において、中国の加盟は満場一致で承認され、2001 年 12 月 11 日に正式に WTO に加盟した[49]。

中国の WTO 加盟にあたり、対中国独自の措置として、経過的セーフガード、ダンピング決定の際の価格比較等の「経過的措置」(transitional measures) が認められた。これらの経過的措置は、ガットの基本原則である最恵国待遇や内国民待遇から逸脱する特別な措置であるが、このような規定が置かれた背景には、中国の市場は完全に開放されておらず WTO のすべての義務を実施する段階にない、安価な労働力によって生産された物資の市場流入による市場錯乱の可能性等、中国独自の経済体制に起因する WTO 義務の完全履行に対する時間的猶予が必要であると認識され、経過的措置をとおして徐々に WTO 義務の完全な履行を促すことを目的としていた。

経過的措置の導入は、過去には東欧諸国の加盟議定書にも類例があり、主に貿易救済措置 (アンチ・ダンピング、相殺関税、セーフガード措置) に関して、多角的協定からの一時的な義務の逸脱が規定されていた。中国の経過的セーフガード措置は、加盟議定書の第一部第十六節に規定されており、同措置は加盟後 12 年間にわたり適用されるとしている。一般セーフガードは、事前に予見できなかった輸入の相対的または絶対的増加によって国内産業に重大な損害またはおそれがあるとき、全加盟国を対象に、重大な損害を防止または救済し、調整を容易にするために必要な期間 (上限は 4 年間、ただし最大 8 年まで延長可能) にわたり発動することができるが、対中経過的セーフガードは、中国産品の相対的または絶対的な急激な増加により国内産業に市場攪乱またはそのおそれがあるとき、国内産業に実質的な損害またはそのおそれがある場合、

市場攪乱が存在する場合に、中国のみを対象に、市場攪乱を防止または救済に必要な期間（上限なし）にわたり発動できるとされ、発動要件および期間は一般セーフガードと比べ大幅に緩和されている内容となっている。

　ダンピングとは、正常価額よりも不当に安い価額で産品を他国に輸出する行為を指し、当該輸出によって国内産業に実質的な損害が与えられるか与えられるおそれがある場合、そのダンピングを相殺・防止する目的で、当該産品の国内価格と輸出価格との差（ダンピング・マージン）を限度として、アンチ・ダンピング税を課すことができる（中国の非市場経済国に関する問題は、下記 5. 参照）。ガットが想定している国内価格は、市場経済国におけるものであり、必ずしも市場経済とは言えない中国市場で生産された産品の国内価格を算出ことは困難であるとの懸念から、対中国独自のダンピング・マージン算出方法が策定された。すなわち、中国国内の生産者は、対象産品の生産・販売について市場経済の条件が浸透していることを明確に立証できない場合には、加盟国は中国における国内価格との厳密な比較に基づかず、ダンピング・マージンを算出することができるとするものである。そのためには、第三の市場経済国における国内価格の使用や、比較可能な産品を生産している第三者価格の使用が挙げられる。この独自規定は、加盟後 15 年の期間にわたり適用されるものとされた。

　2016 年 12 月に、中国が WTO に加盟してから 15 年が経過したことを受けて、中国は、WTO 協定上の「市場経済国」になると主張しているが、日米欧は企業の経済活動や貿易に政府の強い関与が残っているとして中国の主張を認めず、中国を「非市場国経済」として扱う慣行を継続している。

(2) ロシア

　ロシアは 1993 年 6 月 4 日にガットへの加盟申請を行い、同年 6 月 16 日から 17 日にかけて開催された貿易交渉理事会において、多くの締約国はロシアのガット加盟に好意的な評価を下し、加盟のための作業部会を設置することが決定された。しかし、ロシアのガット加盟交渉は長引き、2011 年 11 月 10 日に開催された第 31 回作業部会において、ロシアの WTO 加盟が決定された。その後、2011 年 12 月 16 日に開催された第 8 回閣僚会合でロシアの WTO 加盟

が採択され、2012 年 8 月 22 日に、WTO の第 156 番目の加盟国となった。

　ロシアのガット・WTO 加盟に関して、同国の国営企業の民営化および取扱いが一つの焦点をなった。ロシアは、1993 年以降国営企業の民営化作業を国内法の設置によって進めていたが、そのプロセスの透明性およびそれに係る制限、特に、民営後の企業に対する外資参入に関して疑義がもたれていた。特に、天然資源の内外価格差に関する問題はロシアの WTO 加盟において重大であり、それは、同国の天然資源は国営の企業によってその価格が決定されていたことに起因する。

　ロシアの天然ガスの価格は、国際市場価格の影響を受け、近年の原油価格の高騰によって、ロシア産天然ガスの輸出価格も連動して高騰していた。その一方で、国内向けの天然ガスの価格は、国営企業のガスプロムによって政府の政策に合致するかたちで決定されており、国内産業への影響を緩和するため、抑制されていた。天然ガスは、国際市場では価格が高騰し、国内では価格高騰が抑制されていたため、著しい内外価格差が発生していた。

　国営企業の関与によって、ロシア国内の天然ガス企業は不当に高い輸出競争力を有しているとみなされ、国家貿易企業の在り方がロシアの WTO 加盟交渉において焦点となった。

4. 国営企業の問題

　中国とロシアの WTO 加盟に際して問題となったように、国営企業および国家貿易企業を WTO のルールでどのように拘束していくかが課題となっている。WTO 以外では、OECD においても国営企業について議論がなされており、2005 年には「国有企業のコーポレートガバナンスに関するガイドライン」を発表している。同ガイドラインは、資源の適切配分を通じた社会の価値の向上や一般市民の共通利害の達成、公共政策の達成等、各社会で国営企業に期待されている論拠を列挙して、その有意義性を評価している一方、市場において民間企業との競争条件を公平に保つため、各国政府が国営企業の運営に関して取るべき指針が挙げられている。

　WTO や OECD 等の国際機構の他には、近年増加してきている地域的経済連携協定においても、国営企業に関する規律が芽生えてきている。2018 年 3

月に署名された「TPP 11 協定」では、その第 17 章が「国有企業および指定独占企業」となっており、同章によると、締約国が 50 パーセントを超える議決権の行使を支配している企業、締約国が持分を通じて 50 パーセントを超える議決権の行使を支配している企業、締約国が取締役会その他これに相当する経営体の構成員の過半数を任命する権限を有する企業、の 3 形態の企業が「国有企業」と定義され、規律の対象となっている。

　TPP においても、国有企業の市場歪曲性を念頭に、同企業が商業的考慮に従って行動すること、他の締約国の企業に対し無差別待遇を与え、それを確保すること、国有企業に対する非商業的支援の付与によって他の締約国の利益に悪影響を及ぼさないこと、また、国有企業の情報を他の締約国に提供すること等が規定されている。（→第 6 章のコラム⑥）

5. 貿易救済法と「非市場経済国問題」

　非市場経済国をめぐり最も先鋭な問題が AD 税や CVD 等貿易救済法の適用問題である。すなわち、政府の介入の度合いが高くて、市場が適正に機能しない経済であるために、AD 税や CVD を課すことに市場経済国にはない困難が伴うためである。

　ダンピングとは国内販売価格より輸出価格を低く設定する行為で、その 2 つの価格の差である「ダンピング・マージン」を割り出して、それに相応する AD 税が課される。ガット・WTO では、産品の正常価格は輸出国が市場経済であるとの前提で決まるものと考えられている。しかし、非市場経済国の場合、市場経済化が不十分であるか全くなされていないために、ダンピング・マージン算定の出発点である国内販売価格（＝正常価格）が分からなかったり、不相当に低かったりするために、輸出価格との適切な価格比較ができない。そして、非市場経済国における価格は企業の費用または利潤とあまり関係がないものと推定される。そのために、非市場経済国からの製品に AD 税を課そうとする国は、ダンピング・マージンの算定の際に、第 3 国価格か構成価格を用いてきた。米国は、1970 年代ポーランドゴルフ・カート事件を契機に、非市場経済国からのダンピング調査の際には、まず、当該製品を調べ、その生産要素（部品、労務・オーバーヘッド費用等）を決定し、次

574

に、似たような経済発展にある市場経済国である「代替国 (surrogate country)」を探し、各要素について比較を行う。最後に、これらの情報に基づいて構成価格を割り出し、輸出価格と比較する手法を用いてきた。他の国々も米国のやり方に従ってきた[50]。

ガットは出帆直後原加盟国のチェコが計画経済に移行する事態に直面して、ガット6条に「注釈」を追加した。注釈は、「貿易の完全または実質的に完全な独占を設定している国ですべての国内価格が国家により定められているものからの輸入の場合には」、輸入締約国にとって、アンチ・ダンピング決定の際に、その国の国内価格との厳格な比較が必ずしも適当でないことを認めている。

それに対して、貿易相手国の補助金付き輸出に対抗するための相殺関税の場合はやや事情が異なる。そもそも市場が機能しないで、政府主導で価格が設定される中央計画経済において「補助金付き」ということが意味をなさないとされ、ガットもことさら言及していない。米国でも1983年までに非市場経済国へ相殺関税を課する問題は自覚されなかったのである。

注

1　A.A.Fatoulos, 'Developing States' in R.Bernhardt (ed.), *Max Plank Encyclopedia of Public International Law*, vol.9 (Elsevier Science Publishers B.V.,1986) , 71.

2　森川俊孝、「開発協力と国際法」、森川ほか編『開発協力の法と政治―開発協力研究入門―』(国際協力出版会、2004年) 171頁。

3　他の加盟国によるクレームはめったにないけど、韓国の牛肉事件のパネルと上級委員会報告書採択の際にECによる提起、そして、中国の加入時の議論など、全くないわけではない。Simon Lester, Bryan Mercurio and Arwel Davies, *World Trade Law Text, Materials and Commentary* (Hart Publishing, 2nd ed, 2012) 814-816.

4　たとえば、韓国は1997年OECDへ加入を果たしたが、依然として自らを先進国とみなしていない。

5　https://www.mofa.go.jp/mofaj/gaiko/ohrlls/ldc_teigi.html (as of 21 August. 2018)

6　WTO協定12条2項。

7　授権条項7項. Isaiah Frank, "The 'Graduation' Issue for LDCs", (1979) 13 (4) *Journal of World Trade Law* 289.

8　Robert H. Jackson, *Quasi-States: Sovereignty, International Relations and the Third World* (Cambridge Studies in International Relations, 1993)

9　H.W.Arndt, *Economic Development: The History of an Idea* (University of Chicago Press,

1987）, 140 f.

10　山本満「冷戦終結と南北問題の再定義」『国際問題』No.400（1993 年 7 月号）45 頁。

11　第 10 章 II 2 を参照。

12　阿部克則「天然資源に対する恒久主権原則と WTO 協定の解釈適用」『国際法外交雑誌』第 114 巻第 4 号（2016 年 1 月）26-48 頁。西海真樹、「『天然の富と資源に対する恒久主権』の現代的意義」、『日本国際経済法学会年報』第 22 号 11-29 頁。

13　A.Hurrell and N. Woods eds, *Order, Globalization, and Inequality* (Oxford University Press, 1996) 392; Margot E. Solomon, 'From NIEO to now and the unfinishable story of economic justice' (2013) 62 *International and Comparative Law Quarterly* 39.

14　ペレは、「「開発の国際法」は力関係の状態のかなり忠実なバロメーターであって。それは国際関係の中において周辺部諸国が獲得し得たささやかな成果なのである」という。アラン・ペレ著、小谷鶴次他訳、『開発国際法』（白水社、1989 年）157 頁

15　次の 3 節を参照。

16　柳赫秀「WTO と途上国―途上国の『体制内化』の経緯と意義」、『貿易と関税』、2000 年 7 月号 49 頁。

17　多くのラテン・アメリカ諸国が ICSID へ加入するとともに、ガットにも入っていった。

18　John H.Jackson, *World Trade and the Law of GATT* (The Bobbs-Merrill Company,Inc, 1969) 663-671.

19　Michael J. Trebilcock, Robert Howse, and Antonia Eliason, *The Regulation of International Trade* (Routledge, 3**rd** ed, 2012) 474.

20　*Ibid.*

21　*Ibid.*

22　*Ibid.* 477.

23　*European Communities – Conditions for the Granting of Tariff Preferences to Developing Countries* (DS246).

24　「体制からの自由」、そして、新規加盟国の場合のガット 26 条 5 項 (c) の宗主国の「スポンサー・シップ」による加盟の道亡くなる。（第 3 章 II .7 を参照）

25　詳細については、柳赫秀著『ガット 19 条と国際通商法の機能』、（東京大学出版会、1994 年）138 頁。

26　新自由主義経済学が、構造主義ほか他の経済学理論と一線を画すことは、途上国の特殊状況の故に、途上国特有の経済開発理論が必要であるとは思わないことである。

27　柳「前掲論文」注 16、67 頁。

576

28 WTO Doc. WT/GC/W/442.

29 意味変化については、柳「前掲論文」注 16 参照。中川ほか『国際経済法』11 章も参照。

30 International Centre for Trade and Sustainable Development, 'Special and Differential Treatment', Doha Round Briefing Series Vol. 1 No. 1 of 13 February 2003, 49-52.

31 Robert Zoellick は「もはや知識は、北から南へ、西から東へ、富めるものから貧しいものへと流れない。開発の記録は十把一絡げにはいかないことを示している。」という。Robert B. Zoellick, 'News & Broadcast – Democratizing Development Economics', as prepared for delivery, Georgetown University, 29 September 2010.

32 M.J. Trebilcock and R. Howse, supra note 19.

33 Bernard Hoekman,' Operationalizing the Concept of Policy Space in the WTO: Beyond Special and Differential Treatment', (2005) 8 (2) *Journal of International Economic Law* 405-424.

34 M.J. Trebilcock and R. Howse, supra note 19.

35 Amartya Sen, *Development as Freedom* (Oxford: Oxford University Press,1999).

36 Vincent Chetail, 'Paradigm and Paradox of the Migration-Development Nexus: The New Border for North-South Dialogue' (2008) 51 *German Yearbook of International Law*, 183.

37 Yong-Sik Lee, 'General Theory of Law and Development' (2017) 50 *Cornell International Law Journal* 19. Available at the Social Science Research Network (SSRN): https://ssrn.com/abstract=2951317.

38 Walt W. Rostow, The Stages of Economic Growth: A Non-Communist Manifesto (Cambridge University Press, 1960).

39 Daniel D. Bradlow, 'Differing Conceptions of Development and the Content of International Development Law', in Asif H. Qureshi and Xuan Gao eds, *Volume V International Development Law* (Routledge, 2010) 1.

40 Emmanuelle Tourme-Jouannet, *What is Fair International Society? International Law Between Development and Recognition* (Hart Publishing, 2013).

41 Michel M. Kostecki, *East-West Trade and the GATT System*, (The Macmillan Press LTD, 1979) ch.1.

42 Clair Wilcox, *A Charter for World Trade* (The Macmillan Company, New York, 1949) 101.

43 旧ソビエト的考え方は 1963 年国連経済社会理事会の専門家グループの報告書にも表れたが、米国をはじめとする西側諸国の反対で霧散した。Kostecki, supra note 41, 8.

44 *Ibid*.

45 Jackson .supra note 18, 332.

46 キューバとチェコスロバキアはガットの原締約国であるが、市場経済であった時期にガットの締約国となっている。また、ユーゴスラビアは 1966 年 8 月 25 日にガット締約国となったが、同国が十分に市場先導型経済を有していたことから、ポーランド加盟時に浮上した問題はユーゴスラビア加盟時には生じなかった。

47 Pravda, 30 June 1971.

48 台湾は、中国より遅れて 1990 年 1 月に、「台湾・澎湖・金門・馬祖」の独立した関税地域（Separate Customs Territory of Taiwan, Penghu, Kinmen and Matsu）としてガットへの加盟を申請。

49 中国の加盟に関する閣僚会議は 2001 年 11 月 10 日に行われ、同日に加盟決定が採択された。中国は翌 11 日に加盟受諾書を事務局長に提出し、その 30 日後に加盟議定書が発効し、正式な加盟となる。

50 米国の対応については Jieun Lee, "China's Nonmarket Economy Treatment and U.S. Trade Remedy Actions ", RSIE Discusstion Paper No.657（October 15, 2016）を参照 .

参考文献

柳赫秀「WTO と途上国―途上国の『体制内化』の経緯と意義」、『貿易と関税』1998 年 7 月号・10 月号、2000 年 7 月号・9 月号。

柳赫秀『ガット 19 条と国際通商法の機能』、（東京大学出版会、1994 年）。

中川淳司、清水章雄、平覚、間宮勇『国際経済法 第 2 版』（有斐閣、2012 年）。

森川俊孝、「開発協力と国際法」、森川ほか編『開発協力の法と政治―開発協力研究入門―』（国際協力出版会、2004 年）171-213 頁。

山本満「冷戦終結と南北問題の再定義」『国際問題』No.400（1993 年 7 月号）45-57 頁。

Bernard V. A. Röling, *International Law in an Expanded World* (Djambatan N.V., 1960) .

Robert H. Jackson, *Quasi-States: Sovereignty, International Relations and the Third World* (Cambridge Studies in International Relations, 1993)

Michael J. Trebilcock, Robert Howse, and Antonia Eliason, *The Regulation of International Trade* (Routledge, 3rd ed, 2012)

Simon Lester, Bryan Mercurio and Arwel Davies, *World Trade Law Text, Materials and Commentary* (Hart Publishing, 2nd ed, 2012)

Robert E. Hudec, *Developing Countries in the GATT Legal System* (Cambridge University Press, 1987)

John E. Jackson, *The World Trading System: Law and Policy of International Economic Relations* (The MIT Press, 1997)

Bernard Hoekman, and Michel M. Kostecki, *The Political Economy of the World Trading System: The WTO and Beyond* (Oxford University Press, 3rd ed, 2010)

Michel M. Kostecki, *East-West Trade and the GATT System* (The Macmillan Press LTD, 1979) .

ＷＴＯ紛争解決機関報告書

【DS2, 4】米国－ガソリン規制

United States – Standards for Reformulated and Conventional Gasoline ("US – Gasoline")

【DS8, 10, 11】日本－酒税格差

Japan – Taxes on Alcoholic Beverages ("Japan – Alcoholic Beverages II")

【DS18】オーストラリア－サケ輸入禁止

Australia – Measures Affecting Importation of Salmon ("Australia – Salmon")

【DS22】ブラジル－乾燥ココナッツ相殺関税

Brazil – Measures Affecting Desiccated Coconut ("Brazil Desiccated Coconut")

【DS26, 48】*EC*－ホルモン牛肉に関する措置

European Communities – Measures Concerning Meat and Meat Products (Hormones) ("EC – Hormones")

【DS27】*EC*－バナナ輸入制限

European Communities – Regime for the Importation, Sale and Distribution of Bananas ("EC – Bananas III")

【DS31】カナダ－雑誌に係る措置

Canada – Certain Measures Concerning Periodicals ("Canada – Periodicals")

【DS33】米国－毛織シャツ・ブラウス輸入制限

United States – Measures Affecting Imports of Woven Wool Shirts and Blouses from India ("US – Wool Shirts and Blouses")

【DS34】トルコ－繊維・衣服輸入制限

Turkey – Restrictions on Imports of Textile and Clothing Products ("Turkey – Textiles")

【DS38】米国－キューバ自由民主化法

United States – The Cuban Liberty and Democratic Solidarity Act ("US – Helms Burton")

【DS44】日本－消費者フィルム印画紙関連措置

Japan – Measures Affecting Consumer Photographic Film and Paper ("Japan – Film")

【DS50】インド－医薬品農業用化学品特許保護

India – Patent Protection for Pharmaceutical and Agricultural Chemical Products ("India – Patents (US)")

【DS58】米国－エビ保護海ガメ法

United States – Import Prohibitions of Certain Shrimp and Shrimp Products ("US – Shrimp")

【DS60】グアテマラ－ポートランドセメント輸入の*AD*調査

Guatemala – Anti-Dumping Investigation Regarding Portland Cement from Mexico (Guatemala – Cement I")

【DS72】*EU*－乳製品に係る措置

European Communities – Measures Affecting Butter Products ("EC – Butter")

【DS76】日本－農産物に係る措置

Japan – Measures Affecting Agricultural Products ("Japan – Agricultural Products II")

【DS83, 110】チリ－酒税

Chile – Taxes on Alcoholic Beverages ("Chile – Alcoholic Beverages")

【DS90】インド－農業・織物・工業製品輸入に係る数量制限

India – Quantitative Restrictions on Imports of Agricultural, Textile and Industrial Products ("India – Quantitative Restrictions")

【DS98】韓国－乳製品輸入に係るセーフガード決定

Korea – Definitive Safeguard Measure on Imports of Certain Dairy Products ("Korea – Dairy")

【DS108】米国－外国小売業者への課税制度

United States – Tax Treatment for "Foreign Sales Corporations" ("US – FSC")

【DS121】アルゼンチン－履き物輸入に係るセーフガード措置

Argentina – Safeguard Measures on Imports of Footwear ("Argentina – Footwear (EC)")

【DS122】タイ－ポーランド製鉄鋼に対する AD 措置

Thailand – Anti-Dumping Duties on Angles, Shapes and Sections of Iron or Non-Alloy Steel and H-Beams from Poland ("Thailand – H-Beams")

【DS132】メキシコ－米国産高糖度コーンシロップに対する AD 調査

Mexico – Anti-Dumping Investigation of High Fructose Corn Syrup (HFCS) from the United States ("Mexico – Corn Syrup")

【DS135】EC －アスベスト及びその製品に係る輸入禁止措置

European Communities – Measures Affecting Asbestos and Asbestos-Containing Products ("EC – Asbestos")

【DS136】米国－ 1916 年 AD 法

United States – Anti-Dumping Act of 1916 ("US – 1916 Act")

【DS138】米国－イギリス製鉄鋼製品に対する相殺関税賦課

United States – Imposition of Countervailing Duties on Certain Hot-Rolled Lead and Bismuth Carbon Steel Products Originating in the United Kingdom ("US – Lead and Bismuth II")

【DS139, 142】カナダ－自動車政策に係る措置

Canada – Certain Measures Affecting the Automotive Industry ("Canada – Autos")

【DS141】EC －インドからのベッドリネン輸入に対する AD 措置

European Communities – Anti-Dumping Duties on Imports of Cotton-Type Bed Linen from India ("EC – Bed Linen")

【DS152】米国－ 1974 年通商法第 301 条～ 310 条

United States – Sections 301-310 of the Trade Act of 1974 ("US – Section 301 Trade Act")

【DS155】アルゼンチン－皮革輸出及び加工済み皮革の輸入に係る措置

Argentina – Measures Affecting the Export of Bovine Hides and the Imports of Finished Leather ("Argentina – Hides and Leather")

Germany ("US – Carbon Steel")

【DS217, 234】米国－1930 年関税法改正条項（通称：バード条項）

United States – Continued Dumping and Subsidy Offset Act of 2000 ("US – Offset Act (Byrd Amendment)")

【DS219】EC －ブラジルからの可鍛鋳鉄管継手に対する AD 措置

European Communities – Anti-Dumping Duties on Malleable Cast Iron Tube or Pipe Fittings from Brazil ("EC – Tube or Pipe Fittings")

【DS231】EC －イワシの表示

European Communities – Trade Description of Sardines ("EC – Sardines")

【DS236】米国－カナダからの軟材に対する仮決定

United States – Preliminary Determinations with Respect to Certain Softwood Lumber from Canada ("US – Softwood Lumber III")

【DS238】アルゼンチン－桃缶の輸入に関するセーフガード措置

Argentina – Definitive Safeguard Measure on Imports of Preserved Peaches ("Argentina – Preserved Peaches")

【DS241】アルゼンチン－ブラジルからの家禽に対する AD 措置

Argentina – Definitive Anti-Dumping Duties on Poultry from Brazil ("Argentina – Poultry Anti-Dumping Duties")

【DS244】米国－日本製表面処理鋼板への AD 措置に対するサンセット・レビュー

United States – Sunset Review of Anti-Dumping Duties on Corrosion-Resistant Carbon Steel Flat Products from Japan ("US – Corrosion-Resistant Steel Sunset Review")

【DS245】日本－輸入リンゴに係る検疫措置

Japan – Measures Affecting the Importation of Apples ("Japan – Apples")

【DS246】EU －開発途上国に対する差別的関税

European Communities – Conditions for the Granting of Tariff Preferences to Developing Countries ("EC – Tariff Prefererences")

【DS248, 249, 251, 252, 253, 254, 258, 259】米国－鉄鋼製品に対するセーフガード措置

United States – Definitive Safeguard Measures on Imports of Certain Steel Products ("US – Steel Safeguards")

【DS257】米国－カナダからの軟材に対する相殺関税決定

United States – Final Countervailing Duty Determination with Respect to Certain Softwood Lumber from Canada ("US – Softwood Lumber IV")

【DS264】米国－カナダ産軟材に対する AD の最終決定

United States – Final Dumping Determination on Softwood Lumber from Canada ("US – Softwood Lumber V")

【DS265, 266, 283】EC －砂糖への輸出補助金

European Communities – Export Subsidies on Sugar ("EC – Export Subsidies on Sugar")

【DS267】米国－高地産綿花に対する補助金
United States – Subsidies on Upland Cotton ("US – Upland Cotton")

【DS268】米国－アルゼンチン産油井管 (OTCG) に対する AD 措置へのサンセット・レビュー
United States – Sunset Reviews of Anti-Dumping Measures on Oil Country Tubular Goods from Argentina ("US – Oil Country Tubular Goods Sunset Review")

【DS269, 286】EU －冷凍骨なし鶏肉の関税分類
European Communities – Customs Classification of Frozen Boneless Chicken Cuts ("EC – Chicken Cuts")

【DS277】米国－カナダ産軟材に対する ITC の調査
United States – Investigation of the International Trade Commission in Softwood Lumber from Canada ("US – Softwood Lumber VI")

【DS282】米国－メキシコ産油井管に対する AD 措置
United States – Anti-Dumping Measures on Oil Country Tubular Goods (OCTG) from Mexico ("US – Anti-Dumping Measures on Oil Country Tubular Goods")

【DS285】米国－賭博サービスの越境移動に関する措置
United States – Measures Affecting the Cross-Border Supply of Gambling and Betting Services ("US – Gambling")

【DS294】米国－ダンピング・マージンの算出に係る法律、規則及び計算方法
United States – Laws, Regulations and Methodology for Calculating Dumping Margins ("Zeroing") ("US – Zeroing (EC)")

【DS295】メキシコ－牛肉及びコメに対する AD 措置
Mexico – Definitive Anti-Dumping Measures on Beef and Rice, Complaint with Respect to Rice ("Mexico – Anti-Dumping Measures on Rice")

【DS299】EC －韓国産 DRAM チップに対する相殺関税措置
European Communities – Countervailing Measures on Dynamic Random Access Memory Chips from Korea ("EC – Countervailing Measures on DRAM Chips")

【DS302】ドミニカ共和国－紙巻きタバコの輸入及び国内販売に関する措置
Dominican Republic – Measures Affecting the Importation and Internal Sale of Cigarettes ("Dominican Republic – Import and Sale of Cigarettes")

【DS308】メキシコ－ソフトドリンク及びその他の飲料に係る税制措置
Mexico – Tax Measures on Soft Drinks and Other Beverages (Mexico – Taxes on Soft Drinks")

【DS312】韓国－インドネシア製紙に対する AD 関税
Korea – Anti-Dumping Duties on Imports of Certain Paper from Indonesia ("Korea -Certain Paper")

【DS316】EC －大型民間航空機の取引に関連する措置
European Communities and Certain Member States – Measures Affecting Trade in Large Civil Aircraft ("EC and certain member States – Large Civil Aircraft")

【DS320】米国－ホルモン牛肉紛争に係る対抗措置の継続

United States – Continued Suspension of Obligations in the EC-Hormones Dispute ("US – Continued Suspension")

【DS321】カナダ－ホルモン牛肉紛争に係る義務の継続的な延長

Canada – Continued Suspension of Obligations in the EC-Hormones Dispute ("Canada – Continued Suspension")

【DS331】メキシコ－グアテマラ製鋼管への AD 税賦課

Mexico – Anti-Dumping Duties on Steel Pipes and Tubes from Guatemala ("Mexico – Steel Pipes and Tubes")

【DS332】ブラジル－再生タイヤの輸入に関する措置

Brazil – Measures Affecting Imports of Retreaded Tyres ("Brazil – Retreaded Tyres")

【DS336】日本－韓国製 DRAM チップに対する相殺関税措置

Japan – Countervailing Duties on Dynamic Random Access Memories from Korea ("Japan -DRAMSs (Korea)")

【DS337】EC －ノルウェー産サーモンへの AD 措置

European Communities – Anti-Dumping Measures on Farmed Salmon from Norway ("EC – Salmon (Norway)")

【DS341】メキシコ－ EU 産オリーブ油への相殺関税最終決定

Mexico – Definitive Countervailing Measures on Olive Oil from the European Communities ("Mexico – Olive Oil")

【DS347】EU －大型民間航空機の取引に関連する措置（二次申立て）

European Communities and Certain Member States – Measures Affecting Trade in Large Civil Aircraft (Second Complaint) ("EC and certain member States – Large Civil Aircraft (2nd complaint)")

【DS351】チリ－乳製品への暫定セーフガード措置

Chile – Provisional Safeguard Measure on Certain Milk Products ("Chile – Milk Safeguards")

【DS352】インド－ EU 産ワイン・蒸留酒の輸入・販売に関連する措置

India – Measures Affecting the Importation and Sale of Wines and Spirits from the European Communities ("India – Wines and Spirits")

【DS353】米国－大型民間航空機の取引に関連する措置（二次申立て）

United States – Measures Affecting Trade in Large Civil Aircraft (Second Complaint) ("US – Large Civil Aircraft (2nd complaint)")

【DS355】ブラジル－アルゼンチン産の樹脂に対する AD 措置

Brazil – Anti-Dumping Measures on Imports of Certain Resins from Argentina ("Brazil – Anti-Dumping Measures on Resins")

【DS363】中国－著作権物に係る市場アクセス問題

China – Measures Affecting Trading Rights and Distribution Services for Certain Publications and Audiovisual Entertainment Products ("China – Publications and Audiovisual Products")

【DS379】米国－中国製品に対する AD・相殺関税最終措置

United States – Definitive Anti-Dumping and Countervailing Duties on Certain Products from China ("Anti-Dumping and Countervailing Duties (China)")

【DS381】米国－マグロ、マグロ製品の輸入、売買及び販売に関する措置

United States – Measures Concerning Importation, Marketing and Sale of Tuna and Tuna Products ("US – Tuna II (Mexico)")

【DS384】米国－特定国からの輸入に係るラベリング要求

United States – Certain Country of Origin Labelling (COOL) Requirements ("US – COOL")

【DS394, 395, 398】中国－鉱物資源の輸出規制措置

China – Measures Related to the Exportation of Various Raw Materials ("China – Raw Materials")

【DS397】EC －中国産ファスナーに対する AD 措置

European Communities – Definitive Anti-Dumping Measures on Certain Iron or Steel Fasteners from China ("EC – Fasteners (China)")

【DS400, 401】EC －アザラシ製品の販売禁止措置

European Communities – Measures Prohibiting the Importation and Marketing of Seal Products ("EC – Seal Products")

【DS405】EU －中国からの革靴の輸入に対する AD 措置

European Union – Anti-Dumping Measures on Certain Footwear from China ("EU – Footwear (China)")

【DS406】米国－クローブ入りタバコの流通・生産に関する措置

United States – Measures Affecting the Production and Sale of Clove Cigarettes ("US – Clove Cigarettes")

【DS412】カナダ－オンタリオ州による再生可能エネルギーによる発電に関する措置

Canada – Certain Measures Affecting the Renewable Energy Generation Sector ("Canada – Renewable Energy")

【DS413】中国－電子支払いサービスに関する措置

China – Certain Measures Affecting Electronic Payment Services ("China – Electronic Payment Services")

【DS414】中国－米国産冷間圧延珪素鋼に対する相殺関税及び AD 措置

China – Countervailing and Anti-Dumping Duties on Grain Oriented Flat-Rolled Electrical Steel from the United States ("China – GOES")

【DS425】中国－ EU からの X 線安全検査機器に対する AD 税の賦課

China – Definitive Anti-Dumping Duties on X-Ray Security Inspection Equipment from the European Union ("China – X-Ray Equipment")

【DS426】カナダ－オンタリオ州による再生可能エネルギーによる発電に関する措置

Canada – Measures Relating to the Feed-in Tariff Program ("Canada – Feed-in Tariff Program")

【DS427】中国－米国からの鶏肉の輸入に対する AD 措置及び相殺関税措置

China – Anti-Dumping and Countervailing Duty Measures on Broiler Products from the United States ("China – Broiler Products")

【DS430】インド－米国からの農産物の輸入に関する措置

India – Measures Concerning the Importation of Certain Agricultural Products ("India – Agricultural Products")

【DS434, 435, 441, 458, 467】オーストラリア―タバコ製品の包装に関する規制に関する措置

Australia – Certain Measures Concerning Trademarks and Other Plain Packaging Requirement Applicable to Tobacco Products and Packaging ("Australia – Tobacco Plain Packaging")

【DS436】米国―インドからの熱間圧延鋼板の輸入に対する相殺関税措置

United States – Countervailing Measures on Certain Hot-Rolled Carbon Steel Flat Products from India ("US – Carbon Steel (India)")

【DS440】中国―米国からの自動車の輸入に対する AD 及び相殺関税措置

China – Anti-Dumping and Countervailing Duties on Certain Automobiles from the United States ("China – Autos (US)")

【DS442】EU ―インドネシアからのアルコールの輸入に対する AD 措置

European Union – Anti-Dumping Measures on Imports of Certain Fatty Alcohols from Indonesia ("EU – Fatty Alcohols (Indonesia)")

【DS453】アルゼンチン―物品・サービス貿易に関する措置

Argentina – Measures Relating to Trade in Goods and Services ("Argentina – Financial Services")

【DS454, 460】中国―日本産及び EU 産高性能ステンレス継目無鋼管に対する AD 措置

China – Measures Imposing Anti-Dumping Duties on High-Performance Stainless Steel Seamless Tubes ("HP-SSST") from Japan and EU ("China – HP-SSST (Japan)／China – HP-SSST (EU)")

【DS464】米国―韓国産家庭用大型洗濯機に対する AD 措置及び相殺関税措置

United States – Anti-Dumping and Countervailing Measures on Large Residential Washers from Korea ("US – Washing Machines")

【DS473】EU ―アルゼンチン産バイオディーゼルに対する AD 措置

European Union – Anti-Dumping Measures on Biodiesel from Argentina ("EU – Biodiesel (Argentina)")

【DS483】中国―カナダ産セルロースパルプに対する AD 措置

China – Anti-Dumping Measures on Imports of Cellulose Pulp from Canada ("China -Cellulose Pulp")

【DS486】EU ―パキスタン産ポリエチレンテレフタレートに対する相殺措置

European Union – Countervailing Measures on Certain Polyethylene Terephthalate from Pakistan ("EC – PET (Pakistan)")

【DS492】EU ―家禽肉製品に対する関税譲許に関する措置

European Union – Measures Affecting Tariff Concession on Certain Poultry Meat Products ("EU – Poultry Meat (China)")

【DS512】ロシア―通過に係る措置

Russia – Measures Concerning Traffic in Transit ("Russia – Traffic in Transit")

【DS515】米国―アンチ・ダンピング手続に係る価格比較手法

United States – Measures Related to Price Comparison Methodologies

【DS516】EU －アンチ・ダンピング手続に係る価格比較手法

European Union – Measures Related to Price Comparison Methodologies ("EU – Price Comparison Methodologies")

ガットケース

United States Export Restrictions ("US – Export Restrictions (Czechoslovakia)")

米国の著作権法 (祖父条項) *

United States Manufacturing Clause ("US – Manufacturing Clause")

米国のニカラグアに対する制裁措置 *****

United States – Trade Measures Affecting Nicaragua ("US – Nicaraguan Trade")

米国の 1930 年関税法 337 条 *

United States Section 337 of the Tariff Act of 1930 ("US – Section 337 Tariff Act")

米国の自動車部品輸入制限 *

United States – Imports of Certain Automotive Spring Assemblies ("US – Spring Assemblies")

米国の石油及び特定の輸入品に対する課税 (スーパーファンド) *

United States – Taxes on Petroleum and Certain Imported Substances ("US – Superfund")

米国のキハダマグロ輸入制限 ****

United States – Restrictions on Imports of Tuna ("US – Tuna (Mexico)")

投資仲裁ケース

【ICSID 投資仲裁】

Abaclat and Others (Case formerly known as Giovanna a Beccara and Others) v. Argentine Republic, ICSID Case No. ARB/07/5, Decision on Jurisdiction and Admissibility, 4 August 2011.

AES Summit Generation Limited and AES-Tisza Erömü Kft. v. Republic of Hungary, ICSID Case No. ARB/07/22, Decision of the ad hoc Committee on the Application for Annulment, 29 June 2012.

Alasdair Ross Anderson and others v. Republic of Costa Rica, ICSID Case No. ARB(AF)/07/3 (Canada/Costa Rica BIT) Award, 19 May 2010.

Ambiente Ufficio S.p.A. and others v. Argentine Republic, ICSID Case No. ARB/08/9, Decision on Jurisdiction and Admissibility, 8 February 2013.

Amco Asia Corporation and others v. Republic of Indonesia, ICSID Case No. ARB/81/1, Award, 21 November 1984.

Asian Agricultural Products Ltd. v. Republic of Sri Lanka, ICSID Case No. ARB/87/3, Award, 27 June 1990.

ATA Construction, Industrial and Trading Company v. The Hashemite Kingdom of Jordan, ICSID Case No. ARB/08/2 (Turkey/Jordan BIT), Award, 18 May 2010

Caratube International Oil Company LLP v. Republic of Kazakhstan, ICSID Case No. ARB/08/12, Decision on the Annulment Application of Caratube International Oil Company LLP, 21 February 2014.

Caratube International Oil Company LLP and Devincci Salah Hourani v. Republic of Kazakhstan, ICSID Case No. ARB/13/13, Decision on the Claimants Request for Provision Measures, 4 December 2014.

CMS Gas Transmission Company v. Republic of Argentina, ICSID Case No. ARB/01/8, Award on Jurisdiction, 17 July 2003.

Compañía de Aguas del Aconquija S.A. and Vivendi Universal (formerly Compagnie Générale des Eaux) v. Argentine Republic, ICSID Case No. ARB/97/3, Decision on Annulment, 3 July 2002.

Continental Casualty Company v. Argentine Republic, ICSID Case No. ARB/03/9, Decision on the Application for Partial Annulment of Continental Casualty Company and the Application for Partial Annulment of the Argentine Republic, 16 September 2011.

Daimler Financial Services AG v. Argentine Republic, ICSID Case No. ARB/05/1, Decision on Annulment, 7 January 2015.

EDF International S.A., SAUR International S.A. and León Participaciones Argentinas S.A.

v. Argentine Republic, ICSID Case No. ARB/03/23, Decision on Annulment, 5 February 2016.

Empresas Lucchetti, S.A. and Lucchetti Peru, S.A. v. The Republic of Peru, ICSID Case No. ARB/03/4, Award, 7 February 2005.

Enron Corporation and Ponderosa Assets, L.P. v. Argentine Republic, ICSID Case No. ARB/01/3, Decision on Jurisdiction, 14 January 2004.

EuroGas Inc. and Belmont Resources Inc. v. Slovak Republic, ICSID Case No. ARB/14/14, Procedural Order No. 3 - Decision on Requests for Provisional Measures, 23 June 2015.

Fedax N.V. and The Republic of Venezuela, ICSID Case No. ARB/96/3, Decision of the Tribunal on Objections to Jurisdiction, 11 July 1997.

Gas Natural SDG, S.A. v. The Argentine Republic, ICSID Case No. ARB/03/10, Decision on Jurisdiction, 17 June 2005.

Generation Ukraine, Inc. v. Ukraine, ICSID Case No. ARB/00/9, Award, 16 September 2003.

Giovanni Alemanni and Others v. The Argentine Republic, ICSID Case No. ARB/07/8, Decision on Jurisdiction and Admissibility, 17 November 2014.

Hussein Nuaman Soufraki v. United Arab Emirates, ICSID Case No. ARB/02/07, Decision on Annulment, 5 June 2007.

Hydro S.r.l. and others v. Republic of Albania, ICSID Case No. ARB/15/28, Order on Provisional Measures, 3 March 2016.

Ioan Micula, Viorel Micula, S.C. European Food S.A, S.C. Starmill S.R.L. and S.C. Multipack S.R.L. v. Romania, Decision on Jurisdiction and Admissibility, 24 September 2008.

LG&E Energy Corp., LG&E Capital Corp., and LG&E International, Inc. v. Argentine Republic, ICSID Case No. ARB/02/1, Decision on Liability of 3 October 2006.

LG&E Energy Corp., LG&E Capital Corp., and LG&E International, Inc. v. Argentine Republic, ICSID Case No. ARB/02/1, Award, 25 July 2007.

Joseph C. Lemire v. Ukraine, ICSID Case No. ARB/06/18, Decision on Jurisdiction and Liability, 21 January 2010.

Malicorp Limited v. Arab Republic of Egypt, ICSID Case No. ARB/08/18, Decision on Annulment, 3 July 2013.

Mr. Franck Charles Arif v. Republic of Moldova, ICSID Case No. ARB/11/23, Award, 8 April 2013.

MTD Equity Sdn. Bhd. and MTD Chile S.A. v. Republic of Chile, ICSID Case No. ARB/01/7, Decision on Annulment, 21 March 2007.

Murphy Exploration and Production Company International v. Republic of Ecuador, ICSID Case No. ARB/08/4 (US/Ecuador BIT), Award on Jurisdiction, 15 December 2010.

Occidental Petroleum Corporation and Occidental Exploration and Production Company v.

Republic of Ecuador, ICSID Case No. ARB/06/11, Decision on Provisional Measures, 17 August 2007.

Phoenix Action, Ltd. v. The Czech Republic, ICSID Case No. ARB/06/5, Award, 15 April 2009.

Poštová banka, a.s. and ISTROKAPITAL SE v. Hellenic Republic, ICSID Case No. ARB/13/8, Decision on Annulment of 19 September 2016.

Quiborax S.A., Non Metallic Minerals S.A. and Allan Fosk Kaplún v. Plurinational State of Bolivia, ICSID Case No. ARB/06/2, Decision on provisional measures of 26 February 2010.

Railroad Development Corporation v. Republic of Guatemala, ICSID Case No. ARB/07/23 (US CAFTA/DR FTA), Second Decision on Objections to Jurisdiction, 18 May 2010.

Rumeli Telekom A.S. and Telsim Mobil Telekomunikasyon Hizmetleri A.S. v, Republic of Kazakhstan, ICSID Case No. ARB/05/16, Decision of the ad hoc Committee, 25 March 2010.

Saba Fakes v. Republic of Turkey, ICSID Case No. ARB/07/20 (Netherlands/Turkey BIT) Award, 14 July 2010.

Salini Costruttori S.p.A. and Italstrade S.p.A. v. Kingdom of Morocco, ICSID Case No. ARB/00/4, Decision on Jurisdiction, 31 July 2001.

SGS Société Générale de Surveillance S.A. v. Republic of Paraguay, ICSID Case No. ARB/07/29, Decision on Annulment, 19 May 2014.

Suez, Sociedad General de Aguas de Barcelona S.A. and Vivendi Universal S.A v. Argentine Republic, ICSID Case No. ARB/03/19, Decision on Jurisdiction, 3 August 2006.

TECO Guatemala Holdings, LLC v. Republic of Guatemala, ICSID Case No. ARB/10/23, Award, 19 December 2013.

Total S.A. v. The Argentine Republic, ICSID Case No. ARB/04/01, Decision of the Tribunal on Objections to Jurisdiction, 25 August 2006.

Urbaser S.A. and Consorcio de Aguas Bilbao Biskaia, Bilbao Biskaia Ur Partzuergoa v. Argentine Republic, ICSID Case No. ARB/07/26, Decision on Jurisdiction, 19 December 2012.

Wena Hotels LTD. v. Arab Republic of Egypt, ICSID Case No. ARB/98/4, Annulment Proceeding, 5 February 2002.

World Duty Free Company Limited v. The Republic of Kenya, ICSID Case No. ARB/00/7, Award, 4 October 2006.

【UNCITRAL 仲裁】

AWG Group Ltd. v. Argentine Republic, UNCITRAL, Decision on Jurisdiction, 3 August 2006.

Chevron Corporation (USA) and Texaco Petroleum Company (USA) v. The Republic of Ecuador, UNCITRAL, PCA Case No. 34877, Interim Award, 1 December 2008.

Enkev Beheer B.V. v. Republic of Poland, PCA Case No. 2013-01, First Partial Award, 29 April 2014.

【SCC 仲裁】

Mohammad Ammar Al-Bahloul v. Republic of Tajikistan, SCC Case No. V (064/2008) (ECT) Partial Award on Jurisdiction and Liability, 2 September 2009.

Mohammad Ammar Al-Bahloul v. The Republic of Tajikistan, SCC Case No. V (064/2008), Final Award, 8 June 2010.

Nykomb Synergetics Technology Holding AB v. The Republic of Latvia, SCC, Award, 16 December 2003.

【イラン・米国請求権裁判所】

Starrett Housing International, Inc. v. The Government of the Islamic Republic of Iran, Bank Omran, Bank Mellat, Bank Markazi, Award, 19 December 1983, 4 Iran-US Claims Tribunal.

国内裁判所ケース

【アメリカ国内裁判所】

Allied Bank Intern. v. Banco Credito Agricola, 566 F. Supp. 1440 (S.D.N.Y. 8 July 1983).

Aurelius Capital Master, Ltd. & ACP Master, Ltd. v. Republic of Argentina, No.09 Civ. 8757(TPG), Dkt. No.312 (SDNY, 2012).

CIBC Bank & Trust Co. v. Banco Cent. Do Brasil, 886 F. Supp. 1105 (S.D.N.Y. 9 May 1995).

Elliott Associates, L.P. v. Banco de la Nación and The Republic of Peru, 194 F.3d 363 (2d Cir. 20 October 1999).

Libra Bank Ltd. v. Banco Nacional De Costa Rica, 570 F. Supp. 870 (S.D.N.Y. 12 August 1983).

NML Capital Ltd v. The Republic of Argentina, 699 F.3d 246 (2nd Cir., 2012).

NML Capital, Ltd. v. Republic of Argentina, No.08 Civ. 6978(TPG), 2012 WL 5895784 (S.D.N.Y. 21 November 2012).

Olifant Fund, Ltd. v. Republic of Argentina, No.10 Civ. 9587, Dkt. No.40 (S.D.N.Y. 26 November 2012).

Republic of Argentina v. Weltover, Inc., 504 U.S. 607 (12 June 1992).

Varela v. Republic of Argentina, No.10 Civ. 5338, Dkt. No.64 (S.D.N.Y. 26 November 2012).

【イギリス国内裁判所】

NML Capital Ltd v Argentina [2011] 3 W.L.R.

【フランス国内裁判所】

Chambre civile 1, 28 mars 2013, 11-10450; 10-25.938.

【ベルギー国内裁判所】

Court of Appeal of Brussels, Elliott Associates, LP v. Republic of Peru, General Docket No 2000/QR/92 (2000).

> 国際経済法研究に当たってのオンライン資料集

　国際経済法研究のために必要な事項・資料などを調べたい場合には、本章の各章末に紹介されている基本的な「参考文献」と「章末注」を参照し、それらの文献や論文等を読んで、そこにある脚注や文末注等を参照していくと、多くの場合ほしい「源」にたどり着くことができると思われる。そして、調べたい判例や条約については、各章の本文中に引用され、章末注にあるのを見るか、本書の末に載っている判例・条約索引を見れば、かなりの程度調べることができよう。

　しかし、今日には、従来の紙媒体の資料集だけでなく、オンライン上で必要とするかなりの資料にアクセスすることができる。これらのオンライン資料集はますます豊富かつ便利になってきたが、今後 AI（人工知能）の発達に伴い今まで以上に重要になっていくと思われる。ある報道によれば、今日法律（legal）と技術（technology）が結合した新しい形態の法律サービスであるリーガルテック（legaltech）が法律市場の版図を変えつつあると言われる。

　以下は、国際経済法の研究に必要な必要最小限の、そして、基本的なオンライン・サイトである。本章の各章末の「参考文献」と「章末注」と合わせて参照していただけると、研究・調査に役立つものと思われる。

1. 国際取引法
ウィーン売買条約（http://iicl.law.pace.edu/cisg/cisg）
　ウィーン売買条約（CISG）に関する条文コンメンタールや裁判例は、ペース大学（米国）の CISG Database が最も信頼でき、利用し易いデータベースである。

私法関係の統一条約やモデル法（http://www.uncitral.org/）
　国連国際商取引法委員会（UNCITRAL）のホームページからは UNCITRAL に関する条約や、モデル法の関連情報を入手することができる。

2. 通商法

World Trade Organization (http://www.wto.org)

ガット時代の文書も含め、WTO の協定や各種決定等の原文、紛争解決報告書の原文その他の一次資料はここで入手する。

トップページの "Trade Topics" タグでは、テーマごとに情報が分類されているので、そこから入って行けば必要な資料を見つけることができる。また、トップページの "Documents, data and resources" からは、GATT 時代の古い文献もすべて含め、外部の公表している各種文書を検索し、入手することができる。パネルや上級委員会による条文の解釈や意味を詳しく知りたければ、Analytical Index と Repertory（上級委員会先例集）を探すのが早道。Dispute Settlement Gateway も有用。

World Trade Law.net (http://www.worledtradelaw.net)

WTO の紛争解決事例についてのコンメンタールを主な内容としているが、コンメンタール自体は有料ページに収められており、購読契約を結ばないと閲覧できない。一般に開放されているページに Free Resource Library というリンク集があり、ここで主要な論説記事やジャーナル、大学のプログラムや法律事務所のページに飛ぶことができる。International Economic Law and Policy というブログも有用である（Facebook ページもある）。

米国通商代表部 (USTR) (https://ustr.gov)

米国の通商、商品、投資政策及び外国との交渉についての権限を持っている米国連邦機関で、それらについての米国の最新の政策スタンスや資料などにアクセスができる。その長である通商代表は大統領の通商政策アドバイザを務める閣僚の一人である。

米国商務省 (Department of Commerce) および米国国際貿易委員会 (ITC)

米国の商務省（DOC）と国際貿易委員会（ITC）は米国の国際経済案件全般を司っている連邦機関であり、両機関のホームページからは、米国の貿易救済調査や結果、事案の概要等の他、各種統計や報告書を入手することができる。

欧州委員会貿易当局 (http://ec.europa.eu/trade/)

　欧州連合 (EU) の貿易当局のホームページからは、EU の締結している FTA/EPA、投資協定、交渉中の協定等の情報を入手することができる。また、貿易救済措置関連の情報や、EU の WTO における取組に関する情報もあり、EU の国際経済案件を網羅的に公開している。EU が収集している貿易に関する各種統計・各国情報も同ホームページから入手することができる。

外務省 (http://www.mofa.go.jp)

　トップページから外交政策→経済外交→国際的ルール作りと政策協調の推進→世界貿易機関 (WTO) と進むと、WTO に関する日本語資料が得られる。WTO 交渉とは別に国際経済紛争処理というページもある。FTA、EPA に関する情報は「経済外交」に戻って、「経済上の国益の確報・増進」というページに進むと、交渉の進捗状況等についての説明・資料がある。TPP については内閣の資料の方が詳しいが、もちろんそちらへのリンクも貼ってある。

経済産業省 (http://www.meti.go.jp)

　トップページから政策について→政策一覧→対外経済→通商政策と進むと、外務省ページと同様の情報が得られるが、協定の条文などはこちらの方が詳しい。また、WTO のページの下の方に「WTO パネル・上級委員会報告書に関する調査研究報告書」というページへのリンクがあるが、これは日本語で書かれたコンメンタール集であって、紛争解決事案の概要について日本語で読みたい場合は極めて便利である (ただし、評釈の内容は玉石混淆)。また、「政策について」に戻り、審議会・研究会等→産業構造審議会→通商・貿易分科会→不公正貿易政策・措置小委員会と進むと、各年度の「不公正貿易報告書」の本文が入手できる。これは WTO 協定や FTA、投資協定についての詳しい説明を含んでいる (報告書全体では 1000 ページを超える)。

経済産業省のパネル研究会 (http://www.meti.go.jp/policy/trade_policy/wto/3_dispute_settlement/33_panel_kenkyukai/kenkyukai.html)

　上記「経済産業省」の箇所で言及があるとおり、経済産業省が有識者を招へ

598

いし開催している「WTOパネル上級委員会報告書に関する調査研究会」が公表しているWTO判例のコンメンタール集。日本が第三国として参加していないケースまで、パネルおよび上級委員会報告書が発出されたケースはほぼ網羅的にそろっている。

税関 (http://www.customs.go.jp/index.htm)

トップページより「貿易統計」を選択すると、品目別、地域別等による貿易統計が月単位で得ることができる。トップページの「輸出入の手続き」からは、最新の関税分類表及び解説等を入手することができる他、輸出入手続きの詳細が情報が掲載されている。また、日本が締結しているEPAについて紹介されており、EPAごとに異なる原産地規則証明等の説明がなされている。

農林水産省の国際部 (http://www.maff.go.jp/j/kokusai/index.html)

農林水産省が公表しているWTO及びFTA/EPAに関するウェブサイト。食品の輸出入に関する動向や農産品の貿易に関する分析報告書を公表している。

3. 投資法

UNCTAD (http://www.investmentpolicyhub.unctad.org)

投資法に関するデータベースとしては最も詳しく、信頼できる情報源である。BITやFTAの条文を検索して入手できるほか、World Investment Reportへのリンクもあり、使いやすく工夫されている。

Italaw (http://www.italaw.com)

カナダのVictoria大学Andrew Newcomb教授が個人で運営しているページであるが、投資仲裁の判例集としては最も詳しい。データベース化されており、国別の検索も可能である。

投資紛争解決国際センター（http://www.worldbank.org/ja/country/
　　japan/brief/international-centre-for-settlement-of-investment-
　　disputes）

　投資法について日本語で書かれた資料としてオンラインで入手できるもの
は多くないが、ICSID についての基本的情報はここで読める。なお、上述の「不
公正貿易報告書」にも投資仲裁に関する詳しい情報が出ている。

4. 国際金融

国際決済銀行（BIS）（https://www.bis.org/）

　バーゼル銀行監督委員会や国際決済銀行関係の資料。

証券監督者国際機構（IOSCO）（https://www.iosco.org/）

　証券監督者国際機構関係の資料。

世界通貨基金（IMF）（https://ww.imf.org/external/index/htm）

　IMF 関係の資料。

世界銀行（https://www.worldbank.org/）

　世界銀行のホームページからは、世界銀行が収集している統計データ一覧
が入手でき、各国の貿易量の推移等を国別・セクター別等で検索することが
できる。

5. 学　会

国際取引法学会（http://www.asas.or.jp/jaibl/）

　国際取引法学会では取引法のみならず、租税法や金融法も取り扱っており、
学者と実務家が交錯する研究会および研究大会を実施している。

日本国際経済法学会（http://www.jaiel.or.jp）

　学会に関する各種情報が得られる。リンク集にある「WTO オーラルヒスト
リープロジェクト」は有用である。

アジア国際法学会日本協会 (https://asiansil-jp.org)

アジア国際法学会（Asian Society of International Law, ASIL）の日本支部であり、定期的に国際経済法（含：競争法、投資協定）に関する勉強会を開催している。研究者と弁護士等の実務家が集まる会合であるため、双方の視点から、国際経済法に関する知見を蓄え、ディスカッションに参加することができる。

米国国際法学会 (http://www.aiel.org/international-economic-law)

国際経済法に関するトピックスを紹介している。また、このページとは別に、国際経済法に関する研究の手引き（Electronic Research Guide）として各種ページへのリンクを公表している（http://www.aiel.org/sites/default/files/ERG_IECONL.pdf）。

欧州国際法学会 (http://www.ejil.org)

トップページからリンクをたどって、Further Research に行くと International Economic Law についてもページがある。ASIL と重複している部分もあるが、独自のリンクもある。

事項索引

608

610

執筆者一覧（〈　〉内は執筆章、50 音順）

石川　知子（いしかわ　ともこ）〈第 11 章、第 15 章〉
　現　　　職：名古屋大学大学院　国際開発研究科　准教授
　最終学歴：Ph.D. University College London
　主要著作・論文：J. Chaisse, T. Ishikawa and S. Jusoh eds, *Asia's Changing International Investment Regime: Sustainability, Regionalization, and Arbitration*（Springer, 2017）; 'The Protection of Energy Investments under the ECT: an extra-EU country's perspective', （2017）2 *European Investment Law and Arbitration Review* 277-301; 'Provisional Application of Treaties at the Crossroads between International and Domestic Law', （2006）31（2）ICSID Review 270-289; 'Collective Action Clauses in Sovereign Bond Contracts and Investment Treaty Arbitration – an Approach to Reconcile the Irreconcilable', （2014）4（2）*Accounting, Economics and Law: A Convivium* 63-98.

梅島　修（うめじま　おさむ）〈第 6 章〉
　現　　　職：高崎経済大学　経済学部国際学科　教授
　最終学歴：ニューヨーク大学スクール・オブ・ロー LL.M.
　主要著作・論文：「中国産品輸入に対する AD 税賦課：中国 WTO 加盟議定書 15 条 a 項 ii 号の失効の意味と対応策」経済産業研究所ウェブ公表（2017）（RIETI Discussion Paper Series 17-J-041）（https://www.rieti.go.jp/jp/publications/dp/17j041.pdf）;「TPP コンメンタール 3、4、5、7『原産地規則及び原産地手続（上）（下）』『第 4 章 繊維及び繊維製品』『第 6 章 貿易上の救済』」『貿易と関税』第 64 巻 12 号 4-18 頁（2016）、第 65 巻 1 号 42-55 頁、2 号 13-27 頁、4 号 62-74 頁（2017）;「広域化する EPA/FTA の基礎知識と活用のための実践的 FTA 活用マニュアル」日本機械輸出組合ウェブ公表（2015）（http://www.jmcti.org/jmchomepage/fta_guide/index.htm）.

加藤　暁子（かとう　あきこ）〈第 9 章〉
　現　　　職：日本大学　法学部　准教授
　最終学歴：国際基督教大学大学院　行政学研究科　博士後期課程修了（博士（学術））
　主要著作・論文：「国際知的財産法の形成－私法統一と公法化のはざまで」『民商法雑誌』第 153 巻第 6 号（2018 年 2 月）869-899 頁; 外川英明、高松孝行、加藤暁子、藤田晶子『知的財産法のモルゲンロート 土肥一史先生古稀記念論文集』（中央経済社、2017 年 3 月）;「税関による知的財産権を侵害する物品の通過に係る規制－ EU におけるジェネリック薬貨物の差止めを事例として－」『日本大学知財ジャーナル』8 号（2015 年 3 月）23-34 頁。

国松　麻季（くにまつ　まき）〈第 8 章〉
　現　　　職：三菱 UFJ リサーチ＆コンサルティング株式会社主任研究員／
　　　　　　　中央大学大学院戦略経営研究科客員教授
　最終学歴：米国ジョージタウン大学ローセンター修了（LL.M）
　主要書作・論文：「第 II 部 多国間国際調整と国際協力」阿部武司編著『通商産業政策史 2 通商・貿易政策』（2013 年 1 月）共著;「文化メディアの越境流通促進のためのサービス貿易自由化」（独立行政法人経済産業研究所ディスカッション・ペーパー、2013 年 9 月 13 － J-065）;「欧州標準化規則（1025/2012）及び Mandate（標準化要求）に係る動向について」『国際ビジネス研究』第 10 巻第 1 号（2018 年 4 月）共著ほか。

久保田　隆（くぼた　たかし）〈第 2 章、第 13 章、第 14 章〉
　現　　職：早稲田大学大学院　法務研究科　教授
　最終学歴：博士（国際公共政策、大阪大学）、LL.M.（ハーバード大学）
　主要著作：論文：『ブロックチェーンをめぐる実務・政策と法』（久保田隆編、中央経
　　済社、2018 年）；久保田隆『国際取引法講義』（中央経済社、2017 年）；久保田隆『賃
　　金決済システムの法的課題』（国際書院、2013 年）；Takahsi Kubota ed. *Cyberlaw for Global
　　E-Business: Finance, Payment and Dispute Resolution*（Information Science Reference, 2017）．

内記　香子（ないき　よしこ）〈第 7 章〉
　現　　職：大阪大学　国際公共政策研究科　准教授
　最終学歴：大阪大学　国際公共政策研究科博士課程後期（単位取得退学、論文博士）
　主要著作・論文：'Food and Product Safety Issues in the TPP' in Shin-yi Peng, Han-Wei Liu and
　　Ching-Fu Li eds, *Governing Science and Technology under the International Economic Order*（Edward Elgar,
　　2018）211-231；「エコラベルと国際通商：持続可能な消費と生産を考える」『富の共有
　　と公共政策』大槻恒裕編（大阪大学出版会、2018 年）124-144 頁；'Bioenergy and Trade:
　　Explaining and Assessing the Regime Complex for Sustainable Bioenergy'（2016）27 *European
　　Journal of International Law* 129-159；「国際通商体制における規範の多層化―プライベート・
　　スタンダードの拡大とガバナンスのあり方」『国際経済法学会年報』25 号（2016 年）
　　186-209 頁。

中谷　和弘（なかたに　かずひろ）〈第 16 章〉
　現　　職：東京大学大学院　法学政治学研究科　教授
　最終学歴：東京大学　法学部卒業（法学士）
　主要著作・論文：『サイバー攻撃の国際法』（中谷和弘、河野桂子、黒崎将広共著、信山社、
　　2018 年）；『国際法　第 3 版』（中谷和弘、植木俊哉、河野真理子、森田章夫、山本良共著、
　　有斐閣、2016 年）；『ロースクール国際法読本』（信山社、2013 年）。

濱田　太郎（はまだ　たろう）〈第 17 章〉
　現　　職：近畿大学　経済学部　教授
　最終学歴：明治大学大学院　法学研究科　博士課程後期中退
　主要著作・論文：「WTO 加盟交渉における発展途上国に対する『特別のかつ異なる待遇』
　　条項の空洞化」『日本国際経済法学会年報』第 12 巻 2003 年 10 月；「WTO における後
　　発途上国問題－二重規範論の再検討―」『日本国際経済法学会年報』第 16 巻 2007 年
　　10 月；「多角的貿易体制と OECD －ガット・WTO と OECD の相互関係」『日本国際
　　経済法学会年報』第 16 巻 2015 年 10 月；「WTO、TPP、FTA と EU の農業政策」『日本
　　EU 学会年報』第 36 巻 2016 年 5 月。

柳赫秀〈第 1 章、第 3 章、第 4 章、第 5 章、第 10 章、第 12 章、第 18 章〉
　[奥付編著者紹介参照]

編著者

柳赫秀（ユ・ヒョクス）

現　　　職：横浜国立大学大学院　国際社会科学研究院　教授

最終学歴：東京大学大学院　法学政治学研究科修了（法学博士）

主要著作・論文：'Development issues in the discourse of Global Constitutionalism', in Takao Suami, Anne Peters, Mattias Kumm, Dimitri Vanoverbeke eds, *Global Constitutionalism from European and East Asian perspectives* (Cambridge University Press) pp. 351-376;「第1章　国際経済法の概念について」、日本国際経済法学会編・村瀬信也編集代表、『国際経済法講座Ⅰ：通商・投資・競争』（法律文化社、2012年）3-22頁;「国際経済法における『政府 vs. 市場』についての一考察」、『日本国際経済法学会年報』第21号、95-123頁;「基礎法・特別法講義Ⅹ―国際経済法①〜④』『法学教室』275号、276号、279号、280号（2003年、2004年）、『ガット19条と国際通商法の機能』（東京大学出版会、1994年）。

講義 国際経済法

2018年11月30日　　　初　版第1刷発行　　　　　　　　　　　〔検印省略〕

定価はカバーに表示してあります。

編著者ⓒ柳赫秀／発行者　下田勝司　　　　　　　　　　　印刷・製本／中央精版印刷

東京都文京区向丘 1-20-6　　　郵便振替 00110-6-37828　　　　　　　　発 行 所

〒113-0023　TEL (03) 3818-5521　FAX (03) 3818-5514　　　株式会社 東 信 堂

Published by TOSHINDO PUBLISHING CO., LTD.

1-20-6, Mukougaoka, Bunkyo-ku, Tokyo, 113-0023, Japan

E-mail : tk203444@fsinet.or.jp　http://www.toshindo-pub.com

ISBN978-4-7989-1526-5　C3032　　ⓒ YOO Hyuck-Soo

〒 113-0023　東京都文京区向丘 1-20-6　　TEL 03-3818-5521　FAX03-3818-5514　振替 00110-6-37828
Email tk203444@fsinet.or.jp　URL:http://www.toshindo-pub.com/

※定価：表示価格（本体）＋税

東信堂

国際刑事裁判所〔第二版〕　村瀬信也編　四二〇〇円

武力紛争の国際法　村瀬信也編　一四二六六円

国連安保理の機能変化　真山全也編　二七〇〇円

海洋境界確定の国際法　江藤淳一編　二八〇〇円

自衛権の現代的展開　村瀬信也編　二七〇〇円

国連安全保障理事会——その限界と可能性　村瀬信也編　二八〇〇円

集団安全保障の本質　松浦博司　三二〇〇円

貨幣ゲームの政治経済学　柘山堯司編　四六〇〇円

相対覇権国家システム安定化論——東アジア統合の行方　柳田辰雄　二四〇〇円

国際政治経済システム学——共生への俯瞰　柳田辰雄　二〇〇〇円

【現代国際法叢書】

国際政治経済システム学——共生への俯瞰　柳田辰雄　一八〇〇円

国際法における承認——その法的機能及び効果の再検討　王志安　五二〇〇円

国際社会と法　高野雄一　四三〇〇円

集団安保と自衛権　高野雄一　四八〇〇円

国際「合意」論序説——法的拘束力を有しない国際「合意」について　中村耕一郎　三〇〇〇円

法と力——国際平和の模索　寺沢一　五二〇〇円

憲法と自衛隊——法の支配と平和的生存権　幡新大実　二八〇〇円

イギリス憲法Ⅰ　憲政　幡新大実　四二〇〇円

イギリス債権法　幡新大実　三八〇〇円

根証文から根抵当へ　シリーズ《制度のメカニズム》　幡新大実　二八〇〇円

アメリカ連邦最高裁判所　大越康夫　一八〇〇円

衆議院——そのシステムとメカニズム　向大野新治　一八〇〇円

フランスの政治制度〔改訂版〕　大山礼子　二〇〇〇円

イギリスの司法制度　幡新大実　二〇〇〇円

判例　ウィーン売買条約　井原宏・河村寛治編著　四二〇〇円

グローバル企業法　井原宏　三八〇〇円

国際ジョイントベンチャー契約　井原宏　五八〇〇円

〒113-0023　東京都文京区向丘1-20-6　TEL 03-3818-5521　FAX03-3818-5514　振替 00110-6-37828
Email tk203444@fsinet.or.jp　URL:http://www.toshindo-pub.com/

※定価：表示価格（本体）＋税

= 東信堂 =

書名	著者	本体価格
社会制御過程の社会学	舩橋晴俊	九六〇〇円
組織の存立構造論と両義性論 —社会学理論の重層的探究	舩橋晴俊	二五〇〇円
「むつ小川原開発・核燃料サイクル施設問題」研究資料集	舩橋晴俊編著	一八〇〇〇円
新版 新潟水俣病問題—加害と被害の社会学	飯島伸子・舩橋晴俊編	三八〇〇円
新潟水俣病問題の受容と克服	堀田恭子	四八〇〇円
新潟水俣病をめぐる制度・表象・地域	関礼子	五六〇〇円
被災と避難の社会学	関礼子編著	二三〇〇円
多層性とダイナミズム —沖縄・石垣島の社会学	高木恒一編著	二四〇〇円
放射能汚染はなぜくりかえされるのか—地域の経験をつなぐ	除本理史・林賢編著	二〇〇〇円
公害・環境問題の放置構造と解決過程	藤川賢・渡辺伸一編著	三八〇〇円
公害被害放置の社会学 —イタイイタイ病・カドミウム問題の歴史と現在	飯島伸子・渡辺伸一・藤川賢・堀畑まなみ著	三六〇〇円
食品公害と被害者救済 —カネミ油症事件の被害と政策過程	宇田和子	四六〇〇円
原発災害と地元コミュニティ—福島県川内村奮闘記	鳥越皓之編著	三六〇〇円
故郷喪失と再生への時間 —新潟県への原発避難と支援の社会学	松井克浩	三二〇〇円
現代日本の地域分化 —センサス等の市町村別集計に見る地域変動のダイナミックス	蓮見音彦	三八〇〇円
現代日本の地域格差 —二〇一〇年・全国の市町村の経済的・社会的ちらばり	蓮見音彦	二三〇〇円
開発援助の介入論 —インドの河川浄化政策に見る国境と文化を越える困難	西谷内博美	四六〇〇円
資源問題の正義 —コンゴの紛争資源問題と消費者の責任	華井和代	三九〇〇円
自立支援の実践知—阪神・淡路大震災と共同・市民社会	似田貝香門編	三八〇〇円
[改訂版] ボランティア活動の論理 —ボランタリズムとサブシステンス	西山志保	三六〇〇円
自立と支援の社会学 —阪神大震災とボランティア	佐藤恵	三三〇〇円

〒113-0023　東京都文京区向丘 1-20-6　TEL 03-3818-5521　FAX03-3818-5514　振替 00110-6-37828
Email tk203444@fsinet.or.jp　URL:http://www.toshindo-pub.com/

※定価：表示価格（本体）＋税

〒113-0023　東京都文京区向丘1-20-6　　TEL 03-3818-5521　FAX03-3818-5514　振替 00110-6-37828
Email tk203444@fsinet.or.jp　URL:http://www.toshindo-pub.com/

※定価：表示価格（本体）＋税